Windows 11 Power-Tipps

Das Praxisbuch

WOLFRAM GIESEKE

Markt+Technik

ISBN 978-3-95982-516-0

Espenpark 1a
90559 Burgthann

Produktmanagement Christian Braun, Burkhardt Lühr
Herstellung Jutta Brunemann
Korrektorat Petra Heubach-Erdmann
Covergestaltung David Haberkamp
Coverfoto © vectorpocket – Adobe Stock
Satz inpunkt[w]o, Haiger (www.inpunktwo.de)
Druck mediaprint solutions GmbH, Paderborn
Printed in Germany

Inhaltsverzeichnis

Vorwort

Windows 11 hält auf immer mehr PCs Einzug. Damit kommen neue Funktionen und Einstellungen. Gleichzeitig verschwindet Vertrautes und Altbewährtes – zumindest könnte das auf den ersten Blick so scheinen. In jedem Fall gibt es viel zu entdecken und auszuprobieren.

Dieses Buch hilft Ihnen mit einer Vielzahl von Tipps, sich bei Windows 11 zu orientieren und schnell wieder heimisch zu fühlen. Dabei geht es nicht nur um neue oder veränderte Funktionen, sondern auch darum, wie man Bewährtes wiederfindet und weiterhin nutzen kann. Weitere Schwerpunkte sind Datensicherheit, reibungsloser Internetzugriff, Systempflege, effizienter Umgang mit Hard- und Software sowie das Analysieren und Beheben typischer Probleme, die im alltäglichen Umgang mit Windows immer mal wieder auftreten können.

Diese geballte Ladung an Windows-Wissen finden Sie in Form kompakter Praxislösungen und gut nachvollziehbarer Schritt-für-Schritt-Anleitungen, ergänzt durch kurze Hinweise mit weiteren Tipps und Hintergrundinformationen. Ich hoffe, dass das Buch sowohl zum neugierigen Schmökern einlädt als auch einen festen Platz in der Nähe Ihres PCs bekommt, um es in Notfällen stets griffbereit zu haben.

Aktuelle Infos im Blog

Windows ist ein dynamisches Thema. Ständig gibt es neue Entwicklungen, Updates, Probleme und Lösungen. In meinem Blog unter *www.gieseke-buch.de* informiere ich über Neuigkeiten und Änderungen und greife immer wieder auch aktuelle Probleme und Leserfragen auf. Er dient somit als Aktualisierung und Ergänzung meiner Bücher. Ebenso können Sie hier mit mir in Kontakt treten, um Ihre Fragen oder Anregungen loszuwerden.

Jetzt wünsche ich aber erst mal viel Vergnügen beim Lesen und hoffe, dass Sie viele der Tipps in diesem Buch gewinnbringend anwenden können.

1 Installation und Update

Bevor man mit Windows richtig loslegen kann, muss es installiert und aktiviert werden. Und selbst wenn Windows auf Ihrem PC bereits einsatzbereit ist – spätestens beim nächsten größeren Feature-Update steht die nächste Installation an. Und zwischendurch gibt es regelmäßige Updates, die durchgeführt werden wollen. Deshalb widmet sich das erste Kapitel den »lästigen Übeln« Installation, Aktivierung, Lizenzen und Updates.

1.1 Installation, Aktivierung, Lizenz

Vor das Vergnügen haben die Götter den Schweiß gesetzt. Und vor das ungestörte Arbeiten mit Windows Dinge wie Installation und Aktivierung. Und gerade beim aktuellen Windows ist das Installieren teilweise mit ungeahnten Hürden versehen, etwa wenn das Setup meint, dass ein wenige Jahre alter PC für diese Windows-Version nicht geeignet sei. Wie Sie solche und andere Probleme lösen und welche Möglichkeiten sich dabei bieten, lesen Sie hier.

1.1.1 Warum keine Windows-11-Installation/Upgrade?

Jeder PC, der Windows 10 in guter Geschwindigkeit ausführen konnte, sollte das auch mit Windows 11 schaffen. Trotzdem hat Microsoft für das neue Windows recht forsche Anforderungen gestellt. Selbst bei wenige Jahre alten PCs verweigert Windows 11 unter Umständen das Installieren. Dies kann nicht nur beim erstmaligen Installieren von Windows ein Problem sein. Auch bei späteren Funktions-Upgrades, Neuinstallationen oder beispielsweise einem In-Place-Upgrade (siehe Seite 567) werden Sie immer wieder darauf stoßen.

Leider geizen Installationsassistent und Integritätsprüfung mit Informationen und lassen den Benutzer oft im Unklaren darüber, woran es nun genau scheitert. Ist die Hardware wirklich zu schwach? Kann man beispielsweise durch Nachrüsten einer besseren Grafikkarte einfach Abhilfe schaffen? Geht es vielleicht nur um eine Einstellung in BIOS/UEFI?

1. Eine ausführlichere Einschätzung mit konkreten Angaben bietet WhyNotWin11. Sie können dieses Programm unter *github.com/rcmaehl/WhyNotWin11/releases* herunterladen und ohne Installation direkt ausführen.

2. Eventuell erhalten Sie beim Ausführen des Programms eine Warnung von Windows Defender: *Der Computer wurde durch Windows geschützt.* Der Windows Defender erkennt das Programm als Bedrohung, weil es sensible Systeminformationen ausliest. Klicken Sie auf *Weitere Informationen* und dann *Trotzdem ausführen*, um den Warnhinweis zu bestätigen.

3. Das Programm unterzieht den PC einer gründlichen Prüfung und verrät Ihnen nach kurzer Wartezeit ganz genau, bei welcher Komponente es tatsächlich Probleme geben könnte.

4. Grün bedeutet: alles im Lot. Rot hingegen heißt: Hier besteht konkreter Handlungsbedarf.

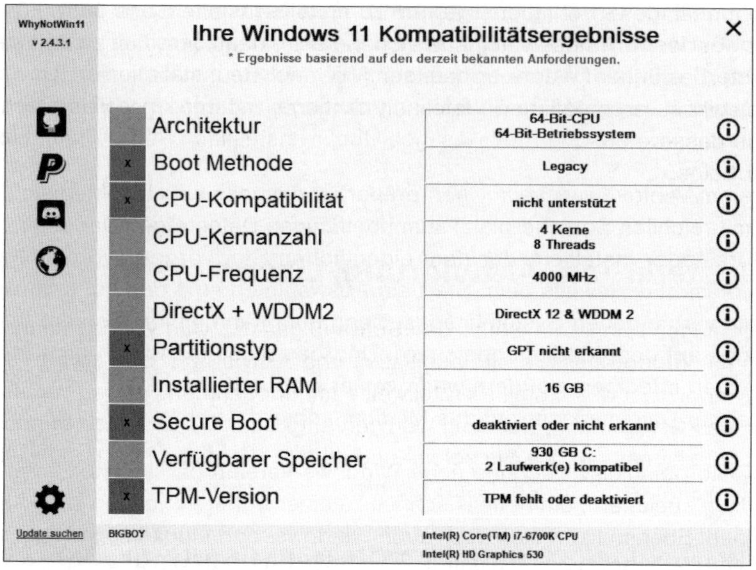

1.1.2 WhyNotWin11 ohne Windows-Installation

Wenn sich Windows auf einem »leeren PC« nicht installieren lässt, wie kann man dann WhyNotWin11 ausführen, um den Grund zu erfahren?

1. Erstellen Sie ein Windows-Installationsmedium auf einem USB-Stick (siehe Seite 568) und kopieren Sie zusätzlich die *WhyNotWin11.exe*-Datei in dessen Stammverzeichnis.

2. Booten Sie den PC dann mit diesem Medium, so als ob Sie Windows installieren wollten.

3. Beim Schritt *Jetzt installieren* drücken Sie aber ⇧+F10, um eine Eingabeaufforderung zu öffnen.

4. Geben Sie darin `notepad` ein, um den einfachen Texteditor zu starten, der auch in dieser Installationsumgebung zur Verfügung steht.

5. Nutzen Sie dann dessen *Datei/Öffnen*-Dialog, um zum Stammverzeichnis des Mediums zu navigieren, dort mit rechts auf die *WhyNotWin11.exe* zu klicken und im so geöffneten Kontextmenü *Öffnen* zu wählen.

Kleine Einschränkung: Weil WhyNotWin11 in der reduzierten Installationsumgebung läuft, kann es nicht alle Parameter korrekt bestimmen und wird sich deshalb grundsätzlich über den falschen Partitionstyp, mangelnden Festplattenspeicher sowie einen ungenügenden Grafikchip beschweren. Dies können Sie ignorieren, wenn Sie wissen, dass diese Komponenten in Ordnung sind.

1.1.3 Installationsmedien mit Ventoy erstellen

Das von Microsoft angebotene Media Creation Tool macht es einfach, jederzeit ein aktuelles, bootfähiges Installationsmedium zu erstellen (siehe Seite 568). Für die meisten Anwender dürfte das völlig ausreichend sein, damit von Zeit zu Zeit einen USB-Stick zu bestücken. Wer aber häufiger Windows (neu) installieren und dabei vielleicht auch mit verschiedenen Versionen hantieren möchte oder muss, für den gibt es eine bessere Lösung.

Das Programm Ventoy (*www.ventoy.net*) präpariert einmalig ein USB-Medium (idealerweise mit reichlich Speicherplatz) zum bootfähigen Datenträger. Dabei wird ein eigener Bootloader installiert, der dem eigentlichen Startvorgang vorgeschaltet ist. Dieser präsentiert jeweils beim Start ein Auswahlmenü mit den auf dem Speichermedium vorhandenen Systemimages. Denn man kann gleich mehrere Installationsimages auf dem Medium speichern. Und das muss man auch nicht direkt beim Einrichten erledigen, sondern wann immer man möchte, indem man nur die Image-Datei per Dateimanager auf das Medium kopiert.

Man kann also beispielsweise eine neue Windows-Version parallel zu älteren auf einem Medium speichern, um notfalls schnell zu einer früheren Version zurückkehren zu können. Ebenso kann man aber auch Windows- und Linux-Images mischen. Beim Booten vom USB-Medium wählt man dann jeweils aus, welches dieser Images verwendet werden soll.

1. Starten Sie aus dem entpackten Archiv die Programmdatei *Ventoy2Disk.exe*.
2. Mit dem *Language*-Menü können Sie die Sprache des Programms ggf. auf Deutsch umstellen.
3. Wählen Sie das *Gerät* aus, das Sie einrichten möchten. In den meisten Fällen erkennt Ventoy es automatisch korrekt. Sollten Sie es noch nicht eingesteckt haben, holen Sie das nun nach und klicken Sie auf das *Aktualisieren*-Symbol rechts. Sollten mehrere Speichermedien angeschlossen sein, wählen Sie ggf. das gewünschte aus.

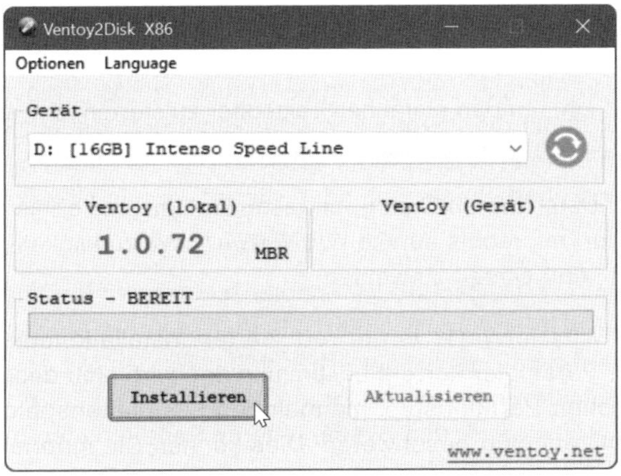

4. Bevor Sie fortfahren, können Sie an dieser Stelle im *Optionen*-Menü noch grundlegende Konfigurationsänderungen vornehmen, was in der Regel aber nicht notwendig ist. Wichtig könnte vor allem für ältere PCs sein, ggf. den *Partitionsstil* auf *MBR* zu setzen sowie die Funktion *Secure Boot* zu deaktivieren, falls das Gerät diese Funktionen nicht unterstützt.

5. Klicken Sie dann auf die *Installieren*-Schaltfläche, um das USB-Medium mit Ventoy einzurichten. Bestätigen Sie den Hinweis, dass dabei alle auf dem Medium ggf. vorhandenen Daten verloren gehen, mit *Ja*.

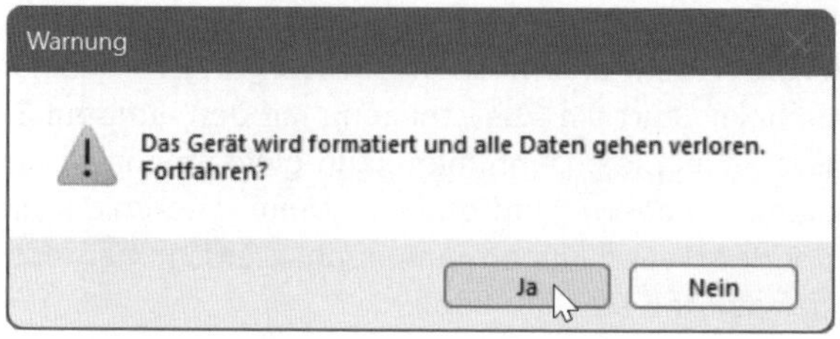

6. Nun brauchen Sie nur einige Sekunden zu warten, bis eine Erfolgsmeldung auf dem Bildschirm angezeigt wird.

Ventoy aktuell halten

Die beiden Versionsnummern in der Programmoberfläche geben die Version von Ventoy auf Ihrem PC und die auf dem USB-Medium eingerichtete Version an. Sollten Sie später eine neuere Version installieren, wird die Nummer links höher sein als die rechts. Dann können Sie das USB-Medium per Tastenklick *Aktualisieren*. Die gespeicherten Images bleiben dabei erhalten.

Nach dem erfolgreichen Einrichten des USB-Mediums wird es als Wechselspeichermedium im Windows-Explorer angezeigt. Es handelt sich dabei um eine Partition im exFAT-Format, die also nicht dem 4-GB-Limit des klassischen FAT-Formats unterliegt. Sie können darauf also problemlos auch größere Dateien ablegen. Und genauso gelangen die Images auch auf das USB-Medium: Kopieren Sie die Dateien direkt in diese Partition. Es kann sich dabei um Dateien in den Formaten *.iso*, *.wim*, *.img* oder *.vhd(x)* handeln. Wichtig: Die Namen der Dateien sollten möglichst keine Leerzeichen enthalten, damit die Images korrekt erkannt und zur Auswahl angezeigt werden. Am besten benennen Sie allzu kryptische Dateien ohnehin aussagekräftig um, damit Sie auch nach einiger Zeit noch wissen, worum es sich dabei genau handelt.

Wenn Sie den PC vom mit Ventoy erstellten Medium booten, startet den Bootloader von Ventoy, der Ihnen ein Auswahlmenü präsentiert. Es enthält einen Eintrag für jede Imagedatei, die Ventoy auf dem Datenträger erkannt hat. Wählen Sie das gewünschte Image mit den Pfeiltasten aus und drücken Sie dann ↵, um den PC mit diesem Image zu starten. Alternativ finden Sie am unteren Rand ein Menü, das

Ihnen die Tasten für weitere Funktionen verrät. So können Sie mit [F4] das auf der Festplatte des PCs installierte Betriebssystem ganz regulär starten oder den PC mit [F2] ausschalten oder neu starten.

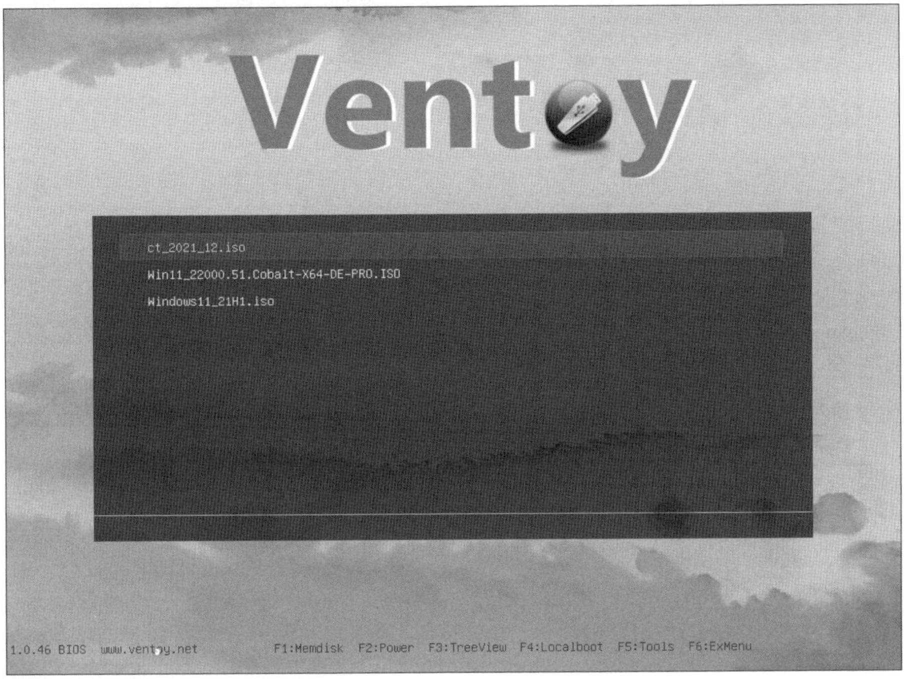

1.1.4 Hardware-Stopper bei der Installation umgehen

Einige der Hardwarevoraussetzungen sind mehr von Microsoft gewollt, als dass sie Windows tatsächlich am problemlosen Laufen hindern würden. Insbesondere Secure Boot und TPM verbessern selbstverständlich die Sicherheit, aber Windows kann auch ohne diese arbeiten.

Auch beim Arbeitsspeicher etwa kann man mit etwas weniger durchaus klarkommen und ggf. später noch eine Speichererweiterung durchführen. In solchen Fällen müssen Sie den Setup-Assistenten aber dazu bringen, auf das Überprüfen der Hardwareanforderungen zu verzichten.

Beim Installieren von einem Medium ist das mit folgendem Trick möglich:

1. Booten Sie den PC vom vorbereiteten Installationsmedium (siehe ggf. Seite 568).
2. Wenn auf dem Bildschirm *Jetzt installieren* angezeigt wird, drücken Sie stattdessen die Tastenkombination [⇧]+[F10].
3. Damit öffnen Sie eine Eingabeaufforderung, die innerhalb des Installationsassistenten läuft. Tippen Sie hier den Befehl `regedit` ein, gefolgt von [↵].

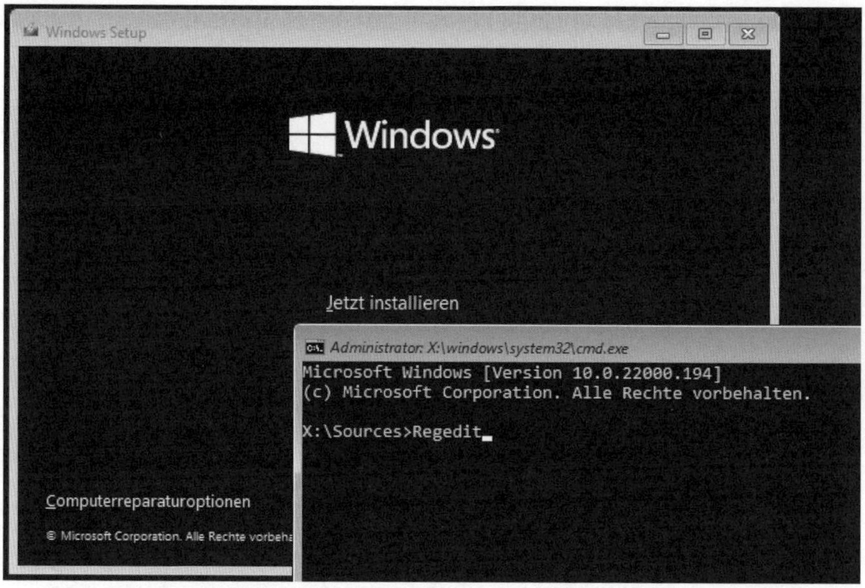

4. Steuern Sie links im Navigationsbereich zum Schlüssel *Computer\HKEY_LOCAL_MACHINE\SYSTEM\Setup*.

5. Klicken Sie mit der rechten Maustaste auf den Eintrag *Setup* und wählen Sie im Kontextmenü *Neu/Schlüssel*. Tippen Sie als Namen für den neuen Schlüssel *LabConfig* ein.

6. Klicken Sie dann mit der rechten Maustaste in die rechte Hälfte und wählen Sie dort im Kontextmenü *Neu/Zeichenfolge*. Und geben Sie als Namen der Zeichenfolge *BypassCPUCheck* ein.

7. Öffnen Sie diesen Eintrag dann mit ⏎ und legen Sie als Wert der Zeichenfolge die Zahl *1* fest.

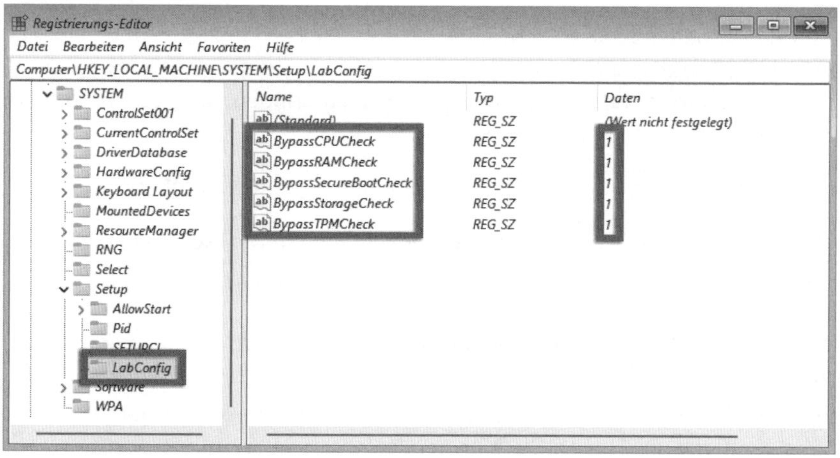

8. Wiederholen Sie die Schritte 6 und 7 für die folgenden Einträge:
   - *BypassRAMCheck*
   - *BypassSecureBootCheck*
   - *BypassStorageCheck*
   - *BypassTPMCheck*
9. Schließen Sie den Registrierungs-Editor dann mit *Datei/Beenden*.
10. Zurück in der Eingabeaufforderung geben Sie nun `exit` gefolgt von ↵ ein.

Ab hier können Sie die Installation mit *Jetzt installieren* fortsetzen. Eventuelle Beschwerden über nicht erfüllte Voraussetzungen sollten ausbleiben und Windows 11 wie gewünscht installiert werden.

1.1.5 Hardware-Stopper bei Upgrade-Installationen lösen

Wenn Sie ein vorhandenes Windows per Upgrade aktualisieren oder per In-Place-Upgrade (siehe Seite 567) reparieren möchten, hilft die vorangehend beschriebene Variante nicht immer weiter. Hier hat Microsoft aber selbst einen Umweg per Registry veröffentlicht, den man anwenden kann, bevor man das Windows-Setup aus einem vorhandenen Windows heraus startet:

1. Starten Sie den Registrierungs-Editor mit Administratorrechten.
2. Navigieren Sie zum Schlüssel *HKEY_LOCAL_MACHINE\SYSTEM\Setup\MoSetup*.
3. Legen Sie darin einen neuen 32-Bit-DWORD-Wert an und geben Sie diesem den Namen *AllowUpgradesWithUnsupportedTPMOrCPU*.
4. Öffnen Sie den neu angelegten Eintrag und legen Sie dessen Wert mit *1* fest.

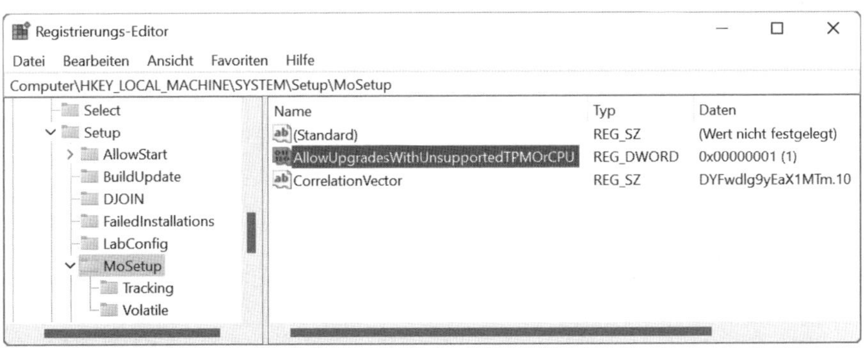

Nach dieser Änderung wird der Installationsassistent sich zwar weiterhin über nicht erfüllte Anforderungen beschweren. Sie können nun an dieser Stelle aber trotzdem mit der Installation fortfahren.

1.1.6 Den PC auf GPT und UEFI-Modus umstellen

Wenn Ihr PC noch eine MBR-Partition verwendet, lässt sich das leider nicht mit einem Registry-Trick beheben. Allerdings kann man eine MBR-Partition in den meisten Fällen ohne Datenverlust auf das neuere GPT-Format umstellen. Damit einhergehen muss ggf. auch eine Umstellung des BIOS auf den UEFI-Modus (den Windows 11 ja ohnehin möchte). Überprüfen Sie also zunächst, ob Ihr PC den UEFI-Modus beherrscht (aber stellen Sie ihn noch nicht um).

Außerdem sollten Sie Folgendes beachten:

- Vergewissern Sie sich, wie Sie bei einem Neustart direkt in die BIOS-Einstellungen des PCs gelangen und dort den UEFI-Modus aktivieren können. Nach dem Umstellen der Partition wird Windows andernfalls nicht mehr starten.
- Das Umwandeln der Partition von MBR zu GPT kann nicht rückgängig gemacht werden.
- Nicht nur deshalb sollten Sie vor den nachfolgenden Schritten vorsichtshalber eine aktuelle Sicherung wichtiger Daten anlegen oder noch besser eine Komplettsicherung des PCs erstellen.

1. Öffnen Sie eine Eingabeaufforderung mit Administratorrechten.
2. Geben Sie hier `mbr2gpt /validate /allowfullos` ein, um zunächst die Voraussetzungen für das Konvertieren zu prüfen.
3. Lassen Sie sich bei der Ausgabe des Befehls nicht von der Angabe *validation completed successfully* täuschen. Sie besagt nur, dass die Überprüfung abgeschlossen werden konnte. Kontrollieren Sie in den Zeilen darüber, ob Probleme gemeldet werden, die ein Konvertieren des Datenträgers verhindern würden.
4. Ist das nicht der Fall, können Sie anschließend den eigentlichen Befehl zum Umwandeln des Datenträgers geben:

   `mbr2gpt /convert /allowfullos`.

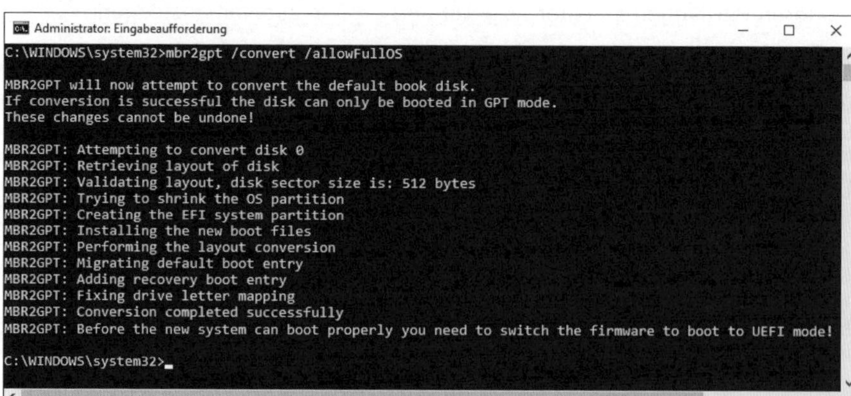

5. Nach Abschluss der Ausführung fahren Sie Windows herunter.
6. Wechseln Sie beim anschließenden Neustart direkt in die BIOS-Einstellungen des PCs und stellen Sie diese auf den UEFI-Modus um.
7. Anschließend sollte Windows sich wieder wie gewohnt starten lassen.

Konvertieren von BitLocker-geschützten Partitionen

Wenn Ihre Windows-Partition durch BitLocker geschützt ist, muss dieses vor dem Konvertieren zumindest angehalten werden. Das können Sie beispielsweise in den BitLocker-Einstellungen in der Systemsteuerung erledigen. Wer ganz auf Nummer sicher gehen will, entfernt den BitLocker-Schutz vor dem Konvertieren vom Laufwerk und richtet ihn später wieder ein.

1.1.7 Bei der Installation Platz für Windows schaffen

Wenn Ihr PC über mehrere Laufwerke und Partitionen verfügt, aber keine davon genügend Speicherplatz für eine Windows-Installation aufweist, können Sie mit dem Installationsassistenten Abhilfe schaffen. Dieser ist in der Lage, die vorhandenen Partitionen zu verändern, sofern ausreichend freier Speicherplatz vorhanden ist.

Partitionen nur beim Booten von Installationsmedium bearbeiten

Die Funktionen zum Verändern von Partitionen stehen nur zur Verfügung, wenn Sie den PC bei einer Neuinstallation von einem Installationsmedium booten. Starten Sie die Installation von einem vorhandenen Betriebssystem aus, sind diese Funktionen deaktiviert, da sie das laufende System gefährden könnten.

Variante 1: Aus X mach eins

Ihr PC hat genügend freien Speicherplatz, aber der ist auf mehrere kleinere Partitionen verteilt? Dann können Sie den Installationsassistenten nutzen, um diese kleineren Partitionen zu einer ausreichend großen zusammenzulegen.

Allerdings ist ein Datenverlust auf den aufgelösten Partitionen in diesem Fall unvermeidlich. Führen Sie diese Schritte also nur durch, wenn sich auf den Partitionen keine schützenswerten Daten mehr befinden.

1. Lassen Sie die Installation bis zur Auswahl der Installationsart durchlaufen und wählen Sie dort *Benutzerdefiniert: nur Windows installieren*.
2. Suchen Sie anschließend in der Übersicht einen Datenträger, der insgesamt genügend Speicherplatz für die Windows-Installation bietet. Dieser kann auf mehrere Partitionen verteilt sein. Entscheidend ist die einheitliche Bezeichnung der Partitionen (z. B. *Datenträger 0 Partition X*).

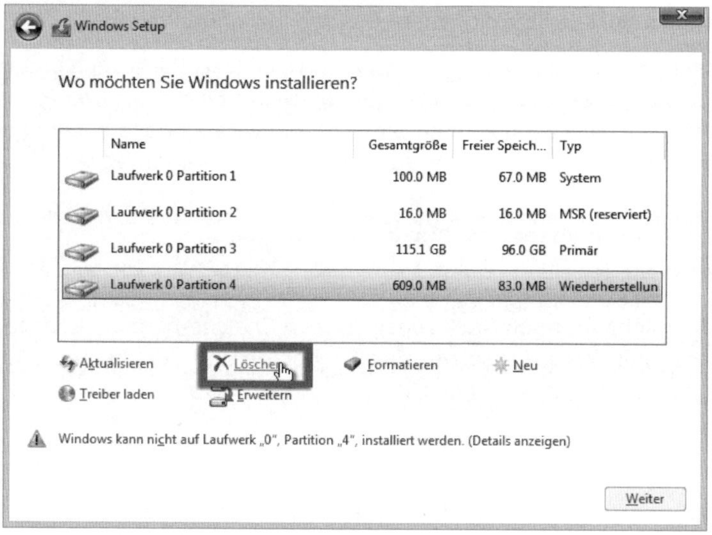

3. Wählen Sie eine der Partitionen aus und entfernen Sie diese mit *Löschen*. Achtung: Die auf der Partition gespeicherten Daten gehen dabei verloren!

4. Markieren Sie dann die andere Partition desselben Datenträgers und wählen Sie unten *Erweitern*. Geben Sie an, wie viel vom nun frei verfügbaren Speicherplatz des Datenträgers zu dieser Partition hinzugefügt werden soll. Maximal können Sie so den Speicherplatz dieser Partition und den der gelöschten addieren. Bestätigen Sie die Sicherheitsrückfrage.

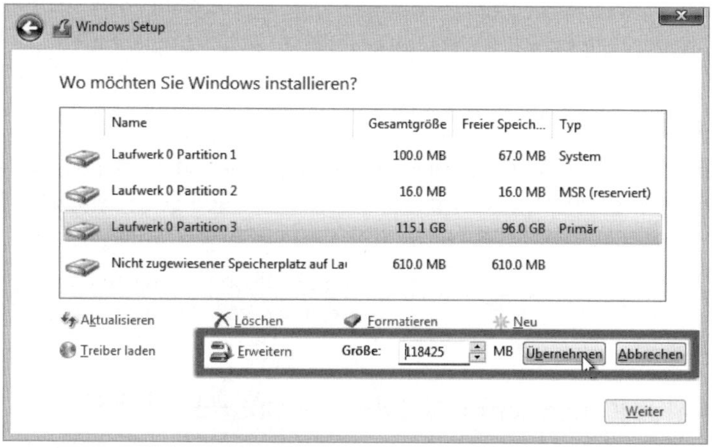

5. Der Installationsassistent fügt nun den freien Speicherplatz der ausgewählten Partition hinzu. Im Ergebnis machen Sie so also aus zwei kleineren Partitionen eine große. Sie können diese beliebig fortsetzen und so z. B. auch drei kleinere Partitionen zu einer zusammenlegen. Allerdings funktioniert das natürlich nur innerhalb eines Datenträgers. Partitionen auf verschiedenen Festplatten können nicht zu einer Partition zusammengelegt werden.

Variante 2: Tabula rasa

Vielleicht möchten Sie alle auf dem PC bislang vorhandenen Partitionen ungeachtet ihrer Inhalte löschen und die gesamte Speicherkapazität für das neu zu installierende Windows nutzen? Dann können Sie auch die vorangehend beschriebene Methode verwenden:

1. Wählen Sie der Reihe nach alle vorhandenen Partitionen des Laufwerks aus.
2. *Löschen* Sie diese jeweils.
3. Zeigt die Übersicht nur noch *Nicht zugewiesenen Speicherplatz* an, können Sie die Installation mit *Weiter* fortsetzen. Das Einrichten und Formatieren erledigt der Installationsassistent dann ganz alleine.

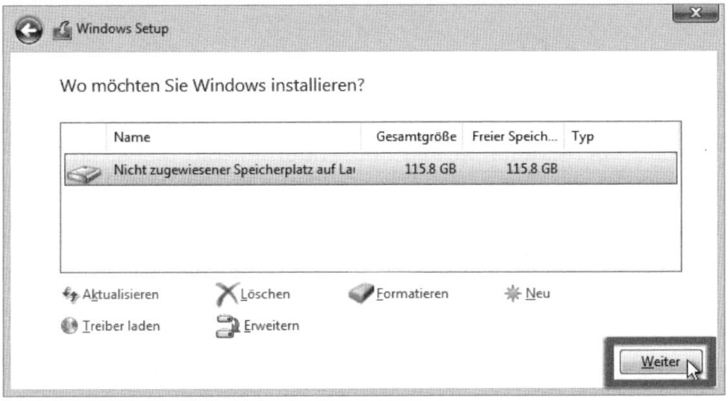

Aus eins mach zwei

Will man eine neue Windows-Version zunächst parallel zum vorhandenen System testen, steht man oft vor dem Problem, dass man die gesamte vorhandene Festplattenkapazität dem vorhandenen Windows zugewiesen hat. Ist auf dieser Festplatte ausreichend (freier) Speicherplatz, kann man diesen einer separaten Partition zuweisen und auf dieser das neue Windows installieren. Dies ist allerdings nicht mit dem Installationsassistenten möglich, sondern muss zuvor im vorhandenen Windows mit der Datenträgerverwaltung erledigt werden (siehe Seite 320).

1.1.8 Lokales Konto schon bei der Installation

Das erste Benutzerkonto wird direkt bei der Installation angelegt. Dabei bemüht sich der Assistent, Sie zu einem Microsoft-Konto zu verlocken. Eine Alternative scheint es auf den ersten Blick nicht zu geben. Dabei ist nur ein kleiner Umweg nötig:

1. Wenn der Assistent Sie auffordert, Ihr Microsoft-Konto hinzuzufügen, klicken Sie stattdessen darunter auf *Anmeldeoptionen*.

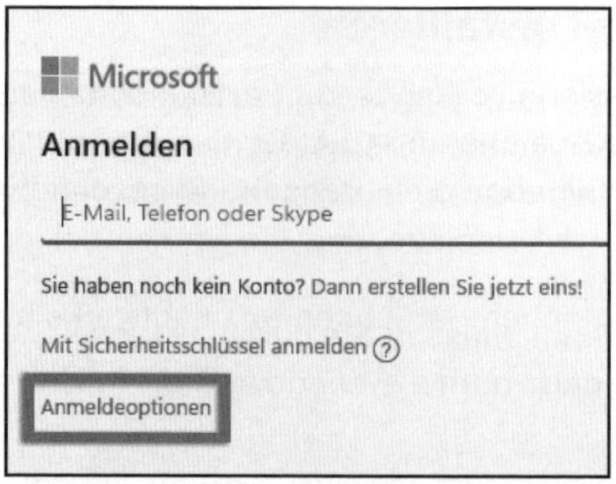

2. Wählen Sie in der so angezeigten Liste von Optionen das *Offlinekonto*.

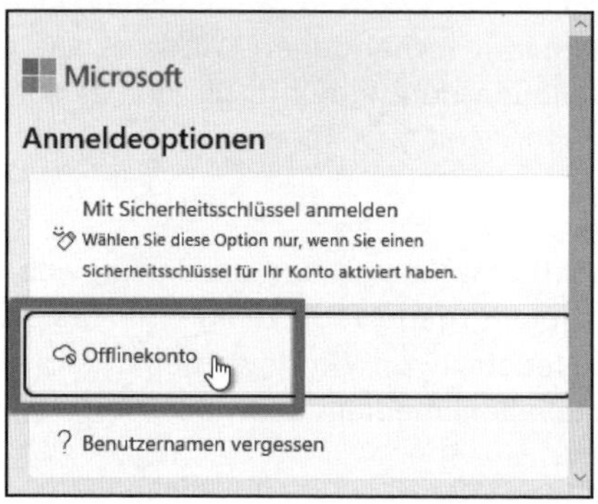

3. Ignorieren Sie dann ggf. die hartnäckigen Hinweise des Assistenten, dass ein Microsoft-Konto besser wäre, mit *Vorerst überspringen*.
4. So gelangen Sie im nächsten Schritt zu einem Dialog, in dem Sie einen Namen für Ihr Benutzerkonto angeben können.
5. Anschließend tippen Sie hier das Kennwort (zweimal) ein und legen Sicherheitsfragen zum Zurücksetzen desselben fest, falls Sie es vergessen sollten.

Anschließend geht es mit dem Setup-Vorgang ganz normal weiter.

Lokales Konto bei der Home-Edition

Bei der Home-Edition lässt sich ein lokales Konto bei der Installation nicht ohne Weiteres wählen. Hier hilft nur der rustikale Trick, dem PC vorzugaukeln, dass er nicht mit dem Internet verbunden ist. Ziehen Sie dazu vor dem Installieren den Netzwerkstecker. Bei einem Gerät mit WLAN verschieben Sie das Eingeben des WLAN-Schlüssels auf später. Da bei einer solchen Offline-Situation ein Microsoft-Konto wenig sinnvoll wäre, verzichtet der Einrichtungsassistent darauf und lässt Sie stattdessen automatisch ein lokales Konto anlegen. Dabei können Sie es dann belassen, wenn Sie später eine Onlineverbindung herstellen. Sie brauchen nur die wiederholten Aufforderungen, nun doch zu einem Microsoft-Konto zu wechseln, hartnäckig zu ignorieren.

1.1.9 Zweites Windows parallel installieren

Vielleicht möchten Sie nicht gleich komplett auf ein neues Windows umsteigen, sondern sich erst einmal herantasten? Dann können Sie es auf demselben PC parallel zum vorhandenen Betriebssystem installieren. In dem Fall existieren beide Windows-Versionen nebeneinander auf Ihrer Festplatte, und Sie können bei jedem Einschalten des PCs entscheiden, welches Windows Sie verwenden möchten. Damit die parallele Installation reibungslos klappt, müssen Sie nur an ein, zwei Stellen etwas aufpassen. Der Rest ist dann eine ganz normale Windows-Installation.

> **Parallelinstallation nur mit Booten vom Installationsmedium**
> Wenn Sie das neue Windows parallel zu einem vorhandenen installieren möchten, booten Sie den PC dafür in jedem Fall von einem Installationsmedium. Sie können die Installation theoretisch auch vom vorhandenen Windows aus starten. Aber dann wird eine Upgrade-Installation durchgeführt, die das existierende System ersetzt.

1. Starten Sie den PC vom vorbereiteten Windows-Installationsmedium (siehe Seite 568). Dazu müssen Sie ggf. beim Bootvorgang rechtzeitig eine Taste drücken oder alternativ den erweiterten Neustart von Windows bemühen (siehe Seite 541) und das Gerät mit dem Installationsmedium auswählen.
2. Die nächsten Schritte entsprechen zunächst der üblichen Installationsprozedur.
3. Spannend wird es bei der Auswahl der Installationsart. Entscheiden Sie sich hier für die untere Option *Benutzerdefiniert*, um das neue Windows parallel zu Ihrem vorhandenen Windows-System zu installieren.

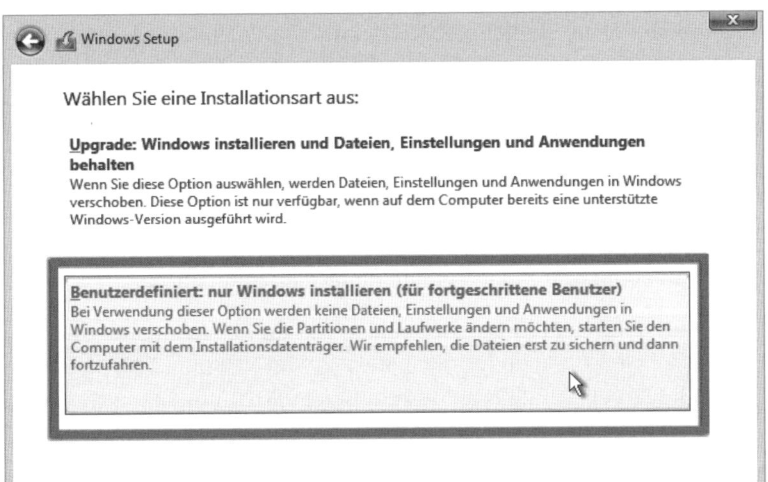

4. Wählen Sie dann im nächsten Schritt eine Partition für die Installation aus. Diese darf keinesfalls die Partition sein, auf der Ihr bisheriges Windows-Betriebs-

system installiert ist. Diese ist in der Regel mit dem Zusatz *System* als aktive Partition gekennzeichnet.

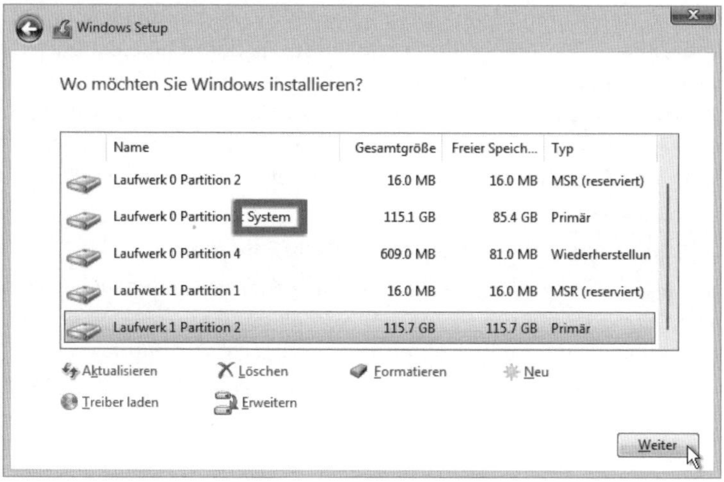

5. Damit ist der Installationsteil mit Benutzerinteraktion erledigt. Der Assistent beginnt nun, Dateien zu kopieren, auszupacken und zu installieren. Anschließend läuft die Installation wie üblich weiter.

1.1.10 Windows auf einer virtuellen Festplatte installieren

Wenn Sie keine Partition für ein paralleles Windows frei haben und auch keine einrichten können oder wollen, gibt es eine weitere einfache Möglichkeit, zumindest für Nutzer ab Windows 7. Seit dieser Versionsnummer unterstützt Windows die Verwendung dynamischer virtueller Festplatten (**V**irtual Dynamic **H**ard **D**isk, kurz VHD). Dabei erstellen Sie auf einer vorhandenen Festplatte eine große Datei, die die Strukturen einer eigenständigen Partition enthält. Windows kann auf einer solchen virtuellen Festplatte genauso installiert und genutzt werden wie auf einer realen. Der Vorteil dieser Lösung: Sie müssen keine spezielle Partition einrichten, und Sie können die virtuelle Festplatte mitsamt der installierten Testversion später ganz einfach wieder verschwinden lassen, indem Sie lediglich die Datei löschen. Und das Ganze ist einfacher, als es sich im ersten Moment vielleicht anhört.

1. Starten Sie zunächst den PC mit einem Installationsdatenträger.

2. Klicken Sie auf *Jetzt installieren* und wählen Sie den Installationstyp *Benutzerdefiniert*. Anstatt eine Partition für die Installation festzulegen, drücken Sie dann aber ⇧+F10, um eine Eingabeaufforderung zu öffnen.

3. Geben Sie das Kommando `diskpart` ein. Dieses verwendet eine eigene Kommandozeile, in die Sie nun die folgenden Befehle eingeben.

4. Geben Sie darin `list vol` ein, um alle Partitionen anzuzeigen. Suchen Sie sich hier eine Partition mit ausreichend freiem Platz aus und merken Sie sich deren Laufwerkbuchstaben (Spalte *BST*).

Fehlender Laufwerkbuchstabe?

Sollte für die Partition, in der Sie die virtuelle Festplatte anlegen wollen, kein Laufwerkbuchstabe angezeigt werden, können Sie diesen zuweisen. Wählen Sie dazu die Partition zunächst mit `select vol <Nummer>` aus. Legen Sie den Buchstaben dann mit `assign LETTER=<Buchstabe>` fest. Geben Sie dabei einen anderweitig nicht genutzten Laufwerkbuchstaben ohne Doppelpunkt an.

5. Geben Sie dann den Befehl zum Erstellen der dynamischen virtuellen Festplatte auf diesem Laufwerk ein:

```
create vdisk file=<Laufwerk>:\<Name>.vhdx type=expandable
maximum=30000
```

- Für *<Laufwerk>* geben Sie den zuvor ermittelten Laufwerkbuchstaben an.
- Für *<Name>* tippen Sie einen einfachen, aussagekräftigen Dateinamen ein.
- *type=expandable* legt fest, dass die Datei nur nach Bedarf wächst. Zunächst ist sie also praktisch leer, und erst mit dem Installieren von Windows, dem Erstellen von Dateien etc. wächst sie nach und nach bis zur maximalen Größe an.
- *maximum* gibt die maximale Größe der virtuellen Festplatte in Megabyte an. Sie sollte mindestens 30 GB betragen, also 30.000 MB. Größer geht immer, aber den verfügbaren freien Platz sollten Sie nicht überschreiten.

Das Erstellen der Datei für die virtuelle Festplatte dauert ggf. etwas. Warten Sie die Erfolgsmeldung ab.

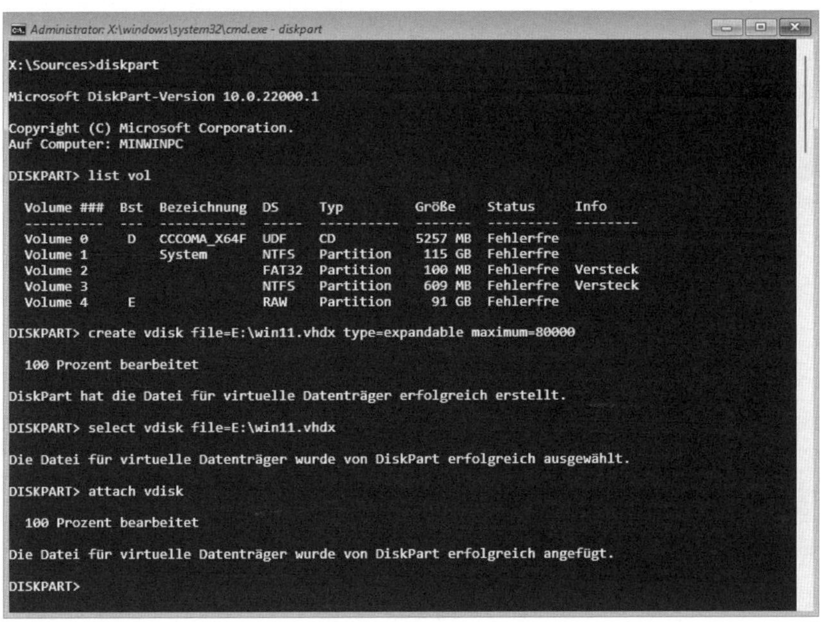

6. Geben Sie dann das Kommando `select vdisk file=<Laufwerk>:\<Name>.vhdx` ein, wobei Sie die gleichen Parameter wie oben verwenden. Damit wählen Sie die virtuelle Festplatte als Ziel der weiteren Aktionen aus.

7. Geben Sie den Befehl `attach vdisk` ein, um die virtuelle Festplatte einzubinden.

8. Mit `exit` verlassen Sie schließlich das diskpart-Programm.

9. Schließen Sie die Eingabeaufforderung und klicken Sie nun – zurück im Installationsassistenten – auf *Aktualisieren*. Daraufhin wird die neu erzeugte Partition in der Liste angezeigt, die Sie nun für die Installation auswählen. Ab da geht die Installation wie beschrieben weiter.

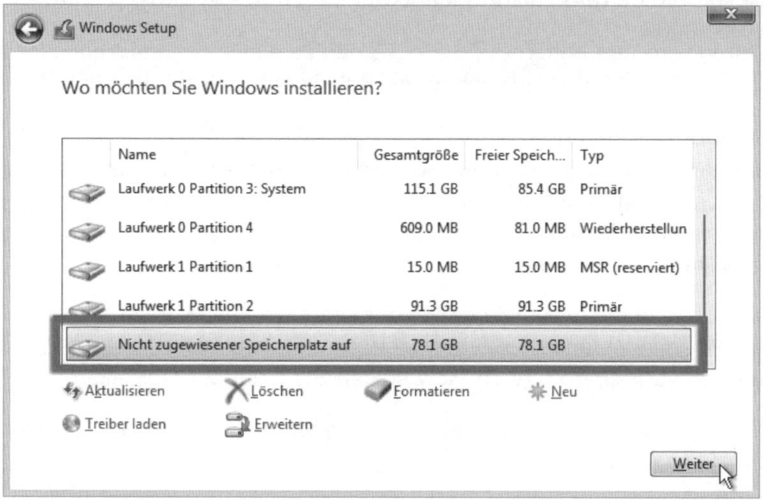

Auf diese Weise installierte Windows-Versionen lassen sich vollumfänglich nutzen. Sollten Sie sie nicht mehr benötigen, löschen Sie einfach die *.vhdx*-Datei (wodurch allerdings auch alle darin gespeicherten Daten verloren gehen).

Es gibt erfahrungsgemäß aber eine wichtige Einschränkung: Windows-Systeme auf virtuellen VHDX-Festplatten erhalten zwar reguläre Updates, allerdings scheitert in der Regel das Einspielen umfassenderer Feature-Updates. Diese Variante eignet sich also eher zum Installieren temporärer Testsysteme denn als dauerhafte Lösung.

1.1.11 VHD-Einträge aus dem Bootmenü entfernen

Es gibt einen kleinen Haken bei dem im vorangehenden Tipp beschriebenen Installieren von Windows auf einer virtuellen Festplatte. Mit dem Löschen der VHDX-Datei verschwindet das Laufwerk und der Speicherplatz wird freigegeben. Was nicht verschwindet, ist der Eintrag im Bootmenü von Windows. Hier findet sich weiterhin der Eintrag, dessen Auswahl aber nur zu einer Fehlermeldung führt.

Wenn man wiederholt Windows auf VHD-Laufwerken installiert, kommen immer wieder neue derartige Einträge hinzu und irgendwann findet man die »realen« Einträge unter den ganzen Zombies kaum noch wieder.

1. Um das zu verhindern, kann man das Bootmenü jederzeit ein wenig bereinigen und nicht mehr benötigte Einträge entfernen. Dazu muss man irgendeine der (noch vorhandenen) Windows-Versionen starten und dort das Programm *msconfig* (einfach im Startmenü eintippen) ausführen.

2. Dieses führt in der Rubrik *Start* alle Einträge des Bootmenüs auf.

3. Wählen Sie hier einen Eintrag aus, den Sie aus der Liste verbannen möchten, und klicken Sie darunter auf *Löschen*.

4. Der Eintrag wird nun entfernt und Sie werden zu einem Neustart aufgefordert. Den können Sie sofort oder auch später erledigen.

Achten Sie aber bitte darauf, welche Einträge Sie löschen. Erwischen Sie den falschen, können Sie die dazugehörende Windows-Version anschließend nicht mehr im Bootmenü auswählen und starten. Das lässt sich zwar notfalls durch eine Reparatur der Startkonfiguration (siehe Seite 543) rückgängig machen, aber diese Umstände sollte man sich besser durch Vorsicht ersparen.

1.1.12 Das bevorzugte System automatisch starten

Der Windows-Bootmanager startet standardmäßig das zuletzt installierte Windows. Wenn Sie beispielsweise bei einer Parallelinstallation vorwiegend weiterhin Ihr »altes« Windows und nur hin und wieder das neue Windows verwenden wollen, ist das auf Dauer etwas nervig. Sie können aber das Verhalten des Windows-Bootmanagers ändern, sodass er standardmäßig Ihre vorhandene Installation hochfährt und das neuere Windows nur auf ausdrücklichen Wunsch startet. Diese Einstellung können Sie direkt im Bootmanager vornehmen.

1. Wenn der Bootmanager angezeigt wird, wählen Sie ganz unten die etwas unscheinbare Zeile *Standardeinstellungen ändern oder andere Optionen auswählen* mit der Maus oder [Tab] aus.

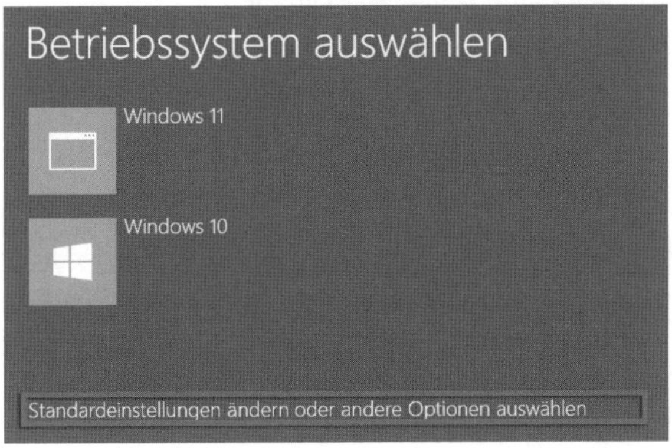

2. Wählen Sie im anschließenden Menü den Punkt *Standardbetriebssystem auswählen*.

3. Damit gelangen Sie zu einer Liste aller installierten Windows-Versionen, in der Sie diejenige auswählen, die standardmäßig gestartet werden soll.

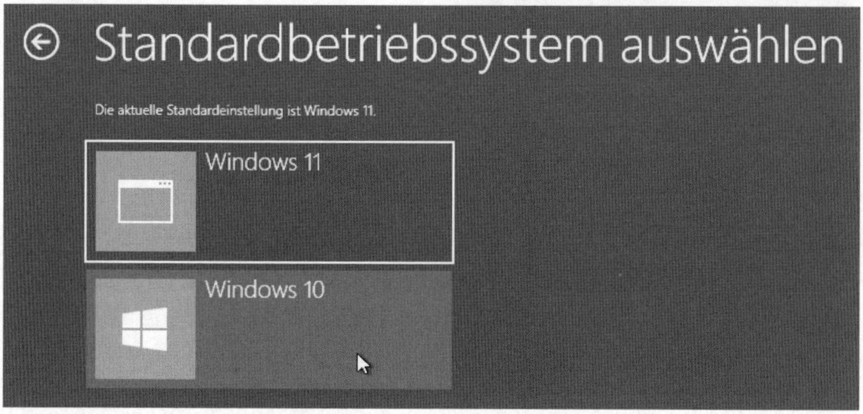

4. Zurück im Optionsmenü können Sie mit *Timer ändern* bei Bedarf auch die Zeit anpassen, die der Bootmanager auf eine Eingabe wartet, bevor er das Standardsystem hochfährt. Hier stehen allerdings nur die drei Varianten *5 Minuten*, *30* oder *5 Sekunden* zur Auswahl.

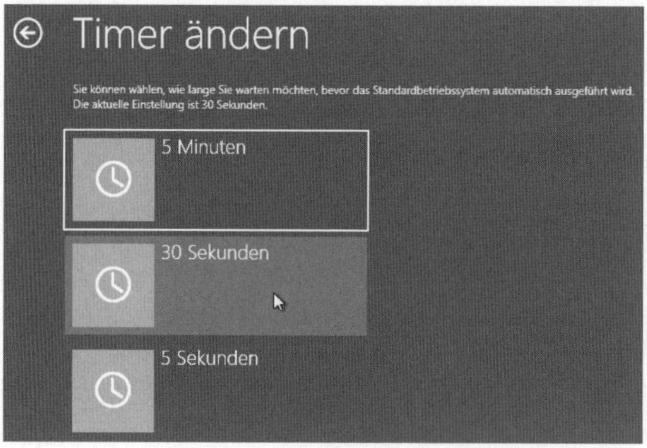

> **Auswahlzeit genauer einstellen**
> Im Bootmanager haben Sie nur drei feste Optionen für die Startzeit zur Auswahl. Wenn Ihnen das nicht reicht, öffnen Sie in den Windows-Einstellungen den Bereich *System/Info* und klicken Sie dort auf den Link *Erweiterte Systemeinstellungen*. Im so geöffneten Dialog klicken Sie im Abschnitt *Starten und Wiederherstellen* auf *Einstellungen*. Dann können Sie die gewünschte Zeit sekundengenau einstellen.

5. Um die *Einstellungen* zu verlassen, wählen Sie *Weitere Optionen auswählen* und *Fortsetzen*. Dann aktiviert der Bootmanager das gerade frisch eingestellte Standardbetriebssystem.

1.1.13 Einträge im Bootmanager umbenennen

Wenn Sie den Bootmanager verwenden, um beispielsweise mehrere Windows-Versionen parallel zu nutzen, müssen Sie sich nicht mit den automatisch gewählten Bezeichnungen zufriedengeben.

1. Öffnen Sie in einem der installierten Windows-Systeme eine Eingabeaufforderung mit Administratorrechten.
2. Geben Sie darin den Befehl `bcdedit` ein. Ohne weitere Parameter gibt der eine Liste der vorhandenen Bootmenüeinträge aus.
3. Lokalisieren Sie den Eintrag, den Sie verändern möchten, und dabei insbesondere die Zeile *Bezeichner*. Kopieren Sie deren Angabe in geschweiften Klammern. Das kann ein einfacher Begriff wie *{current}* oder *{default}* sein, aber auch eine komplexe Zeichenfolge.
4. Markieren Sie diese mit der Maus und drücken Sie dann Strg+C, um sie in die Zwischenablage zu kopieren.

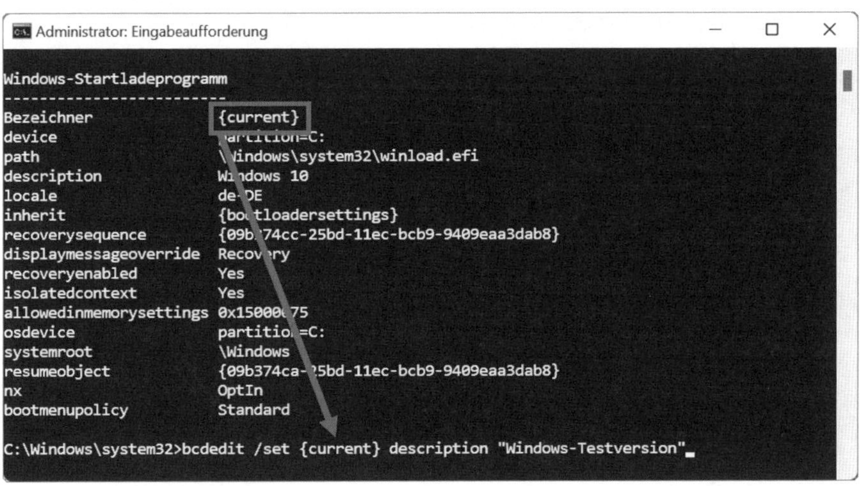

5. Tippen Sie dann den folgenden Befehl ein, wobei Sie an der passenden Stelle den kopierten Bezeichner mit Strg+V einfügen:

```
bcdedit /set {current} description "Windows-Testversion"
```

6. Mit einem erneuten `bcdedit` ohne ergänzende Parameter können Sie sich davon überzeugen, dass Windows ab sofort die neue Bezeichnung verwendet.

1.1.14 Eine vollständige Installation für andere vornehmen

Falls Sie gelegentlich Windows-PCs für Mitmenschen einrichten, stehen Sie ggf. vor dem Problem, dass nach der Installation zunächst ein Benutzerkonto eingerichtet und diverse Einstellungen vorgenommen werden müssen (die sogenannte OOBE – **O**ut-**O**f-**B**ox-**E**xperience). Erst danach kann Windows installiert sowie ggf. benötigten Treiber und Anwendungen installiert werden. Mit dem Systemvorbereitungsprogramm von Microsoft können Sie dieses Problem umgehen und eine Windows-Installation komplett fertigstellen. Der PC kann dann dem Benutzer vollständig vorbereitet übergeben werden und dieser findet beim ersten Start trotzdem die übliche OOBE-Sequenz vor, kann sein Benutzerkonto selbst anlegen usw.

1. Starten Sie dazu die Installation und führen Sie sie zunächst wie gewohnt durch.
2. Warten Sie, bis der erste Schritt der OOBE auf dem Bildschirm angezeigt wird. In der Regel ist dies die Frage nach dem korrekten Land bzw. der korrekten Region. Beantworten Sie diese **nicht**!
3. Drücken Sie stattdessen die Tastenkombination Strg+⇧+F3.
4. Windows startet daraufhin neu und meldet Sie anschließend automatisch mit dem Administratorkonto an.
5. Zusätzlich wird ein Dialogfenster des Systemvorbereitungsprogramms angezeigt. Ignorieren Sie es vorerst einfach. Auch wenn etwa nachfolgende Treiberinstallationen einen Neustart erfordern, wird dieses Fenster automatisch immer wieder angezeigt.

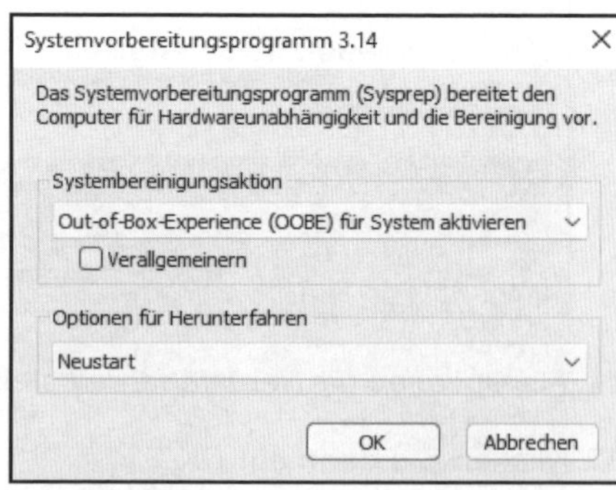

6. Stellen Sie nun zunächst sicher, dass der PC eine Internetverbindung hat. Bei einer Kabelverbindung wird dies meist direkt der Fall sein. Bei WLAN melden Sie sich beim Drahtlosnetzwerk an. Sollte die Netzwerkhardware nicht direkt funktionieren, benötigen Sie eventuell Treibersoftware des Herstellers. Diese müsste ggf. auf anderem Wege beschafft und diesem PC beispielsweise per USB-Stick zur Verfügung gestellt werden.

7. Lassen Sie nun durch Windows Update alle anstehenden Systemaktualisierungen und sonstige Updates installieren. Stoßen Sie die *Update*-Funktion ggf. manuell an, bis sie keine neuen Daten mehr findet.

8. Installieren Sie außerdem alle benötigte Treiber-Software. Der Geräte-Manager ist ein guter Anhaltspunkt. Hier sollten keine Warnhinweise oder Fehler mehr angezeigt werden. Aber auch sonst kann es für wesentliche Komponenten wie Mainboard und Grafikkarte sinnvoll sein, aktuelle Treiber vom Hersteller zu installieren, anstatt sich auf die oft schon veralteten aus der Windows-Treiberdatenbank zu verlassen.

Anwendungen installieren

Apps lassen sich in diesem Modus nicht installieren, weil sie immer nur von einem Anwender für sein eigenes Konto eingerichtet werden können, das in diesem Fall noch gar nicht existiert. Klassische Desktop-Anwendungen können installiert werden. Allerdings gilt auch hier die Einschränkung, dass diese für eine systemweite Installation geeignet sein müssen und Sie keine benutzerkontenspezifischen Einstellungen vornehmen können.

9. Haben Sie das System auf den aktuellen Stand gebracht und mit allen notwendigen Treibern und Programmen versehen, können Sie die Systemvorbereitung abschließen. Wählen Sie dazu im *Systemvorbereitungsprogramm* bei *Systembereinigungsaktion* die Option *Out-of-Box-Experience (OOBE) für System aktivieren*.

10. Setzen Sie direkt darunter das Häkchen bei *Verallgemeinern*.

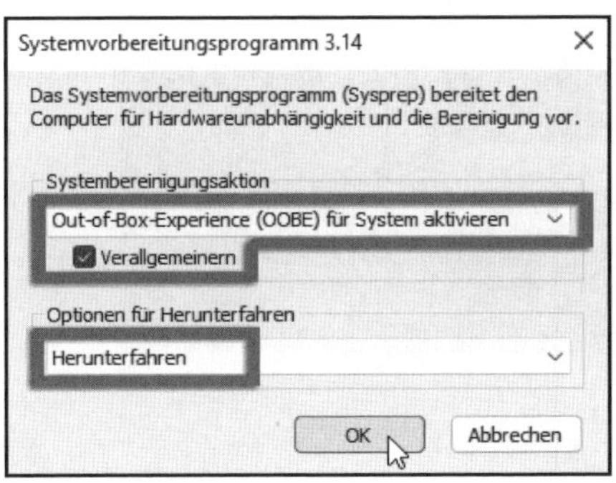

11. Als *Optionen für Herunterfahren* stellen Sie *Herunterfahren* ein.

12. Klicken Sie dann auf *OK*.

Das Systemvorbereitungsprogramm deaktiviert das zwischenzeitlich genutzte Administratorkonto nun wieder. Auch gesetzte WLAN-Passwörter werden ggf. wieder entfernt. Dann wird der PC heruntergefahren. In diesem Zustand können Sie ihn nun übergeben. Beim nächsten Start beginnt wieder die von Ihnen unterbrochene OOBE-Sequenz, bei der der neue Besitzer sein Konto anlegen und die weiteren Einstellungen selbst vornehmen kann.

1.1.15 Wechsel von der Home- zur Pro-Edition

Windows wird für Privatanwender in der einfachen Home- und in der Pro-Edition verkauft. Die Home-Variante ist für den typischen Heimanwender durchaus ausreichend. Etwas ambitioniertere Anwender werden aber einige der Pro-Funktionen wie BitLocker-Verschlüsselung, Gruppenrichtlinien, Remote Desktop oder das Verzögern von Updates vermissen. Gerade günstige Komplett-PCs werden häufig mit der Home-Edition ausgeliefert, weil das für die Hersteller billiger ist. Wenn Ihnen Funktionen fehlen, bleibt nur der Wechsel zur höherwertigen Pro-Edition. Das ist auch kein Problem, denn die Daten dafür wurden ohnehin bereits installiert. Bei Bedarf können Sie Ihr Windows Home also jederzeit in ein Windows Pro umwandeln.

1. Öffnen Sie in den Windows-Einstellungen den Bereich *System/Aktivierung*.
2. Klicken Sie in der rechten Hälfte unten auf *Store öffnen*.
3. Damit gelangen Sie zu einer speziellen Seite des Microsoft Store, die über die App normalerweise nicht direkt geöffnet werden kann. Wählen Sie hier das Upgrade auf die Pro-Edition und erledigen Sie die »Formalitäten«.
4. Sollten Sie bereits über einen Produktschlüssel für die Pro-Edition verfügen, der noch auf keinem PC im Einsatz ist, können Sie auch diesen verwenden. Klicken Sie dazu bei *Produkt Key* auf *Ändern* und geben Sie den Schlüssel ein.

Wenn das Upgrade auf die Pro-Edition scheitert

Bei der beschriebenen Vorgehensweise beschwert Windows sich gelegentlich, dass ein eingegebener Product Key dafür nicht geeignet sei. Dies kann bei OEM-Lizenzen auftreten, die eigentlich nur in Verbindung mit einem neuen Gerät verkauft werden sollten. Das Problem lässt sich lösen, indem man das Upgrade mit einem generischen Product Key durchführt. Microsoft selbst hat beispielsweise einen Schlüssel veröffentlicht, mit dem man eine Home- auf eine Pro-Edition anheben kann: VK7JG-NPHTM-C97JM-9MPGT-3V66T. Aktivieren können Sie die Windows Pro-Installation damit allerdings nicht. Geben Sie dazu anschließend in den Windows-Einstellungen bei *System/Aktivierung* den erworbenen OEM-Schlüssel ein.

1.1.16 Windows-Lizenz auf neue Hardware umziehen

Eine Windows-Lizenz ist heutzutage meist fest mit einem bestimmten Gerät verknüpft. Dies gilt für vorinstallierte Versionen auf gekauften Komplett-PCs, aber auch wenn man eines der kostenlosen Upgrades auf eine neue Windows-Version in Anspruch genommen hat. Was aber, wenn man nun einen neuen, leistungsfähigeren PC kaufen möchte? Microsoft hat einen Weg vorgesehen, wie man seine Windows-Lizenz auch bei tief greifenden Hardwareänderungen weiternutzen kann. Voraussetzung dafür ist das Verwenden desselben Microsoft-Kontos auf beiden Geräten. Darüber kann man eine Lizenz praktisch von einem Gerät auf ein anderes übertragen und dort weiterverwenden. Allerdings wird das Windows auf dem Alt-Gerät dadurch (wenn auch nicht unbedingt sofort) deaktiviert. Eine »Lizenzvermehrung« ist auf diesem Weg also nicht möglich.

Lizenzverknüpfung überprüfen

Um zu überprüfen, ob das Alt-Gerät korrekt lizenziert ist, öffnen Sie in den Windows-Einstellungen den Bereich *System/Aktivierung*. Wenn Sie dann rechts den Aktivierungsstatus ausklappen, sollte dort die Meldung *Windows wurde durch eine digitale, mit Ihrem Microsoft-Konto verknüpfte Lizenz aktiviert* stehen.

1. Melden Sie sich im Verlauf der Windows-Installation auf dem neuen PC direkt mit dem Microsoft-Konto an, das Sie zuvor auf dem alten PC verwendet haben.
2. Öffnen Sie nach Abschluss der Installation in den Windows-Einstellungen den Bereich *System/Aktivierung*. Hier dürfte bei *Aktivierungsstatus* nun stehen, dass Windows noch nicht aktiviert wurde.
3. Klappen Sie diesen Eintrag ggf. aus und klicken Sie dann auf *Problembehandlung*.
4. Windows versucht nun, ein Problem zu finden, das eine korrekte Aktivierung verhindert haben könnte. Da es an einem fehlenden Product Key liegt, wird als einzige Option das Erwerben einer Lizenz im Store vorgeschlagen.
5. Klicken Sie an dieser Stelle unten auf den Link *Ich habe kürzlich die Gerätehardware geändert.*

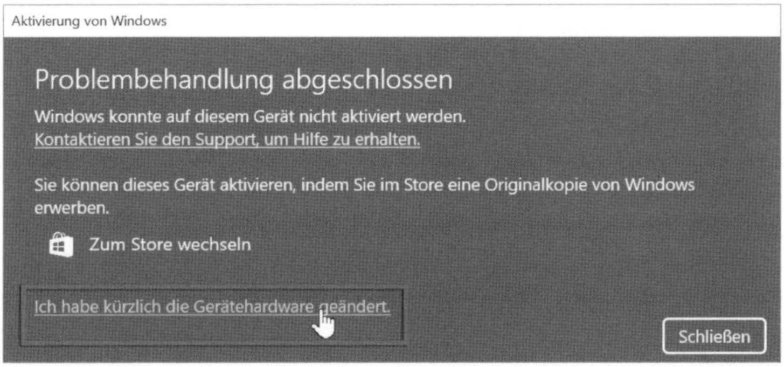

6. Windows öffnet daraufhin eine Übersicht der mit Ihrem Microsoft-Konto verknüpften Geräte. Meist ist es nur eines, ansonsten achten Sie anhand des PC-Namens darauf, dass Sie das richtige auswählen, also den »alten« PC. Schalten Sie die zu dessen Eintrag gehörende Option *Dies ist das aktuell verwendete Gerät* ein und klicken Sie dann rechts auf *Aktivieren*.

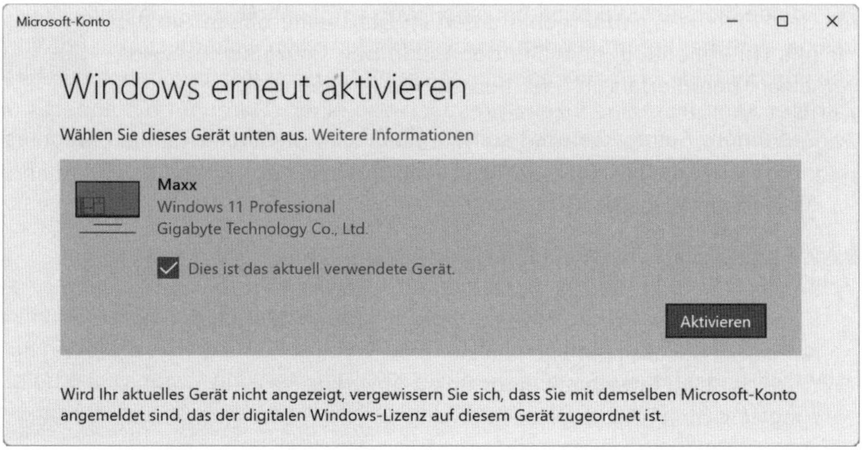

7. Daraufhin wird Windows mit dieser Lizenz aktiviert. Gegebenenfalls müssen Sie den Hardwarewechsel nochmals per SMS oder E-Mail bestätigen, um Missbrauch auszuschließen.

1.2 Windows Update steuern und optimieren

Ohne regelmäßige Updates wäre Windows schon alleine aus Sicherheitsgründen kaum denkbar. Deshalb ist es mit einem Mechanismus für Online-Updates ausgestattet, der idealerweise unauffällig und reibungslos im Hintergrund seine Arbeit verrichtet. Der Benutzer sollte davon allenfalls gelegentliche Aufforderungen zu einem Neustart mitbekommen, die aber bei Bedarf auch auf einen passenderen Zeitpunkt verschoben werden können. Wie erwähnt, so sollte es sein. In der Praxis wird wohl jeder Windows-Nutzer schon mal abweichende Erfahrungen mit Updates gemacht haben. Sie können leider auch eine nervige und vor allem auch dauerhafte Quelle von Problemen sein, und die Nutzung des PCs nachhaltig beeinträchtigen.

Ausführliche Informationen zu Updates

Microsoft versieht Updates in der Regel mit einer Referenznummer, die auf die Wissensdatenbank (Knowledge Base) der Firma verweist. Diese Referenznummer besteht aus dem Kürzel KB und einigen Ziffern, also z. B. KB123456. Wenn Sie mit einer beliebigen Suchmaschine nach dieser Referenznummer suchen, finden Sie meist sehr schnell den entsprechenden Artikel aus der Microsoft-Wissensdatenbank sowie ggf. weitere Informationsquellen zu dem Update bzw. dem zugrunde liegenden Problem.

Mit den Tipps aus diesem Kapitel aber können Sie die Kontrolle über Windows-Updates übernehmen und auch bei Schwierigkeiten schnell eingreifen und Probleme lösen.

1.2.1 Updates beim Ausschalten auf später verschieben

Mit dem *Ein/Aus*-Symbol rechts unten im Startmenü öffnen Sie ein kleines Untermenü, in dem Sie den PC in den Energiesparmodus versetzen, herunterfahren oder neu starten können.

1. Besondere Aufmerksamkeit sollten Sie diesem Symbol schenken, wenn es mit einem zusätzlichen optischen Hinweis versehen wird. Das bedeutet, dass eine Aktualisierung vorliegt, für die Windows einen Neustart durchführen muss.

2. Wenn Sie das Symbol dann anklicken, finden Sie im Menü die zusätzlichen Einträge *Aktualisieren und herunterfahren* sowie *Aktualisieren und neu starten* an. Diese sind jeweils mit einer Schätzung versehen, wie lange der Vorgang voraussichtlich in Anspruch nehmen wird.

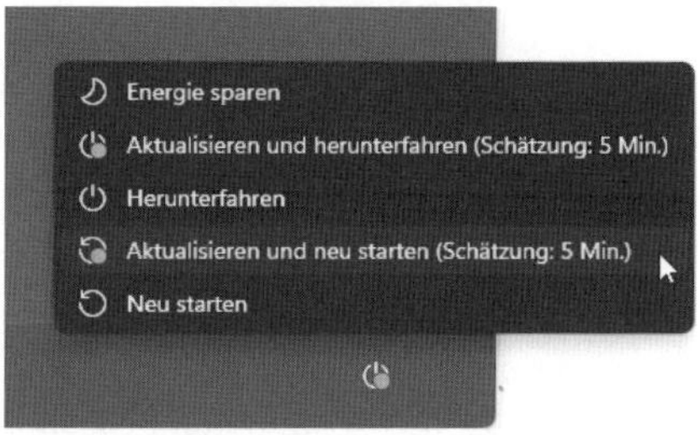

3. Meist werden gleichzeitig weiterhin die Menüpunkte *Herunterfahren* und *Neu starten* angeboten. Dann können Sie die anstehende Aktualisierung damit aufschieben, wenn es zeitlich gerade nicht passt. Das Update wird dann einfach vorläufig verschoben und beim nächsten Neustart nachgeholt.

1.2.2 Den Update-Zeitpunkt individuell anpassen

Wer gern möglichst die Kontrolle über die Vorgänge auf seinem PC behalten möchte, ist mit den Standardvorgaben für Updates möglicherweise nicht zufrieden. Schließlich kommt man so immer wieder in die Situation, dass Windows einen Neustart durchführen möchte, wenn Sie eigentlich mit dem PC arbeiten wollen. Um das zu vermeiden, können Sie die Nutzungszeit ändern und so nervige Neustart-Aufforderungen vermeiden. Wählen Sie dafür aber einen Zeitraum, in dem der PC üblicherweise eingeschaltet ist.

1. Öffnen Sie hierzu in den Einstellungen von *Windows Update* den Bereich *Erweiterte Optionen*.

2. Dort finden Sie unten den Eintrag *Nutzungszeit*. Gegebenenfalls müssen Sie hier zunächst die Option zur automatischen Anpassung der Nutzungszeit auf *Manuell* schalten (mehr dazu im nachfolgenden Abschnitt).

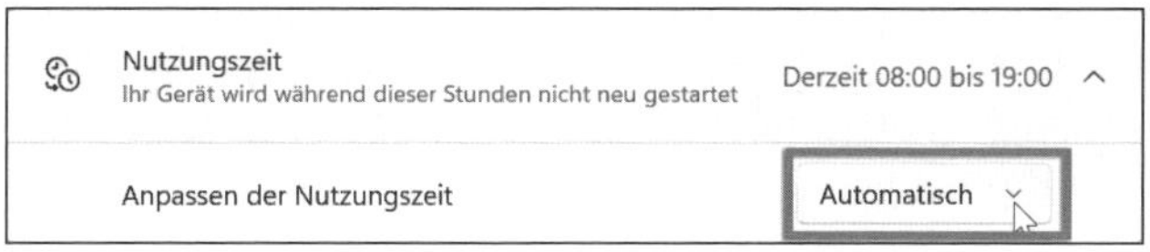

3. Dann können Sie darunter *Startzeit* und *Endzeit* des Zeitraums festlegen, in dem Sie nicht von Neustarts belästigt werden möchten.

4. Klicken Sie unten auf *Speichern*, um den neuen Zeitraum zu übernehmen.

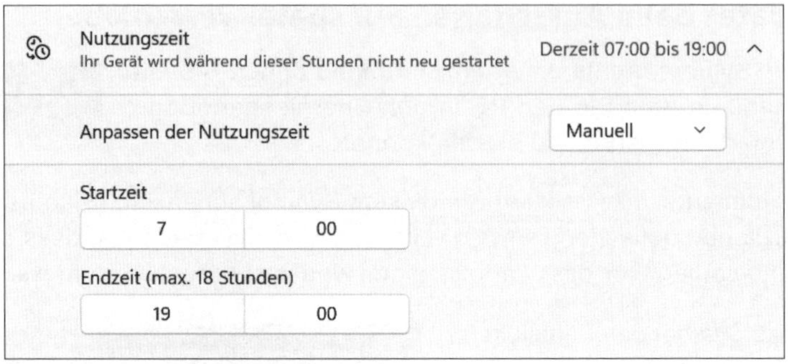

Hinweis: Die Einstellung wirkt sich nur auf Updates aus, die einen Windows-Neustart erfordern. Updates, die im laufenden Betrieb eingespielt werden können (und das sind die meisten), führt Windows so oder so vollautomatisch durch.

Die Nutzungszeit automatisch ermitteln

Die Nutzungszeit ist der Zeitraum des Tages, an dem der PC üblicherweise verwendet wird und deshalb nicht durch Updates oder womöglich erforderliche Neustarts blockiert werden sollte. Diesen Zeitraum kann Windows automatisch bestimmen und sich so dynamisch den Gewohnheiten des Benutzers anpassen. Klicken Sie dazu in den Windows Update-Einstellungen auf *Nutzungszeit ändern* und setzen Sie im anschließenden Menü den Schalter bei *Anpassung der Nutzungszeit* auf *Automatisch*.

Updates nur außerhalb bestimmter Zeiten erlauben

Eine weitere Möglichkeit, Einschränkungen durch Update-Transfers zu unpassenden Zeiten zu vermeiden, bietet sich allen Anwendern mit Windows Pro oder höher mittels Gruppenrichtlinien (in der Home-Edition leider nicht verfügbar). Dazu können Sie »Geschäftszeiten« festlegen und die Bandbreite für Updates währenddessen weitestgehend reduzieren lassen.

1. Drücken Sie ⊞, um das Suchfeld der Taskleiste zu aktivieren.

2. Tippen Sie dort `Gruppe` ein, bis als bester Treffer *Gruppenrichtlinien bearbeiten* angezeigt wird, und öffnen Sie so den Gruppenrichtlinien-Editor.

3. Wählen Sie im Editor den Zweig *Computerkonfiguration/Administrative Vorlagen/Windows-Komponenten/Übermittlungsoptimierung*.

4. Hier finden Sie auf der rechten Seite ganz unten zwei Richtlinien, mit denen Sie Geschäftszeiten jeweils für Hintergrunddownloads und Vordergrunddownloads angeben können.

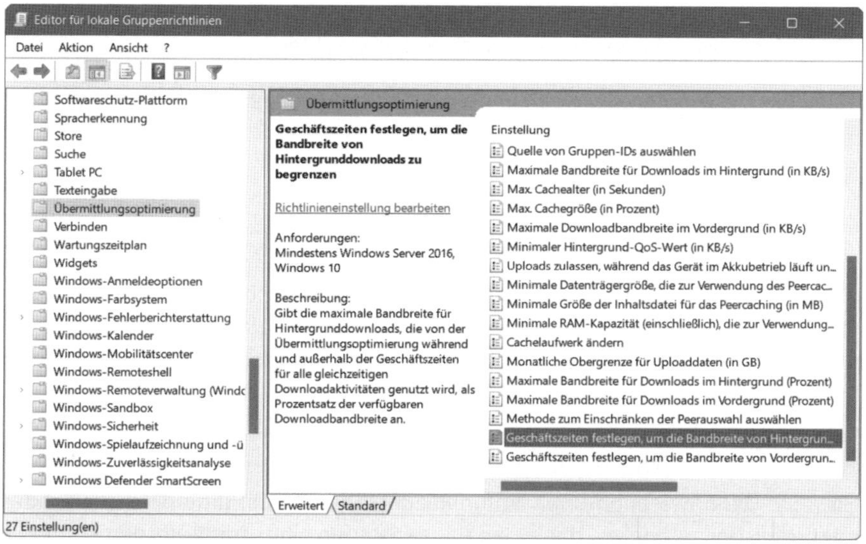

5. Ändern Sie dazu in den Einstellungen der jeweiligen Richtlinie zunächst den Status auf *Aktiviert*.

6. Dann können Sie bei *Von:* und *Bis:* den Beginn und das Ende der Geschäftszeit und darunter die Bandbreite während dieser Zeit sowie die Bandbreite außerhalb der Geschäftszeit angeben. Die Angabe erfolgt in Prozent. Aber wichtig: 0 bedeutet nicht 0 %, sondern unbegrenzt!

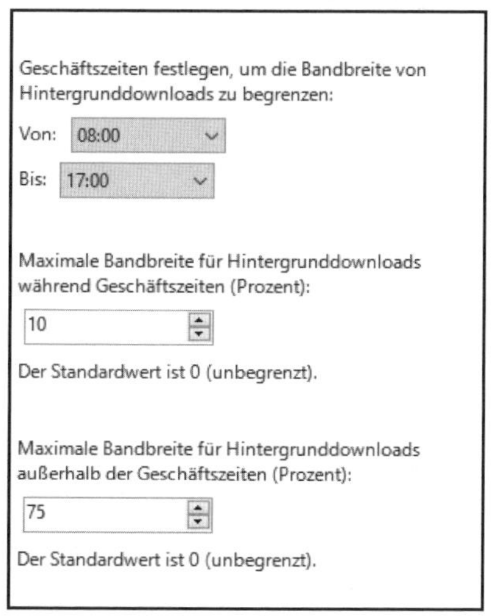

1.2.3 Windows sofort auf den neuesten Stand bringen

Sie möchten ungestört an einem wichtigen Projekt arbeiten oder vielleicht mit Ihrem Notebook auf Reisen gehen, wo eine stabile Internetverbindung ungewiss ist? Dann haben Sie die Möglichkeit, zuvor Windows ganz gezielt auf den aktuellen Stand zu bringen.

Dadurch werden mit hoher Priorität sämtliche derzeit für Ihren PC verfügbare Aktualisierungen heruntergeladen und installiert. Danach haben Sie garantiert ein topaktuelles System.

1. Öffnen Sie in den Windows-Einstellungen den Bereich *Windows Update* und klicken Sie dort auf *Erweiterte Optionen*.

2. Lokalisieren Sie auf der so geöffneten Seite den Eintrag *Bringe mich auf den neuesten Stand* und klicken Sie dort rechts den Schalter auf *Ein*.

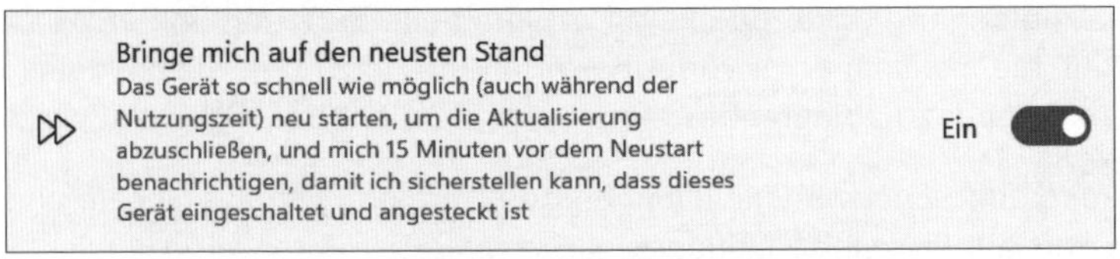

3. Unabhängig von Einstellungen zu Nutzungszeit und Bandbreitenbegrenzung lädt Windows nun alle derzeit ausstehenden Updates herunter und installiert diese. Sollte dazu ein Neustart erforderlich sein, werden Sie 15 Minuten vorher gewarnt.

Windows ist nie auf dem aktuellen Stand?

Falls Ihr Windows mit seinen automatischen Updates ständig hinterherhinkt, kann das daran liegen, dass der PC nicht lange genug läuft. Gerade privat genutzte PCs werden teilweise nur bei Bedarf kurze Zeit eingeschaltet und anschließend wieder heruntergefahren. Windows muss aber mindestens zwei Stunden am Stück eingeschaltet und mit dem Internet verbunden sein, um sich im Hintergrund zuverlässig mit den neuesten Updates versorgen zu können. Die vollständige Installation der Updates kann sogar bis zu sechs Stunden Laufzeit benötigen. Lassen Sie Ihren PC also ggf. hin und wieder etwas im »Leerlauf« angeschaltet oder stoßen Sie die notwendigen Updates regelmäßig manuell in den Windows-Einstellungen an.

1.2.4 Eine Update-Pause einlegen

In den *Einstellungen* unter *Windows Update* finden Sie die Funktion *Updates aussetzen*. Mit dem Auswahlfeld dort können Sie Windows Update für bis zu fünf Wochen pausieren. In dieser Zeit wird das System unangetastet gelassen und auf jegliche Aktualisierungen verzichtet.

Das kann hilfreich sein, wenn man an einem wichtigen Projekt arbeitet oder vielleicht einige Zeit mit dem Notebook unterwegs ist und solange keine Unannehmlichkeiten durch Updates riskieren möchte.

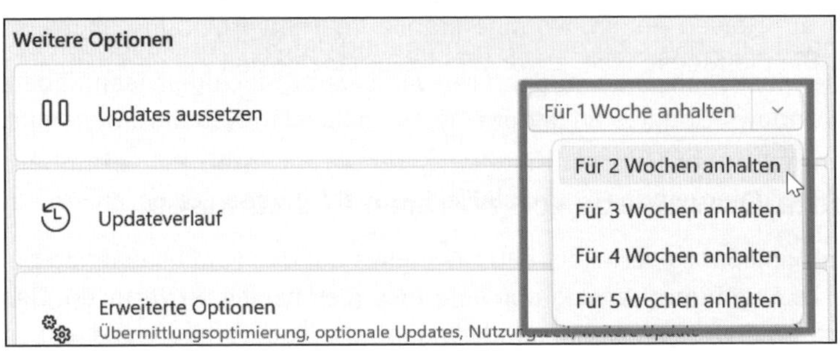

1.2.5 Bandbreite für Updates flexibel steuern

Windows Update erfordert je nach Umfang einiges an Bandbreite. Für einen stabilen Breitband-Internetzugang sollte das kein Problem sein. Trotzdem bietet Windows die Möglichkeit, die maximal dafür verfügbare Bandbreite zu begrenzen, damit beispielsweise parallel dazu ablaufende Übertragungen nicht beeinträchtigt werden.

1. Öffnen Sie in den Windows-Einstellungen den Bereich *Windows Update* und klicken Sie dort auf *Erweiterte Optionen*.
2. Klicken Sie auf der anschließenden Seite unten im Abschnitt *Weitere Optionen* auf *Übermittlungsoptimierung*.
3. Klicken Sie dann wiederum unten auf *Erweiterte Optionen*.
4. Im so geöffneten Menü können Sie bei *Downloadeinstellungen* grundsätzlich wählen, ob Sie als Begrenzung eine *Absolute Bandbreite* oder einen *Prozentsatz der gemessenen Bandbreite* verwenden möchten.

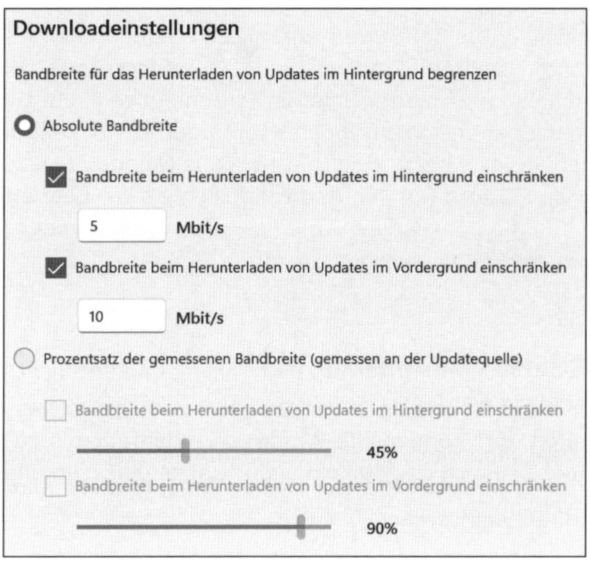

5. Dementsprechend geben Sie mit den Einstellungen darunter einen festen Wert in MBit/s oder eine Prozentzahl an.
6. Darunter können Sie zusätzlich eine Beschränkung der Bandbreite für den Upload von Daten festlegen. Dies ist dann relevant, wenn Sie zugelassen haben, dass Ihr PC Windows-Updates an andere Geräte im lokalen Netzwerk weitergibt.

1.2.6 Update-Downloads von anderen PCs zulassen

Um Update-Daten optimal zu verteilen, setzt Windows auf das vom Filesharing bekannte Prinzip, die Datenübertragung auf viele PCs gleichzeitig zu verteilen. Das entlastet nicht nur die eigenen Server, sondern auch die Netzwerkbereiche, die an der Übertragung beteiligt sind. Dadurch gelangen Updates letztlich schneller auf die PCs. Das kann man sich zunutze machen, wenn man selbst mehrere Windows-PCs in einem eigenen Netzwerk betreibt. Richtig konfiguriert braucht nur ein PC die aktuellen Windows-Updates aus dem Internet herunterzuladen und kann sie dann über das lokale Netzwerk an alle anderen PCs weiterreichen.

1. Diese Funktion steuern Sie in den Windows-Einstellungen über *Windows Update/Erweiterte Optionen/Übermittlungsoptimierung*.
2. Hier können Sie diese Funktion *Downloads von anderen PCs zulassen* zunächst grundsätzlich auf *Ein* oder *Aus* schalten.
3. Haben Sie die Funktion aktiviert, legen Sie darunter fest, ob nur *Geräte in meinem lokalen Netzwerk* davon profitieren sollen oder ob auch »fremde« PCs im Internet Update-Daten von Ihrem PC beziehen dürfen. Letzteres würde ich aber nur wählen, wenn Sie über eine stabile, leistungsfähige Internetverbindung ohne verbrauchsabhängige Kosten verfügen.

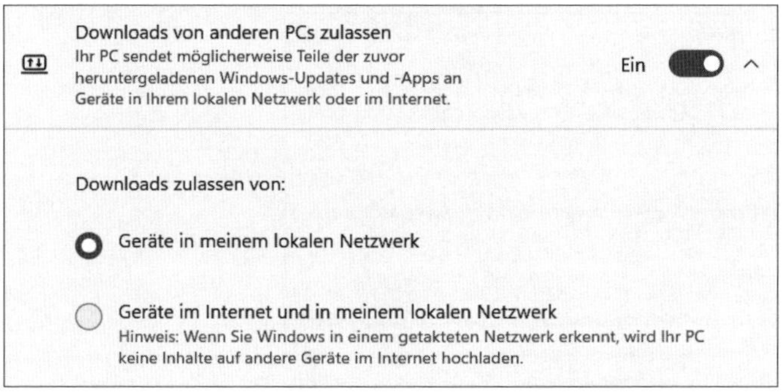

4. Unter *Erweiterte Optionen* können Sie zusätzlich den Umfang begrenzen, in dem solche Downloads ermöglicht werden.
5. Im Abschnitt *Uploadeinstellungen* können Sie die *Bandbreite beim Hochladen von Updates auf andere PCs im Internet einschränken*, damit Ihre eigenen Datentransfers nicht beeinträchtigt werden.

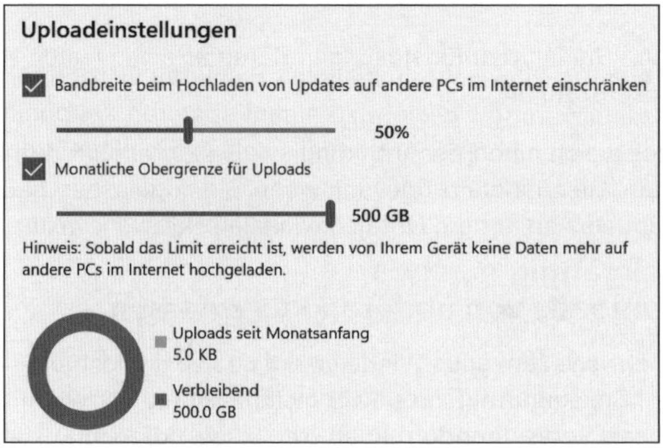

6. Zusätzlich können Sie eine *Monatliche Obergrenze für Uploads* festlegen. So können Sie Ihren Teil zur schnellen Verbreitung von Updates beitragen, ohne dass gleich rund um die Uhr Daten von Ihren PCs bezogen werden.

1.2.7 Installierte Updates überprüfen

Wenn das Installieren von Updates automatisch im Hintergrund erfolgt, kann man nie sicher sein, welche Aktualisierungen bereits vorgenommen wurden und welche noch nicht. Ob ein bestimmtes Update bereits auf Ihrem PC eingespielt wurde, können Sie aber schnell herausbekommen.

1. Öffnen Sie in den Windows-Einstellungen den Bereich *Windows Update* und klicken Sie dort auf *Updateverlauf*.
2. Damit öffnen Sie den *Updateverlauf*, der eine Liste aller durchgeführten Updates umfasst. Neben Name und Installationsdatum verrät jeder Eintrag auch, ob diese Aktualisierung erfolgreich installiert werden konnte.

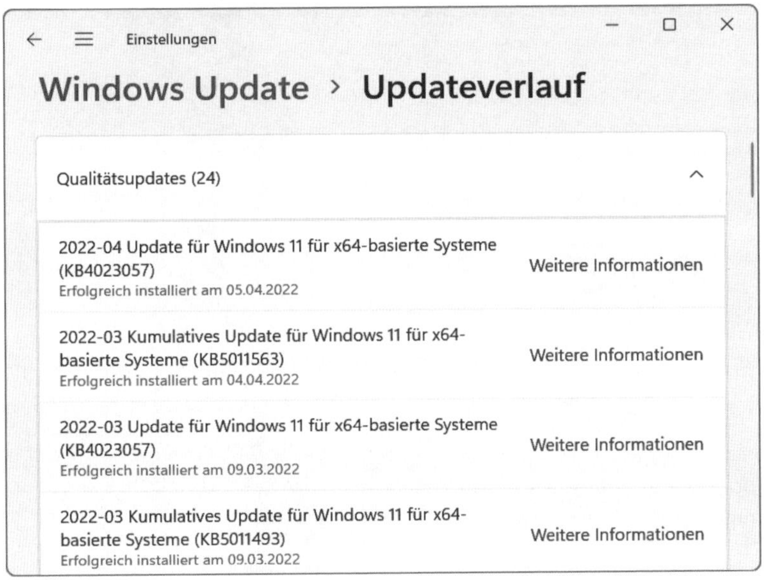

Sollte bei einem Update keine erfolgreiche Installation gemeldet werden, prüfen Sie zunächst, ob diese Aktualisierung vielleicht zu einem späteren Zeitpunkt bereits erfolgreich nachgeholt werden konnte. Andernfalls sollten Sie einen erneuten Versuch starten, dieses Update zu installieren.

1.2.8 Updates rückgängig machen

Sollten durch ein Update wider Erwarten Probleme auftreten oder eine wichtige Anwendung nun nicht mehr wie gewünscht funktionieren, können Sie Updates auch rückgängig machen. Die Änderungen durch das Update werden dann auch rückgängig gemacht und die vorherigen Versionen der entsprechenden Dateien wiederhergestellt. Dies sollte allerdings eine Ausnahme für wirklich problematische Situationen bleiben. Prinzipiell sind gerade wichtige Updates für die Sicherheit Ihres PCs unerlässlich. Außerdem kann das Deinstallieren einzelner Updates wiederum neue Probleme verursachen. Deshalb ist es bei manchen Updates auch von vornherein ausgeschlossen.

1. Öffnen Sie in den Einstellungen den Bereich *Windows Update* und klicken Sie dort auf *Updateverlauf*.

2. Gehen Sie im Updateverlauf ganz nach unten zum Abschnitt *Verwandte Einstellungen* und klicken Sie hier auf *Updates deinstallieren*.

3. Damit öffnen Sie eine Liste der installierten Updates. Diese können Sie z. B. anhand der Spalte *Installiert am* (ganz rechts) sortieren lassen, um die zuletzt installierten Updates nach oben zu bringen.

4. Wählen Sie das fragliche Update aus und klicken Sie dann auf *Deinstallieren*.

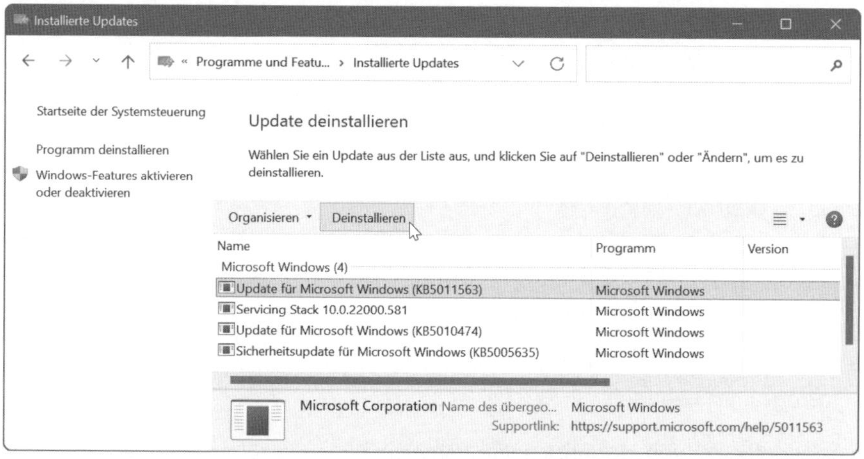

Deinstallieren nicht möglich?

Bei manchen Updates wird keine *Deinstallieren*-Schaltfläche angezeigt, wenn Sie den Eintrag auswählen. Solche Updates können nicht deinstalliert werden. Dies hat in der Regel technische Gründe, etwa weil bestimmte Komponenten dann nicht mehr funktionieren würden. Bei weiter zurückliegenden Updates kann es auch daran liegen, dass die Deinstallationsinformationen inzwischen gelöscht wurden, um den Speicherplatz freizugeben. Auch in solchen Fällen ist kein Deinstallieren mehr möglich.

1.2.9 Problematische Updates blockieren

Wenn Sie wie vorangehend ein problematisches Update wieder deinstallieren, ist das nur die halbe Miete. Denn wenn es nicht mittlerweile von Microsoft zurückgezogen wurde, wird Windows es früher oder später erneut installieren. Um das zu verhindern, benötigen Sie ein kleines Hilfsprogramm, das Microsoft unter dem Schlüsselbegriff *wushowhide.diagcab* aber nur versteckt anbietet. Wenn Sie mit Google danach suchen, finden Sie schnell die Webseite von Microsoft, wo Sie das *"Show or hide updates" troubleshooter package* herunterladen können. Es kann ohne Installation direkt ausgeführt werden.

1. Klicken Sie nach dem Start im ersten Schritt auf *Weiter*. Das Programm ermittelt dann, welche Updates derzeit ausstehen.
2. Wählen Sie im nächsten Schritt dann *Hide Updates*.
3. Das Programm zeigt nun an, welche Updates auf Ausführung warten. Setzen Sie ein Häkchen bei den Updates, die nicht durchgeführt werden sollen, und klicken Sie dann auf *Weiter*.

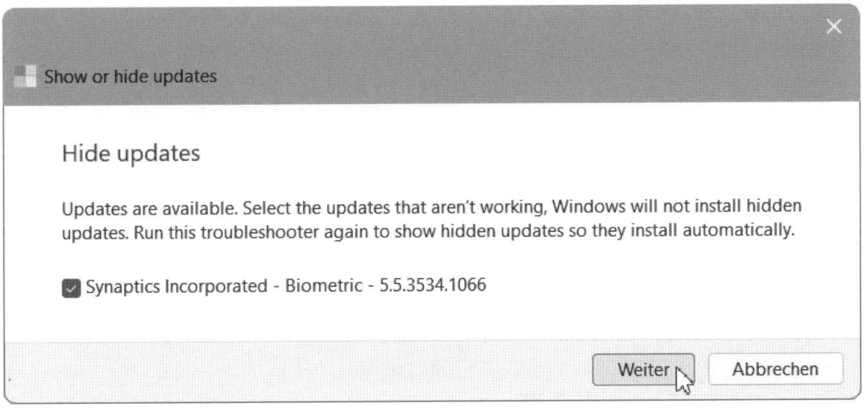

4. Die gewählten Updates werden nun blockiert. Anschließend können Sie das Programm beenden.

Das Blockieren von Updates sollte immer nur eine vorübergehende Lösung sein, bis Probleme mit einem Update behoben wurden. Um ein blockiertes Update später wieder zuzulassen, starten Sie das Programm erneut und wählen diesmal im zweiten Schritt *Show hidden updates*. So erhalten Sie eine Liste der blockierten Updates und können wiederum die auswählen, die ab sofort nicht mehr blockiert werden sollen.

1.2.10 Updates manuell herunterladen und installieren

Manchmal wartet man auf ein bestimmtes Update, beispielsweise weil es ein Problem löst oder erst eine Funktion ermöglicht, auf die man angewiesen ist. Dann ist es ärgerlich, wenn man dieses Update auf dem PC nicht angeboten bekommt, obwohl es bereits allgemein verfügbar ist. Dafür kann es verschiedene Gründe geben. So verteilt Microsoft Updates teilweise in Wellen, bei denen immer nur ein Teil der Benutzer damit versorgt wird. Hintergrund kann sein, dass man zunächst die Rückmeldungen abwarten möchte, bevor man es weiteren Benutzergruppen zugänglich macht. Manchmal werden Updates auch für bestimmte PCs mit bestimmter Hardware gesperrt, weil Probleme auftreten können oder aufgetreten sind. Es kann also durchaus gute Gründe geben, warum ein Update für Ihren PC noch nicht verfügbar ist. Dies sollte man beim Folgenden im Hinterkopf behalten. Denn grundsätzlich lassen sich freigegebene Windows-Updates immer herunterladen und installieren. Dazu benötigen Sie die möglichst genaue Bezeichnung oder noch besser die KB...-Nummer des Updates.

1. Öffnen Sie im Webbrowser die Adresse *catalog.update.microsoft.com*. Damit öffnen Sie die Onlineversion des Microsoft Update-Katalogs.

2. Geben Sie im *Suchen*-Feld die Bezeichnung des gewünschten Updates oder die KB...-Nummer ein und führen Sie eine Suche danach durch.

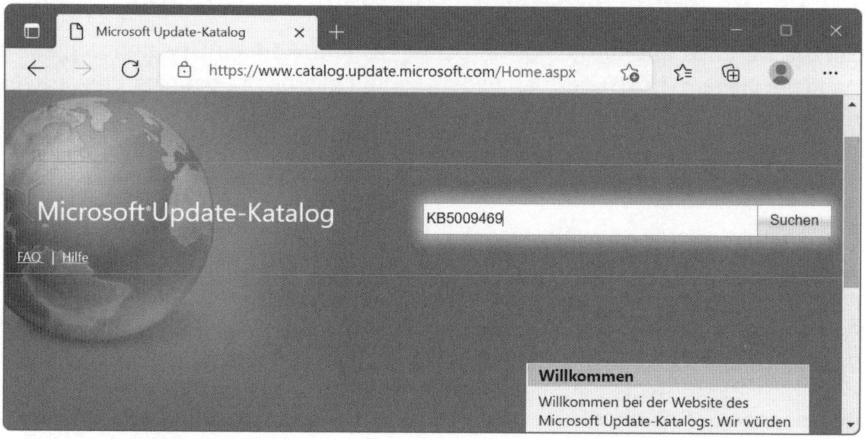

3. Als Ergebnis erhalten Sie eine Liste mit allen Updates, die zur Suchanfrage passen. Dies wird in der Regel mehr als ein Treffer sein, alleine weil es in den meisten Updates Vorschau-Versionen sowie Varianten für verschiedene Plattformen gibt. Bei allgemeineren Suchanfragen kann die Trefferliste deshalb auch schnell sehr lang werden.

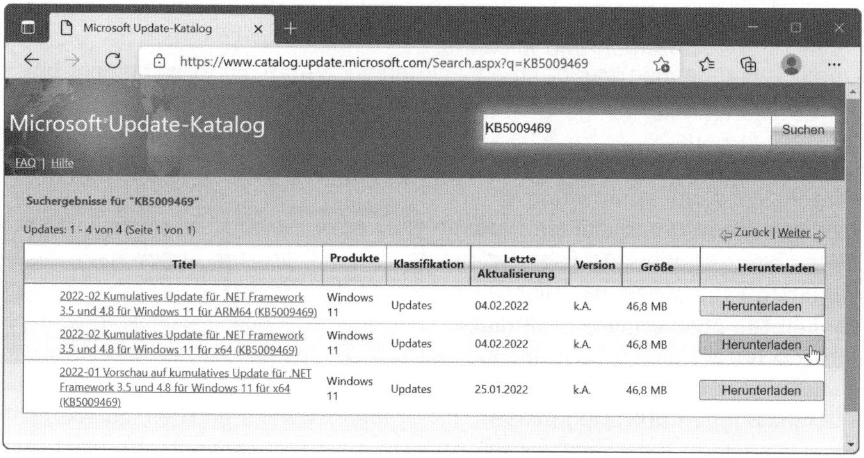

4. Suchen Sie in der Liste das passende Ergebnis. Achten Sie dabei insbesondere auf die korrekte Plattform, die als Teil des Titels angegeben ist (x64 vs. ARM64). Klicken Sie bei diesem Eintrag rechts auf die *Herunterladen*-Schaltfläche.

5. Klicken Sie im anschließenden Dialog auf den Link zur Download-Datei. Diese ist in der Regel vom Typ *.msu* (für **M**icro**s**oft **U**pdate). Bestätigen Sie dabei ggf. Sicherheitshinweise zum Herunterladen solcher Dateien.

6. Nach vollständigem Download können Sie die heruntergeladene Datei direkt öffnen. Dateien dieses Typs werden von Windows automatisch erkannt und Windows Update wird gestartet, um sie anzuwenden.

1.2.11 Reservierter Speicher für Windows-Updates

Gerade wenn es auf der Festplatte beengt zugeht, können Updates wegen Platzmangel scheitern. Um das zu vermeiden, verfügt Microsoft über eine Speicherreserve. Die soll dafür sorgen, dass stets ausreichend Festplattenspeicher zur Verfügung steht, um auch Funktionsupdates und andere umfangreichere Aktualisierungen jederzeit reibungslos durchführen zu können.

Das bedeutet allerdings auch, dass Windows sich eigenmächtig ein Stück vom Festplattenkuchen abschneidet, der dann für andere Zwecke nicht mehr zur Verfügung steht. Der Umfang dieser Speicherreserve hängt von den installierten Windows-Features ab. Offiziellen Angaben Microsofts zufolge liegt die Größe des reservierten Speichers um 7 GB, was sich auch mit meinen Beobachtungen deckt.

Der reservierte Speicher lässt sich nicht über Optionen steuern. Man kann ihn also nicht deaktivieren und auch nicht aktivieren, wenn man diese Funktion auf einem aktualisierten Windows-PC nachträglich nutzen möchte. Ob auf Ihrem PC Speicher für Updates reserviert ist, können Sie aber zumindest feststellen.

1. Öffnen Sie in den Windows-Einstellungen den Bereich *System/Speicher*. Hier wird für den Systemdatenträger die Speicherbelegung angezeigt.

2. Erweitern Sie die Liste mit *Weitere Kategorien anzeigen* und klicken Sie dann auf den Eintrag *System-reserviert*, um diesen genauer aufzuschlüsseln.

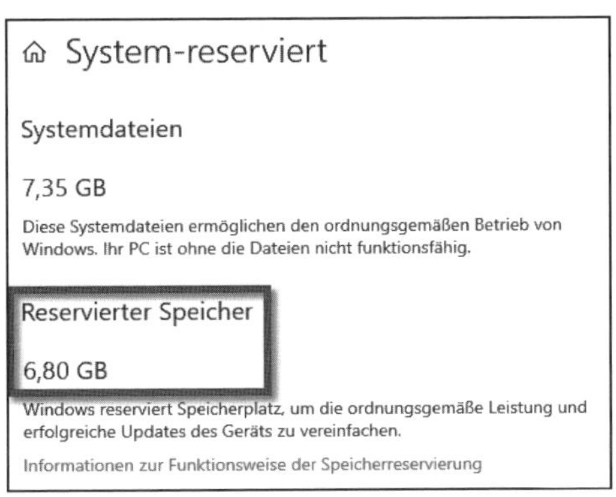

Finden Sie in der Aufstellung einen Eintrag *Reservierter Speicher*, können Sie sicher sein, dass diese Funktion auf Ihrem PC aktiviert ist. Zusätzlich können Sie ablesen, wie groß diese Reserve ist.

Reservierten Speicher freigeben

Auch wenn es für diese Funktion keine Optionen zum Steuern gibt, können Sie die Speicherreserve loswerden, wenn Sie es unbedingt möchten. Dazu ist der folgende kleine Eingriff erforderlich.

1. Öffnen Sie den Registrierungseditor (*regedit.exe*).
2. Navigieren Sie dort zu dem Schlüssel *HKEY_LOCAL_MACHINE\SOFTWARE\Microsoft\Windows\CurrentVersion\ReserveManager*.
3. Lokalisieren Sie dort auf der rechten Seite die Werte *PassedPolicy* und *ShippedWithReserves* und ändern Sie diese jeweils auf den Wert *0*.

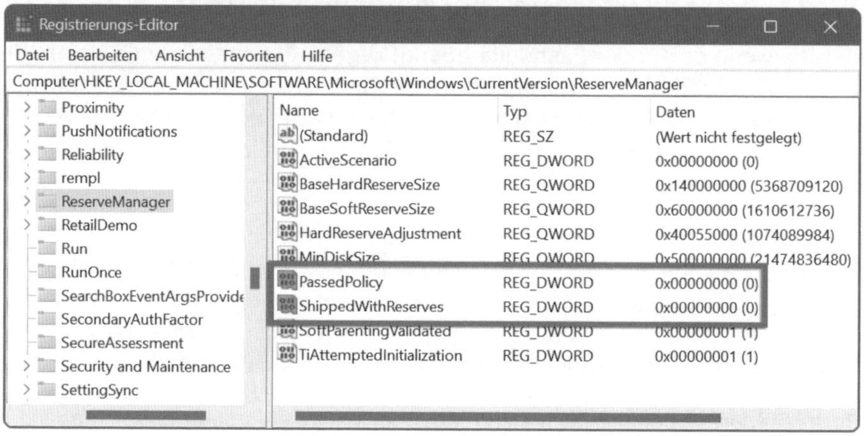

4. Schließen Sie dann den Registrierungseditor und kehren Sie in die Windows-Einstellungen unter *System/Speicher* zurück.
5. Klicken Sie im Abschnitt *Speicherverwaltung* auf den Eintrag *Speicheroptimierung*, um dessen Details zu öffnen.
6. Klicken Sie im anschließenden Menü ganz unten auf die Schaltfläche *Speicheroptimierung jetzt ausführen* und warten Sie kurz ab, bis der Vorgang beendet wurde.

Wenn Sie nun erneut, wie im vorangehenden Abschnitt beschrieben, den Systemreservierten Speicher überprüfen, sollte der Eintrag *Reservierter Speicher* verschwunden sein. Sie können den Vorgang jederzeit rückgängig machen, indem Sie die Schritte wiederholen und dabei die beiden Registry-Einträge jeweils wieder mit dem Wert 1 versehen.

1.2.12 Problembehandlung für Updates nutzen

Wann immer es irgendwelche Update-Probleme gibt, sollten Sie als schnelle, einfache Maßnahme die auf Seite 551 vorgestellte Problembehandlung von Windows in Anspruch nehmen. Sie enthält ein Modul speziell für Windows Update, das einige typische Probleme beheben sowie Standard-Wartungsaufgaben durchführen kann.

1. Öffnen Sie in den Windows-Einstellungen den Bereich *System/Problembehandlung*.
2. Klicken Sie auf der rechten Seite auf *Andere Problembehandlungen* und lokalisieren Sie in der Liste den Eintrag *Windows Update* und klicken Sie dort rechts auf die Schaltfläche *Ausführen*.

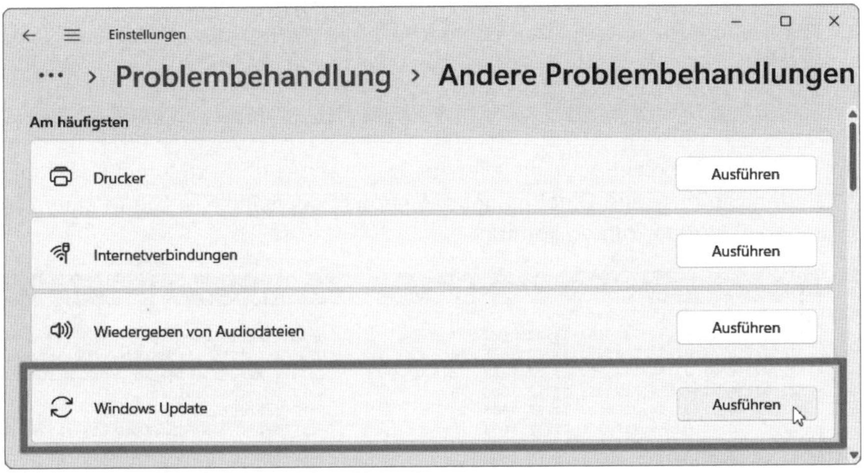

3. Damit starten Sie den Assistenten, der die *Update*-Funktion analysiert und auf gängige Störungen hin abklopft. Sollte er fündig werden, informiert er Sie bzw. bietet Ihnen ggf. an, gefundene Probleme direkt zu beseitigen. Teilweise sind dafür Administratorrechte erforderlich, die Sie dann zunächst gewähren müssen.

1.2.13 Das Windows-Update-Protokoll auslesen

Windows protokolliert alle Aktivitäten rund um die *Update*-Funktion in einem eigenen Protokoll. Dieses steht zwar nicht direkt als Textdatei zur Verfügung. Aber Sie können sich jederzeit eine Protokolldatei erstellen lassen, um darin ggf. Hinweise auf akute Probleme und Fehlerquellen zu finden.

1. Öffnen Sie eine PowerShell, beispielsweise indem Sie [Win] drücken und dann `powers` eintippen.
2. Geben Sie in der PowerShell-Konsole den Befehl `Get-WindowsUpdateLog` ein und lassen Sie ihn mit [Enter] ausführen.
3. Warten Sie ab, während die Bildschirmausgaben durch die Konsole rauschen. Der Befehl ist vollständig abgearbeitet, wenn in der Konsole die Meldung *WindowsUpdate.log written to...* angezeigt wird.

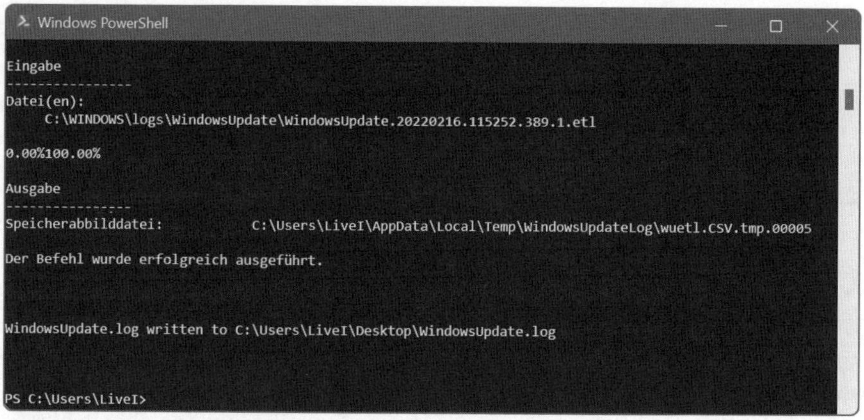

4. Schließen Sie das PowerShell-Fenster und wechseln Sie zu Ihrem Desktop. Hier finden Sie nun eine Datei namens *WindowsUpdate.log*, die Sie in einem beliebigen Texteditor öffnen können.

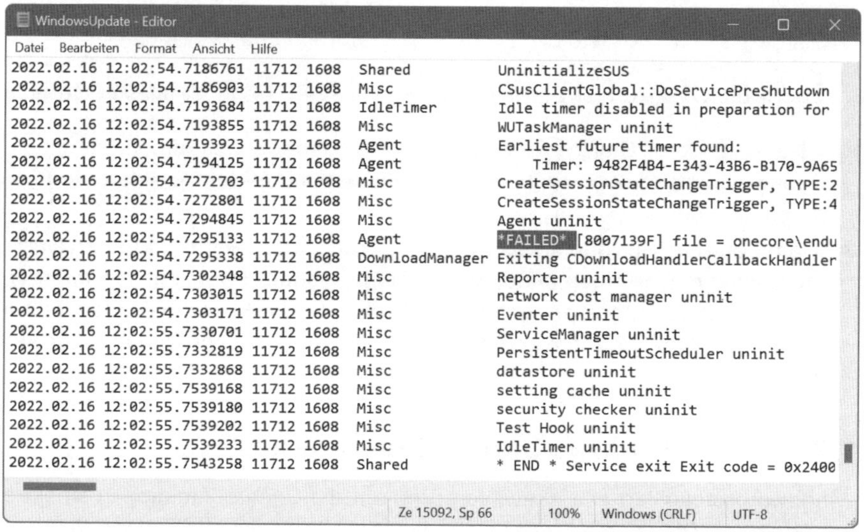

Der Inhalt der `WindowsUpdate.log` ist umfangreich und keine leicht verdauliche Kost. Aber er ist chronologisch sortiert, wobei die neuesten Einträge ganz am Ende stehen. Ganz links in jeder Zeile stehen konkret Datum und Uhrzeit, was eine genauere Zuordnung ermöglicht.

Wenn ein konkretes Problem mit einem Upgrade vorliegt, kann man auf diese Weise die dazugehörenden Einträge gut finden. Sie geben zwar leider keine einfachen Antworten, aber zumindest Hinweise und Ansätze in Form von Fehlercodes und -meldungen, mit denen man Ursachen recherchieren kann.

Fehler in der WindowsUpdate.log finden

Windows versieht Einträge zu fehlerhaften Vorgängen in der `WindowsUpdate.log` mit dem Schlüsselwort **FAILED**. Wenn Sie die Suchfunktion des Editors verwenden (meist mit Strg+F erreichbar), können Sie so schnell die Stellen in der Protokolldatei aufspüren, wo etwas schiefgegangen ist.

1.2.14 Den Windows-Update-Dienst kontrollieren

Windows Update verfügt über einen eigenen Hintergrunddienst, der für das Erkennen neuer Updates, deren Herunterladen und das anschließende Installieren verantwortlich ist. Standardmäßig läuft dieser permanent im Hintergrund und versieht seine Aufgaben. Bei Problemen mit der *Update*-Funktion lohnt es aber, einfach mal kurz zu überprüfen, ob der Dienst überhaupt noch aktiv ist.

1. Geben Sie im Suchfeld des Startmenüs *Dienste* ein und öffnen Sie dann mit ⏎ die gleichnamige Desktop-App.
2. Suchen Sie in der Liste der Dienste den Eintrag *Windows Update*.
3. Überprüfen Sie, ob der *Starttyp* auf *Manuell* steht. Dann ist alles in Ordnung.
4. Falls ein anderer Starttyp bzw. *Deaktiviert* angegeben ist, öffnen Sie mit einem Doppelklick auf den Eintrag die Eigenschaften und ändern Sie den Starttyp darin auf *Manuell*.

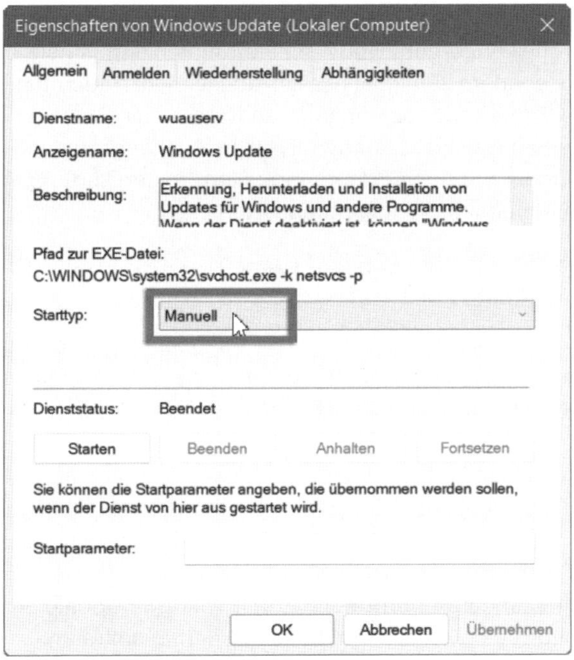

Wenn der Windows Update-Dienst wie gewünscht läuft, wiederholen Sie die Schritte zusätzlich für den *Update-Orchestrator-Dienst*. Anschließend können Sie in den Windows-Einstellungen in den Bereich *Windows Update* zurückkehren und dort einen neuen Versuch starten.

1.2.15 Windows Update zurücksetzen

Windows Update speichert eine Reihe von Daten und temporären Dateien in zwei Ordnern. Eine bewährte Methode ist es, den Inhalt dieser Ordner zu entfernen. Beim nächsten Versuch, darauf zuzugreifen, bemerkt Windows Update das Fehlen dieser Ordner und erstellt sie automatisch neu. Für Windows selbst hat das keine negativen Auswirkungen. Aber manche Probleme lassen sich dadurch lösen, dass die *Update*-Funktion alte, womöglich beschädigte Daten verwirft und neu beginnt.

Um diese Ordner entfernen zu können, sind aber einige Schritte in der richtigen Reihenfolge erforderlich.

1. Öffnen Sie zunächst eine Eingabeaufforderung als Administrator.

2. Geben Sie dann die folgenden Befehle jeweils nacheinander ein. Sie stoppen die verschiedenen Dienste, die am Windows Update beteiligt sind bzw. auf die fraglichen Ordner zugreifen könnten:

   ```
   net stop wuauserv
   net stop cryptSvc
   net stop bits
   net stop msiserver
   ```

3. Nun können Sie die Ordner entfernen, wobei meine Empfehlung ist, sie eben nicht einfach zu löschen, sondern zunächst nur umzubenennen. Dadurch behalten Sie eine Kopie der Ordner unter einem anderen Namen bei. Sollte es also im Anschluss zu Problemen kommen, können Sie den Ausgangszustand einfach wiederherstellen, indem Sie den Ordnern ihre alten Namen zurückgeben. Verwenden Sie zum Umbenennen die folgenden Befehle:

   ```
   ren %windir%\SoftwareDistribution SoftwareDistribution.old
   ren %windir%\System32\catroot2 catroot2.old
   ```

4. Neue leere Ordner brauchen Sie nicht zu erstellen. Das macht Windows ganz automatisch, wenn es feststellt, dass diese Ordner nicht (mehr) vorhanden sind. Sie müssen nun nur die zuvor abgeschalteten Dienste reaktivieren:

   ```
   net start wuauserv
   net start cryptSvc
   net start bits
   net start msiserver
   ```

Stoßen Sie anschließend eine erneute Überprüfung durch Windows Update an und kontrollieren Sie, ob die zuvor beobachteten Probleme weiterhin auftreten.

1.2.16 Startprobleme nach einem Update beheben

Die bislang beschriebenen Tipps setzen voraus, dass Windows noch startet und Update-Probleme mit Bordmitteln behandelt werden können. Dramatischer ist es, wenn Windows nach einem Update nicht mal mehr startet – weder regulär noch im abgesicherten Modus.

1. Starten Sie den PC dann wie auf Seite 542 beschrieben von einem Installationsdatenträger und wählen Sie statt einer Installation die *Computerreparaturoptionen*.
2. Wählen Sie dann den Punkt *Problembehandlung* und anschließend *Updates deinstallieren*.

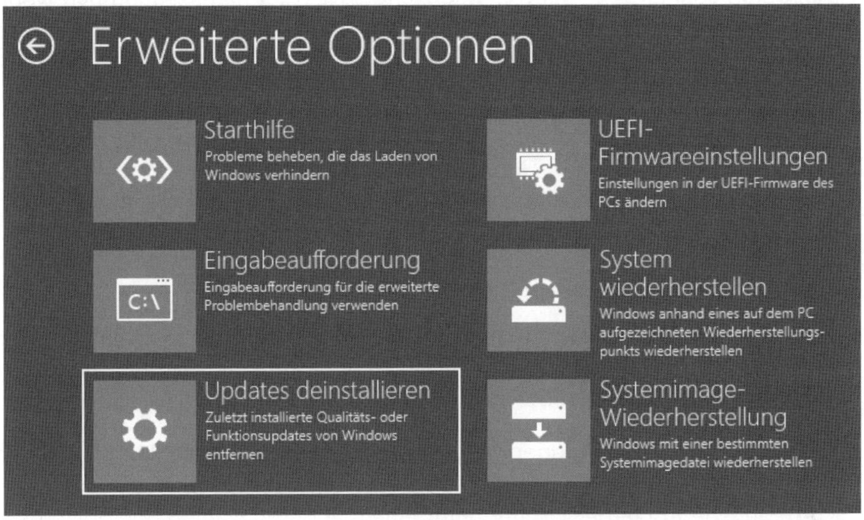

3. Nun können Sie jeweils das zuletzt installierte Qualitätsupdate oder das Funktionsupdate entfernen.
4. Eine Auswahl des Betriebssystems ist nur relevant, wenn Sie mehr als ein Windows auf dem PC installiert haben. Ansonsten drücken Sie einfach [Enter].

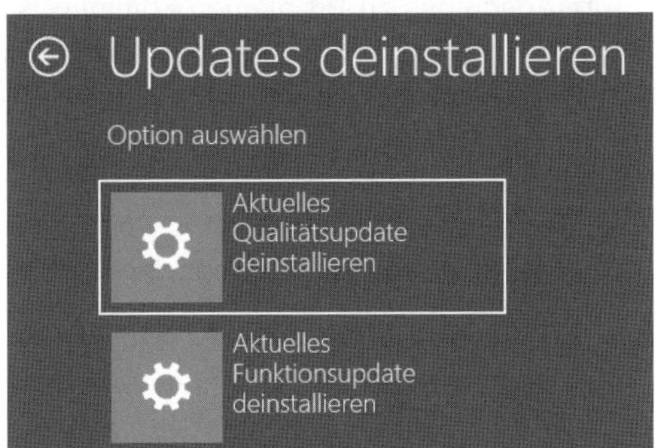

5. Bestätigen Sie den Vorgang abschließend mit *Qualitätsupdate deinstallieren* bzw. *Funktionsupdate deinstallieren*.

1.2.17 Updates per Eingabeaufforderung entfernen

Falls Windows Ihnen das Deinstallieren der Updates nicht anbietet oder wenn Sie ein ganz bestimmtes Update in Verdacht haben und wieder entfernen wollen, können Sie auch die Wiederherstellungskonsole nutzen, um eingespielte Updates gezielt rückgängig zu machen:

1. Wechseln Sie beim PC-Start zu den erweiterten Startoptionen, bis Sie zur Eingabeaufforderung gelangen (*Weitere Optionen auswählen/Problembehandlung/Erweiterte Optionen/Eingabeaufforderung*).
2. Hier sollten Sie zunächst herausfinden, auf welchem Laufwerk Windows installiert ist. Sie können wie üblich mit `c:` etc. zu anderen Laufwerken wechseln und deren Inhalt mit `dir` auflisten. Sollte das nicht reichen, verwenden Sie `diskpart` und darin `list volume`, um den richtigen Laufwerkbuchstaben sicher zu ermitteln.
3. Wechseln Sie dann beispielsweise mit `c:` auf das betreffende Laufwerk.
4. Um festzustellen, welche Updates zuletzt eingespielt wurden, geben Sie den folgenden Befehl ein, wobei Sie c:\ ggf. durch den ermittelten Buchstaben ersetzen:

   ```
   Dism /image:c:\ /get-packages
   ```
5. Eventuell ist es sinnvoller, längere Ausgaben in eine Datei umzuleiten. So können Sie erst mal feststellen, welche Updates überhaupt in letzter Zeit installiert wurden und das Problem verursacht haben könnten.

   ```
   Dism /image:c:\ /get-packages >c:\updates.txt
   ```
6. Um eines der installierten Updates gezielt rückgängig zu machen, verwenden Sie den folgenden Befehl. Anstelle von *<Paketname>* tragen Sie dabei die genaue vollständige Bezeichnung ein, die Sie in der Ausgabe von `/get-packages` jeweils in der Zeile *Paketidentität:* finden. Bei der Option *scratchdir* müssen Sie wiederum den passenden Laufwerkbuchstaben Ihrer Windows-Partition beachten.

   ```
   Dism /image:c:\ /remove-package /packagename:<Paketname>↵
    /scratchdir:c:\Windows\temp
   ```
7. Eine andere Variante (insbesondere, wenn Sie nicht wissen, welches Update genau Probleme macht) ist der folgende Befehl, der alle momentan noch nicht abgeschlossenen Maßnahmen während des Bootvorgangs rückgängig macht:

   ```
   Dism /image:c:\ /cleanup-image /revertpendingactions
   ```
8. Wenn die Aktion abgeschlossen ist, verlassen Sie die Eingabeaufforderung mit `exit`. Starten Sie den PC dann neu, um zu überprüfen, ob das Problem dadurch behoben wurde.

1.2.18 Gerät wird nach Funktionsupdate nicht mehr erkannt

Ein Phänomen, das insbesondere nach Funktionsupdates gelegentlich auftreten kann: Geräte, die vor dem Update reibungslos liefen, werden nach einem Update plötzlich nicht mehr erkannt. Insbesondere scheint dieser Effekt bei USB-Geräten aufzutreten. Die üblichen Sofortmaßnahmen wie Aus- und wieder Einstecken helfen nicht und selbst das Neuinstallieren von Treibern und Software ändert nichts. Die Komponente wird im Geräte-Manager einfach nur als *Unbekanntes Gerät* geführt.

1. Öffnen Sie den Geräte-Manager und suchen Sie dort das fragliche Gerät bzw. das »unbekannte« Gerät (mehr zum Geräte-Manager auf Seite 485).

2. Klicken Sie mit der rechten Maustaste auf den Eintrag des Gerätes und wählen Sie im Kontextmenü den Befehl *Treiber aktualisieren*.

3. Wählen Sie im nächsten Schritt die Variante *Auf dem Computer nach Treibersoftware suchen*.

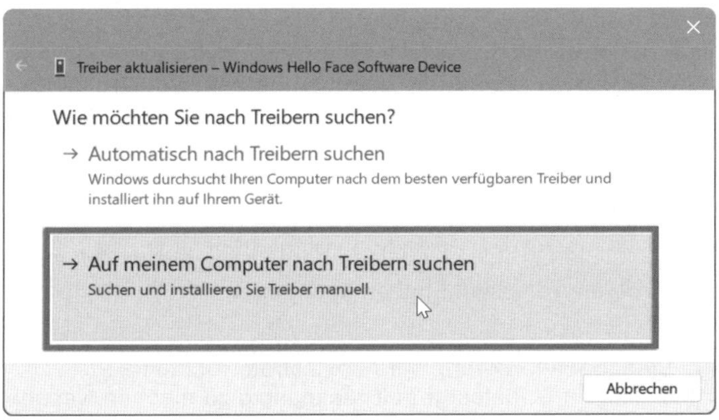

4. Im Eingabefeld *An diesem Ort nach Treibern suchen* tippen Sie den Pfad `C:\windows\winsxs` ein oder verwenden die *Durchsuchen*-Schaltfläche rechts, um dorthin zu navigieren.

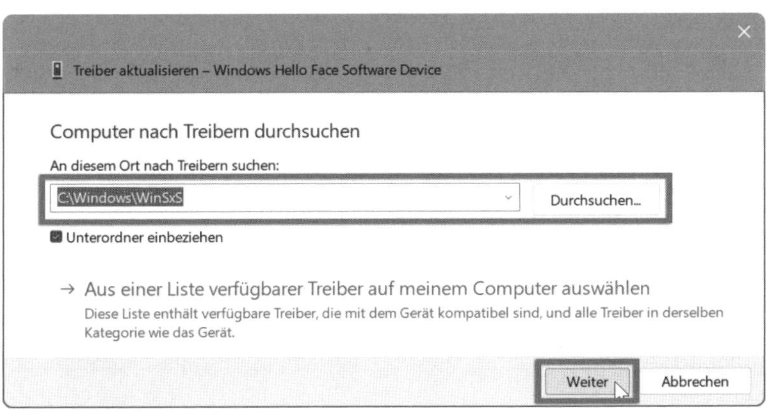

5. Klicken Sie dann unten auf *Weiter*, um die Version des Treibers wiederherzustellen, die vor dem Update funktionierte.

Abschließend muss ggf. noch ein Neustart durchgeführt werden oder das USB-Gerät einmal aus- und wieder eingesteckt werden. Dann sollte es wieder erkannt werden und uneingeschränkt genutzt werden können.

1.2.19 Nach Update neues Laufwerk im Explorer

Nach einem Update kann unter Umständen ein neuer Datenträger im Windows-Explorer angezeigt werden. Er ist nicht sehr groß und man kann damit auch nichts anfangen, da man als einfacher Anwender keine Zugriffsrechte hat.

Tatsächlich handelt es sich dabei um eine Startpartition, die Windows für den Betrieb benötigt. Allerdings bekommt diese normalerweise keinen Laufwerkbuchstaben und wird deshalb unter Windows auch gar nicht angezeigt. Dass Windows dem Datenträger nach einem Update plötzlich doch einen eigenen Laufwerkbuchstaben zuweist, kann man getrost als Fehler ansehen.

An sich kann man dieses Laufwerk einfach ignorieren. Aber die Tatsache, dass es im Datei-Explorer angezeigt wird, kann irritieren. Und ganz lästig ist es, wenn dieses Laufwerk fast voll ist. Darauf weist Windows dann regelmäßig hin und fordert zum Bereinigen auf. Nur kann man das mangels Zugriffsrechten gar nicht tun (und sollte es auch keinesfalls). Auch sollte man diese Partition keinesfalls löschen, was mit Bordmitteln sinnvollerweise auch nicht möglich ist. Es reicht, den Laufwerkbuchstaben zu entfernen, damit das Laufwerk wieder in Vergessenheit geraten kann.

1. Öffnen Sie eine Eingabeaufforderung mit Administratorrechten.
2. Geben Sie hier den Befehl `diskpart` ein.
3. Warten Sie kurz, bis das Programm gestartet ist, und geben Sie dann `list volume` ein.
4. Das Programm zeigt nun eine Liste aller Laufwerke und Partitionen an.
5. Suchen Sie das fragliche Laufwerk heraus. Am Laufwerkbuchstaben (dritte Spalte) sollte es sich eindeutig erkennen lassen. Merken Sie sich die Nummer, die diesem Datenträger in der Liste zugewiesen ist (zweite Spalte ###).
6. Geben Sie nun den Befehl `select volume <Nummer des Datenträgers>` ein, um dieses Laufwerk zum Bearbeiten auszuwählen.
7. Geben Sie schließlich den Befehl `remove` ein. Dieser Befehl entfernt nur den Laufwerkbuchstaben, nicht das Laufwerk selbst.
8. Nun können Sie das Programm mit `exit` verlassen und die Eingabeaufforderung schließen.

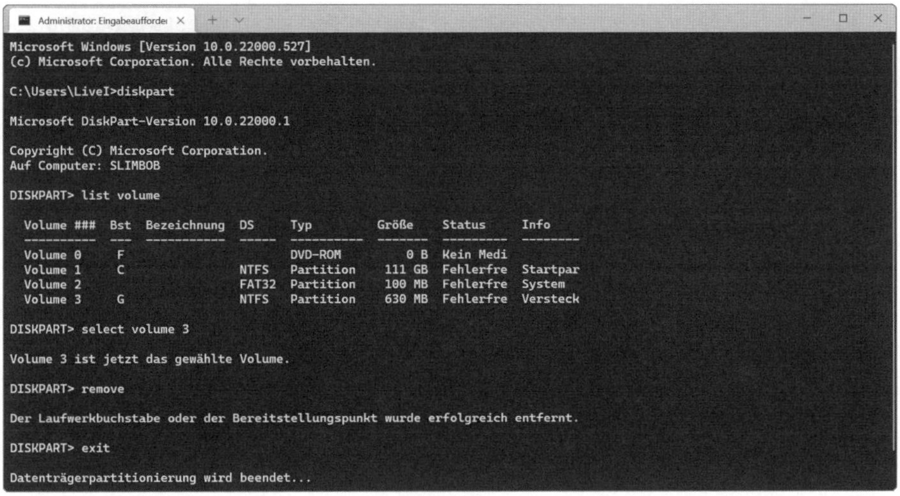

Das Laufwerk sollte nun bereits aus dem Datei-Explorer verschwunden sein und auch weitere Hinweise auf mangelnden Speicherplatz sollten unterbleiben.

1.2.20 System-reservierte Partition kann nicht aktualisiert werden

Bei einem Upgrade, also einem Wechsel von Windows 10 auf Windows 11 bzw. bei einem größeren Feature-Upgrade von Windows 11, kann es zu einem Abbruch mit der Fehlermeldung *Die für das System reservierte Partition konnte nicht aktualisiert werden* kommen. Dies tritt auf, wenn die Systempartition zu klein ist. Das tritt insbesondere bei älteren PCs auf, auf denen ursprünglich eine frühere Windows-Version installiert war, die immer wieder per Update aktualisiert wurde.

Es ist möglich, die vorhandene Aufteilung der Partitionen nachträglich zu verändern und der Systempartition den notwendigen Platz zu verschaffen. Allerdings reichen die Windows-Bordmittel dafür in den meisten Fällen nicht aus. Es gibt aber ein praktisches Tool, das sich für den privaten, nicht kommerziellen Bereich kostenlos nutzen lässt.

Laden Sie sich dazu die MiniTool Partition Wizard Free Edition herunter (*www.minitool.com/partition-manager*) und installieren Sie dieses Programm auf dem betroffenen PC. Wie immer empfiehlt sich vor solchen grundlegenden Eingriffen ein aktuelles Komplett-Backup.

1. Nach der Installation starten Sie das Programm direkt und warten, bis die derzeitige Aufteilung der Festplatte(n) angezeigt wird. Lokalisieren Sie darin die kleine, reservierte Systempartition. Sie befindet sich in der Regel am Anfang der ersten Festplatte und ist typischerweise 100 – 150 MB groß.

2. Wählen Sie dann die darunter liegende Partition durch einfaches Anklicken aus und wählen Sie im Menü *Partition/Verschieben/Größe ändern*.

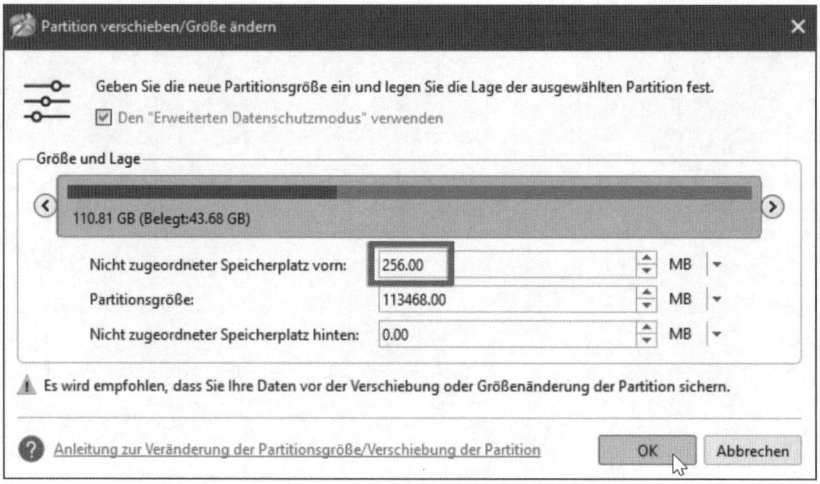

3. Reduzieren Sie im anschließenden Dialog die Partitionsgröße um 256 MB. Diese werden automatisch darunter dem *Nicht zugeordneten Speicherplatz hinten* zugeschlagen.

4. Deshalb anschließend unbedingt den Wert bei *Nicht zugeordneter Speicherplatz vorne* entsprechend erhöhen. Dadurch entsteht der gewonnene freie Speicherplatz hinter der Systempartition. Nur so kann er dieser anschließend zugeschlagen werden. Schließen Sie den Dialog mit *OK*.

5. Wählen Sie nun die kleine Systempartition aus und klicken Sie erneut auf *Move/Resize*.

6. Hier wird im Dialog bereits der nun hinter der Partition verfügbare Speicherplatz bei *Nicht zugeordneter Speicherplatz hinten* angezeigt. Erhöhen Sie den Wert bei *Partitionsgröße*, bis der freie Speicherplatz bei 0 steht.

7. Wichtig: Bislang ist noch nichts passiert. Die Änderungen sind nur vorgemerkt. Erst wenn Sie nun links unten auf *Übernehmen* klicken, werden die Partitionen tatsächlich verändert. Sollte beim Einstellen der Partitionen bis hierhin etwas schiefgelaufen sein, können Sie das Programm einfach beenden, ohne dass etwas geschieht.

Der Partition Wizard nimmt nun die Änderungen an den Partitionen vor. Dabei bleiben die Daten auf den Laufwerken selbstverständlich erhalten. Sofern erforderlich, verschiebt das Programm Daten auf der Festplatte, sodass die Zuordnung zur neuen Partitionsstruktur anschließend wieder passt. Ist der Partition Wizard fertig, können Sie direkt ohne Neustart einen neuen Versuch zum Windows-Upgrade starten, der nun hoffentlich Erfolg hat.

2 Windows-Oberfläche

Der Desktop ist das zentrale Element beim alltäglichen Umgang mit Windows. Er besteht aus Taskleiste, Startmenü und den Fenstern, in denen Apps und Anwendungen ausgeführt werden. Der grundsätzliche Umgang damit ist seit vielen Jahren etabliert. Aber nach wie vor experimentiert Microsoft gern an den Feinheiten herum. So sieht auch beim aktuellen Windows wieder manches anders aus und einiges muss umgelernt werden. Neue Funktionen sind hinzugekommen, andere sind – zumindest auf den ersten Blick – entfallen.

2.1 Taskleiste und Startmenü

Die Taskleiste mit dem integrierten Startmenü ist praktisch die Kommandozentrale, von der aus alle Anwendungen, Funktionen und Einstellungen zugänglich sind. Umso wichtiger ist es, alle Tricks zu kennen, um diese Elemente effizient zu nutzen und so weit wie möglich an die eigenen Vorlieben und Arbeitsweise anzupassen.

2.1.1 Der schnellste Weg in die Windows-Einstellungen

Viele Wege führen in die *Einstellungen*, sodass für alle Benutzer etwas dabei sein sollte. Folgende Wege sind möglich:

- Mausbenutzer blenden mit einem Klick auf die Netzwerk- und Audiosymbole rechts unten im Infobereich die Schnellaktion ein. Hier finden Sie rechts unten ein Zahnradsymbol, das die Startseite der Windows-Einstellungen öffnet.

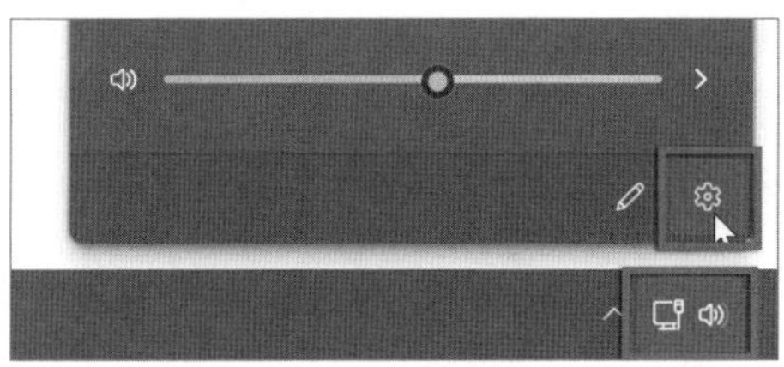

- Für Tastatur-Liebhaber gibt es ein bewährtes Tastenkürzel: ⊞+I zeigt in jeder Situation zuverlässig die Startseite der Windows-Einstellungen an. Apropos Tastatur: Bei besonderen Windows-Tastaturen oder neueren Notebooks oder Tablet-PCs sollte man auch mal einen Blick auf die Tastatur selbst werfen. Immer häufiger bringt die eine Funktionstaste für die Einstellungen mit, oft mit einem Zahnradsymbol gekennzeichnet.

- Touchbediener tippen auf das Windows-Symbol in der Taskleiste. Hier ist das Symbol für die Windows-Einstellungen standardmäßig angeheftet. Wer es stets an der ersten Position finden möchte, sollte es einmalig lange antippen und im Kontextmenü *Ganz nach oben* wählen.

Windows-Einstellungen in Startmenü und Taskleiste verankern

Die Windows-Einstellungen sind eine App wie jede andere auch. Dementsprechend können Sie das Symbol an die Taskleiste anheften, sodass Sie die Einstellungen dort jederzeit per Mausklick öffnen können.

Eine weitere, etwas unaufdringlichere Variante finden Sie in den Windows-Einstellungen im Bereich *Personalisierung/Start*. Klappen Sie hier den Abschnitt *Ordner* aus und schalten Sie darin die Option *Einstellungen* ein. Damit wird permanent im Startmenü ein Zahnradsymbol gleich links neben dem Ein/Aus-Symbol angezeigt, das Sie ebenfalls direkt in die Windows-Einstellungen führt.

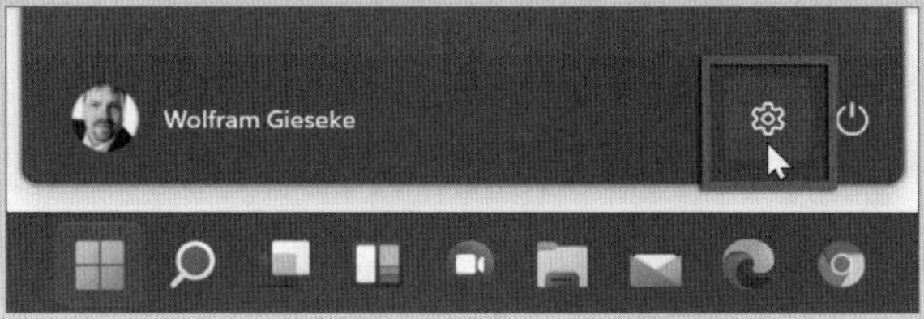

2.1.2 Eine bestimmte Einstellung schnell finden

Eine praktische Funktion der Windows-Einstellungen wird oft übersehen: Mit dem Suchfeld links oben können Sie jede bestimmte Option schnell finden:

1. Tippen Sie die Bezeichnung oder zumindest einen wesentlichen Teil davon ein.
2. Meist bekommen Sie die gesuchte Einstellung dann direkt zur Auswahl angeboten und können damit zum entsprechenden Dialog wechseln.
3. Falls die Liste zu umfangreich ist, drücken Sie [↵]. Dann werden alle Ergebnisse auf einer eigenen Seite angezeigt.

Besonders praktisch: Die Suchfunktion der Windows-Einstellungen berücksichtigt auch die klassische Systemsteuerung. Wenn Sie also nicht sicher sind, wo sich eine bestimmte Einstellung befindet, lässt sie sich auf diese Weise in jedem Fall finden.

2.1.3 Wenn sich die Einstellungen nicht öffnen lassen

Es kann passieren, dass sich die Windows-Einstellungen beharrlich nicht öffnen lassen, was alles weitere Vorgehen zur Problemlösung schwierig macht. In einem solchen Fall kann die Einstellungen-App zurückgesetzt werden, was solche Probleme häufig behebt. Auswirkungen auf die Systemeinstellungen als solche hat dies übrigens nicht.

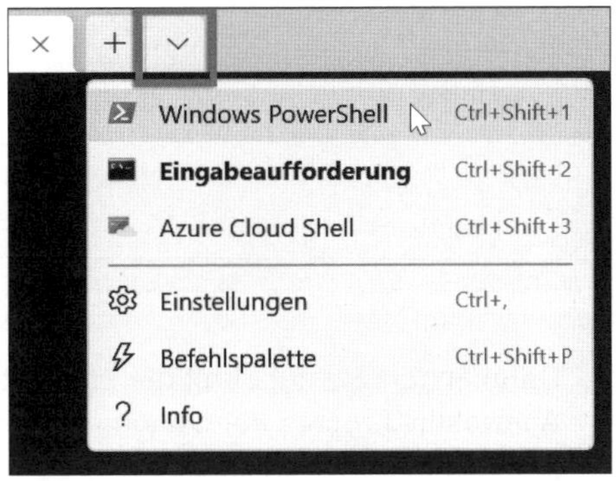

1. Öffnen Sie beispielsweise über das WinX-Menü (siehe Seite 73) das Windows-Terminal mit Administratorrechten.
2. Klappen Sie in der Titelleiste das Menü aus und wählen Sie darin *Windows PowerShell* (sofern das Terminal nicht standardmäßig eine solche anzeigt).
3. Tippen Sie in der PowerShell den folgenden Befehl ein:

   ```
   Get-AppxPackage *windows.immersivecontrolpanel* | Reset-
   AppxPackage
   ```

4. Senden Sie den Befehl mit [↵] ab und warten Sie, bis er abgearbeitet wurde. Prüfen Sie dann, ob sich die Windows-Einstellungen anschließend wieder öffnen lassen.

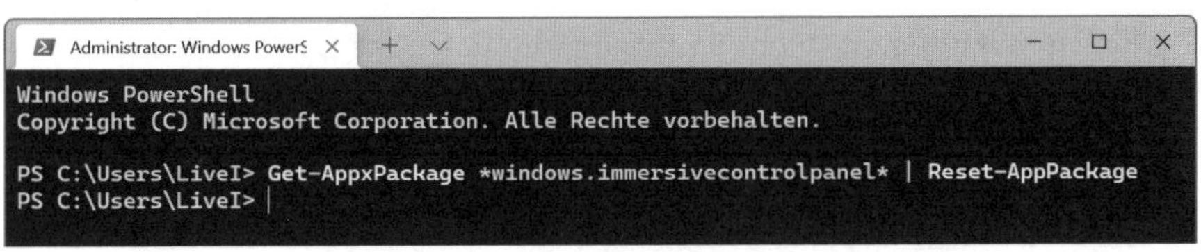

2.1.4 Das Startmenü wieder an den linken Rand rücken

Zu den »Neuerungen« des aktuellen Windows gehört, dass die Symbole der Taskleiste zentriert angeordnet sind und das Startmenü dementsprechend mittig auf dem Bildschirm aufgeht.

Wer alles am liebsten wieder an die linke Seite rücken würde, kann dies mit einer gut versteckten Einstellung erreichen:

1. Öffnen Sie in den Windows-Einstellungen den Bereich *Personalisierung/Taskleiste*.
2. Klicken Sie dort auf der rechten Seite auf *Taskleiste*.

3. Klappen Sie auf der so geöffneten Seite ganz unten den Eintrag *Verhalten der Taskleiste* auf.

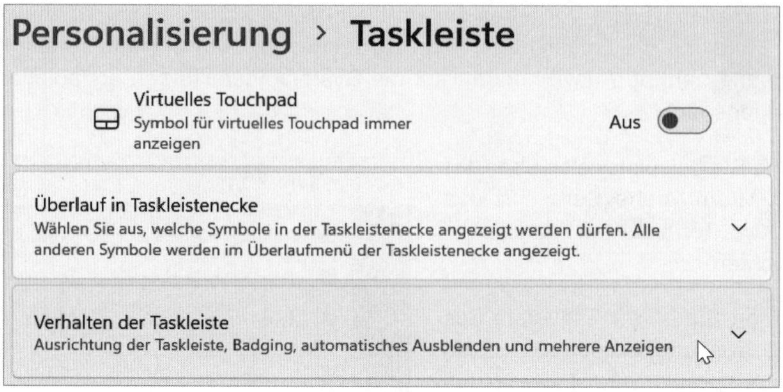

4. Darin finden Sie zuoberst die Einstellung *Taskleistenausrichtung*. Stellen Sie im Auswahlfeld rechts die Option *Links* ein.

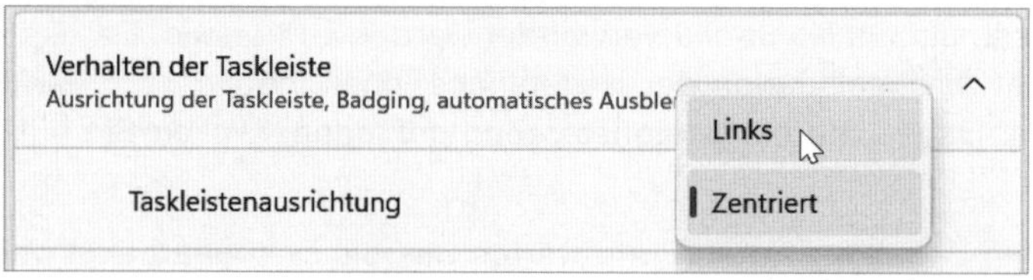

Die Änderung erfolgt unmittelbar und die Symbole auf der Taskleiste werden wieder linksbündig angezeigt. Wenn Sie auf das Windows-Symbol klicken, wird das Startmenü auch wieder in der linken unteren Ecke des Bildschirms ausgeklappt. Die Änderung ist rein optischer Natur und bleibt ohne funktionelle Auswirkungen oder gar Einschränkungen.

2.1.5 Ihr eigenes Profilbild (nicht nur) im Startmenü

Ein individuelles Gestaltungselement des Startmenüs ist das Profilbild, das Ihrem Benutzerkonto zugeordnet ist. Das wirkt sich nicht nur hier aus, sondern z. B. auch auf dem Anmeldebildschirm oder in der Benutzerverwaltung – eben überall dort, wo Ihr Benutzerkonto durch ein Bild symbolisiert wird. Wie auch schon bei früheren Versionen können Sie Ihr Benutzerbild beliebig ändern.

1. Klicken Sie dazu auf das Profilbild im Startmenü und wählen Sie im Menü *Kontoeinstellungen ändern*. Dies führt Sie in die Rubrik *Konten/Ihre Infos* der Windows-Einstellungen.

2. Dort wird in der rechten Hälfte das derzeit verwendete Bild bzw. Symbol angezeigt. Im Abschnitt *Foto anpassen* können Sie mit *Dateien durchsuchen* Ihren PC nach einem geeigneten Bild durchforsten.

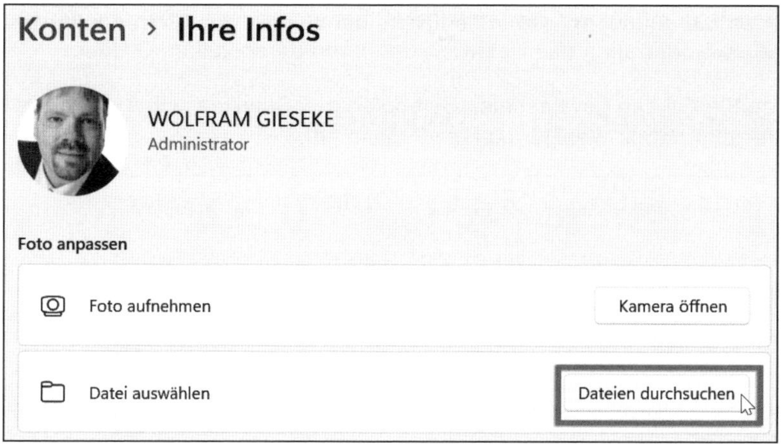

3. Der Auswahldialog führt Sie in die *Bilder*-Bibliothek. Von hier aus können Sie aber auch zu anderen Ordnern Ihrer Festplatte navigieren.

4. Das Bild kann eine beliebige Größe haben, es wird von Windows ggf. automatisch angepasst, um als Kontobild verwendet werden zu können. Da das Bild rund angezeigt wird, sollte sich der wesentliche Inhalt möglichst in der Bildmitte befinden. Haben Sie ein geeignetes Bild gefunden, klicken Sie auf *Bild auswählen*.

Schnelles Foto als Profilbild

Wenn Sie einen Tablet-PC mit eingebauter Kamera verwenden, können Sie anstelle eines vorhandenen Bildes auch direkt eines erstellen (beispielsweise mit der Frontkamera von sich selbst). Klicken Sie dazu unter *Foto anpassen* auf *Kamera öffnen*, um die Kamera-App zu starten.

2.1.6 Zugriff auf wichtige Ordner wieder im Startmenü

Bei früheren Windows-Versionen gab es die Möglichkeit, direkt im Startmenü Ordner mit eigenen Dokumenten, Bildern usw. zu öffnen. Im aktuellen Windows scheinen diese verschwunden zu sein. Tatsächlich aber sind sie nur ausgeblendet und können bei Bedarf jederzeit wieder angezeigt werden. So kann man sich direkt im Startmenü eine praktische Abkürzung zu den Windows-Einstellungen oder auch viel genutzten Standardordnern schaffen.

1. Öffnen Sie in den Windows-Einstellungen den Bereich *Personalisierung/Start*.

2. Klappen Sie rechts den Eintrag *Ordner* auf.

3. Damit erhalten Sie eine Liste aller möglichen Ziele, die dauerhaft unten im Startmenü angezeigt werden können. Diese umfasst Symbole für die Windows-Ein-

stellungen, den Explorer, die typischen Standardordner für Dokumente, Musik, Bilder usw. oder auch das Netzwerk und Ihren persönlichen Ordner.

4. Stellen Sie bei den gewünschten Symbolen den Schalter rechts auf *Ein*. Meine Empfehlung dabei: Weniger ist manchmal mehr.

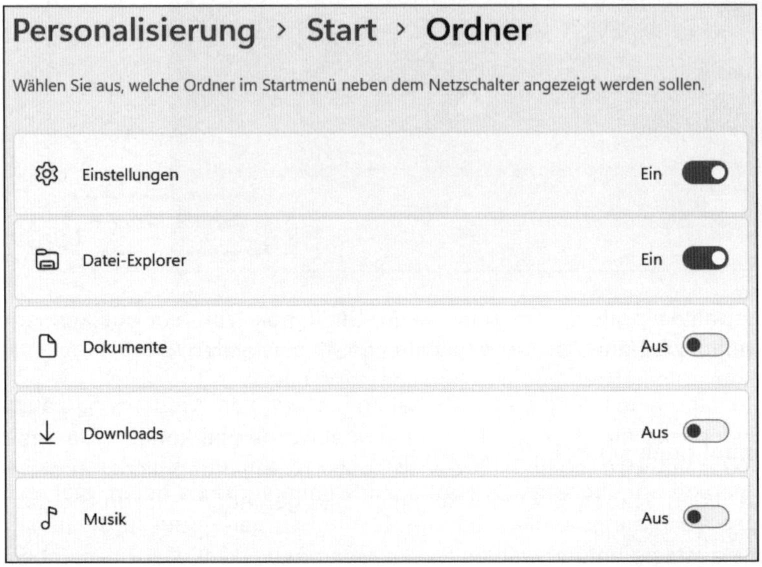

5. Die Änderung findet sich direkt im Startmenü wieder, wo die aktivierten Symbole ab sofort dauerhaft links neben dem Ein/Aus-Schalter angezeigt werden.

2.1.7 Positionen der Symbole im Startmenü anpassen

Wenn Sie Apps ans Startmenü anheften, sortiert Windows diese jeweils am Ende ein. Sie können die Positionen aller Symbole aber jederzeit beliebig verändern:

1. Lokalisieren Sie in der Übersicht das Symbol, dessen Position Sie verändern möchten.

2. Klicken das Symbol mit der linken Maustaste an und halten Sie diese Taste gedrückt.

3. Bewegen Sie das Symbol nun mit dem Mauszeiger an die gewünschte Position.

4. Um es zwischen zwei Symbolen einzusortieren, lassen Sie die Maus kurz an dieser Stelle verharren. Eines der vorhandenen Symbole rückt dann automatisch zur Seite und gibt eine leere Position frei.

5. Wird das Symbol (ungefähr) an der gewünschten Position angezeigt, lassen Sie die Maustaste los.

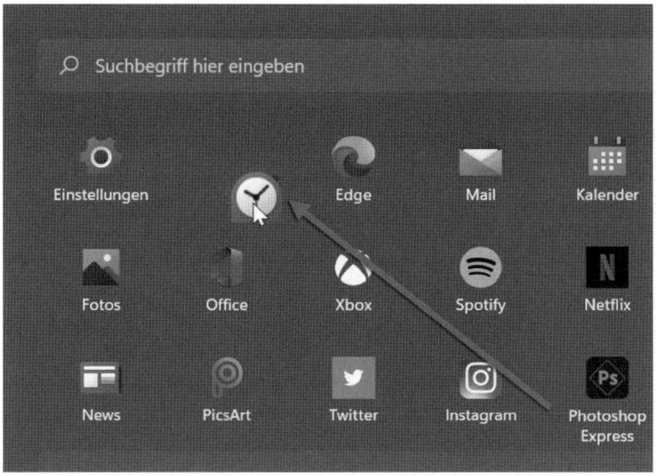

6. Das Symbol wird dann an der gewählten Stelle einsortiert. Alle Symbole dahinter rücken automatisch um eine Position nach hinten.

Ein Symbol ganz schnell nach vorn holen

Um ein gerade angeheftetes Symbol schnell nach vorne zu holen, gibt es eine praktische Abkürzung: Klicken Sie das Symbol an der aktuellen Stelle mit der rechten Maustaste an und wählen Sie im Menü den Befehl *Ganz nach oben*. Es wird dann an die vorderste Position der Liste verschoben und alle anderen Symbole rücken eine Stelle nach hinten.

2.1.8 Ordner ans Startmenü anheften

Sie können im Startmenü nicht nur Symbole für Apps platzieren, sondern auch Verweise auf Ordner. Wenn Sie diese anklicken, wird dann der Explorer gestartet, der den Inhalt des jeweiligen Ordners anzeigt.

1. Lassen Sie das Symbol des Ordners dazu im Datei-Explorer anzeigen, beispielsweise indem Sie das übergeordnete Verzeichnis öffnen.
2. Klicken Sie mit der rechten Maustaste auf das *Ordner*-Symbol.
3. Wählen Sie im so geöffneten Kontextmenü den Eintrag *An "Start" anheften*.

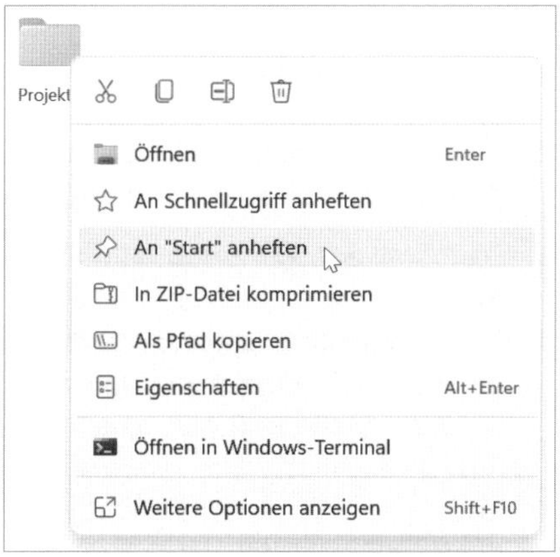

Das Symbol wird dann wie üblich am Ende der Liste mit den angepinnten Apps angehängt. Von hier aus können Sie es ggf. an eine vordere Position verschieben.

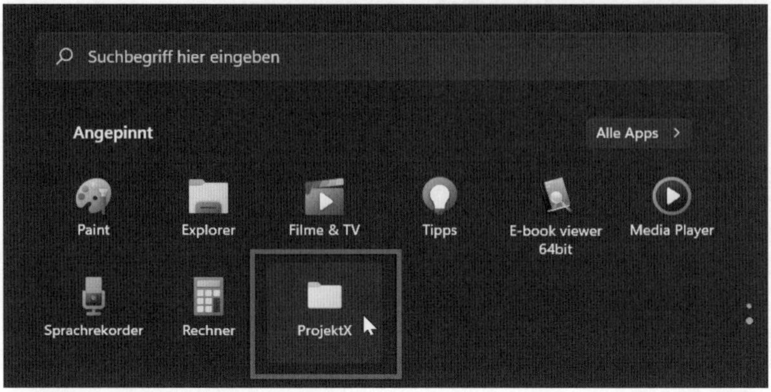

2.1.9 Apps im Startmenü auf die Schnelle starten

Wenn Ihnen das Suchen nach einer bestimmten Anwendung in der Übersicht oder der App-Liste zu umständlich ist, verwenden Sie dazu das Suchfeld im Startmenü:

1. Tippen Sie auf das Windows-Symbol in der Taskleiste oder drücken Sie [Win], um das Startmenü anzuzeigen.
2. Tippen Sie nun einfach direkt den Namen der gesuchten Anwendung ein. In der Regel brauchen Sie nur wenige Buchstaben des Namens einzutippen. Es reicht auch ein wesentlicher Bestandteil des Namens, beispielsweise »Mail«. Auch Groß- und Kleinschreibung spielt dabei keine Rolle.
3. Das Startmenü listet dann alle relevanten Treffer zu diesem Begriff aus verschiedenen Bereichen auf. Dazu gehören:
   - auf dem PC installierte Anwendungen und Apps,
   - Einstellungen,
   - Apps im Store,
   - vielversprechende Websuchbegriffe.
4. Da installierte Anwendungen die höchste Priorität haben, werden sie oben in der Liste angezeigt. Das am besten passende Programm findet sich ganz oben bei *Höchste Übereinstimmung* als farbig unterlegter Eintrag. Um diese Anwendung oder App zu starten, brauchen Sie nur noch [Enter] zu drücken.

5. Sollte die gesuchte App weiter unten stehen, verwenden Sie [↓], um deren Eintrag anzusteuern, und drücken Sie dann [↵]. Bei einem Touchbildschirm können Sie den Eintrag selbstverständlich auch einfach direkt antippen.

Was sich auf den ersten Blick vielleicht etwas umständlich liest, ist in Wirklichkeit ein ganz simpler Vorgang, an den man sich für einige Standardanwendungen schnell gewöhnt, gerade weil man dafür nicht mal zur Maus greifen muss:

1. [⊞] drücken.

2. Wesentlichen Teil des Namens tippen, etwa »mail«.

3. [↵] drücken.

2.1.10 Hilfreiche Abkürzungen im WinX-Menü

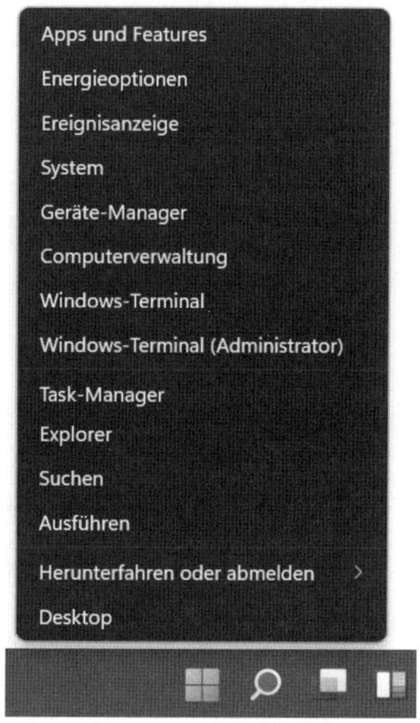

Das Windows-Symbol ganz links in der Taskleiste ist nicht nur ein hübsches Symbol zum Anzeigen des Startmenüs ist. Ein Rechtsklick darauf öffnet ein Kontextmenü, in dem Sie viele praktische Einträge finden, mit denen sich die Wege zu häufig genutzten Funktionen abkürzen lassen. Alternativ können Sie es auch jederzeit mit dem Tastenkürzel [⊞]+[X] öffnen (wovon sich auch der Name dieses Menüs ableitet).

Die meisten Einträge sind selbsterklärend und führen in die entsprechenden Bereiche der Windows-Einstellungen.

Schnell abmelden oder herunterfahren

Sehr praktisch ist auch das kleine *Herunterfahren oder abmelden*-Untermenü. Insbesondere Tastaturfans können es nutzen, um beispielsweise jederzeit schnell durch »blindes« Tippen den PC herunterzufahren: [⊞]+[X], [R], [R].

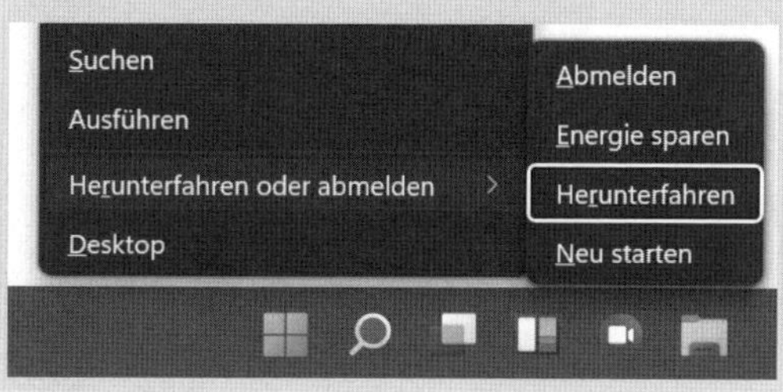

Das WinX-Menü ist in seiner Standardform schon praktisch, aber noch hilfreicher wird es, wenn Sie es individuell anpassen. So können Sie es beispielsweise übersichtlicher gestalten, indem Sie nicht benötigte Einträge entfernen oder auch eigene Verknüpfungen hinzufügen.

1. Öffnen Sie dazu den Datei-Explorer und tippen Sie in dessen Adresszeile den Pfad *%localappdata%\Microsoft\Windows\WinX* ein.
2. Der so geöffnete Ordner enthält standardmäßig drei Verzeichnisse *Group1*, *Group2* und *Group3*. Diese enthalten die Einträge des WinX-Menüs (mit Ausnahme des Menüpunkts *Herunterfahren oder abmelden*). Dabei stehen die untersten Einträge in *Group1* und die obersten in *Group3*.

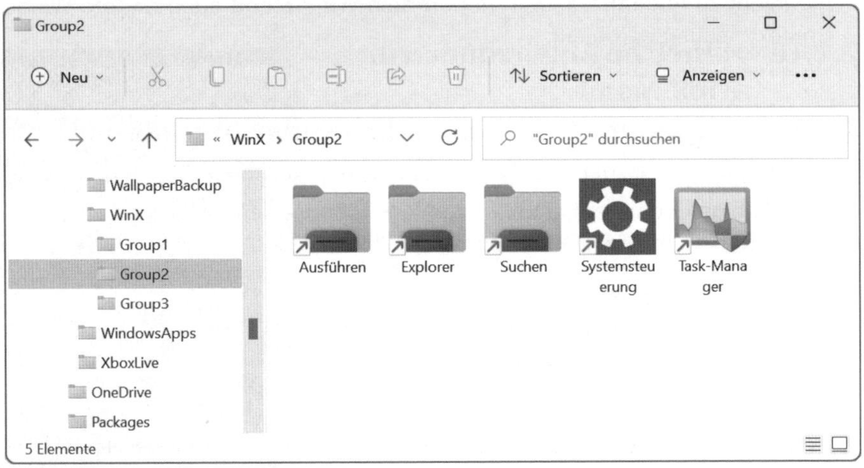

Sicherheitskopie vor Änderungen

Bevor Sie Änderungen innerhalb dieser Ordner vornehmen, sollten Sie eine Kopie des Ordners *WinX* als Sicherung erstellen. So können Sie das vollständige Menü ggf. wieder herstellen, falls Sie mit den Änderungen doch nicht zufrieden sein sollten.

3. Innerhalb der Ordner befinden sich ausschließlich Verknüpfungen. Wenn Sie einen Menüpunkt für verzichtbar halten, können Sie dessen Verknüpfung also einfach löschen. Die Namen stimmen zwischen Menü und Ordner nicht immer genau überein, sollten sich aber jeweils zuordnen lassen.
4. Durch Verschieben einer Verknüpfung in einen der anderen Ordner können Sie die Position des Menüeintrags verändern. Allerdings erlaubt dies nur eine ungefähre Kontrolle, da das WinX-Menü die genaue Sortierung selbst vornimmt.
5. Sie können auch einen weiteren Ordner *Group4* erstellen. Verknüpfungen, die Sie dort hinein verschieben, werden dann ganz oben im WinX-Menü angezeigt.

Änderungen an der Menüstruktur werden immer erst nach einem Neustart des Datei-Explorers sichtbar oder wenn Sie sich ab- und wieder anmelden.

Eigene Einträge im WinX-Menü?

Wenn Sie sich nun fragen, ob man dem Menü nicht auch neue Verknüpfungen hinzufügen kann: prinzipiell ja. Allerdings hat Microsoft es nicht so einfach gemacht, dass man einfach eine beliebige Verknüpfung anlegen kann und diese dann im Menü angezeigt wird. Stattdessen muss man die Verknüpfung mit einem speziellen Hash-Wert versehen, der jeweils individuell bestimmt wird. Mit anderen Worten: Sparen Sie sich die Mühe und nutzen Sie in diesem Fall lieber das kostenlose Programm ContextMenuManager von BluePointLilac (mit Google leicht zu finden). Es kann neben dem WinX-Menü auch andere Windows-Kontextmenüs bearbeiten.

2.1.11 Oft genutzte Ordner an die Taskleiste anheften

An die Windows-Taskleiste können Sie neben Symbolen für Programme und Apps auch beliebige Ordner anheften. Unverständlicherweise geht das nicht einfach direkt, sondern es ist ein kleiner Umweg erforderlich:

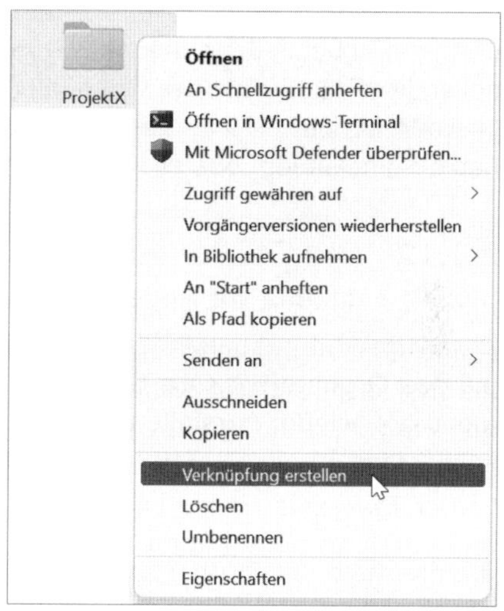

1. Verwenden Sie zunächst den Explorer, um das Symbol des Ordners anzuzeigen, den Sie an die Taskleiste anheften möchten.

2. Klicken Sie mit der rechten Maustaste auf das Symbol, wählen Sie *Weitere Optionen anzeigen* und wählen Sie im erweiterten Kontextmenü *Verknüpfung erstellen*. Windows legt dann eine Verknüpfung mit diesem Ordner als Symbol im selben Verzeichnis an.

3. Klicken Sie wiederum mit der rechten Maustaste auf das Symbol dieser Verknüpfung und wählen Sie im Kontextmenü *Eigenschaften*.

4. In der Rubrik *Verknüpfung* setzen Sie nun den Inhalt des Feldes *Ziel* in Anführungszeichen. Außerdem ergänzen Sie davor den Befehl *explorer*, sodass im Feld beispielsweise *explorer "C:\Users\<Ihr Benutzername>\Documents\ProjektX"* steht.

5. Auch praktisch: Unten können Sie mit *Anderes Symbol* ein anderes Icon wählen, durch das dieses Symbol in der Taskleiste später gut erkennbar ist. Übernehmen Sie Änderungen mit *OK*.

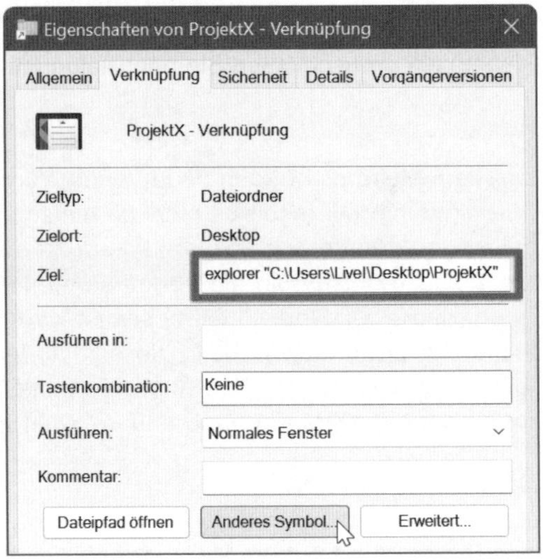

6. Wenn Sie nun erneut mit der rechten Maustaste auf das Verknüpfungssymbol klicken und dann *Weitere Optionen anzeigen* wählen, finden Sie im erweiterten Kontextmenü den Befehl *An Taskleiste anheften* vor.

Die erstellte Verknüpfung im Ordner können Sie übrigens anschließend löschen. Durch das Anheften wird eine Kopie der Verknüpfung in einem internen Ordner erstellt, die durch das Löschen des Originals nicht beeinträchtigt wird.

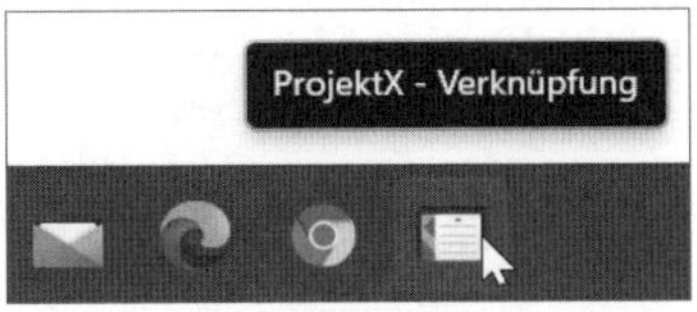

2.1.12 Die Größe der Taskleiste verändern

Beim aktuellen Windows hat Microsoft einige Gestaltungsmöglichkeiten für die Taskleiste entfernt. Mit einem kleinen Eingriff in die Windows-Registry können Sie aber zumindest die Größe der Taskleiste weiterhin verändern und somit an persönliche Vorlieben, Platzbedürfnis und/oder optische Einschränkungen anpassen.

1. Öffnen Sie den Registrierungs-Editor und navigieren Sie darin zum Schlüssel *HKEY_CURRENT_USER\Software\Microsoft\Windows\CurrentVersion\Explorer\Advanced*.

2. Legen Sie dort auf der rechten Seite mit *Neu/DWORD-Wert (32-Bit)* einen neuen Eintrag namens *TaskbarSi* an.

3. Doppelklicken Sie auf den neu angelegten Wert *TaskbarSi*, um dessen Eigenschaften zu öffnen.

4. Tragen Sie im Feld *Wert* die Ziffer *0* (verkleinerte Taskleiste), *1* (normale Taskleiste) oder *2* (vergrößerte Taskleiste) ein und schließen Sie den Dialog mit *OK*.

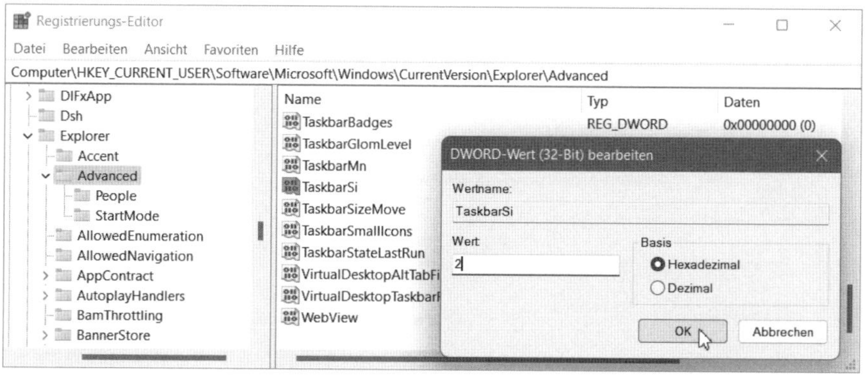

5. Schließen Sie den Registrierungs-Editor. Nun müssen Sie nur noch den Windows-Explorer einmal neu starten (per Task-Manager) oder sich einmal bei Windows ab- und wieder anmelden, damit die Änderung wirksam wird.

Sollten Sie die Änderung später wieder rückgängig machen wollen, setzen Sie den Wert für *TaskbarSi* auf **1** (was der Standardgröße entspricht) oder löschen Sie den Eintrag wieder ganz aus der Registry.

Unerwünschte Nebenwirkungen möglich

Änderungen an der Größe der Taskleiste stehen in Wechselwirkung mit den Einstellungen für die Skalierung des Bildschirms. Weicht man hier vom Standardwert 100 % ab, kann dies das Aussehen einer Taskleiste mit abweichender Größe beeinträchtigen. Aber das kann ja jeder für sich selbst ausprobieren und ggf. rückgängig machen.

2.1.13 Vertrauliche Informationen in Taskleiste und Startmenü

Das Startmenü sowie die Sprunglisten der Taskleistensymbole können Informationen über besuchte Webseiten, benutzte Ordner und verwendete Dokumente, Medienclips usw. enthalten. Dies kann unter Umständen problematisch sein, wenn Sie den PC mit anderen Benutzern teilen, die nicht unbedingt alles wissen müssen, was Sie damit gemacht haben. Zum einen ist es in solchen Fällen sinnvoll, die Funktionen der verschiedenen Anwendungen zu nutzen, damit solche Informationen gar nicht erst gesammelt werden, also z. B. beim Webbrowser den Verlauf zu löschen oder entsprechende Webseiten nur im Privat-Surfen-Modus zu besuchen. Aber auch die Taskleiste lässt sich so einstellen, dass solche Verlaufsinformationen nicht mehr angezeigt werden. Die Sprunglisten verlieren dadurch jedoch einen großen Teil ihres Potenzials.

1. Öffnen Sie die Windows-Einstellungen und darin den Bereich *Personalisierung/Start*.

2. Setzen Sie auf der rechten Seite bei *Zuletzt geöffnete Elemente in Start, Sprunglisten und im Datei-Explorer anzeigen* den Schalter auf *Aus*.

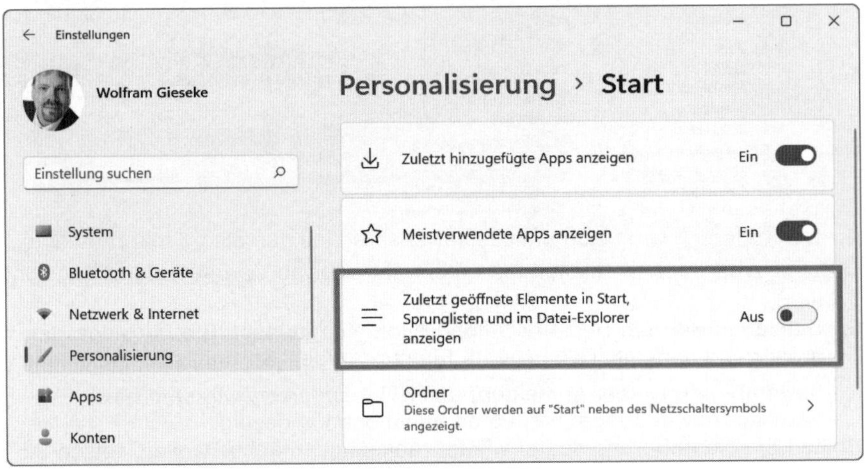

> **Einzelne dynamische Einträge aus Sprunglisten entfernen**
> Wenn es nur um einzelne Einträge in einer Sprungliste geht, die Ihnen ungeeignet oder überflüssig erscheinen, können Sie diese auch direkt entfernen. Öffnen Sie dazu die entsprechende Sprungliste und klicken Sie den fraglichen Eintrag mit der rechten Maustaste an. Im Kontextmenü finden Sie dann den Befehl *Von dieser Liste lösen*, der den Eintrag aus der Sprungliste entfernt.

2.1.14 Mehr Einträge in den Sprunglisten

Die Sprunglisten finden Sie im Kontextmenü *Taskleistensymbole*. Viele enthalten eine Mischung aus fest und dynamisch ergänzten Einträgen, die automatisch aufgrund der zuletzt oder besonders häufig geöffneten Inhalte erstellt werden. Wenn Sie insbesondere die dynamischen Einträge gern nutzen, reicht Ihnen die Anzahl vielleicht nicht aus und Sie möchten die Listen gern umfangreicher gestalten?

1. Öffnen Sie den Registrierungs-Editor (siehe Seite 426) und navigieren Sie darin zum Schlüssel *HKEY_CURRENT_USER\Software\Microsoft\Windows\CurrentVersion\Explorer\Advanced*.

2. Legen Sie in diesem Schlüssel rechts einen neuen DWORD-Wert mit der Bezeichnung *JumpListItems_Maximum* an.

3. Doppelklicken Sie anschließend auf diesen Eintrag, wählen Sie die Option *Dezimal* und legen Sie den gewünschten Wert fest.

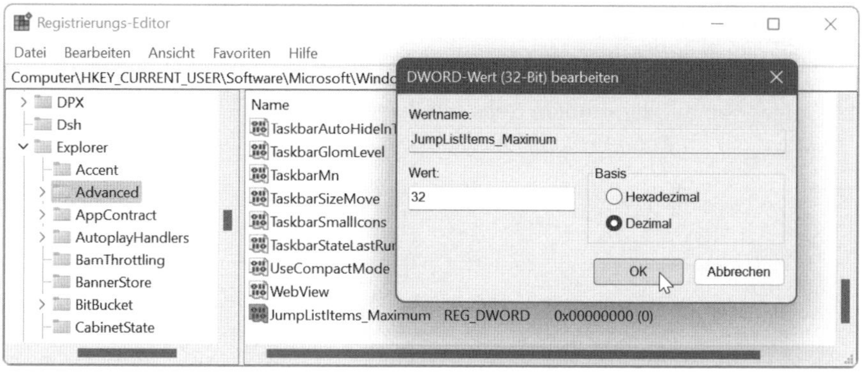

4. Die Änderung wirkt sich unmittelbar aus. Sie können also direkt probieren, welcher Wert Ihren Vorstellungen entspricht oder ab wann es zu unübersichtlich wird.

5. Wollen Sie ganz auf dynamische Einträge in den Sprunglisten verzichten, verwenden Sie den Wert *0*. Dann werden im Kontextmenü nur noch die fest für die jeweilige Anwendung hinterlegten Funktionen angezeigt.

6. Soll Windows wieder seine Werkseinstellungen verwenden, entfernen Sie den Eintrag *JumpListItems_Maximum* wieder ganz aus der Registry.

2.1.15 Wenn Windows angeheftete Ordner »vergisst«

Normalerweise zeigen die Taskleistensymbole vieler Anwendungen nach einem Rechtsklick eine Liste mit den zuletzt geöffneten Dokumenten, Verzeichnissen, Webseiten usw. an. Und man kann hier sogar häufig genutzte Ziele anheften, sodass sie stets im oberen Bereich der Liste aufgeführt werden. Mit diesen Sprunglisten kann man jederzeit mit zwei Mausklicks eines dieser Dokumente, Ziele oder Verzeichnisse öffnen. Manchmal allerdings stellt Windows aus heiterem Himmel diese praktische Funktion ein. Die Listen sind dann plötzlich leer. Auch wenn man Objekte neu anheftet, hält das nur kurz vor und dann verschwinden sie erneut.

Besteht das Problem nur bei einer ganz bestimmten Anwendung, kann es helfen, das Symbol dieser Anwendung aus der Taskleiste zu entfernen (Rechtsklick auf das Symbol und dann *Von Taskleiste lösen*). Dadurch werden auch die gespeicherten Informationen zu den Sprunglisten gelöscht. Anschließend kann man das Symbol wieder der Taskleiste hinzufügen (während die Anwendung läuft, Rechtsklick auf das Symbol in der Taskleiste und dann *Dieses Programm an die Taskleiste heften*). So erhält man eine »jungfräuliche« Sprungliste, die ordnungsgemäß funktionieren sollte.

Löst diese einfache Methode das Problem nicht, probieren Sie es mit Variante 2: Windows speichert die Informationen für die Sprunglisten in zwei Verzeichnissen. Den Inhalt dieser Verzeichnisse kann man auch manuell bearbeiten und so bestimmten Problemen auf die Spur kommen.

1. Starten Sie den Datei-Explorer und geben Sie in dessen Adresszeile folgenden Pfad ein: *%APPDATA%\Microsoft\Windows\Recent\AutomaticDestinations*.

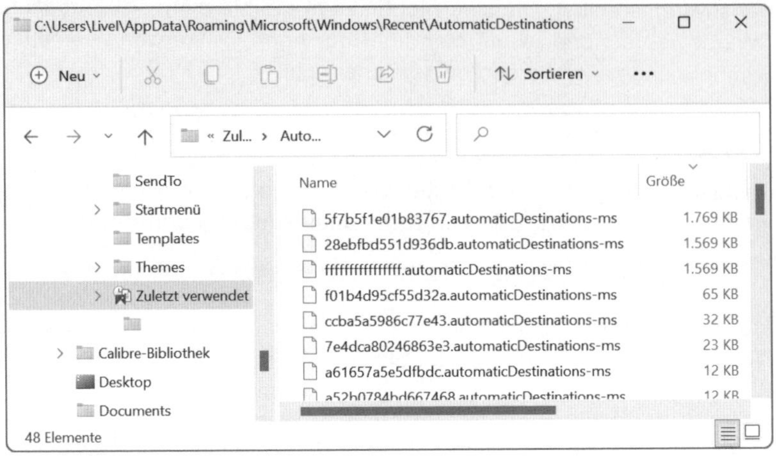

2. Kontrollieren Sie nun zunächst, ob es in diesem Ordner auffällig große Dateien gibt. Alles, was 1 MB und mehr hat, ist verdächtig.

3. Löschen Sie diese Dateien und probieren Sie, ob die Sprunglisten anschließend wieder funktionieren.

4. Wenn das nicht hilft: Für jede Anwendung mit Sprunglisten gibt es in diesem Ordner eine eigene Datei. Leider ist diese völlig kryptisch benannt und lässt sich nicht einfach zuordnen. Es geht aber mit einem kleinen Trick: Sortieren Sie die Anzeige der Dateien chronologisch mit der neuesten oben. Wenn Sie nun eine Anwendung mit Sprunglisten öffnen, darin ein Dokument erstellen und speichern, sollte das in der Sprungliste vermerkt werden. Dazu wird in die Sprunglistendatei geschrieben, sodass sich das Datum der letzten Änderung aktualisiert. Die entsprechende Sprunglistendatei sollte nun also ganz oben in der Dateiliste stehen.

Im vorangehend beschriebenen Ordner sind die automatisch erstellten Sprunglisten für *Zuletzt verwendet* oder ähnlich gespeichert. Die individuell angelegten Sprunglisten mit selbst angehefteten Ordnern finden Sie stattdessen unter *%APPDATA%\Microsoft\Windows\Recent\CustomDestinations*, den Sie genau wie vorangehend beschrieben öffnen und bearbeiten können. Bei Problemen sollte man am besten immer beide Ordner kontrollieren.

Tabula rasa

Wenn die vorangehend beschriebenen Schritte nicht helfen, hilft nur die ganz grobe Keule: Der Inhalt der beiden Sprunglistenordner kann bedenkenlos gelöscht werden. Das löst zuverlässig alle Probleme mit dieser Funktion. Allerdings wirkt sich dieser Schritt auf ALLE Anwendungen aus, die Sprunglisten unterstützen. Es werden also sämtliche Sprunglisten zurückgesetzt und müssen dann neu aufgebaut werden. Aber immerhin funktionieren sie dann wieder.

2.1.16 Symbole im Infobereich individuell auswählen

Im Infobereich rechts in der Taskleiste finden Sie standardmäßig einige Symbole des Betriebssystems selbst. Die sind nicht immer alle hilfreich. Im Gegensatz zu früheren Windows-Versionen kann man aber nur noch in Grenzen beeinflussen, welche Symbole angezeigt werden und welche nicht.

Die Symbole für Netzwerk und Lautstärke etwa öffnen zugleich den Bereich für Schnellaktionen und können deshalb nicht entfernt werden. Auch Uhrzeit und Datum erachten die Windows-Macher anscheinend als unerlässlich. Andere Symbole hingegen lassen sich in den Windows-Einstellungen nach Bedarf ein- und ausblenden.

1. Öffnen Sie den Bereich *Personalisierung/Taskleiste*.

Schnell zu den Taskleisteneinstellungen

Wenn Sie mit der rechten Maustaste auf eine leere Stelle der Taskleiste klicken und im Menü dann *Taskleisteneinstellungen* wählen, gelangen Sie auf dem schnellsten Weg in den entsprechenden Bereich der Windows-Einstellungen.

2. Klappen Sie hier in der rechten Hälfte den Abschnitt *Symbole in der Taskleistenecke* auf.
3. Darin sind die verschiedenen Symbole aufgeführt sind, die Windows im Infobereich einblenden kann.
4. Für jedes der Symbole können Sie mit dem Schalter rechts in der Zeile wählen, ob es angezeigt werden soll oder nicht.

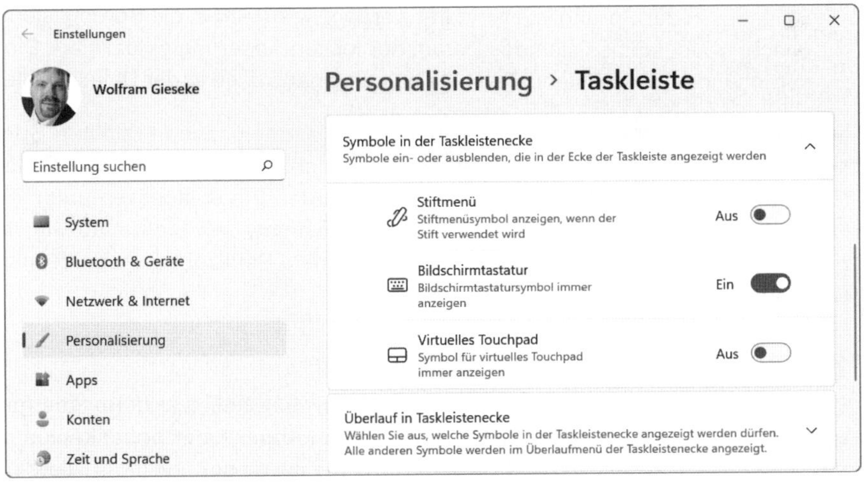

2.1.17 Symbole von Anwendungen nach Bedarf dosieren

Der Infobereich der Taskleiste wird auch durch die Software anderer Anbieter genutzt, selbst wenn es nicht immer notwendig und sinnvoll ist. Deshalb gibt Ihnen Windows die Kontrolle über den Infobereich. So können Sie einstellen, welche Symbole und Meldungen hier angezeigt werden und welche Windows automatisch unterdrücken soll.

1. Öffnen Sie in den Windows-Einstellungen den Bereich *Personalisierung/Taskleiste*.
2. Klappen Sie hier in der rechten Hälfte den Abschnitt *Überlauf in Taskleistenecke* aus.
3. Darin öffnen Sie eine Liste der vorhandenen Symbole für den Infobereich. Dabei handelt es sich sowohl um solche von Windows selbst als auch um Symbole, die von anderen Anwendungen hinzugefügt wurden. Der Inhalt der Liste verändert sich also dynamisch, wenn Sie Anwendungen installieren bzw. deinstallieren.
4. Der Schalter rechts in jeder Zeile steuert, ob das Symbol direkt in der Taskleiste oder im Überlauf angezeigt wird. Steht er auf *Ein*, wird das Symbol in der Taskleiste angezeigt. Mit *Aus* hingegen verbannen Sie es in den ausklappbaren Überlauf.

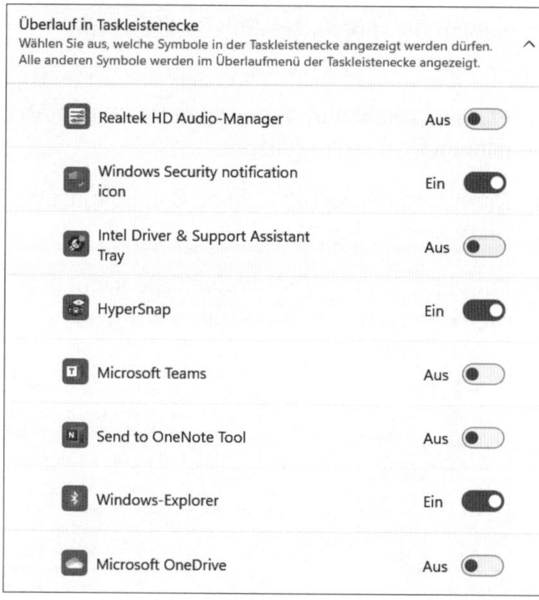

Diese Vorgaben gelten wohlgemerkt nur, wenn das Symbol überhaupt angezeigt wird. Wichtige Symbole etwa für den Windows Update-Status können Sie also ruhig eingeschaltet lassen. Das Symbol wird automatisch nur dann eingeblendet, wenn Updates vorliegen.

Symbole per Mauszeiger in den Überlauf ziehen

Auch ohne Windows-Einstellungen können Sie Symbole an den richtigen Platz verweisen. Klappen Sie den Überlauf aus. Klicken Sie ein Symbol mit links an und halten Sie die Maustaste gedrückt. Ziehen Sie es nun auf den Überlauf (oder umgekehrt aus dem Überlauf in die Taskleiste) und lassen Sie dann los. Das Symbol wandert an die gewünschte Position und die entsprechende Option in den Windows-Einstellungen wird automatisch ebenso gesetzt.

2.1.18 Zusätzliche Zeitzonen im Infobereich anzeigen

Wenn Sie Kontakt zu Bekannten und Kollegen in der ganzen Welt halten wollen, ist es hilfreich, zu wissen, wie spät es bei denen gerade ist. Oder vielleicht handeln Sie an internationalen Märkten und müssen stets den Überblick darüber behalten, welcher Handelsplatz wann geöffnet ist. Bei Windows können Sie zu Ihrer eigenen Uhrzeit zwei weitere beliebige Zeitzonen einblenden und sind so immer mit einem Blick im Bilde.

1. Klicken Sie dazu mit der rechten Maustaste auf die Uhrzeit unten rechts im Infobereich und wählen Sie im Kontextmenü *Datum und Uhrzeit anpassen*.

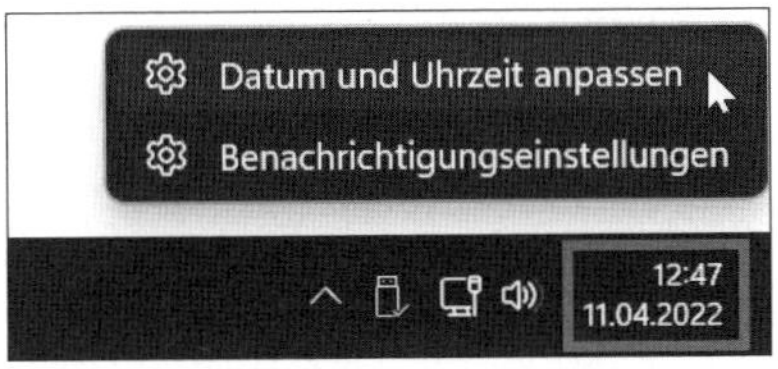

2. Gehen Sie in den so geöffneten Einstellungen zum Abschnitt *Verwandte Links* und klicken Sie hier auf *Zusätzliche Uhren*.
3. Aktivieren Sie im anschließenden Dialog die Option *Diese Uhr anzeigen* und wählen Sie die gewünschte Zeitzone aus. Bei *Anzeigenamen eingeben* können Sie außerdem eine eigene Bezeichnung für diese Zeit festlegen.
4. Für eine dritte Uhrzeit wiederholen Sie diese Einstellungen im unteren Bereich mit einer weiteren Zeitzone.
5. Klicken Sie dann unten auf *OK*, um den Dialog zu schließen.

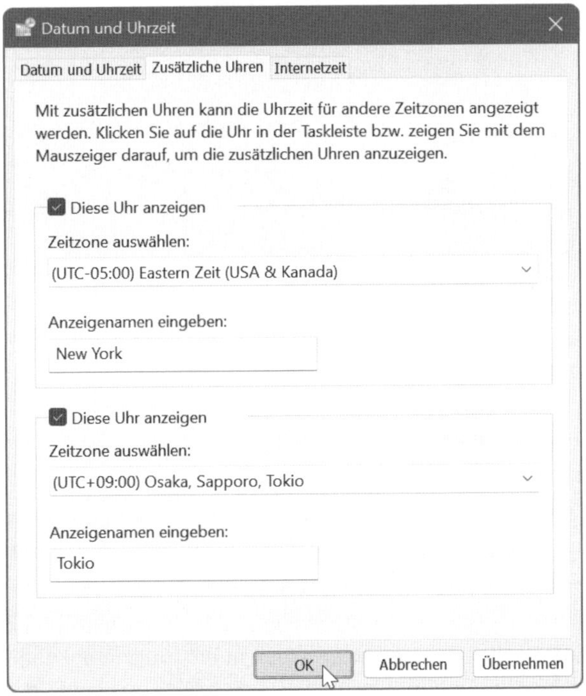

Bei der Uhrzeit im Infobereich ändert sich dadurch auf den ersten Blick nichts. Wenn Sie allerdings auf die angezeigte Uhrzeit klicken, öffnet Windows ein Feld, in dem Sie neben Datum und eigener Uhrzeit auch die zusätzlichen Zeitzonen ablesen können. Ein weiterer Mausklick an einer beliebigen Stelle blendet diese Anzeige wieder aus.

2.1.19 Benachrichtigungen von einzelnen Apps steuern

Auch wenn sich Benachrichtigungen notfalls ignorieren lassen, möchte man doch nicht ständig von mehr oder weniger hilfreichen Mitteilungen von besonders aufdringlichen Anwendungen belästigt werden. Deshalb können Sie steuern, welche Apps Nachrichten senden dürfen.

1. Öffnen Sie dazu in den Windows-Einstellungen den Bereich *System/Benachrichtigungen*.
2. Hier können auf der rechten Seite oben pauschal steuern, ob Sie *Benachrichtigungen* erhalten möchten.
3. Klicken Sie darunter im Abschnitt *Benachrichtigungen von Apps und anderen Absendern abrufen* auf einen der Einträge, können Sie angepasste Benachrichtigungsoptionen für jede App bzw. jeden Windows-Dienst vornehmen:

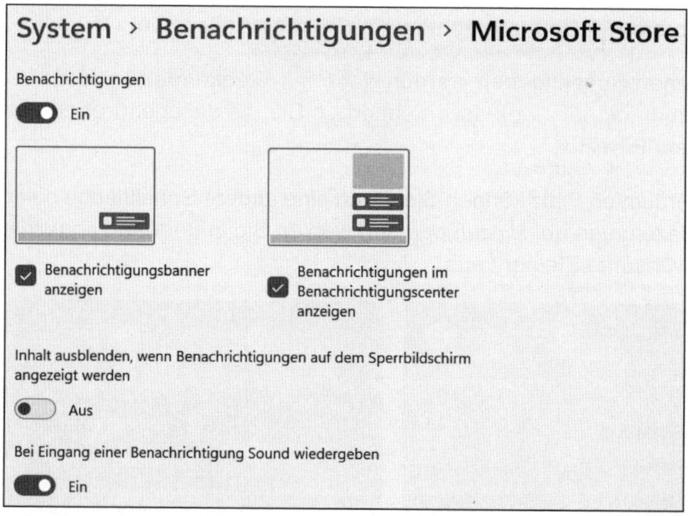

4. Ganz oben können Sie Benachrichtigungen für diese Quelle pauschal ein- oder ausschalten.
5. Darunter werden die beiden Optionen *Benachrichtigungsbanner anzeigen* sowie *Benachrichtigung im Benachrichtigungscenter anzeigen* auch grafisch anschaulich dargestellt. Sie können eine der Optionen wählen, beide oder auch keine davon.

6. Bei Apps, die Benachrichtigungen auch auf dem Sperrbildschirm anzeigen dürfen, können Sie den Inhalt ausblenden lassen. Sie erhalten dann nur einen Hinweis, dass eine Nachricht vorliegt. So vermeiden Sie, dass Unbefugte den Inhalt neuer Nachrichten, E-Mails usw. auf dem Sperrbildschirm erfahren.

7. Mit der Option *Bei Eingang einer Benachrichtigung Sound wiedergeben* können Sie die akustische Signalisierung speziell für diese App steuern. So lassen sich etwa einzelne, besonders mitteilungsfreudige Apps stumm schalten, obwohl Benachrichtigungsklänge insgesamt aktiviert sind.

8. Ganz unten schließlich steuern Sie über die Priorität, an welcher Stelle die Hinweise dieser App in der Nachrichtenliste aufgeführt werden.

2.1.20 Die Schnelleinstellungen der Taskleiste anpassen

Mit Anklicken der Symbole für Netzwerk und Lautstärke rechts unten im Infobereich der Taskleiste öffnen Sie ein kleines Menü mit den Schnelleinstellungen. Die grundlegende Auswahl dieser schnellen Aktionen nimmt Windows nach Verfügbarkeit der entsprechenden Funktionen automatisch vor. So finden sich bei einem typischen Desktop-PC hier andere Schaltflächen beispielsweise für VPN, Nachtmodus oder Barrierefreiheit. Bei Mobilgeräten hingegen werden eher Symbole etwa für WLAN, den Flugzeugmodus oder Bluetooth angezeigt.

In jedem Fall können Sie dies aber jederzeit selbst nach Ihren Vorstellungen ändern.

1. Klicken Sie in diesem Bereich rechts unten auf das Stiftsymbol.

2. Die vorhandenen Schaltflächen werden dann mit Stecknadelsymbolen versehen. Mit einem Klick auf eines davon entfernen Sie die dazugehörende Schaltfläche aus dem Bereich.

3. Den so frei geräumten Platz können Sie durch eine andere Schaltfläche belegen. Klicken Sie dazu unten auf *Hinzufügen* und wählen Sie in der dann angezeigten Liste das gewünschte Element aus.

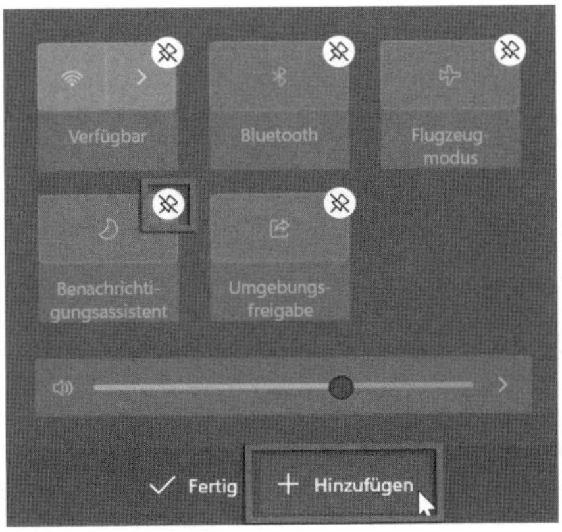

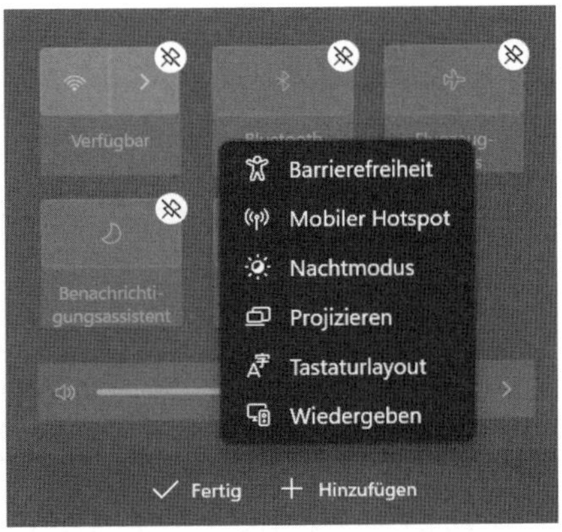

4. Auch die Anordnung der Schaltflächen können Sie nach Ihren Vorstellungen gestalten. Solange der Bearbeitungsmodus aktiv ist und die Schaltflächen mit Stecknadelsymbolen angezeigt werden, können Sie jede Fläche mit gedrückter linker Maustaste ergreifen, an die gewünschte Position ziehen und dort fallen lassen. Die anderen Schaltflächen weichen automatisch aus und gruppieren sich entsprechend um.

5. Mit einem Klick auf *Fertig* schließen Sie die Umgestaltung der Schnelleinstellungen ab.

2.1.21 Das Suchen-Symbol der Taskleiste ausblenden

Ein Suchfeld bietet die aktuelle Windows-Version nicht mehr direkt in der Taskleiste. Stattdessen gibt es nun ein Lupensymbol, das nicht viel mehr als eine Abkürzung zur Suchfunktion des Startmenüs ist: Ein Klick darauf öffnet das Startmenü mit aktiviertem Suchmodus. Die Wirkung ist letztlich die gleiche, als wenn Sie das Startmenü öffnen und dann dort oben ins Suchfeld klicken. Falls Ihnen diese minimale Abkürzung kein eigenes Symbol in der Taskleiste wert ist, können Sie das Lupensymbol ausblenden.

1. Öffnen Sie dazu die Windows-Einstellungen im Bereich *Personalisierung/Taskleiste*.

2. Stellen Sie dort im Abschnitt *Taskleistenelemente* den Schalter für *Suche* auf *Aus*.

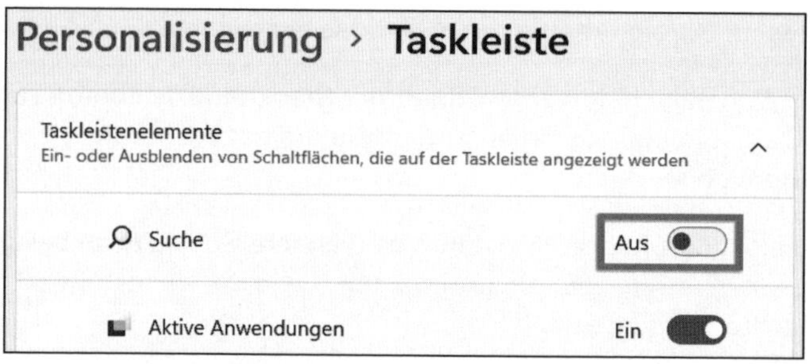

Schnell zu den zuletzt gefundenen Apps

Warum Sie die Lupe eventuell vielleicht doch nicht aus der Taskleiste verbannen möchten: Wenn Sie den Mauszeiger kurz auf dem Lupensymbol der Taskleiste verharren lassen, wird eine Liste der zuletzt im Startmenü gesuchten (und gefundenen) Apps angezeigt. Klicken Sie einen der Einträge an, um die entsprechende App erneut zu öffnen. Möchten Sie stattdessen suchen, klicken Sie oben auf *Zum Suchen hier auswählen*.

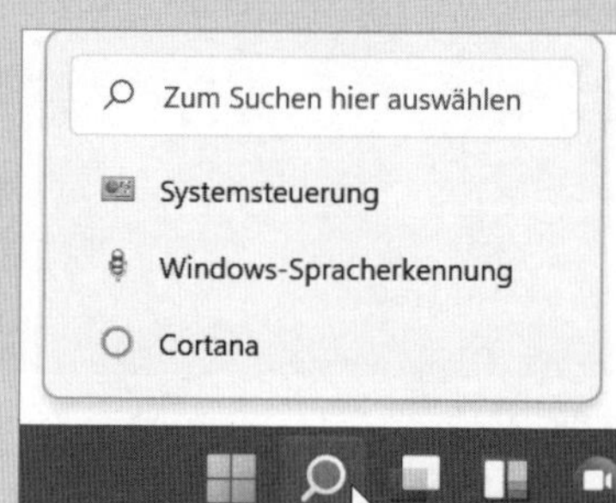

2.1.22 Websuche aus dem Startmenü

Für eine Websuche brauchen Sie nicht unbedingt erst den Webbrowser zu öffnen und dessen Suchfunktion zu bemühen. Stattdessen tippen Sie den Suchbegriff im Startmenü ein und lassen sich die besten Treffer dazu in der Übersicht anzeigen. Manchmal reicht das bereits, um die gesuchte Information zu finden. Andernfalls können Sie die so gefundene Webseite auch jederzeit mit einem Klick im Webbrowser öffnen und dort uneingeschränkt weiternutzen.

1. Für eine Websuche öffnen Sie mit einer der verschiedenen Möglichkeiten das Suchfeld des Startmenüs und tippen dort den Suchbegriff ein.

2. Häufig wird es zu typischen Suchbegriffen keine lokalen Treffer bei Apps und Dokumenten geben, sodass Ihnen automatisch nur Treffer aus dem Web angeboten werden. Andernfalls wechseln Sie in den Bereich *Web*, um lokale Fundstellen zu ignorieren.

3. Bei *Höchste Übereinstimmung* wird wie üblich das Suchergebnis mit der größten Relevanz angezeigt. Dieses ist automatisch auch markiert und in der rechten Hälfte des Startmenüs sehen Sie eine Vorschau auf die entsprechende Webseite. Wenn Sie eine ganz bestimmte Information suchen, reicht diese Vorschau manchmal schon, um diese zu finden.

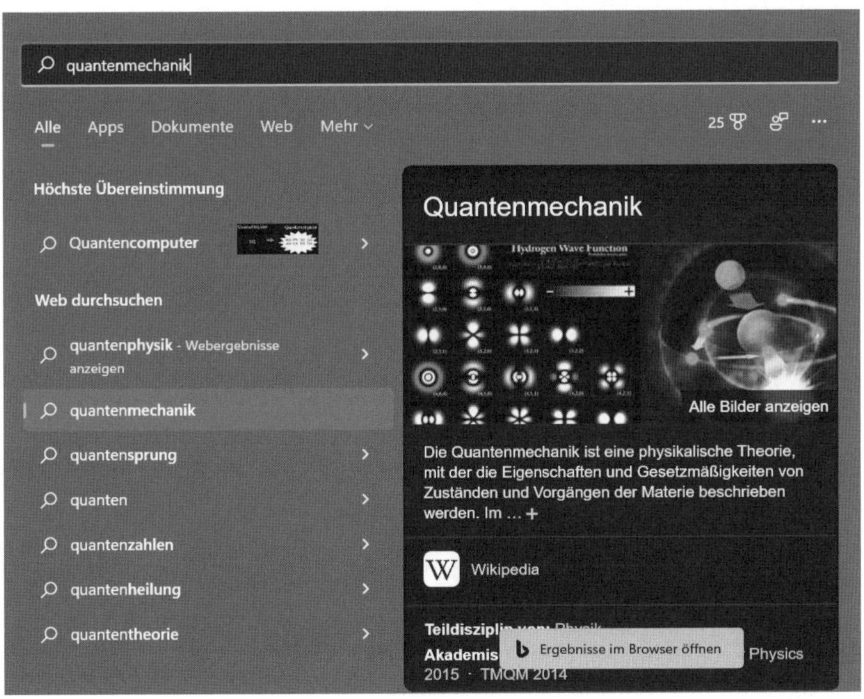

4. Ist der beste Treffer nicht ganz der richtige für Sie, verwenden Sie [↓], um einen der weiteren auszuwählen. Auch von diesem wird dann rechts eine Vorschau angezeigt.

5. Sieht eine Webseite in der Vorschau vielversprechend aus und Sie möchten mehr wissen, drücken Sie [↵], um diese im Webbrowser zu öffnen.

2.2 Windows-Desktop und Fenster-Management

Solange man immer nur mit einer Anwendung oder App arbeitet, braucht man sich über Fenstermanagement und schnellem Wechsel zwischen Anwendungen keine Gedanken zu machen. Aber sowie man mehr als eine Anwendung gleichzeitig bzw. im Wechsel nutzt und vielleicht sogar Daten zwischen Anwendungen austauschen möchte, bekommen diese Aspekte eine große Bedeutung.

Windows bietet hierbei verschiedene Möglichkeiten, die Arbeitsoberfläche den eigenen Vorlieben anzupassen und Abläufe zu optimieren.

2.2.1 Mit der Taskansicht komfortabel Fenster wechseln

Zum Wechseln zwischen geöffneten Fenstern funktioniert der Klassiker [Alt]+[↹] nach wie vor. Mit der Taskansicht bringt Windows aber eine komfortablere Umschaltmöglichkeit. Diese lässt sich auf verschiedene Weise nutzen und bietet eine gute Übersicht aller gerade laufenden Apps, die sich dynamisch der Anzahl und der Bildschirmgröße anpasst.

Überdies macht sie es möglich, zwischen verschiedenen virtuellen Desktops hin und her zu wechseln (siehe Seite 104).

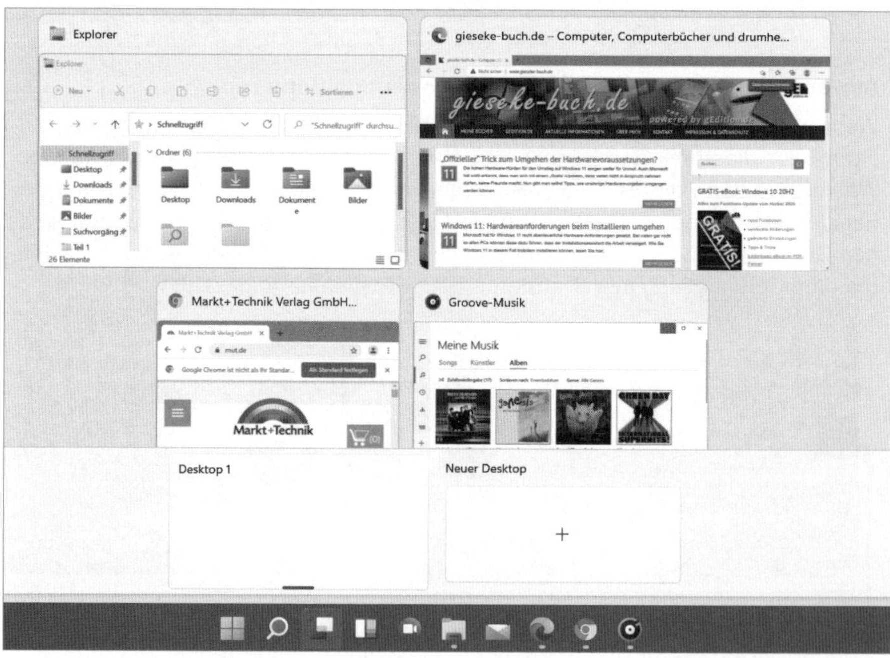

Tastaturbenutzer werden sich nur ein wenig umgewöhnen müssen. Anstelle von [Alt]+[Tab] ist die Vorgehensweise eine etwas andere:

1. Drücken Sie [Win]+[Tab], um die Taskanzeige auf den Bildschirm zu holen.
2. Verwenden Sie nun die Pfeiltasten, um die Anwendung auszuwählen, mit der Sie weiterarbeiten möchten.
3. Ist diese Anwendung ausgewählt (also mit einem schmalen Rahmen umlegt), drücken Sie [Enter] oder auch [Leer].
4. Möchten Sie ohne Wechsel zur vorher geöffneten Anwendung zurückkehren, drücken Sie erneut [Win]+[Tab].

Auch mit der Maus lässt sich die Taskansicht einfach und intuitiv bedienen.

1. Klicken Sie in der Taskleiste auf das *Taskansicht*-Symbol, um die Übersicht der laufenden Anwendungen anzuzeigen.

2. Die Anwendung, zu der Sie wechseln möchten, können Sie nun durch einfaches Anklicken auswählen.

3. Wenn Sie den Mauszeiger auf eine der angezeigten Anwendungen bewegen, können Sie diese außerdem mit dem kleinen *x*-Symbol oben rechts schließen.

Anwendungen aus der Taskansicht heraus positionieren

Wenn Sie in der Taskansicht mit der rechten Maustaste auf eine Vorschau klicken oder diese mit dem Finger länger antippen, öffnen Sie ein Kontextmenü. Wählen Sie darin die Befehle *Links andocken* oder *Rechts andocken*, nimmt das Fenster automatisch die entsprechende Bildschirmhälfte ein. In der anderen sehen Sie weiterhin die Taskansicht und können hier eine weitere App auswählen, die dann automatisch in der anderen Bildschirmhälfte angezeigt wird.

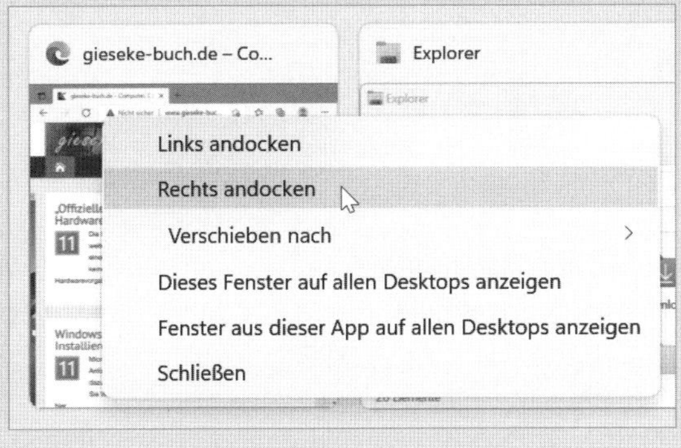

2.2.2 Fenster ganz ohne Mausakrobatik anordnen

Zu den Neuerungen des aktuellen Windows gehört das Unterstützen des Benutzers beim Anordnen mehrerer Fenster auf dem Bildschirm. Traditionell ist dies mit einiger Mausakrobatik verbunden. Deshalb bietet Windows nun eine praktische Hilfe an, die ohne viel Ziehen und Schieben oder komplizierte Tastenkürzel auskommt.

1. Schlüssel dafür ist das mittlere der drei Symbole für die Fenstersteuerung, die in der Titelzeile jedes Fensters ganz rechts angezeigt werden. Dieses war immer schon dafür zuständig, das Fenster zu maximieren bzw. bei maximierten Fenstern die Normalgröße wiederherzustellen. Das klappt auch weiterhin durch einfaches Anklicken.

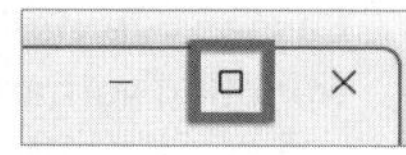

2. Spannend wird es, wenn Sie das Symbol nicht direkt anklicken, sondern den Mauszeiger kurz darauf verharren lassen.

3. Dann wird ein kleiner Zusatzdialog eingeblendet, der Ihnen verschiedene Fensterkonfigurationen zur Auswahl anbietet. Entscheiden Sie sich für eine davon und klicken Sie dort den Bereich an, in dem Sie das Fenster haben möchten.

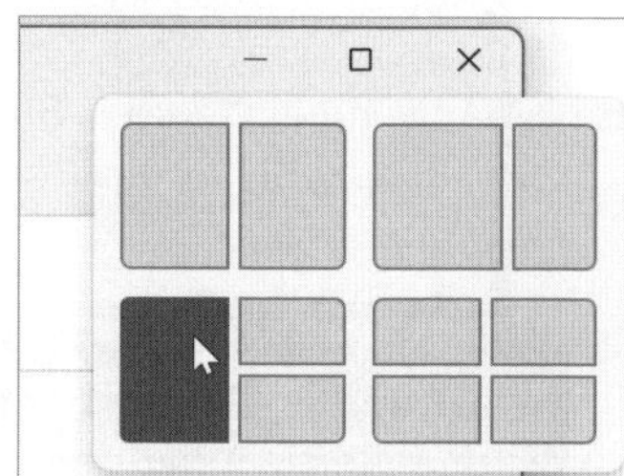

4. Das Fenster wird dann sofort dort angeordnet. Gleichzeitig werden weitere Bereiche der gewählten Fensterkonfiguration auf dem Bildschirm markiert und Sie sehen dort eine Taskübersicht der verbleibenden offenen Fenster.

5. Klicken Sie eines der Fenster an, um es für den jeweiligen Bereich auszuwählen.

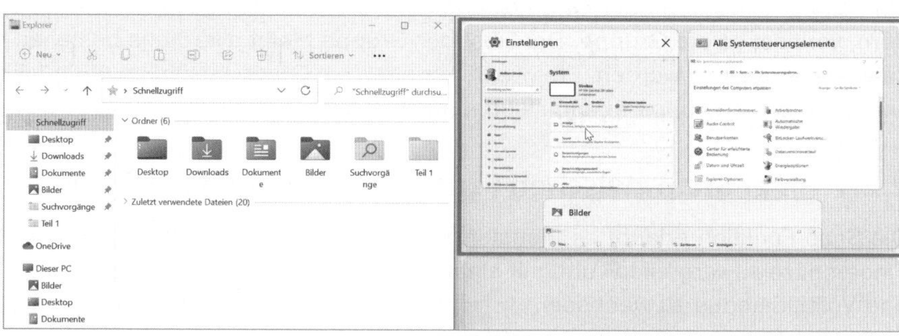

6. Das können Sie fortsetzen, bis alle Bereiche der Fensteranordnung mit der jeweils gewünschten App versehen sind. Sie können der Vorgang aber auch jederzeit unterbrechen und einfach mit den Fenstern weiterarbeiten, so wie sie gerade auf dem Bildschirm angezeigt werden.

2.2.3 Fenster in Gruppen zusammenfassen

Wenn Sie, wie im vorhergehenden Tipp beschrieben, mehrere Anwendungsfenster in einem Bildschirmlayout zusammenfassen, dann fasst Windows diese zumindest vorübergehend als eine Gruppe zusammen. Das hat den Vorteil, dass Sie exakt diese Fensterkonfiguration jederzeit wieder auf den Bildschirm zurückholen können, auch wenn Sie zwischenzeitlich mit anderen Apps gearbeitet haben.

1. Lassen Sie den Mauszeiger in der Taskleiste kurz auf dem Symbol einer Anwendung verharren, die Sie zuvor in eine Fensterkonfiguration eingefügt haben.
2. Nach kurzer Zeit wird wie üblich oberhalb des Symbols eine Live-Vorschau auf das geöffnete Fenster angezeigt.
3. Bei gruppierten Apps sehen Sie aber zusätzlich eine zweite Livevorschau auf die Gruppe.

4. Wenn Sie nun den Mauszeiger auf die Live-Vorschau der Gruppe bewegen und diese anklicken, wird auf einen Schlag die gesamte Gruppe wieder auf dem Bildschirm hergestellt.

Die Gruppen werden automatisch gebildet und auch wieder aufgelöst. Wenn Sie ein Fenster schließen oder es an eine andere Stelle ziehen bzw. die Größe verändern, verlässt es die Gruppe. Der Rest der Gruppe bleibt allerdings bestehen und kann weiter genutzt werden. Erst wenn nur noch ein Gruppenmitglied übrig bleiben würde, wird die Gruppe automatisch aufgelöst.

2.2.4 Per Snap zwischen Fenster und Vollbild wechseln

Die *Snap*-Funktion erlaubt es, Fenster mit der Maus und vor allem auch mit einer Fingerspitze zu »ergreifen« und mit einer schnellen Bewegung zwischen normalem und Vollbildmodus zu wechseln.

1. Um dies zu probieren, klicken Sie mit der linken Maustaste auf die Titelleiste eines normalen Fensters und halten die Taste gedrückt.

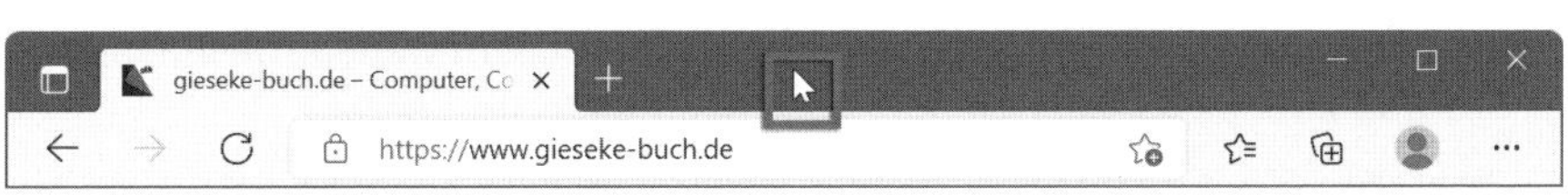

2. Bewegen Sie den Mauszeiger dann mitsamt dem Fenster an den oberen Bildschirmrand.

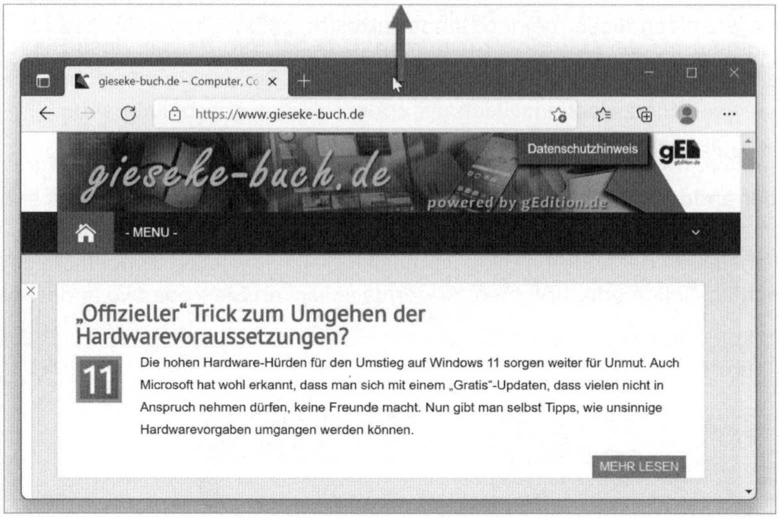

3. Haben Sie den oberen Bildschirmrand erreicht, zeigt Windows eine graue Fläche über den gesamten Desktop an, die die neue Position und Größe des Fensters andeutet. Die Fläche über den gesamten Desktop bedeutet in diesem Fall, dass das Fenster maximiert im Vollbildmodus dargestellt würde.

4. Wenn Sie einen Wechsel zu dieser Darstellung wünschen, lassen Sie den Mauszeiger los. Windows maximiert das gewählte Fenster dann automatisch auf die komplette Desktopfläche.

Wollen Sie den Vorgang umkehren, also von der Vollbild- in die normale Darstellung wechseln, ergreifen Sie wiederum die Titelleiste des maximierten Fensters und ziehen Sie diese vom oberen Bildschirmrand weg. Das Fenster erhält dann wieder seine vorherige Größe, und Sie können es an eine beliebige Stelle des Desktops ziehen und loslassen, um es dort zu platzieren.

2.2.5 Fenster schnell nebeneinander anordnen

Manchmal ist es einfach praktisch, zwei verschiedene Fenster gleichzeitig auf dem Bildschirm zu haben – etwa um Inhalte zu vergleichen, um Objekte vom einen ins andere Fenster zu ziehen oder um eine Sache im Auge behalten zu können, während man an der anderen arbeitet. Auch hierzu müssen Sie die Fenster nicht jedes Mal mühsam per Hand platzieren.

Dank Snap besteht die Möglichkeit, Fenster mit einer einfachen Mausbewegung auf der linken oder rechten Bildschirmhälfte anzuordnen, um so z. B. zwei Fenster nebeneinander betrachten und benutzen zu können.

1. Ergreifen Sie die Titelleiste des fraglichen Fensters mit der linken Maustaste.

2. Ziehen Sie dann den Mauszeiger mitsamt dem Fenster an den linken oder rechten Bildschirmrand.

3. Haben Sie einen dieser beiden Ränder erreicht, schlägt Ihnen Windows mit der beschriebenen transparenten Fläche vor, das Fenster so anzuordnen, dass es genau diese Hälfte des Bildschirms bedeckt.

4. Lassen Sie die Maustaste los, um das Fenster so zu platzieren.

5. Auf der anderen Hälfte des Bildschirms zeigt Ihnen die Taskansicht nun alle anderen aktuell geöffneten Anwendungen an (sofern es welche gibt). Soll eines dieser Fenster auf der anderen Bildschirmhälfte platziert werden, können Sie es hier einfach anklicken oder antippen. Andernfalls klicken Sie irgendwo anders hin.

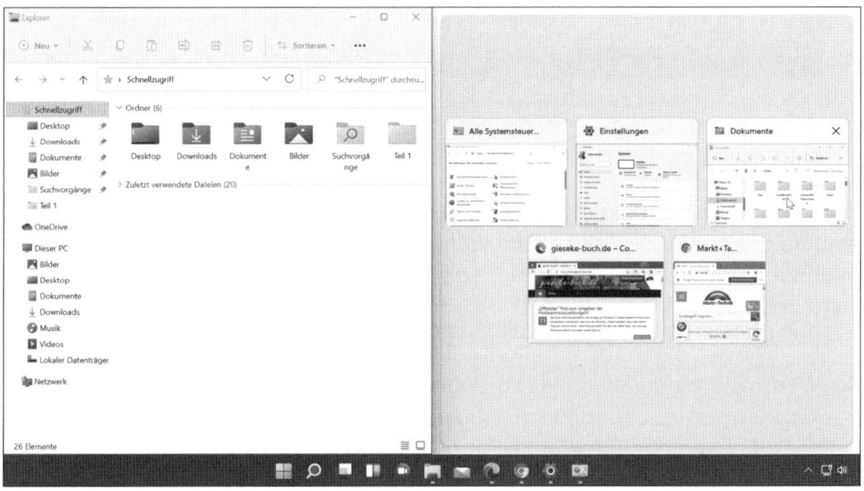

Auch bei dieser Variante können Sie den Fenstern später ganz einfach ihre alte Größe zurückgeben. Ergreifen Sie dazu erneut die Titelleisten und ziehen Sie die Fenster von der jeweiligen Bildschirmseite weg zur Mitte hin. Die Fenster erhalten die Ursprungsgröße zurück und können dann beliebig platziert werden.

2.2.6 Fenster schnell in den vier Vierteln des Monitors

Da Monitore immer größer werden und immer mehr Fläche bieten, kann man sie auch mit mehr als zwei Fenstern sinnvoll füllen. Dafür unterstützt Snap zusätzlich das Anordnen von Fenstern in den Quadranten der Bildschirmfläche, also jeweils einem Viertel des verfügbaren Raumes oben links, oben rechts, unten links und unten rechts. Die Vorgehensweise ist dabei ganz ähnlich.

1. Ergreifen Sie ein Fenster an seiner Titelleiste und ziehen Sie es in die Richtung der Bildschirmecke, in der es angeordnet werden soll.

2. Erreicht der Mauszeiger den Bildschirmrand, deutet Windows die Fläche an, die das Fenster einnehmen würde. Lassen Sie den Mauszeiger nun los.

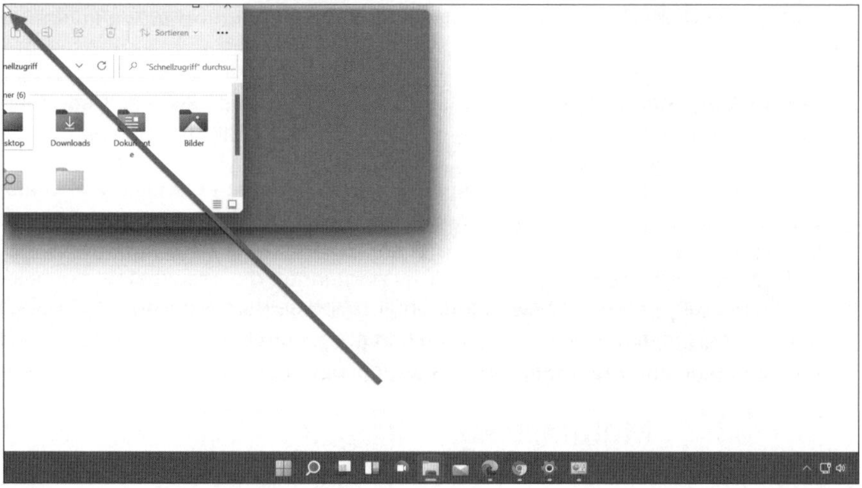

3. Das Fenster wird so angeordnet, dass es genau den gewählten Quadranten bedeckt.

Sind weitere Anwendungen geöffnet, zeigt Windows diese im nächsten Viertel an, sodass Sie direkt die App anklicken können, die dort angezeigt werden soll. Sind ausreichend Anwendungen offen, können Sie das fortsetzen, bis alle Bildschirmviertel gefüllt sind.

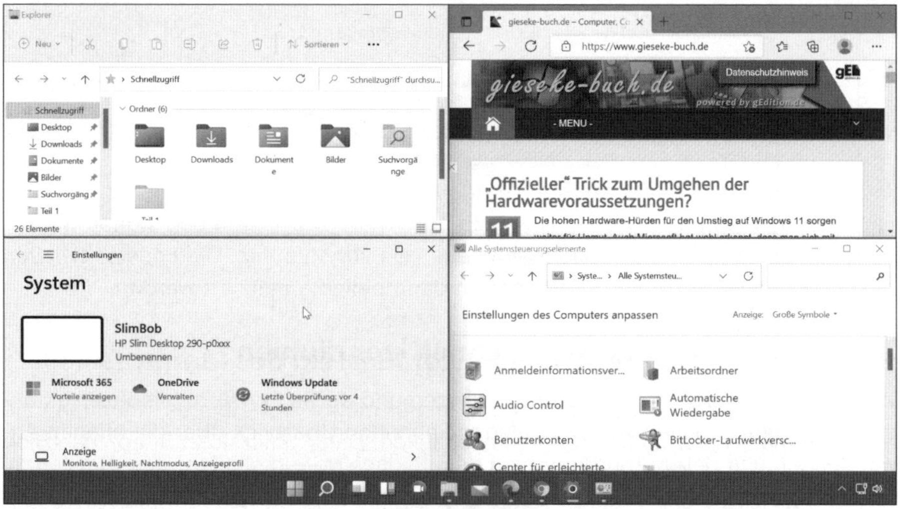

2.2.7 Das automatische Andocken von Fenstern steuern

Windows bemüht sich, beim Anordnen von mehreren Fenstern nebeneinander behilflich zu sein. Manchmal geht das aber auch schief und schießt über das Ziel hinaus. Deshalb finden Sie in den Windows-Einstellungen eine ganze Reihe von Optionen, mit denen Sie die Unterstützung durch Windows fein dosieren können.

1. Öffnen Sie dazu die Windows-Einstellungen im Bereich *System/Multitasking*.
2. Hier können Sie oben mit der Option *Fenster andocken* die Unterstützung von Windows bei solchen Aufgaben grundsätzlich ein- oder ausschalten. Wenn Sie Ihre Fenster lieber ganz alleine präzise ausrichten, setzen Sie den Schalter auf *Aus*.
3. Zusätzlich können Sie den Eintrag ausklappen, sodass eine Liste von Optionen zum Vorschein kommt, die das Vorgehen von Windows beim Andocken detailliert steuern.
4. Die Beschreibungen sind recht ausführlich und selbsterklärend. Wenn Sie eine bestimmte Reaktion der Andock-Funktion stört, schalten Sie die entsprechende Funktion aus und prüfen Sie dann direkt, ob sich das Verhalten damit verbessert.

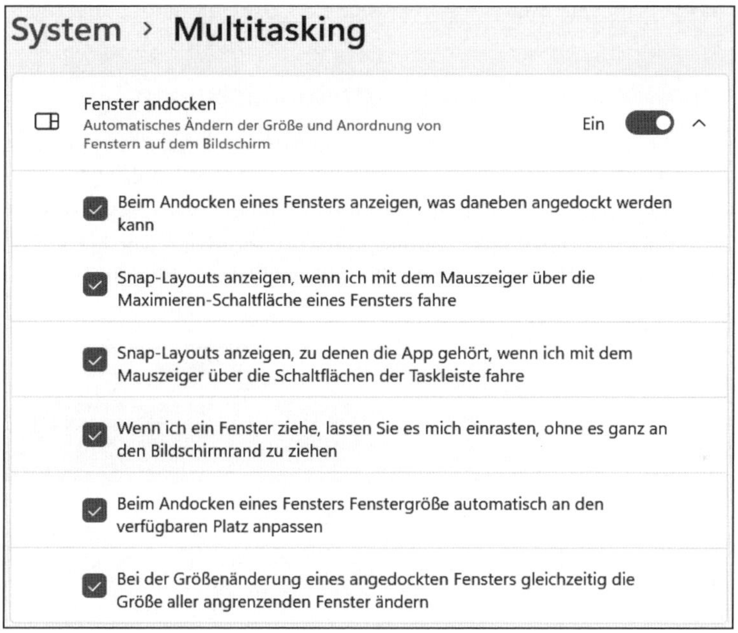

2.2.8 Den Desktop ganz schnell leer räumen

Wenn man mit verschiedenen Anwendungen und deren Fenstern gleichzeitig hantiert, möchte man sich vielleicht gelegentlich einen Überblick über die offenen Anwendungen und deren Anordnung auf dem Bildschirm verschaffen. Das ist hilfreich, wenn man mal ein Fenster »verloren« hat. Außerdem bietet sich so eine praktische Möglichkeit, den Bildschirm bei Bedarf leer zu räumen.

Ausgangspunkt dafür ist eine praktisch unscheinbare Schaltfläche ganz am rechten Rand der Taskleiste. Bewegen Sie die Maus darauf und klicken Sie mit der linken Maustaste. Alternativ erreichen Sie die gleiche Wirkung mit der Tastenkombination [Win]+[D].

Dann werden alle gerade auf dem Desktop angezeigten Fenster minimiert und Sie sehen nur noch den leeren Desktop (bzw. das Hintergrundbild). Ein erneuter Klick an dieselbe Stelle (oder eben nochmals ⊞+D) bringt alle ausgeblendeten Fenster an der alten Stelle zurück.

Desktop ausblenden klappt nicht?

Falls das Ausblenden mit der Maus nicht auf Anhieb funktioniert, überprüfen Sie, ob Sie den Mauszeiger wirklich schon ganz in die rechte untere Ecke des Bildschirms gezogen haben. Wenn Sie ihn dort verharren lassen, sollte nach kurzer Wartezeit der Hinweis *Desktop anzeigen* zu sehen sein. Klappt das nicht, überprüfen Sie in den Windows-Einstellungen im Bereich *Personalisierung/Taskleiste,* ob hier im Abschnitt *Verhalten der Taskleiste* ganz unten die Option *Wählen Sie die äußerste Ecke der Taskleiste aus, um den Desktop anzuzeigen* eingeschaltet ist.

2.2.9 Den Bildschirm durch Schütteln aufräumen

Der Desktop bietet eine weitere praktische Funktion für schnelle Ordnung und Übersicht: Um sich ganz auf ein bestimmtes Fenster konzentrieren zu können, lassen sich alle anderen momentan geöffneten Anwendungen einfach »abschütteln«. Öffnen Sie hierzu zunächst einmalig die Windows-Einstellungen im Bereich *System/Multitasking* und aktivieren Sie dort ganz unten die Option *Fenstertitelleiste schütteln*.

Wenn Sie von nun an den Fenstertitel einer Anwendung mit der linken Maustaste (oder einer Fingerspitze) erfassen und dann bei gehaltener Taste schnell hin- und herschütteln, dann minimiert Windows automatisch alle anderen Fenster, sodass nur noch diese eine Anwendung auf dem Desktop zu sehen ist.

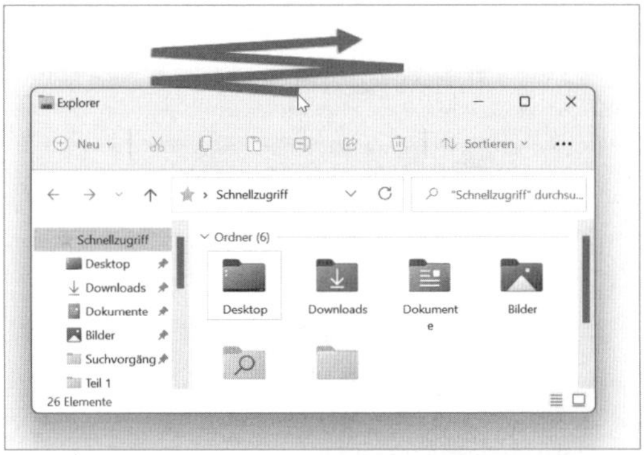

Wiederholen Sie den Vorgang, werden die anderen Fenster wiederhergestellt. Das Schütteln geht am besten mit einer richtigen Maus. Benutzer von Touchpad & Co. werden ein paar Versuche benötigen. Falls es nicht klappt, lässt sich der Effekt auch ohne Schütteln erreichen, und zwar mit dem Tastenkürzel ⊞+Pos 1.

2.2.10 Weiße Symbole auf dem Desktop reparieren

Es kommt gelegentlich vor, dass der Datei-Explorer (der auch für das Anzeigen des Desktops zuständig ist) Symbole für Dateien und Ordner nicht mehr korrekt darstellt und stattdessen nur ein generisches weißes Blatt anzeigt. Das liegt meist an einem Problem mit dem Cache-Speicher für Icons bzw. der Dateivorschau, sodass der Explorer nicht mehr auf dessen Inhalte zugreifen kann.

Ein erster Versuch für schnelle Abhilfe wäre ein Rechtsklick auf eine freie Stelle des Desktops und im Kontextmenü anschließend auf *Aktualisieren*. Reicht das nicht, gibt es eine weitere schnelle Abhilfe: Öffnen Sie mit ⊞+R den *Ausführen*-Dialog und tippen Sie dort den Befehl `ie4uinit -show` ein.

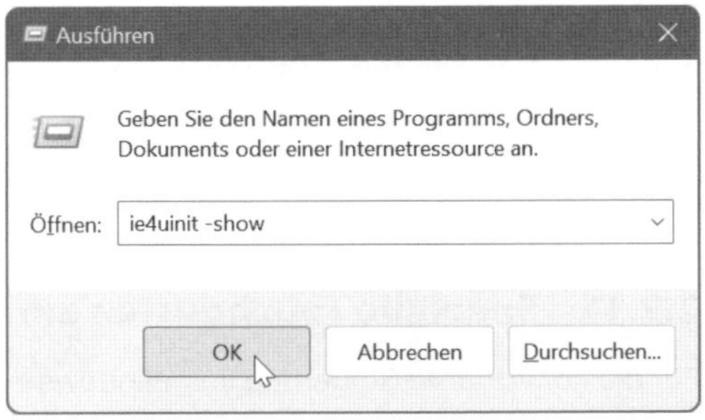

Schaffen beide Methoden keine Abhilfe, bleibt die Möglichkeit, den Cache vollständig zu löschen:

1. Öffnen Sie eine Eingabeaufforderung und beenden Sie den Prozess des Datei-Explorers (da dieser ständig auf den Cache zugreift):

   ```
   taskkill /f /IM explorer.exe
   ```

2. Wechseln Sie dann in das Windows-Verzeichnis Ihres Benutzerkontos:

   ```
   cd /d %userprofile%\AppData\Local\Microsoft\Windows
   ```

3. Um den Icon-Cache zu löschen, tippen Sie dann den folgenden Befehl ein:

   ```
   del /f /s /q Explorer\iconcache*.*
   ```

4. Um zusätzlich auch den Cache für Vorschaubilder zurückzusetzen, verwenden Sie den folgenden Befehl:

   ```
   del /f /s /q Explorer\thumbcache*.*
   ```

5. Wichtig: Anschließend den Datei-Explorer wieder starten, sonst wird es mit dem Verwenden der Windows-Oberfläche schwierig:

   ```
   start explorer.exe
   ```

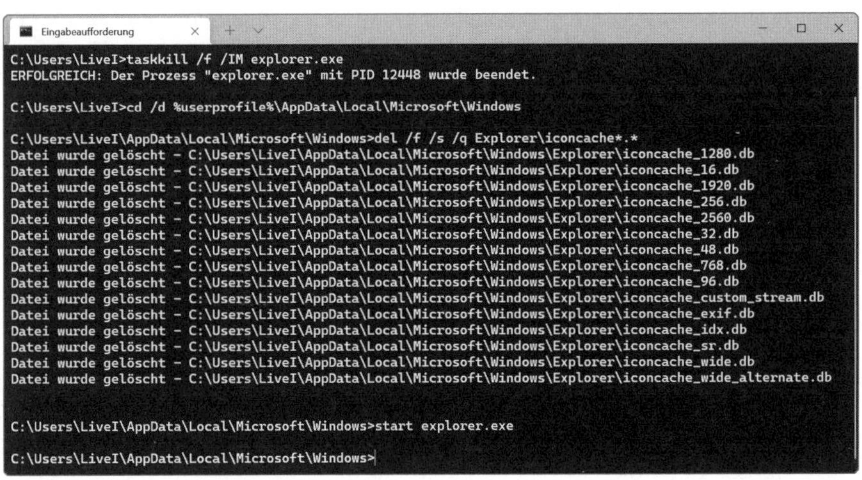

Da die Caches nun leer sind, kann das Anzeigen von Ordnerinhalten anschließend erst mal zu kleinen Verzögerungen führen (insbesondere bei Ansicht mit Vorschaubildern). Das tritt aber nur jeweils beim ersten Öffnen eines Ordners auf und sollte nur bei umfangreichen Verzeichnissen spürbar ins Gewicht fallen. Dafür sollte die Anzeige der Symbole nun wieder korrekt funktionieren.

2.2.11 Spezielle Touchgesten zur Windows-Steuerung

Für die komfortable Steuerung von Windows-Funktionen und Apps gibt es einige spezielle Gesten, die Sie kennen sollten. Einige davon beziehen sich jeweils auf einen der Bildschirmränder und lassen sich dadurch recht gut unterscheiden und merken:

- Ein Finger vom rechten Rand nach innen ziehen blendet am rechten Rand den Kalender mit ggf. vorliegenden Benachrichtigungen ein.
- Den Finger vom linken Rand nach innen ziehen zeigt die Widgets an.
- Mit dem Finger vom oberen Rand nach unten ziehend lösen Sie eine App aus dem Vollbildmodus, um sie beispielsweise an einem der Seitenränder anzudocken.

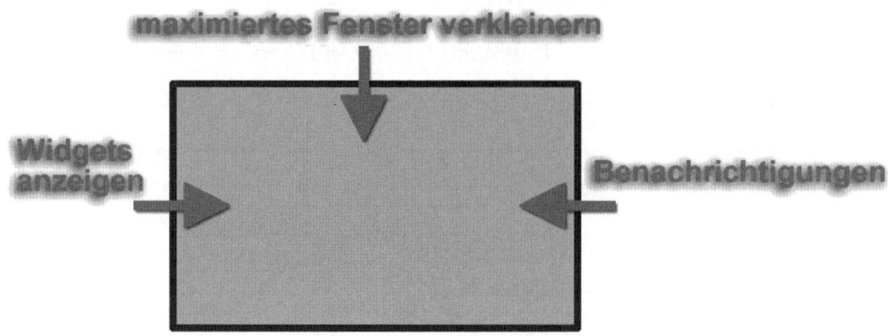

Neben diesen naheliegenden Gesten gibt es aber auch Multigesten. Voraussetzung dafür sind Touchbildschirme, die mehrere Berührungen gleichzeitig erkennen können (was bei aktuellen Tablets aber in der Regel der Fall ist). Stellen Sie außerdem sicher, dass diese Funktion aktiviert ist. Öffnen Sie dazu in den Windows-Einstellungen den Bereich *Bluetooth & Geräte/Toucheingabe* und aktivieren Sie hier die Option *Touchgesten mit drei und vier Fingern*.

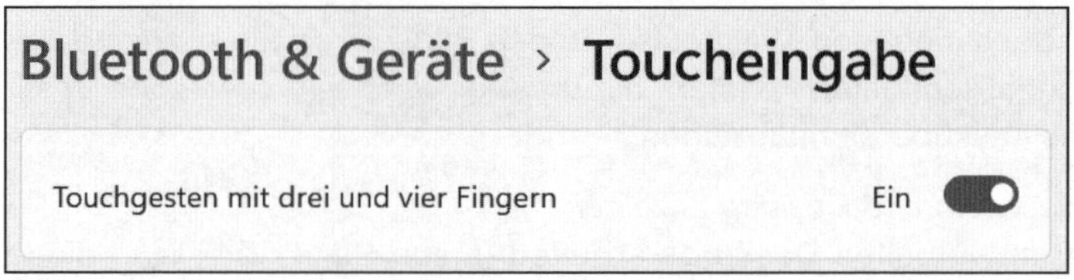

Bei einer Mehr-Finger-Geste berühren Sie den Bildschirm gleichzeitig mit Zeigefinger, Mittelfinger, Ringfinger sowie ggf. kleinem Finger einer Hand. Achten Sie dabei darauf, dass die einzelnen Fingerspitzen nicht aneinanderstoßen, sondern klar als getrennte Berührungen erkennbar sind. So können Sie folgende Gesten auf dem Touchbildschirm ausführen:

- **Drei Finger von unten nach oben**
  Minimiert alle geöffneten Fenster und zeigt den leeren Desktop an.
- **Drei Finger von oben nach unten**
  Zeigt die Taskansicht mit allen geöffneten Fenstern auf dem Bildschirm an. Ausnahme: Wenn Sie zuvor nach unten gewischt und den Desktop geleert haben, stellt diese Geste die ausgeblendeten Fenster wieder auf dem Desktop her.
- **Drei Finger nach links oder rechts**
  Wechselt zum nächsten bzw. vorherigen geöffneten Fenster. Wenn Sie mehrere Apps bildschirmfüllend verwenden, können Sie mit dieser Geste komfortabel zwischen deren Fenstern hin und her wechseln.
- **Vier Finger nach links oder rechts**
  Wenn Sie mit virtuellen Desktops arbeiten (siehe Seite 104), können Sie mit dieser Geste schnell zwischen diesen hin und her wechseln.

2.2.12 Multigesten am Touchpad ausführen

Wenn Ihr Notebook über ein Touchpad verfügt, das mehrere Berührungen gleichzeitig erkennen kann, können Sie auch dieses zur Gestensteuerung verwenden. Windows lässt Ihnen dabei die Wahl, welche Funktionen durch diese Gesten genau ausgeführt werden sollen. So können Sie auf Geräten ohne Touchscreen das vorangehend beschriebene Steuern von Fenstern auch mit dem Touchpad ausführen. Oder Sie verwenden das Touchpad zum komfortablen Steuern der Medienwiedergabe.

1. Die Optionen für Ihr Touchpad – soweit vorhanden – finden Sie in den Windows-Einstellungen im Bereich *Bluetooth & Geräte/Touchpad*.
2. Klappen Sie hier ganz unten den Abschnitt *Drei-Finger-Gesten* aus.
3. Hier können Sie im Auswahlfeld rechts oben festlegen, wie Sie die Gesten für das Touchpad nutzen möchten. Dafür stehen drei Varianten zur Verfügung:
   - *App wechseln und Desktop anzeigen*
     Hiermit entsprechen die Drei-Finger-Gesten des Touchpads genau den vorangehend beschriebenen Multigesten für den Bildschirm: Sie können damit also zwischen geöffneten Fenstern hin und her wechseln sowie den Desktop und die Taskübersicht anzeigen.
   - *Desktop wechseln und Desktop anzeigen*
     Wenn Sie mit virtuellen Desktops arbeiten (siehe Seite 104), sind diese Varianten vielleicht hilfreicher. Hoch- und Runtergesten bringen weiterhin Taskansicht bzw. Desktop auf den Bildschirm. Aber durch Wischen mit drei Fingern nach links oder rechts wechseln Sie schnell zwischen Ihren virtuellen Bildschirmen hin und her.

- *Audio- und Lautstärke ändern*
  Die dritte Variante hingegen bietet sich vor allem für das intuitive Steuern der Medienwiedergabe an. Drei-Finger-Gesten nach oben und nach unten auf dem Touchpad steuern dabei die Lautstärke der Audiowiedergaben. Wischen nach rechts oder links springt zum vorherigen bzw. nächsten Titel in der Wiedergabeliste.

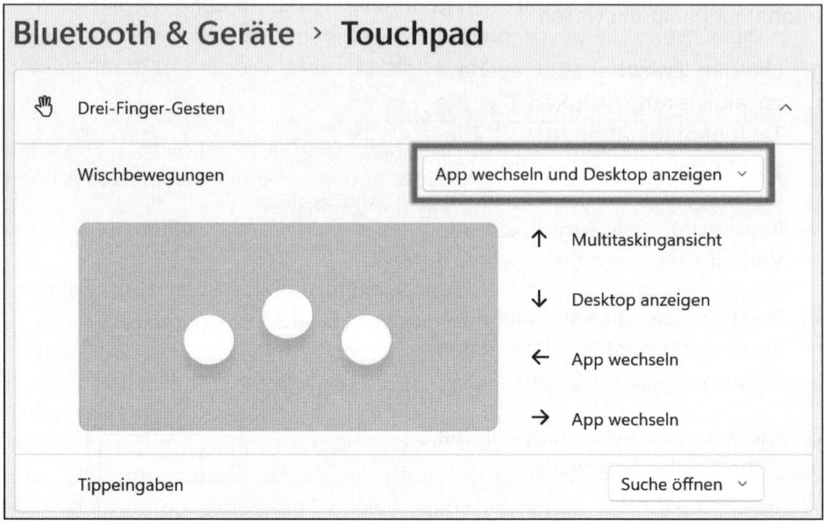

4. Darunter können Sie zusätzlich mit der Option *Tippeingabe* festlegen, was passieren soll, wenn Sie mit drei Fingern gleichzeitig einmal auf das Touchpad tippen. Standardmäßig wird dadurch das Startmenü mit der Suchseite angezeigt. Aber das Auswahlfeld bietet eine Reihe von interessanten Alternativen an, von denen Sie möglicherweise eine bevorzugen.

2.2.13 Zwischenablage mit Verlaufsfunktion nutzen

Traditionell hat die Windows-Zwischenablage immer genau einen Inhalt. Mit *Bearbeiten/Kopieren* bzw. *Ausschneiden* oder auch Strg+C wird das aktuell ausgewählte Element (Text, Bild usw.) in die Zwischenablage überführt. Mit *Bearbeiten/Einfügen* bzw. Strg+V fügt man den Inhalt der Zwischenablage an der aktuellen Stelle eines Dokuments oder einer App ein. Schickt man später erneut ein Element in die Zwischenablage, wird der bisherige Inhalt dort durch den neuen ersetzt. Diese Zwischenablage können Sie um eine Verlaufsfunktion erweitern. Geben Sie dann ein neues Element in die Zwischenablage, wird das bisherige nicht überschrieben, sondern bleibt im Verlauf erhalten und kann weiterhin in Dokumente eingefügt werden.

Standardmäßig ist auch im aktuellen Windows nur die klassische Zwischenablage aktiv. Wenn Sie die neuen Erweiterungen nutzen möchten, müssen Sie diese zunächst einmalig aktivieren.

1. Um den Zwischenablageverlauf zu aktivieren, drücken Sie die Tastenkombination [Win]+[V]. Diese können Sie sich schon mal merken, denn sie dient anschließend auch zum Zugriff auf den Verlauf.
2. Noch ist dieser aber nicht aktiv, deshalb zeigt Windows einen entsprechenden Hinweis an.
3. Klicken Sie hier also auf die Schaltfläche *Einschalten*.

Das zuletzt an die Zwischenablage gesendete Objekt können Sie wie gewohnt mit [Strg]+[V] bzw. der entsprechenden *Einfügen*-Menüfunktion verwenden. Um stattdessen ein früheres Element einzufügen:

1. Holen Sie zunächst wie gewohnt das Dokument, die App oder das Eingabefeld auf den Bildschirm, wo Sie Inhalt einfügen möchten.
2. Platzieren Sie den Mauszeiger beispielsweise an der gewünschten Stelle in einem Dokument oder in dem Eingabefeld, in dem der Inhalt genutzt werden soll.
3. Drücken Sie nun [Win]+[V], um den Dialog des Zwischenablageverlaufs zu öffnen.
4. Wird dieser auf dem Bildschirm angezeigt, ist darin automatisch das zuletzt hinzugefügte Element ausgewählt. Sie haben nun zwei Möglichkeiten:
   - Verwenden Sie die Maus (bzw. die entsprechenden Touchgesten), um im Verlauf das gewünschte Objekt zu lokalisieren. Klicken bzw. tippen Sie dessen Eintrag einfach an, um es an der zuvor gewählten Stelle in Ihr Dokument oder Ihre App einzufügen.
   - Eine sehr praktische Alternative ist die Tastensteuerung des Verlaufs. Bewegen Sie sich mit [↓] und [↑] in der Verlaufsliste zum gewünschten Objekt. Ist dieses ausgewählt, drücken Sie [↵], um es in App oder Dokument zu übernehmen.

Den Zwischenablageverlauf komplett leeren

Sie haben auch die Möglichkeit, alle derzeit im Zwischenablageverlauf enthaltenen Elemente auf einen Schlag zu entfernen. So können Sie mal wieder gründlich aufräumen oder die Menge der mit anderen Geräten zu synchronisierenden Daten minimieren. Öffnen Sie dazu mit Win+V den Zwischenablageverlauf. Und klicken Sie rechts oben auf die Schaltfläche *Alle löschen*. Daraufhin wird der gesamte Verlauf bis auf angeheftete Elemente ohne weitere Rückfrage geleert.

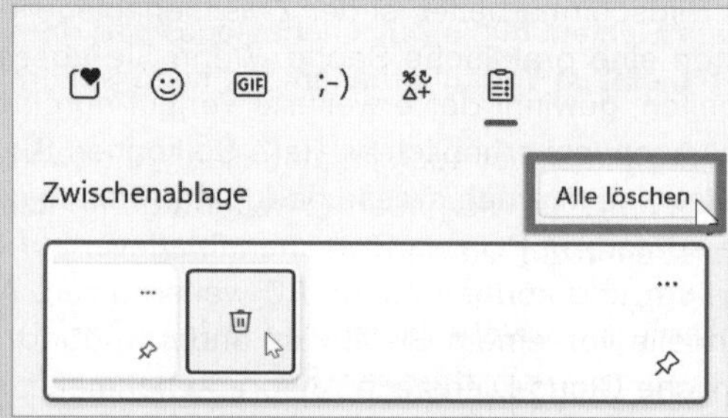

2.2.14 Oft genutzte Elemente im Verlauf anheften

Vielleicht verwenden Sie einen bestimmten Text oder ein bestimmtes Bild regelmäßig. Dann wäre es praktisch, wenn Sie es jederzeit einfach aus dem Zwischenablageverlauf abrufen könnten, anstatt es jedes Mal erst kopieren zu müssen. Das geht, wenn Sie dieses Element im Verlauf anpinnen.

1. Fügen Sie das gewünschte Element zunächst in die Zwischenablage ein, wenn es nicht ohnehin im Verlauf zu finden ist.
2. Öffnen Sie dann mit Win+V den Verlauf und wählen Sie das gewünschte Element aus, sodass es hervorgehoben wird.
3. Bei jedem Eintrag finden Sie rechts unten ein Stecknadelsymbol. Klicken Sie darauf, um dieses Element dauerhaft an den Verlauf anzuheften.

Ein auf diese Weise angeheftetes Element bleibt dauerhaft im Verlauf gespeichert. Das gilt auch, wenn Sie den PC ausschalten oder wenn Sie den Zwischenablageverlauf wie vorangehend beschrieben löschen.

Angeheftete Elemente entfernen

Sie möchten ein angeheftetes Element irgendwann doch wieder loswerden? Öffnen Sie einfach erneut das Kontextmenü für dieses Symbol und klicken Sie darin auf das nun eingefärbte Stecknadelsymbol. Ab sofort wird das Element wie jedes andere behandelt und spätestens beim nächsten Leeren des Verlaufs mit gelöscht. Alternativ können Sie auch angepinnte Elemente jederzeit löschen.

2.2.15 Zwischenablage mit anderen Geräten abgleichen

Für Bildschirmarbeiter ist der Zwischenablageverlauf auch auf einem einzelnen PC schon eine praktische Sache. Wenn Sie aber wechselnd mit mehreren Geräten arbeiten, gewinnt der erweiterte Verlauf durch die Möglichkeit des Synchronisierens noch mal erheblich an Reiz. So können Sie beispielsweise am Notebook oder Tablet eine Internetadresse oder einen Text in die Zwischenablage einfügen. Wenn Sie später am PC den Zwischenablageverlauf öffnen, finden Sie dieses Element dort vor und können es am PC weiternutzen. Auch Bilder lassen sich so auf die Schnelle von einem Gerät zum anderen übertragen, ohne gleich OneDrive oder ähnliche Cloud-Dienste in Anspruch nehmen zu müssen.

Die Voraussetzungen fürs Synchronisieren

Damit der Zwischenablageverlauf synchronisiert wird, müssen Sie bei allen beteiligten Geräten mit demselben Microsoft-Konto angemeldet sein. Außerdem muss diese Funktion auf allen Geräten einmalig aktiviert werden. Das gibt Ihnen aber auch die Möglichkeit, das Synchronisieren gezielt auf bestimmte Geräte zu beschränken.

1. Die Optionen zum Steuern der erweiterten Zwischenablage finden Sie in den Windows-Einstellungen im Bereich *System/Zwischenablage*.
2. Mit der oberen Einstellung *Zwischenablageverlauf* steuern Sie den erweiterten Verlauf insgesamt. Wenn Sie die Verlaufsfunktion gar nicht nutzen möchten, sollten Sie sie hier auf *Aus* stellen. Damit sparen Sie (etwas) Speicher und können weiterhin die einfache Zwischenablage für jeweils ein Element nutzen.
3. Soll der Verlauf auf diesem Gerät mit anderen Geräten abgeglichen werden, stellen Sie den Schalter im Abschnitt *Auf allen Geräten synchronisieren* auf *Ein*. Dann synchronisiert Windows den Verlauf mit allen Ihren Geräten, die dasselbe Microsoft-Konto verwenden und bei denen Sie diese Funktion ebenfalls eingeschaltet haben.

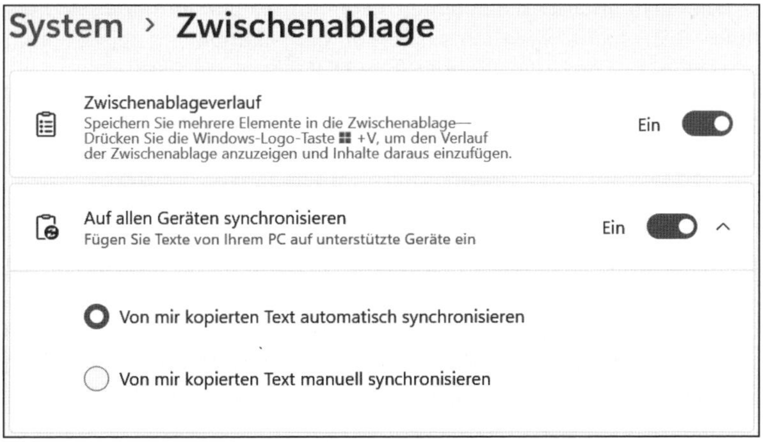

4. Wenn Sie das Synchronisieren einschalten, werden in den Einstellungen zwei weitere Optionen angezeigt, mit denen Sie je nach Vorliebe zwei verschiedene Herangehensweisen wählen können (die Benennung dieser Optionen ist etwas irreführend, denn sie gelten nicht nur für Texte, sondern genauso für andere Elemente wie etwa Bilder):

   - *Von mir kopierten Text automatisch synchronisieren*: Alle Elemente, die Sie auf diesem Gerät in die Zwischenablage übernehmen, werden automatisch mit allen anderen Geräten synchronisiert. Das ist das standardmäßig eingestellte Verhalten.
   - *Von mir kopierten Text manuell synchronisieren*: Bei dieser Variante wird standardmäßig nichts synchronisiert. Dafür finden Sie im Kontextmenü jedes Elements im Zwischenablageverlauf ein zusätzliches Wolkensymbol. Mit einem Klick darauf geben Sie dieses Element für das Synchronisieren mit dem Verlauf Ihrer anderen Geräte frei.

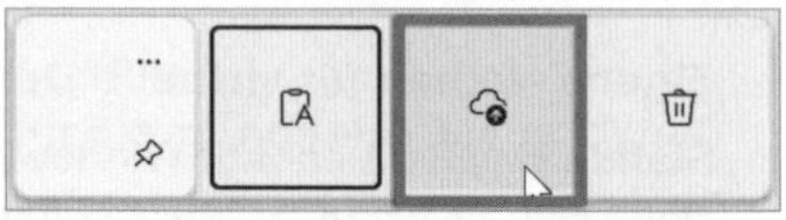

2.2.16 Den Bildschirm mit virtuellen Desktops erweitern

Windows lässt Sie mehrere Desktops einrichten, zwischen denen Sie jederzeit mit einem Tastendruck oder Mausklick hin- und herwechseln können. Auf einem virtuellen zweiten Bildschirm können Sie Fenster z. B. von Hilfsprogrammen anordnen oder auch verschiedene Informationen, die Sie für Ihre Arbeit zwischendurch immer mal wieder benötigen. Wechseln Sie zu diesem virtuellen Monitor, wird dessen Inhalt auf Ihrem Bildschirm angezeigt, und zwar genau so, wie Sie ihn zuletzt verlassen haben. Ebenso können Sie anschließend wieder zum »Haupt-Desktop« zurückkehren und dort nahtlos weiterarbeiten. Der Schlüssel zu diesen Funktionen ist die Taskansicht (siehe Seite 88).

1. Öffnen Sie die Taskansicht – entweder mit dem Symbol in der Taskleiste oder mit der Tastenkombination [Win]+[Tab].
2. In einer Leiste am unteren Bildschirmrand finden Sie nun Ihren Desktop als angedeuteten *Desktop 1* sowie rechts daneben ein +-Symbol mit der Beschriftung *Neuer Desktop*. Klicken oder tippen Sie darauf.

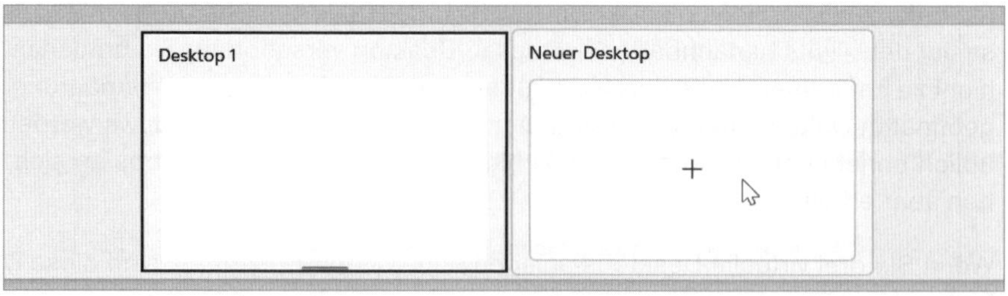

3. Daraufhin wird die Taskansicht um ein weiteres Symbol ergänzt.

Diesen Vorgang können Sie beliebig oft wiederholen. Jedes Mal kommt ein weiterer virtueller Desktop hinzu.

Wenn Sie Tastenkürzel bevorzugen, können Sie mit [Win]+[Strg]+[D] einen zusätzlichen virtuellen Desktop anlegen.

Eigene Namen für virtuelle Desktops

Standardmäßig benennt Windows die virtuellen Bildschirmseiten automatisch als *Desktop 1*, *Desktop 2* usw. Sie können aber jedem virtuellen Desktop eine eigene Bezeichnung geben und sich so die Orientierung erleichtern.

Klicken Sie dazu in der Übersicht der virtuellen Desktops auf die Bezeichnung, die Sie verändern möchten. Alternativ klicken Sie mit der rechten Maustaste auf das Symbol des virtuellen Desktops und wählen im Kontextmenü *Umbenennen*. Der Name verändert sich daraufhin zu einem Eingabefeld, in das Sie die gewünschte Bezeichnung eintippen können. Diese individuelle Bezeichnung bleibt so lange erhalten, bis Sie diesen virtuellen Desktop schließen.

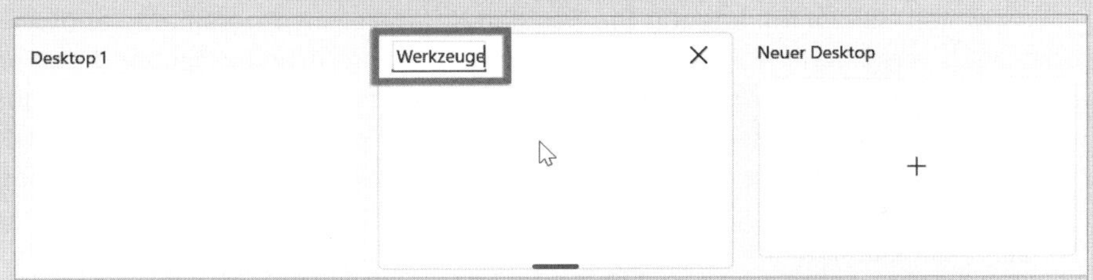

Schließen können Sie virtuelle Desktops mit dem kleinen *x*-Symbol rechts über ihrer Vorschau in der Taskansicht. Alternativ verwenden Sie das Tastenkürzel [Win]+[Strg]+[F4], um den gerade angezeigten virtuellen Desktop zu schließen.

Dabei werden die Fenster bzw. Anwendungen und Apps, die sich auf diesem Desktop befinden, allerdings nicht automatisch mitgeschlossen. Stattdessen werden diese auf den »links benachbarten« virtuellen Desktop verschoben. Sie brauchen also nicht zu befürchten, dass durch das Schließen eines Desktops etwa Änderungen in geöffneten Dokumenten verloren gehen. Beim Beenden von Windows werden wie üblich ohnehin alle Programme geschlossen, die virtuellen Desktops an sich bleiben aber erhalten.

Wenn Sie drei virtuelle Desktops anlegen und Windows beenden, sind diese Desktops nach einem Neustart wieder da und können direkt genutzt werden.

2.2.17 Zwischen virtuellen Bildschirmen umschalten

Die Taskansicht stellt Ihnen alle Funktionen zum Nutzen der virtuellen Desktops zur Verfügung. Alternativ gibt es auch Tastenkürzel, mit denen Sie schnell zu einem bestimmten virtuellen Desktop gelangen können.

Die Taskansicht bietet sich aber an, wenn Sie nicht genau wissen, auf welchem Desktop sich ein gesuchtes Programmfenster gerade befindet.

1. Öffnen Sie wiederum die Taskansicht mit Ihrer bevorzugten Methode.
2. In der Leiste oben finden Sie ein Symbol für jeden virtuellen Desktop mit einer Mini-Livevorschau dessen Inhalts wieder.

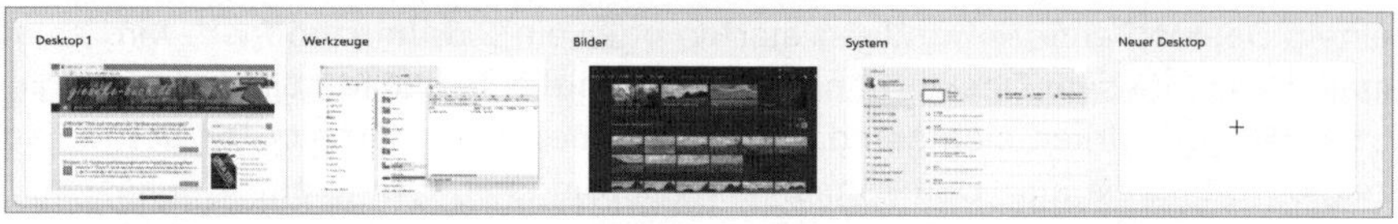

3. Wenn Sie den Mauszeiger über einem der Symbole kurz verharren lassen, wird darüber die Taskansicht für den entsprechenden virtuellen Desktop angezeigt. So können Sie schnell erkennen, ob sich ein gesuchtes Programm bzw. Fenster darauf befindet.

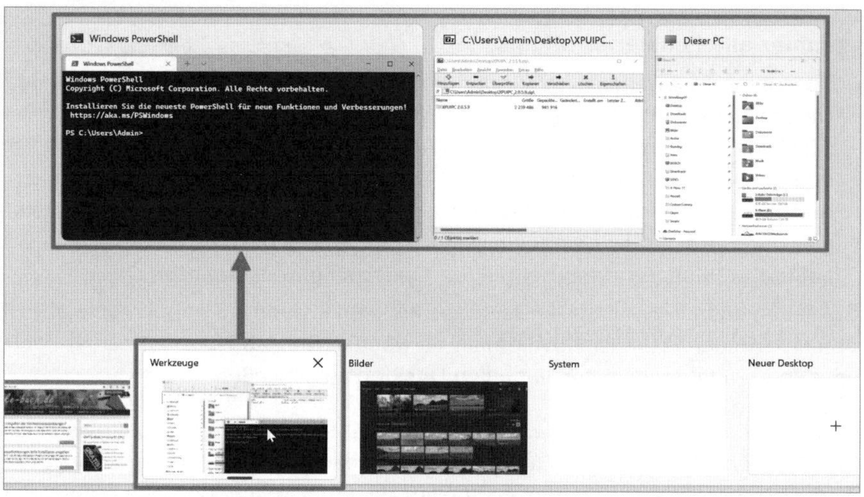

4. Um zu einem Desktop zu wechseln, klicken Sie einfach darauf. Die Taskansicht wird geschlossen und stattdessen dieser virtuelle Bildschirm angezeigt.

Für den kurzen Dienstweg gibt es auch Tastenkombinationen, mit denen Sie schnell von einem zum anderen Desktop wechseln: Mit ⊞+Strg+← wechseln Sie zum links benachbarten Desktop, mit ⊞+Strg+→ geht es in die andere Richtung, jeweils bis Sie beim letzten bzw. ersten Desktop angekommen sind.

> **Die Desktops in der Taskansicht per Tastatur auswählen**
>
> Auch die Auswahl in der Taskansicht lässt sich komplett per Tastatur nutzen. Drücken Sie zunächst [Win]+[Tab], um die Taskansicht zu öffnen, dann so lange [Tab], bis das gewünschte Element ausgewählt ist. Sie können so auch die Auswahl nach oben in die Übersicht der auf einem virtuellen Desktop geöffneten Fenster verschieben. Dann können Sie mit [←] bzw. [→] eines der Fenster auswählen und mit [Enter] direkt zu diesem wechseln.

2.2.18 Fenster auf den virtuellen Desktops anordnen

Jeder virtuelle Bildschirm ist zunächst einmal ein Desktop für sich. Wenn Sie auf einem Desktop eine Anwendung starten oder ein Dokument öffnen, wird es automatisch auf diesem Desktop angezeigt. Auch die Tastenkombinationen [Alt]+[Tab] bzw. [Win]+[Tab] wirken sich standardmäßig immer nur innerhalb des gerade angezeigten Desktops aus. Das können Sie allerdings ändern (siehe Tippkasten). Um zu einer Anwendung zu wechseln, die auf einem anderen virtuellen Desktop angezeigt wird, müssen Sie also zunächst zu diesem Desktop wechseln. Keine Regel ohne Ausnahme: Von Apps kann es immer nur eine Instanz geben. Wenn eine App bereits geöffnet ist und Sie sie erneut aufrufen, wechselt Windows automatisch zu dem virtuellen Desktop, der diese App gerade anzeigt.

> **Immer alle Fenster anzeigen**
>
> Dass beim Taskwechsel immer nur die Fenster des aktuellen Desktops angezeigt werden, ist eigentlich ganz sinnvoll, insbesondere wenn man mehrere Desktops mit vielen Fenstern nutzt. Gerade am Anfang kann es aber verwirrend sein, immer erst den virtuellen Desktop zu einem bestimmten Fenster zu suchen. Sie können dieses Verhalten deshalb umstellen. Öffnen Sie dazu in den Windows-Einstellungen den Bereich *System/Multitasking*. Klappen Sie dort den Abschnitt *Desktops* auf und wählen Sie darin bei beiden Optionen jeweils *Auf allen Desktops*.

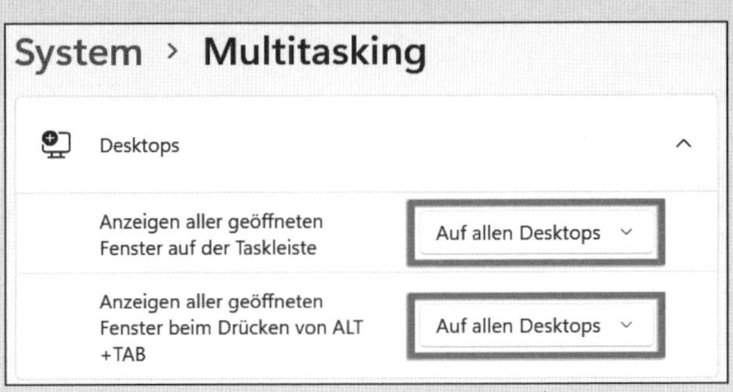

Um ein Fenster auf einem bestimmten virtuellen Desktop anzuzeigen, öffnen Sie die Anwendung bzw. das Dokument, wenn dieser Desktop geöffnet ist. Sie können aber auch vorhandene Fenster auf einen anderen der virtuellen Bildschirme verschieben:

1. Öffnen Sie die Taskansicht mit diesem Fenster.

2. Klicken Sie mit der rechten Maustaste auf die Vorschau des Fensters und wählen Sie im Kontextmenü *Verschieben nach*.

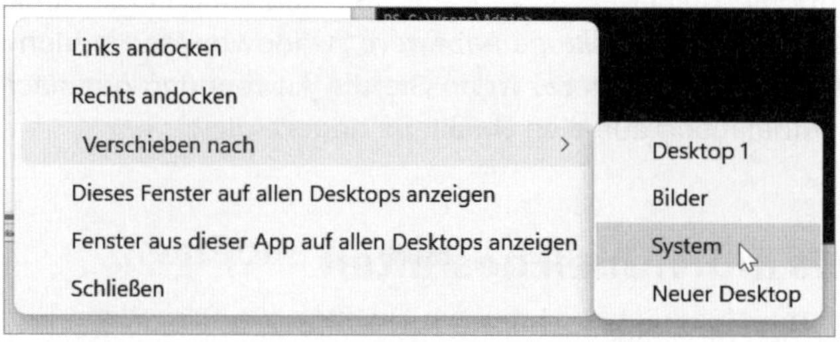

3. Ein Untermenü listet dann alle anderen vorhandenen virtuellen Desktops auf. Alternativ können Sie bei dieser Gelegenheit auch einen neuen virtuellen Desktop anlegen und das Fenster dorthin verschieben.

2.2.19 Ein Fenster auf allen Desktops anzeigen

Man kann virtuelle Desktops nutzen, um voneinander abgetrennte Arbeitsumgebungen zu schaffen. Trotzdem ist es manchmal sinnvoll, ein Fenster auf allen virtuellen Desktops anzuzeigen, beispielsweise um die Musikwiedergabe jederzeit steuern zu können oder um einen Ordner mit wichtigen Dokumenten überall nutzen zu können. Auch das ist mit virtuellen Desktops möglich.

1. Öffnen Sie zunächst die Anwendung, die Sie auf allen Desktops verankern möchten.

2. Wechseln Sie dann zur Taskansicht und bewegen Sie den Mauszeiger auf den Desktop, der das Fenster der Anwendung enthält.

3. Wenn das Fenster in der Vorschau groß angezeigt wird, klicken Sie mit der rechten Maustaste darauf.

4. Im Kontextmenü aktivieren Sie die Funktion *Dieses Fenster auf allen Desktops anzeigen*. Damit sorgen Sie dafür, dass dieses Fenster immer auf dem gerade angezeigten Desktop zu sehen ist. Dabei hat es auf allen Desktops die gleiche Größe und Position. Änderungen auf einem Desktop wirken sich also auf allen Desktops aus.

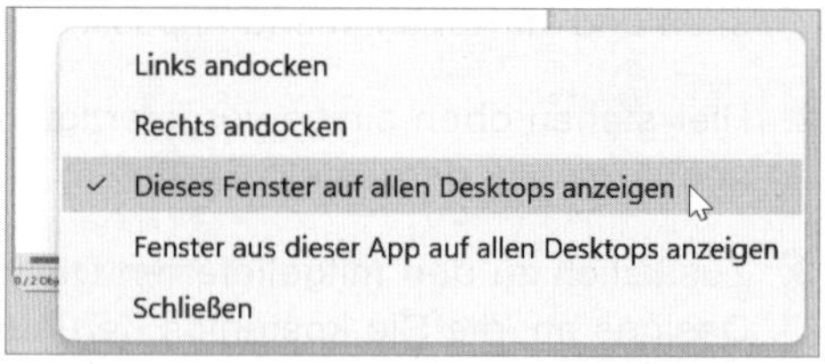

5. Wenn Sie das Fenster irgendwann schließen, wird es auf allen Desktops geschlossen. Wollen Sie es nur wieder auf einen bestimmten Desktop beschränken, wählen Sie diesen in der Taskansicht aus und verwenden erneut das

Kontextmenü, um die Funktion zu deaktivieren. Das Fenster verbleibt auf dem gewählten Desktop und wird von allen anderen entfernt.

Wenn Sie Fenster einer bestimmten Anwendung grundsätzlich immer auf allen Desktops anzeigen möchten, aktivieren Sie dafür im Kontextmenü die Funktion *Fenster aus dieser App auf allen Desktops anzeigen*. Windows »merkt« sich das dann auch beim Schließen des Fensters. Wenn Sie die Anwendung das nächste Mal starten, wird sie automatisch auf allen Desktops angezeigt.

2.3 Windows individuell gestalten

Die Oberfläche eines Computers soll für viele Anwender nicht nur funktional sein, sondern auch gut aussehen. Und da gutes Aussehen nun mal eine Frage des persönlichen Geschmacks ist, kommt Windows dem mit weitgehenden Gestaltungsmöglichkeiten bei Desktop, Farben oder auch Sperrbildschirm entgegen. Alles das lässt sich mit fertigen Vorlagen in verschiedenen Stilen gestalten.

Oder man legt selbst Hand an und bastelt sich eine ganz individuelle, einzigartige Oberfläche zusammen.

2.3.1 Fertige Desktop-Designs aus dem Store beziehen

Der Windows-Desktop lässt sich in verschiedener Hinsicht individuell gestalten. Das umfasst nicht nur sein Erscheinungsbild, sondern auch Elemente wie Hintergrundbilder, Systemklänge und Bildschirmschoner. Alle diese Anpassungen lassen sich kompakt zu Designs zusammenfassen.

Windows bringt bereits einige fertige Designs mit, weitere können Sie online beziehen oder auch Ihr ganz eigenes Design zusammenstellen und speichern.

1. Die Einstellmöglichkeiten für das Desktop-Design finden Sie in den Windows-Einstellungen im Bereich *Personalisierung*. Eine Abkürzung dorthin finden Sie, wenn Sie mit der rechten Maustaste auf einen freien Bereich des Desktops klicken und im Kontextmenü *Anpassen* wählen.

2. Hier stehen oben einige vorgefertigte Designs zur Auswahl, die mit einer kleinen Vorschau dargestellt werden.

3. Zusätzlich zu den mitgelieferten Designs bietet Microsoft via Internet weitere Designs an, die Sie kostenlos herunterladen, installieren und nutzen können. Klicken Sie dazu im Bereich *Personalisierung/Designs* bei *Weitere Designs aus dem Microsoft Store abrufen* auf die Schaltfläche *Designs abrufen*.

4. Damit öffnen Sie die Store-App direkt in einer speziellen Windows-Designs-Rubrik. Hier können Sie sich am optischen Eindruck und vor allem an den Bewertungen der angebotenen Designs orientieren. Außerdem sind die meisten Designs kostenlos. Man kann also einfach ein paar ausprobieren.

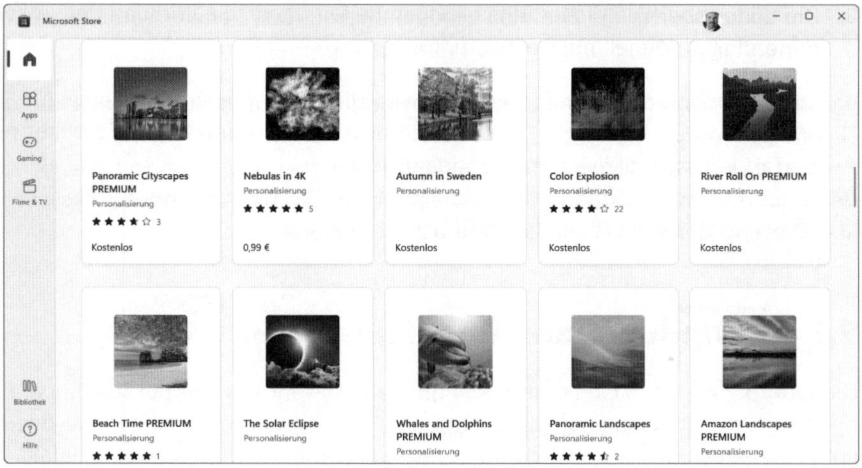

5. Laden Sie also Designs Ihrer Wahl herunter. Anschließend finden Sie diese in den Windows-Einstellungen zur Auswahl vor. Hier können Sie vorliegende Designs jederzeit durch einfaches Anklicken aktivieren.

6. In dem Moment, in dem Sie eines der Designs mit der linken Maustaste auswählen, wird es von Windows automatisch aktiviert. Um es beizubehalten, brauchen Sie das Menü anschließend nur noch zu schließen.

Designs löschen

Wenn Ihnen heruntergeladene Designs doch nicht oder irgendwann nicht mehr gefallen, können Sie sie löschen und den dadurch belegten Speicherplatz freigeben. Aktivieren Sie dazu zunächst irgendein anderes Design (sofern das nicht schon der Fall ist). Dann können Sie mit der rechten Maustaste auf ein überflüssiges Design klicken. Dadurch wird eine *Löschen*-Schaltfläche eingeblendet, mit der Sie das Design und seine Daten entfernen.

2.3.2 Barrierefreie Designs für spezielle Anforderungen

(Nicht nur) für Anwender mit Sehbeeinträchtigung bringt Windows spezielle Einstellmöglichkeiten mit. Auch andere Anwender können von solchen Hilfen profitieren, etwa wenn man zeitweise in sehr heller Umgebung oder anderen herausfordernden Bedingungen arbeiten muss. In den Windows-Einstellungen finden Sie zu diesem Zweck den Bereich *Barrierefreiheit*.

1. Unter *Farbfilter* können Sie bei Bedarf verschiedene Filter aktivieren. Schalten Sie dazu zunächst grundsätzlich die Verwendung von *Farbfilter* ein.

2. Anschließend wählen Sie darunter einen der Filter aus. Neben Invertieren und verschiedenen Graustufenvarianten sind auch Filter für bestimmte Farbsehschwächen vorgesehen. Gegebenenfalls probieren Sie einfach durch, welcher der Filter Ihren Sehgewohnheiten am besten entgegenkommt.

3. Die Bilder oberhalb dieser Einstellungen helfen dabei, die Wirkung der verschiedenen Filter schnell beurteilen zu können.

4. Mit der Option darunter können Sie zusätzlich eine *Tastenkombination für Farbfilter* aktivieren (⊞+Strg+C). Damit können Sie den gewählten Farbfilter nach Bedarf jederzeit aktivieren oder deaktivieren.

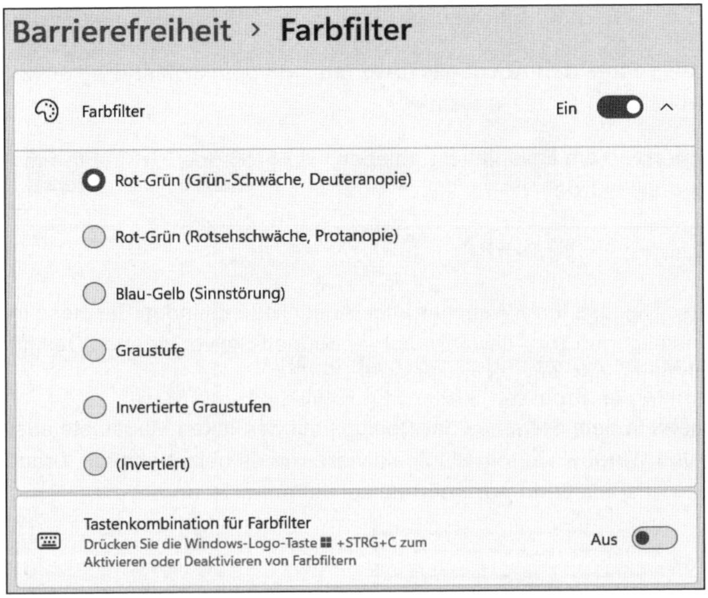

Unter *Barrierefreiheit/Kontrast-Designs* können Sie außerdem verschiedene kontraststarke Designs auswählen und individuell an Ihre Bedürfnisse anpassen. Auch hier gibt es eine Tastenkombination Alt+⇧+Druck, für die Sie ein bestimmtes Kontrast-Design festlegen können. Es wird dann mit diesem Tastenkürzel jederzeit ein- oder ausgeschaltet.

2.3.3 Texte auf der Windows-Oberfläche vergrößern

Ein weiteres Beispiel für spezielle Einstellungen, die für den einen oder anderen Anwender interessant sein dürften, ist die globale Größe von Text auf der Windows-Oberfläche. Sie lässt sich mit einem stufenlosen Zoom auf bis zu 225 % vergrößern.

1. Öffnen Sie in den Windows-Einstellungen den Bereich *Barrierefreiheit/Textgröße*.
2. Hier finden Sie rechts den Abschnitt *Textgröße*. Mit dem Schieberegler wählen Sie den gewünschten Skalierungsfaktor.
3. Darüber können Sie am Beispieltext ablesen, wie groß der Text auf Ihrem Bildschirm dargestellt würde.

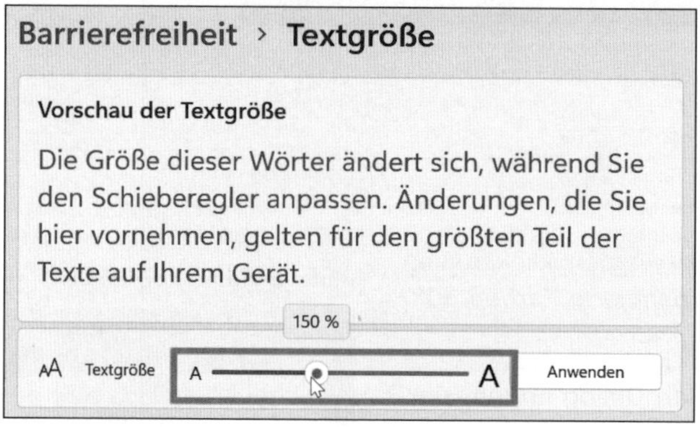

4. Wenn Sie zufrieden sind, klicken Sie auf *Anwenden*.
5. Es dauert dann nur wenige Sekunden, bis Windows die Textskalierung auf die neue Vergrößerung umstellt.

Wie immer gilt beim Skalieren von Bildschirmtext, dass es bei sehr großen Zoomstufen zu Problemen mit fehlenden Texten oder Bedienelementen kommen kann.

2.3.4 Die Lieblingsfarbe als Desktop-Hintergrund

Wer seinen Arbeitshintergrund etwas ruhiger mag, kann sich vielleicht eher mit einer einheitlichen Farbe als einem Bild anfreunden. Auch hier kommt Windows den Benutzern weit entgegen. Konnte man früher nur aus einer recht kleinen Auswahl vorgegebener Farbe wählen, kann man mittlerweile richtig kreativ werden. Denn Windows erlaubt eine weitgehend freie Wahl für Hintergrund- oder Akzentfarben.

1. Wählen Sie dazu in den Windows-Einstellungen im Bereich *Personalisierung/Hintergrund* ganz oben bei *Hintergrund personalisieren* die Variante *Volltonfarbe*.
2. Dann werden Ihnen direkt darunter eine Reihe von Vorschlägen für angenehme Hintergrundfarben gemacht. Ist etwas für Sie Passendes dabei, klicken Sie das entsprechende Farbfeld an.

Hinweis: Es gibt auch ein weißes Feld, aber man muss eventuell genau hinschauen, um es zu finden.

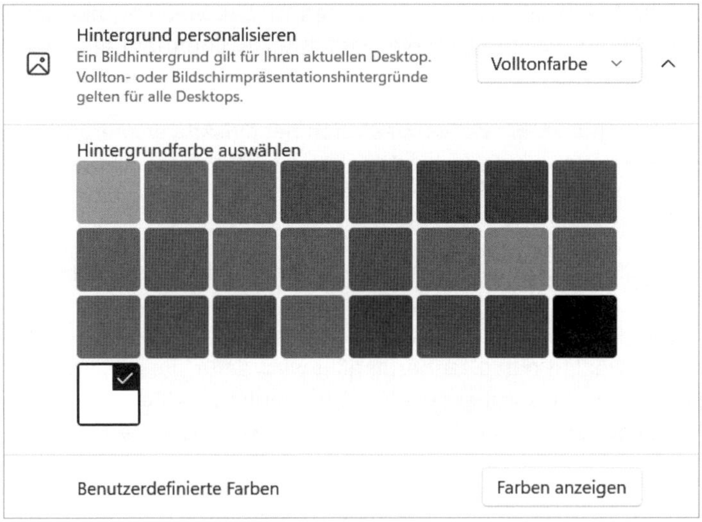

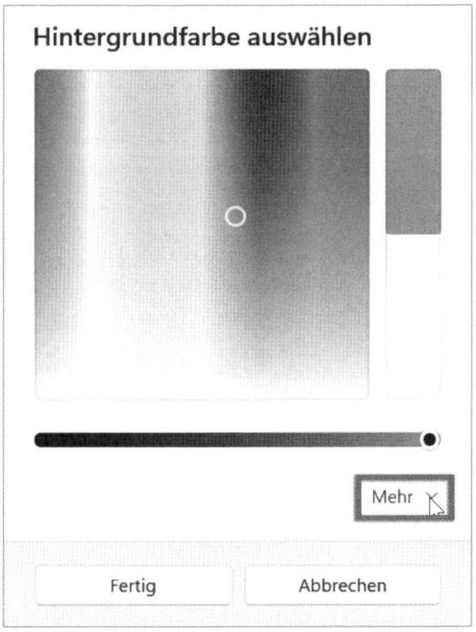

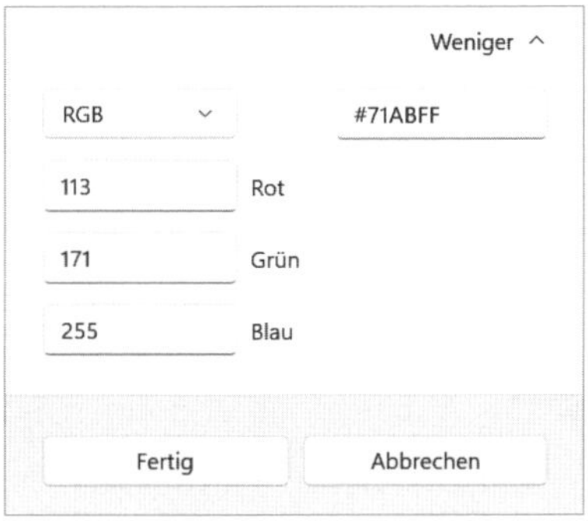

3. Möchten Sie kreativer werden, klicken Sie unten bei *Benutzerdefinierte Farben* auf *Farben anzeigen*.
4. In dem so geöffneten Dialog finden Sie oben ein großes Spektrum an Farben zur Auswahl. Mit dem Schieberegler darunter können Sie die Helligkeit verändern.
5. Wer es noch genauer wissen bzw. festlegen will, sollte auf das unscheinbare *Mehr* klicken.
6. Damit wird das Menü um die Möglichkeit erweitert, Farbwerte direkt als Zahlenwerte im RGB- bzw. HSV-Format oder als HTML-Farbcode anzugeben.
7. Hat man mit einer der angebotenen Methoden eine passende Farbe eingestellt, kann man sie ganz unten mit *Fertig* übernehmen.

2.3.5 Automatisch wechselnde Hintergrundbilder

Zu den eher verspielten Funktionen von Windows zählt die Möglichkeit, für den Bildschirmhintergrund nicht einfach nur ein festes Bild zu wählen, sondern eine ganze Auswahl an Bildern festzulegen, die dann wie bei einer Diashow regelmäßig gewechselt werden.

Diese Diashow können Sie so einstellen, dass sich der Desktop-Hintergrund automatisch alle paar Sekunden verändert, oder aber auch so, dass Sie einfach nur jeden Tag zufällig ein anderes Hintergrundbild zu sehen bekommen.

1. Um den Desktop-Hintergrund als Diashow zu gestalten, wählen Sie bei *Hintergrund personalisieren* den Modus *Diashow*.
2. Wählen Sie dann darunter den Ordner, aus dem Windows die Bilder nach dem Zufallsprinzip auswählen soll. Standardmäßig wird dafür die gesamte Bilder-Bibliothek verwendet. Erfahrungsgemäß ist es aber sinnvoller, in einem speziellen Ordner Bilder zu sammeln, die sich gut als sehenswerte Hintergründe eignen.
3. Bei *Bildänderungsintervall* legen Sie fest, wie häufig ein neues Bild geladen werden soll. Mögen Sie es hektisch, können Sie jede Minute den Hintergrund verändern lassen. Alternativ gibt es auch längere Intervalle. Mit *1 Tag* bekommen Sie effektiv jeden Tag ein anderes Bild zu sehen, was auch keine schlechte Variante ist.

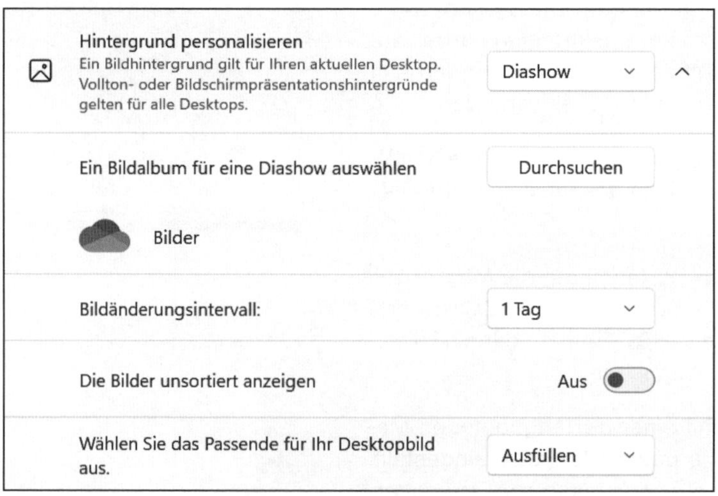

4. Der Schalter *Die Bilder unsortiert anzeigen* sorgt dafür, dass die Bilder nicht der Reihe nach verwendet werden, sondern dass jeweils ein neues zufälliges Bild ausgewählt wird.
5. Als Anpassungsart können Sie – etwa abhängig vom Ausgangsmaterial – am besten *Ausfüllen* wählen.

2.3.6 Fensterrahmen und Bedienelemente individuell anpassen

Ähnlich wie bei den Vorgängerversionen lässt sich auch beim aktuellen Windows die Farbe von Fensterrahmen und Bedienelementen individuell anpassen. Die Zeit von verspielten Aero-Effekten ist zwar vorbei, und vieles wählt Windows dynamisch selbst aus. Aber Sie haben Möglichkeiten, in die Farbwahl und einzelne Transparenzeffekte einzugreifen.

Automatische Anpassung an den Hintergrund

An die Stelle von Transparenz und Aero-Glas-Optik ist beim aktuellen Windows die automatische Anpassung der Fensterrahmenfarbe getreten. Dazu analysiert Windows das gewählte Hintergrundbild und bestimmt den darin dominierenden Farbton. Dementsprechend wird dann automatisch die Fensterrahmenfarbe gewählt. Dieser Automatikmodus ist standardmäßig aktiviert.

1. Im Bereich *Personalisierung/Farben* der Windows-Einstellungen können Sie zunächst bei *Transparenzeffekte* festlegen, ob bei Fenstern und Flächen die sich dahinter befindenden Elemente dezent durchscheinen sollen. Das ist eine reine Frage des persönlichen Geschmacks. Nur auf sehr alten PCs kann es sinnvoll sein, auf solche Transparenzeffekte zugunsten der Leistung zu verzichten.

2. Darunter bei *Akzentfarbe* wählt Windows mit der Option *Automatisch* selbst eine passende Farbe für Rahmen und Menüs in einem geeigneten Kontrast zum Hintergrund. Das ist vor allem dann sinnvoll, wenn sich der Hintergrund per Diashow regelmäßig ändert.

3. Alternativ wählen Sie die Variante *Manuell* und wählen aus den vorgegebenen Farben eine aus.

4. Sollte Ihnen die Farbauswahl nicht reichen, können Sie darunter bei *Benutzerdefinierte Farben* mit *Farben anzeigen* einen Dialog öffnen, in dem Sie eine beliebige Farbe auswählen oder per Farbwert vorgeben können (siehe auch Seite 112).

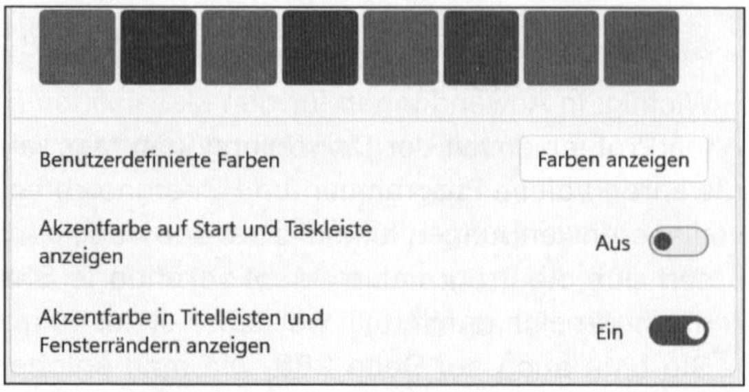

5. Legen Sie schließlich fest, ob Sie die *Akzentfarbe auf Start und Taskleiste anzeigen* und/oder die *Akzentfarbe in Titelleisten und Fensterrändern anzeigen* lassen möchten. So lässt sich eine sehr individuelle Gestaltung der Bedienelemente erreichen.

2.3.7 Windows-Layout an Monitor und Augen anpassen

Wer Geld in einen hochauflösenden Monitor investiert hat, stellt mitunter fest, dass dessen Darstellung von Windows zwar sehr scharf, aber nicht unbedingt besser lesbar ist. Denn die hohe Auflösung geht oftmals damit einher, dass Elemente kleiner angezeigt werden. Wenn dann die Augen schon nicht mehr die besten sind, muss man zur Brille greifen oder man skaliert die Darstellung von Windows auf eine angenehme Größe.

1. Öffnen Sie in den Windows-Einstellungen den Bereich *System/Anzeige*.
2. Stellen Sie rechts im Abschnitt *Skalieren & Layout* oben bei *Skalieren* einen höheren Wert ein. Wenn die empfohlene Standardeinstellung bei 100 % ist, probieren Sie es zunächst mit 125%. Dadurch werden die Textgröße und auch die Größe vieler Bildschirmelemente um 25 % vergrößert.
3. Sollte das noch nicht reichen, erhöhen Sie den Wert eine weitere Stufe beispielsweise auf 150 %. Dann könnte es bei einzelnen Anwendungen aber schon Probleme mit abgeschnittenem Text, fehlenden Steuerelementen usw. geben. Höhere Werte als 150 % führen erfahrungsgemäß zu mehr Problemen, als sie lösen. Die Änderungen wirken sich jeweils direkt aus.

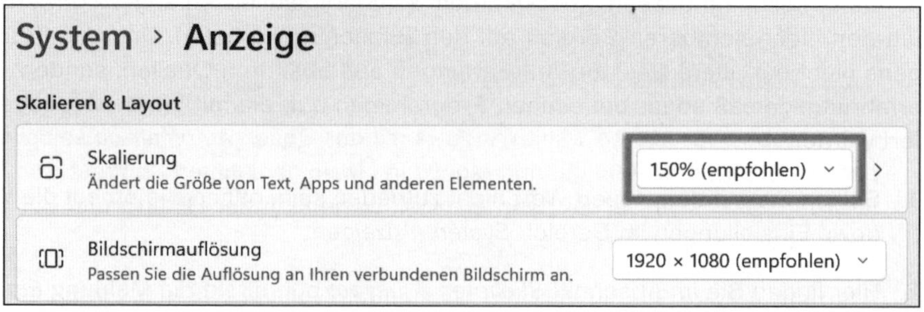

Skalieren bei klassischen Desktop-Anwendungen

Wichtig: In Anwendungen für den klassischen Desktop kann es zu verschiedensten Problemen mit der Darstellung kommen, wenn die Skalierung verändert wird, während diese Programme (im Hintergrund) laufen. In solchen Fällen sollten Sie diese Anwendungen einmal beenden und neu starten. Durch den Neustart passen sich die Programme an die veränderte Skalierung an und sollten dann wieder ordentlich dargestellt werden. Kommt es trotzdem noch zu Problemen, lesen Sie bitte auch auf Seite 288, wie man solche Kompatibilitätsprobleme älterer Desktop-Anwendungen beheben oder umgehen kann.

Sollte das einfache Heraufsetzen der Skalierung in festen Schritten nicht zu befriedigenden Ergebnissen führen, können Sie noch individuellere Einstellungen vornehmen.

1. Klappen Sie hierzu den Bereich *Skalierung* auf.
2. Bei *Benutzerdefinierte Skalierung* können Sie einen beliebigen Wert zwischen 100 und 500 für die Vergrößerung der Bildschirmelemente eingeben.
3. Klicken/tippen Sie rechts daneben auf das Häkchen, um den Wert zu testen.

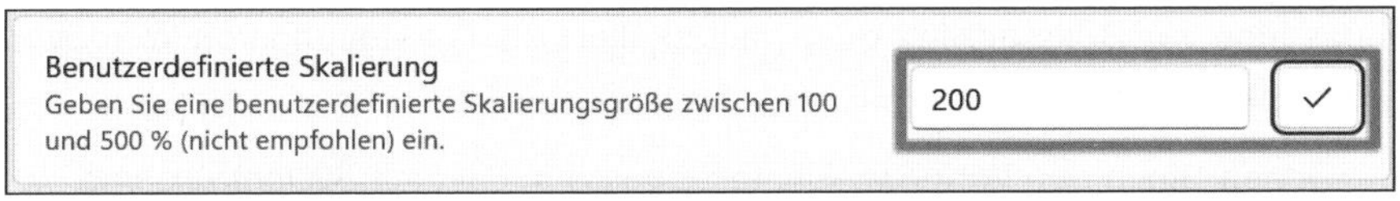

4. Nun müssen Sie sich einmal von Windows abmelden und neu anmelden, damit der geänderte Wert in Kraft treten kann.

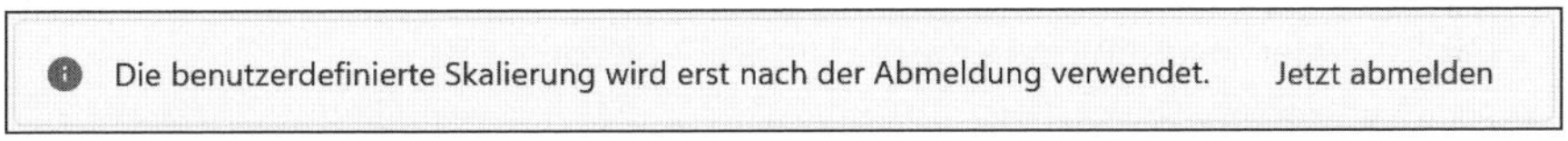

Je individueller Sie die Darstellung anpassen, desto mehr steigt allerdings auch die Wahrscheinlichkeit für unangenehme Nebenwirkungen in einzelnen Anwendungen. So werden etwa bestimmte Elemente nicht mehr komplett angezeigt oder Text abgeschnitten usw. Teilweise kann es sein, dass Fenster nicht mehr komplett auf den Bildschirm passen, aber trotzdem keine Bildlaufleisten angezeigt werden, um den nicht sichtbaren Bereich auf den Bildschirm zu holen. Das betrifft übrigens nicht nur ältere Desktop-Anwendungen aus obskuren Quellen, sondern tritt erfahrungsgemäß sogar bei einigen Programmen auf, die mit Windows ausgeliefert werden.

1. Sollten Sie mit dem neuen Wert nicht zufrieden sein, öffnen Sie erneut die Windows-Einstellungen im Bereich *System/Anzeigen*.
2. Hier finden Sie im Abschnitt *Skalieren & Layout* nun direkt die Meldung *Ein benutzerdefinierter Skalierungsfaktor wurde festgelegt*.

3. Klicken Sie darunter auf *Benutzerdefinierte Skalierung deaktivieren und abmelden*, um zum zuletzt gewählten regulären Skalierungswert zurückzukehren.

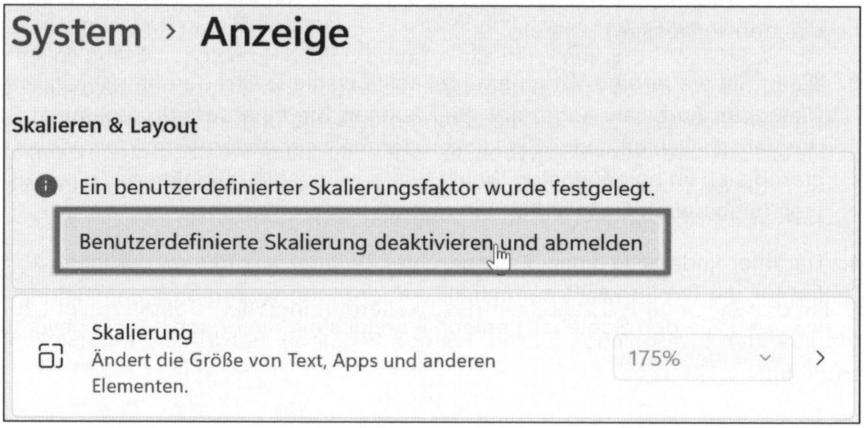

2.3.8 Größe und Form des Mauszeigers verändern

Für den Mauszeiger konnte man lange Zeit nur wenige Größenstufen und drei monochrome Farbvarianten wählen. Mittlerweile haben die Entwickler ordentlich nachgebessert, indem der Zeiger feiner abgestuft und vor allem wesentlich größer sein kann. Außerdem kann er auch farbig gestaltet werden, wobei neben einigen Standardfarben auch die völlig freie Farbwahl möglich ist.

1. Die Einstellungen hierfür finden Sie im Bereich *Barrierefreiheit/Mauszeiger und Toucheingabe*.

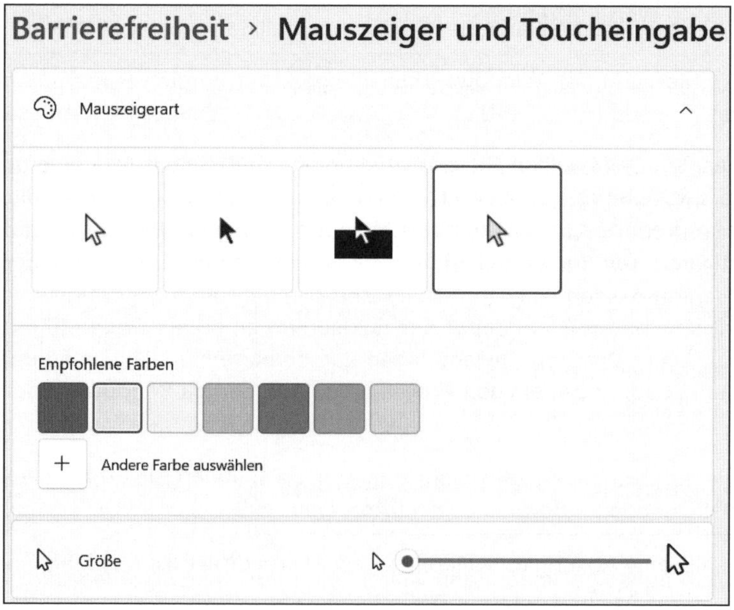

2. Hier wählen Sie im Abschnitt *Mauszeigerart* grundsätzlich das bevorzugte Erscheinungsbild des Mauszeigers. Neben dem bekannten Windows-Mauszeiger gibt es auch invertierte und farbige Varianten, die die Sichtbarkeit unter Umständen verbessern können.

3. Wenn Sie die farbige Variante ganz rechts wählen, wird darunter zusätzlich ein Dialog zur Farbwahl angezeigt. Hier können Sie eine der vorgegebenen Standardfarben wählen. Oder Sie klicken darunter auf *Andere Farbe auswählen* und stellen sich im so geöffneten Dialog den gewünschten Farbton ganz frei zusammen (siehe auch Seite 112).

4. Darunter finden Sie einen Schieberegler *Zeigergröße ändern*, der Ihnen 15 Stufen für die Größenwahl bereitstellt. Änderungen wirken sich unmittelbar aus, während Sie den Schieber bedienen, sodass man sehr schnell die bevorzugte Größe finden kann.

> **Mäuschen, piep mal!**
>
> Wer gelegentlich mal den Mauszeiger aus den Augen verliert, kann sich eine Funktion zunutze machen, die schon ewig in den Tiefen der Systemsteuerung versteckt ist: Öffnen Sie darin die *Maus*-Einstellungen und wechseln Sie in die Rubrik *Zeigeroptionen*. Aktivieren Sie hier ganz unten die Option *Zeigerposition beim Drücken der STRG-Taste anzeigen*. Wenn Sie dann [Strg] kurz drücken, wird der Mauszeiger mit einem animierten Kreis hervorgehoben.

2.3.9 Die Texteinfügemarke individuell anpassen

Wer beim Arbeiten mit Text gelegentlich das Problem hat, die Texteinfügemarke mühsam suchen zu müssen, kann diese optisch auffälliger gestalten.

1. Öffnen Sie hierzu in den Windows-Einstellungen den Bereich *Barrierefreiheit/Textcursor*.

2. Auf der rechten Seite sollten Sie zunächst unten im Abschnitt *Textcursorbreite* die Breite der Texteinfügemarke erhöhen. Das erhöht die Sichtbarkeit dieses Elements und hat den Vorteil, dass es tatsächlich in den meisten Anwendungen funktioniert. Die Vorschau hilft dabei, eine angenehme Größe zu finden.

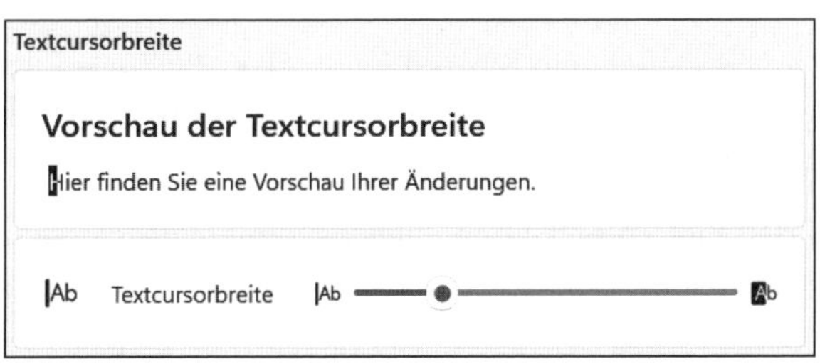

3. Wer es noch auffälliger mag, kann weiter oben den *Textcursor-Indikator* einschalten.

4. Dann wird die Texteinfügemarke mit zusätzlichen Markierungen oben und unten hervorgehoben. Deren Farbe und Größe lassen sich mit den Einstellungen darunter festlegen. Auch hier hilft eine Echtzeitvorschau, geeignete Einstellungen zu finden.

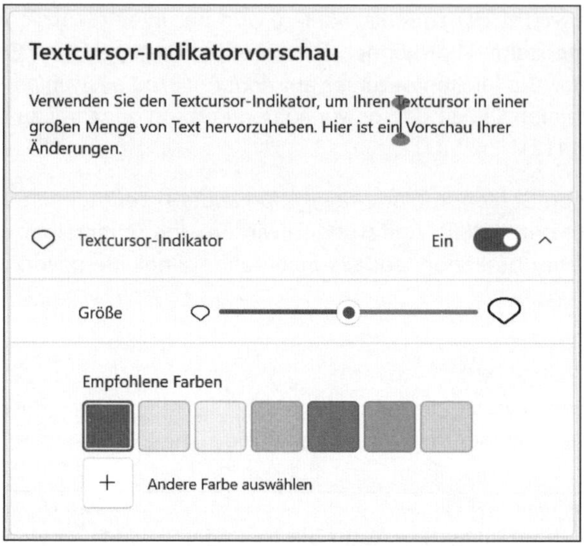

Das optische Hervorheben der Texteinfügemarke ist auf die Kooperation der jeweiligen Anwendung angewiesen und klappt deshalb nicht überall. Meiner Erfahrung nach wird eine veränderte Textcursorbreite von allen Apps und den meisten Desktop-Anwendungen unterstützt. Der Textcursor-Indikator hingegen funktioniert bei Apps und den meisten mit Windows mitgelieferten Anwendungen wie beispielsweise dem Windows-Explorer usw. In klassischen Desktop-Programmen hingegen wird der Indikator nicht angezeigt.

2.3.10 Augenschonender Nachtmodus für Spätarbeiter

Der Nachtmodus verändert sowohl die Helligkeit als auch die Farbzusammensetzung der Benutzeroberfläche. Dadurch kann man in dunklen Umgebungen angenehmer und ermüdungsfreier arbeiten. Dieser Modus kann entweder automatisch nach einem Zeitplan oder manuell nach Bedarf aktiviert werden.

1. Die Optionen für den Nachtmodus finden Sie in den Windows-Einstellungen im Bereich *System/Anzeigen* ganz oben im Abschnitt *Helligkeit & Farbe*. Hier können Sie die *Nachtmodus*-Funktion zunächst jederzeit ein- oder ausschalten.

2. Gleichzeitig können Sie den Eintrag aufklappen, um weitere Einstellmöglichkeiten für diese Funktion anzuzeigen.

3. Wollen Sie den Nachtmodus einfach steuern, klicken Sie oben auf *Jetzt aktivieren* bzw. *Jetzt deaktivieren*. Das gilt dann ggf. so lange, bis der nächste gewählte Zeitpunkt (siehe im Folgenden) zum Ein- oder Ausschalten ansteht.

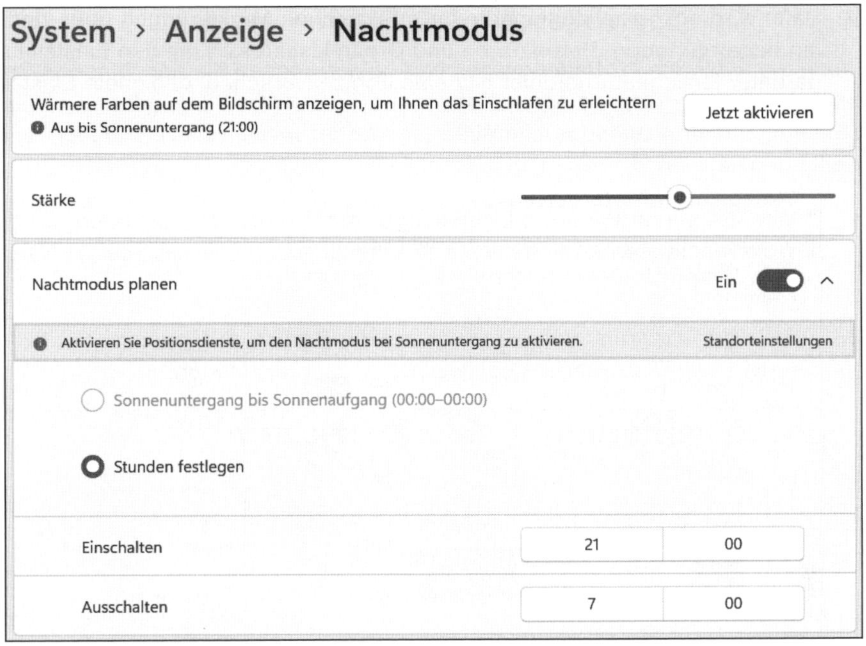

4. Welche Farbtemperatur der Bildschirm während des Nachtmodus verwenden soll, können Sie mit dem Schieberegler darunter einstellen. Solange Sie diesen mit gedrückter linker Maustaste erfassen, wird die gewählte Farbtemperatur in Echtzeit angezeigt. Nehmen Sie diese Einstellung möglichst bei Dunkelheit vor, um die Wirkung gut einschätzen zu können.

5. Darunter können Sie das automatische Ein- und Ausschalten des *Nachtmodus planen*. Dies kann etwa mit *Stunden festlegen* nach festen Zeiten erfolgen.

6. Sind Positionsdienste aktiviert, kann das Gerät auch selbstständig den Zeitpunkt von Sonnenunter- und -aufgang an Ihrem jeweiligen Ort ermitteln und den Nachtmodus so den aktuellen Lichtverhältnissen entsprechend dynamisch verwenden.

Wenn Sie den Nachtmodus nur gelegentlich manuell aktivieren möchten, müssen Sie nicht jedes Mal die Windows-Einstellungen bemühen. Bei den Schnellaktionen findet sich eine speziell für diesen Modus, mit dem Sie die augenschonende Darstellung bei Bedarf jederzeit ein- oder ausschalten können.

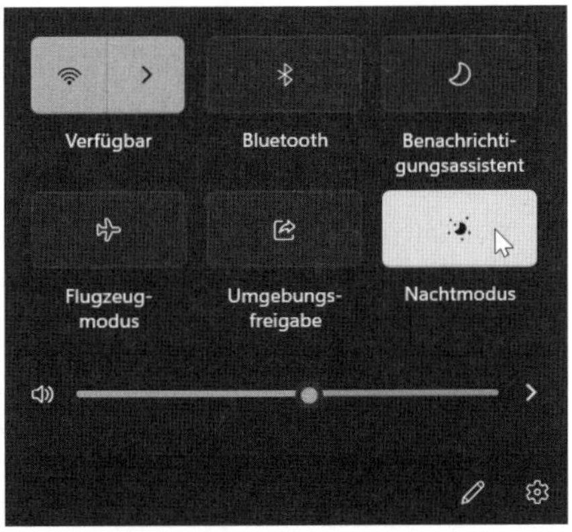

2.3.11 Den Sperrbildschirm als Diashow nutzen

Wenn Sie auf Ihrem PC Bilder gespeichert haben, können Sie den Windows-Sperrbildschirm dazu nutzen, diese in Form einer Diashow wiederzugeben. So werden auf dem Monitor stimmungsvolle Bilder angezeigt, solange das Gerät nicht anderweitig genutzt wird.

1. Öffnen Sie in den Windows-Einstellungen den Bereich *Personalisierung/Sperrbildschirm* und stellen Sie bei *Ihren Sperrbildschirm personalisieren* die Variante *Diashow* ein.

2. Standardmäßig greift diese Funktion auf die *Bilder*-Bibliothek zurück. Sie können mit *Durchsuchen* aber auch weitere Ordner hinzufügen.

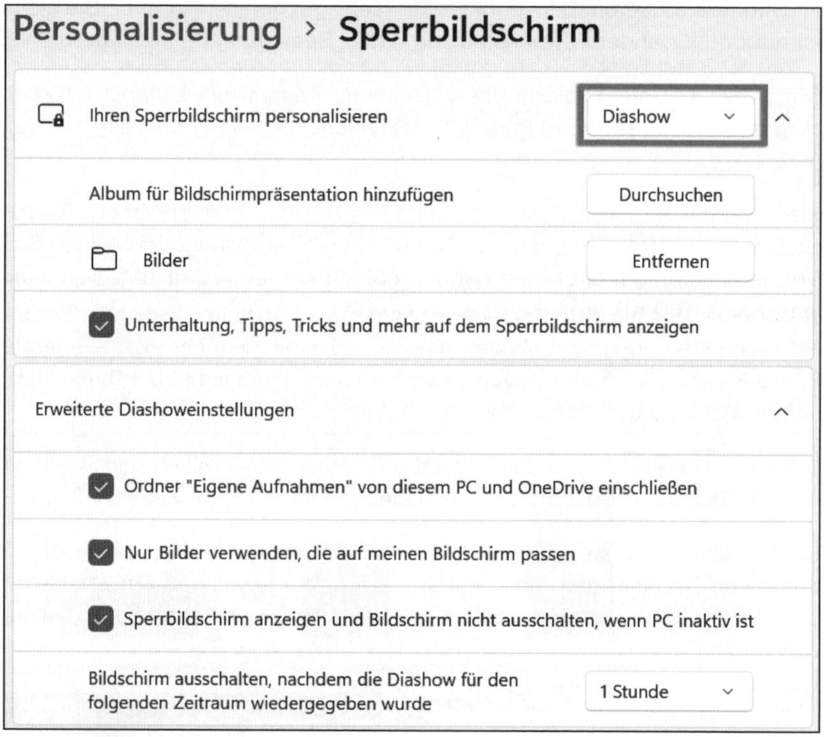

3. Darunter können Sie im Abschnitt *Erweiterte Diashoweinstellungen* zusätzliche Optionen für den Ablauf der Bildershow öffnen:

   - Mit der obersten Option können Sie bei einem Gerät mit eingebauter Kamera die damit erstellten Aufnahmen der Diashow hinzufügen, sowohl lokal als auch in der Cloud gespeicherte Bilder.

   - Sinnvoll für ungetrübtes Bilderguckvergnügen ist die Option *Nur Bilder verwenden, die auf meinen Bildschirm passen*. Dann werden Bilder in der Sammlung mit unpassender Größe oder falschen Dimensionen automatisch übergangen.

- Wird der Sperrbildschirm angezeigt, schaltet der PC den Bildschirm üblicherweise nach kurzer Zeit ab. Um das zu verhindern, aktivieren Sie die Option *Sperrbildschirm anzeigen und Bildschirm nicht ausschalten, wenn PC inaktiv ist.*
- Damit das Ganze aber nun auch nicht ewig läuft, können Sie darunter einen maximalen Zeitraum für die Diashow angeben. Danach wird der Bildschirm abgeschaltet.

2.3.12 Spektakuläre Blickpunkte auf dem Sperrbildschirm

Als dritte Variante im Auswahlfeld für die Hintergrundgestaltung des Sperrbildschirms finden Sie *Windows-Blickpunkt*. Damit lädt Ihr PC automatisch immer wieder neue, spektakuläre Bilder von Microsoft herunter und unterlegt den Sperrbildschirm damit. Und falls Ihnen die Blickpunkt-Bilder sehr gut gefallen, können Sie sie auch speichern und für andere Zwecke nutzen (unter Beachtung des Urheberrechts).

1. Öffnen Sie im Datei-Explorer das Verzeichnis *%userprofile%\AppData\Local\Packages\Microsoft.Windows.ContentDeliveryManager_cw5n1h2txyewy\LocalState\Assets*.
2. Hier sind die aktuellen Bilder von Windows-Blickpunkt gespeichert. Allerdings als temporäre Dateien und ohne die korrekte Dateiendung. Verwenden Sie die *Details*-Ansicht, um die Bilder nach Größe zu sortieren. Nur das, was mindestens einige 100 KB groß ist, ist auch ein Bild.

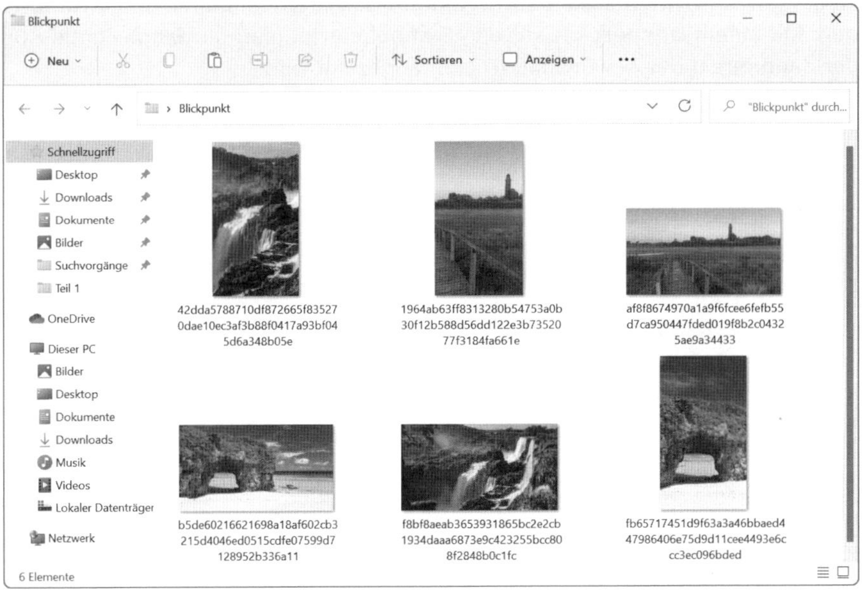

3. Kopieren Sie diese Dateien in einen leeren Ordner Ihrer Wahl.
4. Wechseln Sie dann in diesen Ordner, klicken Sie mit der rechten Maustaste und wählen Sie im Kontextmenü *Öffnen in Windows-Terminal.*

5. Tippen Sie in der so geöffneten PowerShell den Befehl `cmd.exe` ein, um eine Eingabeaufforderung in dem Verzeichnis zu öffnen.

6. Geben Sie dort den Befehl `ren *.* *.jpg` ein. Damit legen Sie den Dateityp für alle Dateien in diesem Verzeichnis als JPEG-Bilder fest.

7. Nun können Sie im Explorer in der Ansicht für diesen Ordner beispielsweise auf *Extra große Symbole* wechseln, um ein bestimmtes Bild zu finden.

Die Inhalte des *Blickpunkt*-Ordners werden ständig aktualisiert. Wenn Ihnen ein Bild gefällt, sollten Sie also schnell handeln und die beschriebenen Schritte ausführen. Wollen Sie zu einem späteren Zeitpunkt ein anderes neues Bild speichern, wiederholen Sie den Vorgang. Beachten Sie bei der Verwendung der Bilder, dass die Inhalte urheberrechtlich geschützt sind. Die private Nutzung sollte unproblematisch sein, aber verwenden Sie die Bilder beispielsweise nicht auf öffentlichen Webseiten.

2.3.13 Direkter Zugriff auf einzelne Systemeinstellungen

Für einige wesentliche Funktionen haben die Windows-Entwickler Symbole im Infobereich vorgesehen, mit denen sich WLAN, VPN oder Flugzeugmodus jederzeit bequem ein- und ausstellen lassen. Allerdings gilt das längst nicht für alle Bereiche. Tatsächlich hat Microsoft aber direkte Abkürzungen in praktisch alle Bereiche der Einstellungen vorgesehen. Diese sind als URIs in einem bestimmten Schema codiert, die man als Ziel von Verknüpfungen angeben kann. Solche Verknüpfungen kann man als Symbole auf dem Desktop oder in einem beliebigen Ordner ablegen. Mit einem Doppelklick auf das Symbol startet man die Einstellungs-App, in der dann direkt der gewünschte Dialog angezeigt wird.

1. Um beispielsweise eine Verknüpfung mit einer Einstellung auf dem Desktop anzulegen, klicken Sie mit der rechten Maustaste auf eine leere Stelle des Desktops.

2. Wählen Sie im Kontextmenü *Neu/Verknüpfung*.

3. Fügen Sie im ersten Schritt im Feld *Geben Sie den Speicherort des Elements an* den passenden URI ein (siehe nachfolgende Tabelle).

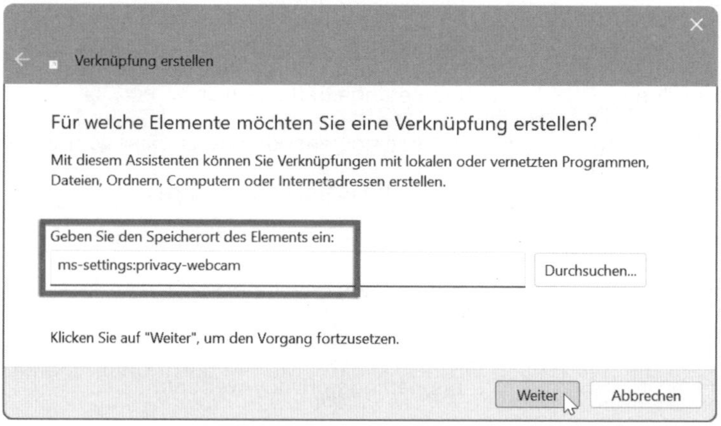

4. Im zweiten Schritt können Sie eine beliebige Bezeichnung für die Verknüpfung wählen.

Anschließend finden Sie auf dem Desktop (bzw. im Ordner) ein Symbol mit der gewählten Bezeichnung vor. Ein Doppelklick darauf öffnet den gewünschten Dialog in den Einstellungen.

Passendes Symbol für die Verknüpfungen

Alle auf diese Weise erstellten Verknüpfungen erhalten standardmäßig das Symbol für Windows-Einstellungen. In den Eigenschaften der Verknüpfung können Sie mit *Anderes Symbol* aber jederzeit ein zur jeweiligen Einstellung passenderes Symbol aussuchen, das dann als Symbol für diese Verknüpfung verwendet wird.

Die URIs für die verschiedenen Bereiche folgen zwar einem bestimmten Grundschema, aber man muss die zu verwendenden Begriffe einfach kennen. Im Folgenden finden Sie eine Tabelle mit einigen wichtigen Einstellungen. Sollten Sie weitere oder speziellere Untereinstellungen suchen, werden Sie mit Google schnell fündig. Verwenden Sie als Suchbegriff beispielsweise »Windows 11 ms-settings Liste«.

Einstellung	**URI**
Angeschlossene Geräte	ms-settings:connecteddevices
Anmeldeoptionen	ms-settings:signinoptions
Benachrichtigungen und Aktionen	ms-settings:notifications
Bildschirm	ms-settings:display
Bildschirm drehen	ms-settings:screenrotation
Bluetooth	ms-settings:bluetooth
Datenschutz	ms-settings:privacy
Datum und Uhrzeit	ms-settings:dateandtime
Energiesparmodus	ms-settings:batterysaver
Erleichterte Bedienung	ms-settings:easeofaccess-closedcaptioning
Ethernet	ms-settings:network-ethernet
Flugmodus	ms-settings:network-airplanemode
Für Entwickler	ms-settings:developers
Kalender	ms-settings:privacy-calendar
Kamera	ms-settings:privacy-webcam

Einstellung	URI
Kontakte	ms-settings:privacy-contacts
Mikrofon	ms-settings:privacy-microphone
Mobiler Hotspot	ms-settings:network-mobilehotspot
Mobilfunk	ms-settings:network-cellular
Nachrichten	ms-settings:privacy-messaging
Netzbetrieb und Energiesparen	ms-settings:powersleep
Optionale Features	ms-settings:optionalfeatures
Personalisierung	ms-settings:personalization
Position	ms-settings:privacy-location
Speicher	ms-settings:storagesense
Sperrbildschirm	ms-settings:lockscreen
Start	ms-settings:personalization-start
Tabletmodus	ms-settings://tabletmode/
VPN	ms-settings:network-vpn
Wi-Fi	ms-settings:network-wifi
Windows Update	ms-settings:windowsupdate

Systemeinstellungen im Startmenü

Sie können Verknüpfungen zu bestimmten Einstellungen auch ins Startmenü einfügen (im Ordner *%appdata%\Microsoft\Windows\Start Menu\Programs*). Allerdings muss das Ziel der Verknüpfung in diesem Fall ergänzt werden, damit es funktioniert: `"explorer.exe ms-settings:privacy-webcam"`.

3 Dateien und Ordner

Wenn man produktiv mit einem Windows-PC arbeiten möchte, ist der Umgang mit Dateien ein zentraler Aspekt. Windows bemüht sich, das Dateisystem hinter Bibliotheken und Schlagwörtern wie *Dokumente*, *Bilder* und *Musik* zu verstecken. Im Kern aber bleibt es bei einer festen Struktur aus Ordnern und Dateien. Hat man diese durchschaut, kann man sie nicht nur effizient nutzen, sondern auch nach den eigenen Bedürfnissen gestalten. Dementsprechend bleibt der Datei-Explorer ein zentrales Werkzeug, mit dem sich Datenbestände strukturieren und verwalten lassen. Aber auch abseits vom Explorer gibt es spannende Windows-Hilfsmittel, mit denen Sie Ihre Datei(en) effizient finden, sichern, verschlüsseln und synchronisieren können.

3.1 Der Datei-Explorer von Windows 11

Das wichtigste Werkzeug im alltäglichen Umgang mit Dateien und Dokumenten wurde für Windows 11 grundlegend renoviert. Herausgekommen ist dabei ein runderneuerter Datei-Explorer mit deutlich reduzierter Oberfläche. Diese legt zunächst nahe, dass auch viele Funktionen entfernt wurden. Tatsächlich aber kann der neue Explorer annähernd fast alles, was der alte auch konnte. Der Zugang zu Funktionen und Einstellungen ist teilweise allerdings nicht mehr ganz so offensichtlich.

3.1.1 Zurück zur gewohnten Multifunktionsleiste?

Sollten Sie sehr an der von früheren Windows-Versionen gewohnten Multifunktionsleiste hängen, können Sie diese mit einem Eingriff in die Windows-Registry (siehe Seite 426) reaktivieren:

1. Dazu starten Sie den Registrierungs-Editor und navigieren dort zum Schlüssel *HKEY_LOCAL_MACHINE\SOFTWARE\Microsoft\Windows\CurrentVersion\Shell Extensions*.

2. In diesem Schlüssel wird ein Unterschlüssel namens *Blocked* benötigt. Sollte dieser noch nicht vorhanden sein, legen Sie ihn an.

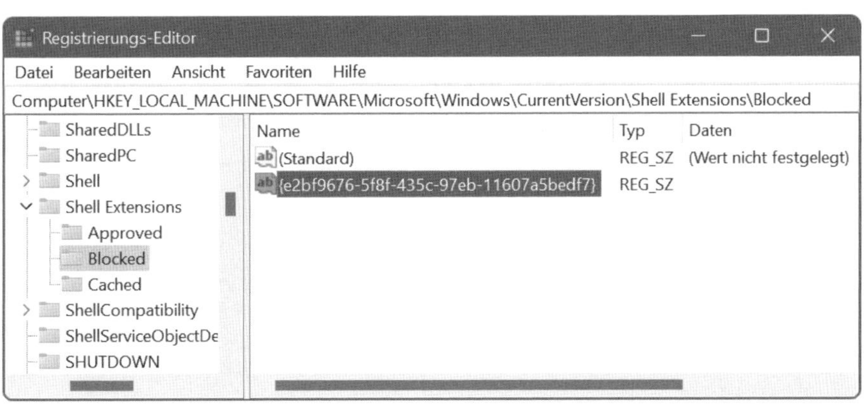

3. Im Unterschlüssel *Blocked* erzeugen Sie eine neue Zeichenfolge und geben dieser den Namen *{e2bf9676-5f8f-435c-97eb-11607a5bedf7}*. Der Wert spielt keine Rolle.

4. Nach einem Neustart des Explorers bzw. von Windows zeigt der Explorer wieder die gewohnte Multifunktionsleiste an.

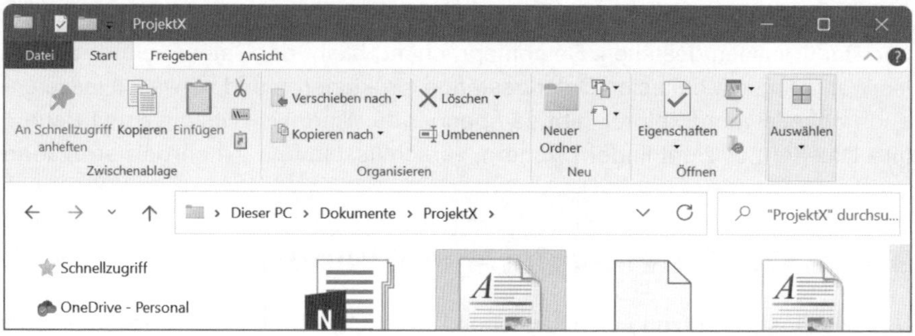

3.1.2 Das erweiterte Kontextmenü des Explorers

Das Kontextmenü, das sich mit einem Klick der rechten Maustaste bei vielen Objekten auf dem Windows-Bildschirm öffnen lässt, ist längst kein Geheimtipp mehr. Hat man sich einmal daran gewöhnt, möchten es die meisten nicht mehr missen, denn es versammelt in der Regel alle in einer Situation erforderlichen Befehle und Funktionen und bietet so oftmals praktische Abkürzungen.

Das Kontextmenü des Explorers kommt in zwei Varianten daher:

- Mit einem rechten Mausklick auf ein Element oder eine Auswahl von Elementen erhalten Sie die einfache Variante mit den wichtigsten Funktionen, die man für diese Elemente üblicherweise benötigt.
- Vermissen Sie im einfachen Kontextmenü etwas, klicken Sie darin ganz unten auf den Eintrag *Weitere Optionen anzeigen*. So öffnen Sie das erweiterte Kontextmenü, wie es auch vom Vorgänger bekannt ist. Dieses enthält alle Funktionen der einfachen Version, aber meist noch einige mehr.

Ein gutes Beispiel hierfür sind Ordner. Die folgende Abbildung stellt die beiden Varianten gegenüber. So sieht man auf den ersten Blick, dass die erweiterte Variante des Menüs deutlich umfangreicher ist.

Besonders praktische zusätzliche Funktionen für Ordner sind etwa:

- *Öffnen in Windows-Terminal*
  Hiermit öffnen Sie eine PowerShell mit diesem Ordner als Startverzeichnis. Eine praktische Hilfe, wenn Sie per Befehlszeile etwas in einem bestimmten Ordner zu erledigen haben.

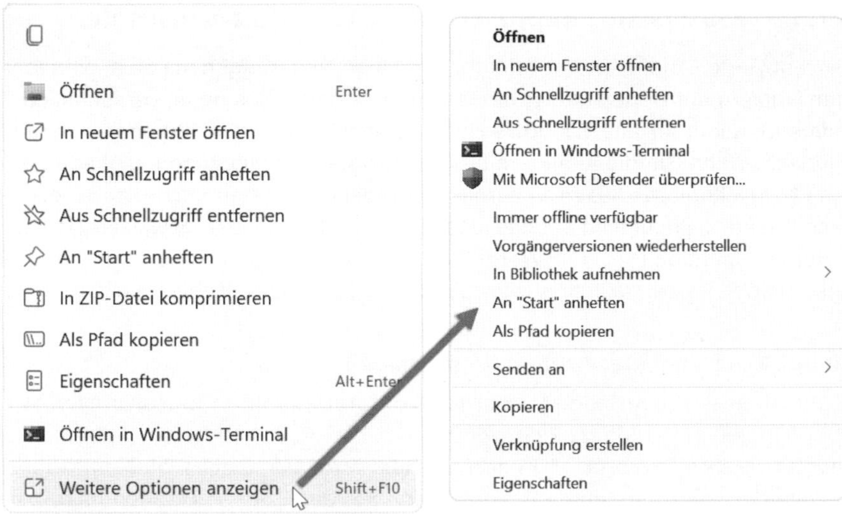

- *Mit Microsoft Defender überprüfen*
  Führt einen Scan des Ordners (bzw. eines ausgewählten Elements) mit dem Windows-eigenen Virenscanner durch.
- *In Bibliothek aufnehmen*
  Hiermit können Sie einen Ordner schnell und unkompliziert einer Bibliothek hinzufügen (mehr zu Bibliotheken siehe Seite 172).
- *Senden An*
  Das *Senden An*-Menü erlaubt es, Dateien oder auch Ordner mit einem Mausklick an andere Speicherorte, Benutzer oder Geräte zu übermitteln.
- *Verknüpfung erstellen*
  Hiermit können Sie eine Verknüpfung zum ausgewählten Objekt erstellen. Dies kann in andere Ordner oder beispielsweise auf den Desktop verschoben werden und erlaubt Ihnen jederzeit schnellen Zugriff zu diesem Objekt.

Kurze Wege ins erweiterte Kontextmenü

Wenn Sie ein oder mehrere Elemente im Explorer markiert haben, können Sie das erweiterte Kontextmenü dafür direkt mit dem Tastenkürzel ⇧+F10 öffnen. Einmal an der Tastatur können Sie es auch gleich weiter so bedienen, indem Sie den gewünschten Menüpunkt mit den Pfeiltasten ansteuern und mit ↵ auswählen. Eine weitere Möglichkeit für schnellen Zugang ist das Einblenden von Vorschau oder Detailbereich am rechten Fensterrand. Wenn Sie mit der rechten Maustaste irgendwo in den Vorschaubereich klicken, öffnen Sie das Kontextmenü für die gerade ausgewählten Objekte. Beim Detailbereich müssen Sie etwas genauer zielen, denn hier klappt es nur, wenn Sie das Symbol für das bzw. die ausgewählten Elemente im oberen Teil des Detailbereichs mit der rechten Maustaste anklicken.

3.1.3 Klassisches Explorer-Kontextmenü zurückholen

Der renovierte Datei-Explorer bringt auch einige Neuerungen mit sich, die nicht bei allen Nutzern auf Begeisterung stoßen. Insbesondere das neue, verschlankte Kontextmenü macht für alte Windows-Hasen manche einfachen Aktionen unnötig umständlich. Wenn Sie die alte Form des Kontextmenüs bevorzugen, gibt es verschiedene Möglichkeiten, dieses weiterhin zu verwenden. Die praktischste Möglichkeit, wenn Sie nur gelegentlich auf das klassische Kontextmenü angewiesen sind, ist die Tastenkombination ⇧+F10. Wenn Sie Objekte im Explorer auswählen und dann diese beiden Tasten drücken, wird direkt das klassische Kontextmenü angezeigt.

Mit der Maus zum klassischen Kontextmenü

In aktuellen Vorabversionen, aber (derzeit) noch nicht in der offiziellen Windows-Version enthalten ist eine weitere Variante: Auch wenn man während des Rechtsklicks im Explorer ⇧ gedrückt hält, wird das klassische Kontextmenü anstelle der neuen Variante geöffnet. Wenn Sie das Buch in Händen halten, hat diese Funktion vielleicht auch auf Ihrem PC Einzug gehalten, also probieren Sie es mal aus!

Wenn Sie viel mit dem Kontextmenü arbeiten und dabei grundsätzlich die klassische Variante bevorzugen, können Sie das Verhalten des Explorers verändern, sodass dieser immer das alte Menü anzeigt.

1. Öffnen Sie den Registrierungs-Editor (siehe Seite 426) und navigieren Sie zum Schlüssel *HKEY_CURRENT_USER\Software\Classes\CLSID*.
2. Legen Sie darin einen neuen Schlüssel an und geben Sie diesem den folgenden Namen:

   `{86ca1aa0-34aa-4e8b-a509-50c905bae2a2}`

3. Legen Sie wiederum darin einen neuen Schlüssel mit dem Namen `InprocServer32` an.

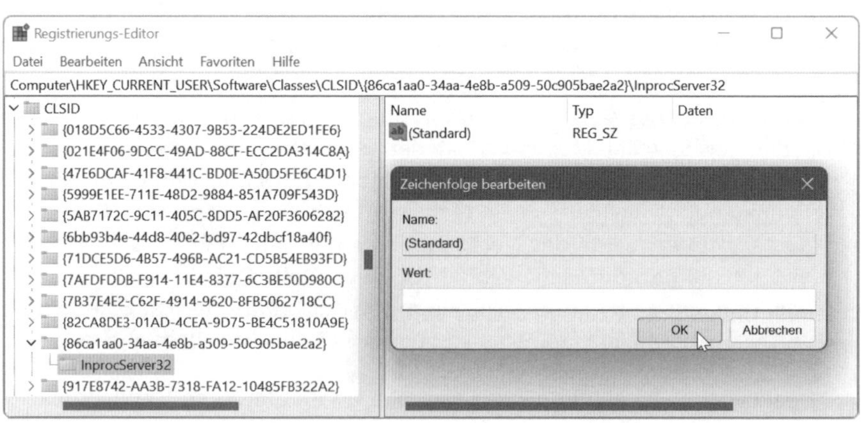

4. Öffnen Sie dann in diesem Schlüssel die einzige Zeichenfolge *(Standard)* zum Bearbeiten und löschen Sie den Inhalt des Feldes *Wert*, sodass dieses leer ist.

5. Schließen Sie dann den Registrierungs-Editor und starten Sie den Datei-Explorer einmal neu (bzw. melden Sie sich ab und wieder an). Anschließend sollte grundsätzlich wieder das klassische Kontextmenü angezeigt werden.

3.1.4 Explorer stürzt bei Rechtsklick ab

Gelegentlich kann ein lästiges Problem beim Datei-Explorer dazu führen, dass dieser regelmäßig abstürzt, wenn man eine Datei oder einen Ordner mit der rechten Maustaste anklickt, um das Kontextmenü für dieses Objekt zu öffnen. Meist wird es von Zusatzprogrammen verursacht, die eigene Einträge in das Kontextmenü des Windows-Explorer eingefügt haben. Insbesondere wenn das Deinstallieren eines solchen Programms nicht ordnungsgemäß oder unvollständig erfolgt ist, kann das Schwierigkeiten nach sich ziehen.

Abhilfe verschafft das Programm ShellExView, das Sie sich kostenlos unter der Adresse *www.nirsoft.net/utils/shexview.html* herunterladen können. Wählen Sie dabei die x64-Version. Nach dem Entpacken kann die Datei *shexview.exe* ohne Installation direkt ausgeführt werden.

Das Programm listet sämtliche Einträge des Kontextmenüs auf. Am besten sortieren Sie die Liste anhand der Spalte *Company*. Dann stehen in der Mitte sehr viele Einträge von Microsoft, die Sie ignorieren können. Oben und unten in der Liste finden Sie die Einträge von Fremdherstellern, von denen einer vermutlich der Übeltäter ist.

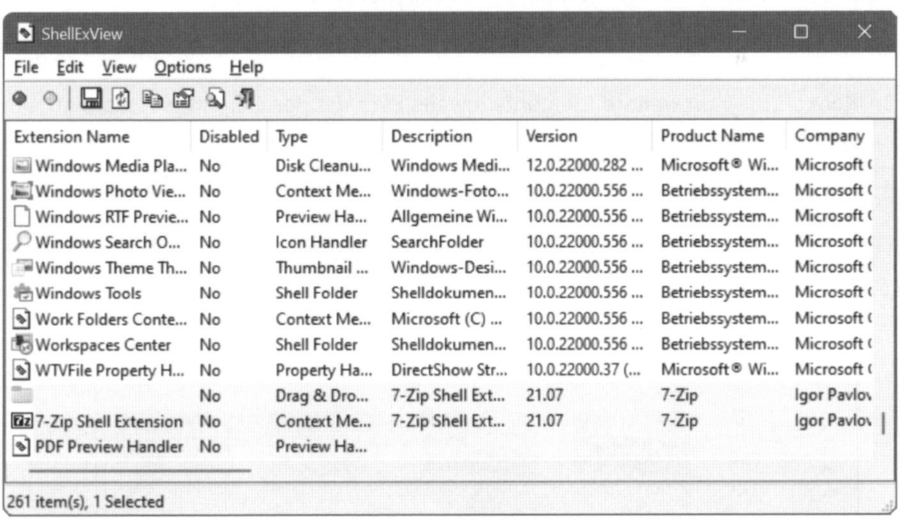

Je nach Umfang der Einträge gibt es verschiedene Strategien, den oder die Übeltäter zu identifizieren:

- Deaktivieren Sie alle fraglichen Einträge und reaktivieren Sie dann nach und nach einzelne wieder, bis das Problem auftritt.

- Deaktivieren Sie einen Eintrag nach dem anderen und überprüfen Sie jeweils, ob das Problem weiter besteht.
- Insbesondere bei vielen verdächtigen Einträgen kann folgende Strategie effizienter sein: Deaktivieren Sie zunächst eine Hälfte der Einträge und überprüfen Sie. Dann wiederholen Sie den Vorgang mit der anderen Hälfte usw.

Sie können Einträge direkt in ShellExView deaktivieren, indem Sie ausgewählte Zeilen mit der rechten Maustaste anklicken und im Kontextmenü *Disable Selected Items* wählen. Allerdings kann es sein, dass Sie sich zumindest einmal in Windows ab- und wieder anmelden bzw. den Explorer einmal neu starten müssen, damit dies seine Wirkung entfaltet.

3.1.5 Mehrere Dateien per Maus markieren

Um Aktionen mit Dateien und Ordnern ausführen zu können, müssen Sie die entsprechenden Elemente zunächst markieren, damit der Datei-Explorer »weiß«, worauf sich anschließende Aktionen beziehen sollen. Bei einer einzelnen Datei ist das nicht weiter schwierig, da dies mit einem einfachen, kurzen Mausklick schnell erledigt ist. Wollen Sie gleich mehrere Elemente auf einmal bearbeiten oder verschieben, gibt es verschiedene Möglichkeiten, ans Ziel zu kommen. Das naheliegende Werkzeug zur Auswahl mehrerer Dateien ist zumindest für klassische PC-Nutzer die Maus.

Die Vorgehensweise dabei:

1. Markieren Sie zunächst das erste auszuwählende Element durch einfaches kurzes Anklicken, sodass es ausgewählt dargestellt wird.
2. Drücken Sie nun Strg und halten Sie diese Taste weiterhin gedrückt.
3. Klicken Sie nun weitere Elemente jeweils kurz mit der linken Maustaste an, um sie der Auswahl hinzuzufügen.

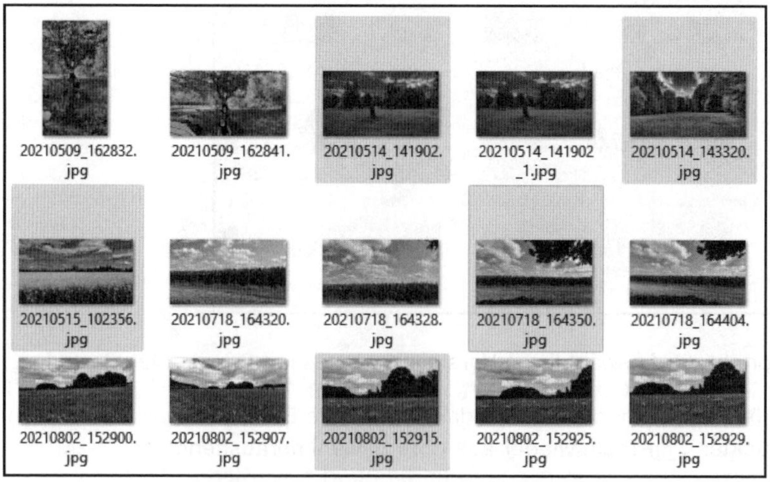

4. Sind alle gewünschten Elemente ausgewählt, lassen Sie Strg los. Alle Aktionen, die Sie nun ausführen, beziehen sich auf alle markierten Elemente.

5. Um die Auswahl wieder aufzuheben, wählen Sie ein beliebiges anderes Element aus oder klicken Sie auf eine leere Stelle der Dateiliste.

> **Element aus der Auswahl entfernen**
> Um bereits markierte Elemente wieder aus der Auswahl zu entfernen, klicken Sie sie mit weiterhin gedrückter Strg erneut einfach kurz an. Dann wird die Markierung dieses Elements wieder entfernt.

3.1.6 Viele Dateien per Maus markieren

Für größere Anzahlen auszuwählender Dateien kann das jeweils einzelne Hinzufügen per Anklicken mühsam sein. In diesem Fall nutzen Sie anstatt Strg die Taste ⇧. Wenn Sie nun ein Element anklicken, wird der gesamte Bereich von der bisherigen Markierung bis zum nun angeklickten Element der Auswahl hinzugefügt. Alternativ können Sie größere Anzahlen von Elementen auch durch Hinüberstreichen mit der Maus auswählen:

1. Klicken Sie an einer Ecke des gedachten Bereichs die linke Maustaste und halten Sie diese gedrückt.

2. Ziehen Sie dann die Maus mit gedrückter Maustaste zur entgegengesetzten Ecke des gedachten Bereichs. Wenn Sie das nicht zu schnell machen, können Sie dabei verfolgen, wie sich die Auswahlmarkierung nach und nach vergrößert und weitere Elemente einschließt.

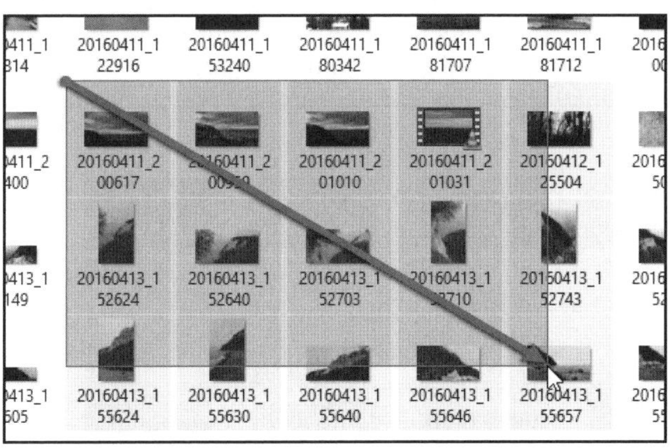

3. Entspricht die Auswahl Ihren Vorstellungen, lassen Sie die Maustaste los.

4. Sie können nun noch – bei Bedarf – einzelne Elemente durch Anklicken mit gedrückter Strg-Taste wieder aus der Auswahl herausnehmen.

3.1.7 Viele Dateien per Tastatur auswählen

Ist das erste Element per Maus ausgewählt, kann es auch per Tastatur weitergehen. Insbesondere bei größeren Anzahlen von Elementen ist das manchmal die einfachere Variante. Hierzu halten Sie ⇧ gedrückt, während Sie vom ersten Element aus mit den Pfeiltasten die Auswahl erweitern.

Die genaue Funktionsweise hängt dabei von der gewählten Ansicht ab:

- In den einspaltigen Ansichten *Details* und *Inhalt* erweitern Sie mit ↑ oder ↓ die Auswahl jeweils um ein Element.
- In der mehrspaltigen *Liste*-Ansicht können Sie zusätzlich mit ← oder → die Auswahl jeweils um eine Spalte in die entsprechende Richtung erweitern.
- Die anderen mehrspaltigen Ansichten mit Symbolen und Kacheln verhalten sich leider genau andersherum: ↑ oder ↓ erweitern jeweils um eine ganze Zeile, während ← oder → jeweils um das benachbarte Element ergänzt.

Weitere praktische Tastenkürzel gelten aber in allen Ansichten gleich:

- Mit Bild↑ oder Bild↓ in Kombination mit ⇧ können Sie die Auswahl vom aktuellen Element in einem Schritt bis zur obersten bzw. untersten auf dem Bildschirm sichtbaren Zeile der Liste erweitern.
- Mit ⇧+Pos1 oder ⇧+Ende erweitern Sie die Auswahl auf einmal bis zum oberen bzw. unteren Ende der Liste.
- Und nicht zu vergessen: Der Klassiker Strg+A wählt in einem Schritt den gesamten Inhalt aus.

Auf eine grundsätzliche Einschränkung beim Auswählen per Tastatur sei noch hingewiesen: Man kann auf diese Weise immer nur zusammenhängende Elemente markieren, die in der Dateiliste direkt neben- bzw. über- oder untereinander stehen. In dem Moment, wo man ⇧ loslässt und eine andere Taste drückt, geht die bisherige Auswahl verloren.

Ein Auswählen verschiedener Elemente an verschiedenen, nicht benachbarten Stellen der Dateiliste wie bei der Mausauswahl ist somit nicht möglich.

Tastatur- und Mausauswahl kombinieren

Sie können die beiden beschriebenen Methoden mit Maus und Tastatur ohne Weiteres kombinieren. So lässt sich beispielsweise zunächst eine größere Gruppe von Elementen per Tastatur auswählen und anschließend können einzelne Elemente, die nicht direkt benachbart sind, per Maus ergänzt werden.

Achten Sie dabei nur darauf, dass Sie ⇧ oder Strg die ganze Zeit gedrückt halten bzw. rechtzeitig wieder drücken, bevor Sie weitere Elemente anklicken.

3.1.8 Die Dateiauswahl umkehren

Weitere Möglichkeiten zum Auswählen von Elementen verbirgt das ■■■-Symbol ganz rechts in der Symbolleiste. Hier können Sie per Maus *Alles auswählen* und *Nichts auswählen*. Außerdem finden Sie hier zusätzlich die Option *Auswahl umkehren*, die die aktuelle Auswahl invertiert. Alle Elemente, die zuvor im aktuellen Ordner angewählt waren, sind anschließend nicht mehr gewählt, und gleichzeitig werden alle zuvor nicht gewählten Dateien nun als ausgewählt markiert.

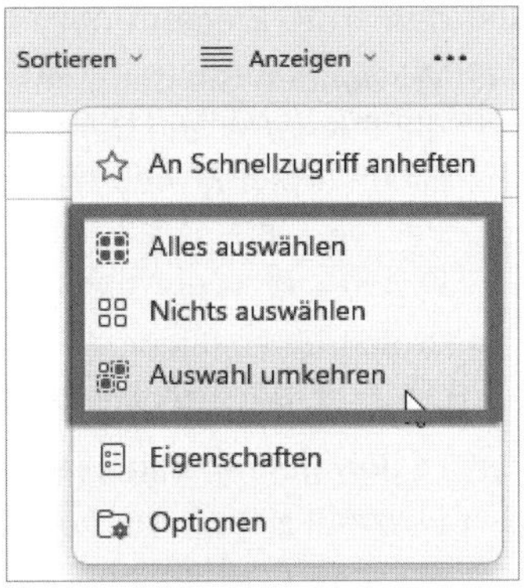

Wozu dieses Invertieren gut sein soll? Ein einfaches Beispiel mag verdeutlichen, wie Sie diese Funktion zeitsparend einsetzen können. Nehmen wir an, Sie möchten in einem Ordner mit 100 Dateien 98 Dateien auswählen, aber zwei eben nicht. Nun könnten Sie umständlich alle 98 gewünschten Dateien nach und nach auswählen, oder aber Sie wählen erst mal alles aus und dann die beiden Streichkandidaten wieder ab. Mit dem Invertieren der Auswahl geht es einfacher und schneller.

1. Wählen Sie zunächst die beiden Dateien aus, die Sie eigentlich gar nicht auswählen möchten – und zwar nur diese beiden.

2. Klicken Sie dann im Drei-Punkte-Menü auf *Auswahl umkehren*. Nun kehrt der Explorer Ihre Auswahl um. Anschließend sind alle Dateien bis auf die beiden unerwünschten Dateien ausgewählt. Und fertig.

3.1.9 Dateien per Zwischenablage kopieren oder verschieben

Für das Kopieren und Verschieben bietet der Datei-Explorer zwei verschiedene Methoden an, die Sie je nach Vorlieben und Gelegenheit einsetzen können.

Die erste funktioniert über die Zwischenablage und eignet sich insbesondere für schnelles Kopieren oder Verschieben einzelner oder weniger Elemente:

1. Öffnen Sie zunächst den Ausgangsordner und markieren Sie dort die zu transferierenden Elemente.

2. Übertragen Sie diese nun in die Windows-Zwischenablage. Verwenden Sie dazu *Kopieren*, wenn Sie Dateien kopieren möchten. Um Dateien zu verschieben, nutzen Sie stattdessen *Ausschneiden*. Dafür stehen Ihnen die entsprechenden Symbole in Symbolleiste und Kontextmenü zur Verfügung. Alternativ können Sie die Tastenkürzel [Strg]+[C] zum Kopieren oder [Strg]+[X] zum Ausschneiden nutzen.

3. Wechseln Sie nun mit dem Datei-Explorer zum Zielordner, sodass dessen Inhalt angezeigt wird.

4. Verwenden Sie dann das *Einfügen*-Symbol oder das Tastenkürzel Strg+V, um die Elemente aus der Windows-Zwischenablage in diesen Ordner einzufügen. Beim Kopieren wird im Zielordner ein Duplikat erstellt. Beim Verschieben werden die Dateien aus dem Ausgangsordner gelöscht, nachdem sie erfolgreich in den Zielordner übertragen wurden.

3.1.10 Dateien per Maus fensterübergreifend transferieren

Wer lieber mit der Maus hantiert, kann Dateien per Drag-and-drop vom Ausgangsort zum Ziel ziehen. Und das nicht nur innerhalb eines Explorer-Fensters, sondern auch fensterübergreifend. Dazu müssen nicht einmal unbedingt beide Fenster zugleich auf dem Bildschirm zu sehen sein.

1. Wählen Sie zunächst alle Elemente aus, die Sie kopieren oder verschieben möchten.

2. Klicken Sie dann mit der linken Maustaste auf eine beliebige Stelle der ausgewählten Elemente und halten Sie die Taste gedrückt.

3. Drücken Sie nun Alt+⇆, während Sie die Maustaste weiterhin gedrückt halten, bis das Zielfenster auf dem Bildschirm zu sehen ist.

4. Ziehen Sie dann den Mauszeiger mit weiterhin gedrückter linker Maustaste auf das Ziel.

5. Ist dieses erreicht, blendet der Datei-Explorer an dieser Stelle den Hinweis *Nach <Name des Ordners> verschieben* ein. Kontrollieren Sie, ob hier der Name des gewünschten Zielordners steht.

6. Wichtig: Möchten Sie die Dateien kopieren (und nicht verschieben), drücken Sie jetzt zusätzlich Strg und halten Sie diese Taste gedrückt. Der Hinweis am Zielordner ändert sich dann zu *Nach <Name des Ordners> kopieren*.

7. Passt der Hinweis zu Ihren Absichten, können Sie nun die linke Maustaste loslassen.

8. Sollten Sie Strg zum Kopieren gedrückt haben, können Sie anschließend auch diese Taste loslassen.

Auf den ersten Blick klingt der Vorgang vielleicht etwas vielteilig und kompliziert. Aber wenn man es ein paar Mal gemacht hat, findet man sich schnell rein und beherrscht es irgendwann wie im Schlaf.

3.1.11 Zwei Explorer-Fenster nebeneinander anzeigen

Wer wie vorangehend beschrieben Dateien mit der Maus von einem Ordner oder Laufwerk zum anderen übertragen will, steht vor der Herausforderung, im Explorer Ausgangsordner und Ziel so einzustellen, dass man bequem von A nach B ziehen kann. Oder man benutzt zwei Explorer-Fenster und macht sich die Windows-Funktionen zum automatischen Anordnen von Fenstern zunutze:

1. Öffnen Sie zunächst im Datei-Explorer den Zielordner, sodass dessen Inhalt im Hauptbereich angezeigt wird.
2. Klicken Sie dann mit gedrückt gehaltenem [Strg]+[⇧] erneut auf das *Explorer*-Symbol in der Taskleiste. Dadurch öffnen Sie ein weiteres separates Explorer-Fenster.
3. Navigieren Sie darin zum Ausgangsordner, sodass Sie die zu transferierenden Elemente in dessen Hauptbereich sehen.
4. Lassen Sie nun den Mauszeiger kurz über dem *Vergrößern*- bzw. *Wiederherstellen*-Symbol rechts oben bei den Fenstersymbolen dieses Explorer-Fensters verharren.

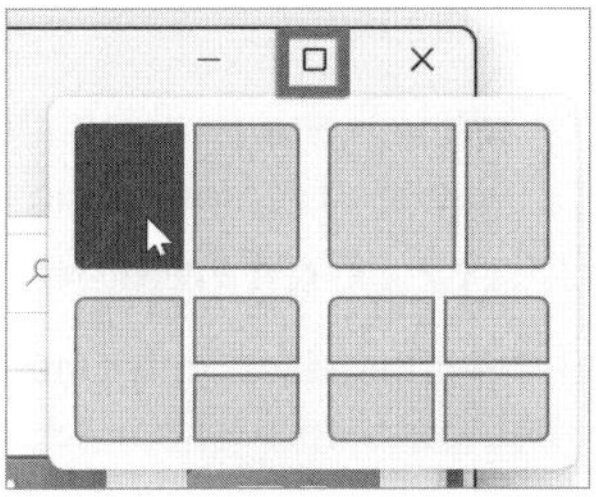

5. Daraufhin wird dort eine Übersicht der möglichen Fensteranordnungen angezeigt. Klicken Sie das Symbol für die linke Bildschirmhälfte an.
6. Damit ordnen Sie das Explorer-Fenster auf der linken Bildschirmhälfte an. Gleichzeitig werden Ihnen auf der rechten Bildschirmhälfte die Fenster angeboten, die dort angezeigt werden können. Klicken Sie hier auf die Vorschau des Explorer-Fensters mit dem Zielordner.

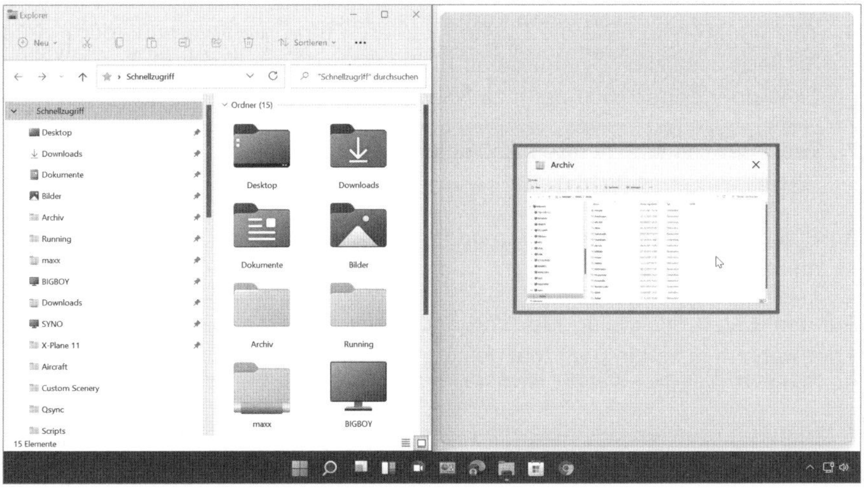

7. Nun haben Sie beide Explorer-Fenster nebeneinander auf dem Bildschirm: links den Ausgangsordner und rechts den Zielordner. Nun können Sie beginnen, nach Belieben Dateien von links nach rechts über den Bildschirm zu ziehen, um sie zu kopieren oder zu verschieben.

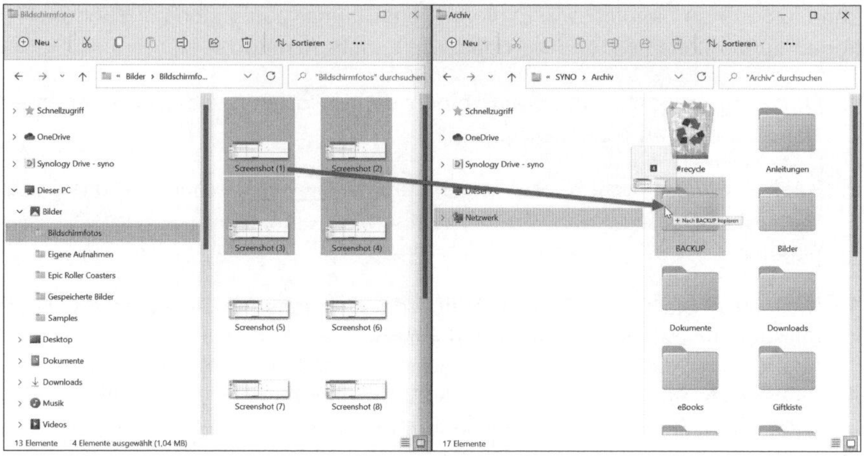

3.1.12 Umfangreiche Dateitransaktionen steuern

Bei umfangreicheren Dateioperationen informiert der Fortschrittsdialog nicht nur über Fortschritt und voraussichtliche Dauer der Aktion, sondern bietet auch praktische Eingriffsmöglichkeiten. Hinweis: Bei kurzen Aktionen mit wenigen, kleinen Dateien wird der Dialog gar nicht erst angezeigt bzw. blitzt nur kurz auf, sodass er kaum bemerkbar ist. Sinnvoll nutzen kann man ihn erst, wenn umfangreichere Operationen ausgeführt werden.

1. Wann immer eine längere Kopier- oder Verschiebeaktion in Gang ist, blendet Windows automatisch einen Fortschrittsdialog ein. In seiner einfachen Version bietet er einen Balken nebst Prozentangabe sowie die Angabe, wie viele Elemente von wo nach wo kopiert oder verschoben werden.

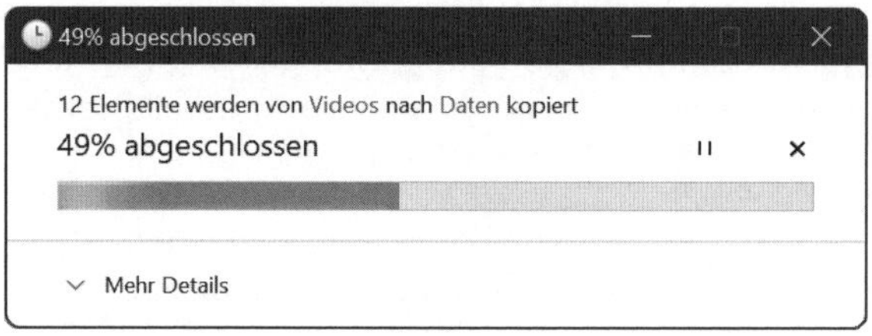

2. Möchten Sie es genauer wissen, klicken Sie links unten auf *Mehr Details*.

3. Dadurch erhalten Sie zusätzlich eine grafische Darstellung des Vorgangs, der Sie die Übertragungsgeschwindigkeit im Verlauf entnehmen können. Für umfangreichere Aktionen schätzt Windows außerdem die verbleibende Zeit und gibt die Anzahl der noch ausstehenden Elemente an.

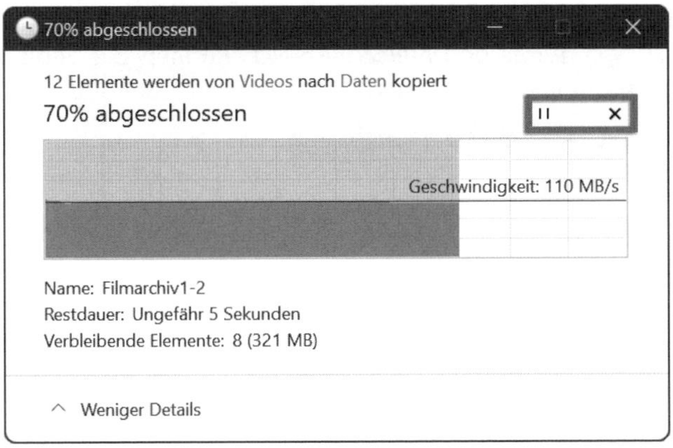

4. Man kann es leicht übersehen, aber der Fortschrittsdialog hat eine Pause-Taste. Mit diesem Symbol können Sie die Aktion jederzeit anhalten, z. B. wenn Sie eine umfangreichere Transaktion lieber auf später verschieben möchten, weil Sie den PC gerade dringend für etwas Wichtigeres benötigen. Einfach kurz darauf klicken, dann wird die aktuelle Aktion angehalten. Klicken Sie später erneut darauf, wird sie nahtlos fortgesetzt. Einzige Ausnahme: Wenn Sie während der Pause etwas an den Quelldateien verändert haben, kann die Dateioperation nicht fortgesetzt werden.

5. Rechts neben dem *Pausieren*-Symbol finden Sie ein kleines X, mit dem Sie den gesamten Übertragungsvorgang jederzeit ganz abbrechen können. Dabei wird unterbrochen, aber nichts rückgängig gemacht. Dateien, die zu diesem Zeitpunkt bereits vollständig übertragen waren, bleiben also am neuen Ort.

6. Ist der Vorgang beendet, verschwindet der Dialog automatisch vom Bildschirm. Ob Sie die einfache oder die ausführliche Variante bevorzugen, merkt sich Windows und zeigt diese bei der nächsten Dateioperation automatisch wieder an.

3.1.13 Konflikte zwischen Dateiversionen auflösen

Wenn Sie eine Datei in einen Ordner kopieren oder verschieben, in dem bereits eine Datei gleichen Namens vorhanden ist, entsteht zwangsläufig ein Konflikt. Schließlich kann Windows nicht wissen, ob es die im Zielordner bereits vorhandene Dateiversion bewahren oder durch die andere Version ersetzen soll.

1. Sobald Windows einen Konflikt feststellt, blendet es zunächst einen übersichtlichen Dialog ein. Wenn Sie direkt entscheiden können, was mit der Datei passieren soll, können Sie

   - die *Datei im Ziel ersetzen* lassen oder
   - die Aktion für *Diese Datei überspringen*, also die Datei im Zielordner unangetastet lassen.

2. Sollten Sie nicht direkt erkennen können, welche Datei Sie nun beibehalten wollen, können Sie mit *Info für beide Dateien vergleichen* die zweite Stufe des Konfliktdialogs aufrufen.

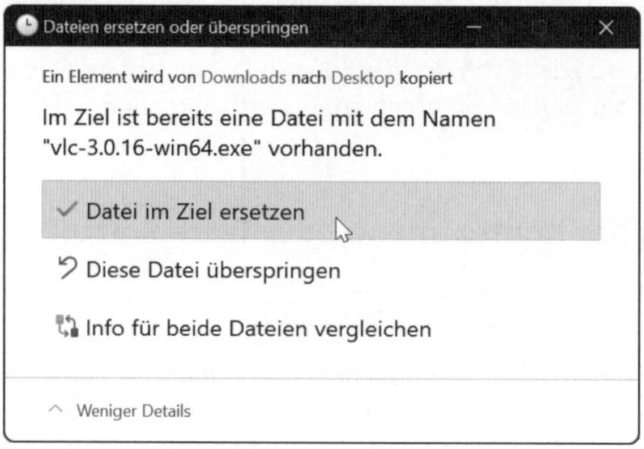

3. Dann zeigt Windows in einem neuen Dialog alle Details zu den beiden Dateien an. Hier können Sie Informationen wie Alter und Umfang der Datei(en) ablesen. Bei Bild- und Videodateien wird zusätzlich eine Minivorschau des Inhalts angezeigt.

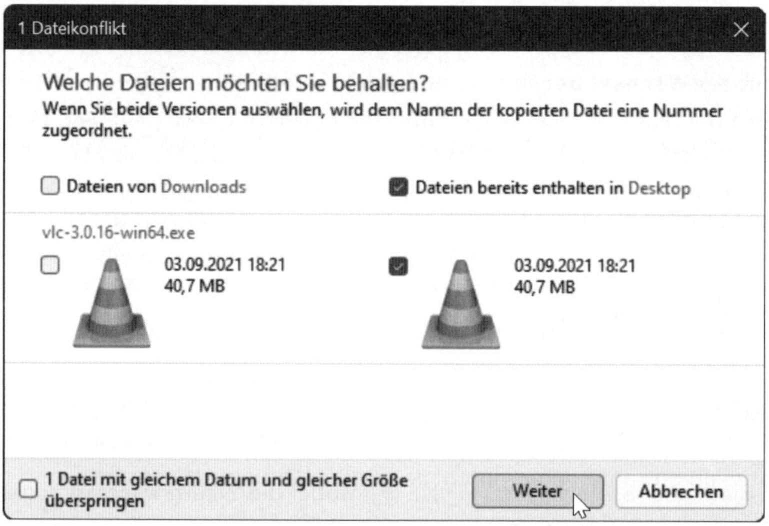

4. Setzen Sie jeweils ein Häkchen bei der Datei, die Sie beibehalten wollen. Bei mehreren Dateien können Sie sich bei jeder Datei anders entscheiden oder die gleiche Entscheidung für alle Dateien treffen, indem Sie das Häkchen ganz oben bei *Dateien von* bzw. *Dateien bereits enthalten in* setzen.

5. Klicken Sie dann unten auf *Weiter*, um den Dateitransfer fortzusetzen.

Beide Dateiversionen behalten

Sie müssen sich nicht zwangsläufig für eine der zwei Dateiversionen entscheiden, sondern können auch beide Versionen im Zielordner erhalten. Setzen Sie dazu Häkchen auf beiden Seiten. Dann bleibt die vorhandene Datei erhalten, und die andere Version wird zusätzlich dorthin kopiert. Dabei wird ihr Name um eine Zahl ergänzt, damit die Dateien unterschieden werden können.

3.1.14 Dateiansicht per Kontextmenü oder Tastenkürzel

Die jeweils gewünschte Ansicht für einen Ordner können Sie nicht nur im *Anzeigen*-Menü der Symbolleiste wählen. Wenn Sie mit der rechten Maustaste auf eine leere Stelle der Dateiliste klicken, wird im Kontextmenü ganz oben der Punkt *Ansicht* angezeigt. Lassen Sie den Mauszeiger kurz darauf verharren, erhalten Sie ein Untermenü mit den verschiedenen Ansichtsvarianten.

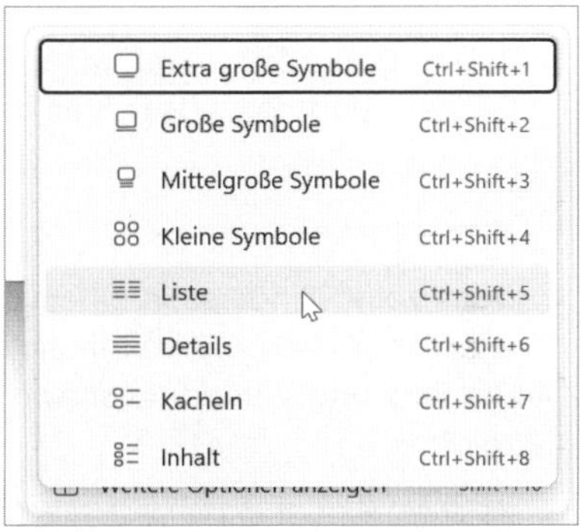

Stufenloser Wechsel der Ansichten per Mausrad

Ein Schieber, mit dem man quasi stufenlos durch die verschiedenen Ordneransichten wechseln kann, ist nicht vorhanden. Sie können aber die Maus für diese Funktion verwenden. Halten Sie dazu die Strg-Taste gedrückt und bewegen Sie das Mausrad nach oben bzw. nach unten, um die Ordneransicht zu vergrößern bzw. zu verkleinern. Im Gegensatz zu allen anderen Varianten sind hierbei auch feinere Abstufungen möglich, da es zumindest bei den Symbol-Ansichten jeweils mehrere Zwischenstufen gibt.

Und es gibt auch Tastenkürzel für die verschiedenen Ansichtsvarianten, sodass Sie nicht jedes Mal zur Maus greifen müssen, um Ihre Lieblingsansicht einzustellen.

Drücken Sie stattdessen Strg+⇧+1 ... 8, wobei die Ziffern wie folgt zugeordnet sind:

- Strg+⇧+1 – Extra große Symbole
- Strg+⇧+2 – Große Symbole
- Strg+⇧+3 – Mittelgroße Symbole
- Strg+⇧+4 – Kleine Symbole
- Strg+⇧+5 – Liste
- Strg+⇧+6 – Details
- Strg+⇧+7 – Kacheln
- Strg+⇧+8 – Inhalt

3.1.15 Mit der kompakten Ansicht Platz sparen

Mit dem Menüpunkt *Kompakte Ansicht* im *Anzeigen*-Menü des Explorers können Sie die Darstellung in bestimmten Ansichtsvarianten zusätzlich beeinflussen. Er wirkt sich in allen Ansichten aus, in denen die Symbole für die Elemente nicht wesentlich größer sind als der Text. Das sind die Varianten *Details*, *Liste* und *Kleine Symbole*. Hier können Sie wählen:

- Ohne *Kompakte Ansicht* wird zwischen jeder Zeile ein Zwischenraum eingefügt. Insbesondere bei Geräten mit Touch-Bedienung macht es das leichter, einzelne Elemente beim Auswählen zu treffen.
- Die *Kompakte Ansicht* verzichtet hingegen auf diesen leeren Raum zwischen Zeilen. Dadurch passen mehr Zeilen auf den Bildschirm, was das Sichten von Ordnern und das Auswählen von vielen Elementen erleichtern kann.

3.1.16 ZIP-Archive mit Bordmitteln entpacken

ZIP-Archive sind ein beliebtes Dateiformat für den Datenaustausch über das Internet. Es kann den Inhalt von Dateien verlustfrei komprimieren, sodass diese später und an anderer Stelle vollwertig wiederhergestellt werden können. Der Explorer beherrscht den Umgang mit ZIP-Archiven von Haus aus und kann Sie sowohl beim Entpacken als auch beim Erstellen von ZIP-Archiven unterstützen.

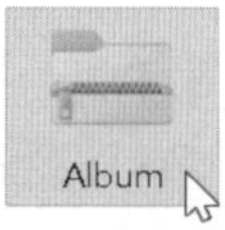

Dadurch können Sie ein ZIP-Archiv wie andere Dateien auch doppelt anklicken, um sie zu öffnen. Der Inhalt wird dann vom Explorer wie ein herkömmlicher Ordner angezeigt, sodass Sie die enthaltenen Dateien öffnen oder auch kopieren können. Diese werden dafür automatisch vorübergehend dekomprimiert. Allerdings gibt es dabei Einschränkungen: Es werden stets nur die gewählten Dateien entpackt. Deshalb kann man beispielsweise Anwendungen in ZIP-Archiven meist nicht direkt ausführen, da diese weitere Dateien benötigen, die zwar im Archiv enthalten, aber eben nicht entpackt sind.

Da also der Umgang mit Dateien direkt in ZIP-Archiven gewisse Fallstricke bereithält, ist es besser, diese als reguläre Dateien zu entpacken, was mit dem integrierten Assistenten schnell erledigt ist:

1. Wenn Sie eine ZIP-Datei auswählen oder im Explorer öffnen, wird in der Symbolleiste automatisch eine Schaltfläche *Alle*

extrahieren angezeigt. Klicken Sie darauf, um den Assistenten zu starten. Alternativ finden Sie diesen Befehl auch im Kontextmenü von ZIP-Dateien, wenn Sie mit der rechten Maustaste darauf klicken.

2. Dieser bietet Ihnen an, den Inhalt des Archivs in einen eigenen Ordner zu entpacken. Dazu nimmt er das Verzeichnis der Archivdatei und würde darin einen Unterordner mit dem Namen des Archivs erstellen.

3. Diesen Vorschlag können Sie übernehmen oder mit *Durchsuchen* einen beliebigen anderen (ggf. auch bereits vorhandenen) Ordner als Ziel auswählen.

4. Soll der Zielordner nach dem Entpacken automatisch in einem Explorer-Fenster geöffnet werden, sollte die Option *Dateien nach Extrahierung anzeigen* aktiviert sein.

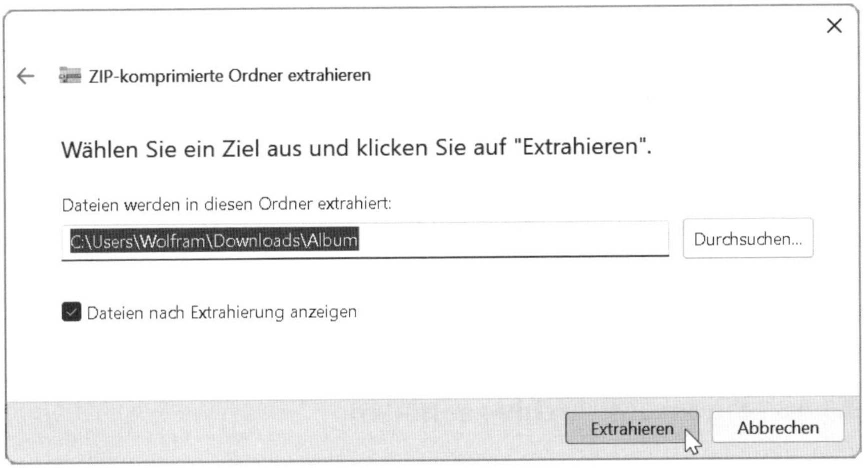

5. Klicken Sie dann rechts unten auf *Extrahieren*, um den Vorgang abzuschließen. Die Dauer des Entpackens hängt vom Umfang des Archiv-Inhalts ab.

3.1.17 Archive mit Kennwortschutz auspacken

ZIP-Archive können mit einem Kennwort geschützt werden. In dem Fall kann man sie trotzdem wie gewohnt öffnen und die enthaltenen Dateien sehen. Aber sowie man eine Datei öffnen oder entpacken will, muss man das Kennwort eingeben. Im Explorer sind solche Dateiarchive auf den ersten Blick nicht von ungeschützten ZIP-Archiven zu unterscheiden.

Wenn Sie ZIP-Archive allerdings in der *Details*-Ansicht öffnen, wird standardmäßig eine Spalte *Kennwortgeschützt* angezeigt. Bei geschützten Dateien steht in dieser Spalte der Wert *Ja*.

Wenn Sie das Passwort kennen, erfordert das Entpacken solcher Archive aber nur einen zusätzlichen Zwischenschritt. Der Explorer zeigt dazu automatisch einen Abfragedialog an, in dem Sie das Kennwort eintippen. Anschließend wird das

Entpacken wie gewohnt fortgesetzt. Damit Sie das Passwort nicht ständig wieder eingeben müssen, »merkt« sich der Explorer Ihre Eingabe, sodass sie innerhalb derselben Sitzung nicht erneut abgefragt wird.

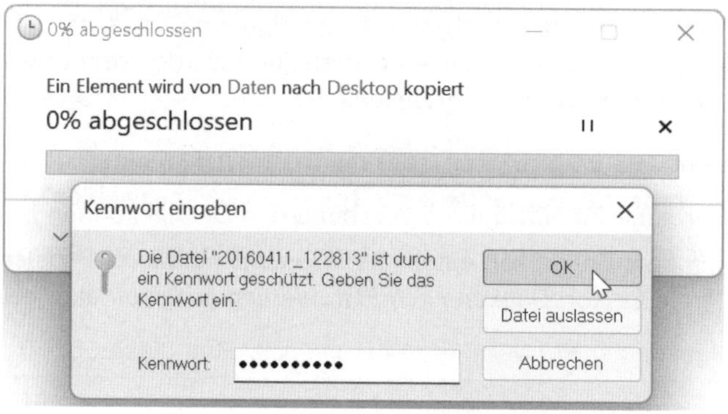

Eigene Archive mit Kennwortschutz erstellen

Während der Explorer das Entpacken von kennwortgeschützten ZIP-Archiven unterstützt, bietet er keine Möglichkeit, selbst erstellte Archive mit einem Kennwortschutz zu versehen. Hierfür benötigen Sie eine zusätzliche Anwendung wie beispielsweise das kostenlose 7-Zip (*www.7-zip.org*), das Ihnen diese und weitere Funktionen bietet. Auch beim Erstellen eigener Archive bietet 7-Zip mehr Optionen und Flexibilität. Wer regelmäßig mit ZIP-Archiven zu tun hat, sollte es unbedingt als Alternative zu den einfachen ZIP-Funktionen des Explorers in Betracht ziehen.

3.1.18 Eigene ZIP-Archive erstellen

Auch das Erstellen eigener ZIP-Archive unterstützt der Explorer grundlegend:

1. Öffnen Sie den Ordner mit den zu packenden Dateien und markieren Sie die Dateien, die in das ZIP-Archiv gelangen sollen. Selbstverständlich können Sie auch Ordner auswählen, die dann mit ihrer gesamten Struktur ins Archiv übernommen werden. Sie müssen an dieser Stelle auch noch nicht zwangsläufig alle Inhalte für das Archiv auswählen. Ein kleiner Teil (oder auch eine einzelne Datei) reicht.

2. Klicken Sie dann in der Symbolleiste auf ■■■ und wählen Sie im Menü den Befehl *In ZIP-Datei komprimieren*.
3. Der Explorer erstellt daraufhin eine Archivdatei im aktuellen Ordner. Darin erstellt er komprimierte Kopien der ausgewählten Dateien.
4. Als Archivname wird der Name der ersten Datei vorgeschlagen. Diesen Vorschlag übernehmen Sie mit [↵] oder ersetzen ihn durch eine passendere Bezeichnung.

Haben Sie eine Archivdatei erst mal erstellt, können Sie dieser jederzeit weitere Dateien und Ordner hinzufügen. Dies geht beispielsweise per Maus, indem Sie Elemente auswählen, mit gedrückter linker Maustaste ergreifen und dann auf die Archivdatei »fallen lassen«. Alternativ können Sie Elemente wie beim Kopieren in die Zwischenablage übertragen, dann in das Archiv wechseln und den Inhalt der Zwischenablage dort *Einfügen*.

3.1.19 Das Aussehen des Explorers individuell anpassen

Die drei eigenständigen Bereiche für Navigation, Vorschau und Details können jederzeit nach Bedarf angezeigt oder ausgeblendet werden. Was genau angezeigt wird, steuern Sie im Menü *Anzeigen* der Symbolleiste.

Bewegen Sie dazu den Mauszeiger auf den Eintrag *Einblenden*, um dieses Untermenü anzuzeigen:

- Mit *Navigationsbereich* steuern Sie die Spalte am linken Fensterrand des Explorers, wo Ordner, Laufwerke, Schnellzugriffe sowie Netzwerk und Cloud-Speicher angezeigt werden.
- Das *Vorschaufenster* wird am rechten Fensterrand angezeigt und ermöglicht schnelle Einblicke in den Inhalt der im Explorer ausgewählten Dateien. Dies gilt allerdings nur für bestimmte Dateitypen wie Bilder und Texte.
- Anstelle der Vorschau kann am rechten Rand auch der *Detailbereich* angezeigt werden. Dieser verrät nähere Einzelheiten zu den jeweils ausgewählten Dateien. Bestimmte Eigenschaften können hier auch direkt bearbeitet werden.

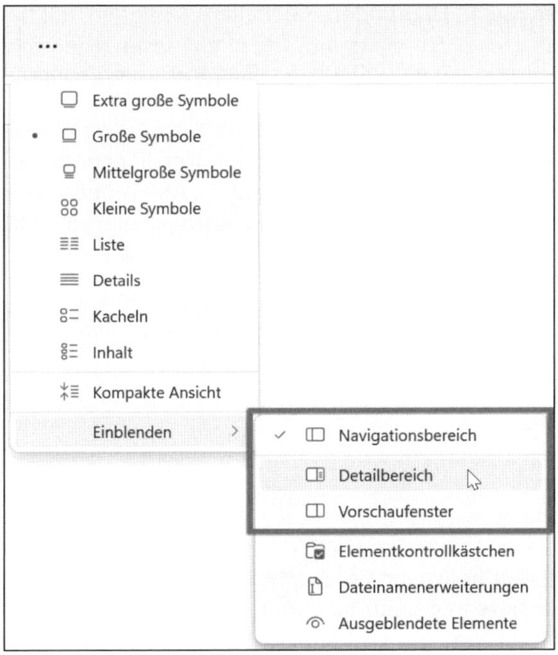

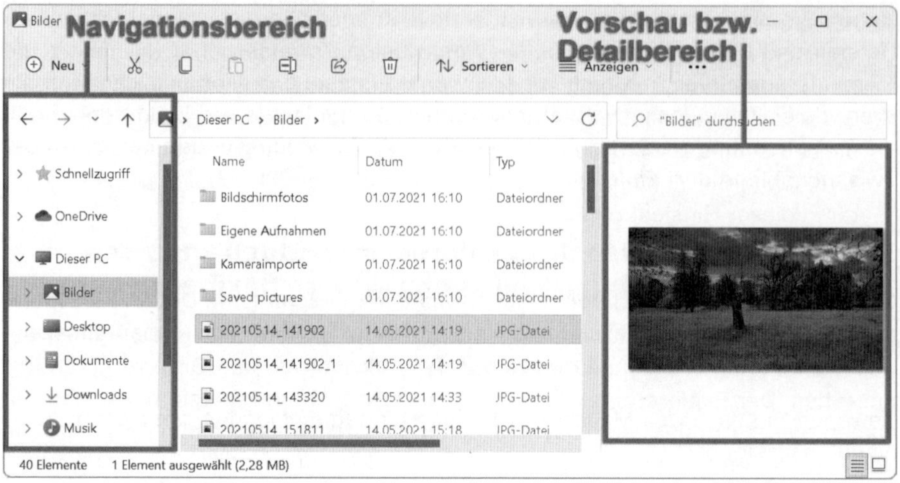

Detailbereich und Vorschaufenster schließen sich gegenseitig aus. Ist also einer dieser Bereiche aktiv und Sie klicken auf den jeweils anderen, wird der bisher angezeigte ausgeblendet und durch den nun gewählten ersetzt. Klicken Sie erneut auf die Schaltfläche des bereits angezeigten Bereichs, wird dieser ausgeblendet, und es steht mehr Platz für das Anzeigen von Ordnern zur Verfügung.

3.1.20 Den Navigationsbereich des Explorers anpassen

Den Navigationsbereich können Sie nicht nur pauschal ein- oder ausblenden. Wenn Sie mit der rechten Maustaste auf eine freie Stelle im Navigationsbereich klicken, öffnen Sie ein kleines Menü. Hier finden Sie weitere Optionen, mit denen Sie Inhalt und Funktionsweise dieses Bereichs individuell anpassen. Hier geht es nicht um gut oder schlecht, sondern einfach um Ihre bevorzugte Arbeitsweise.

- *Zeigen Diesen PC*, *Netzwerk anzeigen* und *Bibliotheken anzeigen*
  Hiermit können Sie bestimmte Elemente im Navigationsbereich nach Bedarf ein- oder ausblenden. Wenn Sie beispielsweise Bibliotheken nicht nutzen oder Ihr PC mit keinem lokalen Netzwerk verbunden ist, ergeben diese Einträge wenig Sinn und kosten nur Platz.

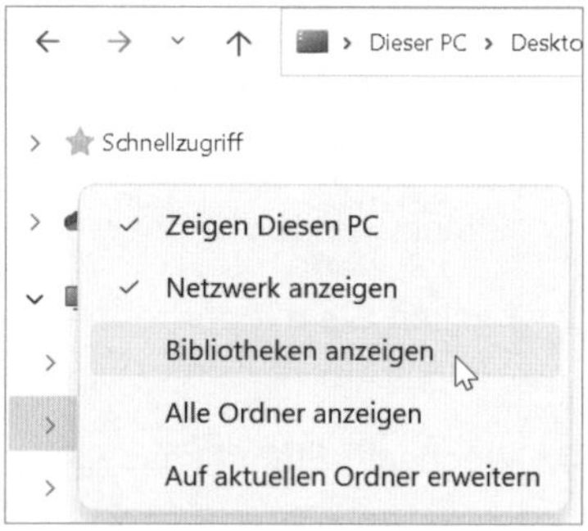

- *Alle Ordner anzeigen*
  Wenn Sie mit den vorgegebenen Kategorien in der Navigationsleiste nicht so recht warm werden wollen und lieber die vollständige Ordnerstruktur bevorzugen, wählen Sie *Alle Ordner anzeigen*. Der Explorer stellt dann ausgehend vom Desktop alles in einer komplexen Struktur dar. Lediglich der *Schnellzugriff* verbleibt ganz oben als separate Kategorie.

- *Auf aktuellen Ordner erweitern*
  Vielleicht sind Sie es von früheren Windows-Versionen gewohnt, dass Ihnen der Navigationsbereich ständig auf dem Weg durch das Dateisystem folgt. Wechseln Sie also z. B. rechts in einen anderen Ordner oder Unterordner, aktualisiert sich die Leiste links automatisch, sodass der neue Ordner angezeigt und ausgewählt wird. Wenn Sie im Menü diese Option anwählen, verhält sich der aktuelle Explorer in dieser Hinsicht genauso.

3.1.21 Das Erscheinungsbild von Ordnern flexibel steuern

Prinzipiell haben Sie beim Umgang mit Ordnern im Explorer maximale Freiheit. Jeder Ordner kann in Bezug auf Anzeigemodus, Sortierung und Gruppieren anders aussehen. Der Explorer speichert diese Einstellungen und ruft sie beim nächsten Öffnen dieses Ordners automatisch wieder ab. Steht für Sie die Funktionalität im Vordergrund und haben Sie nicht vor, bestimmte Ordner individuell zu gestalten, können Sie aber auch einheitliche Einstellungen für alle Ordner eines Typs verwenden. Dann präsentieren sich diese Ordner immer im gleichen Outfit.

Ordnertypen für Multimedia-Inhalte

Für Ordner, die überwiegend oder ausschließlich bestimmte Arten von Multimedia-Dateien beinhalten, kennt der Explorer spezielle Ordnertypen. Diese legen z. B. eine bestimmte Ansicht fest. Wird die Detailansicht verwendet, steuert der Ordnertyp außerdem, welche Dateieigenschaften in den Spalten des Explorers angezeigt werden. Der Vorteil beim Verwenden der Ordnertypen besteht darin, dass Sie Änderungen an diesem Typ einfach an alle anderen Ordner weiterreichen können, die denselben Typ verwenden. Soll also bei Musikordnern z. B. die Spielzeit oder das Erscheinungsjahr der einzelnen Titel angezeigt werden, ändern Sie dies in einem Musikordner und geben diese Änderung dann an alle anderen Musikordner weiter. Standardmäßig sind den eigenen und öffentlichen Ordnern für Musik, Bilder und Videos die entsprechenden Ordnertypen zugeordnet. Sie können aber beliebigen Ordnern einen der Typen zuweisen.

1. Öffnen Sie den Ordner, für den Sie einen bestimmten Typ festlegen möchten.
2. Klicken Sie mit der rechten Maustaste auf eine freie Stelle in der Dateiliste und wählen Sie im Kontextmenü den Punkt *Eigenschaften*.
3. Wechseln Sie im anschließenden Dialog ganz rechts in die Rubrik *Anpassen*.
4. Hier können Sie im Bereich *Ordnertyp* eine von mehreren Vorlagen für diesen Ordner festlegen:
   - *Allgemeine Elemente* ist die Standardvorlage, die bei allen unbestimmten Ordnern genutzt wird. Sie verwendet die Detailansicht mit Spalten zu den grundlegenden Dateiinformationen wie Name, Änderungsdatum, Typ und Größe.

- *Dokumente* unterscheidet sich von *Allgemeine Elemente* standardmäßig nicht. Allerdings können Sie diesen Ordnertyp verwenden, um auch Verzeichnisse, die überwiegend Dokumente enthalten, individuell anzupassen.
- *Bilder* eignet sich naheliegenderweise insbesondere für Ordner mit Bildinhalten. Dieser Ordnertyp verwendet die Ansicht *Große Symbole*, die bereits eine akzeptable Vorschau auf die einzelnen Bilder bietet. Schalten Sie auf *Details* um, sehen Sie zusätzlich zu den Standardangaben eventuelle Markierungen, die für die Bilder festgelegt wurden.

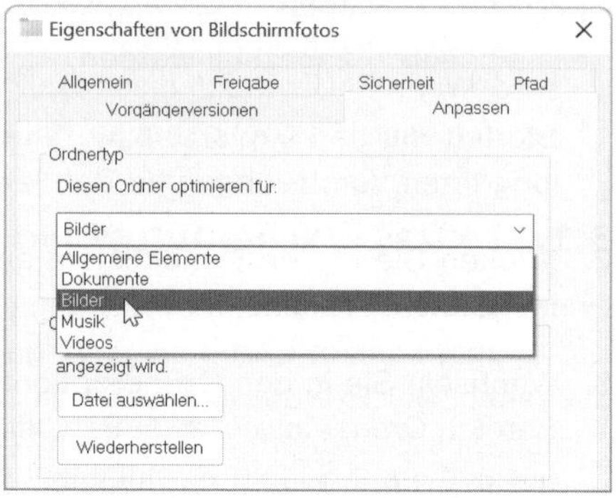

- *Musik* verwendet eine Detailansicht, die speziell für Angaben zu Musiktiteln geeignet ist. Sie zeigt neben dem Dateinamen die Titelnummer, den Titel des Musikstücks, die Interpreten und das Album an.
- *Videos* verwendet genau wie *Bilder* die Ansicht *Große Symbole* für eine Vorschau auf die enthaltenen Videoclips. Schalten Sie auf *Details* um, erhalten Sie zusätzlich zu den Standardangaben eine Spalte mit den Längen der Clips.

5. Mit der Option *Vorlage für alle Unterordner übernehmen* sorgen Sie dafür, dass nicht nur der aktuelle Ordner diese Vorlage zugewiesen bekommt, sondern auch alle enthaltenen Unterordner.

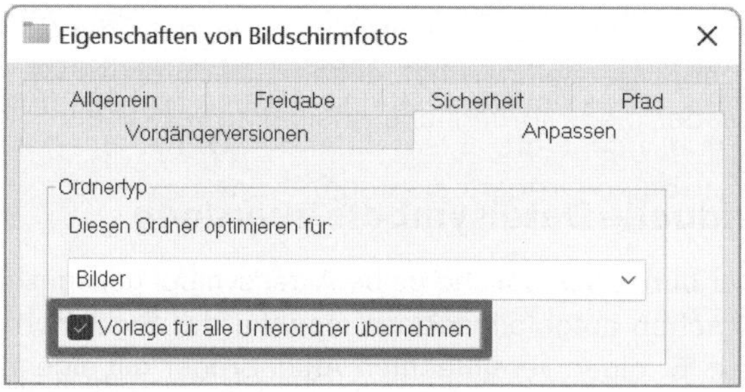

6. Übernehmen Sie den geänderten Ordnertyp unten im Dialog mit *OK*.

Ordneroptionen in Bibliotheken anpassen

Bibliotheken sind keine echten Ordner, sondern virtuelle Zusammenfassungen mehrerer Ordner (siehe Seite 172). Deshalb können Sie die Ansicht nicht anpassen, solange Sie sich innerhalb einer Bibliothek befinden. Nutzen Sie im Kontextmenü der Bibliothekseinträge den Befehl *Ordnerpfad öffnen*, um im Explorer den »realen« Ordner zu lokalisieren, den Sie dann anpassen können.

3.1.22 Gleiche Einstellungen für alle Ordner eines Typs

Wenn nicht jeder Ordner anders aussehen soll, können Sie das Erscheinungsbild Ihrer Ordner ganz einfach vereinheitlichen. Zwar lässt sich nicht eine Ansicht für alle Ordner erzwingen, aber zumindest die verschiedenen Ordnertypen können jeweils einheitlich angezeigt werden.

1. Starten Sie den Explorer bzw. öffnen Sie einen Ordner, der in seiner Darstellung Ihren Vorstellungen für den jeweiligen Ordnertyp entspricht.
2. Klicken Sie in der Symbolleiste auf ■■■ und wählen Sie im so geöffneten Menü die *Optionen*.
3. Wechseln Sie in den Ordneroptionen in die Rubrik *Ansicht*. Hier finden Sie im Bereich *Ordneransicht* zwei Schaltflächen, die das Erscheinungsbild Ihrer Ordner auf einen Schlag vereinheitlichen können:

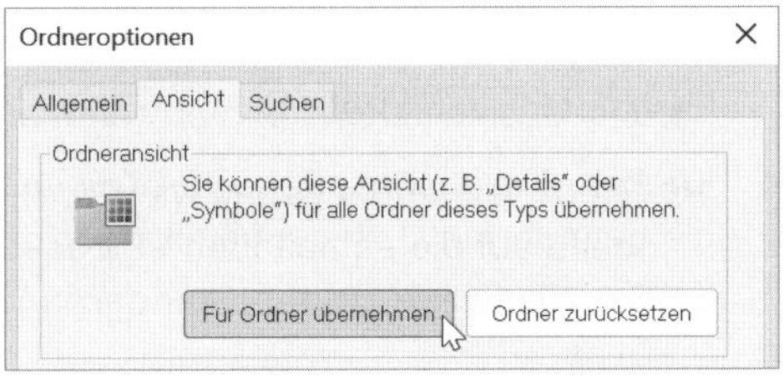

- Mit *Für Ordner übernehmen* verwenden Sie das Erscheinungsbild des aktuellen Verzeichnisses für sämtliche anderen Ordner dieses Typs. Achten Sie dabei darauf, dass der aktuelle Ordner so eingerichtet ist, wie Sie Ihre Ordner bevorzugen.
- *Ordner zurücksetzen* versetzt alle Verzeichnisse in den Zustand zurück, in dem sie sich direkt nach der Installation befunden haben. Diese Variante ist besonders speichersparend, da sie die Informationen, die jeder Ordner über sein Erscheinungsbild gespeichert hat, entfernt. Dadurch werden die Ordner gezwungen, wieder die ursprüngliche Ansicht zu verwenden.

3.1.23 Ordnern individuelle Dateisymbole zuordnen

Standardmäßig werden Ordner durch das übliche gelbe Aktensymbol gekennzeichnet. Vielleicht ist Ihnen aber schon aufgefallen, dass manche der Systemordner andere Grafiken verwenden, z. B. einen vereinfachten Aktenordner mit einem zusätzlichen Symbol darauf. Tatsächlich kann jeder einzelne Ordner ein ganz individuelles Symbol verwenden. In der Praxis ist es zwar eher mühsam, jedem Ordner sein eigenes Symbol zuzuordnen. Bei manchen wichtigen Ordnern kann es aber sehr praktisch sein. Insbesondere wenn man mit der Symbol- oder Kachelansicht arbeitet, kann man so hervorgehobene Ordner sehr schnell ausmachen.

1. Um einem Ordner ein eigenes Symbol zuzuordnen, klicken Sie mit der rechten Maustaste auf sein Symbol und wählen im kontextabhängigen Menü die Funktion *Eigenschaften*. Alternativ können Sie den Ordner auswählen und dann [Alt]+[↵] drücken.

2. Im anschließenden Menü finden Sie in der Rubrik *Anpassen* ganz unten den Bereich *Ordnersymbole*. Hier sehen Sie die standardmäßig verwendete Grafik und können mit *Anderes Symbol* eine Auswahl anderer Bilder öffnen.

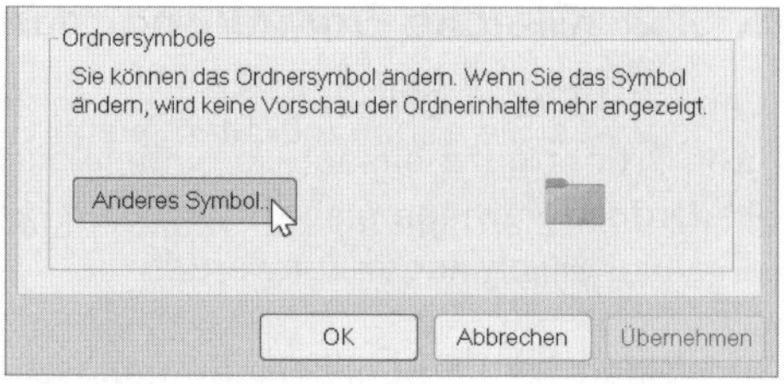

3. In der Symbolauswahl finden Sie eine umfangreiche Liste von Symbolen, die Windows an verschiedenen Stellen verwendet. Für die meisten Zwecke dürfte sich hier schon etwas Geeignetes finden. Wenn es noch nicht reicht, können Sie mit einem Klick auf *Durchsuchen* aber auch beliebige andere Programm- und Symboldateien öffnen und nach geeigneten Symbolen durchsuchen.

4. Klicken Sie anschließend auf *OK*, um die geänderten Ordnereinstellungen zu speichern.

Spezielle Symbole finden

Wenn Sie als Symbol z. B. das Icon einer bestimmten Anwendung verwenden wollen, geht dies meist ganz problemlos. Öffnen Sie in der Symbolauswahl die Programmdatei dieser Anwendung. In der Regel sind in dieser Datei alle Symbole gespeichert, die das Programm verwendet. So können Sie einfach das Symbol aus einer Anwendung heraus übernehmen, um damit z. B. den Ordner zu kennzeichnen, in dem diese Anwendung installiert ist.

3.1.24 Schnellzugriff auf oft genutzte Ordner

Im Navigationsbereich des Explorers bietet der *Schnellzugriff* eine praktische *Favoriten*-Funktion. Von Haus aus umfasst diese Liste einige der Standardordner. Weitere Ordner oder auch Dateien werden dynamisch hinzugefügt. Der Explorer erkennt dazu automatisch, wenn Sie bestimmte Elemente in letzter Zeit immer wieder verwendet haben, und fügt diese zu den Schnellzugriffen hinzu. Noch hilfreicher wird der Schnellzugriff im Explorer, wenn Sie selbst Ordner als Schnellzugriffsziele festlegen. So können Sie häufig genutzte Ordner oder besonders tief verschachtelte Verzeichnisse jederzeit mit ein bis zwei Mausklicks erreichen.

1. Starten Sie den Explorer und öffnen Sie darin den Ordner, den Sie dem Schnellzugriff hinzufügen möchten. Der Explorer sollte also genau das anzeigen, was Sie sehen möchten, wenn Sie diesen Schnellzugriff abrufen.

2. Klicken Sie dann mit der rechten Maustaste links in der Navigationsleiste auf *Schnellzugriff*.

3. Wählen Sie im Kontextmenü den Befehl *Aktuellen Ordner an Schnellzugriff anheften*.

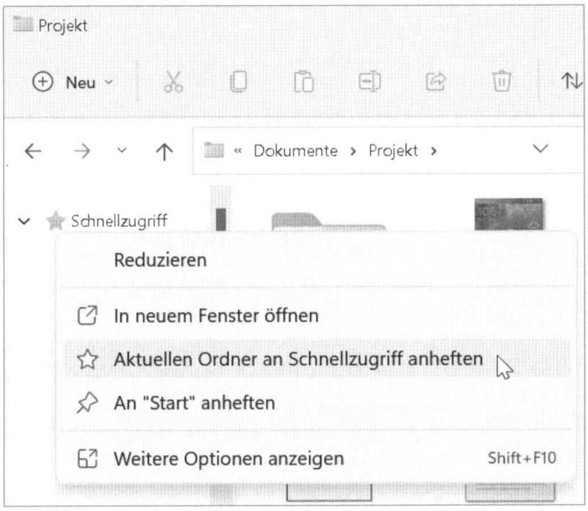

Der Explorer fügt dem Schnellzugriff daraufhin einen neuen Eintrag hinzu, der den Namen des ausgewählten Ordners trägt. Genau wie bei den standardmäßigen Einträgen können Sie diesen Ordner nun jederzeit öffnen, indem Sie ihn dort anklicken. So hinzugefügte Ordner werden auch gleich mit einem Pin versehen, also dauerhaft angeheftet. Sie verbleiben also so lange im Schnellzugriff, bis Sie sie manuell wieder entfernen.

Schnellzugriffe entfernen

Die im Schnellzugriff angehefteten Einträge haben ein eigenes Kontextmenü, über das Sie die wichtigsten Funktionen abrufen können. Die meisten wirken sich auf den durch den Eintrag bezeichneten Ordner aus. Mit *Von Schnellzugriff lösen* aber können Sie den Eintrag aus der Favoritenliste entfernen. Der Ordner selbst bleibt davon unberührt.

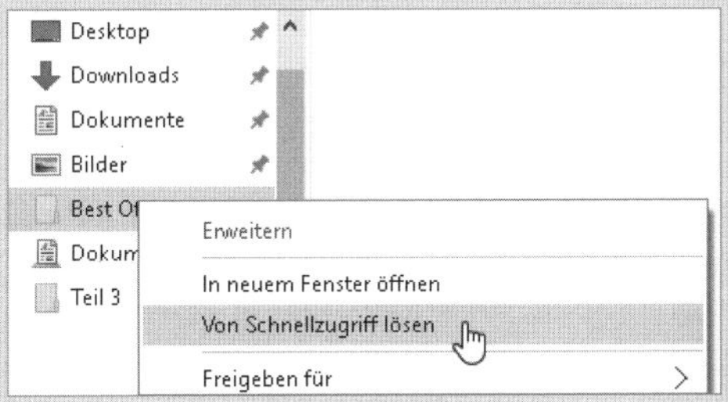

Dynamisch eingefügte Schnellzugriffe kontrollieren

Der Explorer ergänzt im unteren Bereich der Schnellzugriff-Liste automatisch Ordner, die Sie in letzter Zeit regelmäßig geöffnet haben. Diese dynamisch erstellten Einträge werden nach einiger Zeit auch wieder entfernt bzw. durch andere Ordner ersetzt, die in der Zwischenzeit in Ihrer Gunst gestiegen sind. Trotzdem haben Sie eine gewisse Kontrolle darüber, welche Elemente im Schnellzugriff angezeigt werden und welche nicht.

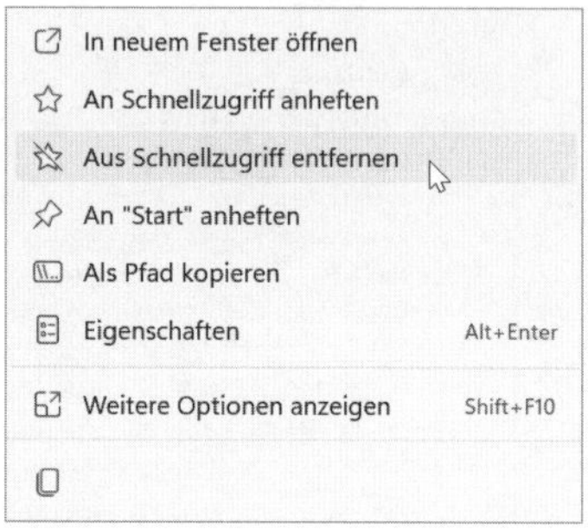

Sollte Sie ein automatisch eingefügter Ordner im Schnellzugriff stören, können Sie ihn leicht loswerden:

1. Klicken Sie den Eintrag mit der rechten Maustaste an.
2. Wählen Sie im Kontextmenü den Befehl *Aus Schnellzugriff entfernen*.
3. Ab sofort wird dieses Element nicht mehr im Schnellzugriff angezeigt.

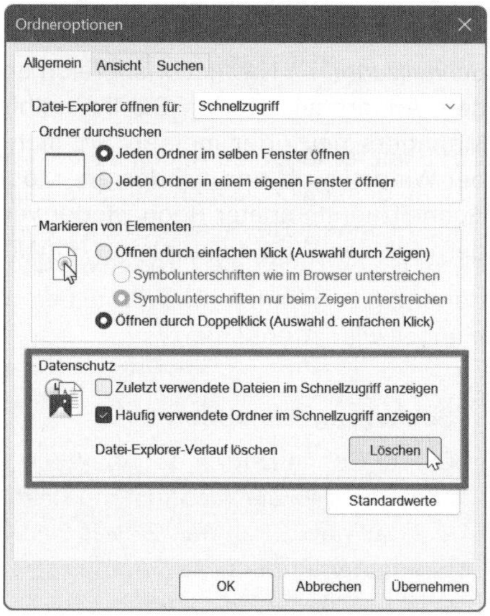

Falls Sie die ständigen Änderungen im Schnellzugriff durch diese Automatikfunktion eher irritieren, können Sie diesen Teil des Schnellzugriffs auch ganz deaktivieren.

1. Öffnen Sie dazu im ■■■-Menü die *Optionen*.
2. Hier finden Sie in der Rubrik *Allgemein* unten den Bereich *Datenschutz*.
3. Darin können Sie getrennt für Dateien und Ordner festlegen, ob diese im Schnellzugriff angezeigt werden sollen. Sie können also beispielsweise die Funktion für Ordner beibehalten, aber für einzelne Dateien deaktivieren.

3.1.25 Schnellzugriff aus der Navigationsleiste entfernen

Wer die Funktionen des Schnellzugriffs nicht nutzt, möchte den Platz vielleicht lieber einsparen und den Schnellzugriff ganz aus der Navigationsleiste des Explorers verbannen. Wichtig: Voraussetzung dafür ist, dass der Explorer standardmäßig im Ordner *Dieser PC* startet (siehe nachfolgender Trick). Andernfalls führt der folgende Registry-Eingriff zu einem Fehler beim Öffnen des Explorers:

1. Öffnen Sie den Registrierungs-Editor (siehe Seite 426) und navigieren Sie damit zum Schlüssel *HKEY_LOCAL_MACHINE\SOFTWARE\Microsoft\Windows\CurrentVersion\Explorer*.

2. Legen Sie dort auf der rechten Seite einen neuen DWORD-Wert mit der Bezeichnung *HubMode* an.

3. Doppelklicken Sie auf den neuen Eintrag und legen Sie als Wert eine *1* fest.

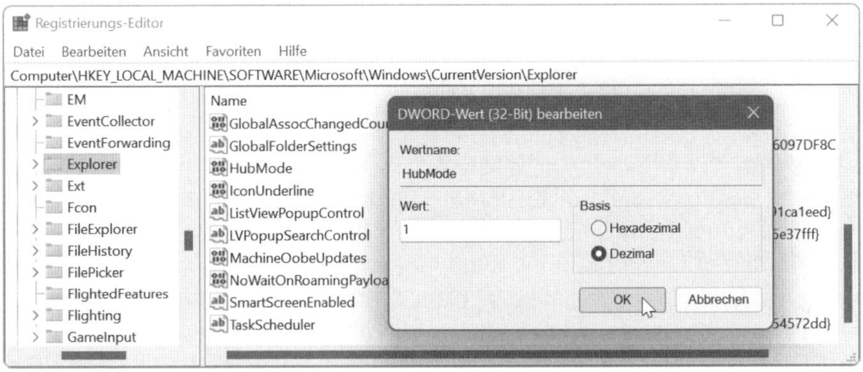

Ab sofort sollte der Explorer ohne den Abschnitt *Schnellzugriff* im Navigationsbereich angezeigt werden. Andernfalls starten Sie ihn mithilfe des Task-Managers neu oder melden Sie sich einmal kurz bei Windows ab und wieder an. Möchten Sie die Schnellzugriffe später doch wieder verwenden, ändern Sie den Wert des Eintrags *HubMode* zu 0.

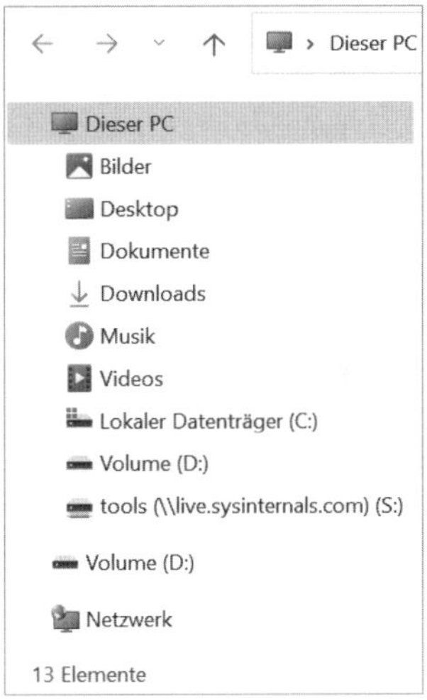

3.1.26 Den Startordner des Explorers festlegen

Wenn Sie den Explorer ohne weitere Vorgaben starten, zeigt er automatisch den *Schnellzugriff* (siehe Seite 150) links im Navigationsbereich an, sodass Sie von dort aus direkt zu wichtigen Ordnern weiternavigieren können. Bevorzugen Sie es, den zentralen Ordner *Dieser PC* anzuzeigen, lässt sich auch diese Variante aktivieren:

1. Klicken Sie in der Symbolleiste auf das ■■■-Symbol und wählen Sie im Menü ganz unten die *Optionen*.

2. Hier können Sie in der Rubrik *Allgemein* ganz oben wählen, ob der Explorer beim Start den *Schnellzugriff* oder *Dieser PC* anzeigen soll.

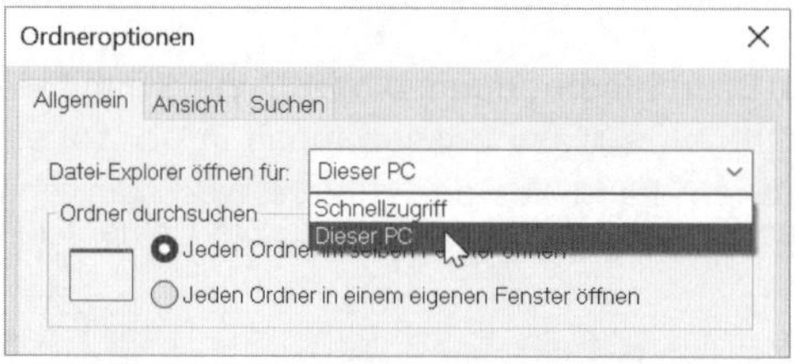

3. Übernehmen Sie die Änderung unten mit *OK*.

Eigene Bezeichnung statt »Dieser PC«

In der Navigationsleiste des Explorers heißt Ihr PC schon seit einiger Zeit nicht mehr wie früher *Computer*, sondern *Dieser PC*. Gerade alte Hasen vermissen den vertrauten Namen und möchten ihn gern ändern. Das ist ohne Weiteres machbar, denn die Bezeichnung ist reine Kosmetik. Sie können Ihren Computer also ruhig wieder »Computer« nennen oder ihm auch einen ganz anderen Namen geben. Klicken Sie dazu mit der rechten Maustaste auf den Eintrag *Dieser PC* und wählen Sie im Kontextmenü *Weitere Optionen anzeigen* und im erweiterten Kontextmenü dann *Umbenennen*. Alternativ geht es mit dem Tastenkürzel [F2] noch etwas schneller.

3.1.27 Die Adresszeile des Explorers kann viel mehr

Die Adresszeile im Explorer wird gern übersehen bzw. als rein informative Anzeige wahrgenommen. Von sich aus zeigt die Adresszeile den vollständigen Pfad einschließlich des aktuellen Ordners an, dessen Inhalt gerade unten im Hauptfeld angezeigt wird. Für weitere Funktionen können Sie mit dem Bereich interagieren, indem Sie den Mauszeiger darauf bewegen. Neben dem Ordnerpfad finden Sie rechts zwei Symbole:

- Der Pfeil nach unten klappt einen Verlauf Ihrer vorherigen Eingaben in diese Zeile aus. So können Sie frühere Eingaben schnell wiederholen, insbesondere wenn diese etwas umfangreicher und komplexer sind.
- Der kreisrunde Pfeil ganz rechts frischt den Inhalt der Dateiliste auf. Eigentlich erfolgt das automatisch. Aber gerade bei Netzwerk- oder Cloud-Ordnern kann ein manueller Anschub manchmal erforderlich sein.

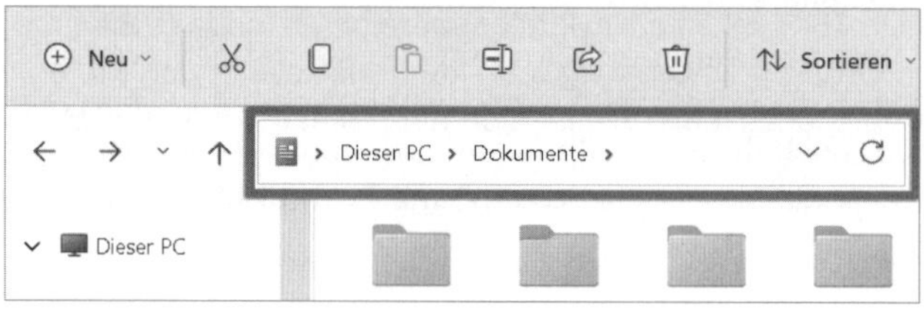

Weiterhin können Sie die Maus auf den angezeigten Ordnerpfad bewegen. Dabei wird jeweils das Element aktiviert, das sich gerade unter dem Mauszeiger befindet. Diese Elemente sind dann interaktiv und können verschiedene Funktionen ausführen:

- Befindet sich der Mauszeiger auf einem Ordnernamen, wechseln Sie mit einem Klick darauf direkt zu diesem Ordner, sodass dessen Inhalt in der Dateiliste angezeigt wird. Bei längeren Ordnern kann das der kürzere Weg sein, anstatt mehrfach die *Zurück-* oder *Nach oben*-Funktion zu bemühen.

- Neben jedem Ordnernamen finden Sie ein kleines Pfeilsymbol. Wenn Sie darauf klicken, klappen Sie eine Liste mit allen Unterverzeichnissen des jeweiligen Ordners aus. Auch das kann wiederum eine prima Abkürzung sein, um schnell und direkt zu einem bestimmten anderen Ordner zu gelangen.

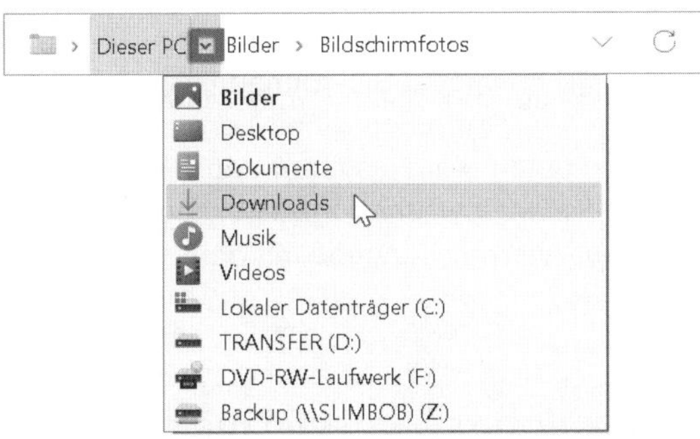

Wenn Sie mit der linken Maustaste auf eine leere Stelle klicken, verwandelt sich die Adressleiste in ein Eingabefeld. Darin steht der vollständige Ordnerpfad im Klartext. Sie können ihn nun bearbeiten, aber auch markieren und in die Zwischenablage kopieren. Ebenso können Sie einen Ordnerpfad hier einfügen und mit [Enter] bestätigen. Dann springt der Explorer direkt zu diesem Ordner und zeigt dessen Inhalt an.

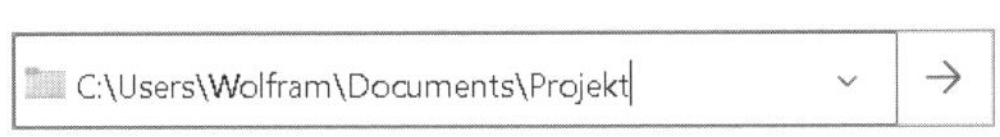

Die Variante mit dem Eingabefeld ist auch deshalb interessant, weil der Explorer hier stets den echten Ordnerpfad anzeigt. Denn ansonsten ist die Anzeige in der Adresszeile häufig etwas »aufgehübscht«, indem der Pfad möglichst einfach und beispielsweise mit eingedeutschten Ordnernamen dargestellt wird.

Befehle in die Adresszeile eingeben

Noch eine Funktion, die sich weder auf den ersten noch auf den zweiten Blick erschließt: Sie können in die Adresszeile auch Befehle eingeben. Wenn Sie den Inhalt der Adresszeile löschen und stattdessen `cmd` eintippen und mit [Enter] bestätigen, öffnen Sie eine Eingabeaufforderung, und zwar direkt in dem gerade angezeigten Ordner.

Und schließlich hat die Adresszeile ihr eigenes Kontextmenü. Wenn Sie mit der rechten Maustaste irgendwo dort hineinklicken, können Sie den derzeitigen Ordnerpfad kopieren, als Text kopieren oder den *Bearbeiten*-Modus dafür aktivieren. Mit *Verlauf löschen* ganz unten leeren Sie die Verlaufsliste, die sich mit dem *Pfeil runter*-Symbol am rechten Rand der Zeile öffnen lässt.

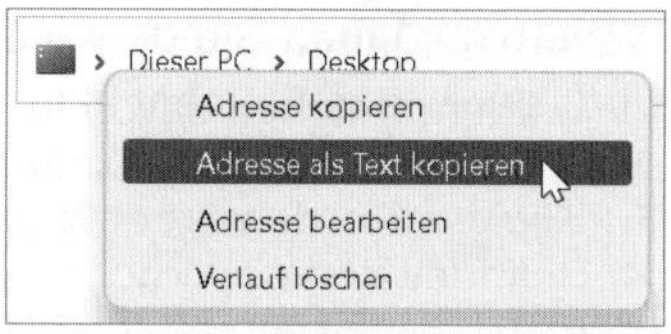

3.1.28 Dateien schnell per E-Mail versenden

Der Explorer stellt Ihnen verschiedene Möglichkeiten zur Verfügung, Dateien schnell und unkompliziert zu teilen. Dabei bezieht sich das »Teilen« sowohl auf andere Personen als auch andere Geräte.

So können Sie mit der *Freigabe*-Funktion beispielsweise Dokumente per E-Mail an jemand anderen verschicken.

1. Klicken Sie dazu in der Symbolleiste auf das *Teilen*-Symbol und wählen Sie im so geöffneten Dialog *Senden einer E-Mail*.

2. Im anschließenden *Freigabe*-Dialog finden Sie im mittleren Abschnitt *Senden einer E-Mail an einen Kontakt* Symbole für wichtige Kontakte, die Sie angeheftet haben. Ist der gewünschte nicht dabei, öffnen Sie mit *Weitere Kontakte* eine ausführliche Liste.

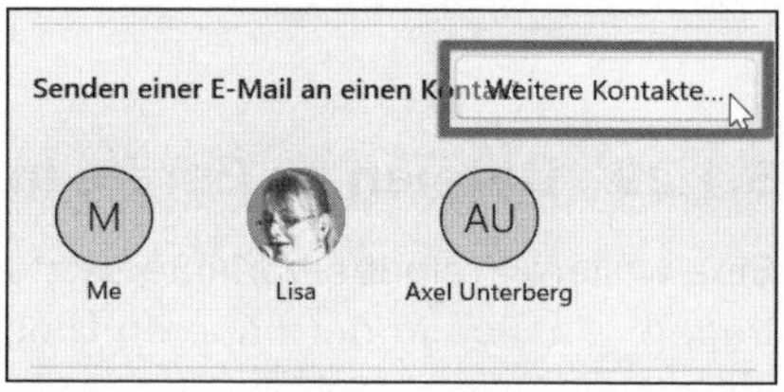

3. Wenn Sie einen Kontakt ausgewählt haben, wird ein Nachrichtenformular angezeigt, in dem alles Wesentliche bereits eingetragen ist: Ihre Absenderadresse, die Adresse des Empfängers, der Dateiname als Betreff und die Datei selbst als Anhang.

4. Darunter können Sie einen Text einfügen, wenn Sie dem Empfänger etwa noch Erläuterungen oder einen freundlichen Gruß beifügen möchten.

5. Außerdem können Sie alle automatisch eingefügten Teile der Nachricht auch noch individuell anpassen. Wenn Sie etwa meh-

rere E-Mail-Konten für den Versand eingerichtet haben, können Sie bei *Von:* wählen, welches davon für diese Nachricht verwendet werden soll.

6. Klicken Sie dann rechts oben auf *Senden*, um die E-Mail abzuschicken.

Dateien mit anderen Apps teilen

Über die *Freigabe*-Funktion können Sie Dateien auch unkompliziert direkt an andere Apps übergeben. Die entsprechende App wird dann gestartet und Sie finden die Datei darin bereits für weitere Schritte eingefügt vor. Welche Apps Ihnen im untersten Abschnitt des *Freigabe*-Dialogs zur Auswahl angeboten werden, hängt zum einen von der Art der ausgewählten Datei und zum anderen von den auf Ihrem PC installierten Apps ab. Wenn Sie beispielsweise ein Bild teilen, bietet Ihnen Windows entsprechend auch nur Apps an, die etwas mit einer Bilddatei anfangen können. Wählen Sie stattdessen ein Textdokument aus, bekommen Sie dementsprechende Apps angeboten. Sollte Ihnen eine bestimmte App fehlen, klicken Sie auf *Nach weiteren*, um passende Apps für das gewählte Dateiformat im Store zu finden.

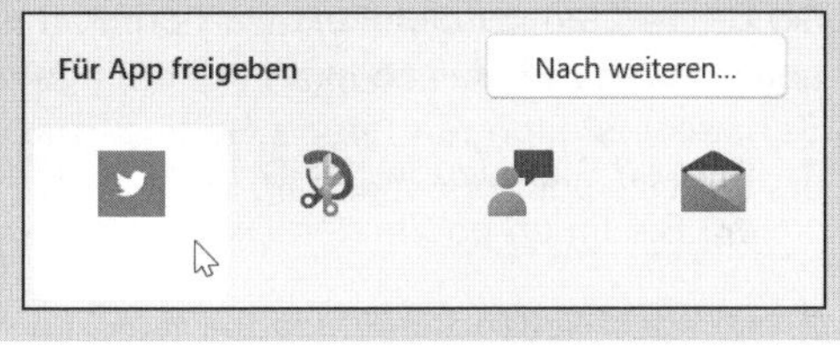

3.1.29 Dateien an Geräte in der Umgebung übertragen

Eine weitere Freigabe-Variante setzt auf Bluetooth, um Dateien an Geräte zu übertragen, die sich in der näheren Umgebung Ihres PCs befinden. Auf diese Weise kann man schnell mal ein Dokument vom Desktop-PC aufs Notebook übertragen oder auch Freunden oder Kollegen eine Datei schnell und unkompliziert direkt zukommen lassen.

1. Wenn Sie auf das *Freigabe*-Symbol klicken, werden im Abschnitt *Umgebungsfreigabe* des *Freigabe*-Dialogs alle Geräte angezeigt, die in der Nähe erreichbar sind und bei denen die Umgebungsfreigabe aktiviert ist, die also »empfangsbereit« sind.

2. Mit dem Auswahlfeld rechts oben können Sie steuern, ob nur Ihre eigenen Geräte (die mit demselben Microsoft-Konto verknüpft sind) oder auch beliebige andere Geräte angezeigt werden.

3. Um die ausgewählten Dateien an eines der angezeigten Geräte zu übertragen, klicken Sie dessen Symbol an.

4. Auf dem gewählten Gerät wird dann im Infobereich ein Hinweis auf die eingehende Datei angezeigt. Der Empfänger hat die Möglichkeit, die Datei anzunehmen und zu speichern sowie ggf. gleich zu öffnen. Oder er kann die Übertragung *Ablehnen*.

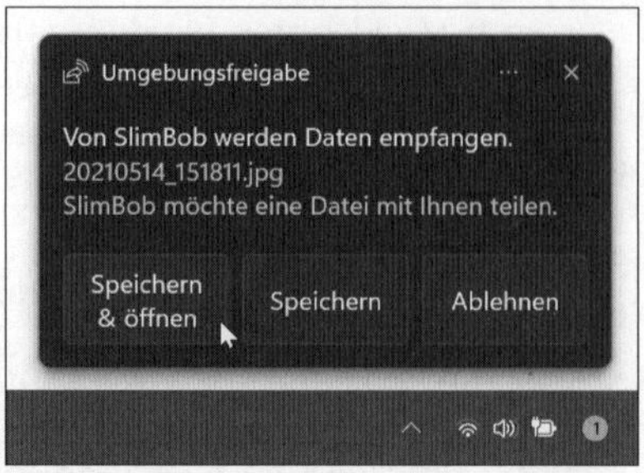

Dieser Weg funktioniert auch umgekehrt. Sie können auf die beschriebene Weise also auch Dateien von anderen Geräten in der Umgebung in Empfang nehmen. Voraussetzung dafür ist lediglich, dass die Umgebungsfreigabe auf Ihrem PC aktiviert ist. Die Steuerung dafür finden Sie in den Windows-Einstellungen unter *System/In der Nähe freigeben*. Hier können Sie auch den Ordner festlegen, wo eingehende Dateien gespeichert werden sollen. Und Sie können den Namen ändern, unter dem Ihr PC für andere in der Umgebungsübersicht angezeigt wird. Über die Schnelleinstellungen (siehe Seite 85) können Sie diese Funktion ebenfalls jederzeit ein- oder ausschalten.

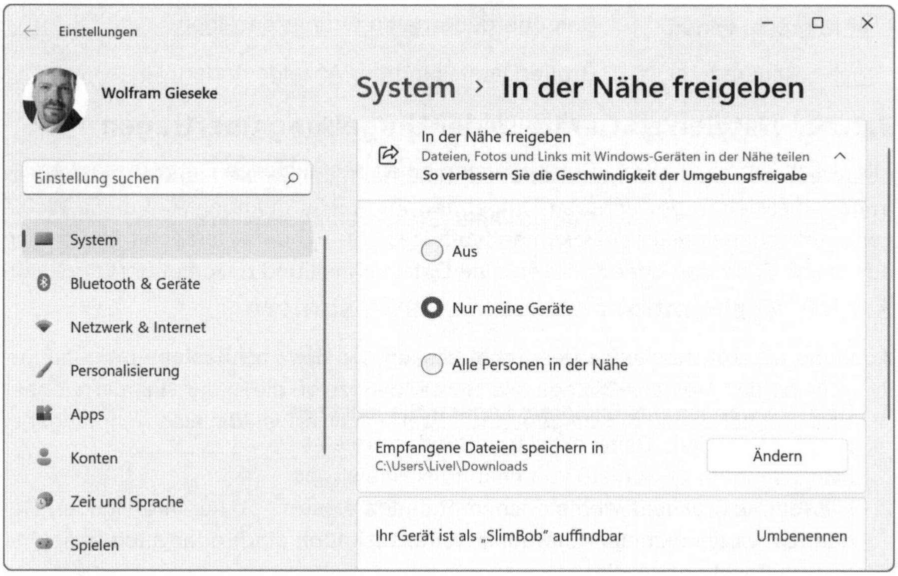

3.1.30 Tastenkürzel für wichtige Funktionen des Explorers

Tastenkürzel	Funktion
Strg+N	Neues Explorer-Fenster
Strg+W	Das Explorer-Fenster schließen
Strg+⇧+N	Einen neuen Ordner anlegen

Tastenkürzel	Funktion
Ende	Direkt an das Ende des aktuellen Ordners
Pos 1	Direkt zum Anfang des aktuellen Ordners
F11	Vollbildmodus ein- bzw. ausschalten
Alt+↵	Die Eigenschaften des ausgewählten Elements öffnen
Alt+P	Den Vorschaubereich ein- und ausblenden
Alt+⇧+P	Den Detailbereich ein- und ausblenden
Entf	Ausgewählte Elemente löschen
→	Unterordner anzeigen bzw. zum ersten angezeigten Unterordner wechseln (im Navigationsbereich)
Alt+→	Den nächsten Ordner anzeigen (nach Alt+←)
Alt+←	Den vorherigen Ordner anzeigen
Alt+↑	Den übergeordneten Ordner anzeigen
Strg + Mausrad	Größe/Darstellung der Anzeige ändern
Strg+E oder Strg+F	Das Suchfeld selektieren
Strg+A	Den gesamten Inhalt des aktuellen Ordners markieren
F2	Das gewählte Element umbenennen

3.1.31 Die Symbolleiste per Tastatur steuern

Auch die neue Symbolleiste des Explorers können Sie über Tasten steuern.

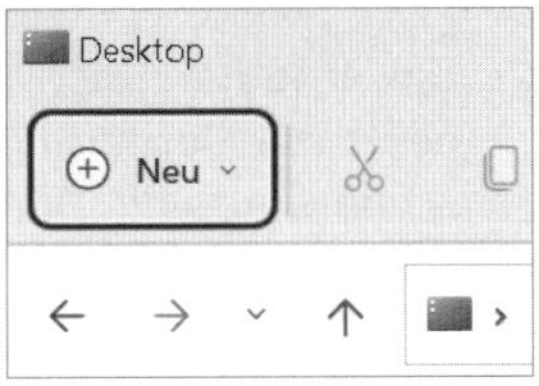

1. Beim Verwenden des Explorers können Sie jederzeit kurz Alt drücken. Damit aktivieren Sie das erste aktive Symbol in der Leiste von links (also meist das *Neu*-Symbol). Dieses wird mit einem Rahmen versehen, um es als aktuelle Auswahl zu kennzeichnen.

2. Ist ein Element der Symbolleiste dermaßen aktiviert, nutzen Sie → und ←, um zum gewünschten Symbol zu gelangen.

3. Drücken Sie dann ↵ oder die Leertaste, um diese Aktion auszuführen. Sollte es sich um ein Symbol für ein Menü handeln (wie etwa *Neu*, *Sortieren* oder *Anzeigen*), klappen Sie damit das Menü aus.

4. In Menüs können Sie mit ↓ und ↑ den gewünschten Menüpunkt auswählen. Möchten Sie das Menü ohne Auswahl wieder verlassen, geht das mit Esc.

3.2 Dateien organisieren und verwalten

Dateien können in Windows mehr als nur einen Namen und einen Dateityp haben. Windows selbst erfasst zusätzliche Informationen wie die Größe oder den Zeitpunkt des Erstellens bzw. der letzten Änderung. Bei bestimmten Dateitypen werden weitere Informationen berücksichtigt, beispielsweise bei Bildern die Abmessungen. Darüber hinaus können Sie selbst bei vielen Dateitypen zusätzliche Informationen wie Titel, Autor, Kommentare, Kategorien und Kennzeichnungen hinzufügen. All dies bietet Ihnen ein echtes Dokumentenmanagement, mit dem Sie Dokumente nicht nur jederzeit wiederfinden, sondern auch z. B. projekt- oder inhaltsbezogen sammeln können, um sie für eine Sicherung oder Präsentation zusammenzustellen.

3.2.1 Dateien anhand ihrer Eigenschaften sortieren

Um Dateien anhand einer bestimmten Eigenschaft zu sortieren, empfiehlt sich die *Details*-Ansicht. Dann werden die Dateien in einer Tabelle mit ihren Eigenschaften aufgeführt. Die Spaltenüberschriften erlauben ein schnelles Sortieren der Dateien und stellen die weiteren Funktionen zum Gruppieren, Filtern und Stapeln bereit.

1. Mit einem Mausklick auf einen der Spaltentitel sortieren Sie den gesamten Inhalt des aktuell angezeigten Ordners anhand dieser Eigenschaft. Klicken Sie auf *Name*, werden die Dateien also alphabetisch sortiert, klicken Sie z. B. auf *Datum*, sortiert der Explorer die angezeigten Dateien nach dem Termin der letzten Bearbeitung.

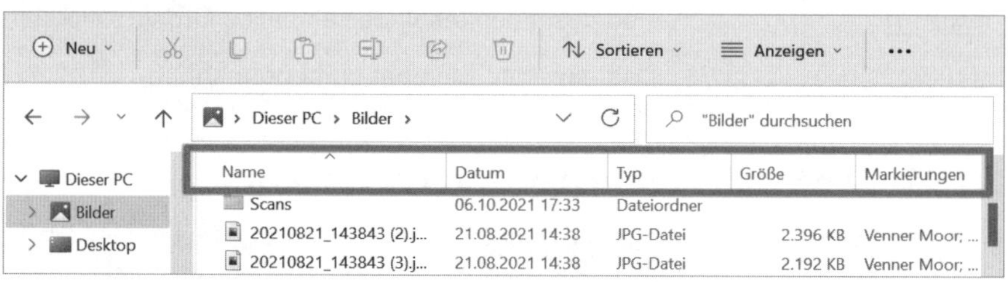

2. Ein erneuter Klick auf denselben Spaltentitel kehrt die Sortierung um. Ein zweiter Klick auf *Name* würde die Dateien also statt von A nach Z von Z nach A umsortieren etc.

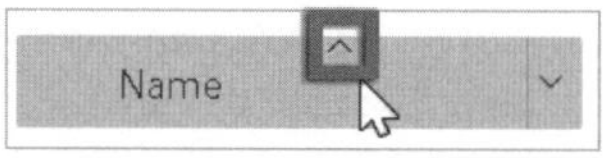

3. Die Spalte, nach der die Dateianzeige aktuell sortiert ist, erkennen Sie an dem kleinen Pfeilsymbol oben in der Mitte des Spaltenkopfs. Dieses verrät zugleich die aktuelle Sortierrichtung, entweder nach oben (aufsteigend) oder nach unten (absteigend).

3.2.2 Beliebige Dateieigenschaften anzeigen lassen

Zum Sortieren stehen Ihnen alle Dateieigenschaften zur Verfügung, die Windows Dateien zuordnen kann. Allerdings zeigt der Datei-Explorer standardmäßig nur eine kleine Auswahl davon an. Für alle würde der Platz auch gar nicht reichen. Sie können sich aber genau die Dateieigenschaften, die Sie gerade benötigen, auf den Bildschirm und in den Datei-Explorer holen.

1. Klicken Sie dazu mit der rechten Maustaste auf einen beliebigen Spaltentitel (z. B. ganz links *Name*).

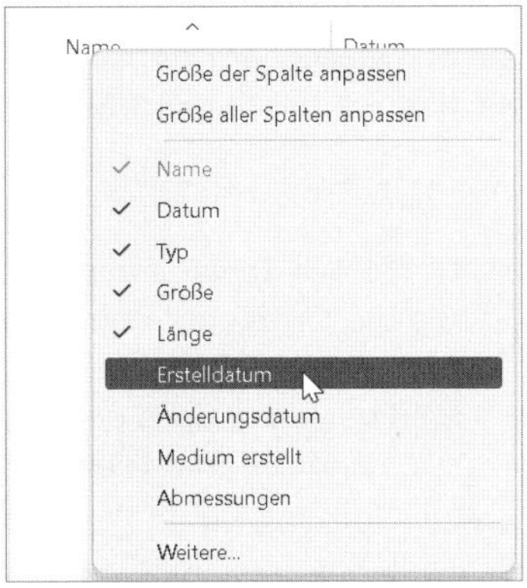

2. Im Kontextmenü zeigt der Datei-Explorer daraufhin einige gebräuchliche Dateieigenschaften wie *Typ*, *Größe* und *Titel* an. Ein Häkchen links neben einem Eintrag zeigt an, dass er gerade aktiv ist und im Explorer angezeigt wird. Das ermöglicht Ihnen, die Verwendung dieser Eigenschaften zu steuern, indem Sie bei den gewünschten Spalten ein Häkchen setzen und es bei den unerwünschten ggf. entfernen.

3. Ganz unten im Kontextmenü finden Sie den Eintrag *Weitere*, hinter dem sich die eigentliche Vielfalt der Dateieigenschaften versteckt.

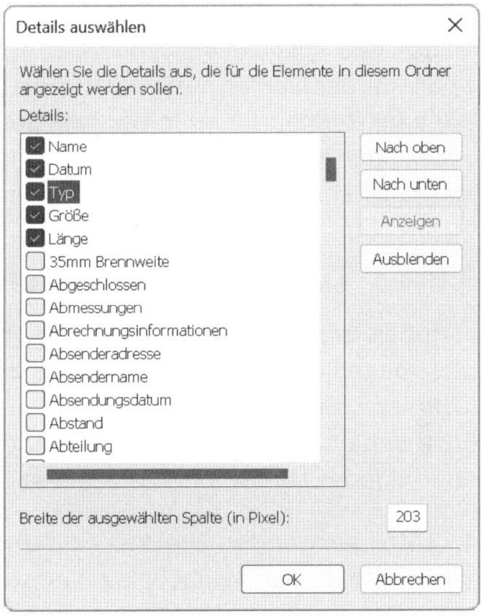

4. Damit öffnen Sie ein Menü, in dem alle dem System bekannten Arten von Dateieigenschaften verzeichnet sind. Die Liste ist sehr umfangreich und leider völlig ungeordnet. Es lohnt sich aber, sie sich einmal komplett anzusehen, denn gerade für Mediendateien wie Musik, Bilder und Videos gibt es zahlreiche Detaileigenschaften, die je nach Einsatzgebiet sehr hilfreich sein können.

5. Um eine der Eigenschaften als Spalte im Explorer einzufügen, setzen Sie ein Häkchen in das Kästchen links davon. Alternativ können Sie auch eine Eigenschaft auswählen und ihren Status mit *Anzeigen* bzw. *Ausblenden* verändern. Sie sollten allerdings nicht zu viele Spalten hinzufügen, ohne auch einige der bisherigen zu entfernen. Wenn die Spalten insgesamt die Bildschirmbreite überschreiten, kann immer nur ein Teil davon dargestellt werden, was nicht gerade hilfreich ist.

6. Auch die Reihenfolge der Spalten von links nach rechts können Sie hier beeinflussen. Sie entspricht der Anordnung der Eigenschaften in der Liste. Mit den Schaltflächen *Nach oben* und *Nach unten* verändern Sie die Position einer Eigenschaft sowohl in dieser Liste als auch in der Anordnung der Spalten im Explorer-Fenster.

3.2.3 Die Breite der Dateiliste automatisch optimieren

Gerade wenn man zusätzliche Spalten anzeigt, passt die Breite auf Anhieb oftmals nicht perfekt, und manchmal ist es sehr mühsam, alle gewünschten Informationen auf den Bildschirm zu bekommen. Mit etwas Hilfe geht es aber fast wie von selbst. Klicken Sie mit der rechten Maustaste auf eine der Spaltenüberschriften.

Im Kontextmenü finden Sie neben den Detailkategorien ganz oben zwei Befehle:

- *Größe der Spalte anpassen* – Hiermit passen Sie die Größe der angeklickten Spalte an ihren Inhalt an. Die Spalte wird dabei genauso breit gemacht, dass der längste Inhalt gerade noch angezeigt werden kann.

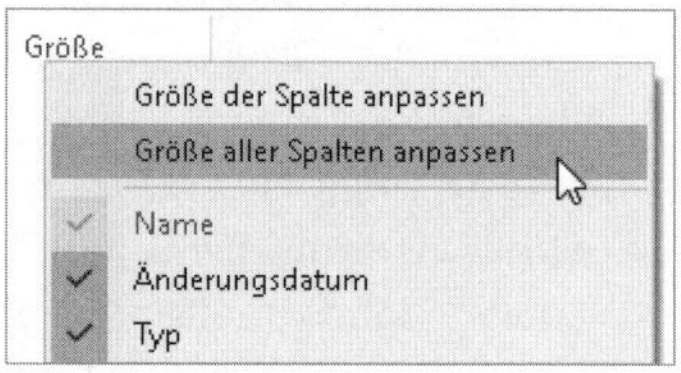

- *Größe aller Spalten anpassen* – Diese Variante macht genau dasselbe, nur direkt für alle Spalten, die gerade angezeigt werden.

Auf diese Weise können Sie alle Spalten in der Detailansicht jederzeit mit zwei Mausklicks optimal einstellen: so breit wie nötig – so schmal wie möglich. Falls die Spaltenbreite immer noch nicht ideal sein sollte, können Sie manuell nachhelfen. Die senkrechten Linien zwischen den Spaltenüberschriften markieren Grenzen. Jede dieser Linien können Sie mit gedrückter linker Maustaste nach links oder rechts verschieben, um die Breite der jeweiligen Spalte anzupassen.

3.2.4 Dateien in beliebigen Ansichten sortieren

In der *Details*-Ansicht geht das Sortieren besonders leicht von der Hand, weil dort die Spalten mit Überschriften angezeigt werden, die man direkt anklicken kann. Man kann also mit einem Mausklick umsortieren und sieht zugleich immer, welche Eigenschaft gerade das entscheidende Sortierkriterium ist. Prinzipiell können Sie aber in jeder Dateiansicht dieselben Sortierfunktionen nutzen.

1. Dazu verwenden Sie das *Sortieren*-Symbol in der Symbolleiste und wählen im so angezeigten Auswahlmenü das gewünschte Kriterium aus.
2. Auch hier werden in der ersten Stufe wieder nur einige wesentliche Kriterien zur Auswahl angeboten.
3. Klicken Sie auf *Mehr* für eine größere Auswahl. Auch diese ist allerdings begrenzt und hängt vom Inhaltstyp des Ordners ab. Bei Verzeichnissen mit Bildern etwa werden andere Kriteri-

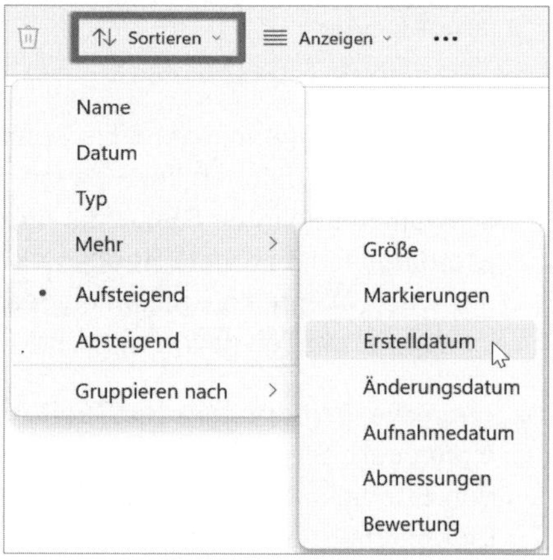

en angeboten als bei Musikdateien oder Videos. Allerdings bleibt Ihre Auswahl darauf begrenzt. Wenn das Passende nicht dabei ist, müssen Sie dann doch zur *Details*-Ansicht wechseln.

4. Um die Sortierreihenfolge umzukehren, können Sie erneut auf denselben Eintrag klicken. Beim ersten Anklicken werden beispielsweise Namen von A bis Z sortiert. Klicken Sie anschließend nochmals darauf, wird stattdessen von Z bis A sortiert. Alternativ wählen Sie direkt im *Sortieren*-Menü den passenden Punkt *Aufsteigend* (A-Z) oder *Absteigend* (Z-A)

3.2.5 Dateien und Ordner gruppieren

Eine weitere Möglichkeit, Ordnung und System in längere Dateilisten zu bekommen, ist das Gruppieren von Einträgen. Dabei unterteilt der Explorer die gewählte Dateieigenschaft automatisch in verschiedene Bereiche und ordnet die Elemente jeweils einem davon zu.

So entsteht eine übersichtlichere Unterteilung der Dateien, die z. B. das Präsentieren, aber auch das weitere Auswählen und Bearbeiten der Dokumente ermöglicht.

1. Um den Inhalt eines Ordners gruppiert darzustellen, klicken Sie im *Sortieren*-Menü auf *Gruppieren nach*. Alternativ finden Sie diesen Befehl auch im Kontextmenü, wenn Sie mit der rechten Maustaste auf eine freie Stelle in der Dateiliste klicken.

2. Im Untermenü können Sie dann die Dateieigenschaft auswählen, anhand derer Sie die Dokumente gruppieren möchten. Neben den Standardeigenschaften *Name*, *Datum*, *Typ* und *Größe* bietet der Explorer hier meist noch ein paar weitere Kriterien an, die zum Inhaltstyp des Ordners passen.

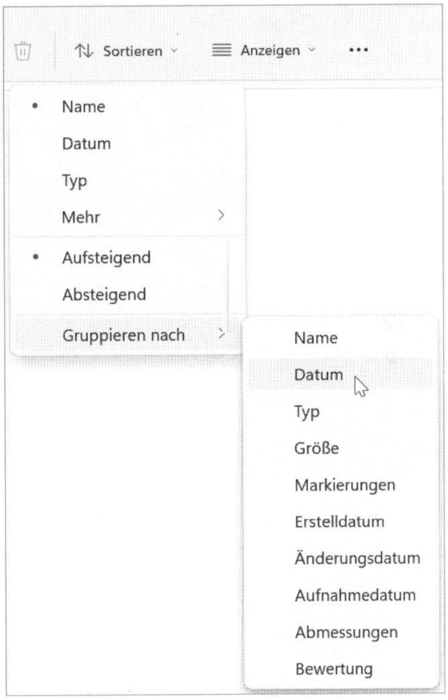

3. Sollte eine gewünschte Eigenschaft nicht zur Auswahl stehen, können Sie sie hinzufügen, indem Sie dieses Kriterium in der *Details*-Ansicht als Spalte hinzufügen (siehe hierzu auch Seite 160).

Das automatische Gruppieren von Dateieigenschaften

Die Unterteilung einer Dateieigenschaft erledigt der Explorer ganz automatisch. Bei manchen Dateieigenschaften bieten sich Gruppen an. So wird z. B. die Eigenschaft *Typ* in die verschiedenen Dateitypen gruppiert, die im Ordner vorhanden sind. Gruppieren Sie einen Ordner nach Namen, verwendet der Explorer z. B. die Gruppen *A–H*, *I–P* sowie *Q–Z*. Sehr praktisch kann das Gruppieren anhand eines Datums sein. Hierbei legt der Explorer abhängig von den vorhandenen Dateien (und deren Datumsangaben) Gruppen wie *Anfang des Jahres*, *Letzte Woche*, *Heute* oder – wenn ein Zugriffsdatum wirklich lange her ist – *Vor langer Zeit* an. So lassen sich Dokumente sehr gut in Bezug auf ihre Aktualität oder z. B. auch dann, wenn es um das Sichern von Dateien geht, unterscheiden.

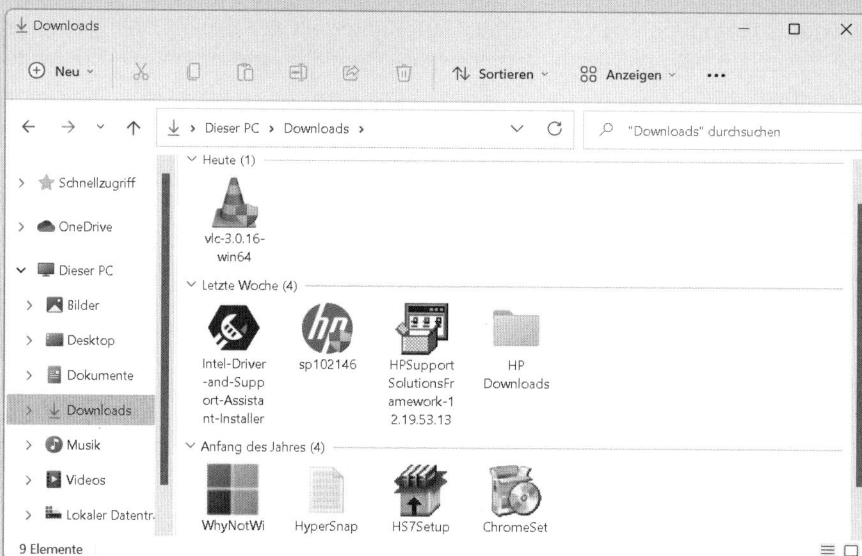

3.2.6 Ordner mit Filtern auf das Wesentliche reduzieren

Filter erlauben es, den Inhalt eines Ordners nur teilweise darzustellen und sich so auf die wesentlichen Dateien und Dokumente zu konzentrieren. Dazu ist es möglich, die Anzeige auf bestimmte Dateieigenschaften einzuschränken. So können Sie sich z. B. in einem Ordner nur die enthaltenen Unterverzeichnisse oder nur Dateien eines bestimmten Typs oder Autors anzeigen lassen. Diese Filter lassen sich auch kombinieren, sodass der Explorer Ihnen z. B. nur die Textdokumente vom heutigen Tag anzeigt. Gerade bei umfangreicheren Ordnern hilft diese Funktion dabei, die gesuchten Dateien so schnell wie möglich zu lokalisieren, selbst wenn Ihnen beispielsweise der genaue Dateiname gerade nicht einfällt.

1. Öffnen Sie den Ordner, dessen Dateiliste Sie durch einen Filter einschränken wollen.

2. Wechseln Sie zur *Details*-Ansicht, sofern diese nicht ohnehin bereits eingestellt ist.

3. Wählen Sie die Dateieigenschaft aus, auf der der Anzeigefilter basieren soll, und klicken Sie in deren Spaltentitel auf die Pfeilschaltfläche ganz rechts.

4. In der so geöffneten Auswahl finden Sie die verschiedenen Werte, die diese Eigenschaft bei den Dateien im aktuellen Ordner annimmt.

5. Wählen Sie die Eigenschaft aus, zu der die Dateien angezeigt werden sollen. Um z. B. die Dateiliste im Explorer auf Programmdateien zu beschränken, benutzen Sie das Menü in der Spalte *Typ* und wählen *Anwendung* aus. Wollen Sie nur Dateien eines bestimmten Benutzers (z. B. Ihre eigenen) sehen, öffnen Sie das Menü in der Spalte *Autoren* und wählen einen entsprechenden Benutzernamen aus.

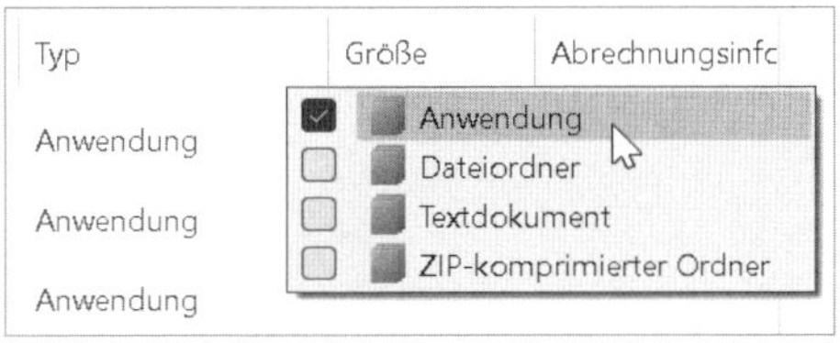

6. Der Explorer blendet dann alle Dateien aus, die nicht dieser Vorgabe entsprechen, also z. B. alle Einträge, die kein Ordner sind, bzw. alle Dateien, die nicht von dem ausgewählten Benutzer stammen. Diese Dateien werden selbstverständlich nicht gelöscht oder verschwinden anderweitig aus dem Ordner, sie werden einfach nur vorübergehend nicht angezeigt.

Mehrere Anzeigefilter kombinieren

Sie sind im Explorer nicht auf einen Anzeigefilter beschränkt, sondern können mehrere miteinander kombinieren. So können Sie z. B. sowohl Dateiordner als auch ZIP-komprimierte Ordner als Filter für den Dateityp verwenden. Der Explorer zeigt dann nur Dateien dieser beiden Arten an und blendet alle anderen aus. Ebenso können Sie aber auch Filter für verschiedene Dateieigenschaften miteinander verbinden. Wenn Sie z. B. bei *Autoren* einen bestimmten Benutzer wählen und dann bei *Dateityp Textdokument* oder *Word-Dokument*, zeigt Ihnen der Explorer nur noch die Texte dieses einen Benutzers an.

3.2.7 Nur Dateien aus einem festen Zeitraum anzeigen

Besonders interessant ist der Anzeigefilter für Dateien in Verbindung mit den Datumseigenschaften von Dateien, wie *Erstelldatum*, *Änderungsdatum* oder *Letzter Zugriff*. Der Explorer bietet hier flexible Möglichkeiten zur Auswahl des Filters, da er sich in diesem Fall nicht auf Kategorien wie beim Gruppieren bzw. Stapeln beschränkt. Stattdessen können Sie ganz flexibel Tag, Woche, Monat, Jahr oder einen beliebigen Zeitraum dazwischen auswählen und sich die Dateien anzeigen lassen, die zu diesem Zeitpunkt neu erstellt oder bearbeitet wurden. Dadurch eröffnen sich ganz neue Möglichkeiten, wenn es z. B. darum geht, in einem umfangreichen Archiv Dateien wiederzufinden.

1. Klicken Sie auf die Pfeilschaltfläche der Spalte mit dem Datum, das Sie als Grundlage für den Anzeigefilter verwenden wollen. Hierfür bietet sich z. B. *Änderungsdatum* an, da diese Spalte meist standardmäßig angezeigt wird und sowohl neue als auch bearbeitete Dateien berücksichtigt.

2. Im Spaltenmenü sehen Sie hier ein Element zur Datumsauswahl, in dem der aktuelle Monat ausgewählt und das heutige Datum blau markiert ist. Um einen anderen Tag oder Zeitraum festzulegen, haben Sie verschiedene Möglichkeiten:

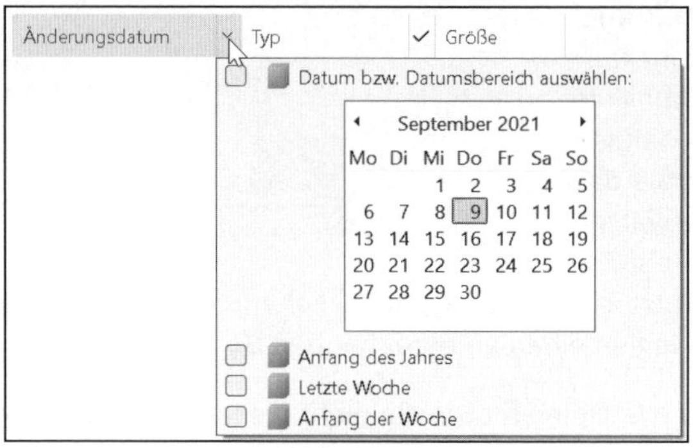

- Um einen bestimmten Termin auszuwählen, stellen Sie zunächst oben den Monat ein. Soll er zu einem früheren Jahr gehören, klicken Sie zunächst auf den Monat selbst, um aus der Monatsauswahl eine Jahresauswahl zu machen. Stellen Sie dann das Jahr ein, wählen Sie den gewünschten Monat und klicken Sie schließlich auf den Tag. Der Explorer zeigt dann nur noch Dateien an, die an diesem Tag erstellt bzw. verändert wurden.

- Um alle Dateien eines bestimmten Monats anzuzeigen, wechseln Sie ebenfalls zunächst in die Jahresansicht und wählen Sie dann den gewünschten Monat aus.

- Für alle Dateien eines bestimmten Jahres klicken Sie zunächst auf den angezeigten Monat, dann auf das an dieser Stelle angezeigte Jahr. So gelangen Sie zur Jahresauswahl und können dort das Jahr einstellen, für das Sie die Dateien anzeigen wollen.

- Um alle Dateien einer bestimmten Woche anzeigen zu lassen, wechseln Sie wie oben beschrieben zunächst in den entsprechenden Monat. Klicken Sie dann mit der linken Maustaste auf den ersten Tag der gewünschten Woche. Anschließend klicken Sie mit gedrückter ⇧-Taste auf den letzten Tag dieser Woche. Damit markieren Sie alle Tage dieser Woche für die Anzeige. Alternativ können Sie auch den Mauszeiger mit gedrückter linker Maustaste über einen Datumsbereich ziehen und diesen so auswählen.

- Auf die oben beschriebene Weise können Sie auch beliebige Zeiträume auswählen. Setzen Sie zunächst eine Markierung auf den ersten Tag oder den ersten Monat oder das erste Jahr des Zeitraums und anschließend bei gedrückter ⇧-Taste eine zweite auf das Ende des Zeitraums. Damit wählen Sie immer den gesamten Zeitraum zwischen diesen beiden Terminen aus. Eine solche Markierung kann sich über mehrere Tage, Wochen, Monate oder Jahre erstrecken.

3. Alternativ stehen Ihnen auch die vom Gruppieren bekannten festen Rubriken für die Datumseigenschaften zur Verfügung. Sie finden sie unterhalb der Datumsauswahl als einfache Einträge. Welche genau angezeigt werden, hängt vom Alter der Dateien im aktuellen Ordner ab.

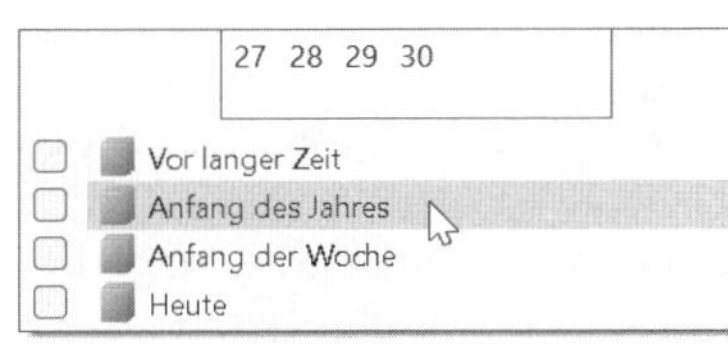

4. Um die Auswahl abzuschließen, klicken Sie jeweils einfach neben dem Menü in das Explorer-Fenster. Das Menü wird dann geschlossen, und der Explorer zeigt die gefilterte Dateiliste an.

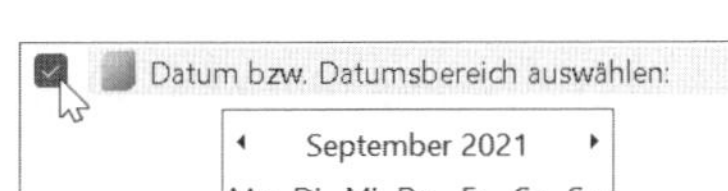

Um einen Anzeigefilter aufzuheben, den Sie zuvor über die freie Datumswahl festgelegt haben, öffnen Sie das Menü für diesen Filter erneut und entfernen das Häkchen links oben neben *Datum bzw. Datumsbereich auswählen*. Anschließend haben Sie keinerlei Anzeigefilter für diese Anzeigeeigenschaft, und der Explorer sollte wieder alle Dateien anzeigen (sofern nicht noch andere Filter im Spiel sind).

3.2.8 Dateien mit eigenen Kennzeichnungen versehen

Windows kennt über 200 verschiedene Dateieigenschaften, die jeweils abhängig vom Typ eines Dokuments zum Einsatz kommen. Es gibt aber auch einige allgemeine Dateieigenschaften, die bei fast allen Dateitypen eingesetzt werden können. Dazu zählen Informationen wie der Autor bzw. Urheber der Datei, die Zugehörigkeit zu einer bestimmten Kategorie von Dokumenten oder Kommentare. Der Detailbereich des Explorers bietet die Möglichkeit, die wichtigsten Dateieigenschaften einzusehen und auch zu bearbeiten. Dabei bleibt es den Regeln des Programms überlassen, welche Informationen genau angezeigt werden und sich bearbeiten lassen. Die wichtigsten Eigenschaften stehen aber eigentlich bei allen gängigen Dateitypen zur Verfügung.

1. Klicken Sie im Detailbereich beispielsweise direkt rechts neben dem Eintrag *Markierungen* auf die dort angegebene Markierung bzw. – falls noch keine Markierung angegeben wurde – auf den Text *Markierung hinzufügen*.

2. Die Angabe verwandelt sich dann in ein Eingabefeld, in das Sie den neuen Begriff eintippen können.

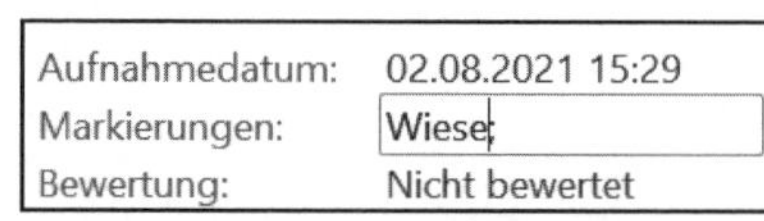

3. Hinter den eingetippten Text wird automatisch ein Semikolon gesetzt. Dieses dient der Trennung von verschiedenen Begriffen, wenn Sie einer Datei z. B. mehrere Markierungen zuweisen wollen. Für den zweiten Begriff setzen Sie die Einfügemarke hinter das Semikolon und tippen dort weiter. Auch die zweite Markierung wird automatisch mit einem Semikolon versehen etc., sodass Sie prinzipiell beliebig viele Begriffe eingeben können.

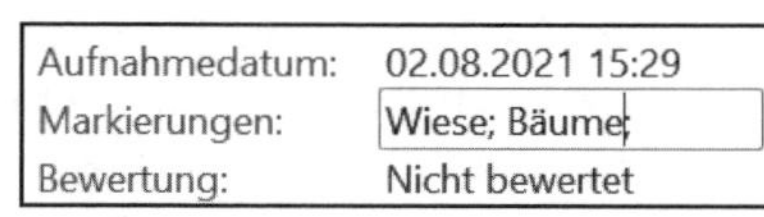

4. Um die Eingabe abzuschließen, drücken Sie nach dem (letzten) Begriff einfach [↵]. Das letzte Semikolon kann dabei ruhig stehen bleiben, da es ggf. automatisch entfernt wird. Alternativ können Sie auch unten auf die *Speichern*-Schaltfläche klicken.

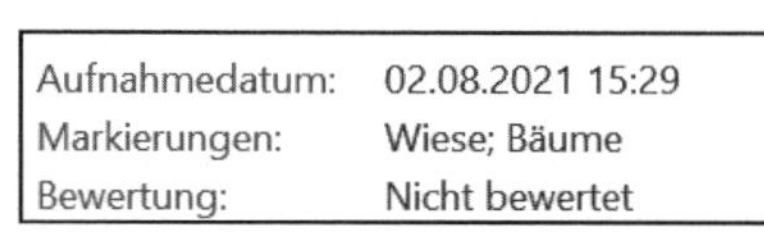

Auf die gleiche Weise machen Sie Ihre Angaben zu allen weiteren Dateieigenschaften, die im Dialog angezeigt werden.

3.2.9 Zusätzliche Angaben in den Dateieigenschaften

Da im Detailbereich nur die wesentlichen Eigenschaften einer Datei angezeigt und bearbeitet werden können, müssen Sie für speziellere Angaben in die Dateieigenschaften wechseln. Hier werden definitiv alle Detailangaben zur Datei angezeigt und lassen sich dort auch – soweit möglich – bearbeiten. Auch hier können Sie zuvor mehrere Dateien markieren, um die Informationen für mehrere Dokumente einheitlich anzupassen.

1. Klicken Sie mit der rechten Maustaste auf die Datei, deren Eigenschaften Sie bearbeiten wollen, und wählen Sie im Kontextmenü den Befehl *Eigenschaften*.

2. Wechseln Sie hier auf die Registerkarte *Details*.

3. Damit öffnen Sie den Dialog *Details*, in dem Sie alle Eigenschaften sehen und bearbeiten können.

4. Das Auswählen und Editieren der einzelnen Angaben erfolgt ganz genauso wie im Detailbereich des Explorers.

5. Handelt es sich dabei um eine editierbare Eigenschaft, wird ein Textfeld eingeblendet, in dem Sie die Bearbeitung vornehmen können. Um von einem Wert zu einem anderen zu wechseln, platzieren Sie den Mauszeiger in dem neuen Bearbeitungsfeld.

6. Haben Sie alle Änderungen abgeschlossen, übernehmen Sie sie mit *OK* und schließen damit gleichzeitig den Dialog.

Manche Angaben sind nicht editierbar

Nicht alle Angaben zu einer Datei lassen sich zum Bearbeiten auswählen. Manche Informationen werden automatisch vom Betriebssystem oder einer Anwendung eingetragen, und es wäre wenig sinnvoll, sie zu ändern. Dies gilt z. B. für die Angabe, von wem und mit welchem Programm eine Datei zuletzt gespeichert wurde. Ebenso werden alle Datumsangaben automatisch eingetragen und können vom Benutzer nicht verändert werden. Auch statistische Angaben zu einem Dokument wie z. B. Seitenumfang und Wörterzahl bei einem Word-Text werden automatisch ermittelt und sind nicht veränderbar (außer in der Datei selbst).

3.2.10 Alle Dateien eines Projekts mit einem Schlüsselwort markieren

Die erweiterten Eigenschaften bieten sich an, um logische Zusammenhänge zwischen Dateien herzustellen. So können Sie z. B. alle Dateien, die zu einem bestimmten Projekt gehören, mit einem entsprechenden Schlüsselbegriff versehen.

Alle diese Dokumente können Sie dann sehr schnell ausfindig machen, egal in welchen Ordnern die Dateien gespeichert sind und um welche Dokumentarten es sich handelt. Sie erhalten eine Liste mit allen Dateien des Projekts, die Sie z. B. für Sicherungszwecke oder zur Übergabe der Daten an Kollegen oder Kunden verwenden können.

1. Markieren Sie alle Dateien, die zu dem Projekt gehören, im Explorer. Befinden sich die Dateien in verschiedenen Ordnern, wiederholen Sie diese Schritte für jeden Speicherort. Beachten Sie dabei, dass Sie nur Dateien markieren, keine Ordner. Vielleicht hilft Ihnen auch die Suchfunktion (siehe Seite 170), eine Liste aller gewünschten Dateien in einem virtuellen Ergebnisordner zusammenzustellen.
2. Klicken Sie dann unten im Detailbereich oder in den Eigenschaften der Dateien auf *Markierung hinzufügen*.
3. Geben Sie hier eine eindeutige Bezeichnung ein, z. B. den Namen des Projekts, und übernehmen Sie die geänderten Eigenschaften mit ⏎ oder einem Klick unten auf *Speichern*.

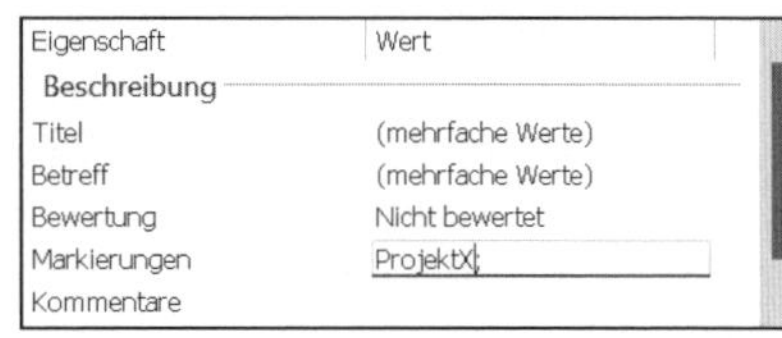

4. Das neue Schlüsselwort wird bei allen dazugehörenden Dateien ab sofort in den Dateieigenschaften sowie im Detailbereich angezeigt.

Außerdem können auf diese Weise selbst festgelegte Eigenschaften auch für das effiziente Suchen nach Dateien verwendet werden. Wie Sie alle einem Projekt zugeordneten Dateien mittels einer Dateisuche schnell finden, beschreibe ich im nachfolgenden Tipp.

Eine Datei in mehreren Projekten

Selbstverständlich können einzelne Dateien auch zu verschiedenen Projekten gleichzeitig gehören. Tragen Sie dazu einfach mehrere Stichwörter als Markierungen ein. Diese müssen jeweils durch ein Semikolon getrennt werden, aber dafür sorgt das Eingabefeld automatisch.

3.2.11 Alle Dokumente zu einer Person finden

Die erweiterten Dateieigenschaften sollen nicht nur nett aussehen, sondern beim Organisieren Ihrer Datenbestände helfen. Das wird dadurch gewährleistet, dass der systemweite Suchdienst auch diese Informationen indiziert und beim Suchen berücksichtigt.

Sie können also Dateien allein anhand der vorhandenen Zusatzinformationen finden und so beispielsweise alle Dokumente von oder zu einer bestimmten Person ausfindig machen. Zur Dateisuche von Windows finden Sie ab Seite 180 weitere Tipps.

An dieser Stelle deshalb als Vorgeschmack ein kleines Beispiel, das zeigt, wie Sie alle Dateien eines bestimmten Autors ganz schnell zusammensuchen können.

1. Geben Sie im Explorer rechts oben im Suchfeld den Namen des Autors so an, wie er in den Dateieigenschaften vermerkt ist.

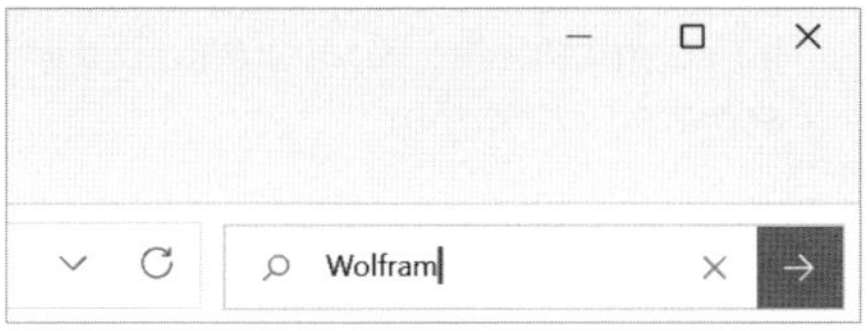

2. In der Dateiliste werden dann direkt Dateien angezeigt, auf die diese Eigenschaft zutrifft. Allerdings ist dieses Ergebnis etwas mit Vorsicht zu genießen. Da Windows nicht ahnen kann, was Sie genau suchen, zeigt es hier alle Dateien an, in deren Eigenschaften oder Inhalt der angegebene Text enthalten ist.
3. Um wirklich nur die Dokumente zu finden, deren Autor den angegebenen Namen hat, wechseln Sie ggf. mit *Ansicht/Details* in die Detailansicht. Stellen Sie sicher, dass hier die Spalte *Autoren* angezeigt wird. Ist das nicht der Fall, können Sie dies wie auf Seite 160 beschrieben anpassen.
4. Klicken Sie dann auf den kleinen Pfeil rechts in der Spaltenüberschrift *Autoren* und wählen Sie im so geöffneten Menü den Namen des gesuchten Autors aus. Sollte er nicht aufgeführt sein, bedeutet dies, dass es in der Auswahl kein Dokument von diesem Autor gibt.

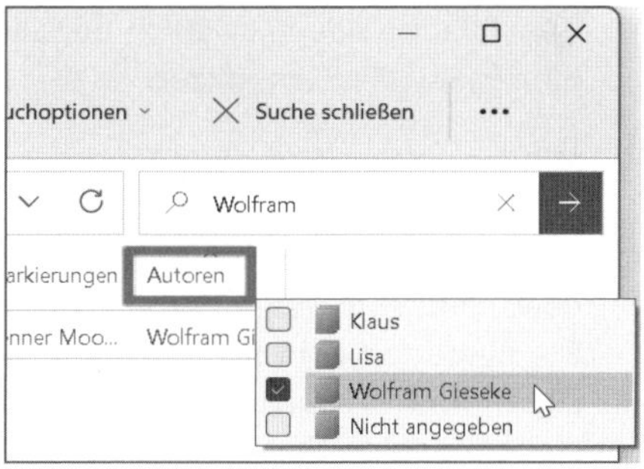

5. Der Explorer filtert dann die angezeigten Dateien und zeigt nur noch die an, die vom gesuchten Autor stammen. Dabei werden sowohl Dokumente berücksichtigt, die allein von ihm verfasst wurden, als auch solche, an denen er als Mitautor beteiligt war. Entscheidend ist, dass sein Name in der Dateieigenschaft *Autoren* enthalten ist.

3.2.12 Eigene Dateieigenschaften zuverlässig entfernen

Eigene Markierungen, Kategorien und Kommentare können hilfreich sein. Allerdings enthalten sie teilweise interne Informationen, die Außenstehende nichts angehen. Bevor Sie Dateien an andere weitergeben, sollten Sie deshalb sicherstellen, dass keine solchen vertraulichen Informationen in den Dateieigenschaften mehr enthalten sind.

Gerade für mehrere oder gar viele Dateien geht das mit dieser Methode am schnellsten:

1. Markieren Sie die fraglichen Dateien und blenden Sie mit *Anzeigen/Einblenden/Detailbereich* den Detailbereich am rechten Fensterrand ein.

2. Wollen Sie bestimmte oder alle Eigenschaften der Datei entfernen, klicken Sie mit der rechten Maustaste auf irgendeinen der Einträge und wählen Sie im so geöffneten Kontextmenü den Eintrag *Eigenschaften entfernen*.

3. Windows öffnet dann einen Dialog mit den erweiterten Eigenschaften. Hier finden Sie vor jedem Eintrag ein Häkchen. Damit können Sie wählen, ob diese Information gelöscht werden soll (Häkchen) oder nicht (kein Häkchen). Wollen Sie schnell alle erweiterten Informationen aus der Datei entfernen, können Sie unten mit der Schaltfläche *Alle auswählen* bei allen Einträgen Häkchen setzen.

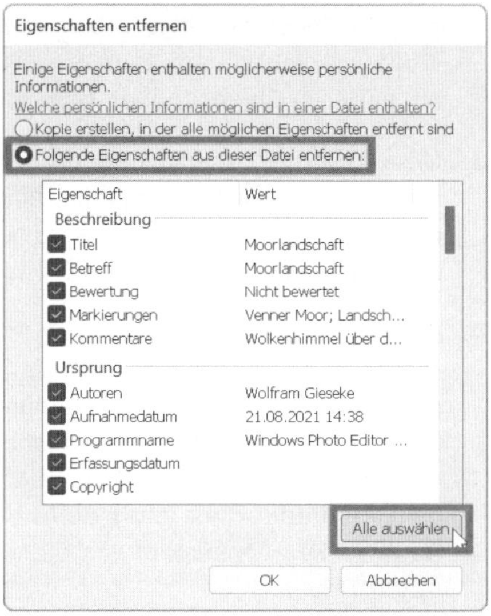

4. Mit der Option *Folgende Eigenschaften aus dieser Datei entfernen* lassen Sie die Angaben direkt aus den ausgewählten Dateien entfernen. Wollen Sie hingegen eine neue Version der Datei ohne Zusatzinformationen erstellen, wählen Sie *Kopie erstellen, in der alle möglichen Eigenschaften entfernt sind*. Die Löschfunktion belässt dann die Informationen in der Ausgangsdatei und erstellt stattdessen eine Kopie des Dokuments ohne die ausgewählten Angaben. Diese neue Datei wird unter dem gleichen Namen mit dem Zusatz *Kopie* abgelegt und kann bedenkenlos an andere weitergegeben werden.

5. Klicken Sie dann ganz unten auf *OK*, um die ausgewählten Daten zu entfernen.

3.2.13 Dateien in Bibliotheken organisieren

Mit Bibliotheken können Sie mehrere Ordner auch an verschiedenen Stellen zu einer Datensammlung zusammenführen. Eine solche Bibliothek enthält alle Dateien aus den Ordnern, die zu dieser Bibliothek gehören. So können Sie Dokumente, die z. B. thematisch zusammengehören, aber über verschiedene Stellen im Dateisystem verteilt sind, zentral zusammenfassen und so jederzeit schnell darauf zugreifen.

Windows bringt von Haus aus bereits einige Bibliotheken mit. Dies sind *Bilder*, *Dokumente*, *Eigene Aufnahmen*, *Gespeicherte Bilder*, *Musik* und *Videos*, die jeweils den entsprechenden Inhalten zugeordnet sind.

Bibliotheken werden nicht angezeigt?

Wenn Sie nach der Installation von Windows den Explorer öffnen, zeigt dieser eventuell keine Bibliotheken im Navigationsbereich an. Denn das Anzeigen der Bibliotheken ist optional. Die Standardeinstellung nach der Installation ist, dass dieser Eintrag ausgeblendet wird. Wenn Sie mit Bibliotheken arbeiten und diese wieder sicht- und nutzbar machen möchten, klicken Sie mit der rechten Maustaste auf eine freie Stelle im Navigationsbereich, um das Kontextmenü für diesen Bereich zu öffnen. Wählen Sie darin dann *Bibliotheken anzeigen*. Schon ist alles wie gewohnt.

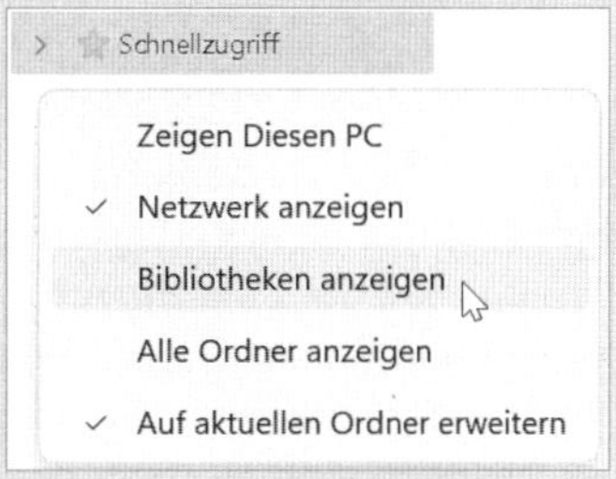

In der Navigationsleiste haben die Bibliotheken einen eigenen Eintrag. Hier können Sie das Bibliotheksverzeichnis aufrufen, Sie können aber auch die allgemeinen Bibliotheken direkt anwählen. Lediglich die für jeden Benutzer unterschiedlichen Bibliotheken *Eigene Aufnahmen* und *Gespeicherte Bilder* werden in der Liste links nicht aufgeführt, können aber im Verzeichnis aller Bibliotheken ausgewählt werden.

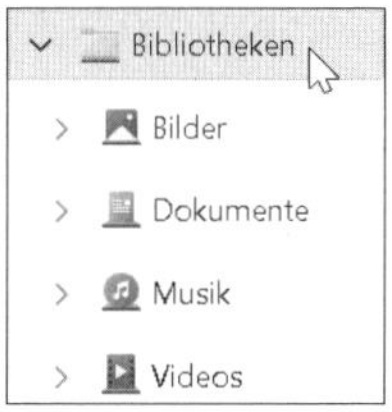

Die Bibliotheken können Sie sich ohne weiteres Zutun direkt zunutze machen. Wenn Sie beispielsweise die *Musik*-Bibliothek öffnen, finden Sie darin alle Musikdateien, die Sie auf Ihrem PC gespeichert haben. Voraussetzung dafür ist lediglich, dass Sie sich beim Speichern an die Windows-Konventionen gehalten und alle Musikstücke innerhalb Ihres eigenen *Musik*-Benutzerordners abgelegt haben. Wenn Sie Musik an anderen Stellen oder auf einem weiteren Laufwerk gespeichert haben, können Sie diese aber der Bibliothek hinzufügen.

1. Klicken Sie mit der rechten Maustaste auf das Symbol der Bibliothek und wählen Sie im Kontextmenü die *Eigenschaften*.

2. Darin finden Sie bei *Orte für Bibliotheken* eine Übersicht der Ordner, die zu dieser Bibliothek gehören.

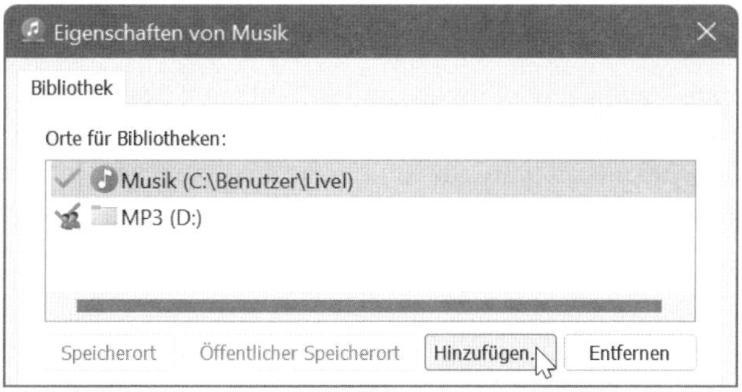

3. Wollen Sie einen der Ordner aus der Bibliothek herausnehmen, markieren Sie ihn hier und klicken Sie rechts auf *Entfernen*.

4. Ebenso können Sie mit *Hinzufügen* weitere Ordner einbinden. Das geht aber auch komfortabler, wie Sie im Folgenden noch lesen werden.

3.2.14 Den Speicherort einer Bibliothek festlegen

Bibliotheken funktionieren im Prinzip genau wie Ordner, das heißt, Sie können in einer Bibliothek auch Dokumente speichern bzw. neue Dateien anlegen. Wenn eine Bibliothek aber eine Zusammenstellung mehrerer Ordner ist, stellt sich die Frage, in welchen dieser Ordner neue Dateien gespeichert werden sollen. Deshalb kann für jede Bibliothek ein Standardspeicherort voreingestellt werden. Alle Dateien, die in dieser Bibliothek gespeichert werden, landen dann in diesem Ordner. Das gilt selbstverständlich nicht, wenn Sie innerhalb der Bibliothek einen der enthaltenen Ordner auswählen und die Datei ausdrücklich darin speichern.

- Um den Standardspeicherort für die aktuell geöffnete Bibliothek zu bestimmen, markieren Sie diesen in den Eigenschaften der Bibliothek und klicken dann auf die Schaltfläche *Speicherort* unterhalb der Liste.
- Zusätzlich haben Sie hier die Möglichkeit, einen Ordner als *Öffentlicher Speicherort* festzulegen. Das Prinzip ist genau dasselbe. Allerdings kommt diese Voreinstellung dann zur Anwendung, wenn Sie die Bibliothek mit anderen Benutzern teilen und diese Dateien darin erstellen. So können Sie unterscheiden zwischen Dateien, die Sie selbst neu erstellen, und solchen, die von anderen neu erstellt werden.

3.2.15 Bibliotheken aus der Navigationsleiste ausblenden

Wenn Sie einige der vorinstallierten Bibliotheken gar nicht nutzen, können Sie diese aus dem Navigationsbereich ausblenden. So lässt sich auch das Anzeigen von Bibliotheken verhindern, die Sie womöglich nur für interne Verwaltungszwecke wie etwa Netzwerkfreigaben eingerichtet haben.

1. Wählen Sie dazu die entsprechende Bibliothek im Explorer aus und öffnen Sie deren *Eigenschaften*.

2. Hier finden Sie unten bei *Attribute* die Option *Wird im Navigationsbereich angezeigt*, die die Anzeige dieser Bibliothek steuert.

3. Klicken Sie unten auf *OK*, um die geänderte Einstellung zu übernehmen.

3.2.16 Das Darstellen der Bibliotheksinhalte steuern

Windows kann Bibliotheken genau wie Ordner auf verschiedene Arten darstellen. Die Darstellungsweisen eignen sich jeweils für bestimmte Inhalte wie etwa Bilder oder Musik. Diese Einstellung wirkt sich darauf aus, wie der Inhalt angezeigt wird und welche Kriterien z. B. zum Arrangieren des Inhalts zur Verfügung stehen. Damit auch Ihre eigenen Bibliotheken perfekt dargestellt werden, können Sie angeben, welche Art von Inhalt sie überwiegend haben werden.

1. Wählen Sie dazu eine Bibliothek im Explorer aus und öffnen Sie deren *Eigenschaften*.

2. Etwa in der Mitte des Dialogs finden Sie den Abschnitt *Diese Bibliothek optimieren für*.

3. Dort öffnen Sie ein Auswahlmenü mit den verschiedenen Inhaltsarten. Wählen Sie hier die Variante aus, die zum typischen Inhalt Ihrer Bibliothek am ehesten passt.

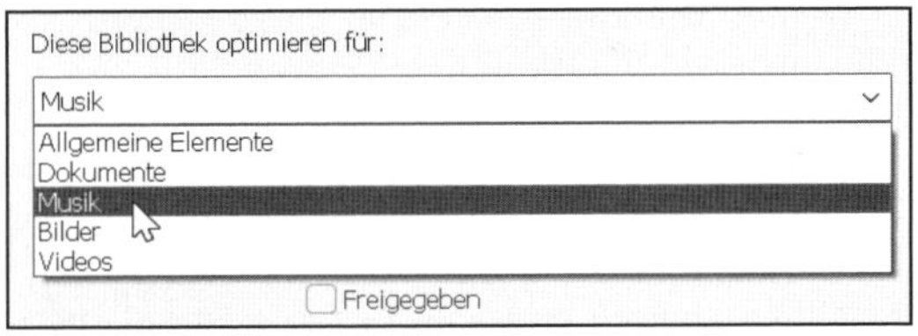

4. Ist der Inhalt bunt gemischt und passt damit einfach nicht in eine der vorhandenen Kategorien, wählen Sie *Allgemeine Elemente* für eine neutrale Anzeige der Bibliotheksinhalte.

3.2.17 Von der Bibliothek zu konkreten Ordnern und Dateien

Wenn man verschiedene Ordner ggf. auf mehreren Laufwerken zu einer Bibliothek zusammengefasst hat, möchte man manchmal wissen, wo eine bestimmte Datei nun eigentlich genau gespeichert ist.

1. Klicken Sie den Ordner oder die Datei mit der rechten Maustaste an.

2. Wählen Sie im so geöffneten Kontextmenü die Funktion *Ordnerpfad öffnen* für Ordner bzw. *Dateipfad öffnen* für Dateien.

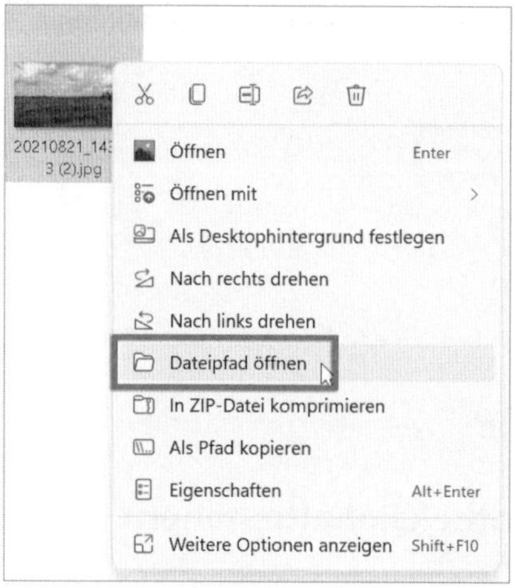

3. Der Explorer wechselt dann in den Ordner, der das zuvor gewählte Objekt enthält, also den Ordner der gewählten Datei bzw. das übergeordnete Verzeichnis eines gewählten Ordners. Dieses wird angezeigt und das gewählte Objekt darin direkt markiert, sodass Sie es auch in umfangreichen Verzeichnissen schnell finden können.

Bei früheren Windows-Versionen war die zugrunde liegende Ordnerstruktur besser erkennbar, weil man den Inhalt einer Bibliothek anhand der Ordner sortieren konnte, aus denen die Dateien stammten. Diese Möglichkeit besteht nach wie vor. Allerdings ist sie nicht mehr standardmäßig gewählt.

1. Öffnen Sie im Explorer die Bibliothek, für die Sie diese Ansichtsweise aktivieren möchten.
2. Klicken Sie dann in der Symbolleiste auf *Sortieren* und wählen Sie im Menü unten den Eintrag *Gruppieren nach*.
3. Dieser zeigt Ihnen eine Liste der möglichen Ansichtsarten.
4. Wann immer Sie sich innerhalb einer Bibliothek befinden, wird hier die Option *Ordnerpfad* angeboten (die ja auch nur für aus mehreren Ordnern bestehende Bibliotheken sinnvoll ist). Damit erreichen Sie eine nach Ordnern strukturierte Darstellung des Bibliotheksinhalts wie bei früheren Windows-Versionen.

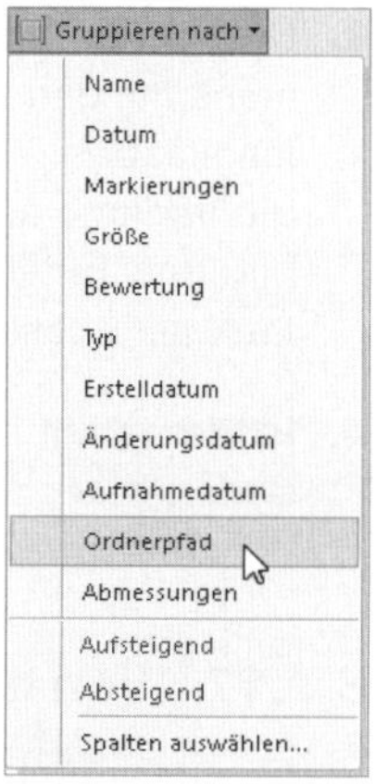

3.2.18 Einen Ordner direkt einer Bibliothek hinzufügen

Wie bereits erwähnt, können Sie in den Einstellungen einer Bibliothek weitere Ordner hinzufügen. Dies geht aber auch auf einem direkteren, schnelleren Weg:

1. Markieren Sie den Ordner, den Sie einer Bibliothek hinzufügen möchten, im Explorer.

2. Öffnen Sie das Kontextmenü für diesen Ordner, klicken Sie darin unten auf *Weitere Optionen anzeigen* und wählen Sie im erweiterten Kontextmenü den Eintrag *In Bibliothek aufnehmen*.

3. Im dazugehörigen Untermenü finden Sie eine Liste aller vorhandenen Bibliotheken. Wählen Sie einfach die aus, zu der dieser Ordner hinzugefügt werden soll.

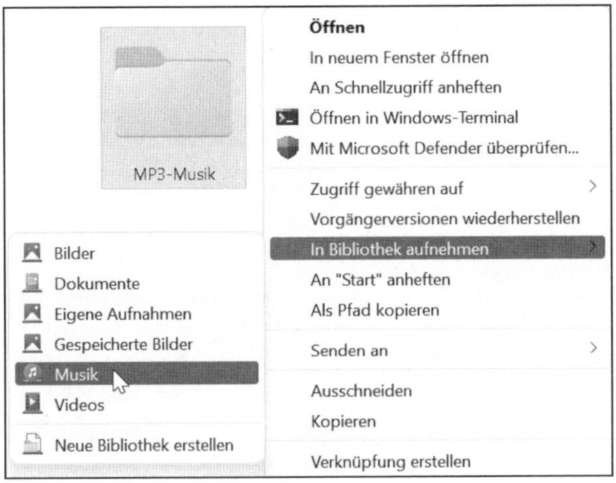

4. Der Ordner ist ab sofort Teil dieser Bibliothek. In den Einstellungen der Bibliothek können Sie anschließend noch die Position des Ordners regeln sowie ihn ggf. zum standardmäßigen Speicherort für Dokumente in dieser Bibliothek machen.

3.2.19 Eigene Bibliotheken anlegen

Neben den vorgefertigten Standardbibliotheken für Dokumente und Medien liegt der besondere Nutzen dieser Funktion darin, dass Sie beliebig eigene Bibliotheken erstellen können. Auf diese Weise können Sie Dateien, die an verschiedenen Stellen gespeichert sind, zentral zusammenfassen. Das erleichtert den Zugang zu verschiedenartigen Daten, die gemeinsam zu einem Thema oder Projekt gehören. Es erlaubt aber z. B. auch, sehr einfach und flexibel Dateien für andere Benutzer bereitzustellen. Denn Bibliotheken lassen sich genau wie Ordner im Netzwerk freigeben.

1. Öffnen Sie im Explorer die Übersicht der vorhandenen Bibliotheken.

2. Klicken Sie dann rechts oben in der Symbolleiste auf *Neu*.

3. In deren Untermenü finden Sie als einzige Option *Bibliothek*.

4. Der Explorer fügt dann in den Ordner ein neues Bibliothekssymbol mit dem provisorischen Namen *Neue Bibliothek* ein. Tippen Sie einfach eine passende Bezeichnung ein und drücken Sie [↵].

5. Damit ist Ihre neue Bibliothek fertig und einsatzbereit. Sie wird ab sofort in den Auswahlmenüs aufgeführt, sodass Sie wie beschrieben beliebig Ordner in diese Bibliothek aufnehmen können.

Eigene Bibliotheken werden standardmäßig mit einem generischen Bibliothekssymbol versehen. Dieses können Sie durch ein individuelles Symbol ersetzen, sodass Sie verschiedene Bibliotheken auf den ersten Blick unterscheiden können.

1. Öffnen Sie die entsprechende Bibliothek im Explorer und öffnen Sie dann über das ■■■-Menü deren *Eigenschaften*.
2. Klicken Sie im so geöffneten Dialog unten auf die Schaltfläche *Bibliothekssymbol ändern*.
3. Im anschließenden Dialog finden Sie eine reichhaltige Auswahl an Symbolen aus den verschiedensten Bereichen. Wählen Sie ein passendes aus und klicken Sie unten auf *OK*. Ab sofort symbolisiert der Explorer diese Bibliothek mit dem gewählten Icon.

3.2.20 Defekte oder verschwundene Bibliotheken

Fehlermeldungen wie *Pictures.library-ms kann nicht länger ausgeführt werden* oder ähnlich hat schon so manchen Windows-Nutzer erschreckt. Sie besagt, dass eine der im Windows-Explorer definierten Bibliotheken – in diesem Fall Bilder – defekt ist und Windows sie nicht mehr verwenden kann.

Erst mal wichtig zu wissen: Die in dieser Bibliothek enthaltenen Dateien sind deshalb nicht verloren. Das Problem betrifft nur die Bibliothek an sich, nicht die darin enthaltenen Ordner und Dateien. Deshalb besteht die Lösung des Problems auch darin, die defekte Bibliothek zu löschen. Da sie keine wirklichen Dateien enthält, sondern nur eine Liste von Ordnern, deren Inhalt sie berücksichtigen soll, drohen dabei keine Datenverluste. Es wird nur die Liste selbst entfernt, nicht die darin verzeichneten Ordner. Anschließend können Sie die Bibliothek neu anlegen.

- Handelt es sich um eine der Standardbibliotheken von Windows (also Bilder, Dokumente, Musik oder Videos), hilft Ihnen der Windows-Explorer dabei: Klicken Sie im Navigationsbereich links mit der rechten Maustaste auf den Eintrag *Bibliotheken* und wählen Sie im Kontextmenü *Weitere Optionen anzeigen/Standardbibliotheken wiederherstellen*. Windows stellt dann eventuell fehlende Bibliotheken mit den Standardeinstellungen wieder her. An den noch vorhandenen Bibliotheken wird dabei nichts verändert. Wenn Sie also beispielsweise zusätzliche Ordner in die Musik-Bibliothek aufgenommen haben, bleiben diese erhalten.

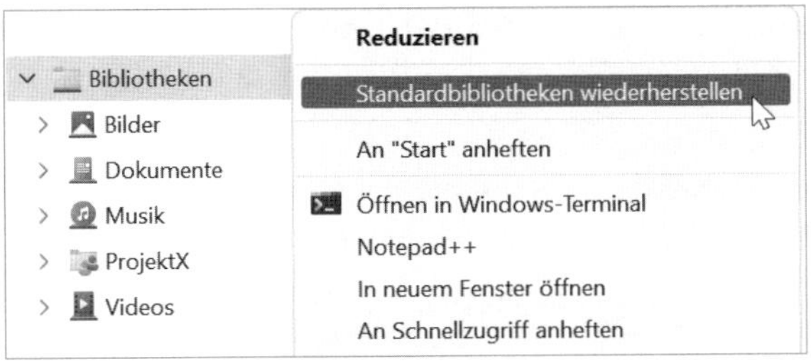

- Selbst definierte Bibliotheken können auf die beschriebene Weise nicht wiederhergestellt werden, da Windows keine Informationen (mehr) darüber hat. Hier müssen Sie also die gelöschte Bibliothek erneut anlegen und ihr die Ordner zuweisen, die darin enthalten sein sollen. Dann können Sie auch diese Bibliothek wieder im gewohnten Umfang nutzen.

3.2.21 Den Speicherort der Standardordner ändern

Windows stellt den Benutzern Standardordner für Dokumente, Bilder, Musik, Videos und Downloads bereit. Gerade bei speicherintensiven Dateien wie Videos oder Musik kann es aber sinnvoll sein, diese auf ein anderes Laufwerk auszulagern, das mehr Platz bietet. Windows bietet eine Funktion, mit der sich diese Ordner mitsamt Inhalt komfortabel verlagern lassen.

1. Öffnen Sie im Explorer *Dieser PC*. Dann werden rechts alle Standardordner Ihres Benutzerkontos angezeigt.
2. Klicken Sie den zu verlegenden Ordner mit der rechten Maustaste an und wählen Sie im Kontextmenü *Eigenschaften*.
3. Wechseln Sie in den Eigenschaften in die Rubrik *Pfad*.
4. Klicken Sie hier unterhalb der Pfadangabe auf die Schaltfläche *Verschieben*.

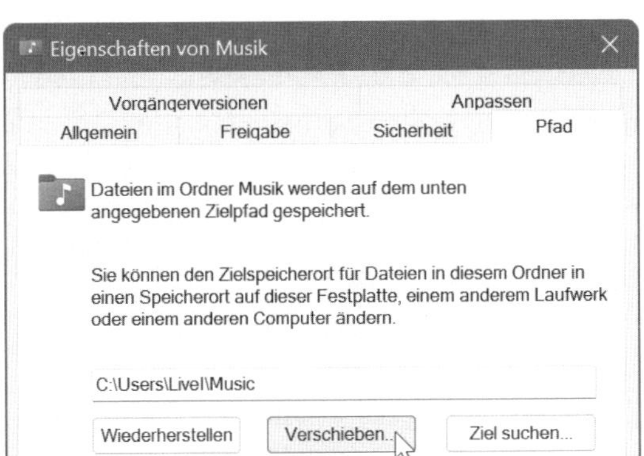

5. Navigieren Sie im so geöffneten Auswahldialog zu dem Ordner, der diese Dateien in Zukunft beinhalten soll. Sollte auf dem Laufwerk noch kein passender Ordner vorhanden sein, können Sie mit *Neuer Ordner* einen anlegen.

6. Sie gelangen dann zurück in die *Pfad*-Rubrik der Eigenschaften, wo der neue Pfad nun eingetragen ist. Klicken Sie unten auf *OK*, um den Vorgang abzuschließen.

7. Windows fragt nun nach, ob Sie auch den Inhalt des Ordners an die neue Position verschieben möchten. Bestätigen Sie das mit *Ja*.

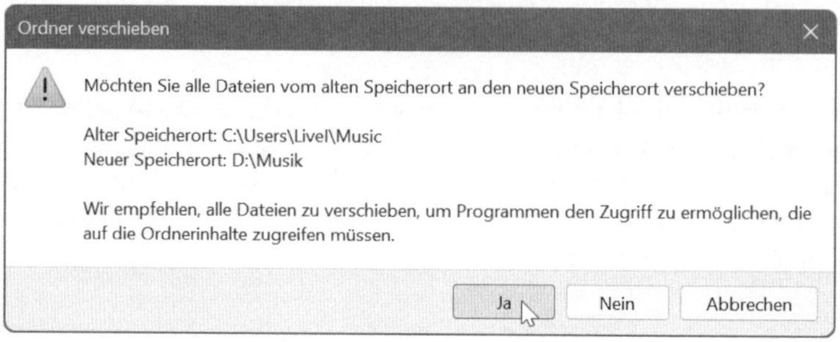

8. Haben Sie sich für das Verschieben mit Inhalt entschieden, wird das direkt im Anschluss durchgeführt. Je nach Umfang kann es ein Weilchen dauern. Sie können den Fortschrittsdialog aber minimieren und weiterarbeiten.

3.3 Dateien jederzeit schnell finden

Windows bringt einen Suchindex mit, der alle Ihre Dokumente automatisch erfasst. Dabei berücksichtigt er neben naheliegenden Eigenschaften wie dem Dateinamen auch die zahlreichen Dateiinfos und bei textbasierten Dokumenten sogar den Inhalt. Dadurch werden komplexe Suchanfragen mit flexiblen Filtern bis hin zu Volltextsuchen möglich, die in der Regel innerhalb weniger Sekunden beantwortet werden. Das Speichern von Suchen als virtuelle Ordner ermöglicht darüber hinaus den einfachen Zugriff auf immer wieder benötigte Suchmuster.

3.3.1 Das Suchfeld des Explorers optimal nutzen

Im Explorer ist die Dateisuche mit einem Suchfeld und einem eigenen Menü integriert. Letzteres macht vor allem auch komplexere Dateisuchen zugänglich. Anstatt sich kryptische Suchparameter merken zu müssen, können Sie Suchbedingungen wie Dateigröße oder -typ »zusammenklicken«. Allerdings wird dieses Menü erst angezeigt, wenn Sie eine Suche im Explorer durchführen.

Den richtigen Ausgangspunkt für die Suche wählen

Der Datei-Explorer sucht immer im aktuell gewählten Ordner sowie (abhängig von den gewählten Sucheinstellungen) in allen darin enthaltenen Unterordnern. Wenn Sie den gesamten Dateibestand durchsuchen möchten, sollten Sie den Ausgangspunkt auf einer möglichst hohen Ebene der Dateistruktur beginnen lassen, beispielsweise indem Sie rechts im Navigationsbereich *Dieser PC* auswählen.

1. Tippen Sie dazu den Suchbegriff rechts oben im Suchfeld ein.

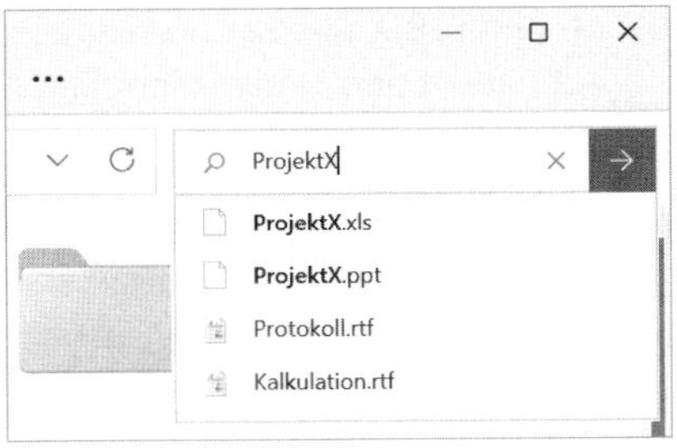

2. Während Sie tippen, schlägt Ihnen der Explorer bereits laufend Dateien vor, die beispielsweise aufgrund des Namens zum Suchbegriff passen. Es werden aber auch an dieser Stelle bereits Dateieigenschaft und Inhalt berücksichtigt, sodass nicht immer auf den ersten Blick ersichtlich ist, warum eine bestimmte Datei vorgeschlagen wird.
3. Ist die gesuchte Datei schon dabei, können Sie diese direkt anwählen und öffnen.
4. Oder aber Sie senden Ihre Suche mit [↵] ab.
5. Dann werden alle Suchergebnisse in der Dateiliste angezeigt.

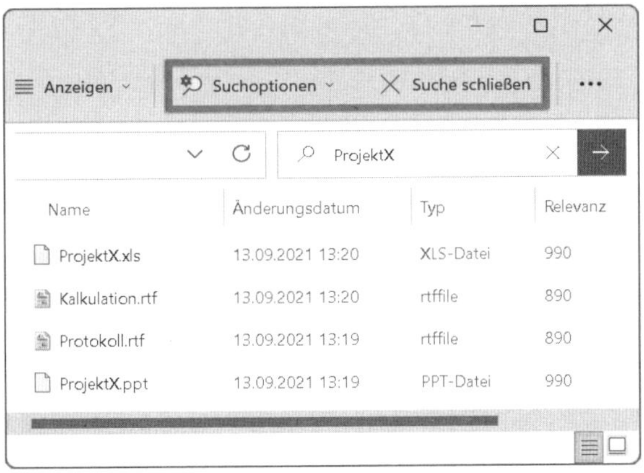

6. Gleichzeitig blendet der Explorer oben in der Symbolleiste die Schaltflächen *Suchoptionen* sowie *Suche schließen* ein. Die Suchoptionen erlauben es Ihnen, die Suche weiter einzuschränken.

3.3.2 Wo und was soll gesucht werden?

Sowie der Explorer oben in der Symbolleiste die *Suchoptionen* anzeigt, können Sie weitere Suchparameter festlegen, beispielsweise in welchen Bereichen die Suche stattfinden soll:

1. *Alle Unterordner* bedeutet, dass der Explorer den aktuell geöffneten Ordner sowie alle darin enthaltenen Unterverzeichnisse nach dem eingegebenen Suchbegriff durchsucht.

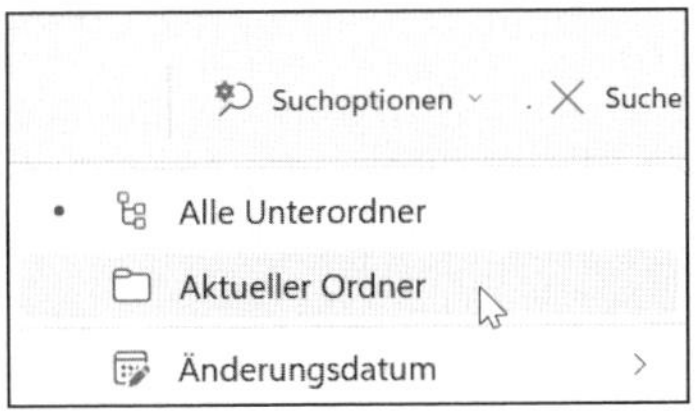

2. Möchten Sie die Suche hingegen auf das aktuell angezeigte Verzeichnis beschränken und Unterordner ignorieren, wählen Sie stattdessen *Aktueller Ordner*.

3. Im zweiten Abschnitt der *Suchoptionen* können Sie weitere Kriterien angeben, die die gesuchten Dateien neben dem eigentlichen Suchbegriff einschränken. Mit *Änderungsdatum* schränken Sie den Zeitraum ein, in dem gesucht werden soll. Die damit geöffnete Auswahlliste stellt verschiedene naheliegende Varianten wie etwa *Gestern*, *Letzte Woche* oder *Dieses Jahr* bereit.

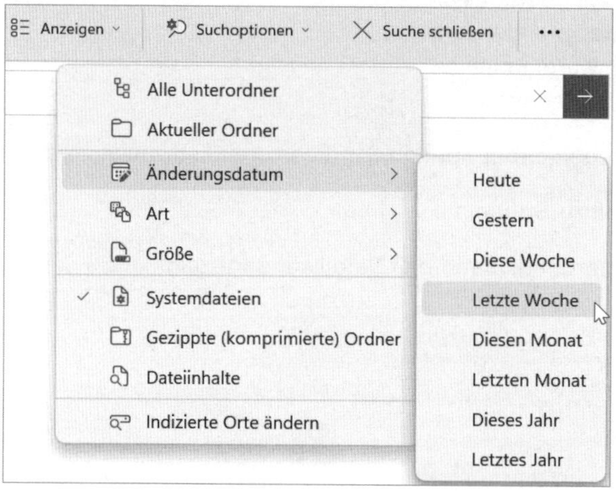

4. Bei *Art* wählen Sie die Art der Dateien, also z. B. *Dokument* oder *E-Mail*.

Dateitypen über ihre Endung finden

Nicht immer müssen Sie sich die Mühe machen, zu einem gesuchten Dateityp die »offizielle« Bezeichnung zu ermitteln. Es reicht, wenn Sie die Dateiendung für diese Art von Dokumenten kennen. Dann können Sie dieses Kürzel mit in die Suchanfrage aufnehmen. Suchen Sie z. B. eine bestimmte JPEG-Bilddatei, verwenden Sie *typ:jpg*.

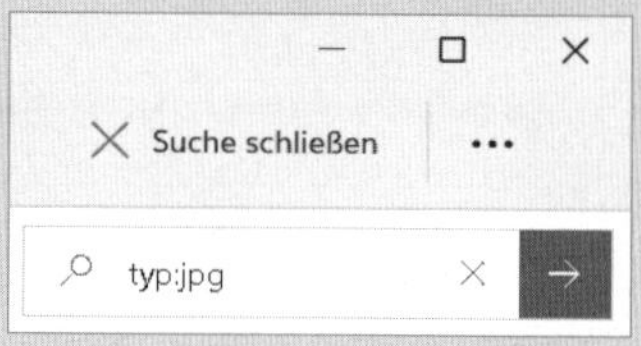

5. Ein weiterer möglicher Suchparameter ist die Größe der gesuchten Datei. Auch hier finden Sie in der Auswahlliste einige Vorgaben, unter denen Sie in den meisten Fällen etwas Passendes finden sollten.

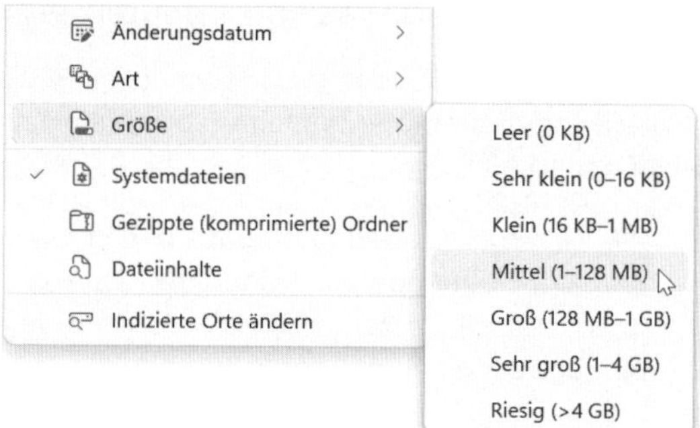

3.3.3 Welche Dateien sollen durchsucht werden?

Im unteren Abschnitt der Suchoptionen finden Sie drei Einstellmöglichkeiten, mit denen Sie jeweils bestimmte Arten von Dateien für die Suche freigeben können. Werden diese zusätzlich berücksichtigt, kann das die Suche spürbar verlangsamen. Deshalb empfiehlt es sich, diese Optionen nur zu verwenden, wenn es erforderlich ist. Allerdings kommen sie ohnehin nur bei Ordnern außerhalb des Suchindex zur Anwendung.

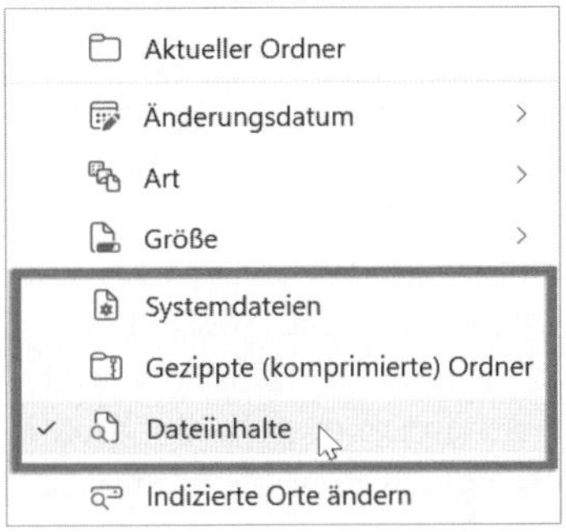

- *Systemdateien*
  Windows umfasst eine große Anzahl an Systemdateien. Diese werden standardmäßig vom Suchdienst nicht indiziert, weil Benutzer damit in der Regel nichts anfangen können und sollten. Sollten Sie gezielt eine bestimmte Systemdatei suchen, können Sie diese Option aktivieren. Dann lassen Sie den Explorer lossuchen und holen sich in der Zwischenzeit ein Heißgetränk.
- *Gezippte (komprimierte) Ordner*
  ZIP-Archive (siehe Seite 142) eignen sich zum platzsparenden Aufbewahren und Weitergeben von Dokumenten. Um darin zu suchen, muss der Explorer aber jedes Archiv jeweils temporär entpacken, was Zeit kostet. Deshalb werden ZIP-Dateien beim Suchen standardmäßig ignoriert. Mit dieser Einstellung lässt sich das ändern.
- *Dateiinhalte*
  Bei textbasierten Dateiformaten erfasst der Suchindex innerhalb der vom Suchdienst überwachten Ordner auch den Inhalt, sodass eine Volltextsuche innerhalb der Dateien möglich ist. In diesen Ordnern findet der Explorer deshalb auch Dateien, die den gesuchten Begriff beinhalten. Bei Ordnern außerhalb des Suchindex sieht das anders aus. Hier wird der Inhalt standardmäßig nicht durchsucht, weil das unverhältnismäßig lange dauern würde. Sollte es einmal erforderlich sein, können Sie es mit dieser Einstellung aber veranlassen.

Suche schließen

Mit der Schaltfläche *Suche schließen* leeren Sie das Suchfeld und setzen eventuell festgelegte Suchoptionen zurück. In der Praxis benötigen Sie dies aber nur, wenn Sie nach erfolgreichem Finden im selben Ordner weiterarbeiten möchten. Zu anderen Ordnern können Sie jederzeit beispielsweise über den Navigationsbereich oder die Adressleiste wechseln. Dann wird die Suche ohnehin automatisch zurückgesetzt. Lediglich mit dem Vor- und Zurücknavigieren muss man in Verbindung mit der Suchfunktion etwas umsichtig sein. Gehen Sie aus einem Suchordner einen Schritt zurück, wird die Suchfunktion zurückgesetzt. Gehen Sie dann aber wieder einen Schritt vor, gelangen Sie wieder zu den Suchergebnissen.

3.3.4 Mit Suchoperatoren komplexe Suchen durchführen

Suchbegriffe können aus mehr als einem einzelnen Begriff bestehen. Gerade wenn es um den Inhalt von Dokumenten geht, kann ein einzelner Begriff sehr häufig in verschiedenen Dateien enthalten sein. Dann lässt sich ein bestimmtes Dokument gezielter mit zwei oder mehr Schlüsselwörtern finden. Diese Wörter werden durch Operatoren miteinander verknüpft, um der Suchfunktion mitzuteilen, in welchem Verhältnis die einzelnen Suchbegriffe zueinander stehen sollen.

UND- und ODER-Suchen kombinieren

Besonders sinnvoll und effektiv ist der ODER-Operator in Kombination mit UND. Um beim Beispiel zu bleiben, können Sie dadurch Dokumente suchen, die etwas mit dem Zahnersatz und der Krankenversicherung oder der Zahnarztpraxis zu tun haben. So können Sie einen grundlegenden Begriff zum gesuchten Thema verwenden und mit zwei alternativen Ergänzungen versehen, um möglichst alle relevanten Dokumente zu finden. Im Suchfeld können Sie die unterstützten Verknüpfungen und Suchoperatoren beliebig kombinieren. Zu kompliziert sollten Sie es allerdings auch nicht machen. Die Windows-Dateisuche hat damit zwar kein Problem, aber irgendwann durchschaut man die komplexen Verschachtelungen selbst nicht mehr und wundert sich nur noch über das Ergebnis.

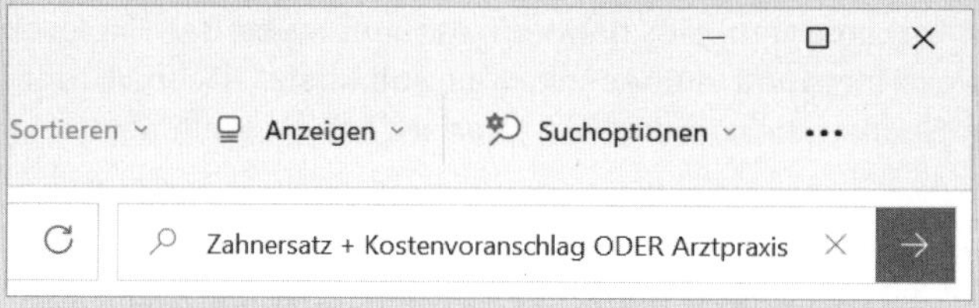

Dokumente finden, die mehrere Begriffe enthalten

Die einfachste und häufigste Verknüpfung ist die UND-Verknüpfung. Sie besagt, dass nur Dateien gefunden werden sollen, in denen alle angegebenen Suchbegriffe vorkommen. Wenn Sie z. B. einen Brief an eine Versicherung wegen Zahnersatz suchen, geben Sie diese beiden Begriffe in das Suchfeld ein. Die Suche findet dann alle Dokumente, die diese beiden Begriffe gleichzeitig enthalten.

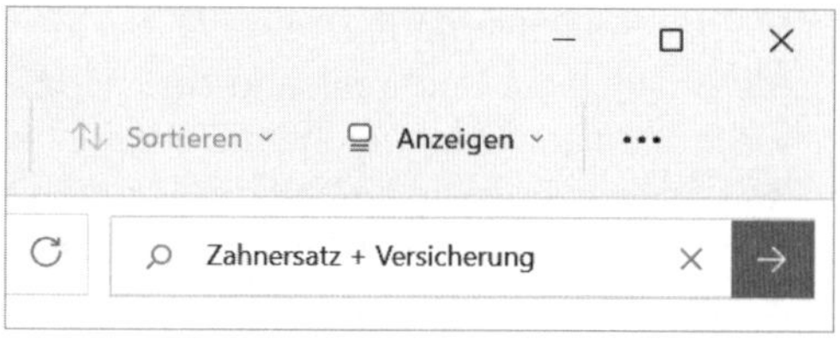

Die Windows-Dateisuche verwendet standardmäßig die UND-Verknüpfung, wenn Sie mehr als einen Suchbegriff eingeben. Deshalb müssen Sie auch keinen speziellen Suchoperator angeben, um diese Verknüpfungsart zu nutzen. Es gibt aber trotzdem einen solchen Operator. Er lautet UND oder +. Ihn anzugeben, ist dann sinnvoll, wenn Sie ihn bei einer komplexen Suche z. B. mit einer ODER-Verknüpfung verbinden möchten.

Dokumente finden, die einen von mehreren Begriffen enthalten

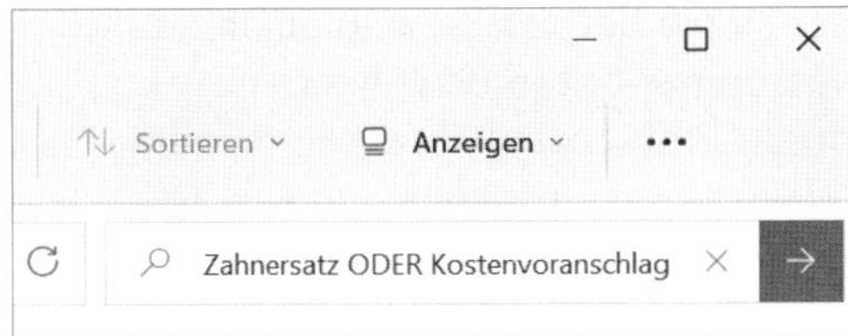

Das Gegenstück zur UND-Verknüpfung ist ODER. Wenn Sie mehrere Suchbegriffe auf diese Weise verknüpfen, findet die Suche alle Dokumente, in denen einer der angegebenen Suchbegriffe auftaucht. Es dürfen auch mehrere dieser Wörter enthalten sein, aber das Vorhandensein eines einzigen reicht bereits, um die Seite als Treffer zu qualifizieren. Diese Art der Verknüpfung eignet sich beispielsweise, wenn es mehrere Bezeichnungen oder auch Schreibweisen für das Gesuchte gibt oder wenn es um zwei eng verwandte Themenbereiche geht. Wenn Sie z. B. die finanziellen Unterlagen zum erwähnten Zahnersatz suchen, könnten Sie als Suchbegriffe *Zahnersatz ODER Kostenvoranschlag* verwenden.

Mit Ausschlussoperatoren suchen

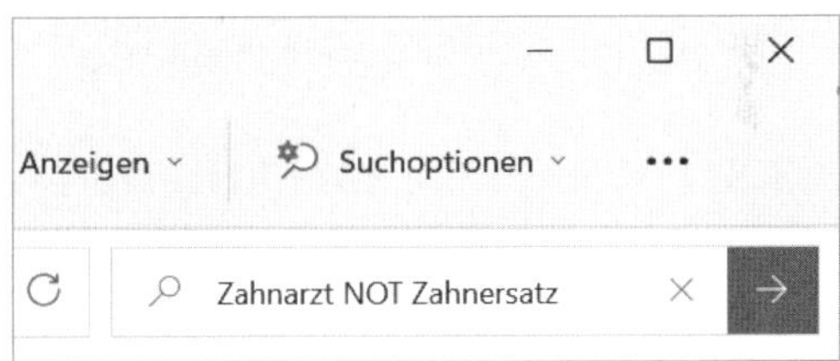

Sie können Begriffe auch ausdrücklich ausschließen. Um beim Beispiel zu bleiben: Sie suchen die Rechnung vom Zahnarzt, aber eben nicht die vom Zahnersatz, sondern von anderen Routinebehandlungen. Die Zauberformel dafür lautet: *Zahnarzt NOT Zahnersatz* oder auch *Zahnarzt -Zahnersatz*. Die Suche findet dabei alle Dokumente, in denen die Begriffe vor einem NOT bzw. - enthalten sind, die Begriffe danach aber nicht. So lässt sich die Anzahl der gefundenen Dokumente effektiv einschränken, insbesondere wenn viele ähnliche Dokumente zu einem Thema dabei sind, das in diesem Fall nicht gewünscht ist.

Groß-/Kleinschreibung beim Suchen verwenden

Die Windows-Suche kümmert sich standardmäßig nicht um die Groß- oder Kleinschreibung, sondern vergleicht nur anhand der Buchstabenreihenfolge, wobei kleine und große Buchstaben gleichgesetzt werden. Wenn Sie als Suchbegriff *H2O* eingeben, finden Sie also Dokumente, in denen H2O, H2o oder h2o steht. Wenn es für einen Suchbegriff unterschiedliche Schreibweisen geben kann und Sie davon eine ganz bestimmte suchen, setzen Sie den Suchbegriff in Anführungszeichen. Dann wird er nur in exakt der vorgegebenen Schreibweise gefunden.

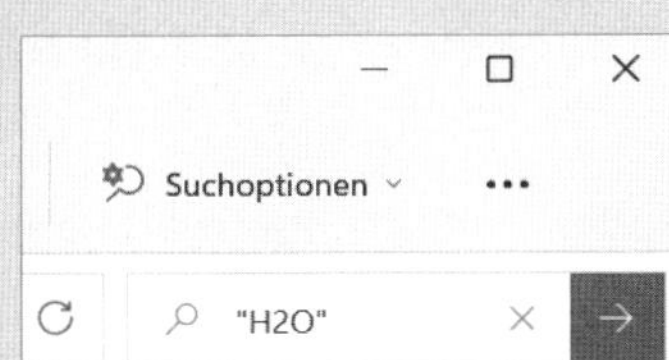

Ganze Phrasen als Suchbegriffe nutzen

Als Phrase bezeichnet man einen aus mehreren Wörtern bestehenden Ausdruck. Einfachstes Beispiel für eine Phrase ist ein Eigenname wie z. B. Neil Armstrong. Aber auch sein berühmter Ausspruch (auf Deutsch) »Ein kleiner Schritt für einen Mann, ein großer Schritt für die Menschheit« ist ein Beispiel für eine Phrase. Sie könnten eine solche Phrase einfach so ins Suchfeld eintippen. Dann würden Dokumente mit allen enthaltenen Begriffen gesucht werden. Darunter wäre sicher auch das gesuchte Dokument, aber eventuell eben auch jede Menge andere. Während Sie mit *Neil AND Armstrong* alle Dokumente finden, die irgendwo den Namen Neil und irgendwo den Namen Armstrong enthalten, finden Sie mit *"Neil Armstrong"* nur Seiten, in denen der Name auch genauso auftaucht. Wenn Sie also Dokumente mit einem bestimmten Namen suchen oder sich vielleicht an eine konkrete Textstelle erinnern, sollten Sie diese deshalb in Anführungszeichen setzen. So finden Sie nur Dokumente, in denen exakt diese Phrase enthalten ist.

3.3.5 Komplexe Suchkriterien selbst formulieren

Die Suchoptionen des Datei-Explorers bieten Ihnen immer nur einige wenige zur aktuellen Dateiauswahl passende Kriterien an. Sie können aber jederzeit alle beliebigen Dateieigenschaften als Such- bzw. Filterkriterium verwenden. Dazu müssen Sie allerdings die genaue Schreibweise der Dateieigenschaft sowie des gewünschten Wertes kennen. Dabei handelt es sich letztlich immer um ein Paar der Form *<Kriterium>:<Eigenschaft>*. Mit ein wenig Übung lassen sich die wichtigsten Kriterien merken und gewinnbringend einsetzen. Dabei können und ggf. müssen verschiedene Schreibweisen genutzt werden, um komplexere Dateieigenschaften angemessen zu beschreiben:

- *Autor:Peter* – findet Dokumente, deren Autor »Peter« heißt.
- *Autor:Peter Claudia* – findet Dokumente, deren Autor »Peter« heißt und in denen das Wort »Claudia« vorkommt.
- *Autor:(Peter Müller)* – findet Dokumente, deren Autor »Peter Müller« heißt.
- *Autor:(Peter OR Claudia)* – findet Dokumente, deren Autor »Peter« oder »Claudia« heißt.

Neben dem allgegenwärtigen *<Eigenschaft>:<Wert>* gibt es außerdem noch die Variante *<Eigenschaft>:=<Wert>*. Der Unterschied: Die Angabe *:* erwartet lediglich, dass der angegebene Wert in der Eigenschaft enthalten sein muss. Die Angabe *:=* hingegen verlangt, dass der Inhalt von *<Eigenschaft>* exakt mit *<Wert>* übereinstimmt. Nehmen wir an, ein Dokument hat den Autor »Peter Müller«. Der Suchfilter *Autor:Peter* würde dieses Dokument zulassen, da »Peter« ein Teil von »Peter Müller« ist. *Autor:=Peter* hingegen würde diese Datei ignorieren und nur solche Dokumente finden, bei denen die *Autor*-Eigenschaft exakt mit »Peter« angegeben ist.

Die Suche auf bestimmte Arten von Dateien beschränken

Eine relativ häufige Aufgabe dürfte es sein, nur Dateien eines bestimmten Typs zu finden. Hierzu können Sie die *Typ*-Spalte in der Suchliste verwenden und sich in den Suchergebnissen einen entsprechenden Filter zusammenklicken. Oder aber Sie fügen diese Bedingung von vornherein in die Suchanfrage ein, was Ihnen mehr Flexibilität gibt. Die folgende Tabelle zeigt die Dateitypen für die wesentlichen Arten von Dokumenten und Daten an.

Dateityp	Bezeichnung	Angabe im Suchfeld
Kontakte	Kontaktdatei	*typ:kontakt*
E-Mail	z. B. Windows-Live-Mail-E-Mail	*typ:mail*
Instant Messenger Chats	Im	*typ:im*
Notizen/Journaleinträge	Journaldokument	*typ:journal*
Dokumente	verschiedene Arten von Dokumenten wie Office, Web, RTF, XML usw.	*typ:dok*
Word-Dokumente	Microsoft Office Word	*typ:word*
Excel-Arbeitsmappen	Microsoft Office Excel	*typ:xls*
PowerPoint-Präsentationen	Microsoft Office PowerPoint	*typ:ppt*
Musik	verschiedene Audioformate	*typ:audio*
Bilder	verschiedene Bildformate	*typ:bild*
Video	verschiedene Videoformate	*typ:video*
Ordner	Dateiordner	*typ:dateiordner*
Programme	Anwendungen	*typ:anwendung, typ:exe*
TV-Aufzeichnungen (Media Center)	WTV	*typ:tv*
Weblinks	Internetverknüpfung	*typ:url*

Dateitypen über ihre Endung ermitteln

Nicht immer müssen Sie sich die Mühe machen, zu einem gesuchten Dateityp erst die »offizielle« Bezeichnung zu ermitteln. Es reicht, wenn Sie die Dateiendung für diese Art von Dokumenten kennen. Dann können Sie dieses Kürzel in Verbindung mit dem *typ:*-Filter angeben. Suchen Sie z. B. eine bestimmte JPEG-Bilddatei, verwenden Sie einfach *typ:jpg*.

Suchen anhand des Datums

Ein wichtiges Suchkriterium kann auch das Datum sein. Dabei unterscheidet Windows drei verschiedene Datumsangaben:

- Erstelldatum: der Zeitpunkt, an dem eine Datei angelegt wurde.
- Änderungsdatum: der Zeitpunkt, an dem eine Datei zuletzt verändert, also gespeichert wurde.
- Letzter Zugriff: der Zeitpunkt, an dem zuletzt auf eine Datei zugegriffen wurde, egal ob lesend oder schreibend.

Letztere Angabe ist eher weniger interessant, da z. B. schon das Anzeigen des Ordners, in dem sich eine Datei befindet, als Zugriff auf diese Datei gewertet wird. Die ersten beiden Angaben aber lassen sich gut zum Eingrenzen einer Suche nutzen.

Suche	Findet
änderungsdatum:heute	alle Dateien, die heute verändert wurden
erstelldatum:letzte Woche	alle Dateien, die letzte Woche neu angelegt wurden
datum:letzten Monat	alle Dateien, die im letzten Monat angelegt oder verändert wurden
datum:letztes Jahr	alle Dateien, die im letzten Jahr angelegt oder verändert wurden
änderungsdatum: 01.08.2020..20.08.2020	alle Dateien, die zwischen dem 01.08.2020 und dem 20.08.2020 (einschließlich) verändert wurden
erstelldatum: >01.08.2020<20.08.2020	alle Dateien, die zwischen dem 01.08.2020 und dem 20.08.2020 (ausschließlich) erstellt wurden
vor:15.08.2020	alle Dateien, die vor dem 15.08.2020 verändert oder erstellt wurden
nach:15.08.2020	alle Dateien, die nach dem 15.08.2020 verändert oder erstellt wurden

Die Dateigröße als Suchkriterium einsetzen

Auch die Dateigröße kann als gutes Suchkriterium genutzt werden, etwa wenn Sie nur Bilder in einer hohen Auflösung (und in dementsprechender Dateigröße), Dokumente mit einem größeren Umfang oder längere Musikstücke suchen.

Auch hier stehen vielfältige Möglichkeiten zur Verfügung, die gesuchte Größe anzugeben:

Suche	Findet
größe:leer	Dateien mit 0 KB
größe:sehr klein	Dateien mit 0 bis 10 KB
größe:klein	Dateien mit 10 bis 100 KB
größe:mittel	Dateien mit 100 KB bis 1 MB
größe:groß	Dateien mit 1 MB bis 16 MB
größe:sehr groß	Dateien mit 16 MB bis 128 MB
größe:riesig	Dateien mit mehr als 128 MB
größe:>500KB	Dateien mit mehr als 500 KB
größe:<500KB	Dateien mit weniger als 500 KB
größe:>100KB<500KB	Dateien mit 100 bis 500 KB (ausschließlich)
größe:>=100KB<=500KB oder größe:100KB..500KB	Dateien mit 100 bis 500 KB (einschließlich)

Suchen anhand gängiger Dateieigenschaften

Neben den Standardeigenschaften wie Dateiname, -größe oder Änderungsdatum können Dateien in Windows noch eine Vielzahl von erweiterten Eigenschaften haben, die teilweise vom Dateityp abhängig sind. Diese alle aufzuzählen, würde den Rahmen sprengen, aber zumindest auf die wichtigsten, oft gebrauchten Merkmale möchte ich Sie hinweisen:

Suche	Findet
titel:Protokoll	Dateien, in deren Titeleigenschaft das Wort »Protokoll« enthalten ist
an:lisa@firma.de	Nachrichten an die Adresse *lisa@firma.de*
von:klaus@kunde.de	Nachrichten des Absenders *klaus@kunde.de*
album:Help!	Musiktitel vom Album »Help!«
interpret:Elvis	Musikstücke von Interpreten mit dem Namen »Elvis«
genre:jazz	Musikstücke aus dem Genre »Jazz«
ordner:bilanz	alle Dateien und Ordner, die in einem Ordner enthalten sind, dessen Bezeichnung das Wort »Bilanz« enthält

Suche	Findet
markierung:Projekt	Dateien, die eine Markierung bzw. ein Schlüsselwort mit dem Inhalt »Projekt« enthalten
thema:Termin	E-Mails, deren Betreffzeile das Wort »Termin« enthält
kommentar:überarbeiten	Dokumente, die einen Kommentar mit dem Wort »überarbeiten« enthalten
Breite:>1000	Bilder mit einer Breite über 1.000 Pixel
Höhe:<=500	Bilder mit einer Höhe kleiner oder gleich 500 Pixel
aufnahmedatum:letzte Woche	alle Bilder, die in der letzten Woche mit der Digitalkamera aufgenommen wurden
kanal:12	alle TV-Sendungen, die von Kanal 12 aufgenommen worden sind
episode:Hochzeit	Episoden einer aufgezeichneten TV-Serie, deren Name das Wort »Hochzeit« enthält

Die richtige Schreibweise im Suchfeld

Das Suchfeld hilft Ihnen dabei, die richtige Schreibweise für Dateieigenschaften zu verwenden bzw. unbekannte Eigenschaften leicht zu erkennen: Während Sie ein Kriterium eintippen, werden die Buchstaben schwarz angezeigt. Wenn Sie die Eingabe mit dem Doppelpunkt abschließen, färbt das Suchfeld die Schrift blau ein, wenn es sich dabei um eine zulässige Dateieigenschaft handelt. Bleibt der Text also nach dem *:* immer schwarz, dann überprüfen Sie die Schreibweise, ob sich eventuell ein Tippfehler eingeschlichen hat.

3.3.6 Suchen als virtuellen Ordner speichern

Eine einmal durchgeführte Suche können Sie als virtuellen Ordner speichern. Das sind im Gegensatz zu realen Verzeichnissen dynamisch erstellte Dateilisten, die im Explorer aber ganz genauso wie herkömmliche Ordner genutzt werden können. Der Explorer verwendet solche virtuellen Ordner, um die Ergebnisse von Suchen darzustellen. Und Sie können jede einmal formulierte Suche als virtuellen Ordner speichern. Wenn Sie diesen virtuellen Ordner später öffnen, wird die Suche mit den festgelegten Suchoptionen erneut durchgeführt und das Ergebnis angezeigt. Der virtuelle Ordner enthält also automatisch stets das aktuelle Suchergebnis.

1. Führen Sie die Suche durch und legen Sie ggf. die gewünschten Suchoptionen in Bezug auf Datum, Dateityp usw. fest.

2. Wenn das Suchergebnis entsprechend Ihren Vorstellungen angezeigt wird, klicken Sie oben in der Symbolleiste auf ■■■ und wählen Sie im Menü *An Schnellzugriff anheften*.

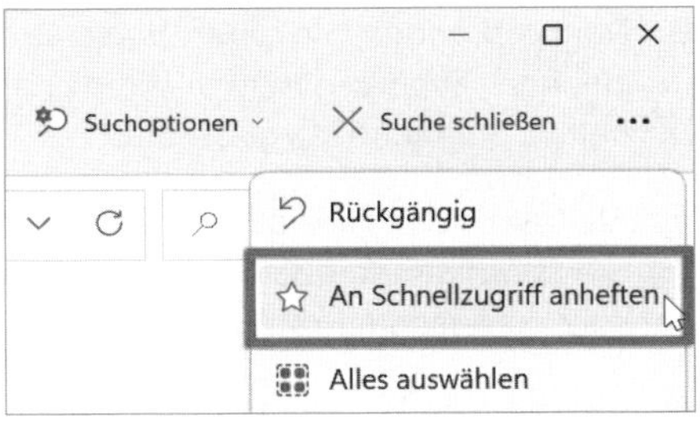

3. Der Explorer fügt dem Schnellzugriff dann einen Eintrag mit dem verwendeten Suchbegriff als Name hinzu. Gespeicherte Suchen erkennen Sie im Schnellzugriff am Lupensymbol, mit dem sie gekennzeichnet werden. Solche Einträge können Sie dort jederzeit anklicken, um diese Suche erneut durchzuführen und die dann aktuellen Ergebnisse im Explorer anzuzeigen.

3.3.7 Ein spezieller Ordner für gespeicherte Suchen

Wenn Sie mehrere Suchen auf diese Weise an den Schnellzugriff anheften, kann der auf Dauer etwas unübersichtlich werden. Für diesen Fall möchte ich Ihnen noch eine Alternative vorstellen, bei der Sie Suchen in einem speziellen Ordner speichern und an diesen anheften. So bleibt der Schnellzugriff aufgeräumt und Sie können trotzdem jederzeit mit zwei Mausklicks Ihre gespeicherten Suchen abrufen.

1. Führen Sie auch hierzu jeweils zunächst die Suche mit den gewünschten Optionen durch, bis das Ergebnis im Explorer angezeigt wird.

2. Klicken Sie in der Dateiliste mit den Suchergebnissen auf eine leere Stelle, wählen Sie im Kontextmenü *Weitere Optionen anzeigen* und dann im erweiterten Kontextmenü ganz unten *Suche speichern*.

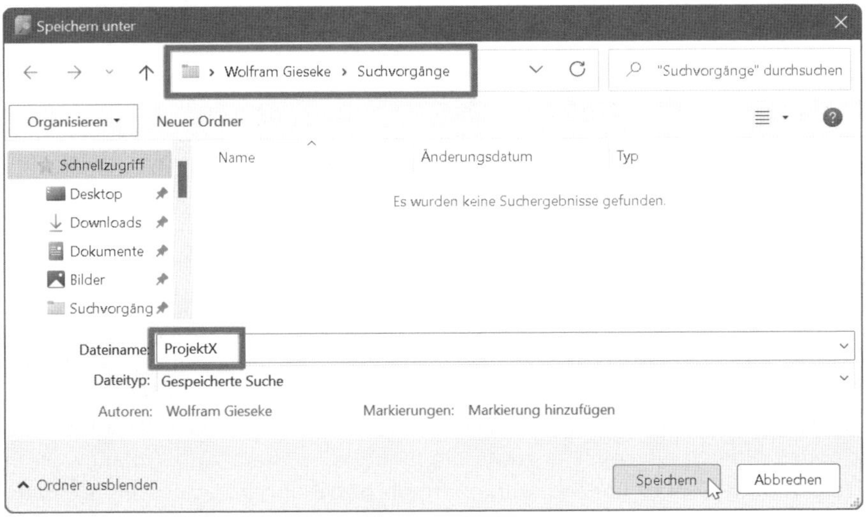

3. Dadurch öffnen Sie einen *Speichern unter*-Dialog. Als Zielordner wird das Verzeichnis *Suchvorgänge* in Ihrem persönlichen Benutzerordner verwendet. Behalten Sie diese Vorgabe bei.
4. Als Dateiname wird der verwendete Suchbegriff vorgeschlagen. Diesen können Sie übernehmen oder beliebig abändern. Verwenden Sie aber am besten einen kurzen, aussagekräftigen Namen.
5. Klicken Sie dann rechts unten auf *Speichern*.

Die nun folgenden Schritte müssen Sie nur einmalig ausführen, um den Ordner mit den gespeicherten Suchvorgängen an den Schnellzugriff anzuheften:

1. Gehen Sie im Explorer mit dem *Pfeil hoch*-Symbol über dem Navigationsbereich ganz nach oben, bis in der Adressleiste nur noch *Desktop* angezeigt wird.
2. Öffnen Sie in der Dateiliste nun den Ordner mit Ihrem Benutzernamen.
3. Darin finden Sie (unter anderem) einen Ordner mit der Bezeichnung *Suchvorgänge* vor.
4. Klicken Sie diesen mit der rechten Maustaste an und wählen Sie im Kontextmenü den Befehl *An Schnellzugriff anheften*.

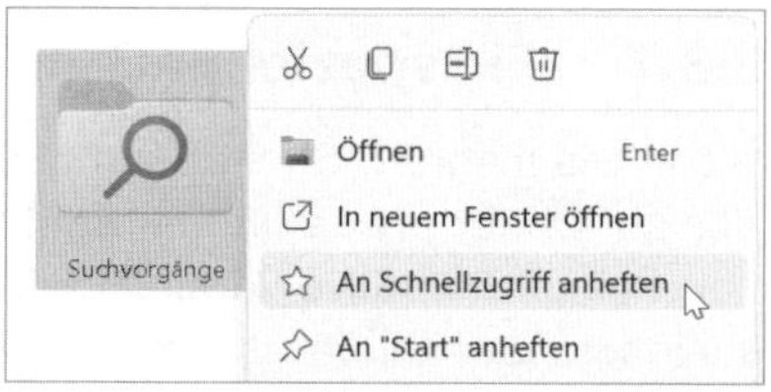

Anschließend finden Sie im Schnellzugriff den Eintrag *Suchvorgänge* vor. Mit einem Klick darauf öffnen Sie die Liste der gespeicherten Suchen und können die gewünschte Suche mit einem Doppelklick direkt durchführen.

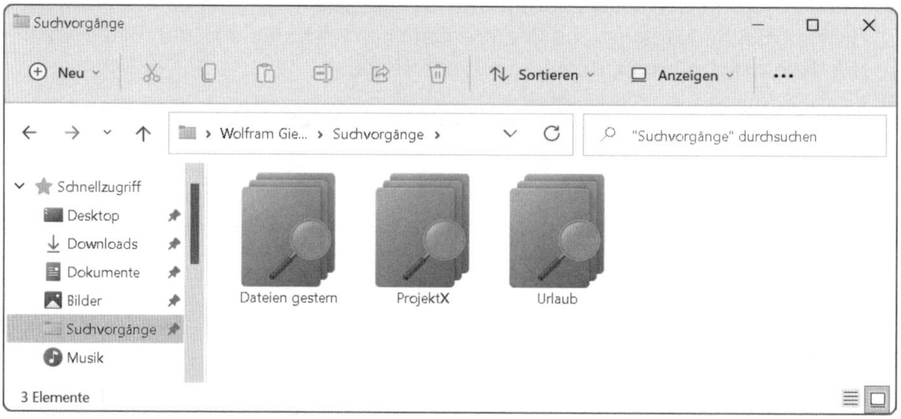

3.3.8 Weitere Ordner in den Suchindex aufnehmen

Standardmäßig überwacht der Windows-Suchindex für jeden Benutzer dessen eigenes Benutzerverzeichnis sowie die Einträge im Startmenü. Solange Sie neue Dateien und Ordner konsequent innerhalb der Standardordner wie *Dokumente*,

Musik, *Bilder* und *Videos* anlegen, reicht das völlig aus, und alle Ihre Dateien werden automatisch vom Suchdienst erfasst. Sie können aber auch Ordner aus anderen Bereichen im Index berücksichtigen lassen, etwa wenn Sie ein zusätzliches Laufwerk zum Speichern Ihrer Daten verwenden.

1. Klicken Sie dazu in den Windows-Einstellungen im Bereich *Datenschutz & Sicherheit/Windows durchsuchen* unter *Meine Dateien finden* auf *Suchorte anpassen*.

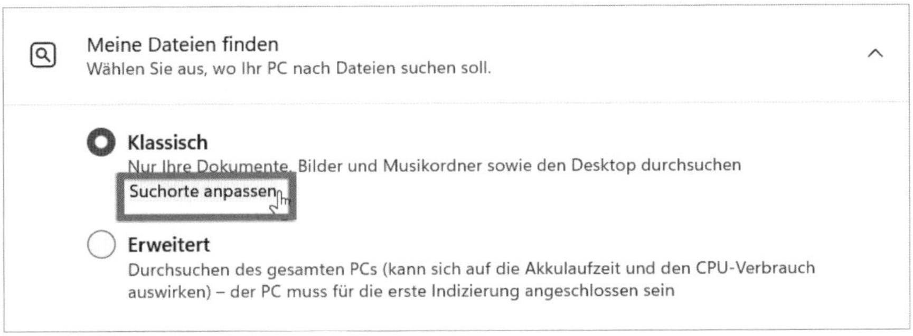

2. Im so geöffneten Dialog finden Sie ganz oben Angaben zum Status des Indexdiensts und zur Anzahl der derzeit indizierten Dateien. Im Bereich *Diese Orte indizieren* können Sie sehen, welche Bereiche der Suchdienst berücksichtigt.

3. Mit einem Mausklick auf die *Ändern*-Schaltfläche können Sie die Suchbereiche verändern.

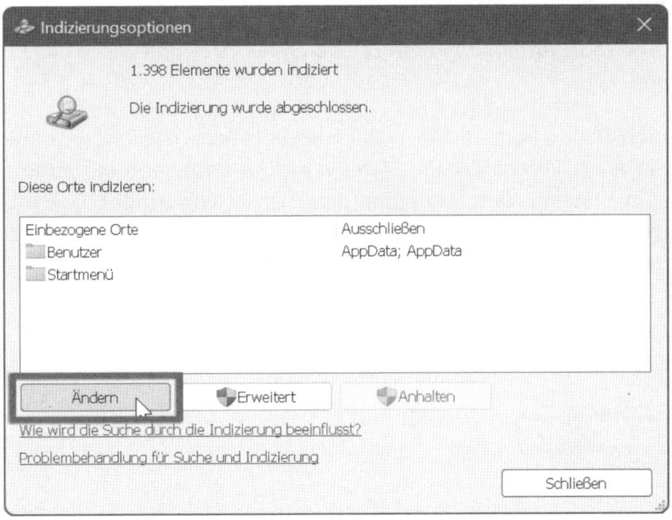

4. Klicken Sie sich dazu im anschließenden Dialog zu den Ordnern durch, die vom Suchdienst berücksichtigt werden sollen, und setzen Sie dort ein Häkchen. Der entsprechende Ordner wird dann mit in die Liste aufgenommen. Die Indizierung erfolgt sowohl für die Dateien im Ordner selbst als auch für den Inhalt sämtlicher Unterordner und deren Ordner.

In der nebenstehenden Abbildung wird beispielsweise auf dem lokalen Datenträger *C:* der Ordner *MP3-Musik* dem Suchindex hinzugefügt.

5. Haben Sie alle gewünschten Ordner per Häkchen hinzugefügt, klicken Sie unten auf *OK*.

Ab sofort berücksichtigt der Suchdienst die neu hinzugefügten Ordner einschließlich deren Unterverzeichnisse und aller darin enthaltenen Dateien. Es kann allerdings ein wenig dauern, bis die Inhalte zum ersten Mal vollständig erfasst wurden und für die Suche verfügbar sind.

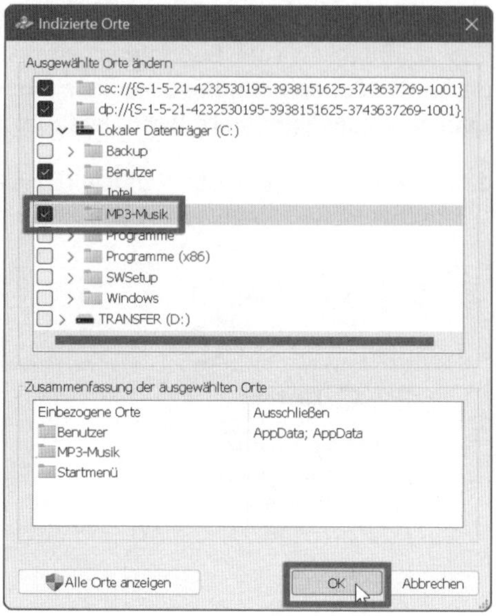

3.3.9 Den Suchindex auf wichtige Dateien beschränken

Neben den Ordnern können Sie auch bestimmen, welche Arten von Dateien der Indexdienst berücksichtigen soll. So können Sie die Suchfunktion schlank und schnell halten, indem Sie sich auf die Dokumenttypen beschränken, mit denen Sie üblicherweise arbeiten.

1. Klicken Sie in den *Indizierungsoptionen* (siehe Seite 192) unten auf die *Erweitert*-Schaltfläche.

2. Im anschließenden Dialog können Sie in der Rubrik *Indexeinstellungen* zunächst festlegen, ob Sie auch *Verschlüsselte Dateien indizieren* lassen möchten, was den Aufwand zum Erstellen des Index allerdings erheblich erhöht. Diese Option ist aber auch nur sinnvoll, wenn Sie überhaupt mit verschlüsselten Dateien arbeiten (mehr dazu siehe Seite 372).

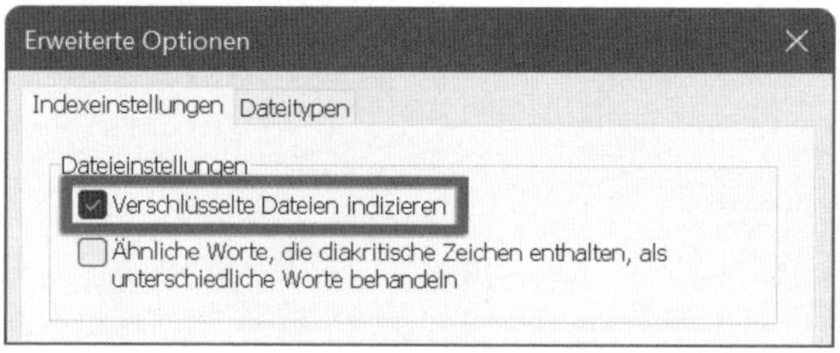

3. Wechseln Sie dann auf die Rubrik *Dateitypen*. Hier finden Sie eine Liste der registrierten Dateiendungen.

4. Per Häkchen legen Sie jeweils fest, ob die Dateien eines bestimmten Typs überhaupt indiziert werden sollen.

5. Mit den Optionen darunter steuern Sie, ob bei entsprechenden Dokumenten nur Dateinamen und -eigenschaften erfasst werden sollen oder ob auch der Dateiinhalt für die Volltextsuche erfasst und gespeichert werden soll. Diese Einstellung ist interessant, wenn die Suche bei bestimmten Dateiarten nicht zu den gewünschten Ergebnissen führt. Umgekehrt können Sie hier auch Dateitypen vom Suchdienst ausschließen, wenn diese in großer Anzahl vorkommen, aber nicht indiziert werden sollen.

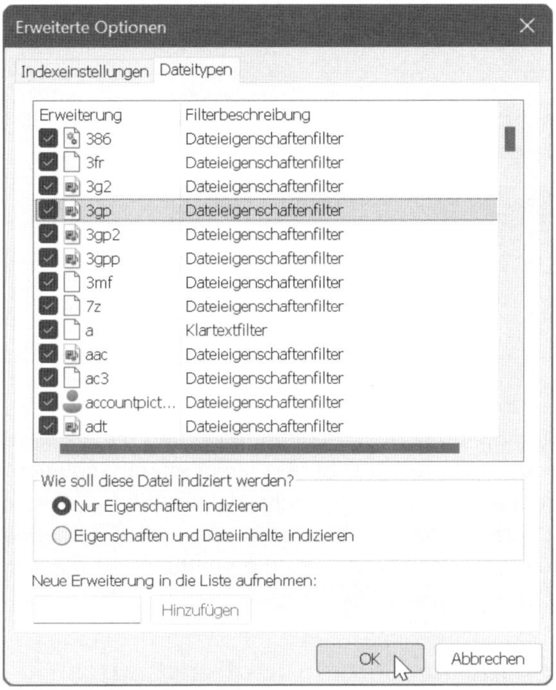

3.3.10 Den Index bei Bedarf manuell erneuern

Der Suchdienst läuft üblicherweise vollautomatisch im Hintergrund und sucht sich selbst regelmäßig passende Gelegenheiten, um den Index auf den aktuellen Stand zu bringen. Falls Sie darauf nicht warten wollen, können Sie aber auch manuell eine neue Bestandsaufnahme in die Wege leiten. Das lohnt sich z. B., wenn Sie umfangreiche Änderungen am Dateibestand vorgenommen haben und diese beim Suchen sofort berücksichtigt werden sollen.

1. Öffnen Sie wiederum die *Indizierungsoptionen* (siehe Seite 192) und klicken Sie dort auf die *Erweitert*-Schaltfläche.

2. Im anschließenden Dialog finden Sie im Bereich *Problembehandlung* die Schaltfläche *Neu erstellen*.

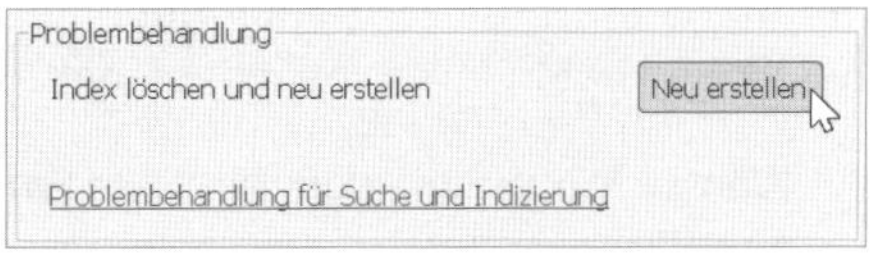

3. Bestätigen Sie den Sicherheitshinweis mit einem Klick auf *OK*.

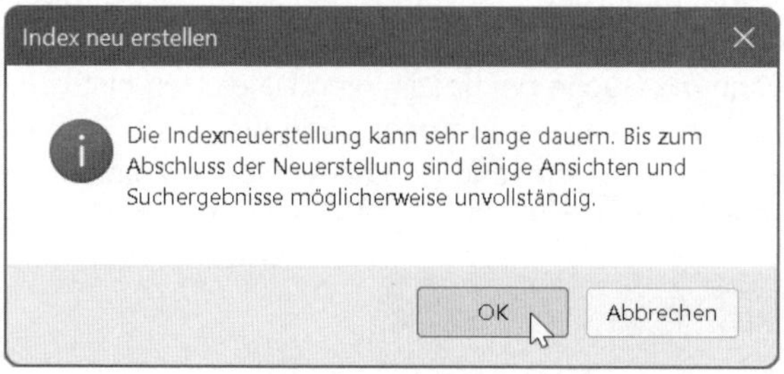

4. Der Index wird nun gelöscht und anschließend komplett neu aufgebaut. Den Fortschritt verfolgen Sie in den *Indizierungsoptionen*.

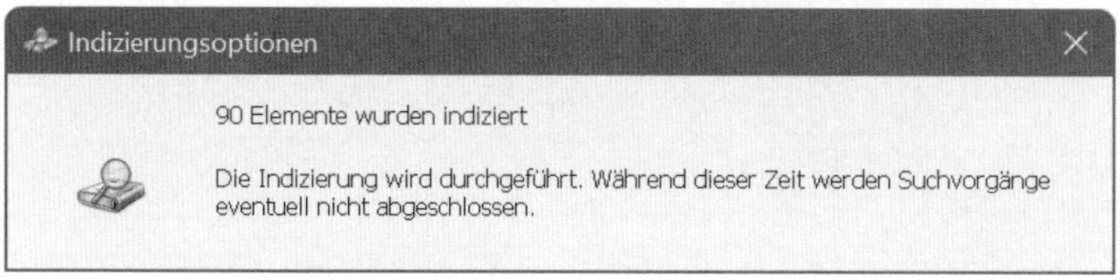

5. Sie können den Dialog jetzt bereits schließen und parallel anderweitig mit dem PC weiterarbeiten. Beachten Sie aber, dass Suchanfragen und die Anzeige von erweiterten Dateieigenschaften nur eingeschränkt funktionieren, solange der Index nicht vollständig erneuert ist. Dieser Vorgang dauert mindestens einige Minuten, bei sehr vielen Dateien unter Umständen auch deutlich länger. Ist er beendet, sehen Sie in den *Indizierungsoptionen* die Meldung *Die Indizierung wurde abgeschlossen*.

3.3.11 Den erweiterten Modus beim Indexdienst nutzen

Standardmäßig erfasst der Windows-Suchdienst Ihre Benutzerordner und das Startmenü. Weitere Ordner können Sie – wie beschrieben – bei Bedarf manuell hinzufügen. Neben diesem klassischen Modus kennt Windows aber noch eine zweite Variante namens *Erweitert*. Hierbei werden standardmäßig sämtliche Daten auf allen Laufwerken indiziert. Will man bestimmte Ordner nicht erfassen, kann man diese aber gezielt ausschließen. Einige Ordner sind auch bereits »ab Werk« ausgeschlossen, weil ihr Durchsuchen sinnlos wäre (beispielsweise *C:\Windows*).

Dieser erweiterte Modus ist hilfreich, wenn man mehrere Laufwerke nutzt oder eigene Ordnerstrukturen bevorzugt, die sich nicht am Windows-Standard orientieren. Dann kann man sich den Aufwand sparen, den Suchindex mühsam anzupassen. Die Kehrseite ist, dass tendenziell zu viel indiziert wird, was Mehrarbeit für den PC und höheren Stromverbrauch bedeutet. Wirklich ins Gewicht dürfte dies aber nur bei Mobilgeräten fallen, bei denen die Akkulaufzeit sich dadurch verringern könnte.

1. Wählen Sie dazu in den Windows-Einstellungen im Bereich *Datenschutz & Sicherheit/Windows durchsuchen* unter *Meine Dateien finden* die Option *Erweitert*.

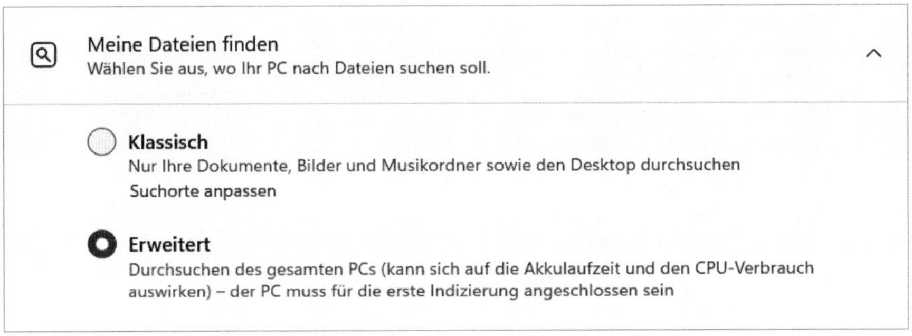

2. Wenn Sie den erweiterten Suchmodus verwenden, sollten Sie umfangreiche Ordner, in denen ohnehin nicht gesucht werden soll, vom Indizieren ausschließen. Das spart Energie und Speicherplatz und beschleunigt die Suchfunktion. Im Abschnitt *Ordner von erweiterter Suche ausschließen* finden Sie eine Liste der standardmäßig ignorierten Ordner.

3. Mit *Ausgeschlossenen Ordner hinzufügen* legen Sie weitere Ordner für die Ausschlussliste fest.

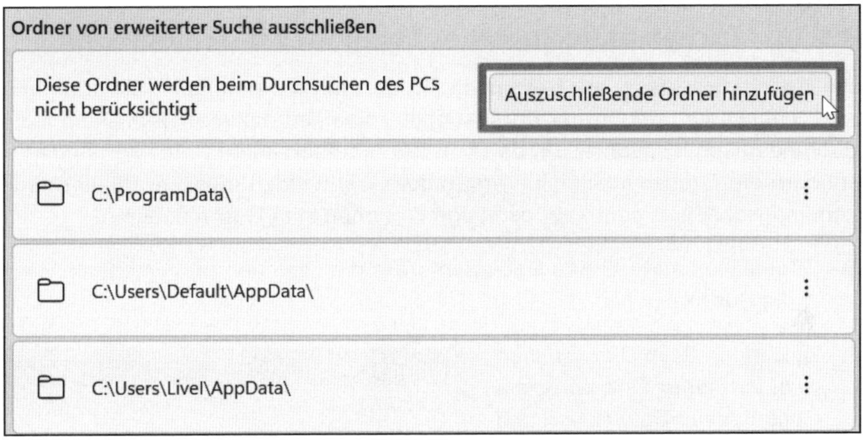

4. Klicken Sie dazu im anschließenden Auswahldialog den Ordner an, dessen Inhalt im erweiterten Modus nicht indiziert werden soll.

3.3.12 Den Speicherplatz des Suchindex verlagern

Die Daten, die der Indizierungsdienst permanent sammelt, werden standardmäßig auf dem Systemlaufwerk gespeichert. Sollte es dort zu Problemen durch zu geringen Speicherplatz kommen, können Sie diese Daten auch auf ein anderes Laufwerk verlagern. Es muss sich dabei aber um ein NTFS-formatiertes Laufwerk handeln und es sollte sich nicht auf einem Wechselspeichermedium wie z. B. einem USB-Stick befinden.

1. Öffnen Sie die erweiterten Indexeinstellungen wie auf Seite 192 beschrieben. Hier finden Sie ganz unten den Bereich *Indizierungsort*.

2. Klicken Sie dort auf die Schaltfläche *Neu auswählen*.

3. Geben Sie im anschließenden Auswahldialog das Laufwerk und den Ordner an, wo die Indizierungsdaten in Zukunft gespeichert werden sollen. Mit *Neuer Ordner erstellen* können Sie an der gewünschten Stelle ggf. einen neuen Ordner für diesen Zweck anlegen.

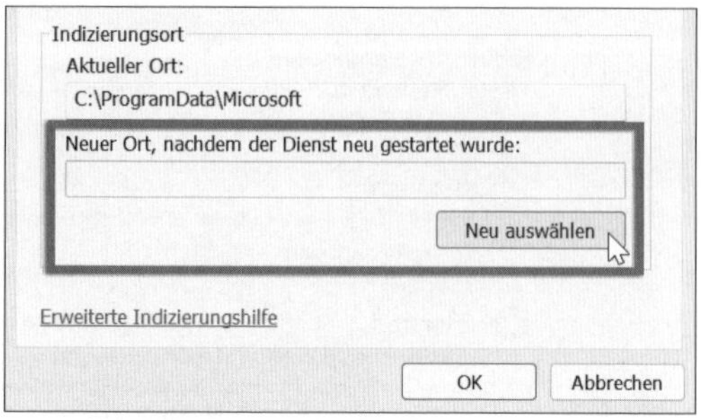

4. Klicken Sie dann zweimal auf die *OK*-Schaltfläche.

Windows beendet dann den Indizierungsdienst, transferiert die Indexdaten an den neuen Speicherplatz und startet den Indizierungsdienst neu. Dies kann ein wenig Zeit in Anspruch nehmen. Währenddessen steht die Suchfunktion nur eingeschränkt zur Verfügung.

3.3.13 Suchen außerhalb des Suchindex beschleunigen

Der Suchindex erfasst nur bestimmte Ordner und deren Inhalte. Sie können aber auch Laufwerke und Ordner durchsuchen, die nicht dazugehören. Dann läuft die Suche deutlich langsamer ab, da eben keine aufbereiteten Daten vorhanden sind, sondern die Ordner tatsächlich erst untersucht werden müssen. Damit das trotzdem möglichst flott geht, gibt es einige Optionen zum Beschleunigen.

1. Öffnen Sie im Menü des Datei-Explorers die *Optionen* und wechseln Sie dort in die Rubrik *Suchen*.

2. Im Bereich *Beim Durchsuchen nicht indizierter Orte* sorgt die Option *Immer Dateinamen und -inhalte suchen* dafür, dass die dann zeitaufwendige Volltextsuche auch bei nicht indizierten Dokumenten durchgeführt wird. Damit wird das Suchen außerhalb des Index gründlich, aber unter Umständen auch sehr zeitraubend.

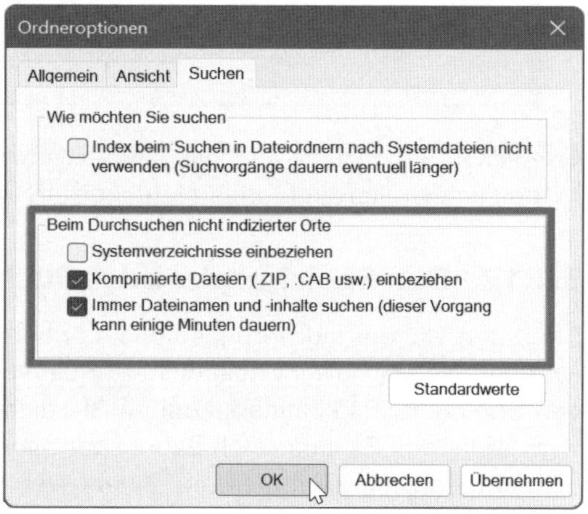

3. Die Option *Systemverzeichnisse einbeziehen* können Sie deaktivieren, da die darin enthaltenen Dateien beim Suchen in der Regel nicht benötigt werden.

4. Die Option *Komprimierte Dateien (.ZIP, .CAB usw.) einbeziehen* kann das Suchen außerhalb des Index wiederum deutlich ausbremsen, insbesondere wenn in einem Ordner mehrere oder besonders große solcher Dateien vorhanden sind. Wenn Sie Archive aber ausdrücklich durchsuchen möchten, sollten Sie diese Option einschalten. Alternativ wäre es aber eine Möglichkeit, die Ordner mit solchen Archiven in den regulären Suchindex aufzunehmen, um das Suchen zu beschleunigen.

3.3.14 Probleme mit Dateisuche und Indizierungsdienst lösen

Wie bei vielen anderen Aspekten und Funktionsbereichen stellt Windows auch für die Such- und Indizierungsfunktionen einen Assistenten zum Erkennen und Lösen von Problemen bereit. Auf diesen können Sie zurückgreifen, wenn die Suche nicht (mehr) wie erwartet funktionieren sollte, wenn etwa bestimmte Dateien nicht gefunden werden, obwohl sie sicher vorhanden sind und im Index eingetragen sein sollten.

1. Öffnen Sie die erweiterten Indizierungsoptionen (siehe Seite 192) und klicken Sie dort ganz unten auf den Link *Problembehandlung für Suche und Indizierung*.

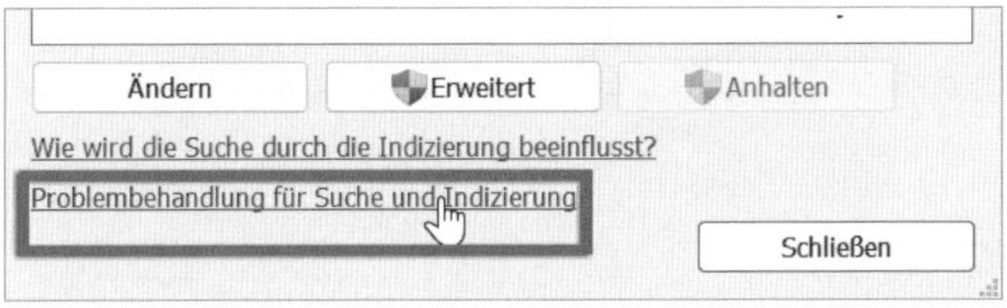

2. Im anschließenden Dialog können Sie angeben, welches Problem mit der Suchfunktion Sie bemerkt haben. Passt keine der Beschreibungen, wählen Sie ganz unten *Das bei mir aufgetretene Problem ist oben nicht aufgeführt* und geben dann im nächsten Schritt eine kurze Beschreibung des Problems ein.

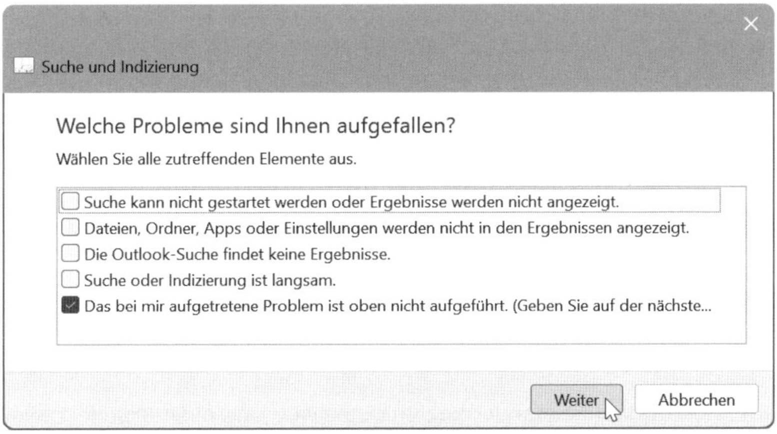

3. Der Assistent analysiert dann die Einstellungen und Daten und sucht nach möglichen Fehlerquellen. Einige erkannte Probleme kann er selbst beheben.

In anderen Fällen kann der Assistent nur Hinweise geben, wie Sie das Problem selbst lösen können.

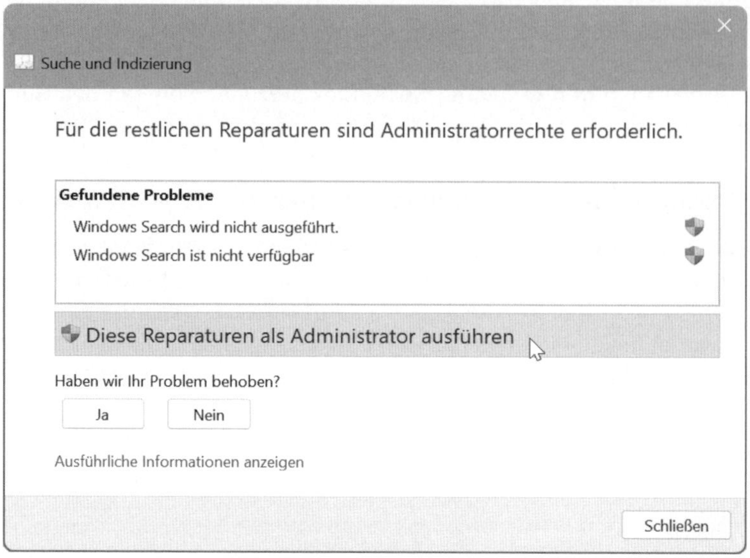

3.4 Dateien sichern

Solange alles glattgeht, macht man sich über Sicherungsstrategien meist keine großen Gedanken. Betriebssystem und Anwendungen lassen sich neu installieren. Was aber ist mit persönlichen Dokumenten, den Steuerunterlagen oder der digitalen Bildersammlung der letzten Jahre? Solche Informationen sind unter Umständen unwiederbringlich verloren. Dieses Risiko können Sie vermeiden, denn Windows bringt schon von Haus aus Bordmittel mit, mit denen Sie wichtige Daten sichern können. Wenn Sie diese geschickt einsetzen, können Sie Sicherungskopien im Falle eines Falles schnell wieder einspielen, sodass Sie nicht nur keine Daten, sondern auch nur wenig Zeit verlieren.

3.4.1 Den Dateiversionsverlauf aktivieren

Windows bringt mit dem Dateiversionsverlauf eine praktische Funktion mit, die wichtige Dateien zuverlässig im Hintergrund sichert. Dabei erstellt er praktisch eine Geschichte Ihrer Dateien, aus der Sie jederzeit nicht nur die jeweils letzte, sondern – abhängig vom verfügbaren Speicherplatz – auch frühere Versionen in verschiedenen Bearbeitungsstadien zurückholen können.

Der Dateiversionsverlauf ist standardmäßig deaktiviert und muss einmalig aktiviert werden. Da er einigen Speicherplatz benötigt, ist ein zusätzliches Laufwerk unerlässlich. Das kann eine weitere interne Festplatte sein, aber auch ein externer USB-Wechselspeicher oder auch Speicher auf einem NAS. Sicherungen auf derselben Festplatte sind wenig sinnvoll, da die Sicherungen im Fall eines Defekts dann gemeinsam mit den Originalen verloren gehen würden, deshalb lässt sich der Verlauf in einer solchen Konfiguration gar nicht erst aktivieren.

1. Geben Sie im Suchfeld der Windows-Taskleiste den Begriff *Dateiversionsverlauf* ein. Meist reichen schon die ersten Buchstaben (etwa »dateiv«, damit Windows Ihnen die richtige Stelle *Stellt Dateien mit dem Dateiversionsverlauf wieder her* anbietet. Drücken Sie dann [↵], um diese Einstellungen in der Systemsteuerung zu öffnen.

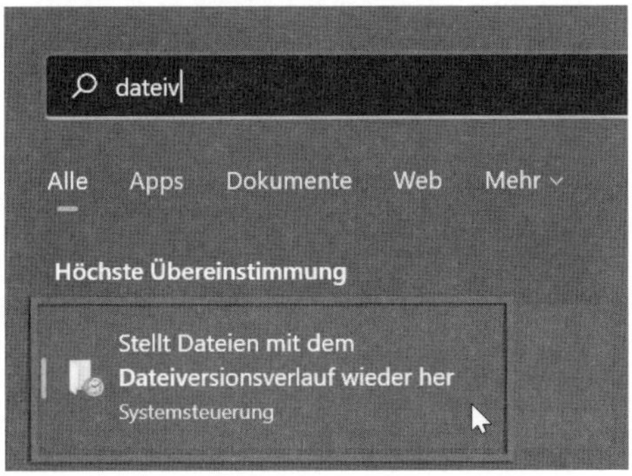

2. Solange der Dateiversionsverlauf noch nicht aktiviert ist, finden Sie hier aber nur eine Meldung, dass nichts gefunden wurde, sowie die Möglichkeit, diese Funktion einzuschalten. Klicken Sie dazu auf *Dateiversionsverlauf-Einstellungen konfigurieren*.

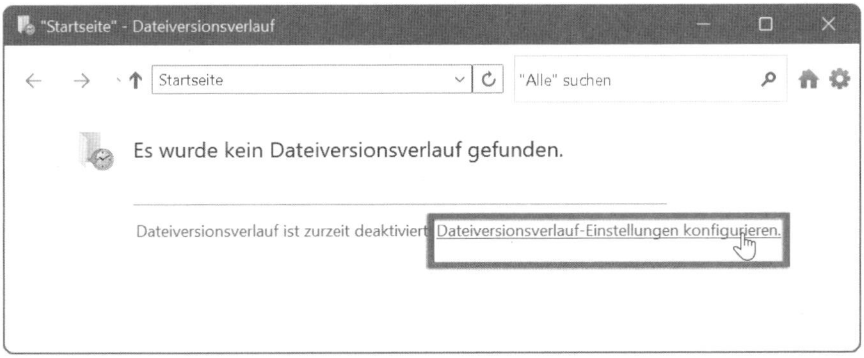

3. Im anschließenden Dialog bietet Ihnen Windows ein Laufwerk an, das sich als Speicherort für die Sicherungen eignet. Das Festplattenlaufwerk, auf dem Windows selbst installiert ist, kommt dafür nicht infrage (auch nicht eine andere Partition auf dieser Platte). Stattdessen unterstützt der Dateiversionsverlauf folgende Alternativen:

   - extern angeschlossene Laufwerke wie USB-Sticks oder USB-Festplatten, aber auch externe eSATA-Laufwerke,
   - intern angeschlossene zusätzliche Festplatten oder
   - Netzlaufwerke.

   Ist ein solches Laufwerk vorhanden, wählt Windows dies automatisch aus. Kontrollieren Sie in diesem Fall bei *Dateien kopieren nach*, ob das Laufwerk Ihrer Wahl dazu auserkoren wurde. Andernfalls können Sie links bei *Laufwerk auswählen* die gewünschte Partition festlegen.

4. Klicken Sie dann auf *Einschalten*, um den Dateiversionsverlauf zu aktivieren.

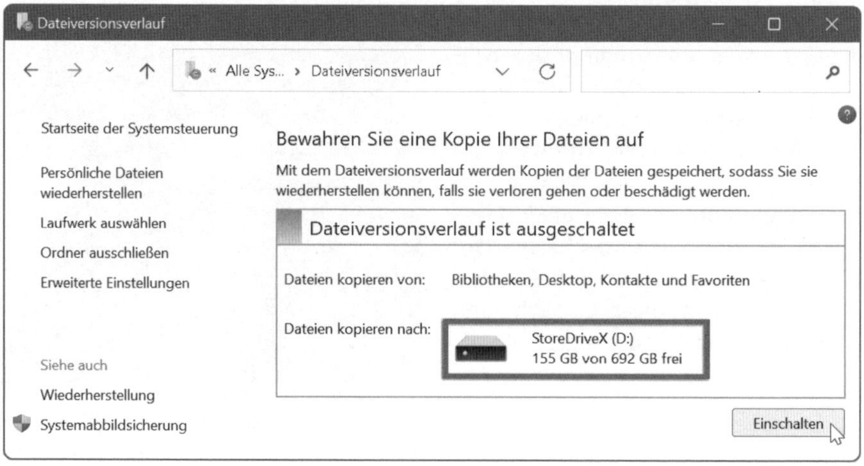

Die Funktion wird dann zunächst mit sinnvollen Voreinstellungen verwendet, die Sie nach Bedarf anpassen können.

3.4.2 Sicherungsintervall und Aufbewahrungsdauer

Standardmäßig berücksichtigt der Dateiversionsverlauf sämtliche Bibliotheken, Ihren Desktop, die Kontakte sowie die Browserfavoriten und erstellt davon einmal pro Stunde eine neue Sicherung.

Alte Sicherungen werden durch neue nicht überschrieben, sondern es wird jeweils eine neue Sicherung eines Dokuments erstellt, sodass nach und nach mehrere Versionen jedes Dokuments entstehen – aber eben nur, wenn sich am Dokument auch etwas verändert hat. Diese Versionen werden standardmäßig endlos aufgehoben.

Das alles sind aber nur die Voreinstellungen, die Sie nach Ihren Bedürfnissen individuell anpassen können.

1. Wann immer Sie den Dateiversionsverlauf aufrufen, finden Sie rechts oben ein kleines Zahnradsymbol, mit dem Sie die Einstellungen dieser Funktion steuern können.
2. Klicken Sie dort im Untermenü auf *Dateiversionsverlauf einrichten*.
3. Damit gelangen Sie in die zentrale Übersicht des Dateiversionsverlaufs.

4. Klicken Sie hier links im Navigationsbereich auf *Erweiterte Einstellungen*.

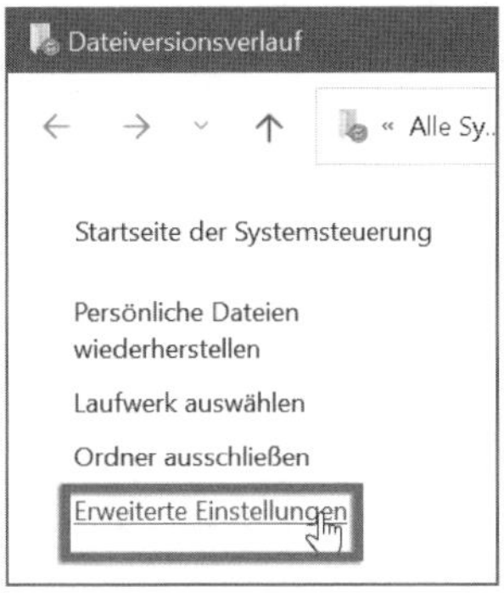

5. Im anschließenden Menü können Sie oben festlegen, wie oft das *Speichern von Dateikopien* vorgenommen werden soll. Ein sinnvoller Wert hängt davon ab, wie intensiv Sie am PC arbeiten. Eine neue Sicherung alle zehn Minuten bietet maximale Sicherheit, da Sie maximal zehn Minuten Arbeit verlieren können, aber sie generiert auch sehr viele Sicherungsversionen. Das verbraucht Speicherplatz und macht das Auffinden eines bestimmten Sicherungsstands umso schwieriger. Eine Sicherung pro Tag oder alle zwölf Stunden dürfte in vielen Fällen ausreichen, aber das muss jeder für sich individuell entscheiden.

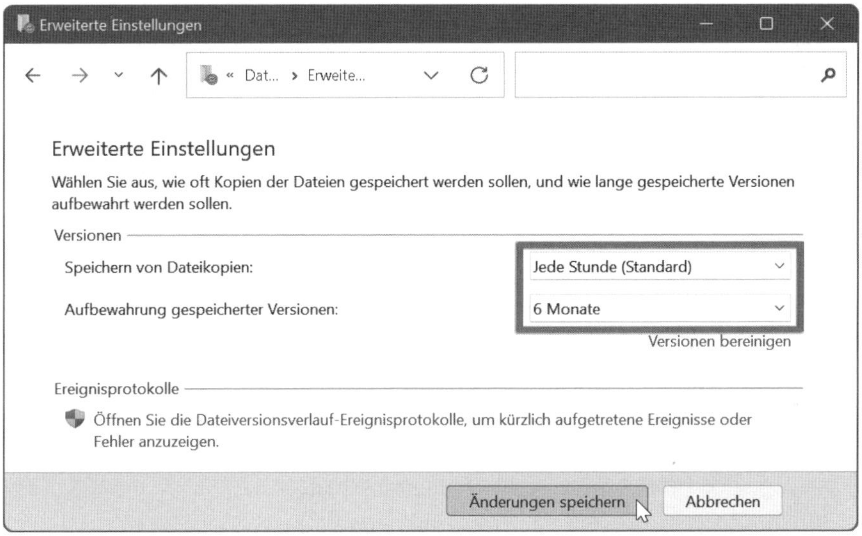

6. Darunter bestimmen Sie, wie lang die *Aufbewahrung gespeicherter Versionen* dauern soll. Dabei empfiehlt sich die Variante *Bis Platz benötigt wird*. Dann erstellt der Dateiversionsverlauf immer weiter neue Versionen. Sollte der Platz auf dem dafür festgelegten Datenträger einmal ausgehen, werden automatisch jeweils die ältesten Sicherungen gelöscht. So arbeitet das Programm immer unauffällig im Hintergrund und passt sich dem verfügbaren Platz an. Haben Sie hingegen sehr viel Platz und wollen die Anzahl der Versionen trotzdem begrenzen, legen Sie einen bestimmten Zeitraum fest, in dem ältere Versionen maximal aufbewahrt werden.

3.4.3 Ordner vom Dateiversionsverlauf ausnehmen

Bestimmte Arten von Ordnern sollten Sie vom Dateiversionsverlauf ausnehmen. Wenn Sie z. B. viel mit digitalen Bildern arbeiten, würde jede kleine Änderung, wie etwa nur das Einfügen von Name oder Beschriftung (Tags) eines Bildes, zu einer neuen Version führen. Wenn Sie also z. B. 50 Bilder à ca. 4 MB haben und allen diesen Bildern einfach die neue Beschriftung »Sommerurlaub« zuordnen, wären das mal eben 200 MB Speicherplatz auf dem Sicherungsmedium. Deshalb kann es sinnvoll sein, einzelne Ordner von der Sicherung auszunehmen.

1. Öffnen Sie die Einstellungen des Dateiversionsverlaufs und klicken Sie links im Navigationsbereich auf *Ordner ausschließen*.
2. Im anschließenden Dialog klicken Sie unten auf *Hinzufügen* und wählen dann den Ordner aus, dessen Inhalt nicht gesichert werden soll. Sie können hier eine komplette Bibliothek auswählen oder auch einen einzelnen darin enthaltenen Ordner.
3. Wiederholen Sie diesen Vorgang für alle Ordner, die nicht gesichert werden sollen. Für jeden dieser Ordner wird ein Eintrag in der Liste erzeugt. Hier können Sie den Ordner dann später ggf. auch wieder mit *Entfernen* herausholen.

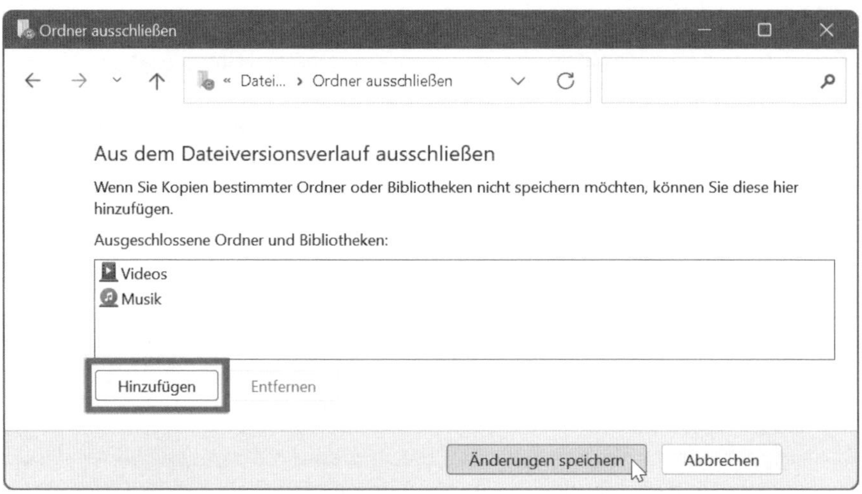

4. Klicken Sie dann unten rechts auf *Änderungen speichern*.

Volle Kontrolle über die zu sichernden Ordner

Die Bibliotheken des Datei-Explorers (siehe Seite 172) bieten Ihnen die Möglichkeit, ganz genau und flexibel zu kontrollieren, was der Dateiversionsverlauf sichert und was nicht. Hierzu können Sie eine eigene Bibliothek (z. B. *Sichern*) anlegen. Die anderen Bibliotheken nehmen Sie wie vorangehend beschrieben von der Sicherung aus. Dann ordnen Sie im Explorer nur die Ordner, die der Dateiversionsverlauf sichern soll, der Bibliothek *Sichern* zu.

3.4.4 Speicherort der Sicherung nachträglich ändern

Sollte der Platz auf dem Sicherungsdatenträger doch mal zu eng werden, können Sie ihn auf ein anderes, größeres Laufwerk verlagern. Sie haben dabei die Möglichkeit, den vorhandenen Datenbestand auf das neue Sicherungslaufwerk zu übertragen, sodass die vorhandenen Sicherungsversionen beibehalten und anschließend an der neuen Stelle weiter ergänzt werden.

1. Öffnen Sie die Einstellungen des Dateiversionsverlaufs und klicken Sie oben links auf *Laufwerk auswählen*.

2. Im anschließenden Menü sehen Sie alle für den Dateiversionsverlauf nutzbaren Laufwerke, wobei dasjenige ausgewählt ist, das bislang als Sicherungsmedium benutzt wird. Ändern Sie die Auswahl auf das neue Laufwerk Ihrer Wahl und klicken Sie unten auf *OK*.

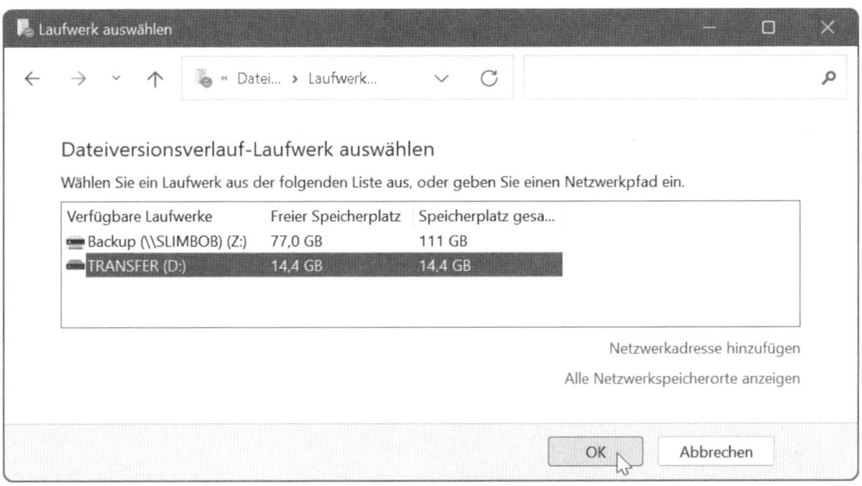

3. Windows bietet Ihnen nun an, die bereits vorhandenen Sicherungsdaten auf das neue Laufwerk zu übertragen. Bestätigen Sie das mit *Ja*.

4. Warten Sie ab, bis der Dateitransfer abgeschlossen ist. Anschließend können Sie den Dateiversionsverlauf wieder uneingeschränkt verwenden.

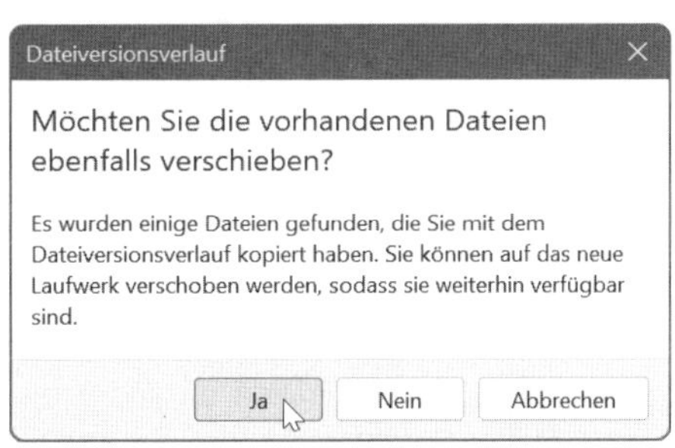

3.4.5 Dateien aus dem Dateiversionsverlauf zurückholen

Ist der Dateiversionsverlauf aktiv, können Sie jederzeit auf die gespeicherten früheren Versionen der gesicherten Dateien zugreifen und diese zurückspielen. Das Programm unterstützt Sie dabei in der Auswahl, welche von mehreren gesicherten Versionen die richtige ist.

1. Wählen Sie als Erstes aus, für welche(s) Objekt(e) Sie den Verlauf einsehen möchten. Handelt es sich um eine bestimmte Datei, markieren Sie diese im Explorer. Geht es hingegen um einen ganzen Ordner (ggf. samt Unterordnern), wählen Sie diesen im Explorer, ohne ihn zu öffnen.

2. Klicken Sie dann mit der rechten Maustaste auf das ausgewählte Element, wählen Sie im Kontextmenü *Weitere Optionen anzeigen* und im erweiterten Kontextmenü dann *Vorgängerversionen wiederherstellen*.

3. Dadurch öffnen Sie die Eigenschaften dieses Elements in der Rubrik *Vorgängerversionen*. Hier werden alle Versionen aufgelistet, die entweder aus Wiederherstellungspunkten (siehe Seite 570) oder aus dem Dateiversionsverlauf wiederhergestellt werden können. Wenn Sie sich anhand der Datumsangabe schon entscheiden können, klicken Sie unten auf *Wiederherstellen*, um die frühere Version zurückzuholen.

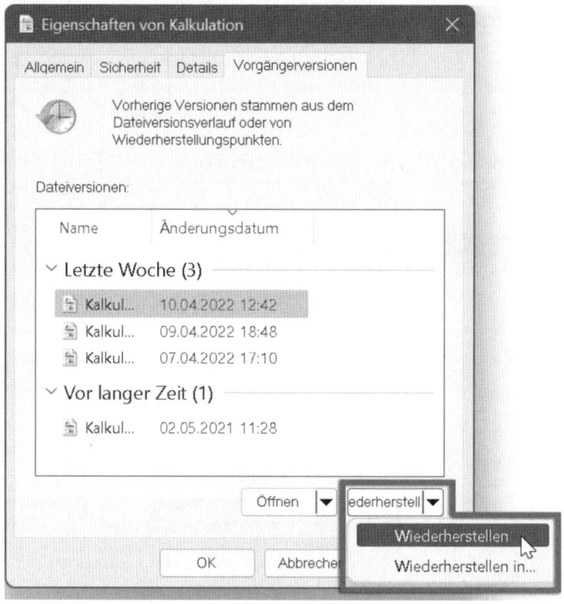

4. Alternativ klicken Sie rechts neben *Öffnen* auf den Pfeil und wählen im Menü dann *In Dateiversionsverlauf öffnen*, um die Historie dieses Elements im Dateiversionsverlauf anzuzeigen.

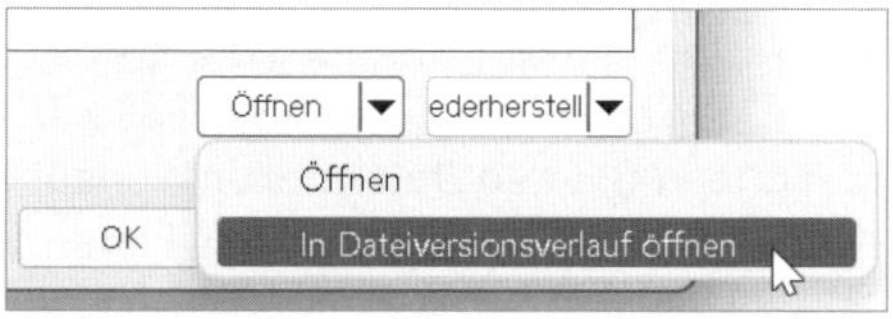

5. Haben Sie im Explorer einen Ordner geöffnet, zeigt Ihnen der Dateiversionsverlauf an, für welche Dateien dieses Ordners Sicherungen vorhanden sind. Oben können Sie dabei den Zeitpunkt ablesen, zu dem diese Sicherung angelegt wurde.

6. Mit dem Steuerelement unten in der Mitte können Sie nun weiter in der Versionshistorie des Ordners zurückgehen und sehen, welche früheren Versionen der einzelnen Dateien gesichert wurden.

7. Wollen Sie den gesamten Stand eines Ordners auf den gerade angezeigten früheren Zeitpunkt zurücksetzen, klicken Sie unten auf die runde Schaltfläche *Stellt die Daten am ursprünglichen Speicherort wieder her*. Alternativ können Sie auch nur bestimmte Dateien der Sicherung auswählen. Der Dateiversionsverlauf ersetzt dann die aktuelle Variante der Dateien durch die Versionen aus der gewählten Sicherung.

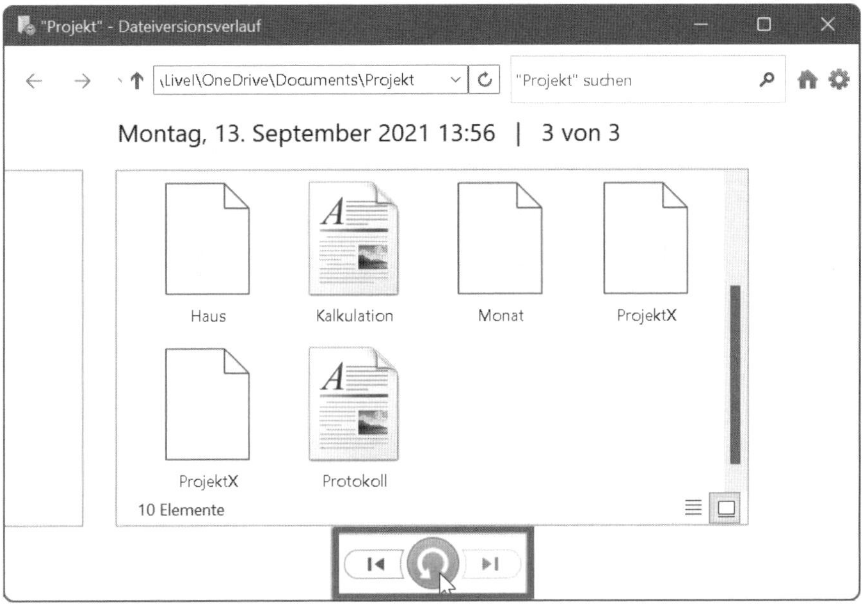

Die vorhandenen neueren Dateien werden bei dieser Vorgehensweise ersatzlos überschrieben. Wie Sie das vermeiden können und wie Sie den Inhalt der Dateien zum Wiederfinden einer bestimmten früheren Version nutzen können, erfahren Sie in den nachfolgenden Abschnitten.

3.4.6 Den Inhalt gesicherter Dokumente vergleichen

Der Dateiversionsverlauf bietet Ihnen die Möglichkeit, nicht nur die formalen Eigenschaften von gesicherten Dateiversionen (also Größe, Speicherzeitpunkt etc.), sondern auch den Inhalt zu untersuchen. So können Sie z. B. nach einer ganz bestimmten Version einer Datei suchen, um diese wiederherzustellen. Dabei gibt es zwei Möglichkeiten:

- Wenn Sie eine bestimmte Datei auswählen und dann deren Verlauf öffnen, wird direkt der Inhalt angezeigt. Mit dem Steuerelement zeigen Sie dann jeweils den Inhalt einer früheren Version der Datei an. So können Sie sich durch die Versionshistorie hangeln, bis Sie die gewünschte Fassung gefunden haben.

- Lassen Sie sich einen ganzen Ordner im Verlauf anzeigen, sehen Sie für jedes Dokument zunächst nur das Dateisymbol. Sie können es aber mit einem Doppelklick öffnen, erhalten dann ebenfalls eine Vorschau auf den Inhalt und können die gewünschte Version heraussuchen.

Auch hier können Sie jederzeit mit der runden Wiederherstellen-Schaltfläche die frühere Version zurückspielen. Das bezieht sich dann allerdings immer nur auf die Datei, deren Inhalt gerade angezeigt wird.

Ganze Ordner aufgrund des Dateiinhalts wiederherstellen

Wenn Sie den Inhalt einer bestimmten Datei nutzen, um einen Zeitpunkt auszuwählen, zu dem Sie einen ganzen Ordner zurücksetzen möchten, gibt es eine kleine Klippe zu umschiffen: Wechseln Sie aus der Inhaltsvorschau einer Datei zurück zur Ordneransicht (mit dem Zurück-Pfeil oben links), wechselt der Dateiversionsverlauf nicht automatisch in die Ordneransicht zu dem Zeitpunkt, den Sie mit der Inhaltsvorschau ausgewählt hatten. Merken Sie sich bei solchen Szenarien deshalb in der Inhaltsvorschau den Zeitpunkt (Datum und Uhrzeit stehen darüber), wechseln Sie dann in der Ordneransicht zu diesem Zeitpunkt und führen Sie erst dann die Wiederherstellung durch.

3.4.7 Gesicherte Dateien an einem anderen Ort wiederherstellen

Mit der zentralen runden Wiederherstellen-Schaltfläche ersetzen Sie jeweils die aktuell vorhandenen Dateien durch eine ältere Version. Die aktuelle Version wird dabei ersatzlos entfernt und überschrieben. Das ist sicher nicht in jedem Fall so gewünscht. Der Dateiversionsverlauf bietet deshalb die Alternative, die aktuellen Dateien eben nicht zu überschreiben, sondern die früheren Versionen stattdessen an einer anderen Stelle wiederherzustellen.

1. Wählen Sie hierzu wie vorangehend beschrieben die frühere Version einer oder mehrerer Dateien aus, die Sie wiederherstellen möchten.
2. Klicken Sie dann aber mit der rechten Maustaste auf die runde *Wiederherstellen*-Schaltfläche und wählen Sie im so geöffneten Kontextmenü *Wiederherstellen in*.

3. Anschließend legen Sie in einem Auswahldialog den Ordner fest, in dem die Wiederherstellung erfolgen soll.

Der Dateiversionsverlauf erstellt dann im gewählten Ordner die gesamte Ordnerstruktur der wiederhergestellten Dateien. Wenn Sie also im Ordner *Dokumente\Firma\Projekt* eine Wiederherstellung der Dateien vornehmen und dafür den Ordner *C:\Rettung* als Ziel auswählen, finden Sie die wiederhergestellten Dateien anschließend unter *C:\Rettung\Dokumente\Firma\Projekt* wieder.

Daten zurückholen, wenn Dateien und Ordner komplett gelöscht sind

Die bisherige Beschreibung des Dateiversionsverlaufs ging immer davon aus, frühere Versionen von noch bestehenden Dateien wiederherzustellen. Was aber, wenn es sich um Ordner bzw. Dateien handelt, die bereits – absichtlich oder versehentlich – gelöscht wurden? Dann brauchen Sie in der Ordnerhierarchie nur weit genug oben anzufangen. Handelt es sich also z. B. um einen Unterordner der *Bilder*-Bibliothek, öffnen Sie diese Bibliothek im Explorer und klicken Sie auf *Verlauf*. Dann können Sie sich durch eine »zeitlose« Ordnerhierarchie klicken, die sowohl aktuell noch vorhandene als auch längst gelöschte Verzeichnisse und Dateien enthält.

3.4.8 Direkt auf die Dateien im Versionsverlauf zugreifen

Die Sicherung im Dateiversionsverlauf erfolgt letztlich durch simples Kopieren und Umbenennen von Dateien. Dadurch entsteht auf dem Sicherungslaufwerk eine Ordnerstruktur, auf die Sie direkt zugreifen können.

1. Öffnen Sie im Windows-Explorer das Laufwerk, das Sie als Sicherungsmedium für den Dateiversionsverlauf festgelegt haben. Darauf finden Sie einen Ordner namens *FileHistory*.
2. Wählen Sie darin den Ordner mit Ihrem Benutzerkonto aus, darin den Ordner mit dem Namen Ihres PCs und darin das Verzeichnis *Data*.
3. Hierin finden Sie die (gesicherten) Datenstrukturen Ihrer Laufwerke wieder, also *C* für das Laufwerk C:, dann *Users*, dann erneut Ihre Benutzerkennung und darin die eigentlichen gesicherten Daten:

- *Contacts*, *Desktop* und *Favorites* enthalten Ihre Kontakte, den Inhalt Ihres Desktops sowie Browserfavoriten.
- Daneben finden Sie alle Bibliotheken, sofern Sie diese nicht von der Sicherung durch den Dateiversionsverlauf ausgenommen haben.

Die Struktur der Bibliotheken mit Dateien und Unterverzeichnissen entspricht den Originalen. Lediglich die Dateinamen sind verändert, da sie neben dem eigentlichen Namen noch das Datum und die Uhrzeit enthalten, an denen die jeweilige Sicherung angelegt wurde. Gibt es mehrere Versionen einer Datei, finden Sie also mehrere Dateien mit demselben Namen vor, die sich nur durch die Ergänzung eines anderen Datums unterscheiden.

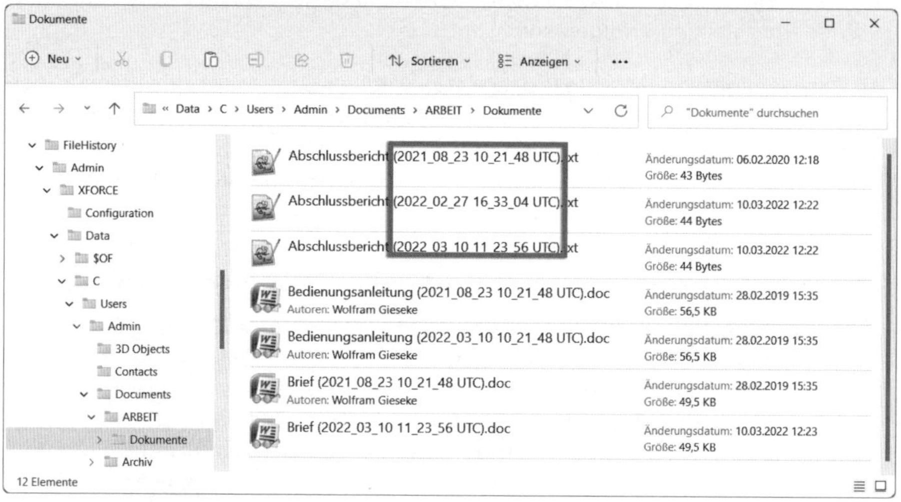

3.4.9 Im Dateiversionsverlauf aufräumen

Da es sich bei den Datenbeständen des Dateiversionsverlaufs um simple Dateistrukturen handelt, können Sie auch durchaus manuell darin aufräumen, um z. B. Platz auf dem Sicherungsmedium zu schaffen.

Öffnen Sie dazu die Dateistrukturen auf dem Sicherungslaufwerk und entfernen Sie Ordner und Dokumente, die Sie sicher nicht mehr benötigen werden oder bei denen Sie beispielsweise die endgültig fertiggestellten Fassungen anderweitig extern gesichert haben. So können Sie insbesondere nicht mehr benötigte Speicherplatzfresser aussortieren.

Allerdings entfernen Sie auf diese Weise nur die Dateien, nicht aber die Informationen darüber im Dateiversionsverlauf. Diese gelöschten Sicherungen werden also nach wie vor angezeigt, aber sobald Sie darauf zugreifen, meldet das Programm, dass diese Daten nicht mehr verfügbar sind. Eine nicht ganz so flexible, aber in vielen Fällen ausreichende Möglichkeit, die Bestände des Dateiversionsverlaufs nach Bedarf auszudünnen, bieten die Einstellungen des Verlaufs selbst.

1. Öffnen Sie mit der Systemsteuerung in den Einstellungen für den *Dateiversionsverlauf* deren *Erweiterte Einstellungen* und klicken Sie rechts unterhalb der Auswahlfelder auf den Link *Versionen bereinigen*.

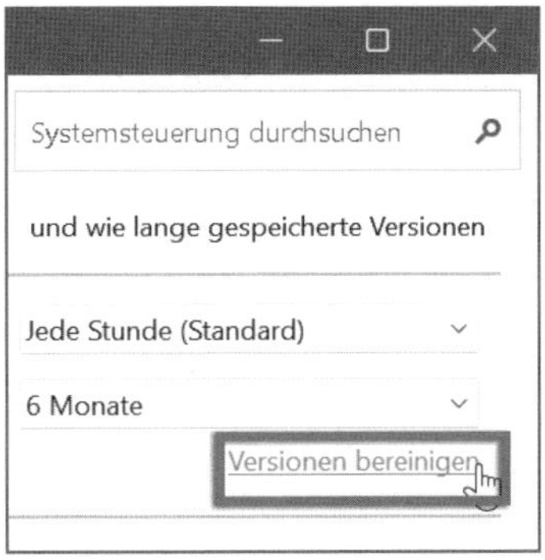

2. Im anschließenden Dialog geben Sie an, bis zu welchem Zeitpunkt Sie frühere Versionen von Dateien behalten möchten. Wählen Sie z. B. *Älter als 3 Monate* aus, entfernt die Funktion alle Versionen aus dem Dateiversionsverlauf, die vor diesem Zeitpunkt angelegt wurden.

3. Klicken Sie auf *Bereinigen*, um die Säuberungsaktion durchzuführen.

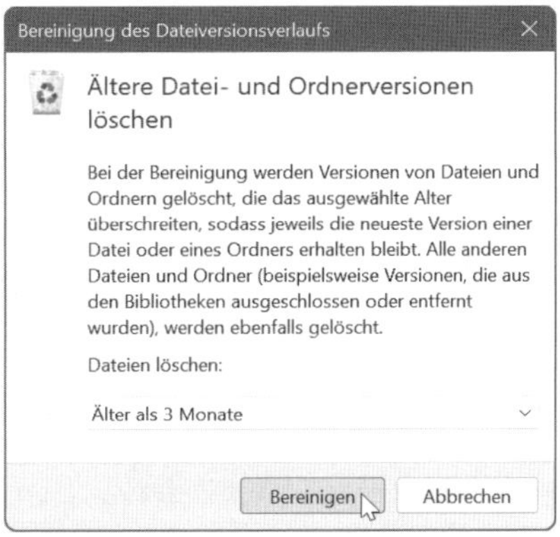

3.4.10 Dateien von Windows automatisch sichern lassen

Zum Lieferumfang von Windows gehört ein Sicherungsassistent, mit dessen Hilfe Sie Umfang und Häufigkeit Ihrer Datensicherungen festlegen können. Ein so definierter Sicherungsauftrag wird durch die Aufgabenplanung automatisch regelmäßig durchgeführt, sodass Sie stets über eine aktuelle Komplettsicherung Ihrer Dokumente verfügen.

1. Interessanterweise findet sich diese Funktion nur über Umwege in der klassischen Systemsteuerung, fast so, als wenn Microsoft sie verstecken wollte. Am einfachsten geht es so: Geben Sie in der Systemsteuerung im Suchfeld oben rechts die Zahl *7* ein. Dann erhalten Sie den Eintrag *Sichern und Wiederherstellen (Windows 7)* ganz oben in der Trefferliste.

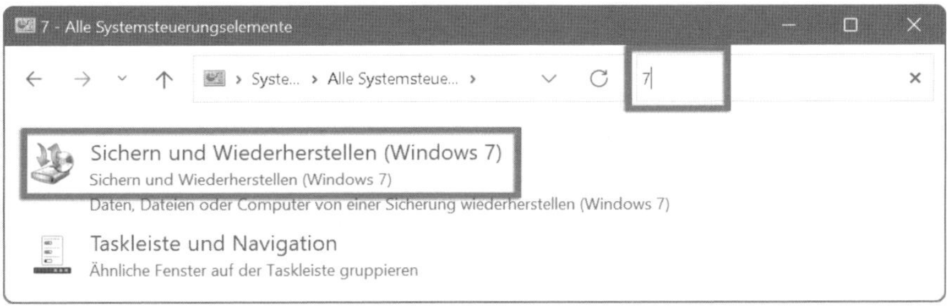

2. Wenn der Sicherungsassistent noch nie eingesetzt wurde, klicken Sie rechts auf den Link *Sicherung einrichten*. Andernfalls ist bereits ein Sicherungsauftrag definiert, den Sie mit *Einstellungen ändern* anpassen können.

3. Der Assistent zeigt dann die verfügbaren Sicherungsgeräte an. Da ein Backup auf die Systemfestplatte nicht sinnvoll wäre, steht diese nicht zur Verfügung. Weitere Festplatten sowie Brenner-Laufwerke werden aber aufgeführt. Die sinnvollste Variante markiert der Assistent mit dem Kommentar *[Empfohlen]*.

4. Wollen Sie das Backup über ein Netzwerk auf einen Fileserver oder einen anderen PC ausführen, klicken Sie unten auf *In Netzwerk speichern*. Geben Sie dann den Netzwerkpfad zu dem gewünschten Speicherort sowie die für diesen Netzwerkzugriff erforderlichen Benutzerdaten an. Dieses Laufwerk wird dann mit in die Laufwerkauswahl für den Speicherort aufgenommen.

Wohin mit den Sicherungsdaten?
Ist eine zweite Festplatte in den PC eingebaut, ist dies eine einfache und schnelle Lösung. Allerdings nicht optimal, da bei massiven Beschädigungen beispielsweise durch Überspannung oder Blitzschlag auch das Sicherungsmedium beschädigt werden kann. Besser geeignet sind externe USB-Festplatten, die optimalerweise nur für das Sichern der Daten angeschlossen und sonst an einem sicheren Ort verwahrt werden. Auch das Brennen auf CD/DVD ist machbar, angesichts preisgünstiger USB-Festplatten aber nicht empfehlenswert. Wenn es in Ihrem lokalen Netzwerk einen zentralen Fileserver (NAS) gibt, kann die Sicherung dorthin jederzeit und ohne weiteres Zutun (wie das Anschließen einer externen Festplatte) erfolgen.

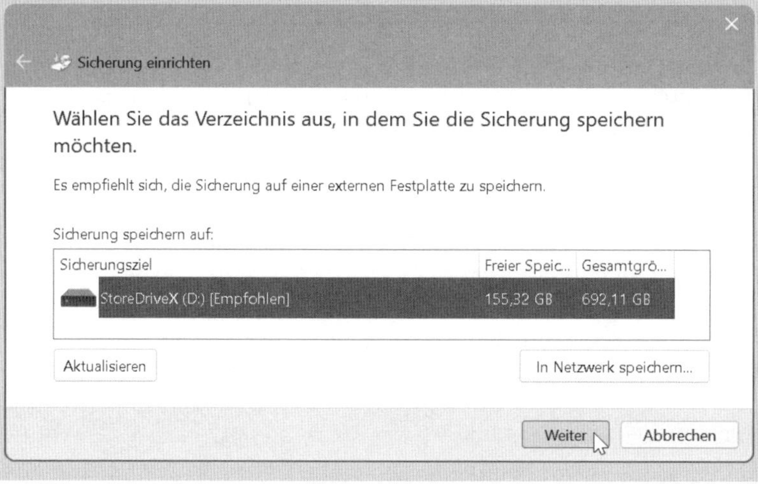

5. Als Nächstes können Sie wählen, welche Daten gesichert werden sollen:

   - Mit *Auswahl durch Windows* überlassen Sie die genaue Zusammenstellung dem Betriebssystem. Wenn Sie für das Speichern von Daten ohnehin die von Windows vorgegebenen Strukturen wie Standardordner (*Eigene Doku-*

mente, *Eigene Bilder* etc.) bzw. Bibliotheken verwenden, ist das die richtige Wahl. Solche Dateien und Ordner werden dann automatisch berücksichtigt.

- Verwenden Sie eigene Ordnerstrukturen oder auch mehrere Laufwerke für Ihre Daten, sollten Sie hingegen auf die Option *Auswahl durch Benutzer* zurückgreifen. Dann können Sie im nachfolgenden Schritt genau angeben, welche Ordner gesichert werden sollen.

6. Haben Sie sich für eine individuelle Auswahl entschieden, legen Sie anschließend fest, welche Ordner genau dazugehören sollen. Ihre Standardordner und -bibliotheken sind standardmäßig bereits erfasst, können aber abgewählt werden.

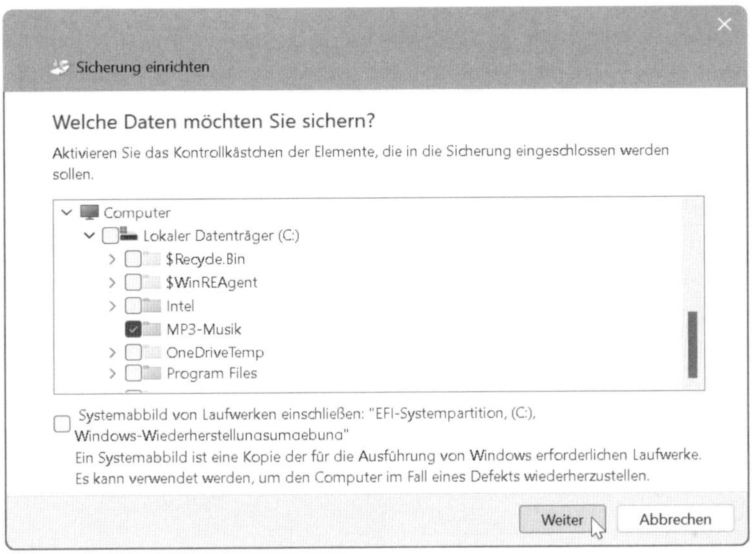

7. Der Sicherungsassistent präsentiert Ihnen dann eine Zusammenfassung der gewählten Einstellungen. Kontrollieren Sie hier Ihre Auswahl. Außerdem können Sie mit einem Klick auf *Zeitplan ändern* festlegen, wann und wie häufig die automatische Sicherung ausgeführt werden soll.

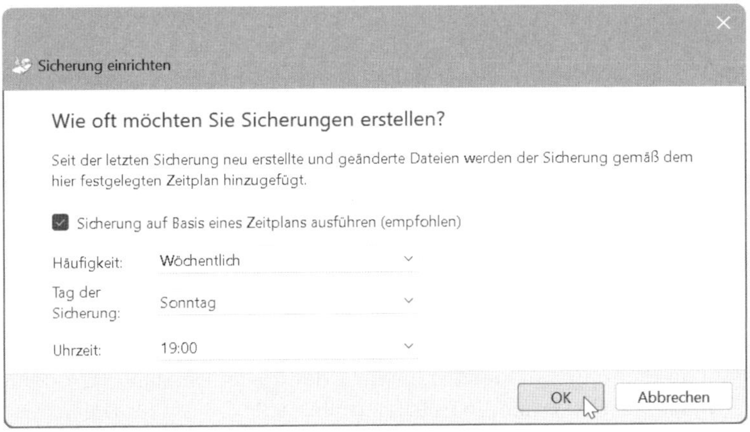

Muss der PC zur Sicherung angeschaltet sein?

Es bietet sich an, einen Zeitpunkt für die Sicherung zu wählen, zu dem Ihr Rechner üblicherweise angeschaltet ist. Das ist auch kein Problem, da die Sicherung im Hintergrund erfolgt und Sie währenddessen ungestört weiterarbeiten können. Außer erhöhter Festplattenaktivität werden Sie davon kaum etwas bemerken. Aber auch wenn der PC zum fraglichen Termin mal ausgeschaltet sein sollte, macht das nichts. Der Assistent bemerkt beim nächsten Start automatisch, dass er eine Sicherung verpasst hat, und holt diese dann nach. Auch das geschieht wiederum unauffällig im Hintergrund.

8. Klicken Sie dann unten auf die Schaltfläche *Einstellungen speichern und Sicherung ausführen*. Der Assistent legt dann sofort eine erste Komplettsicherung an. Mit *Details anzeigen* können Sie den Fortschritt genau verfolgen. Oder aber Sie schließen die Dialoge und arbeiten einfach weiter.

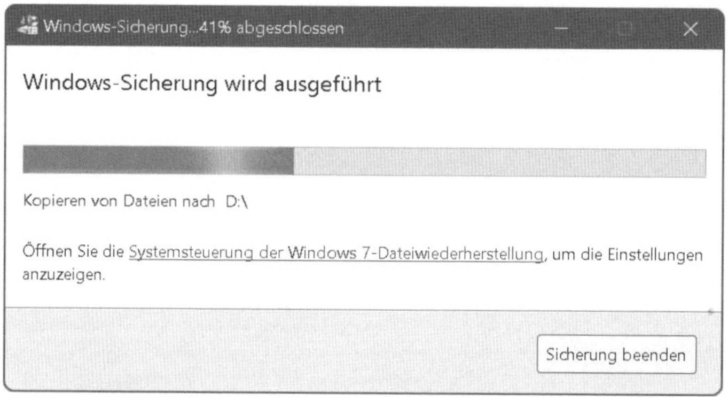

3.4.11 Dateien aus einer Sicherung wiederherstellen

Wenn Sie regelmäßige Sicherungen durch den Assistenten durchführen lassen, stehen Sie im Fall eines Datenverlusts gut da. Nun können Sie auf die gesicherten Daten zurückgreifen und fehlende, beschädigte oder versehentlich veränderte Dateien einfach wiederherstellen.

1. Öffnen Sie dazu wiederum den Bereich *Sichern und Wiederherstellen (Windows 7)* in der klassischen Systemsteuerung und klicken Sie hier im Bereich *Wiederherstellen* auf die Schaltfläche *Eigene Dateien wiederherstellen*.

2. Der so gestartete Assistent bietet Ihnen standardmäßig die zuletzt erstellte Sicherung für das Wiederherstellen an. Ist der Missgriff gerade eben erst passiert, finden Sie hier vermutlich die entsprechende Datei. Ist die gesuchte Datei älteren Datums, können Sie mit einem Klick auf den Link *Anderes Datum auswählen* eine frühere Sicherung anwählen.

3. Ist die richtige Sicherung eingestellt, geht es daran, die Dateien und/oder Ordner auszuwählen, die Sie wiederherstellen wollen. Klicken Sie für Dateien rechts

auf die Schaltfläche *Nach Dateien suchen*. Anschließend können Sie durch die gesicherten Daten hin zu der Stelle navigieren, an der die gewünschte Datei gespeichert war. Im Auswahlfenster sehen Sie jeweils das Datum der letzten Änderung der gesicherten Datei als Auswahlhilfe. Wählen Sie die Datei oder auch mehrere Dateien aus und übernehmen Sie sie mit *Dateien hinzufügen* in die Liste der wiederherzustellenden Dateien.

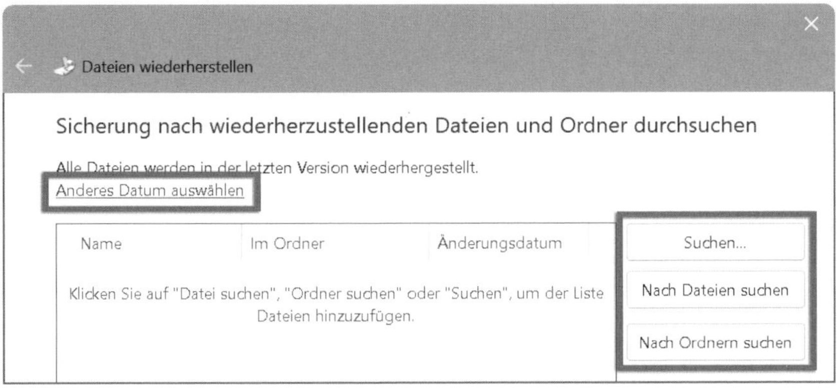

4. Wenn Sie ganze Ordner wiederherstellen wollen, verwenden Sie stattdessen die Schaltfläche *Nach Ordnern suchen* und verfahren dann analog.

5. Mit den beschriebenen Mitteln können Sie die Dateien und Ordner auswählen, die Sie wiederherstellen wollen. Sie werden alle in der Wiederherstellungsliste verzeichnet. Ist die Auswahl komplett, klicken Sie unten auf *Weiter*.

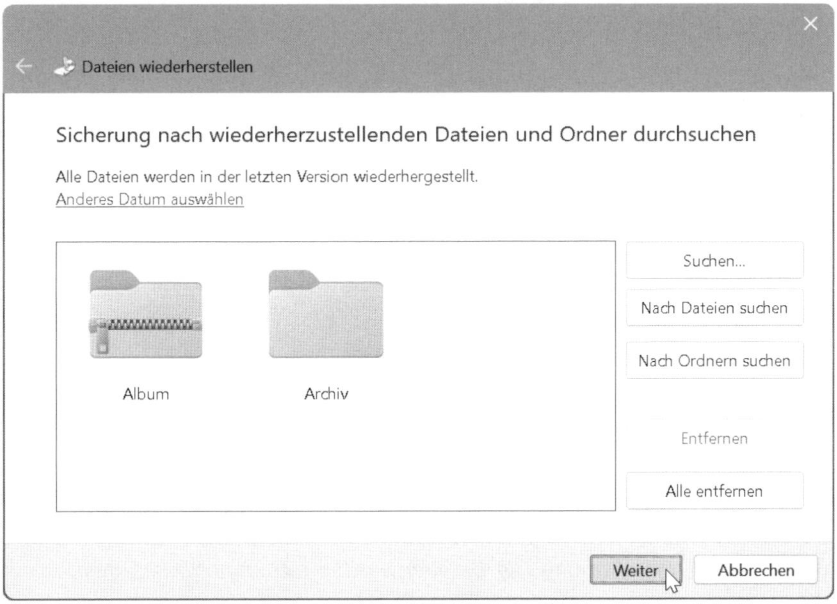

Dateien und Ordner in der Sicherung suchen

Wenn Sie den Namen eines gesuchten Dokuments oder zumindest einen Teil davon kennen, den genauen Speicherort aber nicht mehr rekonstruieren können, ist die Suchfunktion ein praktischer Helfer. Mit einem Klick auf die *Suchen*-Schaltfläche rechts öffnen Sie eine lange Liste aller in der gewählten Sicherung enthaltenen Dateien und Ordner. Oben können Sie nun den Namen der gesuchten Datei eintippen. Dabei reicht auch ein beliebiger Teil des Namens aus. Wenn Sie dann ↵ drücken oder rechts auf *Suchen* klicken, wird die Liste auf die Einträge reduziert, die zu diesem Suchtext passen. Um Dateien oder Ordner aus der Liste auszuwählen, setzen Sie vor ihrem Eintrag ein Häkchen. Klicken Sie dann unten auf *OK*, um die markierten Elemente in die Wiederherstellungsliste aufzunehmen.

6. Nun können Sie noch die Wiederherstellungsoptionen konfigurieren. Normalerweise dürfte es reichen, wenn die Daten *Am Ursprungsort* wiederhergestellt werden. Eine eventuell noch vorhandene neuere Version wird dabei überschrieben.

7. Alternativ können Sie Dateien an einem anderen Ort wiederherstellen lassen. Wählen Sie dazu die Option *An folgendem Ort* und geben Sie einen beliebigen Ordner dafür an. Mit der Option *Dateien in den ursprünglichen Unterordnern wiederherstellen* bewahren Sie die Verzeichnisstruktur der wiederhergestellten Dateien. Der oben festgelegte Ordner fungiert dann als Stammverzeichnis, von dem aus die relevanten Ordner wiederhergestellt werden.

8. Klicken Sie dann unten auf die Schaltfläche *Wiederherstellen* und warten Sie kurz, bis Sie die Meldung *Die Dateien wurden erfolgreich wiederhergestellt* erhalten.

3.4.12 OneDrive als Cloud-Backup nutzen

Ein Cloud-Speicher wie OneDrive kann Ihnen wertvolle Dienste leisten, denn das Auslagern von wichtigen Dokumenten bringt den Vorteil, dass Sie eine zusätzliche Kopie »außer Haus« haben. Diese bleibt Ihnen selbst bei einer echten Katastrophe wie z. B. einem Brand, der neben dem PC womöglich auch die externen Sicherungsmedien wie USB-Laufwerke oder CDs/DVDs in Mitleidenschaft ziehen würde.

Positiver Nebeneffekt: Auf eine solche Kopie in der Datenwolke können Sie auch von unterwegs jederzeit zugreifen, falls Sie mal Unterlagen vergessen haben oder überraschend benötigen.

Datenschutz beim Onlinespeichern

Die Anbieter von Onlinespeicherplatz wie Google Drive oder OneDrive sorgen in der Regel mit automatischen Backups etc. für die Sicherheit der ihnen anvertrauten Daten. Um einen wichtigen Aspekt allerdings müssen Sie sich selbst kümmern, nämlich den inhaltlichen Schutz Ihrer Daten. Sensible Daten, z. B. sehr persönliche, sollten am besten nur verschlüsselt übermittelt werden. Schließlich geben Sie diese Daten beim Hochladen in die Obhut anderer und können niemals sicher sein, was diese damit anstellen.

Mit OneDrive hat Microsoft seinen Cloud-Speicherdienst direkt in Windows integriert. Es ist in der Basisversion kostenlos und umfasst 5 GB Onlinespeicherplatz. Wenn Sie ein Microsoft-Konto verwenden, sind Sie jederzeit direkt damit verbunden. Aber auch mit einem lokalen Benutzerkonto können Sie OneDrive nutzen, indem Sie sich dort mit einem Microsoft-Konto anmelden.

1. Sollten Sie den *Anmelde*-Dialog beim Start verpasst haben, können Sie ihn jederzeit per Klick auf das OneDrive-Symbol im Infobereich nachholen. Mit einem Rechtsklick darauf öffnen Sie das Kontextmenü, in dem Sie unter anderem die *Einstellungen* öffnen können.

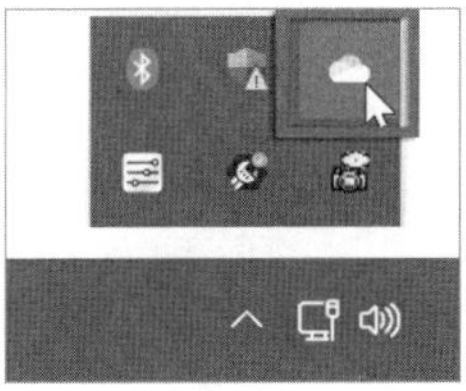

2. In der Rubrik *Einstellungen* lässt sich das Autostartverhalten steuern. Falls Sie OneDrive nicht ständig nutzen möchten, entfernen Sie den Haken bei *OneDrive beim Anmelden bei Windows automatisch starten*.

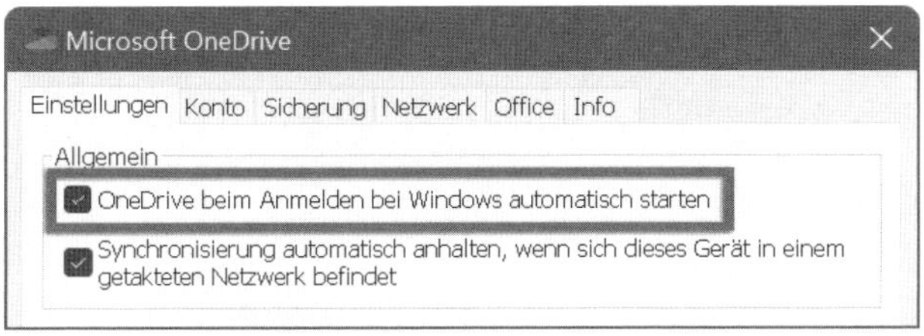

3. Eine praktische Funktion ist in der Rubrik *Sicherung* das automatische Speichern von *Fotos und Videos* in der Cloud. Wenn Sie Bilder auf Ihren PC importieren (beispielsweise von Ihrem Smartphone oder einer Kamera), werden diese automatisch in die Cloud hochgeladen. So hat man automatisch eine Sicherungskopie und kann Bilder unkompliziert mit anderen teilen.

4. In der Rubrik *Konto* können Sie auf *Ordner wählen* klicken. Im anschließenden Dialog legen Sie fest, welcher der Cloud-Ordner stets mit Ihrem PC synchronisiert werden soll. Standardmäßig werden alle synchronisiert, aber bei Bedarf bzw. um Transfervolumen zu sparen, können Sie dies einschränken.

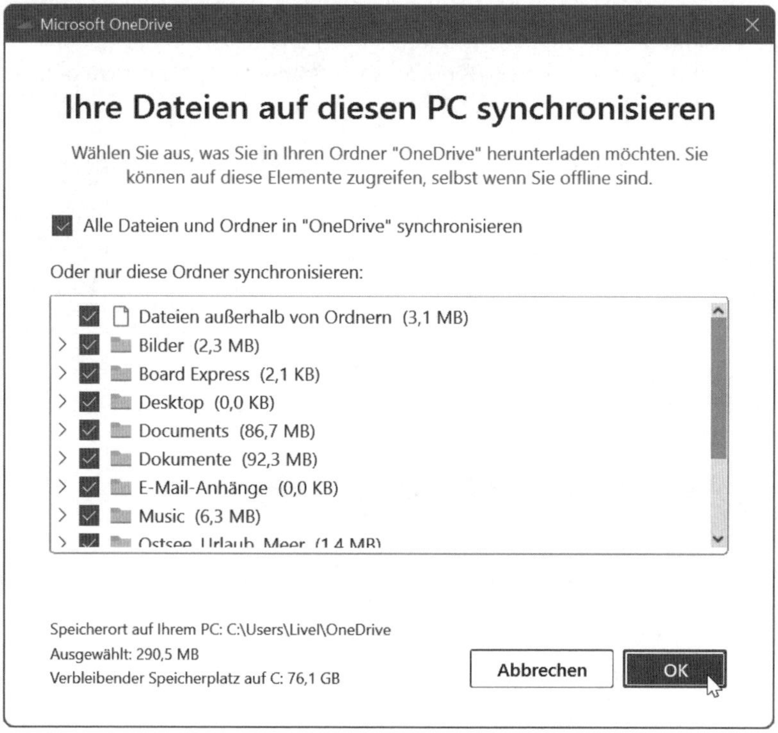

3.4.13 OneDrive wie ein lokales Laufwerk nutzen

Ist der OneDrive-Zugang einmal eingerichtet, können Sie im Explorer ebenso wie in Anwendungen Ihren OneDrive-Speicher genauso wie ein direkt in den PC eingebautes Laufwerk oder eine angeschlossene USB-Festplatte nutzen:

- Im Explorer finden Sie links im Navigationsbereich einen eigenen *OneDrive*-Eintrag. Darüber können Sie den Onlinespeicherplatz jederzeit öffnen und darauf zugreifen. Der Datenaustausch kann wie gewohnt erfolgen, also beispielsweise auch per Drag-and-drop mit anderen Ordnern.

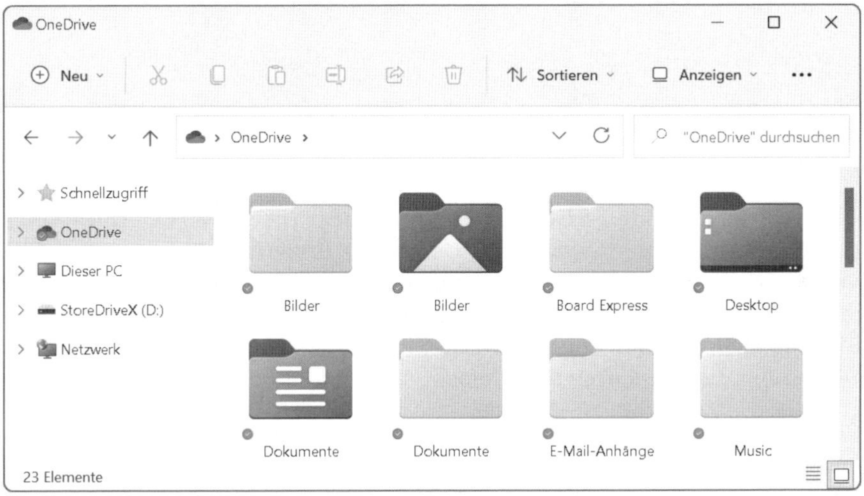

- Ebenso können Sie in Desktop-Anwendungen Dokumente direkt von OneDrive öffnen oder sie dorthin speichern. Auch hier können Sie Ihr OneDrive in den Dialogen direkt auswählen und wie bei einem lokalen Ordner verwenden. Spezielle Funktionen wie beispielsweise das automatische Speichern von Dokumenten alle x Minuten klappen hierbei ebenfalls wie gewohnt.

Durch die Integration von OneDrive direkt in das Windows-Betriebssystem ist eine vollkommen transparente Nutzung des Onlinespeichers möglich. Es macht praktisch keinen Unterschied, ob Sie Dokumente auf der Festplatte oder direkt im Onlinespeicher ablegen (abgesehen von einer zeitlichen Verzögerung bei umfangreicheren Dokumenten). Selbst beim Suchen nach Dateien berücksichtigt Windows automatisch die Dokumente, die auf einem verbundenen OneDrive abgelegt sind.

3.4.14 Dateien nach Bedarf synchronisieren

Wenn Sie OneDrive auf mehreren Geräten nutzen, können Sie damit sehr flexibel den Datenbestand Ihrer Rechner abgleichen. Dazu können Sie für jedes Gerät individuell festlegen, welche Ordner und Dateien automatisch und welche nur bei Bedarf synchronisiert werden sollen. Davon profitieren insbesondere mobile Geräte mit begrenztem Speicherplatz, da man sich bei diesen auf die wesentlichen Dateien für die Synchronisierung beschränken kann.

1. Öffnen Sie dazu über das OneDrive-Symbol im Infobereich die *Einstellungen*.
2. Wechseln Sie dort ggf. in die Rubrik *Einstellungen*.
3. Setzen Sie hier ganz unten im Bereich *Dateien bei Bedarf* das Häkchen vor der Option *Sparen Sie Platz, und laden Sie Dateien herunter, wenn Sie sie verwenden*.

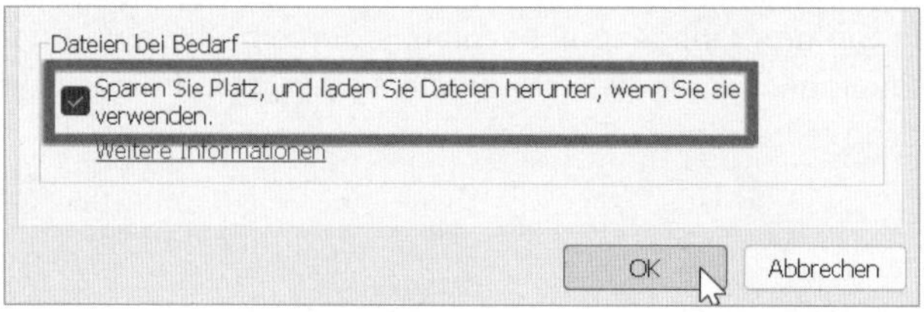

4. Dieses Gerät verwendet dann den Bedarfsmodus und synchronisiert nur Dateien und Ordner, die Sie ausdrücklich anfordern.

Wenn von einem anderen Gerät neue Ordner oder Dateien im OneDrive-Speicher abgelegt werden, werden diese auf Geräten im Bedarfsmodus zunächst mit dem Verfügbarkeitsstatus *Verfügbar, wenn online* geführt und nicht automatisch heruntergeladen. Wenn Sie den *OneDrive*-Ordner öffnen, werden die entsprechenden Einträge aber trotzdem angezeigt. Den Status eines OneDrive-Elements erkennen Sie am zusätzlich angezeigten Symbol.

Solange Sie solche Ressourcen auf einem bestimmten Gerät nicht öffnen, wird kein lokaler Speicherplatz auf dem Gerät verwendet. Dafür stehen die Ressourcen aber auch nur zur Verfügung, solange das Gerät online ist.

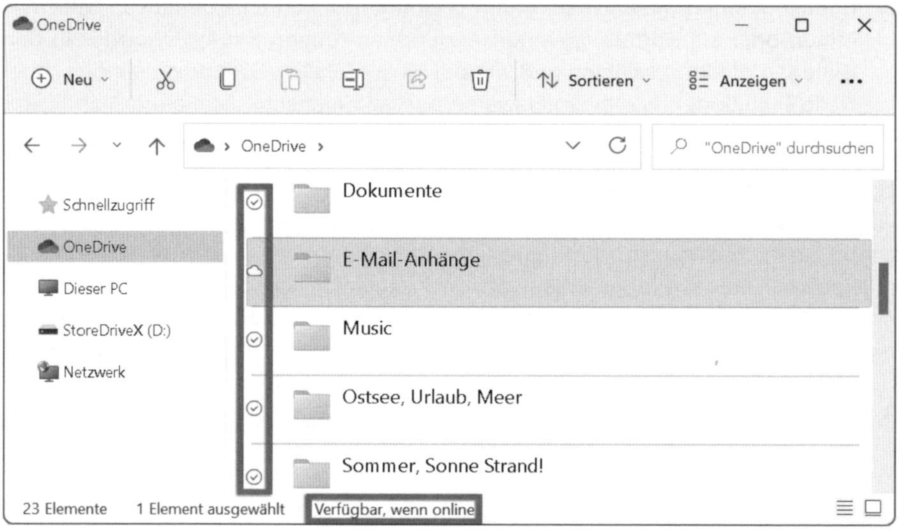

Die Verfügbarkeit nach Bedarf steuern

Wenn Sie möchten, dass Dokumente oder Ordner lokal synchronisiert werden und dadurch auch offline zur Verfügung stehen, können Sie jederzeit deren Verfügbarkeitsstatus ändern. Klicken Sie dazu mit der rechten Maustaste auf den Ordner oder die Datei und wählen Sie im Kontextmenü *Immer behalten auf diesem Gerät*. Dann wird diese Ressource mit in die Synchronisierung aufgenommen, steht auch offline zur Verfügung, und lokale Änderungen daran wirken sich auf allen anderen Geräten aus. Umgekehrt können Sie hier auch den lokalen Speicherplatz eines Elements freigeben. Es wird dann nicht mehr automatisch synchronisiert, sondern steht nur bei vorhandener Onlineverbindung zur Verfügung.

3.4.15 OneDrive-Speicher mit Boxcryptor verschlüsseln

Ein Nachteil von Cloud-Speicher ist, dass man seine Daten auf einem fremden Server ablegen muss, wo sie zumindest vom Betreiber eingesehen werden könnten. Durch Sicherheitslücken kann es außerdem passieren, dass andere Benutzer Zugriff auf die Daten erlangen oder sie bei Hacker-Angriffen in falsche Hände gelangen. Das können Sie vermeiden, indem Sie Dateien vor dem Transfer in die Cloud verschlüsseln.

Mit Boxcryptor können Sie das sogar automatisieren. Boxcryptor ist u. a. für Windows, macOS, Android und iOS verfügbar (*www.boxcryptor.com/de/*) und richtet auf Ihrem Gerät ein zusätzliches virtuelles Laufwerk ein. Alles, was Sie darin speichern, wird verschlüsselt und an den eingerichteten Cloud-Dienst übertragen. Von dort kann es auf demselben oder auch einem anderen Gerät jederzeit wieder abgerufen werden, wobei die Daten automatisch wieder entschlüsselt werden. Boxcryptor kann also auch zum sicheren Austausch von Daten zwischen verschiedenen Geräten genutzt werden.

Nach dem Installieren werden Sie beim ersten Start von Boxcryptor aufgefordert, ein Benutzerkonto anzulegen. Ähnlich wie bei Windows kann man dabei ein Online- oder ein lokales Konto verwenden. Wenn Sie Boxcryptor nur auf einem Gerät einsetzen möchten, reicht ein lokales Konto zunächst aus. Später können Sie dieses bei Bedarf immer noch in ein Onlinekonto mit Synchronisierungsfunktion umwandeln.

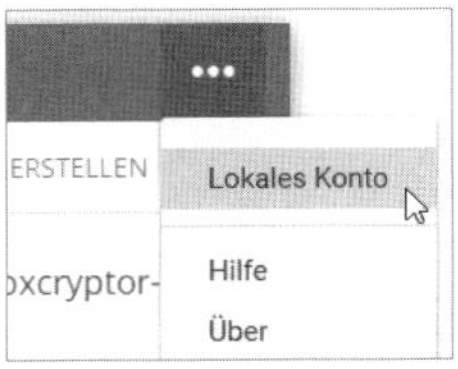

1. Klicken Sie dazu im *Anmelden*-Dialog auf das Menüsymbol oben rechts.
2. Wählen Sie im Menü *Lokales Konto* aus.
3. Klicken Sie im anschließenden Dialog ganz unten auf *Ich möchte ein lokales Konto verwenden.*

4. Klicken Sie dann auf die Schaltfläche *Neue Schlüsseldatei erstellen*, um einen Schlüssel für das Ver- und Entschlüsseln Ihrer Dokumente im Boxcryptor-Container zu generieren. Wählen Sie aus, wo die Datei mit diesem Schlüssel gespeichert werden soll.
5. Geben Sie dann ein sicheres Passwort ein, mit dem der Zugriff auf die Schlüsseldatei geschützt wird.

Anschließend richtet Boxcryptor ein virtuelles Laufwerk ein, das Sie im Explorer bzw. einem entsprechenden Dateimanager jederzeit verwenden können. Installieren Sie Boxcryptor in Windows mit Microsoft-Konto, wird der in Ihrem Microsoft-Konto enthaltene OneDrive-Speicher automatisch eingebunden.

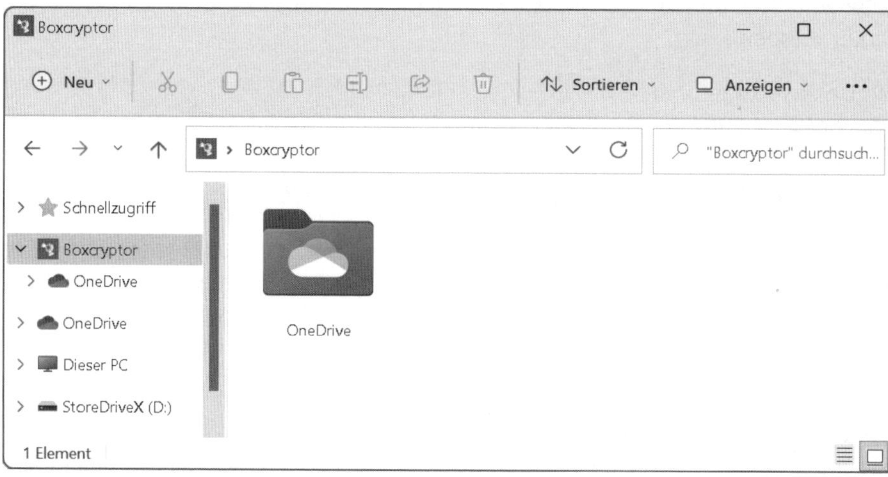

Boxcryptor selbst finden Sie als Symbol im Infobereich der Taskleiste vor. Darüber können Sie das virtuelle Laufwerk jederzeit schnell auf den Bildschirm holen und auch Zugriff auf die *Einstellungen* nehmen.

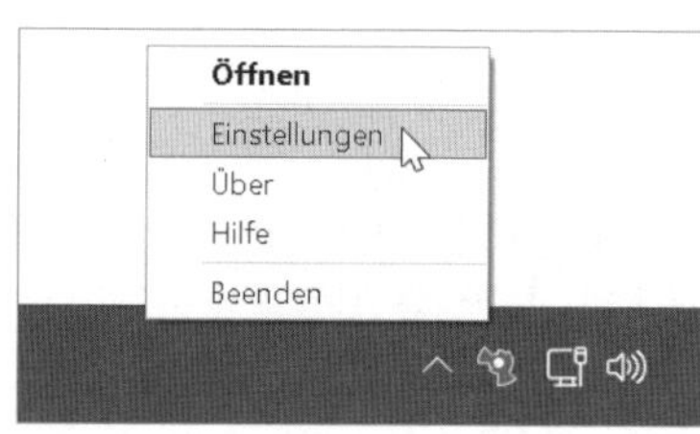

Einmal eingerichtet, können Sie jederzeit Dateien und Ordner im virtuellen Laufwerk bzw. dessen Unterordnern ablegen. Wichtig ist dabei aber Folgendes: Die Inhalte dort werden nicht automatisch verschlüsselt. Wenn Sie das möchten, müssen Sie es beim ersten Anlegen, Verschieben oder Kopieren eines Ordners oder einer Datei angeben. Öffnen Sie dazu das Kontextmenü für die Datei(en) bzw. Ordner und wählen Sie darin *Boxcryptor/Verschlüsseln*. Ab dann wird dieses Objekt in Zukunft immer verschlüsselt.

3.4.16 OneDrive aus dem Explorer entfernen

Wer OneDrive prinzipiell beispielsweise zur Datensicherung nutzen möchte, aber die Einträge im Navigationsbereich des Explorers nicht benötigt, kann diese von dort verbannen.

1. Öffnen Sie den Registrierungs-Editor und navigieren Sie darin zum Schlüssel *HKEY_CLASSES_ROOT\CLSID\{018D5C66-4533-4307-9B53-224DE2ED1FE6}*.
2. Lokalisieren Sie dort auf der rechten Seite den Eintrag *System.IsPinnedToNameSpaceTree* und öffnen Sie diesen mit einem Doppelklick.
3. Standardmäßig steht dieser Wert auf *1*, was bedeutet, dass OneDrive im Navigationsbereich angezeigt wird. Um den Eintrag dort auszublenden, ändern Sie den Wert auf *0*.

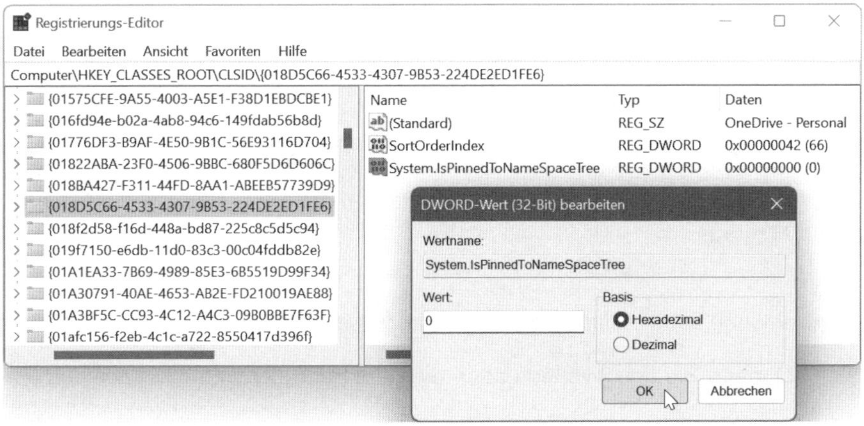

4. Damit OneDrive auch in den Auswahldialogen von 32-Bit-Programmen ignoriert wird, sollten Sie das Vorgehen anschließend für den folgenden Schlüssel wiederholen:

   HKEY_CLASSES_ROOT\Wow6432Node\CLSID\{018D5C66-4533-4307-9B53-224DE2ED1FE6}

Sollte sich die Änderung nicht direkt im Explorer widerspiegeln, nutzen Sie den Task-Manager, um den Explorer einmal neu zu starten. Alternativ melden Sie sich einmal von Windows ab und wieder an. Danach sollte OneDrive spätestens aus der Explorer-Seitenleiste verschwunden sein. Dies betrifft allerdings nur die Darstellung. OneDrive selbst ist weiterhin aktiv. Wie Sie OneDrive ganz loswerden, beschreibt der nachfolgende Tipp.

3.4.17 OneDrive vollständig deinstallieren

OneDrive wird mit dem aktuellen Windows ausgeliefert und standardmäßig installiert. Es handelt sich dabei aber technisch um eine App, die wie andere auch deinstalliert werden kann. Wenn Sie also sicher keine Funktionen von OneDrive auf Ihrem PC nutzen und den Dienst deshalb vollständig loswerden möchten, können Sie OneDrive deinstallieren.

1. Öffnen Sie in den Windows-Einstellungen den Bereich *Apps/Apps und Features*.
2. Suchen Sie in der App-Liste nach dem Eintrag *Microsoft OneDrive* (ggf. mithilfe des Suchfelds oberhalb der Liste).
3. Klicken Sie bei diesem Eintrag rechts auf ⋮ und wählen Sie im Menü *Deinstallieren*.

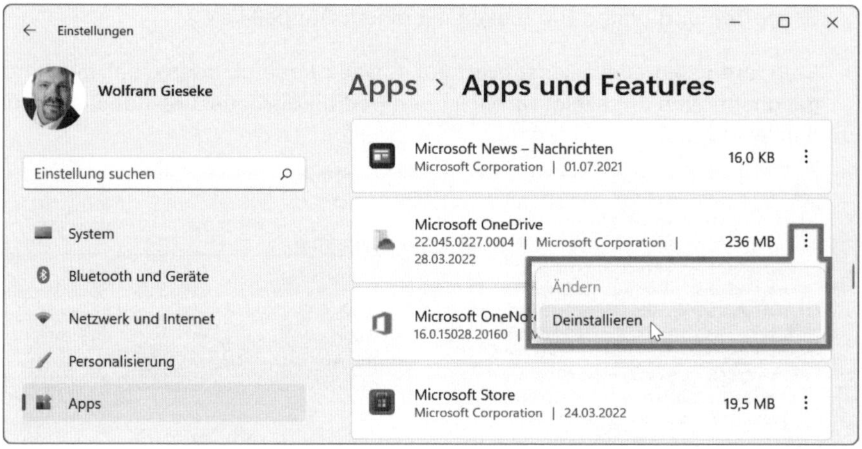

4. Bestätigen Sie die Sicherheitsrückfrage durch erneutes Klicken auf *Deinstallieren*.
5. Bestätigen Sie anschließend auch die Rückfrage der Benutzerkontensteuerung mit *Ja*.

Warten Sie nun nur noch kurz, bis der Eintrag von Microsoft OneDrive aus der App-Liste entfernt wurde. Damit ist auch OneDrive insgesamt von Ihrem PC verschwunden.

OneDrive später erneut installieren

Sollten Sie vor diesem endgültigen Schritt zurückschrecken: Keine Sorge, Sie können OneDrive später jederzeit erneut installieren und nutzen. Denn OneDrive kann jederzeit wieder aus dem Microsoft Store heruntergeladen werden. Bei Nutzung eines Microsoft-Kontos für die Windows-Anmeldung können alle Funktionen dann sofort wieder genutzt werden. Bei einem lokalen Konto müssen Sie sich zuvor lediglich für die OneDrive-App anmelden. Ihre in der Cloud gespeicherten Daten sind auch weiterhin vorhanden und können direkt wieder genutzt werden.

4 Netzwerk und Internetzugang

Kaum ein PC dürfte heutzutage noch dauerhaft ohne Internetzugang betrieben werden. Die dazu erforderliche Konnektivität via Netzwerkkabel oder WLAN bringt Windows von Haus aus mit. Und auch Webbrowser, Mail-App und weitere Kommunikationsprogramme sind ab Werk dabei. Die Tipps in diesem Kapitel beziehen sich deshalb vorrangig auf die zum Windows-Lieferumfang gehörenden Dienste und Anwendungen zum Herstellen und effizienten Nutzen von Onlineverbindungen.

4.1 Den PC mit dem Internet verbinden

Das Vernetzen mehrerer (oder auch vieler) PCs ist technisch schon lange kein Problem mehr, und jeder PC bringt dafür die Voraussetzungen in Form eines Netzwerkanschlusses oder einer WLAN-Funktion für Drahtlosnetzwerke mit. Windows versucht, das Einrichten eines einfachen Netzwerks von zwei oder mehr PCs schnell und unkompliziert zu machen. Im Idealfall konfiguriert der PC sich automatisch und WLAN-Verbindungen werden nach einmaligem Eintippen des Kennworts jederzeit zuverlässig wieder hergestellt. Leider ist der Idealfall nicht der Regelfall und es warten diverse Fallstricke auf dem Weg zu reibungslosen Verbindungen.

4.1.1 Netzwerkverbindung manuell herstellen

Die meisten Netzwerkrouterverwenden ein automatisches Konfigurationsverfahren, das auch von Windows unterstützt wird. Wenn Sie Ihren PC per Netzwerkkabel mit einem solchen Router verbinden, passiert alles vollautomatisch, und Sie haben meist ohne weitere Schritte Kontakt zum lokalen Netzwerk und zum Internet. Sollte Ihr lokales Netzwerk keinen DHCP-Server bereitstellen, können bzw. müssen Sie den Zugang zum Netzwerk manuell herstellen.

Dafür benötigen Sie folgende Informationen:

- eine IP-Adresse, die in Ihrem lokalen Netzwerk gültig ist, aber noch von keinem anderen Gerät verwendet wird, sowie
- die Subnetzmaske, die in Ihrem Netzwerk verwendet wird (in der Regel 255.255.255.0),
- die IP-Adresse des Gateways, über das der Kontakt zum Internet hergestellt wird (z. B. der Router), und
- die Adresse von mindestens einem, besser zwei DNS-Servern. Die DNS-Server werden von Ihrem Internetprovider betrieben und können ggf. dort erfragt werden. Notfalls können Sie hier aber auch globale DNS-Server beispielsweise von Google (8.8.8.8) nutzen.

Mit diesen Daten gerüstet, können Sie die Netzwerkverbindung konfigurieren:

1. Ohne einen DHCP-Server kann Windows in seinen Standardeinstellungen nicht automatisch eine Verbindung zum lokalen Netzwerk herstellen. In diesem Fall sehen Sie im Infobereich ein Netzwerksymbol mit einem Warnzeichen.

2. Klicken Sie mit der rechten Maustaste auf das Symbol und wählen Sie im Kontextmenü *Netzwerk- und Interneteinstellungen*. Alternativ können Sie auch direkt in den Windows-Einstellungen den Bereich *Netzwerk & Internet* öffnen.

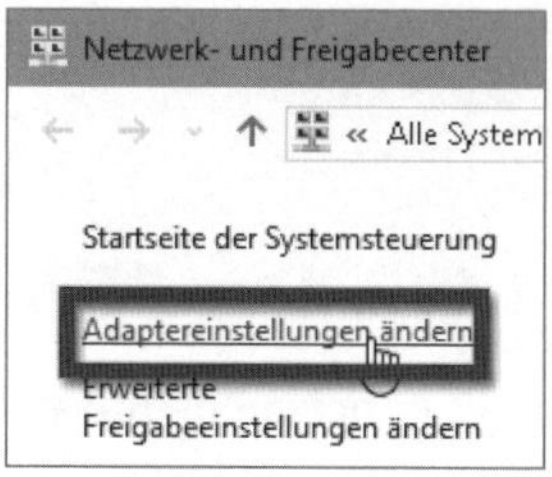

3. Klicken Sie hier auf den Eintrag *Ethernet*, um die Einstellungen für den kabelgebundenen Netzwerkzugang zu öffnen.

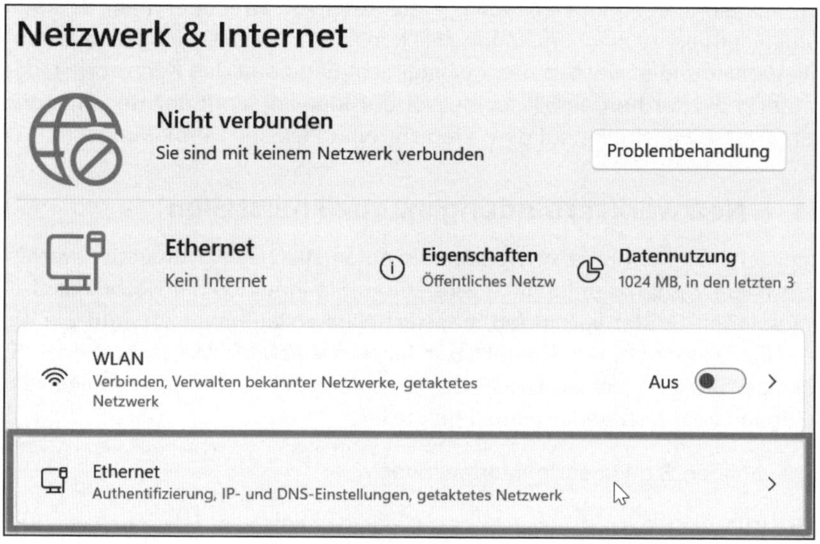

4. Klicken Sie auf der so geöffneten Seite zunächst bei *IP-Zuweisung* auf *Bearbeiten*.

5. Aktivieren Sie im anschließenden Dialog die Option *Manuell* und schalten Sie dann die Option *IPv4* auf *Ein*.

6. Geben Sie dann darunter die Daten Ihres Netzwerks an:

   - Bei *IP-Adresse* tragen Sie die IP-Nummer ein, die dieser PC verwenden soll. Sie muss zu den anderen IP-Nummern in Ihrem Netzwerk passen, darf aber von keinem anderen verwendet werden. In der Regel bedeutet das: Die ersten drei Teile der Nummer (z. B. 192.178.1) sollten bei allen Adressen identisch sein, und der letzte Teil muss sich bei allen unterscheiden.

- Die Subnetzmaske lautet in privaten Netzwerken in der Regel 255.255.255.0. Wichtig hierbei: Diese Angabe muss bei allen angeschlossenen Geräten identisch sein, sonst klappt die Kommunikation nicht.
- Bei *Gateway* geben Sie ggf. die IP-Nummer des PCs oder Netzwerkgeräts an, das die Verbindung zum Internet herstellt, also z. B. des Routers.
- Tragen Sie für den Internetzugang außerdem bei *Bevorzugter DNS* mindestens einen DNS-Server ein.

7. Klicken Sie anschließend unten auf *Speichern*. Sie gelangen zurück zu den Netzwerkeinstellungen und können hier überprüfen, ob sich der Verbindungsstatus ggf. nach einer kurzen Wartepause aktualisiert.

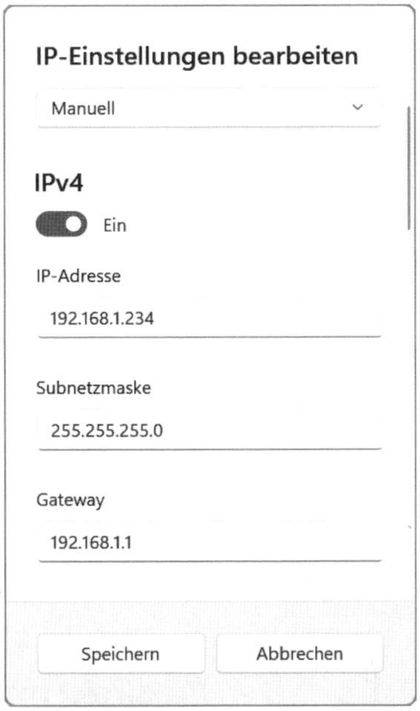

Die richtigen Netzwerkdaten verwenden

Vorsichtshalber sei darauf hingewiesen: Bei den Adressen auf der Abbildung handelt es sich um Beispieldaten. Was genau an deren Stelle bei Ihrer Netzwerkverbindung eingetragen wird, erfragen Sie bitte in der Konfiguration bzw. Dokumentation Ihres Netzwerkrouters oder bei dem zuständigen Netzwerkadministrator beispielsweise in einem Firmennetzwerk.

4.1.2 Privates oder öffentliches Netzwerk?

Beim ersten Kontakt zu einem neuen Netzwerk werden Sie ggf. gefragt, ob Ihr PC für andere Geräte in diesem Netzwerk sichtbar sein soll. Im eigenen lokalen Netzwerk ist das sinnvoll. Wenn Sie sich aber beispielsweise bei einem öffentlichen Hotspot, im Hotel-WLAN oder anderen weniger vertrauenswürdigen Netzen anmelden, sollten Sie darauf besser verzichten.

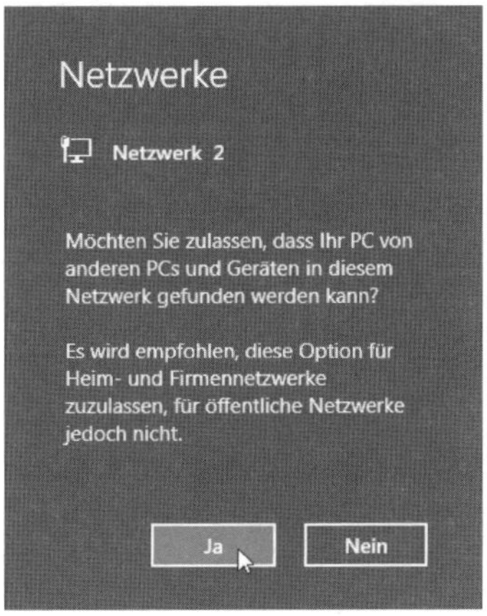

Sollten Sie diese Auswahl später ändern wollen, geht dies in den Windows-Einstellungen:

1. Öffnen Sie dort den Bereich *Netzwerk & Internet/Ethernet*.

2. Dort können Sie ganz oben bei *Netzwerkprofiltyp* die Art des Netzwerks jederzeit den Gegebenheiten anpassen.

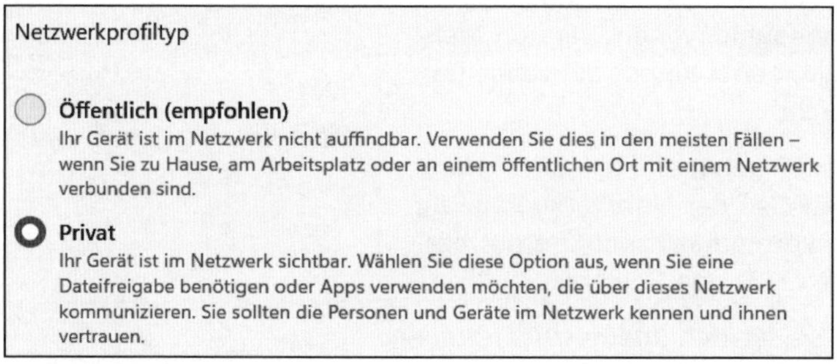

Die hier getroffene Auswahl wirkt sich auf Funktionen etwa zur Freigabe von Dateien, Ordnern und Druckern aus. Sollte es damit Probleme geben, sollten Sie deshalb immer einen Blick auf diese Einstellung werfen und prüfen, ob diese korrekt gewählt ist.

4.1.3 Den PC direkt mit dem Internet verbinden

Auch wenn der Internetzugang heute in den meisten Fällen über einen eigenen Router hergestellt wird, besteht nach wie vor die Möglichkeit, den PC direkt mit einem Modem zu verbinden, das die Internetverbindung per DSL, Kabel, Glasfaser oder Mobilfunk herstellt. Sie benötigen dafür neben dem korrekt angeschlossenen Modem nur die Zugangsdaten für den Internetanschluss. Dann können Sie die Verbindung von einem Assistenten herstellen lassen.

Das folgende Beispiel zeigt, wie Sie Windows für den Zugang per DSL-Modem konfigurieren.

1. Wählen Sie in den Windows-Einstellungen im Bereich *Netzwerk & Internet* den Punkt *DFÜ*.

2. Klicken Sie darin ganz oben auf *Neue Verbindung einrichten*. Damit starten Sie einen Assistenten, der Sie durch die nötigen Schritte führt.

3. Wählen Sie zunächst den Punkt *Verbindung mit dem Internet herstellen* und klicken Sie unten auf *Weiter*.

4. Bestimmen Sie dann, auf welche technische Weise die Verbindung erfolgen soll. Der Assistent stellt Ihnen dabei die Optionen zur Auswahl, zu denen er die passende Hardware erkannt hat. Für einen direkten Breitbandzugang z. B. per DSL-Modem wählen Sie die Option *Breitband (PPPoE)*.

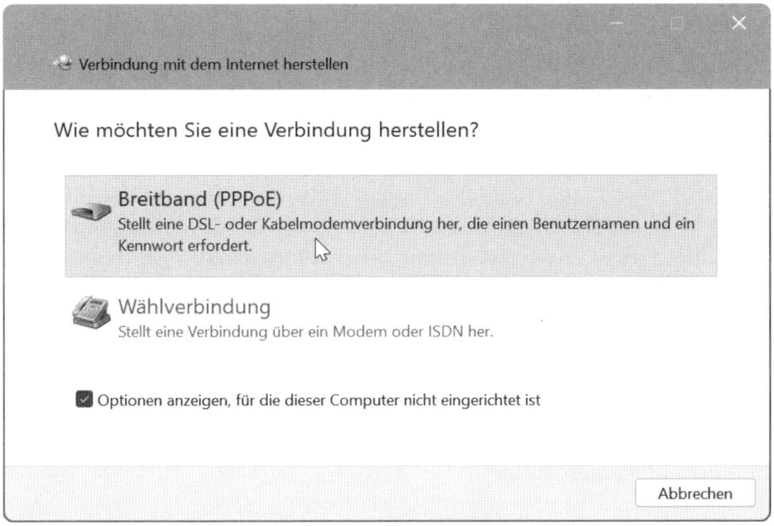

5. Geben Sie im nächsten Schritt dann die Benutzerinformationen für Ihren Internetzugang ein, die Sie vom Provider erhalten haben.

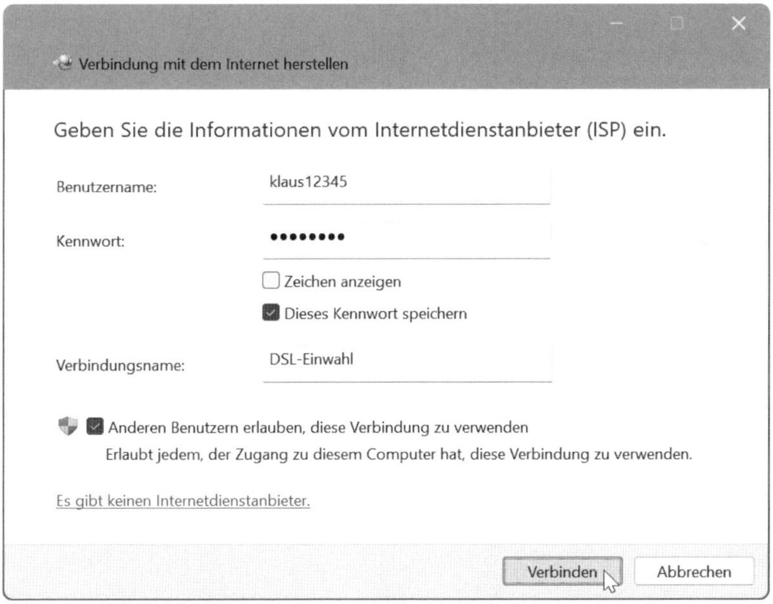

6. Klicken Sie dann unten rechts auf die Schaltfläche *Verbinden*, um die Verbindung aufzubauen und zu testen. Sollte alles geklappt haben, sehen Sie anschließend den Webbrowser mit der voreingestellten Startseite als Bestätigung.

7. Klappt alles, erhalten Sie die Meldung *Die Verbindung kann jetzt verwendet werden*. In Zukunft können Sie diese Verbindung jederzeit manuell oder automatisch bei Bedarf herstellen.

4.1.4 IPv6-Verbindungen für Windows konfigurieren

Bei Windows sind IPv4 und IPv6 gleichberechtigt. Für alle internetfähigen Netzwerkadapter werden deshalb standardmäßig beide Protokolle eingerichtet. Das ist auch in Ordnung so. Sollte eines der Protokolle nicht zum Einsatz kommen können, wird es automatisch ignoriert. Sie müssen also nicht bei jeder Netzverbindung zwischen IPv4 und IPv6 wählen. Wenn Sie die automatische Zuteilung der IP-Zugangsdaten (DHCP) in Ihrem Netzwerk verwenden, bezieht Windows automatisch auch IPv6-Daten, wenn diese übermittelt werden. Andernfalls bleibt IPv6 deaktiviert. Der einzige Nachteil dieser Lösung: Die IPv4-Einstellungen gelten automatisch auch für IPv6. Wenn Sie für IPv4 und IPv6 getrennte Einstellungen verwenden möchten, können Sie dies aber in der klassischen Systemsteuerung einrichten.

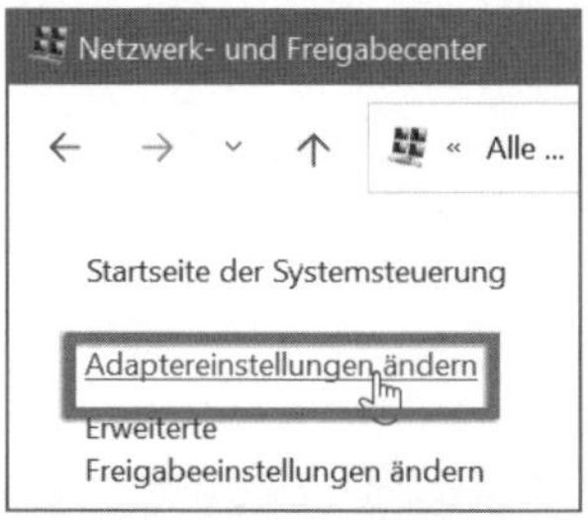

1. Öffnen Sie dort das *Netzwerk- und Freigabecenter* und klicken Sie darin links im Navigationsbereich auf *Adaptereinstellungen ändern*.
2. Klicken Sie mit der rechten Maustaste auf Ihre Ethernet- oder WLAN-Verbindung und wählen Sie im Kontextmenü den Befehl *Eigenschaften*.

3. In den Eigenschaften finden Sie im Bereich *Diese Verbindung verwendet folgende Elemente* den Eintrag *Internetprotokoll Version 6 (TCP/IPv6)*, nicht zu verwechseln mit dem fast gleichlautenden Eintrag für das IPv4-Protokoll. Wählen Sie diesen Eintrag aus und klicken Sie dann darunter auf die Schaltfläche *Eigenschaften*.

IPv6 einsetzen

Prinzipiell empfiehlt es sich, schon heute IPv6 einzusetzen, wenn dies möglich ist. Das neue Protokoll bietet gegenüber dem Vorgänger keine Nachteile, aber einige Vorteile und zusätzliche Funktionen. Allerdings müssen zwei Voraussetzungen erfüllt sein: Die lokale Netzwerkhardware – insbesondere der Netzwerkrouter – muss IPv6 unterstützen. Ebenso muss der Internetprovider Ihnen einen IPv6-Zugang anbieten. Sonst ist der Einsatz nur mit umständlichen Tricks und Umwegen möglich.

4. Im anschließenden Dialog können Sie ähnlich wie bei IPv4 die Konfiguration für die Internetverbindung vornehmen. Üblicherweise erfolgt die Zuweisung dieser Adressen bei IPv6 automatisch, was allein schon wegen der unhandlicheren hexadezimalen Adressen sinnvoll ist. Selbstverständlich können Sie aber z. B. für Ihr lokales Heimnetzwerk nach wie vor alles manuell angeben.

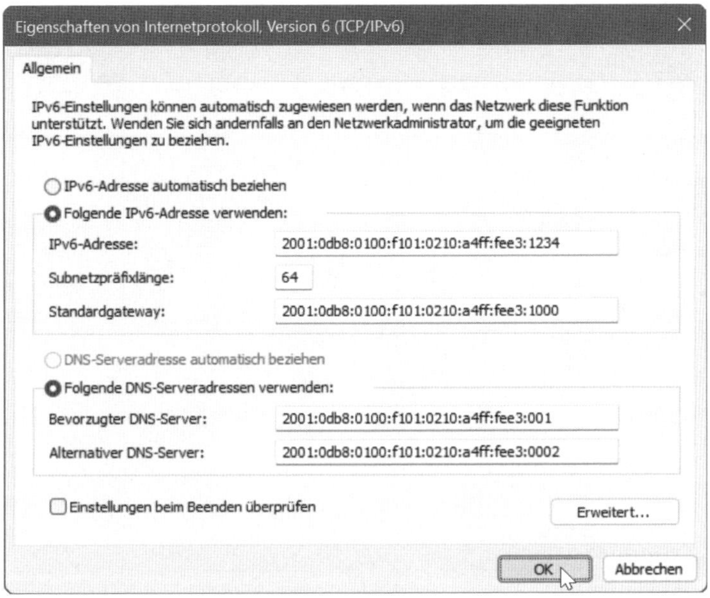

4.1.5 Mit WLANs ohne Kennung verbinden

Wenn ein vorhandenes WLAN nicht in der Empfangsliste angezeigt wird, kann das rein technische Ursachen haben, wenn etwa die Entfernung zwischen Sender und Empfänger zu groß ist. Dies lässt sich dann nur durch räumliche Veränderungen oder durch Optimieren der Sende- und Empfangsleistung der beiden Komponenten ändern. Das Problem kann aber auch in der Konfiguration des Drahtlosnetzwerks liegen. Wenn dieses so eingestellt ist, dass es seine Sendekennung SSID standardmäßig versteckt, antwortet es nicht auf die Kontaktversuche Ihres PCs. In solchen Fällen müssen Sie dem kontaktsuchenden PC die SSID des WLAN mitteilen. Wenn er sie kennt, kann er Kontakt zum WLAN aufnehmen und erhält dann auch eine Antwort.

1. Öffnen Sie in den Windows-Einstellungen den Bereich *Netzwerk & Internet/ WLAN* und klicken Sie dort auf den Eintrag *Bekannte Netzwerke verwalten*.

2. Klicken Sie auf der folgenden Seite ganz oben auf die Schaltfläche *Netzwerk hinzufügen*.

3. Geben Sie im anschließenden Dialog die Daten für den WLAN-Zugang so an, wie Sie sie vom Betreiber erhalten haben. Ganz oben bei *Netzwerkname* tragen Sie den Funknetznamen (SSID) des WLAN ein.

4. Bei verschlüsselten Netzwerken wählen Sie darunter den passenden Sicherheitsstandard aus und tippen den geheimen Sicherheitsschlüssel ein.

5. Soll die Verbindung mit dem Netzwerk bei Verfügbarkeit automatisch hergestellt werden, schalten Sie die Option *Automatisch verbinden* ein.

6. Wichtig: Aktivieren Sie ganz unten die Option *Verbinden, auch wenn dieses Netzwerk seinen Namen nicht überträgt*.

7. Klicken Sie schließlich unten auf *Speichern*, um die Verbindung hinzuzufügen.

4.1.6 Alte WLAN-Verbindungen entfernen

Um einen einmal eingerichteten WLAN-Zugang zu löschen, gibt es in den Windows-Einstellungen eine Übersicht der bislang verwendeten WLAN-Verbindungen. Dort können Sie auch die Verbindungsdaten für ein Drahtlosnetzwerk »vergessen«. Dabei ist es belanglos, ob dieses WLAN gerade in Reichweite ist oder nicht.

1. Öffnen Sie in den Windows-Einstellungen den Bereich *Netzwerk & Internet/WLAN* und klicken Sie dort auf den Eintrag *Bekannte Netzwerke verwalten*.

2. Damit öffnen Sie eine Liste aller Drahtlosnetzwerke, bei denen Sie sich bislang angemeldet und deren Zugangsdaten Sie gespeichert haben. Nur falls Sie sich über den Umfang wundern: Wenn Sie sich mit einem Microsoft-Konto angemeldet haben, finden Sie hier auch alle Verbindungen, die Sie mit anderen

Rechnern hergestellt haben, während Sie mit demselben Microsoft-Konto dort angemeldet waren.

3. Zu jedem einzelnen Eintrag wird rechts die Schaltfläche *Nicht speichern* angezeigt. Damit »vergisst« Windows diese Verbindung sofort, sie wird nicht mehr in dieser Liste angezeigt und der PC kann sich nicht mehr automatisch bei diesem Netzwerk anmelden.

WLAN-Passwörter ändern

Ein Weg, das Passwort einer bestehenden WLAN-Verbindung zu ändern, ist bei Windows zwar vorgesehen, aber er funktioniert nur, solange man mit diesem Netzwerk verbunden ist. In der Praxis wird man diesen Weg aber nur selten gehen können. Die einfache Vorgehensweise in diesem Fall: die WLAN-Verbindung löschen und anschließend mit dem neuen Passwort neu einrichten.

4.1.7 Die WLAN-Einstellungen für verschiedene Standorte schnell und bequem wechseln

Windows erkennt automatisch, wenn ein ihm bekanntes Netzwerk in Reichweite ist, und verbindet sich damit. Problematisch kann das werden, wenn Sie sich in der Reichweite mehrerer Drahtlosnetze befinden, beispielsweise wenn Sie zu Hause nicht nur Ihr eigenes WLAN finden, sondern auch das des Nachbarn oder eines Internetcafés in der Nähe. Für solche Fälle können Sie festlegen, welches Netzwerk im Zweifelsfall den Vorrang erhalten soll:

1. Öffnen Sie in den Windows-Einstellungen den Bereich *Netzwerk & Internet*, klicken Sie dort rechts auf *Erweiterte Netzwerkeinstellungen* und anschließend unten bei *Verwandte Einstellungen* auf *Weitere Netzwerkadapteroptionen*.

2. Damit sehen Sie eine Liste aller Netzwerkverbindungen. Unter *WLAN* ist das Funknetzwerk aufgeführt, mit dem Sie gerade verbunden sind. Öffnen Sie es mit einem Doppelklick.

3. Klicken Sie im anschließenden Menü auf *Drahtloseigenschaften*.

4. Auf der Registerkarte *Verbindung* sorgt die Option *Automatisch verbinden, wenn dieses Netzwerk in Reichweite ist* dafür, dass die Verbindung mit einem anderen Netzwerk ggf. abgebrochen wird, wenn dieses WLAN in Reichweite kommt. Diese Option kann hilfreich, aber auch problematisch sein, z. B. als leicht zu übersehende Fehlerquelle (»Warum bricht die Verbindung mit dem WLAN plötzlich ab?«).

5. Soll die Verbindung zu diesem Netzwerk unter allen Umständen so lange wie möglich beibehalten werden, schalten Sie die Option *Bei hergestellter Verbindung mit diesem Netzwerk andere Drahtlosnetzwerke suchen* aus.

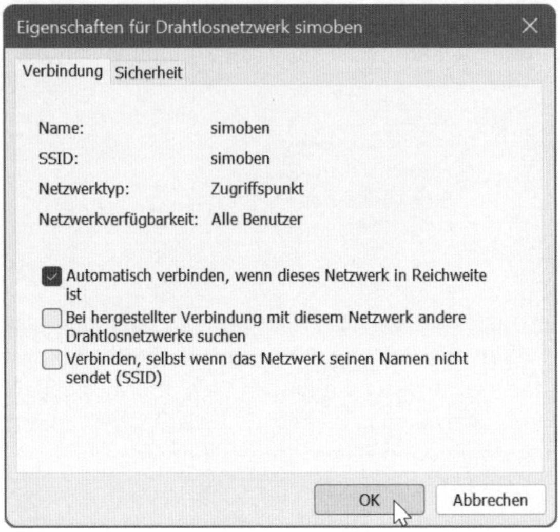

Idealerweise setzen Sie diese Optionen so ein, dass Sie bei bevorzugten Netzwerken die erste Option ein- und die zweite ausschalten. Dann wechselt Ihr PC immer automatisch zu einem bevorzugten Netzwerk, wenn eines in Reichweite kommt. Bei anderen Verbindungen würde ich diese Einstellung genau umkehren, sodass diese Netzwerke wirklich nur dann angewählt werden, wenn keine anderen verfügbar sind.

4.1.8 WLAN-Verbindungen für x Stunden abschalten

Beim Deaktivieren der WLAN-Funktion können Sie festlegen, dass diese nach x Stunden automatisch wieder eingeschaltet werden soll. So kann man sich mal kurz Ruhe verschaffen oder auch unterwegs den Akku schonen. Dabei läuft man aber nicht Gefahr, das erneute Einschalten später zu vergessen und so womöglich wichtige Mails o. Ä. zu verpassen.

1. Tippen bzw. klicken Sie auf das Netzwerksymbol im Infobereich der Taskleiste, um die Schnellaktionen zu öffnen.

2. In den Schnellaktionen tippen Sie auf die rechte Hälfte der WLAN-Schaltfläche, um die Verbindungsübersicht anzuzeigen.

3. Klicken Sie in der Übersicht rechts oben auf das Schaltersymbol, um die WLAN-Funktion abzuschalten.

4. Nun wird ein zusätzlicher Auswahldialog angezeigt. Wenn Sie das WLAN einfach nur deaktivieren möchten, können Sie diesen ignorieren und einfach weitermachen. Das WLAN ist zu diesem Zeitpunkt bereits abgeschaltet.

5. Soll das WLAN später automatisch wieder eingeschaltet werden, öffnen Sie das Auswahlfeld und stellen eine der angebotenen Möglichkeiten ein.

Die WLAN-Funktion des Gerätes wird dann nach Ablauf der gewählten Zeit automatisch wieder reaktiviert. Leider ist die Auswahl nicht sehr flexibel und weitere Zeiträume wären wünschenswert. Aber der Anfang ist gemacht.

4.1.9 Mehr Akkulaufzeit bei WLAN-Verbindungen mit mobilen PCs

WLAN und tragbare PCs wie Notebooks und Tablet-PCs gehen oft Hand in Hand. Dabei spielt die Akkulaufzeit eine wesentliche Rolle, und hier kann es bei der Verwendung von WLANs Probleme geben. Windows betreibt Drahtlosadapter standardmäßig immer mit relativ hoher Sendeleistung, um möglichst große Reichweiten und problemlose Verbindungen zu gewährleisten. Diese Sendeleistung aber zieht den Akku spürbar schneller leer. Das ist ärgerlich, denn in vielen Fällen wäre das gar nicht nötig, und die WLAN-Verbindung würde mit geringerem Energieverbrauch genauso gut zustande kommen. Deshalb sollten Sie unbedingt ausprobieren, ob Sie diese Standardeinstellung ändern können:

1. Öffnen Sie in der klassischen Systemsteuerung die *Energieoptionen* und wählen Sie dort den Energiesparplan, der beim mobilen Einsatz üblicherweise verwendet wird (z. B. *Energiesparmodus*).
2. Klicken Sie bei diesem Eintrag auf *Energiesparplaneinstellungen ändern* und anschließend auf *Erweiterte Energieeinstellungen ändern*.
3. Suchen Sie in der Liste der Einstellungen die Option *Drahtlosadaptereinstellungen/Energiesparmodus/Auf Akku* und wählen Sie hier einen Energiesparmodus aus.

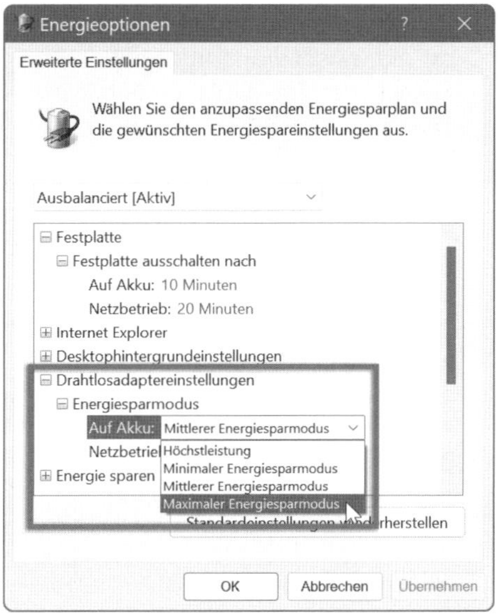

Am meisten Strom sparen Sie mit *Maximaler Energiesparmodus*, aber testen Sie besser erst mal, ob die WLAN-Verbindung damit immer noch uneingeschränkt genutzt werden kann. Ansonsten probieren Sie die anderen Einstellungen aus.

4.1.10 Kein Internet verfügbar – WAN- oder LAN-Problem?

Wenn Ihr Windows-PC sich beschwert, dass er keine Verbindung zum Internet herstellen kann, gibt es zwei Bereiche, in denen das Problem auftreten kann. Abhängig davon sieht die Problemlösung unterschiedlich aus.

Deshalb sollte man zunächst immer feststellen, wo das Problem auftritt:

- **WAN**: Der Router hat selbst keine Verbindung zum Internet, etwa weil die DSL- oder Kabelverbindung gestört ist oder es beim Internetanbieter selbst Probleme gibt.
- **LAN/WLAN**: Der Router selbst hat eine funktionierende Verbindung zum Internet und nur das oder die angeschlossene(n) Gerät(e) können diese nicht mitnutzen.

1. Was davon der Fall ist, verrät Ihnen der Router selbst. Viele Geräte haben direkt am Gehäuse verschiedene LEDs, mit denen sie den Onlinestatus signalisieren. Wenn hier ein mit *Online* oder *Internet* beschriftetes Lämpchen aus ist, rot leuchtet oder blinkt, deutet dies auf grundsätzliche Probleme mit dem Internetzugang hin.

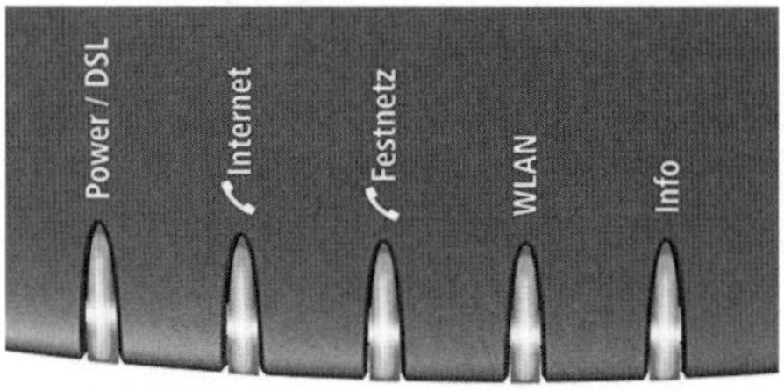

2. Ein Blick in die Weboberfläche des Routers bringt Gewissheit und verrät ggf. zusätzliche Informationen. Meist finden Sie direkt auf der Startseite eine Übersicht zum aktuellen Verbindungsstatus. Kontrollieren Sie hier die physische Verbindung mit dem Internetanbieter, etwa per DSL, Kabel oder Glasfaser. Hier sollte der Status *verbunden* stehen.

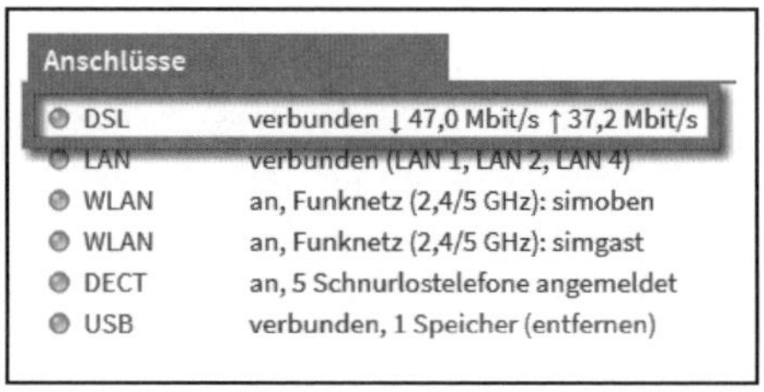

3. Neben der physischen muss auch die formale Verbindung klappen, über die der Router den Kontakt zum Internet herstellt. Beachten Sie also auch die Angaben zum Status der

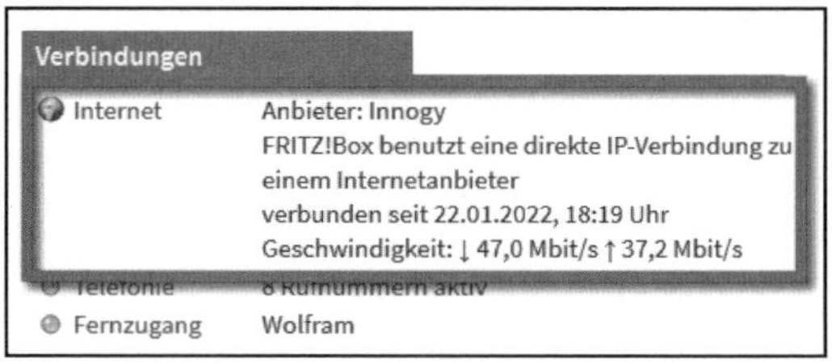

Internetverbindung. Hier sollten der Anbieter und ebenfalls eine Verbunden-Meldung stehen.

Stellen Sie bei Verbindungsproblemen auf dieser Weise stets sicher, dass das Problem tatsächlich beim PC bzw. dessen Verbindung zum Router besteht und nicht schon früher. Nur dann lohnt es sich, auf dem PC nach Problemlösungen zu suchen.

4.1.11 Die Netzwerkkonfiguration des PCs prüfen

Wenn ein Windows-PC keine Netzwerk- bzw. Internetverbindung herstellen kann, sollten Sie zunächst seine Netzwerkkonfiguration überprüfen. Dadurch erfahren Sie, ob und wie das Gerät überhaupt ins Netzwerk eingebunden und mit dem Router verbunden ist.

1. Öffnen Sie in den Windows-Einstellungen den Bereich *Netzwerk und Internet*. Hier können Sie oben ablesen, ob und auf welche Weise der PC derzeit mit dem Netz verbunden ist.

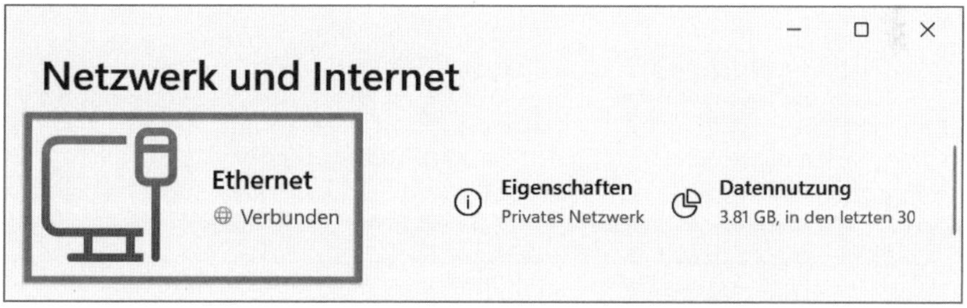

2. Klicken Sie in der Liste darunter ganz unten auf den Eintrag *Erweiterte Netzwerkeinstellungen*.

3. Sollte in der Liste der Netzwerkadapter mehr als einer auftauchen (beispielsweise Ethernet und WLAN), klappen Sie den aktuell verwendeten aus. Sie sehen dann grundlegende statistische Daten zu diesem Anschluss wie die Verbindungsgeschwindigkeit und die Menge der übertragenen Daten.

4. Klicken Sie unterhalb dieser Angaben auf *Anzeigen zusätzlicher Eigenschaften*, um alle Details zu diesem Anschluss zu sehen.

   Überprüfen Sie hier insbesondere (von oben nach unten):

   - Erfolgen *IP-Zuweisung* und *DNS-Serverzuweisung* automatisch per DHCP? Falls nicht, müssen die manuell eingetragenen Werte mit der Konfiguration des Internetrouters übereinstimmen.
   - Wurde dem PC eine eigene *IPv4-Adresse* sowie ggf. *IPv6-Adresse* zugewiesen?

- Ist ein *IPv4-DNS-Server* sowie ggf. *IPv6-DNS-Server* eingetragen? Hier sollte in der Regel die IP-Adresse des Routers eingetragen sein, abweichende DNS-Server sind aber möglich.

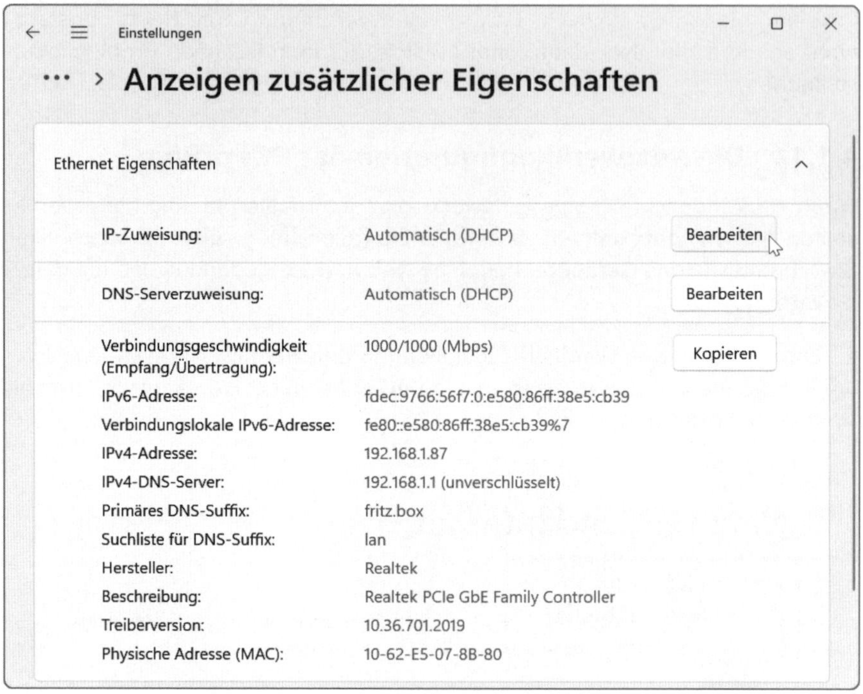

4.1.12 Netzwerkanalyse mit dem ping-Befehl

Zur einfachen und schnellen Analyse bei Netzwerkproblemen dient das ping-Protokoll. Dabei handelt es sich um ein einfaches Frage-Antwort-Spiel zwischen zwei Netzwerkgeräten. Teilnehmer A sendet ein Datenpaket an Teilnehmer B und der antwortet mit einem anderen Datenpaket. Kommt dieses wieder bei Teilnehmer A an, kann man sicher sein, dass die Verbindung zwischen diesen beiden Geräten funktioniert. Wann immer also die Verbindung zum Router oder zu einem anderen Gerät nicht funktioniert bzw. sich beispielsweise eine bestimmte Netzwerkanwendung nicht nutzen lässt, ein Server nicht antwortet und so weiter, kann man mit ping feststellen, ob die Netzwerkverbindung als solche das Problem verursacht oder ob die Verständigungsprobleme auf einer höheren Ebene zu suchen sind.

1. Öffnen Sie auf dem Windows-PC eine Eingabeaufforderung.

2. Sollten Sie die IP-Nummer Ihres Routers noch nicht kennen, tippen Sie zunächst den Befehl `ipconfig` ein.

3. Suchen Sie in der Ausgabe dieses Befehls die Zeile *Standardgateway* und merken bzw. notieren Sie sich die dort angegebene IP-Nummer.

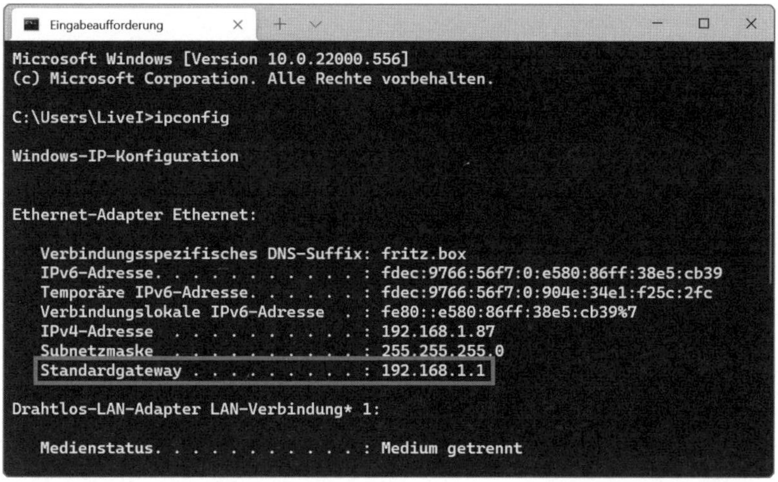

4. Geben Sie nun den Befehl `ping` gefolgt von der IP-Nummer des Routers (Standardgateway) ein.

5. Das Programm sendet nun viermal ein ping-Paket an die bezeichnete IP-Nummer und wartet jeweils auf die Antwort. Dabei wertet es die Antworten und auch die benötigte Zeit aus und erstellt daraus eine kleine Statistik.

   - Ganz wesentlich ist die *Verlust*-Angabe in Prozent. Hier sollte 0 % stehen, das heißt, es gab keinen Paketverlust. Ein Wert von 100 % hingegen würde bedeuten, dass überhaupt keine Antwort von der Gegenseite empfangen wurde, die Verbindung also komplett gestört ist. Ein Wert irgendwo dazwischen deutet auf eine instabile Verbindung hin, die vielleicht durch Überlastung oder ein Hardwareproblem zumindest zeitweise gestört ist.
   - Die *Zeitangaben* sollten innerhalb eines lokalen Netzwerks im Bereich weniger Millisekunden sein. Vor allem aber sollten Minimum, Maximum und Mittelwert dicht beieinander liegen. Gibt es große Sprünge, weist dies wiederum auf Überlastung oder eine instabile Verbindung hin.

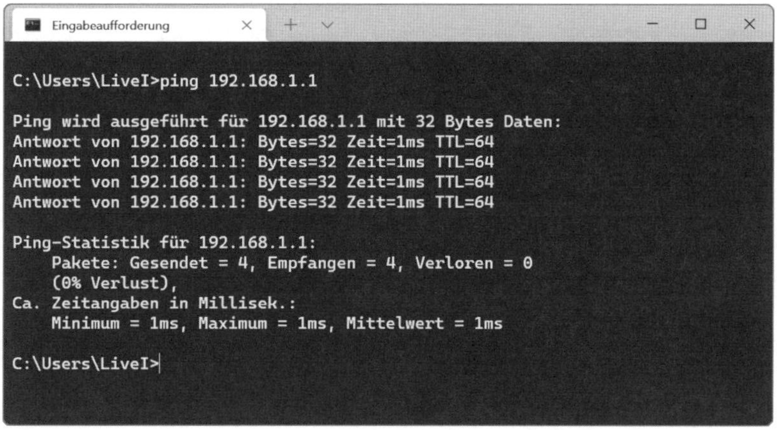

Namensauflösung testen

Fördert der ping-Test zu einer bestimmten IP-Nummer keine Probleme zutage, sollten Sie gleich noch ein ping zum IP-Namen desselben Gerätes nachschieben, also beispielsweise `ping fritz.box`. In diesem Fall führt das ping-Programm zunächst eine DNS-Auflösung des IP-Namens durch, um die entsprechende IP-Nummer zu ermitteln. Das Ergebnis sehen Sie in der ersten Ausgabezeile. Danach läuft der ping-Test genau wie zuvor ab und sollte auch in etwa dieselben Werte ergeben. Falls nein, wissen Sie, dass das Problem im Bereich der DNS-Namensauflösung zu finden ist.

4.1.13 Die Internetverbindung mit ping testen

Selbstverständlich können Sie auch die Internetkonnektivität eines PCs mit ping testen, indem Sie entsprechende IP-Nummern oder -Namen anpingen. Dafür können Sie bekannte IP-Adressen verwenden, die eigentlich jederzeit verfügbar und erreichbar sein sollten:

```
ping 8.8.8.8
```

Die IP-Nummer 8.8.8.8 gehört zu einem öffentlichen DNS-Server von Google, der auch auf ping-Anfragen antwortet. Er ist hochverfügbar und sollte immer und schnell antworten. Da die Pakete durchs Internet transportiert werden, sind höhere Antwortzeiten als im lokalen Netzwerk zu erwarten, die sich aber immer noch im zweistelligen oder allenfalls niedrigen dreistelligen Millisekundenbereich bewegen sollten. Auch kann es in Stoßzeiten zu Abweichungen zwischen Minimum, Maximum und Mittelwert kommen, die aber nicht allzu groß werden sollten. Stellen Sie stattdessen einen Paketverlust fest, ist die Verbindung zum Internet gestört.

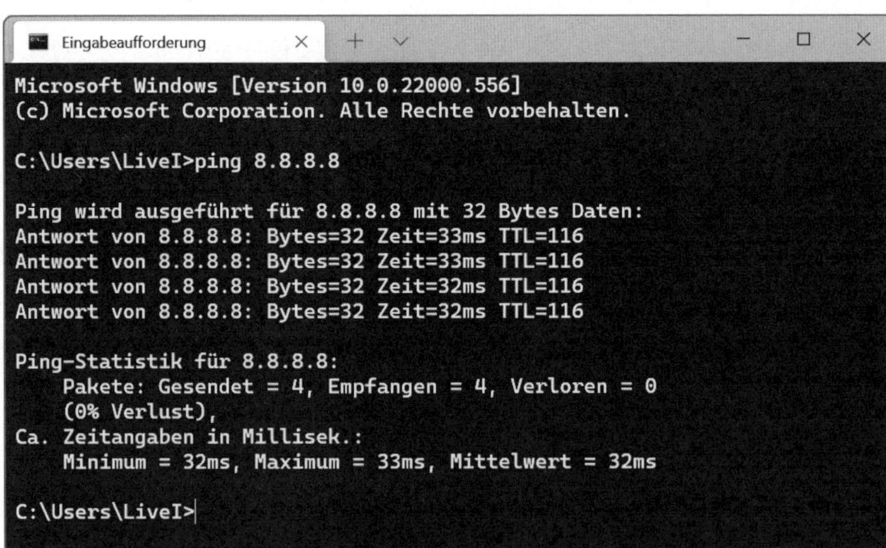

Auch die Namensauflösung außerhalb Ihres lokalen Netzwerks können Sie mit ping testen, indem Sie auch hier eine bekannte Adresse anpingen, beispielsweise

```
ping www.google.de
```

Auch hier sollte es zu einem erfolgreichen ping-Test kommen. Meldet ping hingegen, dass der angegebene Host nicht gefunden werden konnte, hat die Namensauflösung nicht geklappt und es liegt möglicherweise ein DNS-Problem vor.

4.1.14 Windows zeigt eine falsche Uhrzeit an

Faszinierenderweise schaffen es Windows-PCs noch immer, gelegentlich die falsche Uhrzeit anzuzeigen. Trotz elektronischer Taktgeber und der Möglichkeit der Online-Synchronisierung gehen die Uhren gelegentlich vor oder nach – gern auch mal eine ganze Stunde, was dann auf Probleme mit der Zeitumstellung oder -zone hinweist. Schnelle Abhilfe schafft eine manuelle Online-Synchronisierung.

1. Öffnen Sie in den Windows-Einstellungen den Bereich *Zeit und Sprache/Datum und Uhrzeit*.
2. Hier können Sie oben die aktuelle Uhrzeit und das Datum (nach Meinung Ihres PCs) ablesen.
3. Sollte dies eine Anpassung erfordern, finden Sie weiter unten den Abschnitt *Zusätzliche Einstellungen*. Der verrät Ihnen, wann zuletzt erfolgreich synchronisiert wurde und mit welchem Server.
4. Mit einem Klick auf *Jetzt synchronisieren* führen Sie unmittelbar eine erneute Synchronisierung durch, die in der Regel zu einer korrekten Uhrzeit des Gerätes führt.

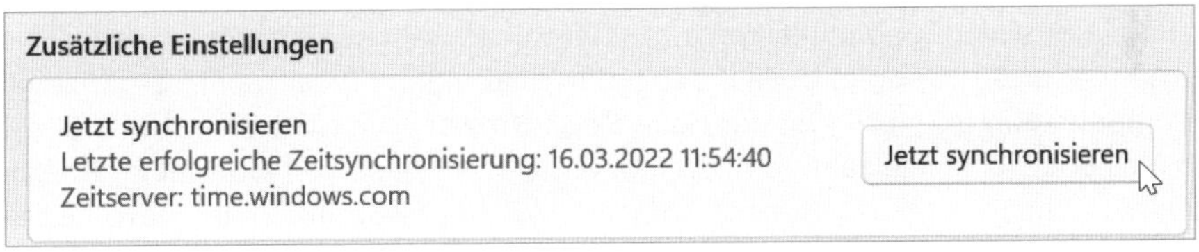

5. Sollte die Uhrzeit genau um eine Stunde vor- oder nachgehen, überprüfen Sie außerdem darüber, ob die richtige *Zeitzone* für Ihren aktuellen Aufenthaltsort eingestellt und das automatische Anpassen an die Sommerzeit aktiviert ist.

4.1.15 Einen alternativen (eigenen) Zeitserver einstellen

Standardmäßig wird zum Synchronisieren ein Server von Microsoft benutzt. Sie können dafür aber auch einen anderen verwenden. So stellen verschiedene Organisationen solche öffentlichen Server zur Verfügung. Auch Router wie die FRITZ!Box können das heimische Netzwerk mit einer richtigen und einheitlichen Uhrzeit versorgen. Wenn Sie einen für Sie passenden Zeitserver und dessen IP-Adresse kennen, können Sie den Windows-PC so einstellen, dass er diesen verwendet.

1. Öffnen Sie in der klassischen Systemsteuerung das Modul *Datum und Uhrzeit* und wechseln Sie darin in die Rubrik *Internetzeit*.
2. Klicken Sie dort auf *Einstellungen ändern*.
3. Im anschließenden Dialog geben Sie im Feld *Server* die Adresse des gewünschten Zeitservers ein.
4. Mit *Jetzt aktualisieren* rechts daneben können (und sollten) Sie dann gleich probieren, ob der Abgleich mit diesem Server auch klappt und das gewünschte Ergebnis bringt.

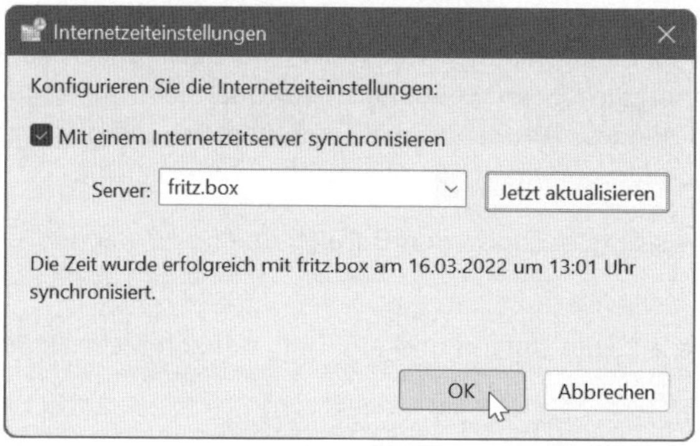

4.2 Tipps zum Edge-Browser

Zum Lieferumfang von Windows gehört die aktuelle Version des Webbrowsers Edge. Der hat mit der anfangs unter diesem Namen veröffentlichten Eigenentwicklung von Microsoft allerdings nur noch den Namen gemeinsam. Um Kosten zu sparen, nutzt Edge mittlerweile die Chromium-Basis des Chrome-Webbrowsers von Konkurrent Google. Darauf setzt man eine eigene Oberfläche, ergänzt einige Komponenten und fertig ist der neue Edge-Browser mit Chromium-Herz. Dadurch bietet Edge eine Vielzahl von Funktionen, die teilweise von Chromium übernommen und teilweise von Microsoft selbst hinzugefügt wurden. Vieles davon ist praktisch, hilfreich oder komfortabel, aber nicht immer erschließt sich das auf den ersten Blick von selbst.

4.2.1 Die Edge-Symbolleiste individuell anpassen

Die Symbolleiste von Edge lässt sich zumindest ein wenig den eigenen Vorlieben anpassen. So können Sie immerhin einstellen, welche Symbole Sie dort sehen möchten und welche nicht. Platzierung und Reihenfolge sind allerdings vorgegeben.

1. Öffnen Sie dazu in Edge das Menü mit dem Drei-Punkte-Symbol rechts oben.
2. Wählen Sie im Menü weiter unten den Eintrag *Einstellungen*.
3. Wechseln Sie in den Einstellungen links in die Rubrik *Darstellung*.

4. Dann werden rechts im Abschnitt *Symbolleiste anpassen* alle möglichen Elemente der Symbolleiste angezeigt. Die »eingeschalteten« sind derzeit sichtbarer Teil der Leiste.

5. Schalten Sie die Elemente, die Sie nicht benötigen, mit einem Mausklick auf das Schaltersymbol rechts aus. Ebenso können Sie erwünschte Elemente aktivieren.

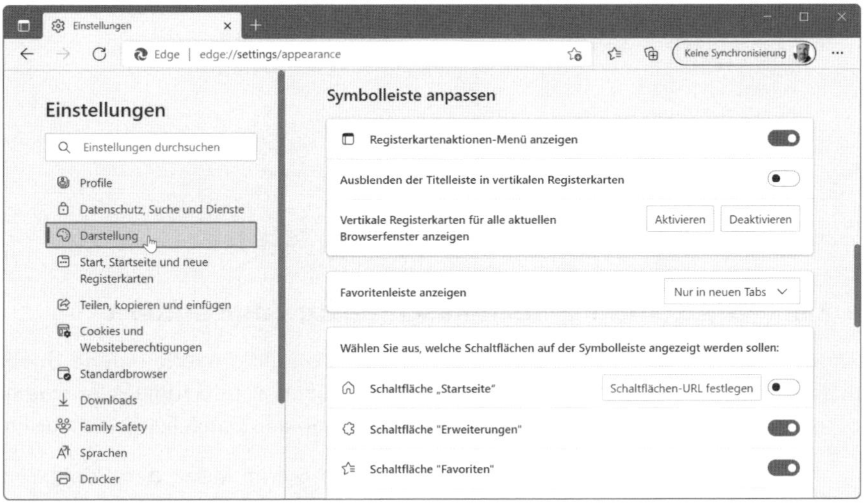

Symbole schnell ausblenden

Möchten Sie einfach nur Symbole schnell ausblenden, klicken Sie mit der rechten Maustaste darauf und wählen Sie dann *Auf Symbolleiste ausblenden*.

4.2.2 Was soll beim Start von Edge passieren?

In den Einstellungen von Edge können Sie in der Rubrik *Start, Startseite und neue Registerkarten* grundlegend vorgeben, was *Beim Start von Microsoft Edge* jeweils geschehen soll:

- *Neue Registerkarte öffnen*: Standardmäßig startet Edge jeweils mit einem leeren Tab, der ein Suchfeld und einige Empfehlungen zu Webseiten enthält, die Sie interessieren könnten. Wie Sie diese individuell anpassen können, lesen Sie im nachfolgenden Abschnitt.
- *Registerkarte aus der vorherigen Sitzung öffnen*: Mit dieser Option öffnet Edge automatisch die Webseite wieder, die beim letzten Beenden angezeigt wurde. Hatten Sie zuletzt mehrere Tabs geöffnet, werden diese alle wieder hergestellt.
- *Diese Seiten öffnen*: Wollen Sie immer mit einer oder mehreren ganz bestimmten Seiten starten, wählen Sie diese Option. Sie können mit der dann zusätzlich angezeigten Schaltfläche *Neue Seite hinzufügen* eine oder mehrere Startseiten festlegen, die dann jeweils in eigene Tabs geladen werden. Oder Sie stellen im

Browser genau die gewünschte Kombination von Tabs her und klicken dann auf *Alle geöffneten Tabs verwenden*. Dann »merkt« sich Edge die in diesem Moment geöffneten Tabs und stellt sie bei jedem Start genauso wieder her.

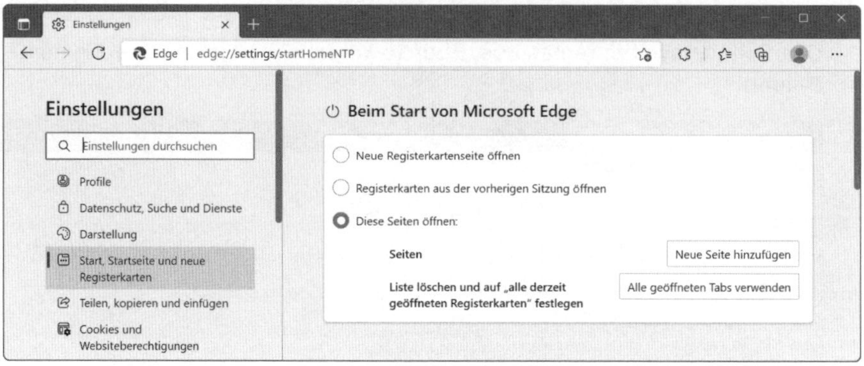

4.2.3 Die Standard-Suchmaschine für Edge ändern

Wenig überraschend verwendet Edge von Haus aus Microsofts eigene Suchmaschine Bing für Websuchen. Dies lässt sich aber schnell zu Google oder einem anderen Suchdienst ändern, wenn man die gut versteckten Einstellungen dafür findet.

1. Klicken Sie rechts oben auf ■■■ und wählen Sie im Menü den Punkt *Einstellungen*.
2. Wechseln Sie in den Einstellungen links in die Rubrik *Datenschutz, Suche und Dienste*.
3. Gehen Sie dann in der Liste auf der rechten Seite ganz nach unten und klicken Sie auf den untersten Eintrag *Adressleiste und Suche*.

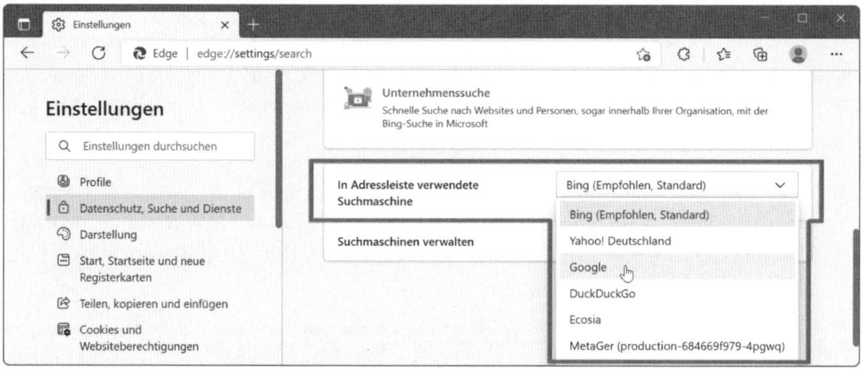

4. Hier können Sie bei *In Adressleiste verwendete Suchmaschine* direkt zu einer der anderen vorinstallierten Suchmaschinen wie Google oder Yahoo wechseln.

Sollte der von Ihnen bevorzugte Suchdienst nicht dabei sein, lesen Sie nachfolgend, wie Sie beliebige weitere Suchmaschinen in Edge integrieren.

4.2.4 Weitere Suchanbieter manuell in Edge integrieren

Standardmäßig bietet der Edge-Browser nur die wichtigsten Suchdienste zur Auswahl an. Wer andere Suchmaschinen oder Spezialanbieter bevorzugt, kann diese aber in der Regel in Edge integrieren. In den meisten Fällen reicht es dabei, die Suchseite des gewünschten Suchdienstes einmal im Edge-Browser zu öffnen. Edge erkennt automatisch, dass es sich hierbei um eine Suchmaschine handelt, und fügt diese seiner Liste hinzu. Ab sofort können Sie diese Suchmaschine dann wie vorangehend beschrieben jederzeit als Standardsuchdienst auswählen.

Damit das klappt, muss der Betreiber allerdings die Daten für den Zugriff auf seinen Dienst in einem bestimmten maschinell lesbaren Format gemäß der OpenSearch-Spezifikation hinterlegt haben. Ist das nicht der Fall, können Sie aber immer noch selbst Hand anlegen:

1. Öffnen Sie wie vorangehend beschrieben die Liste der derzeit in Edge integrierten Suchmaschinen.
2. Um einen Suchdienst manuell aufzunehmen, klicken Sie oben rechts auf *Hinzufügen*.
3. Im so geöffneten Dialog geben Sie die Daten für den Suchdienst ein:

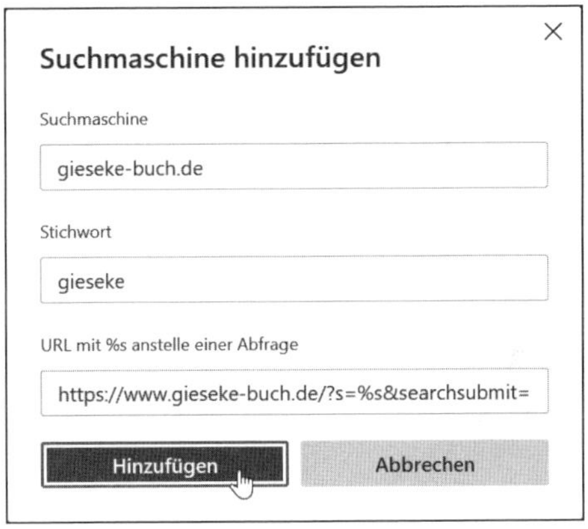

   - *Suchmaschine*: Der Name der Suchmaschine, wobei Sie die Bezeichnung auch frei wählen können.
   - *Stichwort*: Ein beliebiges kurzes Stichwort zum Wählen des Suchdienstes direkt in der Webadresse, wie vorangehend beschrieben.
   - *URL*: Entscheidend ist die URL, die für das Durchführen einer Suche genutzt werden soll. Führen Sie hierzu im Webbrowser eine Suche nach einem beliebigen Suchbegriff durch. Wenn die Ergebnisseite angezeigt wird, kopieren Sie die URL aus der Adresszeile des Browsers und fügen sie hier ein. Wichtig: Ersetzen Sie anschließend den verwendeten Suchbegriff in der URL durch *%s*.
4. Klicken Sie unten auf *Hinzufügen*, um den Eintrag zu speichern
5. Probieren Sie anschließend aus, ob die Integration geklappt hat und Sie den manuell angelegten Suchdienst uneingeschränkt in Edge nutzen können.

Ab sofort verwendet das Suchfeld den neu hinzugefügten Suchdienst. Zwischen eingerichteten Suchdiensten können Sie jederzeit hin- und herwechseln.

4.2.5 Vorübergehend andere Suchdienste verwenden

Neben dem dauerhaften Umschalten von einem Suchdienst zum anderen können Sie auch jederzeit für einzelne Suchen einen anderen Suchdienst nutzen.

Dazu ist jeder der registrierten Suchhilfen mit einem Stichwort versehen, das Sie wie folgt erfahren bzw. bearbeiten können:

1. Öffnen Sie wie vorangehend beschrieben die Einstellungen für die Adressleiste und klicken Sie dort auf *Suchmaschinen verwalten*. So erhalten Sie eine Liste der derzeit in Edge integrierten Suchmaschinen.

2. In der mittleren Spalte finden Sie jeweils das *Stichwort* zu einem Suchdienst. Dieses müssten Sie sich merken oder notieren.

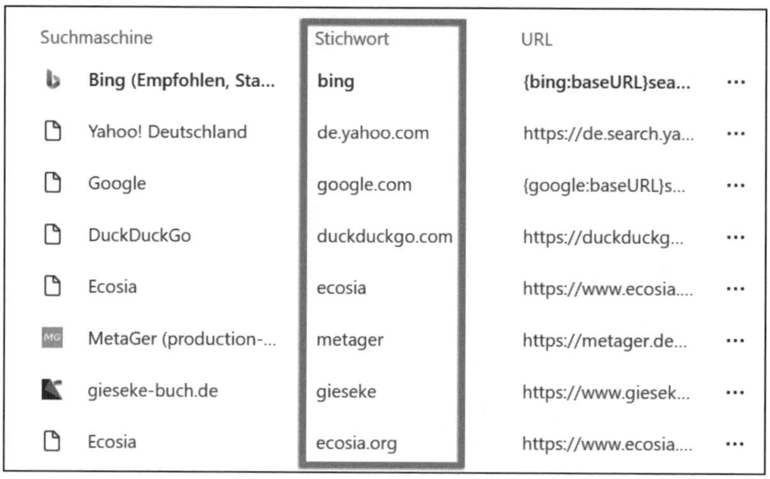

3. Mit dem 3-Punkte-Symbol ganz rechts bei jedem Eintrag öffnen Sie ein kleines Menü, wo Sie die Daten unter anderem *Bearbeiten* können. Das ermöglicht es Ihnen, diese Stichwörter anzupassen und so kompakt wie möglich zu wählen.

Um nun einen dieser Suchdienste zwischendurch nutzen zu können, tippen Sie zunächst das festgelegte Stichwort, gefolgt von einem Leerzeichen in das Adress- und Suchfeld ein. Edge erkennt dann, dass Sie eine Suche bei diesem Dienst durchführen wollen, und ergänzt das Suchfeld entsprechend. Nun brauchen Sie nur noch den Suchbegriff einzugeben und die Suche abzusenden.

4.2.6 Mehrere Tabs auf einmal als Favoriten speichern

Sie können jede in einem Tab angezeigte Webseite als Lesezeichen speichern. Darüber hinaus kann man aber auch alle derzeit angezeigten Tabs in einem eigenen Favoritenordner ablegen. Das hilft nicht nur beim Strukturieren der Lesezeichen, sondern bietet auch die Möglichkeit, alle diese Tabs in einem Schritt wieder genauso öffnen zu können.

1. Öffnen Sie gleichzeitig alle Webseiten in jeweils eigenen Tabs, die zusammen gespeichert werden sollen.
2. Klicken Sie mit der rechten Maustaste auf einen der Tabs und wählen Sie im Kontextmenü ganz unten den Befehl *Alle Tabs zu Favoriten hinzufügen*.
3. Im daraufhin angezeigten Dialog legen Sie einen Namen für den Ordner fest.

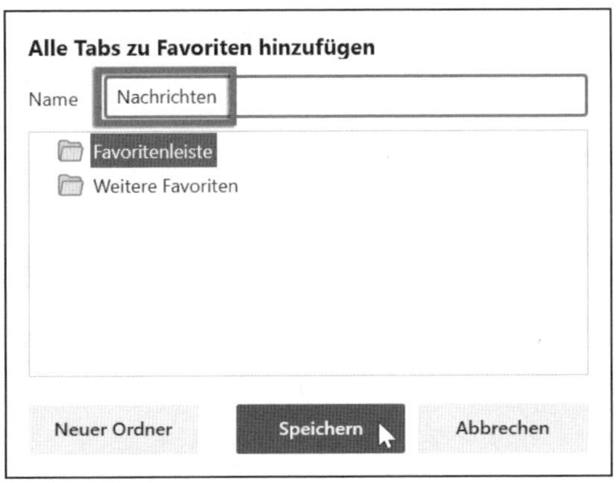

4. Wählen Sie außerdem, wo der Ordner angelegt werden soll. Wenn Sie ihn häufiger nutzen möchten, ordnen Sie ihn am besten in der *Favoritenleiste* an. Diese wird bei leeren Tabs automatisch eingeblendet.
5. Klicken Sie auf *Speichern*, um den Favoriten unter diesem Namen an der gewählten Stelle dauerhaft zu speichern.

Um die so gespeicherten Favoriten später auf einmal abzurufen, klicken Sie auf das Favoritensymbol in der Symbolleiste. Lokalisieren Sie in der Liste den angelegten Ordner. Haben Sie den Ordner in der Favoritenleiste abgelegt, können Sie auch direkt dort mit rechts auf den Eintrag klicken.

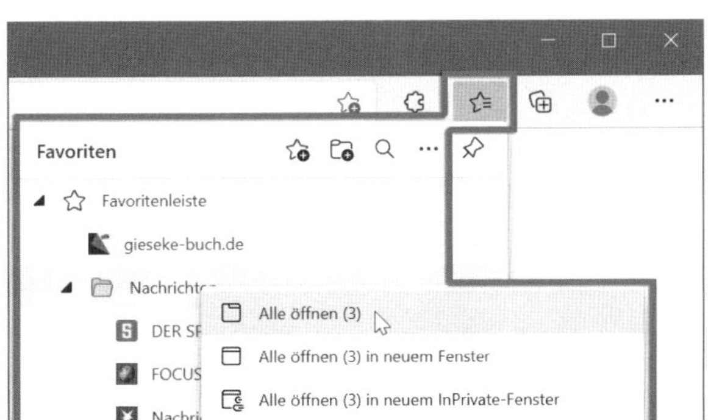

Wählen Sie im Kontextmenü den Befehl *Alle öffnen*. Edge öffnet dann alle Favoriten in diesem Ordner jeweils in eigenen Tabs. Alternativ können Sie die Favoriten auch alle auf einmal in neuen Fenstern oder in InPrivate-Fenstern öffnen lassen.

Geschlossene Tabs wieder öffnen

Edge »merkt« sich, welche Tabs Sie schließen. Sollten Sie mal versehentlich oder voreilig eine Webseite geschlossen haben, können Sie diese deshalb schnell wieder zurückholen. Klicken Sie dazu mit der rechten Maustaste auf einen der verbliebenen Tab-Reiter oder auf die leere Titelleiste des Browserfensters und wählen Sie im Kontextmenü *Geschlossenen Tab erneut öffnen*. Edge stellt dann den zuletzt geschlossenen Tab wieder her. Verwenden Sie die Funktion erneut, wird der davor geschlossene Tab wiederhergestellt usw.

4.2.7 Favoriten als Symbole in Taskleiste oder Startmenü

Eine praktische Möglichkeit, schnell auf Edge-Lesezeichen zuzugreifen, ist das Anheften an Windows-Startmenü oder -Taskleiste. Ein Klick darauf startet Edge und lädt direkt die dazugehörende Webseite.

1. Öffnen Sie die gewünschte Webseite in Edge.
2. Klicken oder tippen Sie rechts oben in Edge auf das ■■■-Symbol, um das Menü im rechten Seitenbereich anzuzeigen.
3. Wählen Sie im Menü den Befehl *Weitere Tools/An Taskleiste anheften* bzw. *An Startmenü anheften*.
4. Geben Sie im anschließenden Dialog einen Namen für den Eintrag an.

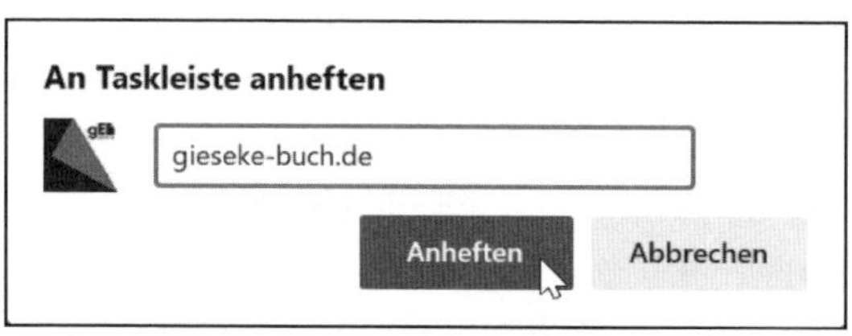

5. Edge erstellt dann ein neues Symbol in der Taskleiste. Bei einem Symbol für das Startmenü müssen Sie noch eine zusätzliche Rückfrage bestätigen. Hat die Webseite ein eigenes Icon, wird dieses verwendet. Andernfalls versieht Windows es mit einem generischen Symbol.

4.2.8 Längere Texte komfortabel im Browser lesen

Etwas unscheinbar rechts neben dem Adress- und Suchfeld des Edge-Browsers finden Sie das Symbol für die Leseansicht. Damit wechseln Sie zu einer augenfreundlicheren Darstellung von Webseiten. Sie eignet sich insbesondere für längere Texte wie Artikel, Blogbeiträge und andere Onlinedokumente. Edge wechselt dabei zu einer dezenten, angenehmen Hintergrundfarbe, verwendet eine spezielle lesefreundliche Schriftart und verzichtet automatisch auf störende Elemente wie Werbebanner, Seitenleisten, Navigationselemente etc. Auch Bilder werden größtenteils weggelassen, wenn sie den Lesefluss stören würden.

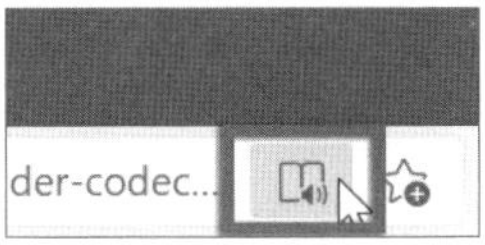

1. Wenn bei der aktuell angezeigten Webseite die Leseansicht zur Verfügung steht (siehe nachfolgenden Hinweis), wird das Symbol im Adress- und Suchfeld automatisch angezeigt. Klicken Sie einfach darauf, um zur Leseansicht zu wechseln, oder drücken Sie [F9].
2. Edge wandelt dann sofort die Darstellung der Seite in die Leseansicht um. Die Änderungen dürften direkt ins Auge fallen.
3. Sie können den Text nun nach Belieben lesen. Wollen Sie die Ansicht später verlassen, klicken Sie erneut auf das Symbol oder nutzen die *Zurück*-Funktion des Browsers. Enthält der Text Verweise auf andere Seiten, können Sie diese auch benutzen. Die Leseansicht wird beim Laden anderer Webseiten automatisch deaktiviert.

4. Sollte die Größe der Schrift nicht Ihren Vorstellungen entsprechen, können Sie wie immer im Browser [Strg]+[+] bzw. [Strg]+[-] für eine sofortige Anpassung in festen Schritten verwenden. [Strg]+[0] kehrt jederzeit zur Standardanzeige (100 %) zurück. Dauerhaft können Sie die Darstellung der Leseansicht in den Einstellungen anpassen (siehe im Folgenden).

Leseansicht nur bei textlastigen Webseiten

Der Lesemodus von Edge ist nur für Webseiten sinnvoll nutzbar, die zum überwiegenden Teil aus Textinhalt bestehen. Der Browser erkennt selbstständig, wann es sich um solche Webseiten handelt, und zeigt automatisch nur dann das *Leseansicht*-Symbol.

Die Leseansicht individuell anpassen

Die Darstellung der Leseansicht lässt sich in gewissem Umfang an Ihren Bildschirm und Ihre Lesegewohnheiten anpassen.

1. Wenn Sie zur Leseansicht wechseln, wird standardmäßig oben eine zusätzliche Symbolleiste angezeigt. Falls nicht, klicken Sie mit der linken Maustaste irgendwo auf die Webseite.

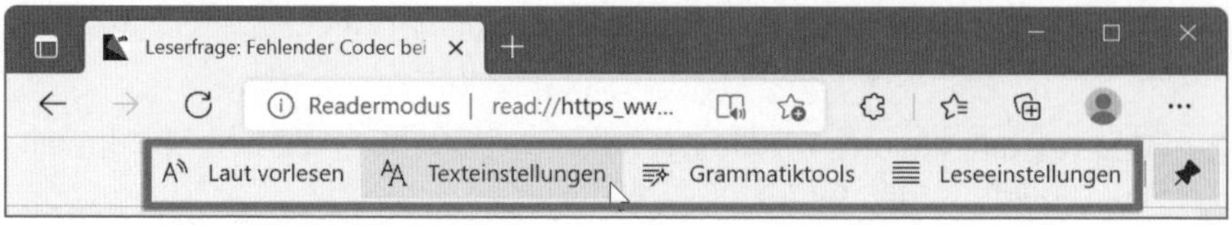

2. Klicken Sie in der Symbolleiste auf *Texteinstellungen*, um ein Menü mit verschiedenen Darstellungsoptionen zu öffnen:

- Mit dem Schieber oben legen Sie die Textgröße fest (oder auch jederzeit mit Strg+[+] bzw. Strg+[-]).
- Mit der Option *Textabstand* wird der gesamte Text in Höhe und Breite großzügiger gesetzt, was einfach eine Frage der persönlichen Vorliebe ist.
- Bei *Schriftart* können Sie eine andere Schrift für den Lesemodus auswählen, die Ihnen vielleicht mehr zusagt.
- Hinter *Textspaltenformat* verbirgt sich die Vorgabe für die Breite des angezeigten Textes. Ein schmalerer Text benötigt ggf. weniger Augen- und Kopfbewegungen beim Lesen. Dafür muss man mehr scrollen.
- Bei den *Seitendesigns* finden Sie mehrere Varianten wie schwarz auf weiß oder Weiß auf dunklem Hintergrund. Klicken Sie darunter auf *Weitere Designs*, um die Auswahl um weitere Farbkombinationen zu erweitern.

4.2.9 Mit Zeilenfokussierung konzentrierter lesen

Eine weitere nützliche Funktion der Leseansicht soll beim konzentrierten Lesen längerer Texte behilflich sein. Dabei fokussiert die Leseansicht jeweils nur einen kurzen Teil des gesamten Textes und blendet den Rest aus. Probieren Sie einfach mal aus, ob Ihnen diese Methode zu schnellerem und besserem Textverständnis verhilft.

1. Klicken Sie dazu in der Symbolleiste der Leseansicht auf *Leseeinstellungen*.
2. Aktivieren Sie den Schalter bei *Zeilenfokus*.
3. Sie werden dann sofort bemerken, dass in der Leseansicht der meiste Text bis auf wenige Zeilen ausgeblendet wird.
4. Mit den drei Symbolen darunter steuern Sie, wie groß der jeweils sichtbare Teil des Textes sein soll.
5. Die Zeilenfokussierung endet automatisch, wenn Sie die Leseansicht schließen. Sie können sie auch jederzeit mit dem Schalter aus Schritt 2 wieder abschalten.

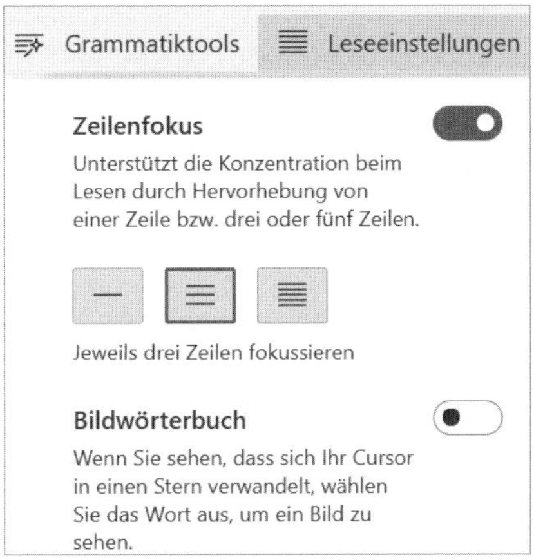

Um den Fokus beim Lesen zu verschieben, nutzen Sie die *Blättern*-Symbole unten rechts. Sehr komfortabel geht es auch mit dem Scrollrad einer Maus oder per Touchpad bzw. Touchscreen.

Die Fokussierung passt sich beim Lesen automatisch an und erweitert sich beispielsweise, wenn ein Artikel Bilder enthält, die sonst nicht vollständig in den Fokusbereich passen würden.

4.2.10 Webseiten vorlesen lassen

Praktisch nicht nur für Menschen mit Sehschwäche: Edge kann Ihnen die Inhalte von Webseiten vorlesen – ganz ohne Zusatzsoftware.

1. Klicken Sie dazu in der Symbolleiste der Leseansicht auf *Laut vorlesen*.

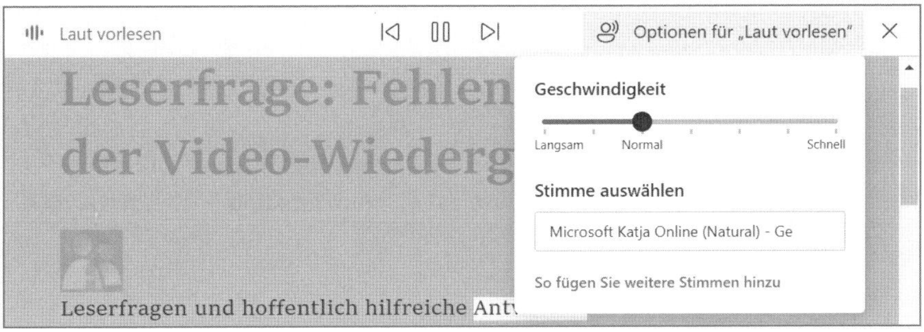

2. Edge beginnt dann direkt mit der Wiedergabe. Gleichzeitig wird oben eine schmale Steuerleiste eingeblendet. Hier können Sie die Wiedergabe anhalten und fortsetzen sowie zum nächsten oder vorherigen Textabschnitt springen.

3. Mit *Optionen für "Laut vorlesen"* öffnen Sie einen kleinen Einstellungsdialog, in dem Sie die Sprechgeschwindigkeit individuell anpassen sowie verschiedene Stimmen auswählen können.

4. Mit dem *X*-Symbol ganz rechts beenden Sie das Vorlesen jederzeit.

Markierte Abschnitte vorlesen

Sie können auch einen bestimmten Textabschnitt markieren und sich diesen vorlesen lassen. Klicken Sie dazu mit der rechten Maustaste auf die Auswahl und wählen Sie im Kontextmenü *Auswahl laut vorlesen*.

4.2.11 Unerwünschtes Tracking beim Surfen verhindern

Werbevermarkter und Datenschnüffler lassen sich immer neue Technologien einfallen, mit denen sie Surfer identifizieren und deren Verhalten möglichst nahtlos nachverfolgen können. Edge bringt spezielle Funktionen mit, die solche Tracking-Elemente in Webseiten erkennen und blockieren sollen. Standardmäßig laufen diese auf einem sinnvollen Niveau, das einen Kompromiss zwischen Schutz und Benutzerfreundlichkeit anstrebt. Sie können die Einstellungen aber individuell anpassen und Regeln für spezielle Webseiten festlegen.

1. Ausgangspunkt sind die Websiteinformationen, die Sie jederzeit zur aktuell geöffneten Webseite anzeigen können. Klicken Sie dazu links neben dem Adress- und Suchfeld auf den Infobereich.

2. Im so geöffneten Dialog sehen Sie eine Bewertung der Webseite nach Sicherheits- und Datenschutzgesichtspunkten.

   - Insbesondere wenn Sie vertrauliche Informationen wie Kennwörter, PINs oder Kreditkartendaten eingeben möchten, sollte die Verbindung stets vollständig sicher sein. Das können Sie ganz oben überprüfen.
   - Darunter sehen Sie ggf. Informationen über das *Zertifikat* des Anbieters sowie verwendete *Cookies*.
   - Mit *Berechtigungen für diese Website* können Sie für einzelne Webseiten Zugriffsrechte festlegen, die von den Standardeinstellungen des Browsers abweichen.
   - Im Abschnitt *Verhinderung der Nachverfolgung für diese Website* sehen Sie den aktuell gewählten Modus dieser Schutzfunktion – standardmäßig *Ausgewogen*.

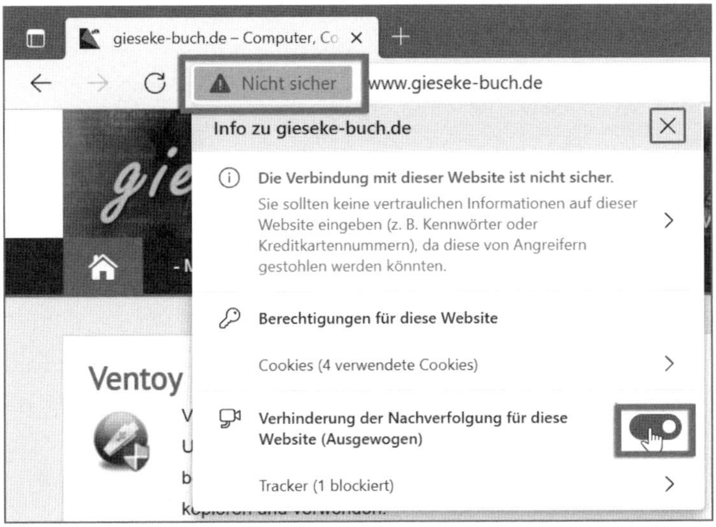

- Mit dem Schalter rechts daneben können Sie den Tracking-Schutz für die aktuell geöffnete Website individuell ein- oder ausschalten. Edge merkt sich diese Einstellung und aktiviert sie automatisch wieder, wenn Sie diese Seiten später erneut besuchen.
- Ganz unten schließlich sehen Sie, ob und wie viele Tracking-Elemente die aktuelle Webseite enthält. Mit einem Klick auf den Eintrag öffnen Sie ein Untermenü mit diesen Trackern.

3. Sollte eine Webseite nicht korrekt funktionieren und Sie haben bzgl. Tracking keine Bedenken, können Sie die *Verhinderung der Nachverfolgung für diese Website* ausschalten und somit Elemente zur Nachverfolgung zulassen.

4. Mit einem Klick auf *Tracker* und dann rechts oben auf das Zahnradsymbol öffnen Sie die globalen Tracking-Voreinstellungen von Edge. Alternativ finden Sie diese auch in den Einstellungen des Browsers im Bereich *Datenschutz, Suche und Dienste* ganz oben.

5. Mit dem Schalter rechts oben schalten Sie den Tracking-Schutz global ein oder aus.

6. Die drei Kästchen darunter stehen für verschiedene Profile, mit denen die Tracking-Verhinderung zu Werke gehen kann:

   - *Einfach* blockiert im Wesentlichen als schädlich bekannte Tracking-Elemente und lässt ansonsten alles zu. Probleme mit Webseiten gibt es in diesem Modus praktisch nicht.
   - *Ausgewogen* ist die empfohlene Standardeinstellung. Damit werden schädliche Tracker und Elemente blockiert, die von externen Adressen in Webseiten eingebunden werden. Das bietet einen guten Basisschutz und sollte selten zu Problemen mit Darstellung oder Funktionalität von Webseiten führen.

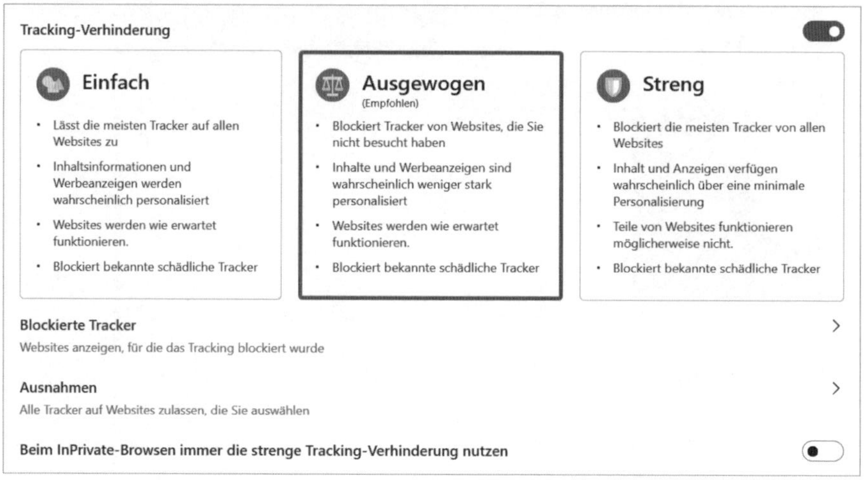

- Wenn Sie sehr großen Wert auf das Blockieren von Trackern legen, können Sie *Streng* ausprobieren. Hierbei wird fast alles blockiert, was allerdings regelmäßig zu Problemen mit Webseiten führen wird. Für diese können Sie dann aber wie vorangehend beschrieben ggf. den Tracking-Schutz deaktivieren.

4.2.12 Lästige Nachrichten von Webseiten blockieren

Die neueste Mode bei Webseiten-Designern ist es, Besuchern Benachrichtigungen in Form von Pop-up-Fenstern zu schicken, die auf Neuigkeiten oder Produkte aufmerksam machen sollen.

Das lässt Edge standardmäßig nicht zu, fragt aber jedes Mal nach, ob Sie es vielleicht doch erlauben möchten. Ihre Entscheidung merkt sich Edge und handelt beim nächsten Mal automatisch dementsprechend.

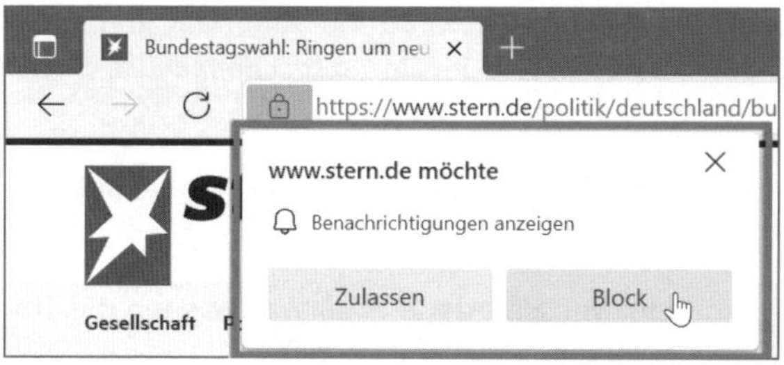

Wenn Sie von diesen ständigen Rückfragen genervt sind, können Sie solche Benachrichtigungen aber auch ganz untersagen:

1. Öffnen Sie in den Einstellungen von Edge die Rubrik *Cookies und Websiteberechtigungen*.
2. Lokalisieren Sie in der Liste der Berechtigungen den Eintrag *Benachrichtigungen* und klicken Sie darauf.

3. Schalten Sie auf der anschließenden Seite den Schalter bei *Vor dem Senden fragen* aus. Dann werden solche Anfragen automatisch blockiert.

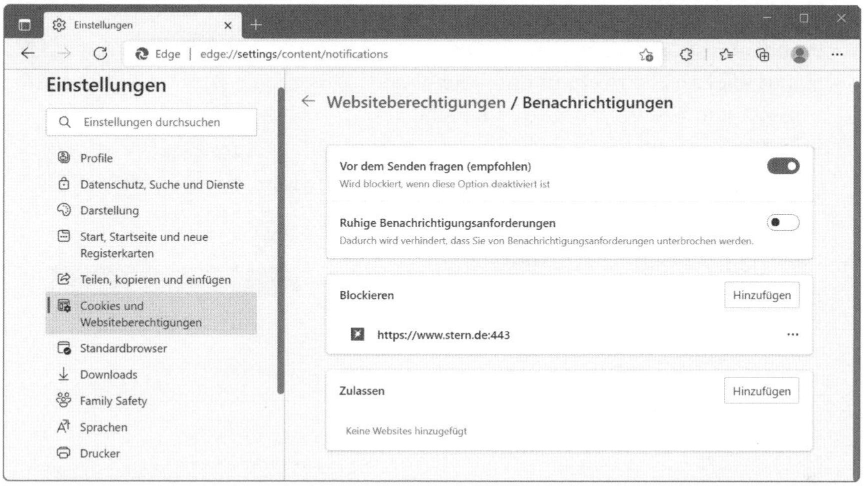

Falls Sie von einzelnen Webseiten doch Benachrichtigungen erhalten möchten, können Sie diese auf derselben Einstellungsseite in die *Zulassen*-Liste aufnehmen. Oder Sie schalten die Funktion kurzzeitig wieder an, besuchen die Webseiten, genehmigen auf Anfrage Benachrichtigungen von dort und schalten die Funktion dann wieder aus.

4.2.13 Mit wechselnden Profilen besonders sicher surfen

Eine gute Möglichkeit, Datenschutz mit Komfort zu kombinieren, ist das Verwenden verschiedener Profile in Edge. Ähnlich wie Windows-Benutzer jeweils eine individuelle Umgebung und ihre eigenen Dateien vorfinden, können Sie auch in Edge verschiedene Benutzerprofile anlegen, die jeweils ihre eigenen Einstellungen verwenden. So können Sie beispielsweise ein restriktives Profil für allgemeine Recherchen haben, ein sehr sicheres Profil für Onlinebanking und -shopping und ein weniger strenges Profil, um komfortabel in Ihren Lieblingsforen mitdiskutieren zu können.

1. Um ein neues Profil anzulegen, klicken Sie oben rechts auf das *Profil*-Symbol.
2. In der Profilübersicht ist entweder Ihr verknüpftes Microsoft-Konto zu sehen oder ein generisches *Profil 1*.
3. Klicken Sie darunter auf *Profil hinzufügen* und dann noch mal auf *Hinzufügen*.
4. Sie können nun dieses neue Profil mit einem Microsoft-Konto verknüpfen oder aber *Ohne Anmeldung fortfahren*.
5. Edge startet dann eine weitere Browserinstanz. Wenn Sie darin erneut auf das *Profil*-Symbol in der Symbolleiste klicken, sehen Sie, dass Sie nun mit *Profil 2* (oder *Profil 3* usw.) surfen.

6. Um die Profile zu personalisieren, klicken Sie in der Profilübersicht auf *Profileinstellungen verwalten*.
7. Wechseln Sie ggf. zum gewünschten Profil und klicken Sie dort auf das ■■■-Symbol. Wählen Sie im Menü den Befehl *Bearbeiten*.
8. Auf der anschließenden Seite können Sie einen individuellen Namen für das Profil festlegen. Außerdem können Sie aus den Symbolen ein passendes wählen, sodass Sie das Profil immer direkt daran erkennen können.

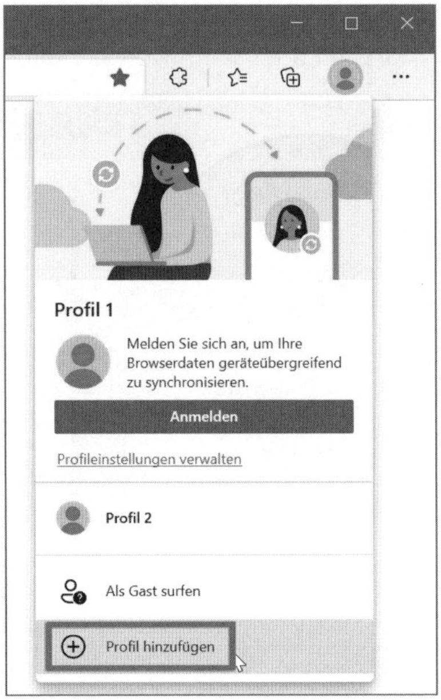

Zwischen den so eingerichteten Profilen wechseln Sie jederzeit nach Bedarf hin und her. Beachten Sie, dass Edge jedes Mal ein zusätzliches Browserfenster öffnet. Stellen Sie also sicher, dass Sie jeweils auch wirklich das gewünschte Profil nutzen. Das Profilsymbol wird dauerhaft in der Symbolleiste angezeigt und bietet somit gute Orientierung.

Profil 1 als meistgenutztes Profil

Wenn Sie Edge öffnen, startet er immer mit Profil 1 (bzw. dem ehemaligen Profil 1, wenn Sie es umbenannt haben). Deshalb sollte Sie dieses Profil mit den Einstellungen versehen, mit denen Sie meistens surfen möchten. Zu weiteren Profilen mit spezielleren Einstellungen wechseln Sie dann nach Bedarf.

4.2.14 Maximale Sicherheit mit dem Application Guard

Windows bringt einen speziellen Modus mit, bei dem der Edge-Browser in einer virtuellen Umgebung ausgeführt wird, die vom restlichen Betriebs- und Dateisystem vollständig getrennt ist. Selbst wenn besuchte Webseiten Schadsoftware enthalten, könnte diese also allenfalls in der virtuellen Umgebung und temporär Probleme verursachen, das Betriebssystem sowie Ihre Daten aber zu keinem Zeitpunkt gefährden. Beim Beenden der Sitzung wird der virtuelle Sandkasten – und damit eventuelle Schädlinge – vollständig gelöscht. Der Application Guard für Edge gehört zum Lieferumfang von Windows, ist standardmäßig aber deaktiviert. Wenn Sie ihn verwenden möchten, müssen Sie ihn also einmalig aktivieren:

1. Öffnen Sie in der klassischen Systemsteuerung die Rubrik *Programme und Features* und darin *Windows-Features aktivieren oder deaktivieren*.
2. Suchen Sie in der so geöffneten Liste den Eintrag *Microsoft Defender Application Guard* und setzen Sie davor ein Häkchen.
3. Klicken Sie darunter auf *OK* und warten Sie, bis das Feature installiert wurde.
4. Anschließend muss der PC einmal neu gestartet werden.

Application Guard kann nicht aktiviert werden

Da es sich hierbei um eine Virtualisierungsfunktion handelt, ist sie von bestimmten Hardwarevoraussetzungen abhängig: Das Gerät muss einen 64-Bit-Prozessor mit 4 Kernen haben, der Extended page tables – auch als Second Level Address Translation (SLAT) bezeichnet – sowie die Erweiterung VT-x (bei Intel-Prozessoren) bzw. AMD-V (bei AMD-Prozessoren) beherrscht. Sind solche Erweiterungen nicht vorhanden, sind die Optionen im Auswahlmenü grau und inaktiv. Suchen Sie in diesem Fall in den BIOS-Einstellungen Ihres PCs nach Optionen wie *VT-x*, *AMD-V* oder ähnliche mit *virtual* und aktivieren Sie diese.

Haben Sie den Application Guard aktiviert, können Sie mit dem neuen Menüeintrag *Neues Application Guard-Fenster* jederzeit eine Surfsitzung mit dem Schutz des Application Guard starten. Der erste Start kann dabei einige Sekunden dauern – danach geht es flotter. Das Browserfenster unterscheidet sich bei Verwendung des Application Guard kaum von einem herkömmlichen Edge-Fenster. Nur in der Symbolleiste wird ein zusätzliches Symbol angezeigt, an dem Sie zuverlässig erkennen können, dass Sie nun in einem geschützten Bereich surfen. Zum Beenden schließen Sie das Fenster einfach wieder.

4.2.15 Edge mit Erweiterungen aufwerten

Als Browser-Erweiterungen bezeichnet man das Ergänzen der Funktionalität durch Module, die Anwender nach eigenem Bedarf installieren und nutzen können. Typische Beispiele sind Werbeblocker oder Passwortmanager, die weit über die Basisfunktionen des Webbrowsers hinausgehen und sich vom Benutzer flexibler anpassen lassen. Um eine Erweiterung zu nutzen, muss sie einmalig heruntergeladen und installiert werden. Danach wird sie bei jedem Browserstart mit aktiviert und stellt ihre Funktionen automatisch zur Verfügung.

1. Um eine Erweiterung zu installieren, klicken Sie auf das ■■■-Symbol und wählen den Menüpunkt *Erweiterungen*.

2. Dadurch werden in der Seitenleiste die installierten Erweiterungen angezeigt. Anfangs ist diese Liste noch leer bzw. mit Vorschlägen gefüllt. Das können Sie schnell ändern, indem Sie auf den Link *Erweiterungen für Microsoft Edge abrufen* klicken.

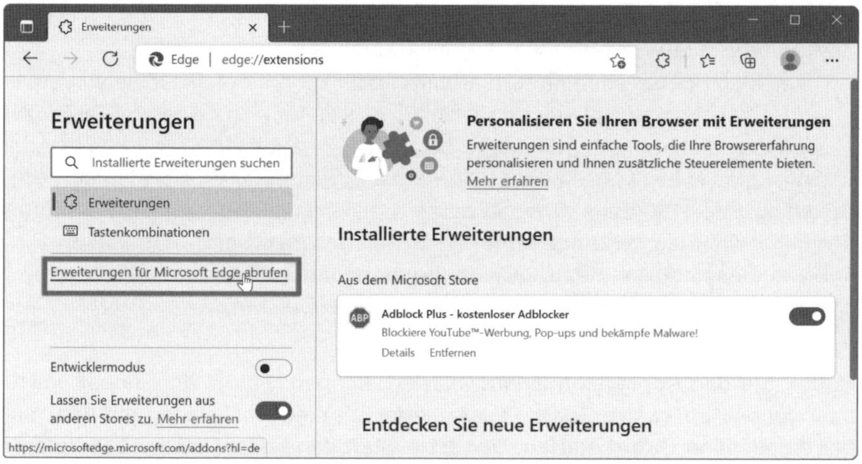

3. Damit öffnen Sie den Microsoft Store direkt in der passenden Kategorie mit einer Übersicht der verfügbaren Erweiterungen. Wenn Sie einen der hier vertretenen Dienste verwenden, lohnt es sich ggf., auch dessen Erweiterung zu installieren. Ansonsten empfiehlt sich AdBlock als Browser-Erweiterung zum automatischen Ausblenden von Onlinewerbung.

4. Wenn Sie eine der Erweiterungen anklicken, gelangen Sie zu deren Detailseite und können hier auf die *Abrufen*-Schaltfläche klicken, um sie einzurichten.

5. Warten Sie ggf. kurz ab, bis das Herunterladen beendet ist. Sie werden nun gefragt, ob die Erweiterung in den Browser integriert werden soll. Klicken Sie auf *Erweiterung hinzufügen*, um dies zu gestatten.

6. Im Fall von AdBlock wird anschließend noch eine Webseite mit zusätzlichen Informationen geöffnet.

Das war's auch schon. Ab sofort ist die Erweiterung in Ihrem Edge-Browser aktiv. Optisch macht sich das häufig in einem neuen Symbol in der Symbolleiste oder an zusätzlichen Menüeinträgen bemerkbar.

4.2.16 Chrome-Erweiterungen in Edge installieren

Einer der Gründe für den Wechsel vom ursprünglichen Edge-Browser zur jetzigen Chrome-basierten Version waren die verfügbaren Erweiterungen. Da der Edge-Browser nie sehr verbreitet war, gab es auch nur eine überschaubare Anzahl von Erweiterungen dafür. Dank der neuen Basis steht auch Edge-Benutzern die riesige Auswahl von Chrome-Erweiterungen zur Verfügung.

Um diese zu nutzen, sind allerdings folgende Schritte erforderlich:

1. Öffnen Sie wie vorangehend beschrieben im Hauptmenü die Übersicht der *Erweiterungen*.
2. Schalten Sie dort links unten in der Seitenleiste die Option *Lassen Sie Erweiterungen aus anderen Stores zu* ein. Nur so lassen sich Erweiterungen aus anderen als dem Microsoft Store installieren.

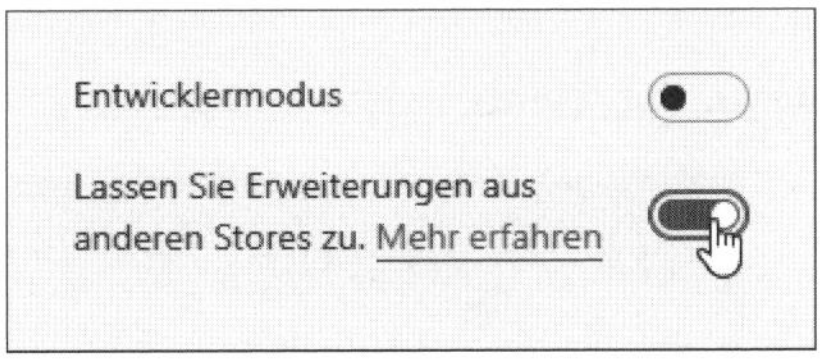

3. Bestätigen Sie den Sicherheitshinweis mit *Zulassen*.
4. Nun können Sie im Edge-Browser jederzeit den Chrome-Webstore öffnen, indem Sie die Webadresse *chrome.google.com/extensions* aufrufen.
5. Wenn Sie dort eine interessante Erweiterung gefunden haben, klicken Sie auf deren *Hinzufügen*-Schaltfläche.

6. Edge erkennt automatisch, dass Sie ein Plug-in installieren wollen. Er zeigt an, welche Berechtigungen die Erweiterung erfordert, und bittet um Zustimmung, sie hinzuzufügen.

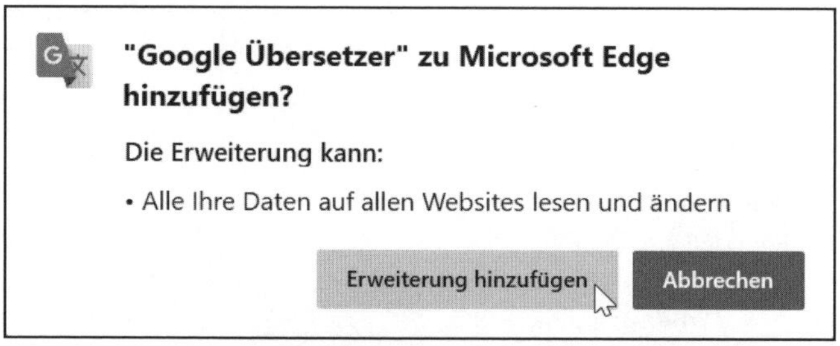

Erweiterungen aus fremden Quellen deaktivieren
Wenn Sie die Option für Erweiterungen aus anderen Stores wieder deaktivieren, werden damit automatisch auch alle Erweiterungen deaktiviert, die nicht aus dem Microsoft Store stammen. Tun Sie dies also wirklich nur, wenn Sie keinerlei fremde Erweiterungen mehr einsetzen.

4.2.17 Werbung per Adblocker aussperren

Auf Seite 258 ist beschrieben, wie Sie die Edge-Erweiterung AdBlock Plus installieren können. Dabei handelt es sich um einen Werbeblocker, der lästige Werbebanner, Pop-ups und sonstige Anzeigen aus den angezeigten Webseiten entfernt.

Allerdings kann diese gelegentlich unerwünschte Nebeneffekte haben, etwa wenn Webseiten dann gar nicht mehr funktionieren oder beispielsweise das persönliche Anmelden bei einem Onlineforum nicht mehr funktioniert.

Dann können Sie Ausnahmen festlegen, um solche Seiten wieder uneingeschränkt nutzen zu können.

1. In der Symbolleiste finden Sie einen eigenen Eintrag für AdBlock Plus.

2. Wenn in der aktuell angezeigten Webseite Elemente blockiert wurden, erkennen Sie dies an der Zahl, mit der das Symbol dann ergänzt wird. Gleichzeitig können Sie das Symbol jederzeit anklicken, um weitere Informationen zu erhalten.

3. Dann sehen Sie in einem eigenen Dialog, wie viele Elemente AdBlock auf dieser Seite und insgesamt blockiert hat.

4. Sollte die Webseite dadurch nicht korrekt funktionieren, können Sie mit den Schaltern AdBlock nur für diese Seite oder für das gesamte Webangebot deaktivieren.

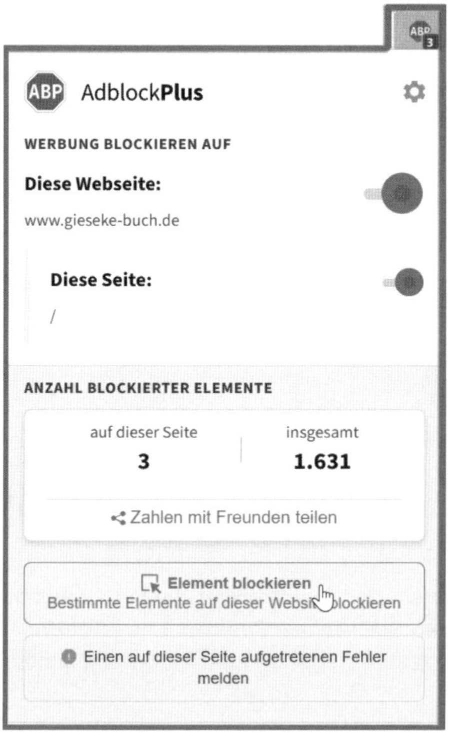

Erweiterungen entfernen

Jede installierte Erweiterung wird in der Liste aufgeführt, die Sie im Edge-Menü unter *Erweiterungen* abrufen können. Mit einem Klick auf *Details* öffnen Sie einige allgemeine Optionen, die Sie in dieser Form für alle Erweiterungen einstellen können. Ebenso können Sie nicht mehr benötigte Erweiterungen *Entfernen*.

4.2.18 Browser-Task-Manager – falls Edge mal hängt

Den Task-Manager von Windows kennt wohl jeder Benutzer. Hier kann man nachschauen und nachhelfen, wenn eine Anwendung mal »hängt« und sich nicht anders beenden lassen will. Edge bringt seinen eigenen Task-Manager mit. Das trägt der Tatsache Rechnung, dass der Browser mittlerweile immer Aufgaben erledigen muss. Nicht nur ein oder mehrere Tabs sollen angezeigt werden, auch Erweiterungen müssen betrieben oder Web-Anwendungen ausgeführt werden. Um dem Benutzer Einblicke und Eingriffe in dieses Aufgabengeflecht zu ermöglichen, ist der Browser-Task-Manager eine gute Hilfe.

1. Öffnen können Sie ihn über das Menü unter *Weitere Tools/Browser-Task-Manager* oder alternativ schneller mit dem Tastenkürzel ⇧+Esc.

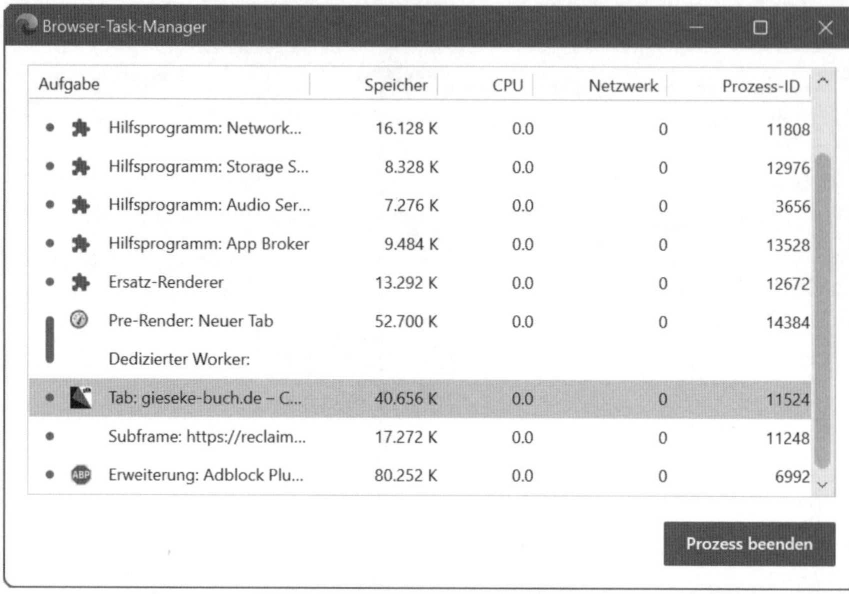

2. Der so geöffnete Dialog zeigt eine Liste der vom Browser derzeit ausgeführten Aufgaben an. Zu jedem Eintrag sehen Sie, wie viel *Speicher* und *CPU*-Kapazität dieser Prozess verbraucht. Nach diesen Kategorien können Sie die Liste auch sortieren.

3. Sollte eine bestimmte Webseite oder Erweiterung »hängen«, markieren Sie diese in der Liste und klicken Sie rechts unten auf *Prozess beenden*.

4.2.19 Spannende Webinhalte mit anderen teilen

Wenn Sie im Web auf spannende Informationen stoßen, die Sie gern mit anderen teilen möchten, geht das ganz unkompliziert mit der *Teilen*-Funktion von Windows. Diese ist auch in Edge integriert. Sie bietet eine Schnittstelle zu anderen Apps, über die die Adresse der aktuell angezeigten Webseite schnell und einfach übermittelt werden kann.

1. Um die aktuell angezeigte Webseite weiterzugeben, wählen Sie im Menü von Edge die Funktion *Teilen*.

2. Damit blenden Sie den *Teilen*-Dialog ein. Dieser enthält einen Eintrag für jede App, die mit dieser Art von Inhalt (in dem Fall also eine Webadresse) etwas anfangen kann. Standardmäßig sind das zumindest die mitgelieferten *Link kopieren* und *E-Mail*. Wenn Sie beispielsweise Apps von sozialen Netzwerken wie Facebook oder Twitter installieren, werden diese ggf. auch in der Liste geführt.

3. Klicken Sie die gewünschte App in der Liste an und warten Sie, bis der Browser Ihren Wunsch verarbeitet hat. Je nach gewählter App wird die Webseite bzw. deren Adresse direkt weitergegeben, oder es folgt noch ein zusätzlicher Dialog, in dem Sie beispielsweise den Empfänger auswählen sowie eine Anmerkung oder Ähnliches ergänzen können. *Mail* etwa füllt ein Mailformular aus, in dem Sie nur noch die Empfängeradresse anzugeben brauchen.

4.2.20 Keine automatische Wiedergabe bei Webseiten

Schon seit Anbeginn des Webs nerven Webseiten, die beim Öffnen automatisch Klänge oder Videos abspielen. Gerade wenn der Lautstärkeregler recht hoch eingestellt ist, kann man einen ordentlichen Schreck oder ggf. Ärger mit dem Büronachbarn bekommen. Um solche Situationen zu vermeiden, bringt Edge die Möglichkeit mit, die automatische Audiowiedergabe auf Webseiten zu blockieren oder zumindest auf ein erträgliches Maß zu beschränken. Auf die Wiedergabe müssen Sie dabei nicht grundsätzlich verzichten. Sie startet aber nur, wenn Sie der Webseite das Recht dazu eingeräumt haben.

In den Einstellungen von Edge finden Sie dazu die Möglichkeit, das automatische Wiedergeben global zu steuern. Diese Optionen gelten immer, solange für eine Webseite keine abweichenden Einstellungen festgelegt sind.

1. Öffnen Sie die *Einstellungen* und wechseln Sie dort in die Rubrik *Cookies und Websiteberechtigungen*.

2. Klicken Sie rechts in der Liste recht weit unten auf den Eintrag *Automatische Medienwiedergabe*.

3. Im folgenden Dialog können Sie eine von zwei möglichen Optionen einstellen:

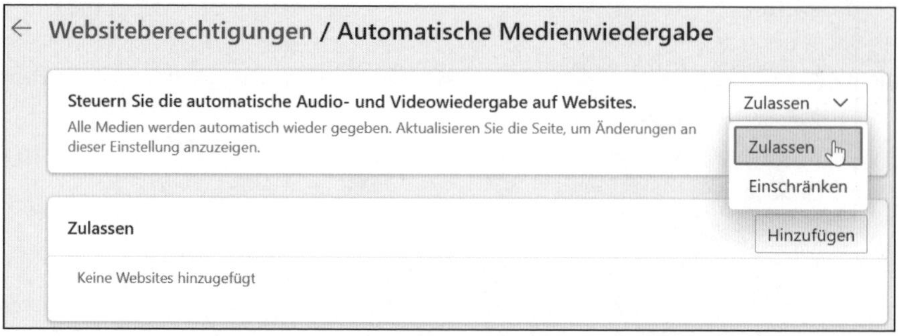

- *Zulassen*: Wenn eine Webseite Audio- und/oder Videoelemente enthält, die beim Öffnen automatisch abgespielt werden sollen, tut Edge dies.
- *Einschränken*: Audio- und Videoelemente werden prinzipiell zunächst wiedergegeben. Im Tab-Reiter einer solchen Webseite finden Sie aber ein Lautstärkesymbol, mit dem Sie die Wiedergabe stumm schalten können. Edge merkt sich diese Einstellungen und schaltet bei zukünftigen Besuchen derselben Seiten automatisch auf stumm.

4.2.21 Automatische Wiedergabe immer blockieren

In der vorangehend vorgestellten Einstellung fehlt die Möglichkeit, das automatische Wiedergeben in Webseiten grundsätzlich zu blockieren. Dies ist aber mit einem kleinen Eingriff trotzdem möglich:

1. Tippen Sie im Adress- und Suchfeld von Edge die Adresse *edge://flags* ein.
2. Lokalisieren Sie – am besten mithilfe des Suchfelds – in der langen Liste den Eintrag *Show block option in autoplay settings*.

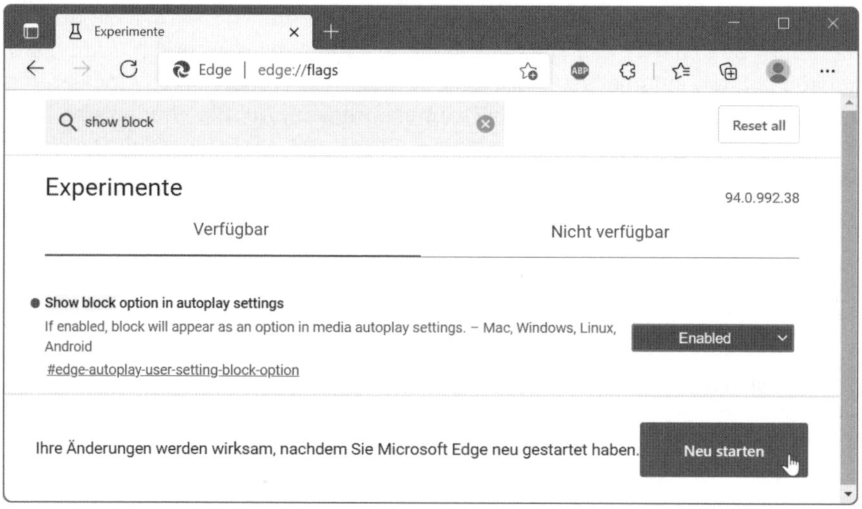

3. Stellen Sie dort im Menü rechts die Option *Enabled* ein.

4. Klicken Sie dann rechts unten auf *Neu starten*.

Wenn Sie nun die im vorangehenden Abschnitt beschriebene Einstellung für automatisches Wiedergeben erneut öffnen, finden Sie zusätzlich die Auswahl *Block* vor. Damit wird die automatische Wiedergabe global blockiert. Ausnahmen für einzelne Webseiten sind nach wie vor möglich.

4.2.22 Rechtschreibprüfung im Webbrowser

Wenn Sie Ihre E-Mails über einen Webmailer schreiben oder sich vielleicht gern in Onlineforen einbringen, dann kann eine Rechtschreibprüfung hilfreich sein. Die kann bei der Eingabe gleich auf Tippfehler und Ähnliches hinweisen. Edge hat eine solche Rechtschreibprüfung eingebaut, die Sie automatisch verwenden können, wann immer Sie Formularfelder ausfüllen.

1. Öffnen Sie die Edge-Einstellungen in der Rubrik *Sprachen*.

2. Hier finden Sie rechts den Abschnitt *Rechtschreibprüfung aktivieren*.

3. Darin können Sie wählen, für welche Sprachen die Rechtschreibprüfung aktiviert werden soll. Wenn Sie auch englische Texte verfassen, sollten Sie beispielsweise auch diese Sprache einschalten. Edge erkennt jeweils automatisch, welche Sprache verwendet wird.

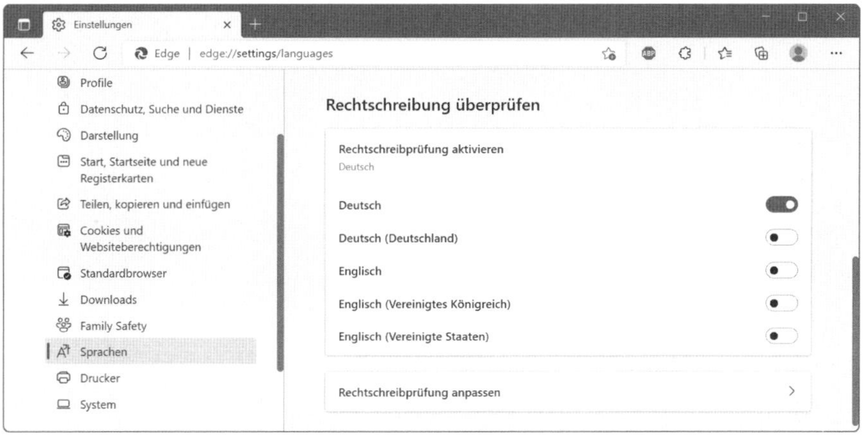

Weitere Sprachen hinzufügen

Sie beherrschen weitere Sprachen, in denen Sie gelegentlich schreiben möchten? Ganz oben in den Spracheinstellungen von Edge finden Sie rechts die Schaltfläche *Sprachen hinzufügen*. Im so geöffneten Dialog lokalisieren Sie das gewünschte Sprachpaket (ggf. mithilfe des Suchfelds), setzen dort ein Häkchen und klicken dann auf *Hinzufügen*.

Die Rechtschreibprüfung wird automatisch aktiviert, wenn Sie ein größeres Formularfeld ausfüllen. Bei kleineren Eingaben wie beispielsweise Benutzernamen reagiert sie also sinnvollerweise nicht. Wenn Sie ein Wort eintippen, das die Rechtschreibprüfung (so) nicht kennt, wird dieses rot unterstrichen. Sie können es dann selbst überprüfen und ggf. korrigieren, oder Sie klicken mit der rechten Maustaste darauf:

- Wenn die Rechtschreibprüfung einen oder mehrere Vorschläge für die richtige Schreibweise hat, finden Sie diese ganz oben im Kontextmenü. Durch Anklicken ersetzen Sie das fehlerhafte Wort im Text durch die korrigierte Fassung.
- Falls das Wort korrekt geschrieben ist und die Rechtschreibprüfung es nur nicht kennt, können Sie es *Zum Wörterbuch hinzufügen*. So lernt die Korrekturfunktion hinzu.

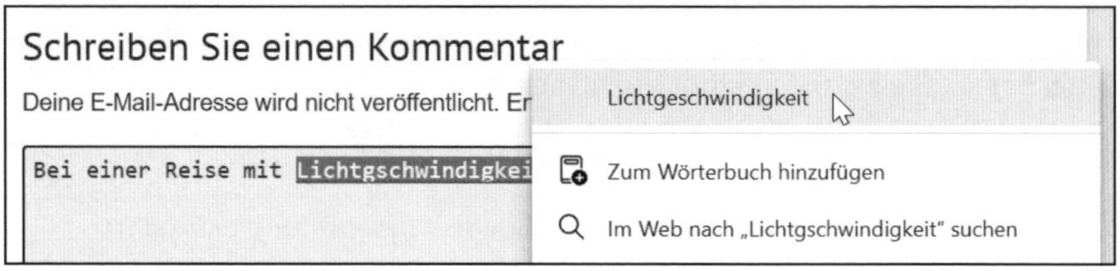

Sie können während einer Eingabe auch jederzeit mit rechts auf einen leeren Bereich des Formulars klicken. Im so geöffneten Kontextmenü finden Sie ein Untermenü *Rechtschreibung überprüfen*. Dieses gibt Ihnen die Möglichkeit, bei Bedarf zu einer anderen Sprache zu wechseln oder das automatische Überprüfen abzuschalten, falls es mehr irritiert als nützt.

5 Apps und Desktop-Anwendungen

Windows bringt zwar von Haus aus schon verschiedene Apps und Anwendungen mit, aber auf die werden sich wohl die wenigsten beschränken. Erst durch zusätzliche Anwendungen entsprechend der persönlichen Anforderungen, Aufgaben und Vorlieben wird der PC zum leistungsfähigen, komfortablen oder auch Spaß bringenden Werkzeug. Grundsätzlich gibt es bei Windows zwei unterschiedliche Ansätze, zusätzliche Software zu installieren: Der Microsoft Store stellt ein begrenztes, betreutes Angebot von Apps und Desktop-Anwendungen bereit, das mittlerweile umfangreich ist und ein gewisses Maß an Sicherheit bietet. Demgegenüber steht das »wilde Web«, wo man praktisch alles findet, aber selbst Sorge tragen muss, sich beim Download nicht digitales Ungeziefer auf den PC zu holen.

5.1 Apps aus dem Microsoft Store

Der Microsoft Store ist ein von den Windows-Machern betreutes Softwareangebot. Sowohl große Softwarefirmen als auch einzelne Entwickler können hier ihre Anwendungen und Spiele veröffentlichen. Eine redaktionelle Prüfung und Bewertung erfolgt nicht, sodass man die Veröffentlichung als solche noch nicht als Qualitätsmerkmal missverstehen sollte. Allerdings reagiert Microsoft durchaus auf Benutzerbeschwerden, wenn veröffentlichte Apps eklatant gegen Regeln verstoßen. Außerdem bietet der Microsoft Store mit seiner Bewertungsfunktion die unschätzbare Möglichkeit, die Meinungen anderer Benutzer bei der Auswahl zu berücksichtigen. Und auch wenn der Name »Store« etwas anderes nahelegt: Neben kostenpflichtigen Angeboten gibt es auch zahlreiche kostenlose Spiele, Apps und Hilfsprogramme.

5.1.1 Den Microsoft Store mit lokalem Konto nutzen

Damit Sie den Microsoft Store nutzen können, müssen Sie sich dort einmalig mit einem kostenlosen Microsoft-Konto registrieren. Das sorgt dafür, dass der Store Ihnen die heruntergeladenen und vor allem eventuell gekauften Apps zuordnen kann, sodass Sie diese auch bei einer Neuinstallation oder bei einem Wechsel des PCs nicht verlieren. Wenn Sie sich bei Ihrem PC ohnehin mit einem Microsoft-Konto anmelden, ist dieser Schritt nicht mehr nötig. Nutzer eines lokalen Kontos bittet der Store spätestens beim ersten Herunterladen einer App um die Anmeldung. Dabei ist etwas Vorsicht angebracht, wenn Sie Windows nicht gleich vollständig auf ein Microsoft-Konto umstellen möchten.

1. Sie können den Anmeldevorgang auch jederzeit anstoßen, indem Sie in der Store-App oben neben dem Suchfeld auf das Benutzersymbol klicken und im Menü *Anmelden* wählen.

2. Für den Microsoft Store ist ein Microsoft-Konto erforderlich. Sollten Sie schon eines etwa bei MSN, Outlook.com, Hotmail oder Live.com haben, können Sie dieses nutzen. Geben Sie dazu erst die E-Mail-Adresse oder Telefonnummer Ihres Microsoft-Kontos ein. Tippen Sie im nächsten Schritt das Kennwort ein und klicken Sie auf *Anmelden*. Sollten Sie noch kein passendes Konto haben, können Sie es mit *Dann erstellen Sie jetzt eins!* schnell einrichten. Das Konto an sich ist kostenlos. Nur wenn Sie auch Apps kaufen möchten, müssen Sie (ggf. später) Zahlungsinformationen dafür hinterlegen (mehr dazu auf Seite 268).

3. Wichtig ist der nächste Schritt nach dem Eingeben des Kennworts. Wenn Sie wie naheliegend direkt auf *Weiter* klicken, stellen Sie die Windows-Anmeldung komplett von einem lokalen Benutzerkonto auf das angegebene Microsoft-Konto um!

4. Wenn Sie dies nicht wollen, klicken Sie stattdessen auf den unscheinbaren Link *Nur Microsoft-Apps*. Dann wird das Konto nur mit dieser App verknüpft und für Windows insgesamt bleibt es bei der lokalen Benutzeranmeldung.

5.1.2 Eine Zahlungsmethode für den Store hinterlegen

Wenn Sie im Microsoft Store kostenpflichtige Apps erwerben, wird die Zahlung unabhängig vom Anbieter der App immer von Microsoft selbst abgewickelt (im Unterschied zu kostenpflichtigem Content, den man innerhalb einiger Apps zusätzlich erwerben kann). Als Bezahlmöglichkeiten stehen Kreditkarte, das Lastschrift-Verfahren sowie der Onlinezahlungsdienstleister PayPal zur Auswahl. Einige Mobilfunkanbieter erlauben es ihren Kunden auch, Zahlungen im Microsoft Store über die Telefonrechnung zu begleichen. Eine Zahlungsmethode muss nur einmalig hinterlegt werden, damit sie dann für Käufe jederzeit genutzt werden kann. Sie können eine Zahlungsmethode aber auch jederzeit wechseln oder durch eine Alternative ergänzen.

Zahlen per PayPal

Wenn Sie PayPal als Zahlungsdienstleister wählen, brauchen Sie im Store zunächst nur eine Rechnungsadresse anzugeben. Dafür werden Sie anschließend auf die PayPal-Website umgeleitet, auf der Sie sich mit Ihren PayPal-Zugangsdaten ausweisen müssen. Das sieht genauso aus wie bei einer PayPal-Transaktion, nur müssen Sie diesmal nicht direkt etwas bezahlen. Stattdessen ermächtigen Sie Microsoft, in Zukunft Beträge, die durch Ihre App-Käufe im Store anfallen, immer über Ihr PayPal-Konto abzurechnen.

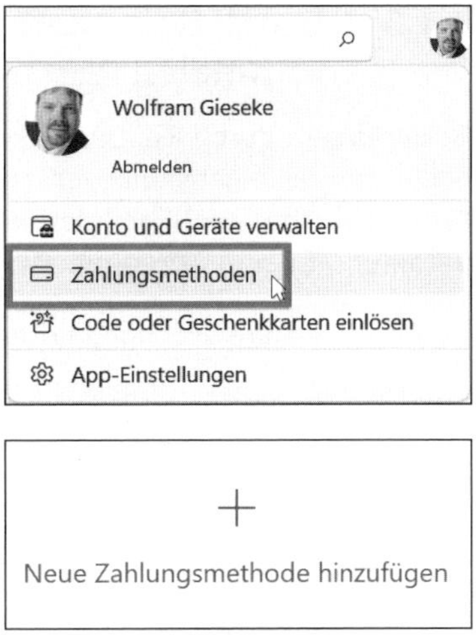

1. Klicken oder tippen Sie in der App auf Ihr Benutzersymbol oben neben der Suchleiste. Wählen Sie im so geöffneten Menü am rechten Rand *Zahlungsmethoden*.
2. Die Store-App leitet Sie nun an den Browser weiter und bittet Sie, sich mit dem Kennwort Ihres Microsoft-Kontos dort anzumelden.
3. Hier können Sie mit *Neue Zahlungsmethode hinzufügen* Ihre bevorzugte Bezahlmethode festlegen. Wählen Sie dazu zunächst oben die Art der Zahlung aus. Dementsprechend verändert sich das Formular, das Sie darunter ausfüllen müssen. Wie bereits geschildert, erledigt Microsoft die gesamte Abwicklung der Zahlung. Sie brauchen also nicht zu befürchten, dass Ihre Kontodaten an alle Anbieter im Store weitergereicht werden, von denen Sie Apps oder Inhalte erwerben.

4. Auch eine Rechnungsadresse müssen Sie angeben. Trotzdem wird für Rechnungen und sonstigen Schriftverkehr die E-Mail-Adresse verwendet, die Ihrem Microsoft-Konto zugeordnet ist.
5. Tippen oder klicken Sie schließlich ganz unten auf *Weiter*.

Anschließend steht die eingerichtete Zahlungsart in der Store-App zum Bezahlen von Apps und auch Inhalten wie Musik oder Filmen zur Verfügung. Falls Sie deswegen besorgt sind: Käufe laufen nicht nach dem Schema »Klicken und automatisch bezahlen« ab. Jede einzelne Transaktion muss immer nochmals mit Ihrer Zugangsberechtigung bestätigt werden.

5.1.3 Durch Benutzerbewertungen schneller zur optimalen App

Bewertungen durch Benutzer, die eine App oder ein Spiel bereits kennen, sind die beste Beurteilungshilfe, bevor man eine App herunterlädt oder gar kauft. Die Store-App rückt diese wichtige Information in den Mittelpunkt und macht vor allem transparenter, wie eine App genau von ihren Benutzern bewertet wird.

Und auch weitere wichtige Informationen finden Sie in der Beschreibung jeder App:

- Oben sehen Sie zunächst eine kompakte Darstellung der App mit Logo, Name, Kurzbeschreibung, Altersfreigabe sowie ggf. dem Preis.

- Darunter finden Sie in mehreren Abschnitten noch wesentlich mehr Informationen zur App, wie Bildschirmfotos und eine ausführlichere Beschreibung, um sich einen genaueren Eindruck verschaffen zu können.

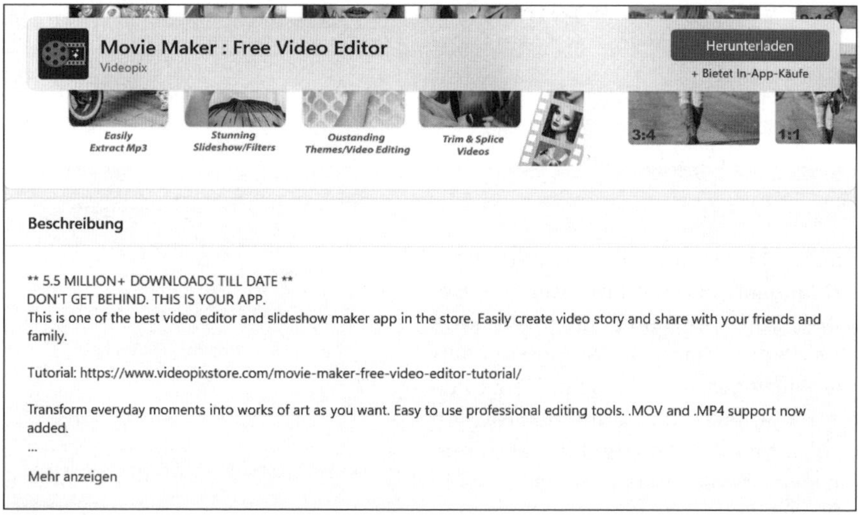

- Sehr aufschlussreich ist oft der Abschnitt mit den Bewertungen durch andere Benutzer. Eine Tabelle gibt einen schnellen Überblick, wie sich die große Durchschnittsnote genau zusammensetzt. So erkennen Sie schnell, ob eine App einheitlich gut bewertet wird oder ob die Meinungen der Anwender doch eher geteilt sind.

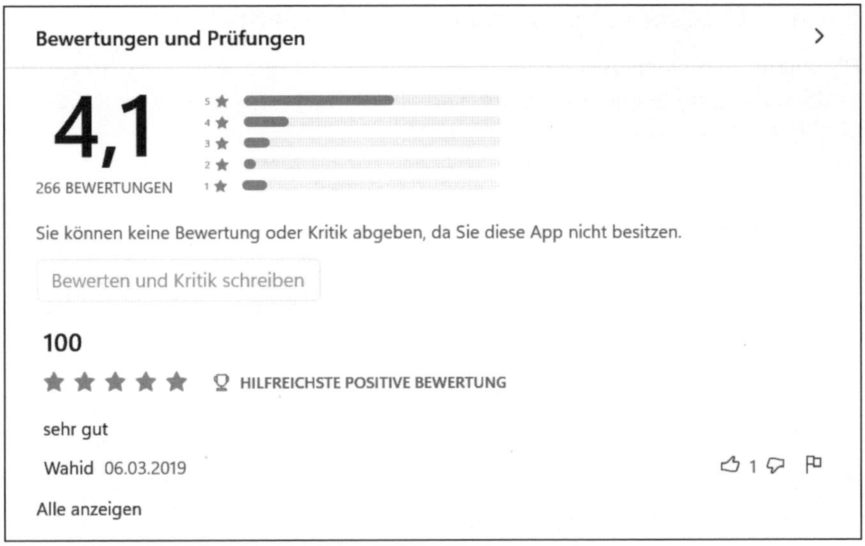

- Darunter lesen Sie einzelne Rezensionen, die von den meisten Anwendern als hilfreich bewertet wurden. Auch diese helfen dabei, schnell zu erkennen, ob eine App auch das hält, was Name und Beschreibung versprechen.
- Vor allem für Spiele-Apps sind die *Systemanforderungen* interessant. Hier sollte man sich informieren, bevor man Geld für einen Titel ausgibt, der vom eigenen PC dann womöglich nicht ausreichend unterstützt wird. Ist der Abschnitt mit einem grünen Häkchen versehen, sollte es keine Probleme mit der App geben. Andernfalls klappen Sie den Bereich ggf. auf, um weitere Informationen zu erhalten.

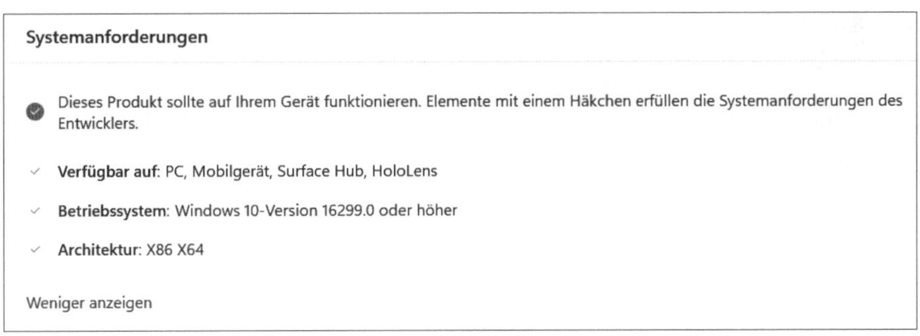

- Ganz unten im Abschnitt *Anderen gefällt auch* werden alternative Apps von anderen Anbietern aufgeführt, die vielleicht auch in Betracht kommen.

Installieren können Sie Apps oben über die *Herunterladen*-Schaltfläche, bei Kauf-Apps mit *Kaufen*.

5.1.4 Eine ganz bestimmte App schnell finden

Sie haben von einer bestimmten tollen App gehört und wollen diese selbst ausprobieren? Dann finden Sie sie am schnellsten, wenn Sie im Microsoft Store nach dem Namen suchen.

1. Auf allen Seiten der Store-App finden Sie oben in der Titelzeile ein Suchfeld.

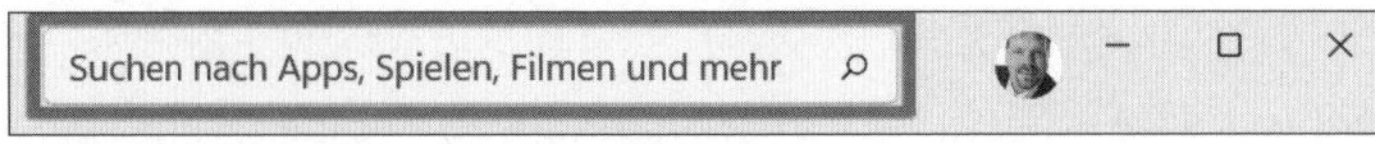

2. Tippen Sie hier einen beliebigen Begriff ein, der das Gesuchte beschreibt. Es kann auch direkt der Name einer App oder eines Entwicklers sein.

3. Sobald Sie einige Zeichen eingegeben haben und die Suche etwas Passendes dazu gefunden hat, bietet sie Ihnen das direkt unter dem Suchfeld zur Auswahl an. Hierbei kann es sich um Vorschläge sowohl zur Autovervollständigung des Suchbegriffs als auch schon zu konkreten Apps handeln.

4. Alternativ können Sie einfach jederzeit ↵ drücken, um die Suchergebnisse direkt in der Store-App zu sehen, wo Sie auch noch ein bisschen mehr erfahren. So wird hier z. B. zu jeder App gleich eine Bewertung angezeigt.

5. Tippen Sie auf einen der Einträge, um die Details zur App anzuzeigen und diese ggf. wie vorangehend beschrieben zu installieren.

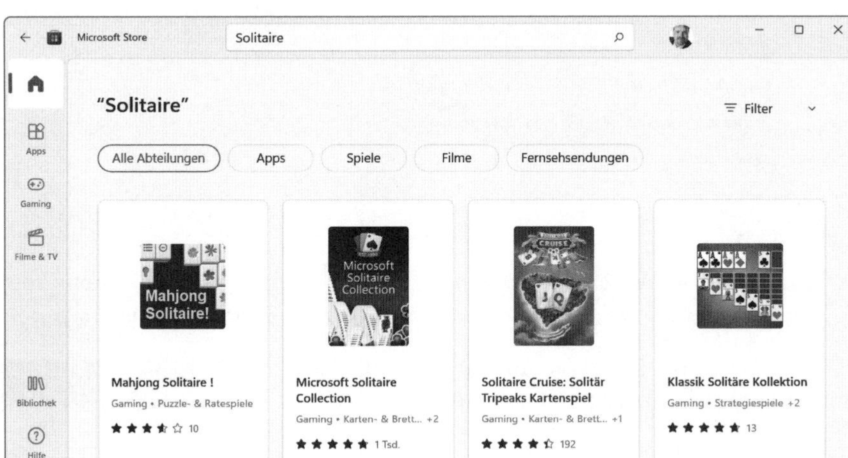

5.1.5 Updates für Apps herunterladen

Einer der großen Vorteile des Microsoft Store ist, dass er selbst das Aktualisieren der Apps erledigt, wenn das nötig ist. Meist brauchen Sie sich also gar nicht darum zu kümmern. Sollten doch mal Eingriffe nötig sein, erkennen Sie dies im Store an einer zusätzlichen Markierung des *Bibliothek*-Symbols.

1. Tippen oder klicken Sie darauf, um eine Übersicht der App-Updates zu öffnen. Alternativ können Sie auch so jederzeit in Ihrer *Bibliothek* mit *Updates abrufen* rechts oben eine Suche nach neuen Aktualisierungen durchführen.

2. Nach kurzer Zeit finden Sie dann in der Bibliothek oben einen Abschnitt *Updates und Downloads*, der alle Apps umfasst, zu denen Aktualisierungen vorliegen.

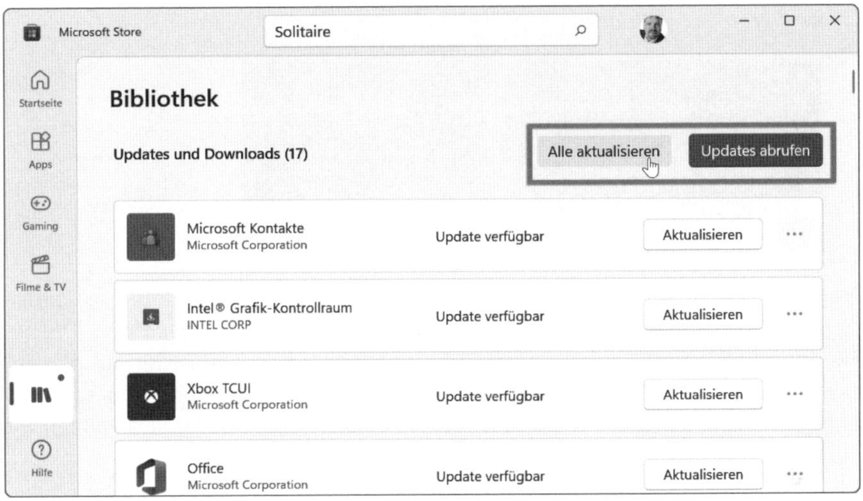

3. Sie finden bei jedem Eintrag eine *Aktualisieren*-Schaltfläche, mit der Sie den Vorgang für diese spezielle App starten. Alternativ klicken Sie oben auf *Alle aktualisieren*, um alle vorliegenden Updates in einem Rutsch zu erledigen.

Die Updates werden im Hintergrund ressourcenschonend übertragen und angewendet. Sie können Ihren PC währenddessen uneingeschränkt weiter nutzen.

Probleme/Fehler bei App-Updates?

Für das Aktualisieren von aus dem Microsoft-Store installierten Apps ist unter der Haube Windows Update zuständig. Falls es Probleme mit App-Updates gibt oder Fehler dabei auftreten, können Sie diese mit denselben Methoden beheben, die auch für Aktualisierungen bei Windows selbst gelten. Tipps hierzu finden Sie auf Seite 42.

5.1.6 Apps deinstallieren

Das Entfernen von Apps aus dem Store ist erfreulich einfach. Im Gegensatz zu klassischen Desktop-Anwendungen benötigt man hierzu keine Deinstallations-Assistenten, sondern Windows kann das ganz alleine erledigen. In der Regel ist es deshalb innerhalb weniger Sekunden erledigt.

1. Klicken Sie dazu im Startmenü mit der rechten Maustaste auf einen Menüeintrag oder auch das angeheftete Symbol einer App.

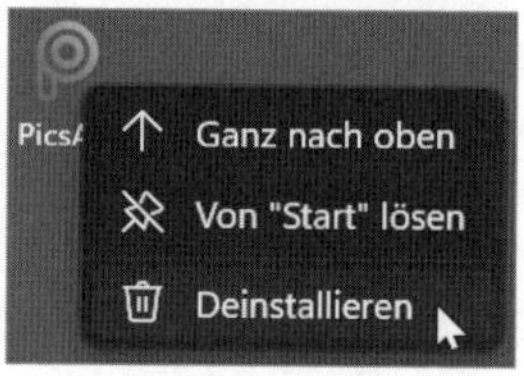

2. Im Kontextmenü wählen Sie *Deinstallieren*.
3. Bestätigen Sie dann das Entfernen der App und der dazugehörenden Daten mit einem Klick auf die *Deinstallieren*-Schaltfläche.

Sollten Sie eine zu deinstallierende App nicht auf Anhieb ausfindig machen können, öffnen Sie in den Windows-Einstellungen den Bereich *Apps/Apps & Features*. Hier finden Sie im Abschnitt *App-Liste* eine vollständige Liste aller auf diesem PC installierten Apps. Diese können Sie sortieren und durchsuchen und so jede App schnell finden. Klicken Sie in deren Eintrag dann rechts auf ⋮ und wählen Sie im Menü *Deinstallieren*.

5.1.7 Apps auf ein anderes Laufwerk verschieben

Grundsätzlich belegen heruntergeladene Apps Speicherplatz auf dem Systemlaufwerk, auf dem auch Windows selbst installiert ist. Allerdings ist es mittlerweile eine gängige Konfiguration, Windows auf einer schnellen, aber relativ kleinen SSD zu installieren und für Dokumente sowie andere umfangreiche Daten eine zweite, klassische Magnetfestplatte mit reichlich Speicherplatz zu verwenden. Insbesondere in diesem Fall kann es sinnvoll sein, umfangreichere Apps auf diese andere Festplatte zu verschieben. Sie starten dann zwar eventuell etwas langsamer, benötigen aber keinen kostbaren Speicherplatz auf der SSD.

1. Um eine installierte App auf ein anderes Laufwerk zu verschieben, öffnen Sie in den Windows-Einstellungen die Rubrik *Apps/Apps & Features*.
2. Hier finden Sie in der *App-Liste* alle installierten Programme. Im Suchfeld ganz oben können Sie auch den Namen einer App eingeben, um schneller zu einer bestimmten App zu gelangen.

3. Haben Sie die gesuchte App ausgemacht, klicken Sie in ihrem Eintrag rechts auf ⋮ und wählen Sie im so geöffneten Menü den Befehl *Verschieben*.

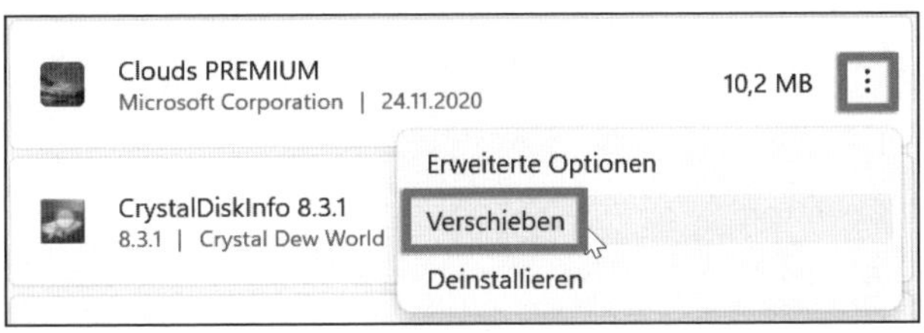

Verschieben nicht möglich?

Die *Verschieben*-Funktion ist grundsätzlich nur für Apps verfügbar, nicht für klassische Windows-Anwendungen. Außerdem kann sie nur für Apps verwendet werden, die nachträglich aus dem Store installiert wurden. Die mit Windows ausgelieferten Apps von Microsoft lassen sich auf diese Weise leider nicht verschieben. Und es muss ein zweites Laufwerk verfügbar sein, auf das die Apps verschoben werden können.

4. Wählen Sie im anschließenden Dialog das Laufwerk aus, wo diese App in Zukunft gespeichert werden soll.

5. Klicken Sie dann erneut auf *Verschieben*.

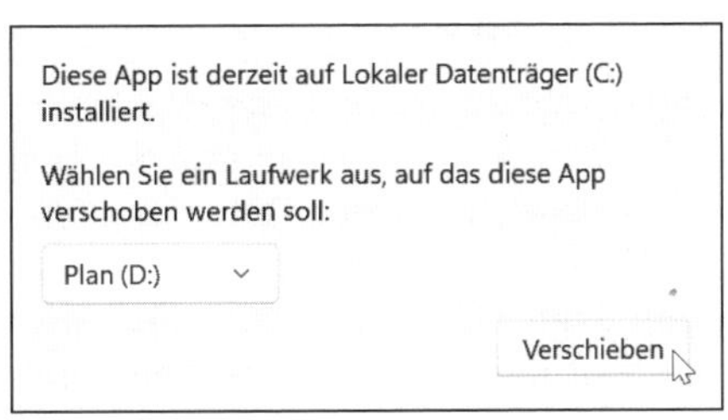

Das Verschieben erfolgt im Hintergrund, sodass Sie direkt weiterarbeiten können. Die verschobene App lässt sich allerdings erst wieder verwenden, nachdem der Vorgang abgeschlossen wurde.

5.1.8 Den Standard-Speicherort für neue Apps ändern

Der vorangehende Abschnitt beschreibt, wie Sie eine App auf ein anderes Laufwerk verschieben können, um Speicherplatz beispielsweise auf einem knapp bemessenen SSD-Laufwerk zu sparen. Um das nicht bei jeder neu heruntergeladenen App wiederholen zu müssen, können Sie den Standard-Speicherort für Apps verändern. Alle Apps, die ab diesem Zeitpunkt neu heruntergeladen werden, landen dann automatisch auf dem gewünschten Laufwerk.

1. Öffnen Sie in den Windows-Einstellungen den Bereich *System/Speicher*.
2. Klicken Sie rechts im Abschnitt *Speicherverwaltung* auf *Speicherort für neue Inhalte*.
3. Wählen Sie auf der so geöffneten Seite oben bei *Neue Apps werden gespeichert in:* das Laufwerk aus, auf dem neu hinzukommende Apps in Zukunft abgelegt werden sollen.

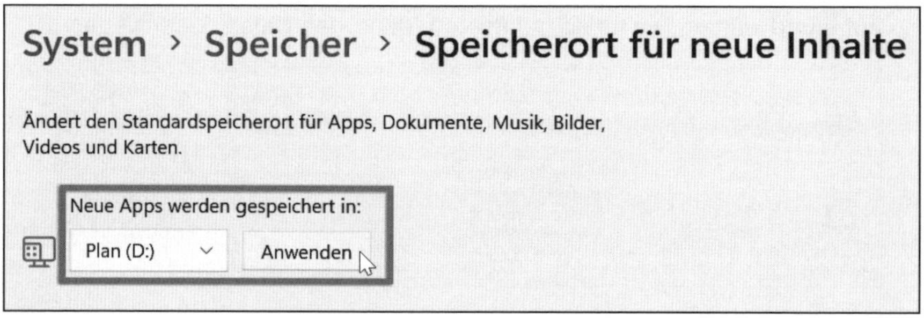

4. Klicken Sie dann rechts daneben auf die *Anwenden*-Schaltfläche.

Das war es schon. Ab sofort landen alle neu installierten Apps auf dem gewählten Laufwerk und der Speicherplatz auf dem Systemlaufwerk bleibt für Wichtigeres frei. Hinweis: Bereits installierte Apps werden dadurch nicht verschoben. Hier bleibt nur die Möglichkeit, sie wie vorangehend beschrieben einzeln auf das andere Laufwerk zu verlagern.

5.1.9 Apps bei Problemen zurücksetzen

Falls es mit einzelnen Apps Probleme gibt und diese nicht mehr starten oder nicht wie beabsichtigt funktionieren, kann man diese zurücksetzen. Dabei werden zwar ggf. alle gespeicherten Daten und Einstellungen einer App entfernt (was selbstverständlich nicht für Dateien gilt, die ggf. mit dieser App erstellt oder bearbeitet wurden). Beim nächsten Start finden Sie die App dann wieder genau wie beim ersten Start vor und die Probleme damit gehören – hoffentlich – der Vergangenheit an. Diese Möglichkeit besteht allerdings nur bei Apps, nicht bei klassischen Desktop-Anwendungen.

1. Öffnen Sie in den Windows-Einstellungen den Bereich *Apps/Apps & Features*. Hier werden alle installierten Programme angezeigt.

2. Suchen Sie die problematische App in der Liste heraus und klicken Sie in deren Eintrag rechts auf ⋮.

3. Wählen Sie im so geöffneten Menü *Erweiterte Optionen*.

4. Damit öffnen Sie die Detailseite dieser App. Sie verrät etwa den belegten Speicherplatz sowie ggf. installierte Add-ons. Vor allem aber stehen Ihnen unten im Abschnitt *Zurücksetzen* – je nach App – ein oder zwei Funktionen zur Problembehandlung zur Verfügung:

   - Mit *Reparieren* werden Einstellungen korrigiert und der Cache-Speicher der App gelöscht. Die von Ihnen selbst in der App erstellten oder eingetragenen Inhalte (oder bei Spielen beispielsweise Spielstände) bleiben aber erhalten. Ist diese Funktion verfügbar, sollten Sie es deshalb immer erst damit probieren.
   - Hilft das Reparieren nicht bzw. wird es gar nicht angeboten, können Sie mit der Schaltfläche *Zurücksetzen* diese App wieder in den Auslieferungszustand versetzen. Die App wird dabei quasi deinstalliert und anschließend aus dem Store wieder neu installiert. Ihre persönlichen Einstellungen und Inhalte (nicht aber die mit der App erstellten Dateien) gehen dabei allerdings verloren.

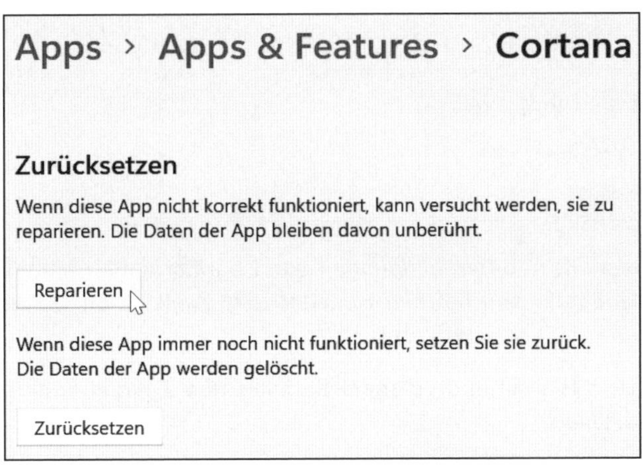

Auch der Microsoft Store ist »nur« eine App

Der Microsoft Store ist aus der Sicht von Windows eine App und wird als solche in der App-Liste in den Windows-Einstellungen unter *Apps/Apps & Features* geführt. Sie können also auch bei diesem Eintrag mit einem Klick auf ⋮ ganz rechts die erweiterten Optionen öffnen und die Store-App auf diese Weise *Reparieren* oder *Zurücksetzen*.

5.1.10 App-Berechtigungen überprüfen

Wenn Apps auf bestimmte Funktionen oder Komponenten wie etwa Kamera, Mikrofon, Standort oder Ihre Dokumente zugreifen möchten, benötigen sie dafür die entsprechende Berechtigung. Die wird beispielsweise direkt beim Installieren oder beim ersten Zugriff auf die entsprechende Funktion erbeten. Dabei kann man schon mal den Überblick verlieren, welche Rechte eine App nun eigentlich hat. In den App-Details können Sie jederzeit nachsehen.

1. Öffnen Sie in den Windows-Einstellungen den Bereich *Apps/Apps & Features*. Hier werden alle installierten Programme angezeigt.
2. Suchen Sie die problematische App in der Liste heraus und klicken Sie in deren Eintrag rechts auf ⋮.
3. Wählen Sie im so geöffneten Menü *Erweiterte Optionen*.

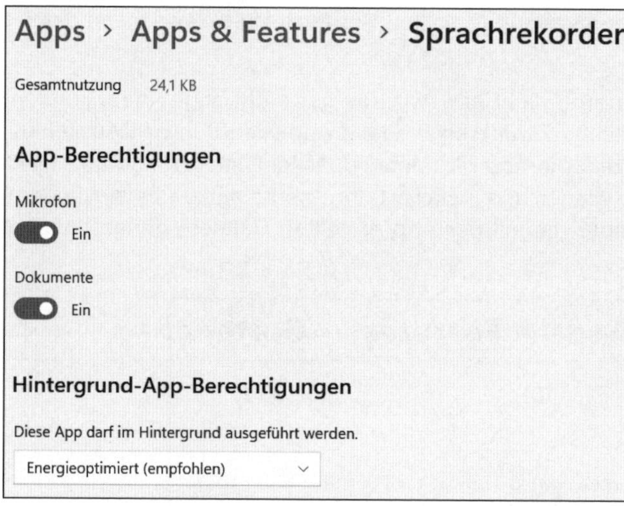

4. Hier sind im Abschnitt *App-Berechtigungen* alle Zugriffsrechte aufgeführt, die diese App jemals angefordert hat. Der Schalter zeigt zugleich an, ob diese Berechtigung zurzeit erteilt ist oder nicht.
5. Gleichzeitig können Sie mit eben diesem Schalter das Zugriffsrecht jederzeit entziehen oder erteilen.
6. Beachten Sie außerdem auch darunter den Abschnitt *Hintergrund-App-Berechtigungen*. Diese Einstellung steuert, ob und wie diese App im Hintergrund ausgeführt werden darf:

   - *Immer*
     Die App wird immer im Hintergrund ausgeführt und darf von Windows nicht eigenmächtig beendet werden. Sie kann nur durch den Benutzer ausdrücklich geschlossen werden. Das kann für Apps sinnvoll sein, bei denen dieses Verhalten ausdrücklich gewünscht ist. Bei allen anderen kann es zu Ener-

gieverschwendung führen und birgt zudem das Risiko, von einer App unbemerkt ausspioniert zu werden.

- *Energieoptimiert*
  Auch damit verbleiben Apps im Hintergrund, wenn sie vom Benutzer nicht ausdrücklich beendet werden. Allerdings kann Windows solche Apps eigenmächtig schließen, um Strom zu sparen, sobald bei einem Mobilgerät der Akkustand unter eine gewisse Schwelle sinkt.
- *Nie*
  Apps mit dieser Einstellung werden niemals im Hintergrund ausgeführt. Windows beendet solche Anwendungen automatisch, wenn der Benutzer sie nicht mehr verwendet bzw. andere Apps in den Vordergrund holt.

5.1.11 Alternative Quellen für Apps nutzen

Der Microsoft Store ist die erste Anlaufstelle für Apps. Prinzipiell können Apps aber auch aus anderen Quellen bezogen bzw. einfach direkt aus dem Internet heruntergeladen werden. Während die Apps im Store aber zumindest grob geprüft werden, kann man bei einer App von einer beliebigen Webseite niemals sicher sein, ob sie tatsächlich (nur) das tut, was sie vorgibt. Deshalb ist es sinnvoll, die erlaubten Installationsquellen für Apps einzuschränken. Dies können Sie in den Windows-Einstellungen unter *Apps/Apps & Features* auf der rechten Seite ganz oben machen mit der Option *Auswählen, wo Apps abgerufen werden können*:

- Die sicherste Variante ist *Nur Microsoft Store*. Dann können auf dem Gerät nur Apps heruntergeladen werden, die Microsoft für den Microsoft Store zugelassen hat.
- Alternativ können Sie sich warnen lassen, wenn Apps aus anderen Quellen installiert werden sollen.
- Eine weitere Variante ist, dass Sie einen Hinweis erhalten, wenn eine App aus einer anderen Quelle ebenso aus dem Microsoft-Store bezogen werden kann.
- Oder Sie lassen mit *Überall* beliebige Quellen auch ohne Warnhinweise zu.

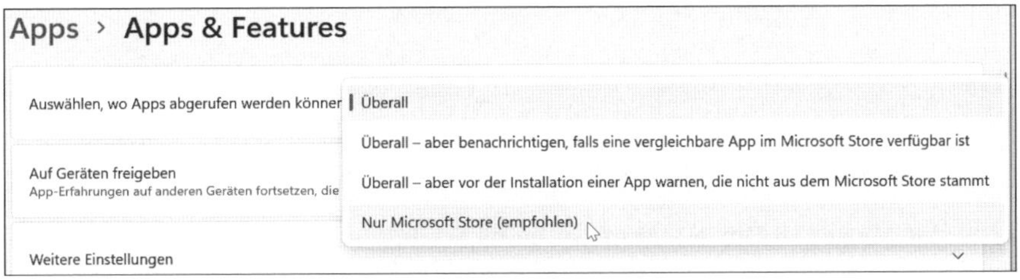

Nur Apps, nicht Desktop-Anwendungen

Einschränkungen für den App-Download gelten nur bei Apps für die moderne Windows-Oberfläche. Desktop-Anwendungen können Sie unabhängig davon jederzeit aus beliebigen Quellen herunterladen und installieren.

5.1.12 Problembehandlung für Microsoft Store und Apps

Windows bringt eine eigene Problembehandlung für den Microsoft Store mit. Diese berücksichtigt sowohl den Store selbst als auch allgemeine Probleme mit Apps, die aus dem Store installiert wurden. Wann immer es Probleme mit dem Microsoft Store gibt, sollte man es zunächst mit dieser Problembehandlung versuchen. Auch wenn sich Apps nicht mehr starten lassen oder unvermittelt beendet werden, ist das einen Versuch wert. Nur bei sehr spezifischen Problemen innerhalb von Apps wird diese Problembehandlung eher nicht helfen können.

1. Öffnen Sie in den Windows-Einstellungen den Bereich *System/Problembehandlung*.
2. Klicken Sie dort auf *Andere Problembehandlungen*.
3. Lokalisieren Sie in der anschließenden Liste im Abschnitt *Andere* den Eintrag *Windows Store-Apps* und klicken Sie dort rechts auf die *Ausführen*-Schaltfläche.
4. Folgen Sie den Anweisungen des so gestarteten Assistenten, um ggf. gefundene Probleme zu beheben.

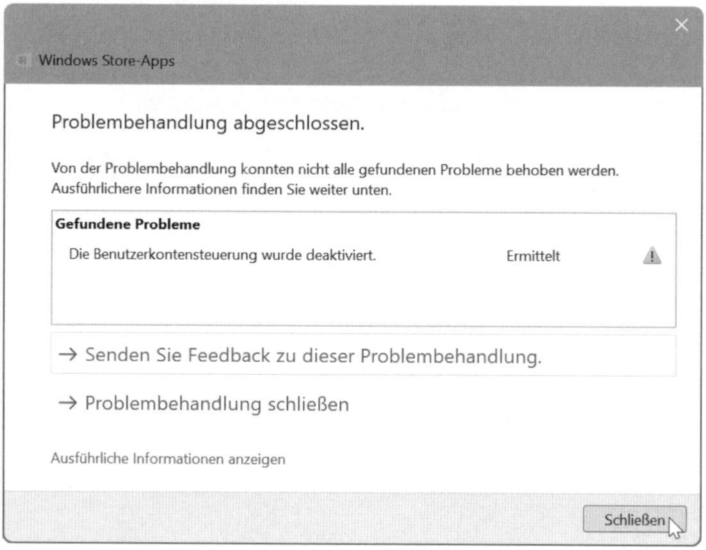

5.1.13 Den Cache-Speicher des Microsoft Store löschen

Falls der Microsoft Store sich nicht mehr starten lässt oder jedes Mal kurz nach dem Start wieder beendet wird, kann es helfen, den Cache-Speicher des Store zu löschen. Anscheinend kommt das nicht so selten vor, denn Microsoft hat Windows zu diesem Zweck sogar ein eigenes kleines Werkzeug beigefügt.

1. Drücken Sie [Win], um das Startmenü zu öffnen.
2. Tippen Sie `wsreset` ein und drücken Sie dann [Enter].

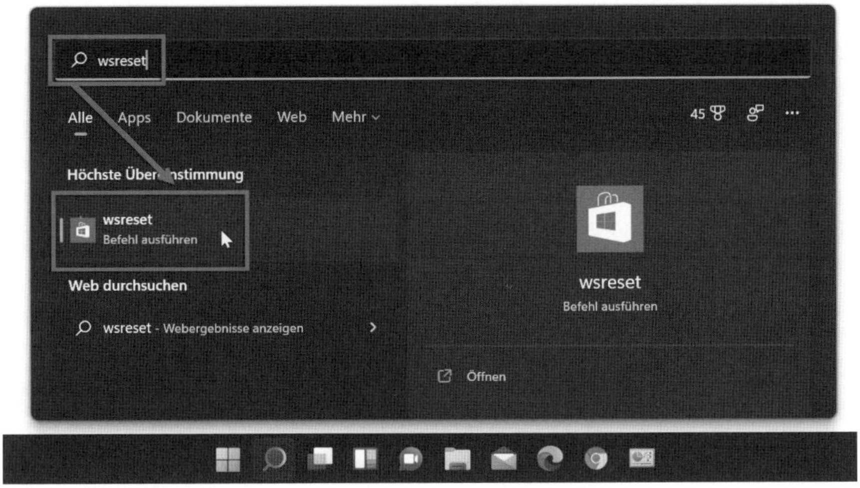

3. Auf dem Bildschirm wird eine leere Eingabeaufforderung angezeigt, während das Programm seine Arbeit verrichtet. Warten Sie ab, bis dieses Fenster wieder verschwindet.

4. Anschließend wird automatisch der Microsoft Store gestartet, der nun hoffentlich wieder ordnungsgemäß funktioniert.

5.2 Klassische Desktop-Anwendungen

Auch wenn Windows schon von Haus aus Tools für eine Reihe von Aufgaben mitbringt, wird ein PC doch erst durch zusätzliche Software zum effektiven Werkzeug. Der Microsoft Store (siehe Seite 267) bietet hierzu eine reichhaltige Auswahl an freien und kostenpflichtigen Apps. Sie können aber auch weiterhin Windows-Anwendungen aus anderen Quellen herunterladen und ganz klassisch installieren. Dabei kann man aber leider auch auf Hindernisse stoßen, gerade wenn man an älteren Software-Schätzchen hängt, die nicht mehr für die aktuelle Windows-Version aktualisiert werden. Hier muss man ggf. Windows an die Anwendung anpassen, um sie weiter nutzen zu können.

5.2.1 Desktop-Anwendungen deinstallieren

Bei Apps aus dem Microsoft Store kümmert sich Windows um alles und bietet auch die Möglichkeit zum Entfernen von Apps. Klassische Anwendungen bringen idealerweise eine *Deinstallieren*-Funktion mit, die Sie im Startmenü aufrufen können, was aber eher die Ausnahme als die Regel ist. Allerdings weiß Windows auch bei solchen Programmen ziemlich genau, was wo installiert ist.

1. Lokalisieren Sie in der Kategorieansicht der Systemsteuerung *Programme* und klicken Sie dort auf *Programm deinstallieren*.

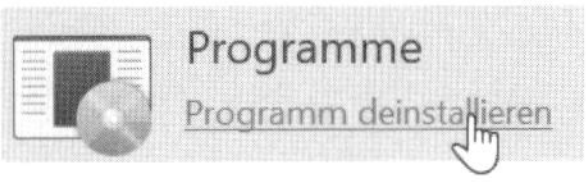

2. Im anschließenden Menü finden Sie eine Liste aller Zusatzprogramme, die auf Ihrem PC installiert sind. Standardmäßig ist die Übersicht alphabetisch nach Namen sortiert, Sie können sie aber auch nach Herausgeber, Installationsdatum oder Größe arrangieren lassen.

3. In dieser Liste können Sie eine einzelne Anwendung durch einen einfachen Mausklick auswählen. Sie erhalten dann unten im Detailbereich weitere Informationen zu diesem Programm.

4. Um eine Anwendung zu deinstallieren, markieren Sie ihren Eintrag in der Liste und wählen Sie dann oben in der Symbolleiste *Deinstallieren*. Bestätigen Sie die Rückfrage der Benutzerkontensteuerung ggf. mit *Ja*.

5. Für das Entfernen wird – soweit vorhanden – die programmeigene Deinstallationsroutine verwendet. Deswegen hängt der weitere Ablauf von der jeweiligen Anwendung ab. Im Allgemeinen müssen Sie die Deinstallation noch einmal bestätigen und eventuell zusätzliche Einstellungen wählen, z. B. ob die mit der Anwendung erstellten Dateien erhalten bleiben oder mit gelöscht werden sollen.

6. Danach wird die eigentliche Deinstallation durchgeführt, also die Dateien und Ordner werden von der Festplatte gelöscht und die Einstellungen in den Systemdateien entfernt.

Bei der installierten Software aufräumen

Die Softwareliste gibt Ihnen mit ihren verschiedenen Spalten gute Möglichkeiten, um hin und wieder etwas aufzuräumen. Genau wie im Explorer können Sie die Liste nach den verschiedenen Spalten sortieren. So finden Sie mit *Installiert am* Anwendungen, die schon sehr lange auf dem Rechner sind. Die Spalte *Größe* gibt einen guten Anhaltspunkt, falls der Speicherplatz knapp wird und Freiraum geschaffen werden muss. Wobei man diesen Wert mit etwas Vorbehalt betrachten muss, da er nicht bei allen Arten von Anwendungen wirklich allen Speicherbedarf umfasst. Mit der rechten Maustaste und *Weitere* können Sie noch mehr Spalten anzeigen.

5.2.2 Überreste nach Deinstallieren entfernen

Leider klappt das Deinstallieren von Anwendungen nicht immer reibungslos. Manchmal ist die Deinstallations-Routine fehlerhaft und »vergisst« etwas. Manchmal wurden vom Benutzer (ggf. unwissentlich) Änderungen an den Dateien einer Anwendung vorgenommen oder Komponenten hinzugefügt, die der Assistent nicht vollständig deinstallieren kann. Dann verbleibt ein Eintrag für diese Anwendung in der Liste der installierten Programme, obwohl die Software bereits deinstalliert ist. In solchen Fällen kann ein Registry-Eingriff helfen.

1. Starten Sie den Registrierungs-Editor und öffnen Sie darin den Schlüssel *HKEY_LOCAL_MACHINE\SOFTWARE\Microsoft\Windows\CurrentVersion\Uninstall*.

2. Dieser enthält eine ganze Reihe von Unterschlüsseln, von denen jeder für eine installierte Desktop-Anwendung oder Komponente steht. Gehen Sie diese durch und suchen Sie den Eintrag für die bereits deinstallierte Anwendung. Innerhalb eines Unterschlüssels verrät der Wert *DisplayName* die Bezeichnung der Anwendung. Auch Angaben wie *InstallLocation* oder *URLInfoAbout* (soweit vorhanden) können hilfreich sein.

3. Haben Sie den gewünschten Schlüssel sicher identifiziert, markieren Sie seinen Namen links im Navigationsbereich mit einem Rechtsklick und wählen Sie im Kontextmenü den Befehl *Löschen*.

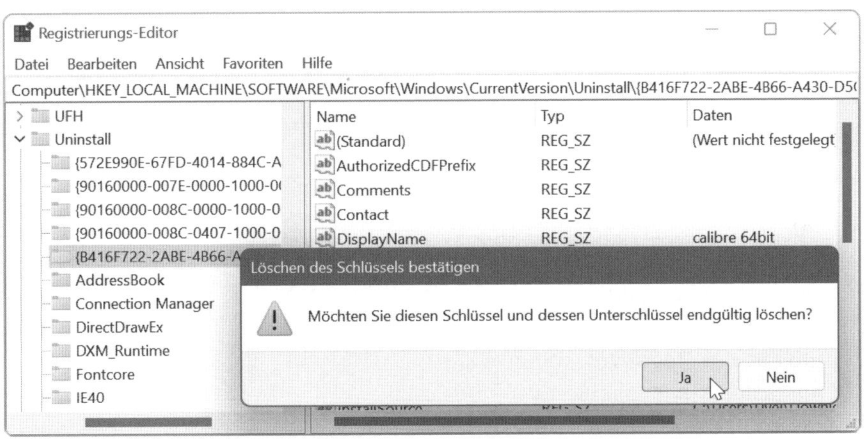

4. Bestätigen Sie die Rückfrage vor dem endgültigen Löschen mit *Ja*.

Sicherheitskopie vorm Löschen

Falls Sie bezüglich des richtigen Registry-Schlüssels nicht völlig sicher sind oder einfach vorsichtig sein wollen, können Sie vor dem Löschen eine Sicherungskopie anlegen. Wählen Sie dazu im Kontextmenü des Schlüssels zunächst *Exportieren* und speichern Sie diese Teilstruktur in eine *.reg*-Datei. Sollten Sie doch den falschen Schlüssel gelöscht haben, können Sie die Registry-Daten so später wieder importieren.

5.2.3 Softwareinstallationen reparieren

Die Windows-Softwareverwaltung gibt Ihnen die Möglichkeit, installierte Anwendungen zu reparieren. Das kann erforderlich sein, wenn Dateien, die zu einem Programm gehören, z. B. durch einen Systemfehler beschädigt oder durch Unachtsamkeit gelöscht wurden. Einige Anwendungen bringen für solche Fälle eine Reparaturfunktion mit. Diese überprüft, ob alle benötigten Dateien vorhanden und die wesentlichen Systemeinträge korrekt sind. Findet sie einen Fehler, korrigiert sie ihn automatisch, sodass die Anwendung anschließend wieder laufen sollte. Im Endeffekt ist das so, als ob man eine Anwendung deinstalliert und anschließend wieder installiert. Nur dass es eben viel schneller geht. Leider verfügen nicht alle Anwendungen über diesen Service, und Windows kann ihn nur anbieten, wenn er auch verfügbar ist.

1. Wenn Sie in der Softwareliste eine Anwendung auswählen, die eine Reparaturfunktion anbietet, wird in der Symbolleiste automatisch eine *Reparieren*-Schaltfläche eingeblendet.

2. Klicken Sie darauf, um die Reparaturfunktion aufzurufen.

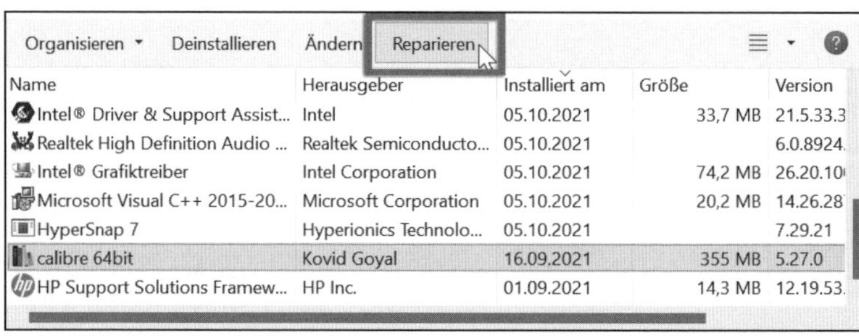

3. Bestätigen Sie ggf. die Rückfrage der Benutzerkontensteuerung zu diesem Reparaturvorgang.

4. Anschließend startet Windows die Reparaturfunktion dieser Anwendung. Diese läuft in der Regel vollautomatisch ab, sodass Sie nur ein wenig warten müssen, bis sie ihre Aufgabe erfüllt hat.

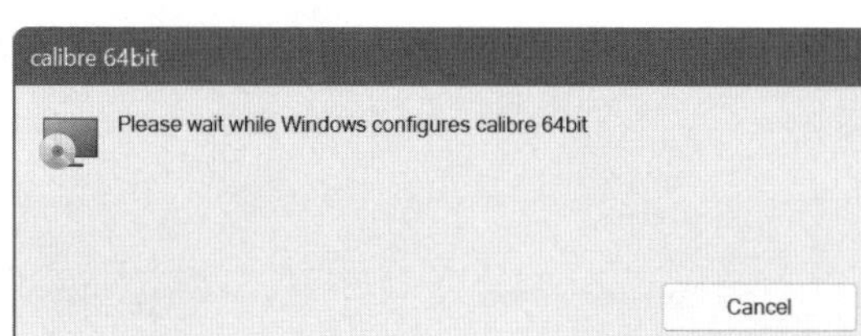

Manchmal versteckt sich die Reparatur-Funktion

Auch wenn bei einer Anwendung keine *Reparatur*-Funktion in der Systemsteuerung angezeigt wird, sollten Sie die Flinte nicht gleich ins Korn werfen. Gibt es stattdessen eine *Ändern*-Schaltfläche, probieren Sie es damit. Teilweise wird dadurch der Setup-Assistent für die Anwendung gestartet, der auch eine Reparaturoption umfasst. Dies ist unter anderem bei Microsoft-Anwendungen häufig der Fall.

5.2.4 Installationsoptionen nachträglich ändern

Bei der Installation von Anwendungen stehen Sie häufig vor der Wahl, alles vollautomatisch mit den meistbenutzten Funktionen zu installieren oder aber den genauen Installationsumfang benutzerdefiniert festzulegen. Letzteres ist sicherlich optimal, aber zum einen teilweise sehr aufwendig, zum anderen erfordert es Kenntnisse über die Anwendung, die man häufig erst erlangt, wenn man sie bereits installiert und eine Weile benutzt hat.

Andererseits spricht nichts dagegen, die Installationsoptionen nachträglich zu verändern, z. B. wenn eine wichtige Option bzw. Funktion eben doch fehlt.

1. Wählen Sie in der Liste der installierten Software die Anwendung aus, deren Installationsumfang Sie verändern möchten.
2. Unterstützt dieses Programm das nachträgliche Anpassen der Installationsoptionen, wird in der Symbolleiste die Schaltfläche *Ändern* bzw. *Deinstallieren/Ändern* angezeigt.

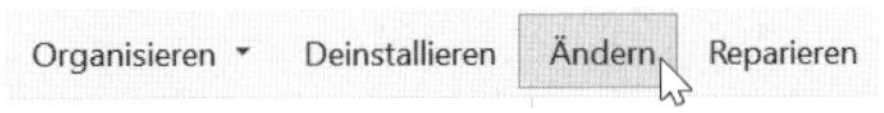

3. Windows ruft nun das Originalinstallationsprogramm dieser Anwendung auf. Dieses bietet Ihnen in der Regel eine Option, einzelne Bestandteile oder Funktionen wie Features hinzuzufügen oder zu entfernen.

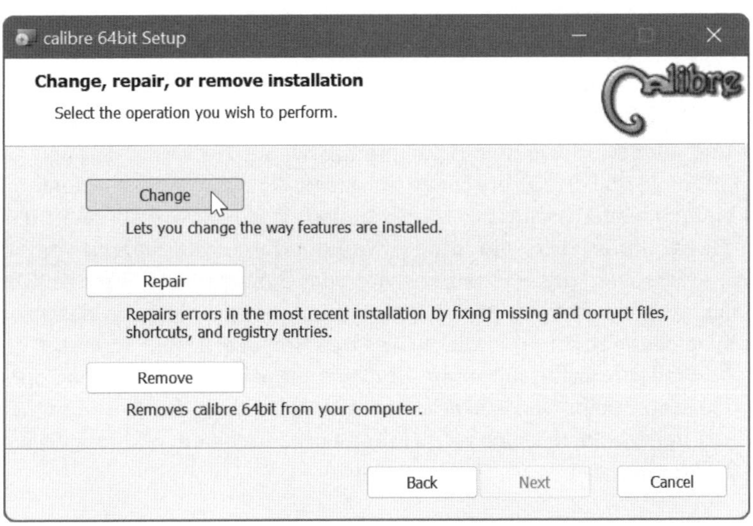

4. Anschließend können Sie genau wie bei der ursprünglichen Installation detailliert festlegen, welche Komponenten wie eingerichtet werden sollen. Da es sich um das Originalinstallationsprogramm handelt, können Sie ggf. auch die Dokumentation der Anwendung zurate ziehen, wenn es z. B. um den Namen der gewünschten Funktion geht.

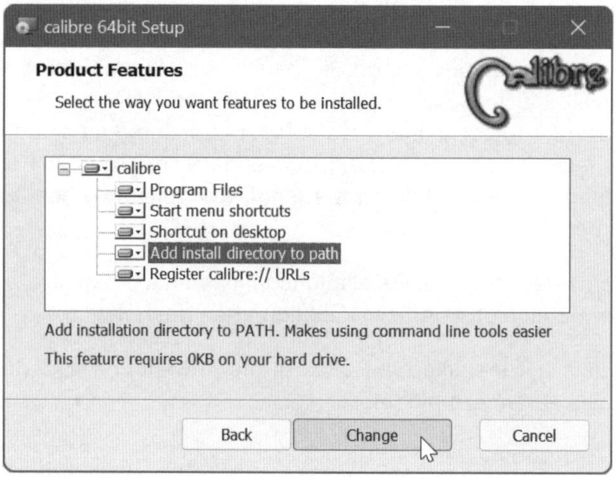

5. Selbstverständlich können Sie bei der Gelegenheit auch Funktionen oder Komponenten abwählen, die bislang installiert waren. Sie werden dann entfernt.

6. Haben Sie die Installationseinstellungen wie gewünscht vorgenommen, klicken Sie unten auf *Weiter* bzw. *Next*. Der Installationsassistent nimmt dann die festgelegten Änderungen vor, fügt die gewählten Optionen hinzu und entfernt ggf. die abgewählten Komponenten.

Separate Partitionen/Laufwerke für Anwendungen

Aus früheren Zeiten hält sich hartnäckig der Tipp, eine zusätzliche Partition oder auch ein eigenes Laufwerk für das Installieren von Anwendungen zu verwenden. Dadurch könne man Windows neu installieren (bzw. auf Werkeinstellungen zurücksetzen), ohne installierte Programme zu beeinträchtigen, sodass diese anschließend einfach weiter genutzt werden könnten. In der Praxis scheitert dies aber in der Regel daran, dass moderne Anwendungen – unabhängig vom Installationsort – verschiedene Ressourcen auf dem Systemlaufwerk nutzen. So werden Konfigurationseinträge in die Registry geschrieben oder auch benutzerspezifische Einstellungen im *AppData*-Ordner des Benutzerprofils abgelegt. Ein reibungsloses Weiternutzen nach einer Windows-Renovierung wird in solchen Fällen kaum möglich sein. Der Aufwand lohnt sich deshalb nur bei Apps, die vom Entwickler ausdrücklich dafür vorgesehen und empfohlen sind (sogenannte portable Anwendungen).

5.2.5 Software für ältere Windows-Versionen weiternutzen

Gerade bei älteren Softwareschätzchen scheitert eine Installation, auch wenn das Programm unter dem aktuellen Windows im Prinzip noch laufen würde. Denn die Installationsroutinen enthalten oftmals eine Abfrage, auf welchem Betriebssystem die Installation erfolgen soll. Sie ermitteln also von sich aus, ob sie auf einem geeigneten System ausgeführt werden, und verweigern andernfalls die Installation.

Wenn ein Setup-Assistent aber schon vor vielen Jahren veröffentlicht wurde, als an das jetzige Windows noch nicht zu denken war, kann er mit Produktnamen wie »Windows 10« oder »Windows 10 Pro« nichts anfangen. Manchmal beschweren sich die Setup-Programme mit einer deutlichen Meldung, manchmal gibt es aber auch nur einen diffusen Fehler.

HINWEIS

Windows 10 oder Windows 11

Dieser Tipp liest sich möglicherweise, als wenn er für Windows 10 geschrieben und für Windows 11 nicht aktualisiert wurde. Das liegt aber daran, dass Microsoft diesen Registry-Wert beim Übergang von Windows 10 zu 11 beibehalten hat. Auch bei einer frischen Windows-11-Installation lautet der Produktname in der Registry also weiterhin *Windows 10* bzw. *Windows 10 Pro*.

1. Öffnen Sie den Registrierungs-Editor mit *regedit*.
2. Navigieren Sie zum Schlüssel *HKEY_LOCALMACHINE\SOFTWARE\Microsoft\WindowsNT\CurrentVersion*.
3. Hier finden Sie rechts einen Eintrag namens *ProductName*. Dessen Inhalt sollte aus Windows 10 sowie ggf. dem Namen Ihrer Edition bestehen, also z. B. »Windows 10 Pro«.
4. Einige Installationsprogramme nutzen genau diese Angabe. Ändern Sie also den Inhalt beispielsweise in »Windows 7 Home Premium« oder notfalls testweise auch in »Microsoft Windows XP«, um solchen Programmen ein älteres Windows vorzugaukeln.

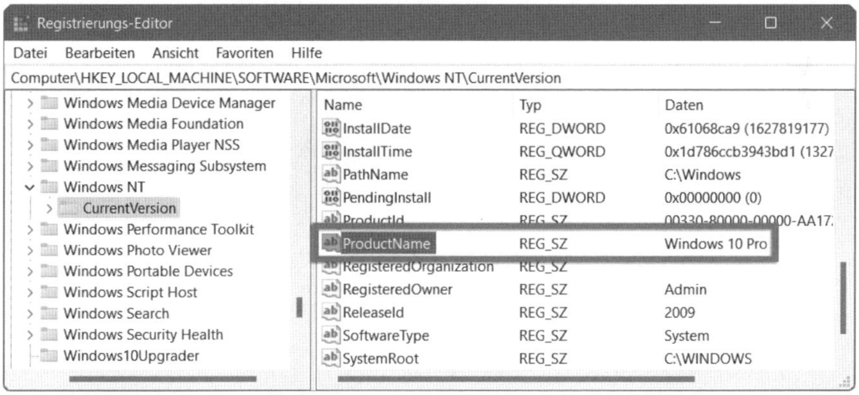

5. Schließen Sie den Registrierungs-Editor.

Führen Sie dann die Software-Installation erneut durch und schauen Sie, ob sie nun ordnungsgemäß durchläuft. Ist die Installation erst mal erledigt, können Sie die Angabe in der Registry anschließend wieder zurücksetzen. Die Anwendung an sich läuft auch so, wenn sie erst mal installiert ist.

5.2.6 Anwendungen eine ältere Windows-Version vorgaukeln

Wenn ein Programm in einer früheren Windows-Version problemlos lief und jetzt beim aktuellen Windows Zicken macht, können Sie ihm vortäuschen, dass es weiterhin in der alten Umgebung läuft. Windows kann Anwendungen dazu in einem speziellen Kompatibilitätsmodus ausführen, der dem Programm vorgaukelt, dass es in einer älteren Windows-Umgebung ausgeführt wird. Damit sollten sich viele Kompatibilitätsprobleme beheben lassen.

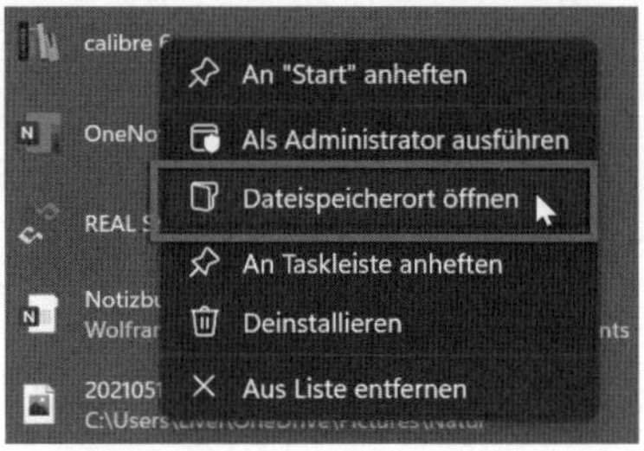

1. Lokalisieren Sie die Programmdatei der Anwendung im Installationsverzeichnis. Alternativ können Sie die Verknüpfung dieser Datei im Startmenü mit der rechten Maustaste anklicken und im Kontextmenü *Dateispeicherort öffnen* wählen.
2. Klicken Sie im so geöffneten Ordner mit der rechten Maustaste auf die Programmdatei und wählen Sie im Kontextmenü ganz unten den Punkt *Eigenschaften.*
3. Wechseln Sie in den Eigenschaften auf die Registerkarte *Kompatibilität.*
4. Aktivieren Sie im Bereich *Kompatibilitätsmodus* die Option *Programm im Kompatibilitätsmodus ausführen für.*
5. Öffnen Sie dann das Auswahlfeld und wählen Sie hier das Betriebssystem aus, unter dem Sie das Programm zuvor problemlos verwenden konnten, also z. B. *Windows Vista*. Welche Windows-Versionen genau angeboten werden, hängt von der Programmdatei ab. Prinzipiell werden aber Vorgängerversionen bis hin zu Windows 95 unterstützt.

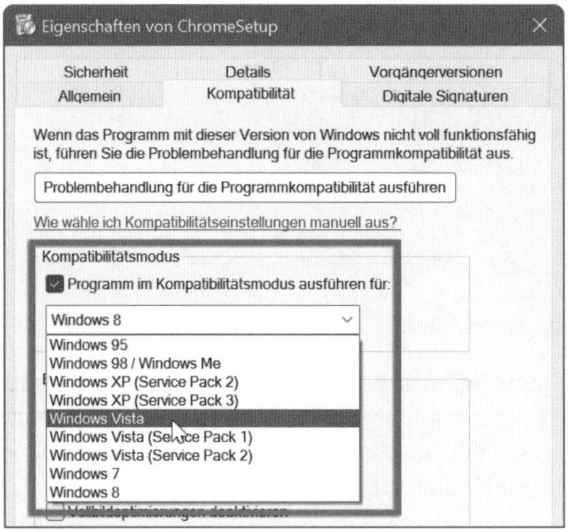

6. Klicken Sie dann unten auf *OK*, um den Kompatibilitätsmodus für dieses Programm zu speichern.
7. Ab dem nächsten Start des Programms wird die Software im Kompatibilitätsmodus ausgeführt. Dieser Modus bezieht sich jeweils nur auf diese eine Anwendung. Alle anderen Programme laufen parallel dazu ganz normal weiter.

Im Zweifelsfall den Assistenten fragen

Wenn Sie bei einer problematischen Anwendung nicht sicher sind oder die gewählten Einstellungen auch keinen vollen Erfolg bringen, können Sie sich von einem Assistenten helfen lassen. Klicken Sie dazu in den Einstellungen der Anwendungsdatei in der Kategorie *Kompatibilität* auf die Schaltfläche *Problembehandlung für die Programmkompatibilität ausführen.* Damit starten Sie einen Assistenten, dem Sie die vorliegende Problematik beschreiben können. Der Assistent hilft Ihnen, verschiedene Konfigurationen zu testen und so die optimalen Kompatibilitätseinstellungen zu finden.

5.2.7 Ältere Anwendungen verursachen Darstellungsfehler

Bedingt durch immer höher auflösende Bildschirme bastelt Microsoft schon seit einiger Zeit mit durchwachsenem Erfolg an der reibungslosen Skalierung der Benutzeroberfläche. Schließlich sollen Windows und Apps auf alten Bildschirmen genauso gut aussehen wie auf allerneuesten 4K-Monitoren. Das führt allerdings gern zu Problemen bei älteren Anwendungen, die sich nicht an die neuen Spielregeln halten (können). Windows bietet deshalb die Möglichkeit, bei einzelnen Anwendungen von den globalen Skalierungseinstellungen abzuweichen. Die Einstellungen hierzu finden Sie in den Eigenschaften der Anwendung in der Rubrik *Kompatibilität* (siehe auch vorangehenden Tipp).

1. Klicken Sie hier unten auf die Schaltfläche *Hohe DPI-Einstellungen ändern.*
2. Am so geöffneten Dialog sollten Sie bei Darstellungsproblemen zunächst oben die Option *Diese Einstellung verwenden, um Skalierungsprobleme für dieses Programm hier anstatt in den Einstellungen zu beheben* ausprobieren.
3. Hilft dies noch nicht, schalten Sie im unteren Bereich die Option *Verhalten bei hoher DPI-Skalierung überschreiben* ein, um eine abweichende Behandlung für diese Anwendung zu aktivieren.

4. Dadurch wird das darunter liegende Auswahlfeld aktiviert, sodass Sie verschiedene Varianten auswählen können. Hat ein Programm bei höheren DPI-Werten Probleme mit der Darstellung, sollten Sie zunächst die Variante *System (Erweitert)* ausprobieren. Löst sie das Problem nicht zufriedenstellend, probieren Sie auch die anderen Varianten aus.

5.2.8 Apps mit DPI-Problemen identifizieren

Mit dem Task-Manager können Sie auf einen Blick feststellen, welche Apps DPI-freundlich sind und bei welchen es mit hohen Auflösungen zu Problemen kommen kann.

1. Öffnen Sie den Task-Manager und wechseln Sie dort in die Rubrik *Details*. Hier werden alle derzeit laufenden Anwendungen aufgeführt.
2. Klicken Sie auf eine der Spaltenüberschriften und wählen Sie *Spalten auswählen.*
3. Gehen Sie im so geöffneten Dialog ganz nach unten, bis Sie die Option *DPI-Ausführung* finden. Setzen Sie dort ein Häkchen und klicken Sie dann auf OK.

4. Zurück in der Prozessliste finden Sie nun eine entsprechende neue Spalte.
5. Hier können Sie für jede Anwendung ablesen, ob sie höhere DPI unterstützt (*Pro Monitor* bzw. *Pro Monitor v2*) oder eher nicht (*Nicht verfügbar* bzw. *Nicht bekannt*). Selbstverständlich können Sie die Liste auch anhand dieser Spalte sortieren.

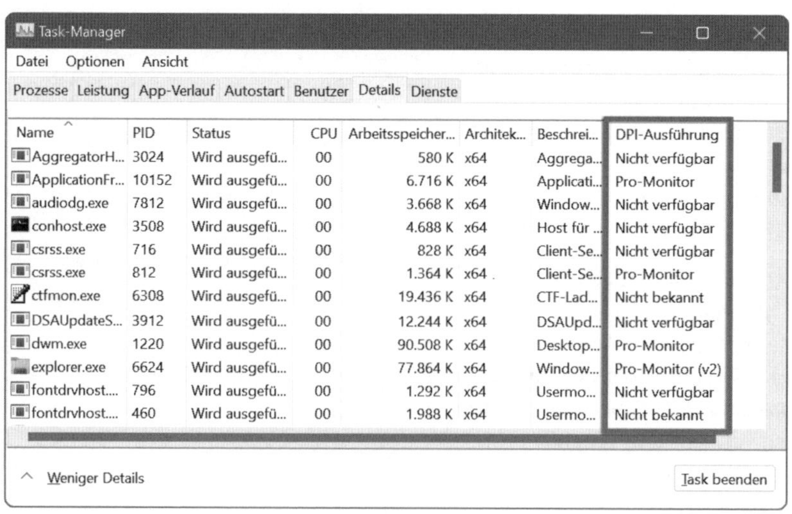

5.2.9 Windows verweigert das Ausführen einer Anwendung

Eine Gefahr für das erfolgreiche Ausführen von Anwendungen droht teilweise von unerwarteter Seite, nämlich dem SmartScreen-Filter von Windows. Dieser soll Anwender vor dem Starten gefährlicher Programme schützen.

Das klappt auch gar nicht schlecht, aber manchmal übertreibt der Filter es prinzipbedingt. Dann muss man schon genau hinsehen bzw. wissen, wie man solche Anwendungen trotzdem ausführen lassen kann.

HINWEIS

So funktioniert der SmartScreen-Filter für Anwendungen

Der SmartScreen-Filter ermittelt beim ersten Ausführen einer neuen Anwendung eine digitale Kennung für dieses Programm. Diese ist auf allen Windows-Systemen identisch. Die Kennung gleicht er dann mit einer Onlinedatenbank ab. Ist sie dort bekannt und wurde als unbedenklich eingestuft, wird das Programm anstandslos ausgeführt. Ist die Kennung dort allerdings nicht bekannt, behandelt der SmartScreen-Filter die Anwendung zunächst wie Schadsoftware und weigert sich, sie auszuführen.

Der Anwender muss solche Programme dann erst ausdrücklich für das Ausführen freigeben. Allerdings lernt der Filter aus solchen Entscheidungen. Wenn genügend Anwender eine bestimmte Software auf ihren PCs jeweils als unbedenklich einstufen, wird sie irgendwann auch in der Onlinedatenbank als »unschädlich« geführt. Der praktische Effekt dieser Vorgehensweise: Bekannte Software, die von vielen Anwendern genutzt wird, ist in der Regel bereits »freigeschaltet« und kann ungehindert genutzt werden.

Bei neuen Programmen bzw. kleineren, unbekannten Tools meckert der SmartScreen-Filter gern mal rein prophylaktisch. Das muss aber nicht bedeuten, dass diese Software tatsächlich ein Sicherheitsrisiko darstellt. Wenn Sie das Programm aus einer zuverlässigen Quelle bezogen haben und sicher sind, dass es keinen Schaden anrichtet, können Sie es trotzdem ausführen.

Der SmartScreen-Filter überprüft alle Dateien aus unbekannten Quellen vor dem ersten Ausführen (und nicht schon beim Speichern!).

- Bei Programmen, die fragwürdige Bestandteile enthalten, aber nicht definitiv Schädlinge sind, wird – abhängig von den SmartScreen-Einstellungen – eine Warnung mit blauem Hintergrund angezeigt. Wenn Sie eine solche Warnung sehen, sollten Sie also zumindest innehalten und überlegen, wie vertrauenswürdig die Quelle dieser Software ist. Im Zweifelsfall können Sie die Ausführung an dieser Stelle mit *Nicht ausführen* abbrechen, ohne dass ein Schaden entstehen kann.
- Sie können solche Programme trotzdem ausführen, indem Sie auf *Weitere Informationen* und dann *Trotzdem ausführen* klicken.

- Wenn der SmartScreen-Filter hingegen aufgrund seiner Analyse und des Abgleichs mit Listen bekannter Schädlinge sicher ist, dass es sich um ein gefährliches Programm handelt, zeigt er eine Warnung mit rotem Hintergrund an. Auch hier können Sie auf *Weitere Informationen* und dann auf den kaum sichtbaren Link *Trotzdem ausführen* klicken. Aber das sollten Sie nur tun, wenn Sie sich ganz sicher sind.

Weitere Dialoge beim Ausführen von Dateien

Auch wenn der SmartScreen-Filter an einer Anwendung nichts auszusetzen hat, bekommen Sie es insbesondere beim Installieren von Programmen gelegentlich mit Warnhinweisen zu tun:

- Handelt es sich um eine Datei ohne gültiges Zertifikat, weist Windows deutlich darauf hin, dass die Signatur fehlt und der Herausgeber nicht bestätigt werden kann. Das kann bei Dateien von kleinen Entwicklern oder Vorabversionen durchaus mal vorkommen. Sie sollten an der Stelle aber schon noch mal nachdenken, ob die Quelle wirklich vertrauenswürdig ist.

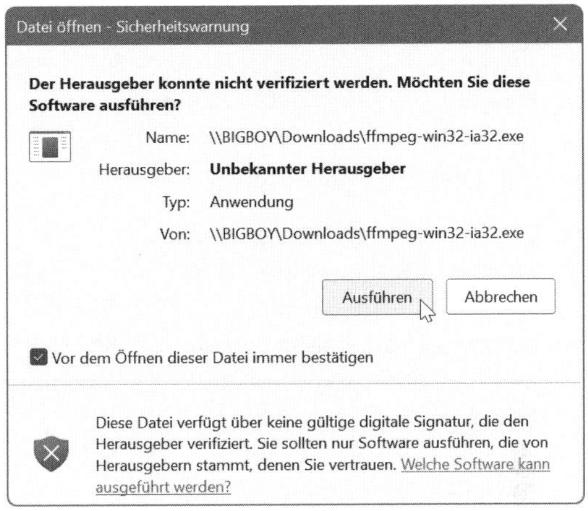

- Eine andere Variante ist, dass die Datei zwar signiert ist, Windows den Herausgeber aber nicht verifizieren kann. Das passiert beispielsweise, wenn der Entwickler eine selbst erstellte Signatur verwendet, die nicht von einer offiziellen Zertifizierungsstelle ausgestellt wurde. Das ist nicht ungewöhnlich, sollte aber auch Anlass sein, die Herkunft der Datei nochmals zu überdenken.

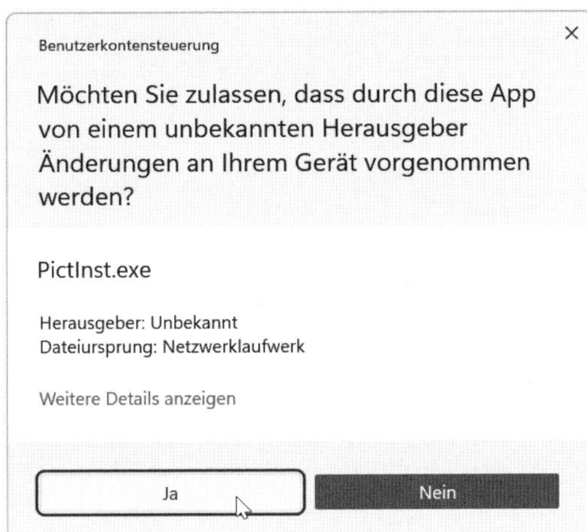

5.2.10 Anwendung mit Administratorrechten ausführen

Wenn ältere Programme nicht mehr starten oder auch erst bei bestimmten Funktionen Zugriffsfehler melden, liegt dies häufig an der Benutzerkontensteuerung von Windows. Diese startet alle Anwendungen standardmäßig im Kontext eines Standardbenutzers. Dadurch fehlen den Anwendungen bestimmte Zugriffsrechte, etwa auf Verzeichnisse, die Programme früher problemlos lesen oder schreiben durften. Ist ein älteres Programm darauf nicht eingestellt, kommt es zu Fehlermeldungen. Schlampig programmierte Anwendungen können dabei auch sang- und klanglos abstürzen. Häufig reicht es in diesem Fall aber, dieses Programm mit erweiterten Rechten auszuführen und ihm die benötigten Zugriffsrechte dadurch wieder zu verschaffen.

1. Starten Sie die Anwendung dazu nicht direkt, sondern klicken Sie zunächst mit der rechten Maustaste auf deren Symbol bzw. Eintrag im Startmenü.

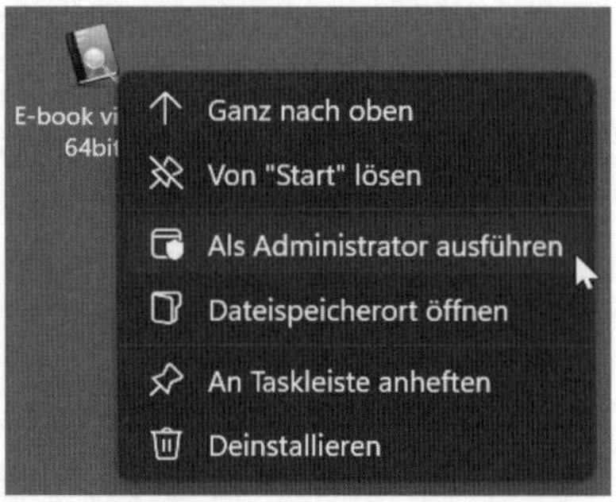

2. Wählen Sie dann im Kontextmenü den Befehl *Als Administrator ausführen*.
3. Erlauben Sie im anschließenden Dialog Windows mit *Ja*, diese Anwendung mit Administratorrechten auszuführen.
4. Die Anwendung arbeitet nun mit den Zugriffsrechten des Administrators, wodurch es keinerlei Probleme in Bezug auf die Benutzerkontensteuerung mehr geben sollte.

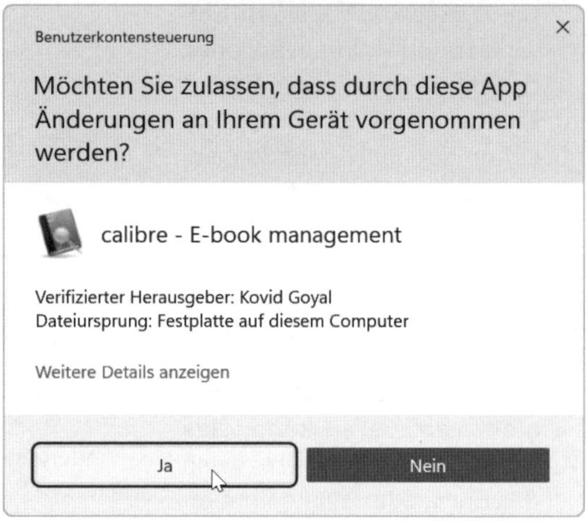

5.2.11 Überraschende Bitte um Administratorrechte

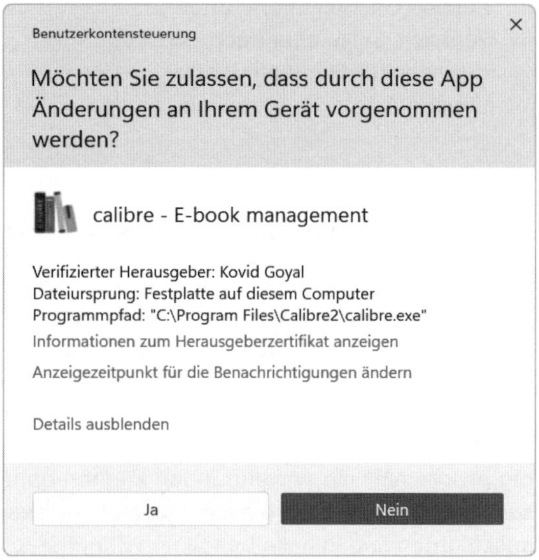

Wenn man gerade eine Anwendung gestartet hat und dann eine Rückfrage der Benutzerkontensteuerung kommt, weiß man, woran man ist. Auch hier sollte man gut überlegen, ob man dieser Anwendung erweiterte Rechte einräumen möchte, aber zumindest ist der Verursacher klar.

Anders sieht es aus, wenn eine solche Rückfrage völlig unvermittelt im laufenden Betrieb eingeblendet wird. Dann ist zumindest erst mal Alarmstufe Gelb angesagt. Lassen Sie sich in diesem Moment nicht von den Angaben im Dialog blenden, sondern klicken Sie auf *Weitere Details anzeigen*.

Dann erfahren Sie den genauen Programmpfad der ausführbaren Datei und Sie können sich das Herausgeberzertifikat anzeigen lassen. Kontrollieren Sie, welche Zertifizierungsstelle es für wen ausgestellt hat. Wenn Ihnen hier etwas obskur und nicht vertrauenswürdig erscheint, brechen Sie die Ausführung ab und holen erst weitere Informationen ein.

5.2.12 Anwendung immer mit Admin-Rechten ausführen

Wenn eine Anwendung bei jedem Start Administratorrechte benötigt, ist der Umweg über das Kontextmenü auf Dauer etwas umständlich. In solchen Fällen können Sie in den Eigenschaften der Programmdatei bzw. in der Verknüpfung zum Programm festlegen, dass Sie diese Anwendung immer als Administrator ausführen werden. Dann können Sie das Programm in Zukunft ganz normal starten. Die notwendige Autorisierung für die Erhöhung der Zugriffsrechte lässt sich so allerdings auch nicht vermeiden.

1. Klicken Sie mit der rechten Maustaste auf die Verknüpfung der Anwendung und wählen Sie dann im Kontextmenü *Dateispeicherort öffnen*. So gelangen Sie in den Ordner, in dem die Verknüpfung dieser Datei im Startmenü gespeichert ist.
2. Klicken Sie im so geöffneten Ordner mit der rechten Maustaste auf den bereits ausgewählten Eintrag der Programmdatei und wählen Sie im Kontextmenü die *Eigenschaften*.

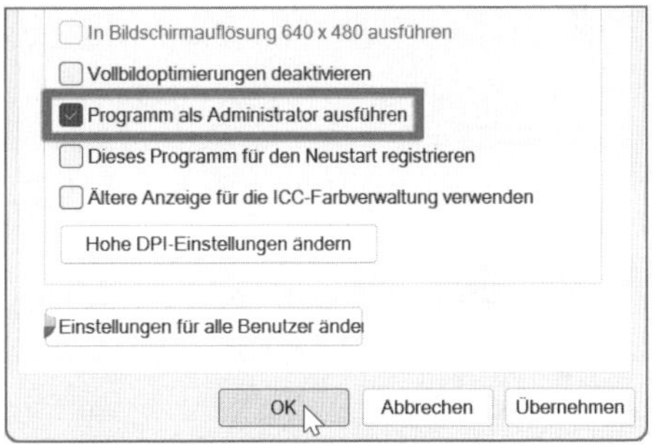

3. Schalten Sie in der Rubrik *Kompatibilität* unten im Bereich *Einstellungen* die Option *Programm als Administrator ausführen* ein.
4. Übernehmen Sie die veränderte Kompatibilitätseinstellung mit *OK*.

Leider erlaubt auch diese Einstellung keine vollautomatische Gewährung der Administratorrechte. Sie können die Anwendung also anschließend wie gewohnt durch einen direkten Klick oder Doppelklick starten. Allerdings müssen Sie den höheren Rechtestatus trotzdem jedes Mal in einem Hinweisfenster autorisieren. Wie Sie das bei häufig genutzten Anwendungen vermeiden können, verrät der nachfolgende Tipp.

5.2.13 Anwendung ohne Rückfrage als Administrator starten

Selbst wenn Sie in den Eigenschaften einer Anwendung festlegen, dass diese mit Administratorrechten ausgeführt werden soll, meldet sich die Benutzerkontensteuerung immer noch bei jedem Start des Programms mit einem Hinweis.

Das kann bei regelmäßig genutzten Aufgaben schon recht nervig sein. Aber das ist noch lange kein Grund, die Benutzerkontensteuerung zu deaktivieren und damit große Sicherheitsrisiken einzugehen.

Mit einem kleinen Trick können Sie eine Anwendung wirklich ohne Rückfrage mit Administratorrechten ausstatten.

Teil 1: Eine Anwendung mit erhöhten Rechten per Aufgabenplanung ausführen

Der erste Schritt besteht darin, mit der Windows-Aufgabenplanung eine Aufgabe zu erstellen, die die gewünschte Anwendung ausführt und ihr dabei automatisch erhöhte Rechte zuweist.

1. Starten Sie in der klassischen Systemsteuerung das Modul *Verwaltung* und dort die *Aufgabenplanung*.
2. Klicken Sie in der Aufgabenplanung rechts unter *Aktionen* auf *Einfache Aufgabe erstellen*.

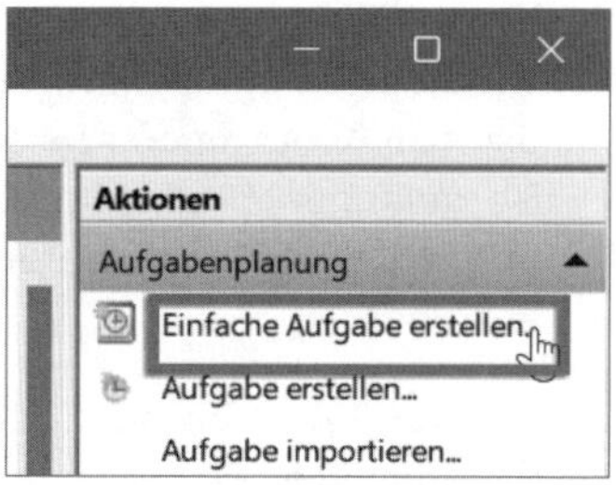

3. Damit starten Sie einen Assistenten, der Sie durch die erforderlichen Arbeitsschritte führt. Geben Sie im ersten Dialog eine Bezeichnung für die Aufgabe an. Eine Beschreibung können Sie für Ihre eigene Orientierung noch hinzufügen. Klicken Sie dann unten rechts auf *Weiter*.

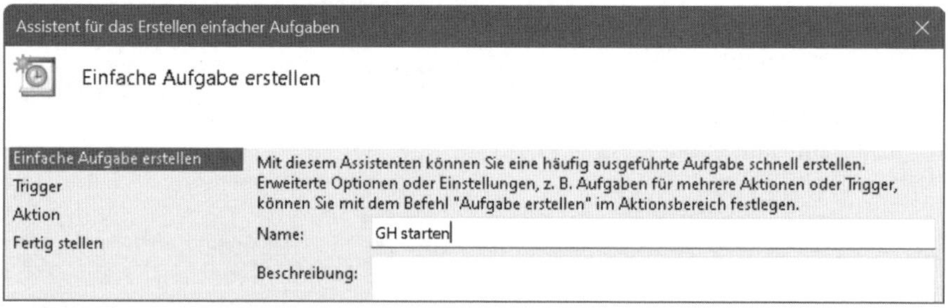

4. Wählen Sie im nächsten Schritt bei der Frage *Wann soll die Aufgabe gestartet werden?* die Option *Einmal*. So stellen Sie sicher, dass die Aufgabenplanung diese Aufgabe nicht tatsächlich regelmäßig automatisch ausführt.

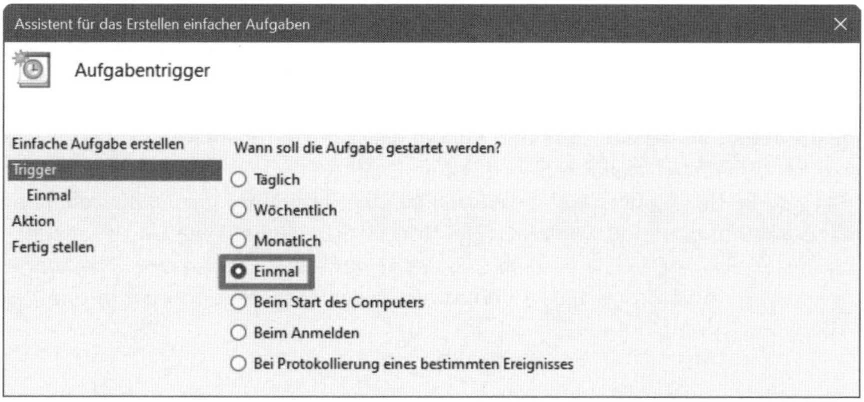

5. Übernehmen Sie im folgenden Schritt einfach das Datum und die aktuelle Uhrzeit als Ausführungszeitpunkt. Dadurch erreichen Sie, dass die Aufgabenplanung diese Aufgabe niemals automatisch ausführt.

6. Wählen Sie dann bei *Aktion* die Option *Programm starten* aus.

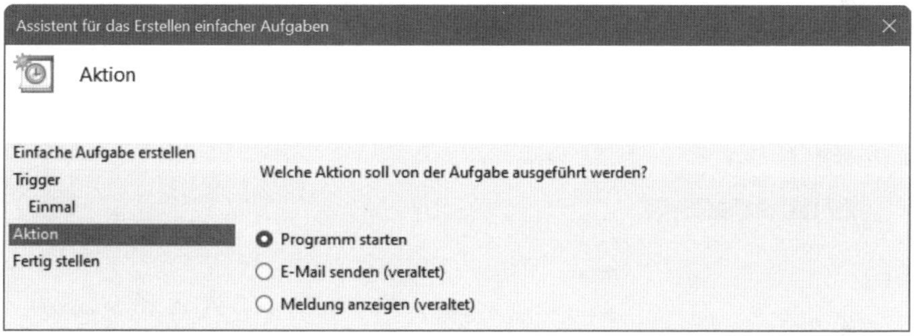

7. Klicken Sie im nachfolgenden Schritt auf *Durchsuchen*, um die Programmdatei der gewünschten Anwendung festzulegen. Sie finden sie in der Regel in einem entsprechend benannten Ordner unter *C:\Programme* bzw. *C:\Programme (x86)*.

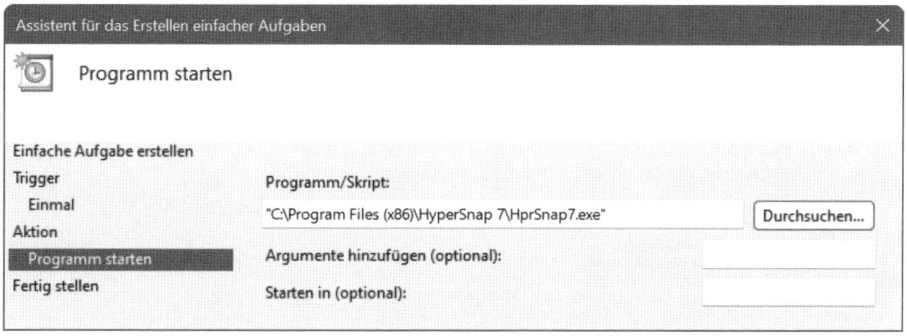

Sollten für das Ausführen der Programmdatei weitere Parameter erforderlich sein, fügen Sie diese bei *Argumente hinzufügen* ein.

> **Programmdatei ermitteln**
>
> Falls Sie sich wegen der Programmdatei nicht sicher sind, lokalisieren Sie die Anwendung im Startmenü, als wollten Sie sie ausführen. Klicken Sie dann aber mit der rechten Maustaste auf den Eintrag und wählen Sie im Kontextmenü *Dateispeicherort öffnen*. Dadurch öffnen Sie im Explorer den Ordner mit der Verknüpfung auf die dazugehörige Programmdatei. Klicken Sie wiederum mit rechts auf diese Verknüpfung und wählen Sie im Kontextmenü *Eigenschaften*. Im anschließenden Dialog finden Sie im Feld *Ziel* die gewünschte Pfadangabe. Sie können diese auch kopieren (Strg+C) und in der Aufgabenplanung direkt in das Feld *Programm/Skript* einfügen (Strg+V).

8. In der abschließenden Zusammenfassung aktivieren Sie die Option *Beim Klicken auf "Fertig stellen", die Eigenschaften für diese Aufgabe öffnen*, bevor Sie unten auf *Fertig stellen* klicken.

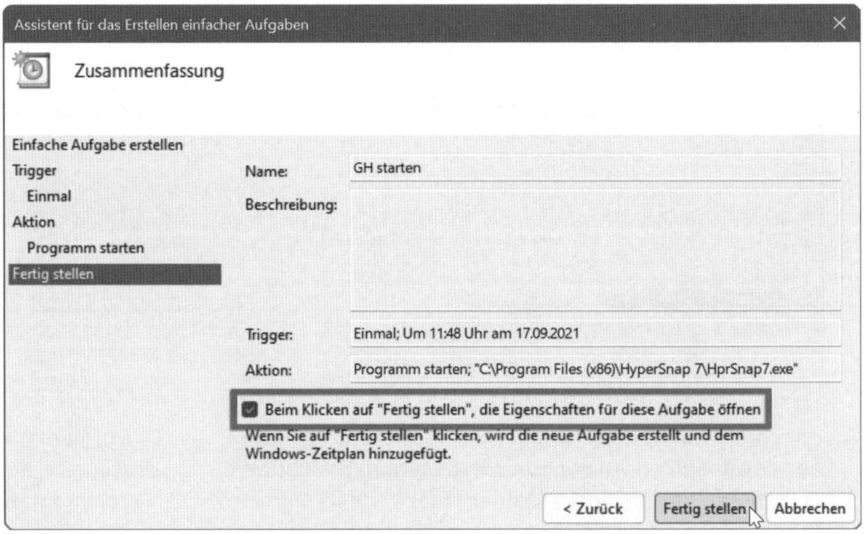

9. Aktivieren Sie in den Eigenschaften der Aufgabe auf der Registerkarte *Allgemein* dann unten links die Option *Mit höchsten Privilegien ausführen* und klicken Sie unten auf *OK*. Damit ist die Aufgabe erstellt und passend konfiguriert.

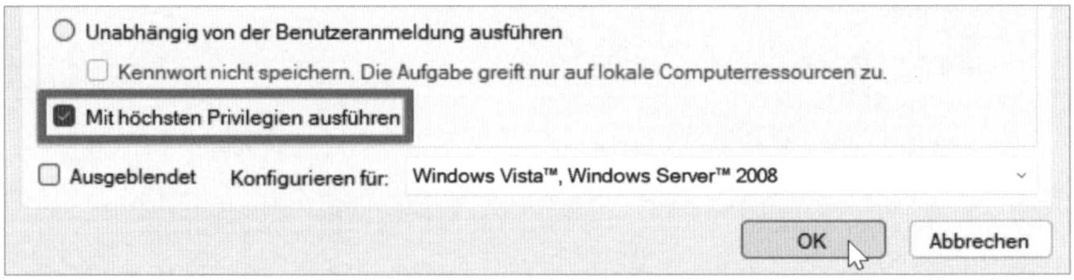

Teil 2: Eine Verknüpfung mit der Aufgabe im Startmenü anlegen

Nach dem Erstellen der Aufgabe können Sie diese jederzeit über die Aufgabenverwaltung aufrufen, was aber etwas umständlich ist. Deshalb gilt es nun noch, eine Verknüpfung im Startmenü anzulegen, mit der Sie die Aufgabe jederzeit per Mausklick direkt aktivieren können, sodass dadurch wiederum die gewünschte Anwendung mit erhöhten Rechten gestartet wird.

1. Klicken Sie mit der rechten Maustaste auf eine freie Stelle des Desktops und wählen Sie im Kontextmenü *Neu/Verknüpfung*.

2. Im dadurch gestarteten Assistenten für Verknüpfungen tippen Sie bei *Geben Sie den Speicherort des Elements ein* Folgendes ein: `C:\Windows\System32\schtasks.exe /run /TN "<Aufgabenname>"`. Ersetzen Sie dabei *<Aufgabenname>* durch die Bezeichnung, die Sie für die zuvor erstellte Aufgabe vergeben haben. Wichtig: Wenn der Aufgabenname Leerzeichen enthält, müssen Sie den Namen in Anführungszeichen setzen, damit der Aufruf später funktioniert.

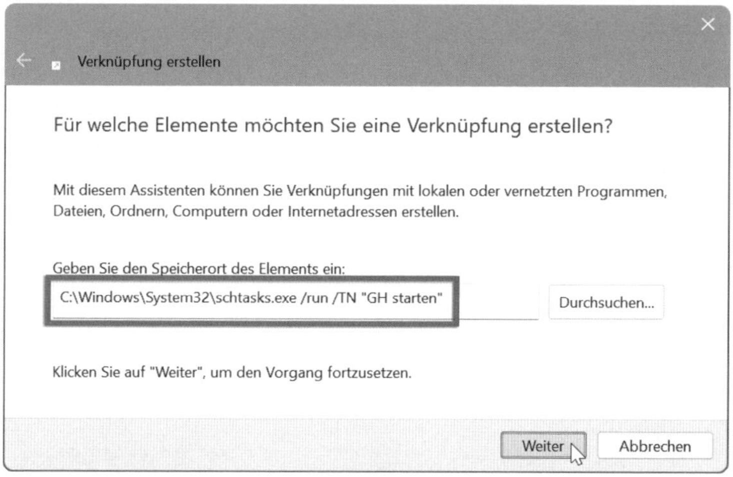

3. Legen Sie dann wiederum für diese Verknüpfung einen prägnanten Namen fest, unter dem Sie sie anschließend im Startmenü wiederfinden.

4. Klicken Sie unten auf *Fertig stellen*.

5. Klicken Sie gleich anschließend mit der rechten Maustaste auf das gerade neu auf dem Desktop erstellte Verknüpfungssymbol und wählen Sie im Kontextmenü nun den Befehl *An "Start" anheften*. Dadurch integrieren Sie die Verknüpfung ins Startmenü. Im erweiterten Kontextmenü können Sie zusätzlich oder stattdessen die Verknüpfung auf dieselbe Weise an die Taskleiste anheften, wenn Sie möchten.

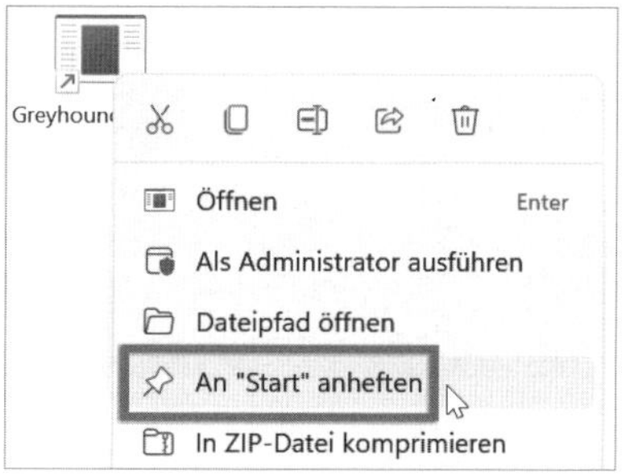

6. Anschließend können Sie die Verknüpfung auf dem Desktop wieder löschen. Das Pendant im Startmenü bzw. in der Taskleiste bleibt erhalten.

Wenn Sie das Startmenü erneut aufrufen, finden Sie nun die neue Verknüpfung vor. Damit können Sie die gewünschte Anwendung jederzeit direkt starten, wobei sie durch die Aufgabenplanung mit erhöhten Rechten ausgestattet wird. Bei einer umfangreichen Startseite können Sie den Namen der Verknüpfung eintippen, um das Symbol möglichst schnell finden zu können.

5.2.14 Anwendungen per Eingabeaufforderung installieren

Wer Windows regelmäßig neu-installiert, kennt das Problem: Anschließend müssen jede Menge Anwendungen oder auch kleinere Helferlein installiert werden, die man nicht missen möchte. Windows bringt einen Paketmanager mit, der eine große Auswahl an Anwendungen mit einem einzigen Befehl herunterladen und installieren kann. Dieser muss zwar per Eingabeaufforderung bedient werden, aber auch das stellt keine große Hürde dar.

Der Name des Paketmanagers lautet Winget und das ist zugleich auch der Befehl, den man in der Eingabeaufforderung eingeben kann. Er muss dabei um die richtigen Parameter ergänzt werden. Im einfachsten Fall ist das die Ergänzung `install` sowie der Name der zu installierenden Anwendung. Der Befehl

```
winget install Mozilla.Firefox
```

beispielsweise installiert den Webbrowser Firefox auf dem PC. Falls Sie die genaue Bezeichnung eines Pakets nicht kennen, können Sie es einfach mit dem Ihnen bekannten Namen versuchen. Kommen mehrere Pakete infrage, listet Winget diese auf, sodass Sie den Befehl mit der korrekten Paket-ID wiederholen können. Der Paketmanager lädt dann die Installationsdatei herunter und führt die Installation aus.

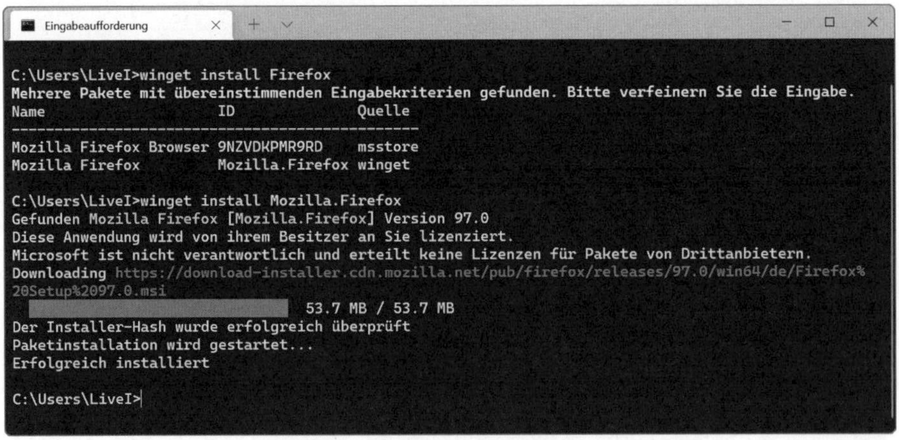

Dabei können ggf. Dialoge angezeigt werden und eventuell müssen Sie Rückfragen bestätigen. Aber im Großen und Ganzen läuft die Installation automatisch ab. Anschließend steht die installierte Anwendung direkt zur Verfügung.

Wenn Sie nicht sicher sind, welche Software auf diese Weise installiert werden kann oder wie ein Paket heißt, können Sie den Paketmanager auch zum Suchen verwenden. Mit dem Parameter `search` durchsucht er seinen Datenbestand nach dem angegebenen Suchbegriff und liefert eine Liste aller Pakete, in dessen Eigenschaften dieser enthalten ist:

```
winget search Chrome
```

etwa liefert eine Liste aller Pakete, die das Wort »Chrome« in Namen, ID oder Schlüsselwörtern enthalten. So können Sie sich einen Überblick verschaffen, welche Versionen oder auch Zusatzpakete zu einer Anwendung erhältlich sind. Um eines der Pakete zu installieren, orientieren Sie sich im Zweifelsfall an der Spalte *ID*. Diese enthält einen eindeutigen Bezeichner für jedes Paket. Wenn Sie diesen als Wert in `winget install <Bezeichner>` übernehmen, wird genau dieses Paket installiert.

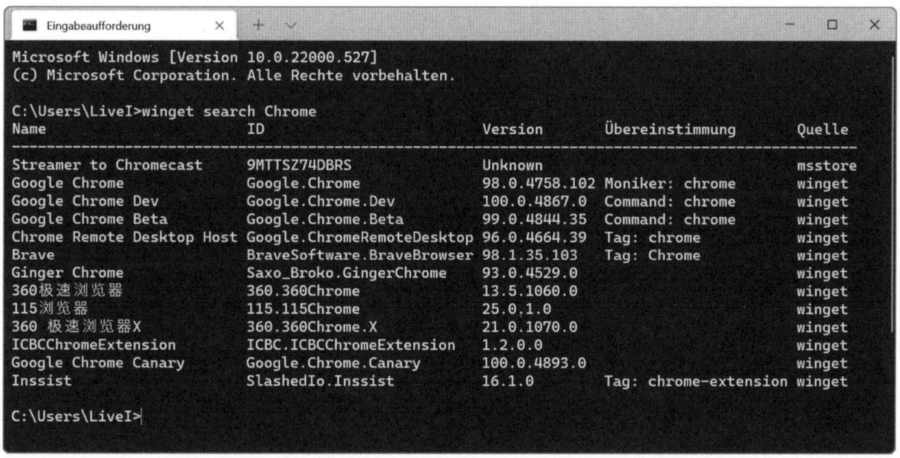

Weboberfläche für den Paketmanager

Wer es noch etwas weiter treiben möchte: Auf *winstall.app* finden Sie eine Weboberfläche für Winget, die Ihnen verfügbare Anwendungen übersichtlich anzeigt. Dort können Sie auch Pakete aus mehreren Apps schnüren, die dann in einem Rutsch installiert werden. Wer sich als Benutzer registriert, kann Pakete dauerhaft speichern, die man dann beispielsweise auf fremden PCs jederzeit schnell installieren kann, um vertraute Werkzeuge vorzufinden. Die Weboberfläche erzeugt dazu per Mausklick die erforderlichen Befehle, die man kopiert und in eine Eingabeaufforderung einfügt. Den Rest erledigt dann der winget-Paketmanager des lokalen PCs.

5.2.15 Andere Standardanwendungen zuweisen

Als Standardanwendung bezeichnet man die Anwendung, die automatisch gestartet wird, wenn Sie eine Datei beispielsweise im Datei-Explorer per Doppelklick öffnen. Die Zuordnung erfolgt dabei über den Dateityp. Bei vielen Dateitypen gibt es mehrere Anwendungen oder Apps, die den Inhalt anzeigen oder auch verändern können. Aber nur eine davon kann die Standardanwendung sein, die Windows automatisch zur Wiedergabe startet.

Dateien ausnahmsweise mit einer anderen Anwendung öffnen

Wenn Sie Dateien nur gelegentlich mit einer anderen als der Standardanwendung öffnen möchten, brauchen Sie dafür nichts umzustellen. Klicken Sie die Datei mit der rechten Maustaste an und wählen Sie im Kontextmenü *Öffnen mit*. Meist werden dann in einem Untermenü bereits weitere mögliche Anwendungen zum Öffnen angezeigt. Ist die gewünschte nicht dabei, wählen Sie stattdessen *Andere App auswählen*. Den so geöffneten Dialog können Sie ggf. mit *Weitere Apps* erweitern. Sollte die gewünschte App immer noch nicht aufgeführt werden, klicken Sie ganz unten auf *Andere App auf diesem PC suchen*. Navigieren Sie dann zur Programmdatei der gewünschten Anwendung.

1. Wenn Sie mit der Standardanwendung für einen Dateityp nicht einverstanden sind, klicken Sie mit der rechten Maustaste auf eine Datei dieses Typs.

2. Wählen Sie im Kontextmenü den Befehl *Öffnen mit/Andere App auswählen*.

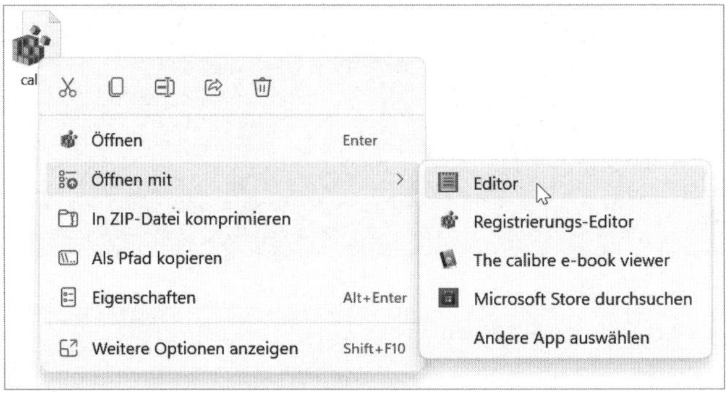

Passende Apps für Dateien finden

Falls Sie es mal mit einer Datei zu tun bekommen, für die auf Ihrem PC noch keine passende App der Anwendung installiert ist, kann Windows Ihnen helfen, eine geeignete zu finden. Wenn Sie auf eine solche Datei »unbekannten« Typs doppelklicken, wird automatisch der *Öffnen mit*-Dialog geöffnet. Hier findet sich nun als einziger Eintrag *Suchen Sie nach einer App im Microsoft Store*. Wählen Sie diesen und klicken Sie auf *OK*. Damit öffnen Sie den Microsoft Store und lassen dort automatisch nach der Endung der fraglichen Datei suchen. Mit etwas Glück erhalten Sie als Antwort eine Liste von Apps, die damit umgehen können.

3. Setzen Sie im so geöffneten Dialog zunächst das Häkchen ganz unten bei der Option *Immer diese App zum Öffnen von ...-Dateien verwenden*. So wird die Änderung der Standardanwendung dauerhaft gespeichert.

4. Wählen Sie nun in der Liste darüber die gewünschte Anwendung aus. Sollte sie hier nicht aufgeführt werden, erweitern Sie die Liste mit *Weitere Apps*.

5. Sollte die Anwendung auch in der erweiterten Liste fehlen, weiß Windows noch nichts über dieses Programm bzw. dessen Fähigkeit, Dateien dieses Typs zu öffnen. Wählen Sie in diesem Fall ganz unten *Andere App auf diesem PC suchen*.

6. Navigieren Sie dann mit dem so geöffneten *Dateiauswahl*-Dialog zur ausführbaren Programmdatei der Anwendung und wählen Sie diese mit *Öffnen* aus.

Windows öffnet dann die Datei in der gewählten Anwendung. Zugleich »merkt« Windows sich die Wahl und öffnet Dateien dieses Typs (also mit derselben Dateiendung) in Zukunft immer in dieser App, solange Sie nichts anderes vorgeben.

5.2.16 Dateitypen systematisch Anwendungen zuordnen

Der vorangehende Tipp beschreibt eine eher etwas hemdsärmelige Weise, eine Standardanwendung bei Bedarf zuzuordnen. Sie könnend das Ganze aber auch etwas systematischer angehen und in den Windows-Einstellungen detailliert festlegen, welche Anwendung für welche Art von Dateien zuständig sein soll.

1. Öffnen Sie dazu in den Windows-Einstellungen den Bereich *Apps/Standard-Apps*.

2. Hier sind im Abschnitt *Standards für Anwendungen festlegen* alle Programme aufgeführt, die sich Windows gegenüber selbst als für mindestens einen Dateityp geeignet ausgewiesen haben.

3. Wenn Sie einen der Einträge anklicken, werden alle Dateitypen angezeigt, für die diese Anwendung sich zuständig erklärt hat.

   - Ist die Anwendung selbst bei diesem Dateityp eingetragen, dann ist sie auch die Standardanwendung für Dateien dieses Typs.

- Ist dort hingegen etwas anderes eingetragen, dann kann die Anwendung mit diesem Dateityp umgehen, aber eine andere App ist als Standardanwendung dafür vorgesehen.

4. Möchten Sie die Zuordnung für einen der Dateitypen ändern, dann klicken Sie auf den entsprechenden Eintrag. Der Ablauf ist dann genau wie im vorangehenden Tipp beschrieben.

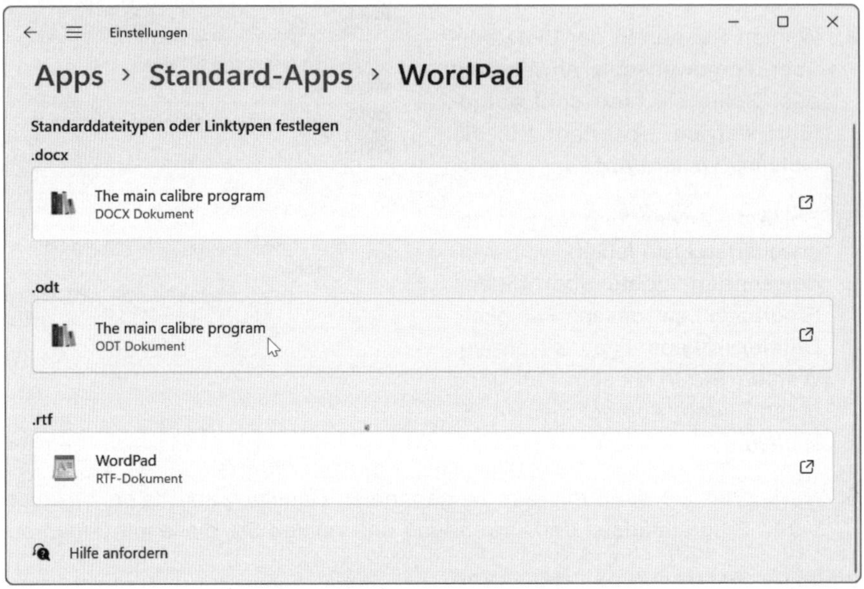

Anwendungen anhand der Dateiendung finden

Sie können in den Windows-Einstellungen auch den umgekehrten Weg gehen und anhand eines Dateityps geeignete Anwendungen finden. Tippen Sie dazu ganz oben im Suchfeld *Einen Dateityp oder einen Linktyp eingeben* die passende Dateiendung ein. Geben Sie dabei auch den führenden Punkt an, also für ZIP-Archive beispielsweise `.zip`. Kennt Windows einen entsprechenden Dateityp, bietet es diesen zur Auswahl an. So erhalten Sie den Dialog, in dem Sie die Standardanwendung für den Dateityp auswählen können.

6 Festplatten und Speichermedien

Laufwerken kommt als zuverlässige Datenspeicher eine besondere Bedeutung für die Sicherheit Ihrer Daten zu. Defekte in diesem Bereich wirken sich häufig fatal aus. Ein finaler Festplattencrash erfordert nicht nur eine Neuinstallation von Betriebssystem und Anwendungen – ohne vorausschauend angelegte Sicherungen sind womöglich wertvolle Dokumente verloren.

Deshalb sollten Sie den Laufwerken – Festplatten wie auch Wechselspeicherlaufwerken (also USB-Sticks, Speicherkarten und Co.) – hin und wieder etwas Pflege und Aufmerksamkeit widmen. Windows unterstützt Sie dabei mit praktischen Werkzeugen.

6.1 Festplatten mit optimaler Leistung betreiben

Auch beim aktuellen Windows gehören ein wenig Wartung und Systempflege zu den unerlässlichen Aufgaben, um Problemen und Datenverlusten vorzubeugen. Windows stellt hierzu teilweise neue Funktionen zur Verfügung. Aber auch bewährte Werkzeuge finden sich – teilweise nur etwas versteckt – wieder.

6.1.1 Den Speicher automatisch optimieren lassen

Windows bringt einen Automatismus mit, der im Fall eines knappen Speicherplatzes aktiv wird und versucht, temporäre und anderweitig nicht mehr benötigte Dateien zu entfernen.

So kann insbesondere auf Tablets und Notebooks mit chronisch knappem Speicherplatz immer wieder rechtzeitig Platz geschaffen werden.

1. In den *Einstellungen* unter *System/Speicher* sehen Sie die Auslastung der Speichermedien. Im Abschnitt *Speicherverwaltung* können Sie die *Speicheroptimierung* mit dem Schalter rechts ganz ein- oder ausschalten.

2. Klicken Sie auf eine beliebige andere Stelle dieses Eintrags, öffnen Sie weitere Einstellungen für diese Funktion.

3. Darin können Sie festlegen, wann Windows die *Speicheroptimierung ausführen* soll. Das kann beispielsweise täglich oder wöchentlich erfolgen oder auch nur, wenn abnehmender freier Speicherplatz es erfordert.

4. Außerdem bestimmen Sie, ob die Funktion Dateien aus dem Papierkorb löschen darf und nach welcher Zeit. Praktisch ist auch die Option, ältere Dateien aus dem Download-Ordner zu entfernen.

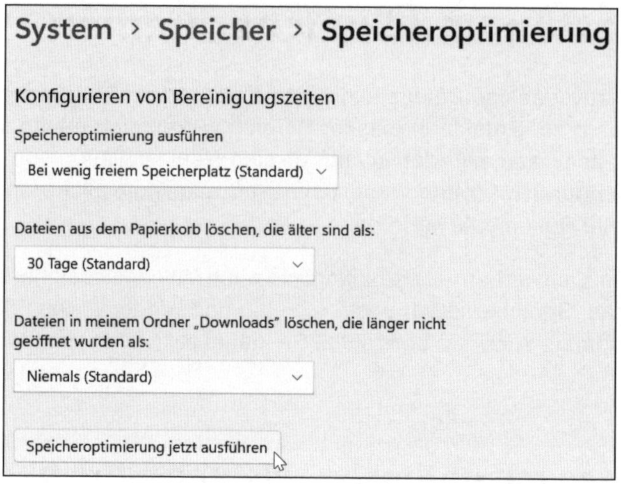

5. Ganz unten haben Sie die Möglichkeit, mit *Speicheroptimierung jetzt ausführen* jederzeit sofort eine Speicheroptimierung durchzuführen.

6.1.2 Temporäre Dateien bei Bedarf sofort aufräumen

Manchmal braucht man schnell zusätzlichen freien Speicherplatz. Dann ist das Löschen temporärer Dateien ein gutes Mittel, das sich schnell umsetzen lässt und oftmals mehr bringt, als man erwartet:

1. Wenn Sie in den Windows-Einstellungen unter *System/Speicher* bei der Übersicht der Speicherbelegung des Systemdatenträgers auf den Eintrag *Temporäre Dateien* klicken, verbirgt sich dort eine praktische Funktion zum schnellen Aufräumen dieser oftmals verzichtbaren Daten.

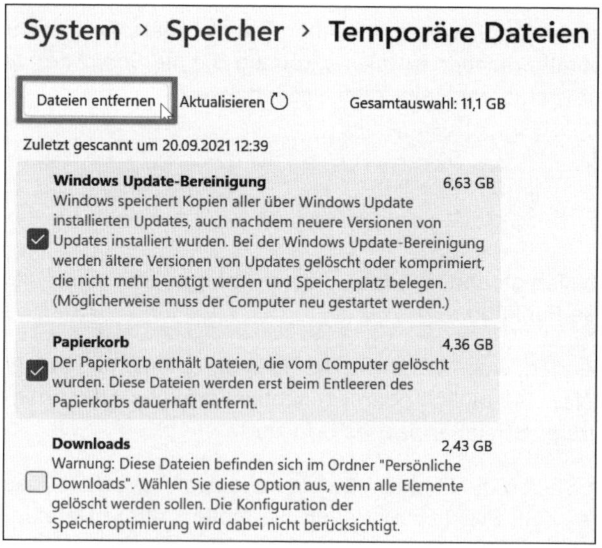

2. Windows analysiert dazu, in welchen Bereichen Speicherplatz freigegeben werden könnte, und erstellt daraus eine Liste. Hier können Sie anhaken, was tatsächlich gelöscht werden soll.

3. Wenn Sie dann oben auf *Dateien entfernen* klicken, werden alle gewählten Elemente entfernt und der belegte Speicherplatz wird freigegeben.

Speicher nach Funktionsupdate optimieren

Unmittelbar nach dem Durchführen eines umfangreicheren Windows-Funktionsupdates lohnt sich die Speicheroptimierung ganz besonders. Windows speichert nämlich bei einem solchen Update eine komplette Sicherung des alten Windows zwischen, was in der Regel um die 30 GB ausmacht. Das versetzt Sie in die Lage, eine Zeit lang das Funktionsupdate notfalls zu deinstallieren und zur vorherigen Version zurückzukehren. Nach einer gewissen Anstandsfrist löscht Windows diese Sicherung automatisch. Wenn der Speicherplatz knapp ist und Sie nicht so lange warten möchten, können Sie diese Sicherung mit der Speicheroptimierung aufspüren und sofort löschen. Ein Zurückkehren zur vorherigen Windows-Version ist dann allerdings nicht mehr möglich.

6.1.3 Speicherplatz bei lokalen Cloud-Inhalten sparen

Wenn Sie OneDrive im Bedarfsmodus verwenden (siehe Seite 219), kann die automatische Speicheroptimierung auch solche Inhalte mit einbeziehen und lokale Kopien löschen, um dadurch Speicherplatz zu sparen. Dabei geht nichts verloren, denn bei Bedarf werden benötigte Dateien wieder aus der Cloud beschafft. Allerdings kann der erste Zugriff darauf dann etwas länger dauern. Standardmäßig ist diese Funktion nicht aktiv, aber wenn Sie dringend Speicherplatz auf Ihrem Gerät benötigen, können Sie sie aktivieren:

1. Öffnen Sie in den Windows-Einstellungen den Bereich *System/Speicher* und klicken Sie dort auf den Eintrag *Speicheroptimierung*.

2. Suchen Sie im anschließenden Dialog den Abschnitt *Lokal verfügbare Cloud-Inhalte*.

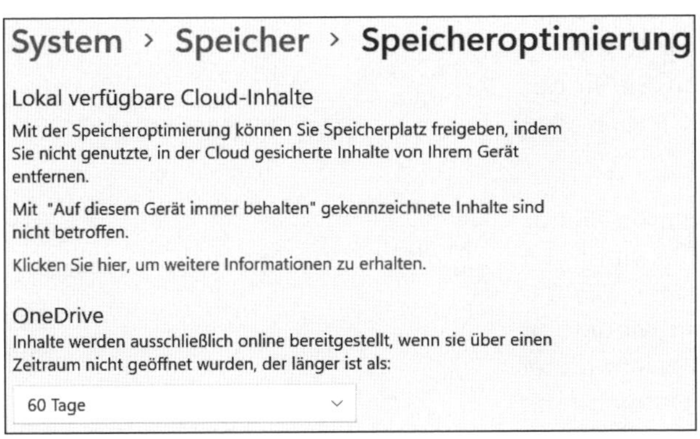

3. Die Speicherfreigabe berücksichtigt nur Dateien, die eine bestimmte Zeit lang nicht mehr geöffnet wurden. Mit dem Auswahlfeld legen Sie fest, wie groß dieser Zeitraum sein soll.

4. Sollen überhaupt keine lokal verfügbaren Cloud-Dateien gelöscht werden, belassen Sie es bei der Standardeinstellung *Niemals*.

6.1.4 Datenträger klassisch und gründlich bereinigen

Neben der Speicheroptimierung in den Windows-Einstellungen können Sie auch weiterhin die klassische Datenträgerbereinigung bemühen. Diese bietet noch einige zusätzliche Optionen und erlaubt es, den Umfang der zu bereinigenden Daten noch etwas flexibler zu steuern.

1. Klicken Sie mit der rechten Maustaste auf das Symbol eines aufzuräumenden Laufwerks und wählen Sie im Kontextmenü *Eigenschaften*.

2. Im *Eigenschaften*-Menü des Laufwerks finden Sie auf der Registerkarte *Allgemein* neben einigen statistischen Angaben zur Belegung des Laufwerks die Schaltfläche *Bereinigen*, mit der Sie die Datenträgerbereinigung für dieses Laufwerk starten.

3. Die Datenträgerbereinigung überprüft nun das ausgewählte Laufwerk und ermittelt alle Dateien, die bereinigt werden können, und präsentiert nach kurzer Zeit die Ergebnisse in einer Zusammenfassung. Dabei finden Sie ganz oben eine Angabe, wie viel Speicherplatz auf dem Laufwerk maximal freigegeben werden kann.

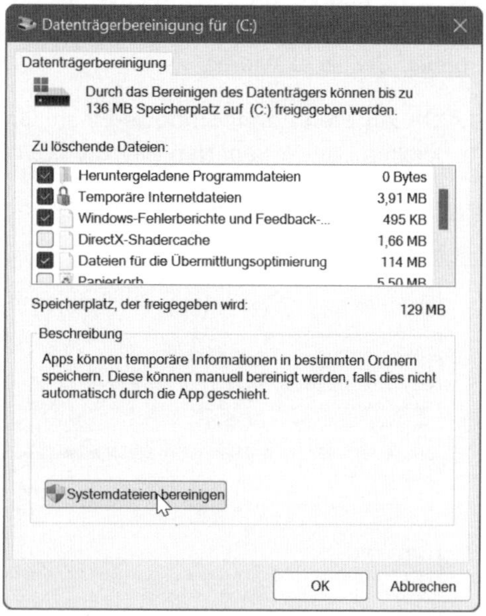

4. Im Feld *Zu löschende Dateien* sind die Dateiarten aufgeführt, die die Datenträgerbereinigung auf dem Laufwerk gefunden hat. Markieren Sie hier die Dateitypen, die entfernt werden sollen. Wollen Sie z. B. die temporären Internetdateien noch zum Offlinebetrachten aufheben, deaktivieren Sie den entsprechenden Eintrag. Zu jeder Kategorie von Dateien erhalten Sie in der unteren Fensterhälfte jeweils eine kurze Beschreibung.

5. Möchten Sie noch gründlicher vorgehen, klicken Sie unten auf *Systemdateien bereinigen*. Die Datenträgerbereinigung wiederholt dann die Analyse, bezieht dabei aber noch weitere Bereiche mit

ein. Die Ergebnisse sind deshalb umfangreicher und bieten meist ein erheblich größeres Einsparpotenzial.

6. Wenn Sie sich nicht sicher sind, ob Sie die Dateien in einer der Kategorien bedenkenlos löschen dürfen, können Sie bei einigen Dateitypen unten im Bereich *Beschreibung* auf die Schaltfläche *Dateien anzeigen* klicken. Damit öffnen Sie ein Explorer-Fenster, in dem die einzelnen Dateien aufgeführt werden. Hier können Sie überprüfen, um welche für Dateien es sich genau handelt.

7. Haben Sie die zu löschenden Dateien bestimmt, klicken Sie ganz unten auf *OK*. Bestätigen Sie die anschließende Sicherheitsabfrage, um die Bereinigungsaktion durchzuführen.

6.1.5 Datensicherheit von Festplatten gewährleisten

Festplatten gehören zu den kostbarsten Komponenten eines PCs und Fehler bei ihnen können schlimme Folgen haben, weil neben dem Betriebssystem alle Ihre Anwendungen und Daten auf der Festplatte gespeichert sind. Hinzu kommt noch, dass Festplattencrashs in der Regel irreparabel sind und die Daten sich in einem solchen Fall nur von Spezialisten für viel Geld und meist auch nur unvollständig retten lassen. Deshalb empfiehlt sich eine regelmäßige Fehlerüberprüfung, die Probleme erkennt und ggf. beseitigt. Gleichzeitig entdeckt sie fehlerhafte Bereiche der Festplatte und markiert sie als unbrauchbar, damit sie in Zukunft nicht mehr genutzt werden.

1. Um eine Festplatte einer Fehlerüberprüfung zu unterziehen, öffnen Sie die Übersicht Ihres Computers im Datei-Explorer und markieren Sie hier das zu überprüfende Laufwerk.

2. Öffnen Sie dort mit *Datei/Eigenschaften* die Eigenschaften des Laufwerks und wechseln Sie hier auf die Registerkarte *Tools*.

3. Klicken Sie dort im Bereich *Fehlerüberprüfung* auf die Schaltfläche *Prüfen*, um den Test der Festplatte zu veranlassen.

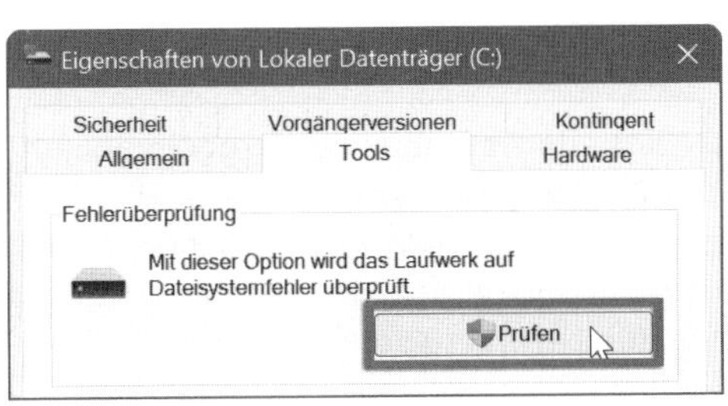

4. Windows ruft nun zunächst das Fehlerprotokoll des Laufwerks ab. Ist darin nichts verzeichnet, ist eine Überprüfung nicht unbedingt notwendig. Dann können Sie an dieser Stelle abbrechen.

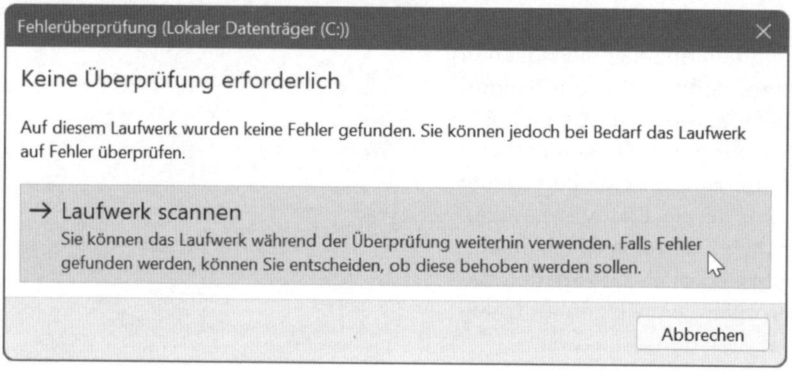

5. Wollen Sie auf Nummer sicher gehen, starten Sie aber stattdessen eine intensivere Prüfung mit einem Klick auf *Laufwerk scannen*. Den Fortschritt bei der Überprüfung können Sie in der Statusanzeige mitverfolgen.

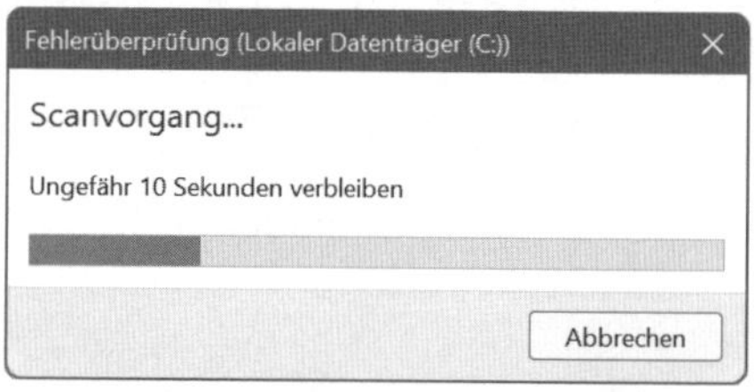

6. Nach Abschluss der Tests erhalten Sie die Meldung *Das Laufwerk wurde erfolgreich gescannt*. Mit *Details anzeigen* unten links lassen Sie sich ein ausführlicheres Protokoll anzeigen. Dieses verrät auch Genaueres, sollte es bei der Überprüfung zu Fehlern gekommen sein.

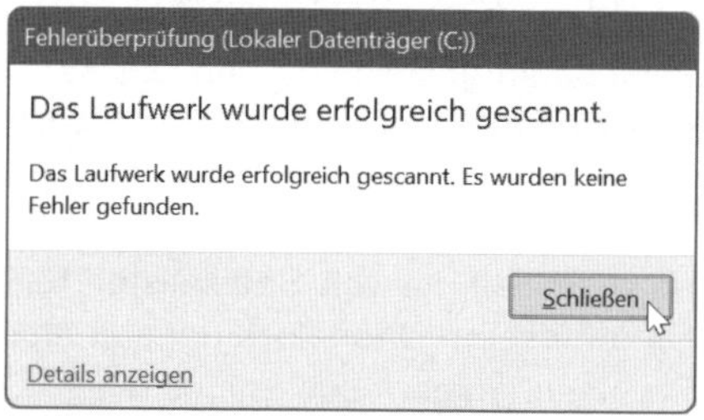

6.1.6 Gründliche Laufwerkprophylaxe mit SMART-Tools

SMART bzw. S.M.A.R.T. (**S**elf **M**onitoring **A**nalysis and **R**eporting **T**echnology) ist eine Technologie, mit der Festplatten ihren eigenen Status überprüfen und bei Anzeichen von Fehlern eine Meldung an den Computer ausgeben (sofern per Software abgefragt). So soll das Risiko von Datenverlusten durch Hardwarefehler minimiert werden.

Dazu bedarf es aber einer regelmäßigen Überprüfung des Laufwerks durch ein SMART-fähiges Programm oder BIOS. Es gibt eine Reihe von Programmen, mit denen man die SMART-Informationen von Festplatten auslesen kann. Empfehlenswert ist CrystalDiskInfo, das Sie unter *www.crystalmark.info* in einer kostenlosen Version herunterladen können.

Einmal installiert können Sie es jederzeit nach Bedarf starten und von Ihren Festplatten eine Reihe von Parametern abrufen, mit denen sich die »Gesundheit« bewerten und zumindest einige typische Fehlfunktionen frühzeitig erkennen lassen.

Mehrere Festplatten kontrollieren

Wenn Sie mehr als eine Festplatte eingebaut haben, können Sie mit dem Menüpunkt *Festplatte* zwischen den verschiedenen Geräten hin- und herwechseln, um deren Daten zu kontrollieren bzw. vielleicht auch zu vergleichen.

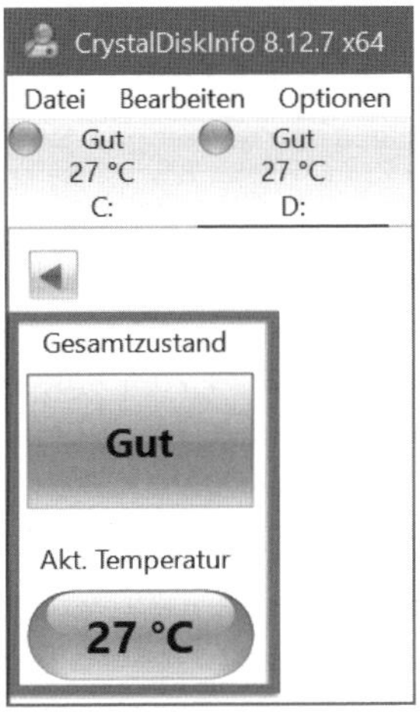

1. Einmal installiert, starten Sie CrystalDiskInfo bei Bedarf über das Startmenü.
2. Sofort sehen Sie die Werte der ersten Festplatte auf dem Bildschirm. So verrät Ihnen die Einstufung unter *Gesamtzustand* links sofort, ob es Grund zur Beunruhigung gibt. Steht hier *Gut*, gilt schon mal Entwarnung.
3. Wichtig ist auch direkt darunter die *Aktuelle Temperatur*. Deren Einfluss wird häufig unterschätzt, denn wenn sich eine Festplatte z. B. in einem schlecht durchlüfteten PC-Gehäuse regelmäßig stark erhitzt, senkt dies ihre Lebenserwartung deutlich.
4. Die Tabelle darunter führt die einzelnen SMART-Parameter auf. Solange alles in Ordnung ist, brauchen Sie sich damit aber gar nicht zu befassen. Sowie einer der Werte außerhalb des Sollbereichs gerät, verändert das Programm den Status auf Gelb bzw. ggf. auf Rot. Dann können Sie in der Parameterliste nachschauen, welcher Wert aus dem Ruder gelaufen ist.

ID	Parametername	Akt. Wert (...	Schlechtes...	Grenzwert ...	Rohwert (Einh. be...
01	Lesefehlerrate ↓	100	100	50	000000000000
02	Datendurchsatz-Leistung ↑	100	100	50	000000000000
03	Mittl. Anlaufzeit ↓	100	100	1	000000000A10
04	Start/Stopp-Zyklen d. Spindel	100	100	0	000000000221
05	Anz. wiederzugewiesener Sektoren ↓	100	100	50	000000000000
07	Anz. Suchfehler	100	100	50	000000000000
08	Güte der Suchoperationen ↑	100	100	50	000000000000
09	Betriebsstunden	100	100	0	0000000000DE
0A	Anz. misslungener Spindelanläufe ↓	110	100	30	000000000000
0C	Anz. Geräte-Einschaltvorgänge	100	100	0	000000000074
BF	G-Sensor-Fehlerrate ↓	100	100	0	000000000000
C0	Ausschaltungsabbrüche ↓	100	100	0	000000000023
C1	Laden/Entladen-Zyklen ↓	100	100	0	000000000446
C2	Temperatur ↓	100	100	0	00320013001B
C4	Wiederzuweisungsereignisse ↓	100	100	0	000000000000
C5	Aktuell schwebende Sektoren ↓	100	100	0	000000000000

6.1.7 Das bedeuten die einzelnen SMART-Parameter

Bei den vom SMART-Programm ausgegebenen Werten handelt es sich letztlich »nur« um eine Sammlung spröder Parameter, bei denen die Hersteller teilweise auch noch ihr eigenes Süppchen kochen. Deshalb kann es eine Herausforderung sein, diese Daten korrekt zu interpretieren und zu erkennen, welche Angaben ganz normal und welche besorgniserregend sind. Aber verständlicherweise wollen es viele genauer wissen und schauen auf einzelne Werte, die besorgniserregend hoch erscheinen können. In den meisten Fällen kann man trotzdem gelassen bleiben. Gehen wir also mal ein wenig in die Details.

SMART-Parameter: Pre-fail vs. Old_age

Bei den zahlreichen SMART-Parametern gibt es zwei verschiedene Arten von Attributen: *Pre-fail* und *Old_age*, die die Aussagekraft der Werte beschreiben. Die meisten Eigenschaften sind vom Typ *Old_age* und beziehen sich auf Werte, die sich im Laufe des Lebens einer Festplatte allmählich erhöhen. Das können die Betriebsstunden sein, die Einschaltvorgänge oder auch, wenn die Festplatte gelegentlich etwas länger zum Anlaufen braucht. Man kann das mit dem Kilometerzähler beim Auto vergleichen: Wenn der die 100.000 erreicht, ist es eben kein Neuwagen mehr, aber wird erfahrungsgemäß auch nicht am nächsten Tag auseinanderfallen. Aber vielleicht wird er allmählich anfälliger für Pannen.

Einige wenige Werte sind vom Typ *Pre-fail*, etwa wenn Lesefehler auftreten, wenn Sektoren unbrauchbar geworden sind oder wenn der Festplattenantrieb wiederholt gestartet werden muss, bevor er auf Touren kommt. Um beim Autobeispiel zu bleiben, wären das Warnlampen, die angehen, etwa weil der Ölstand zu niedrig ist oder die Motorsteuersoftware Fehler registriert hat. Beim Auto sollte man baldigst eine Werkstatt aufsuchen. Eine Festplatte muss man in diesem Fall nicht immer umgehend ersetzen. Aber man sollte sie bei steigenden *Pre-fail*-Werten engmaschiger überwachen und ggf. die Backup-Frequenz erhöhen.

Aktuell – Schlechtester – Grenzwert – Rohwerte

Zu jedem SMART-Parameter werden vier verschiedene Werte angegeben, auf die ich ausführlicher eingehen möchte, damit man die etwas kryptischen Zahlenkolonnen besser verstehen kann:

```
ID Cur Wor Thr Raw Values (7) Attribute Name
01 __0 __0 _50 00000000000000 Lesefehlerrate (roh)
05 _98 _98 __3 000000000001C0 Schadhafte Blöcke
09 100 100 __0 0C094000001F42 Betriebsstunden
0C _97 _97 __0 00000000000E39 Geräte-Einschaltvorgänge
AB __0 __0 __0 00000000000000 Programmfehler
AC __0 __0 __0 00000000000000 Löschfehler
AE __0 __0 __0 00000000000038 Unerwartete Spannungsabfälle
B5 __0 __0 __0 00000000000000 Programmfehler
B6 __0 __0 __0 00000000000000 Löschfehler
```

```
BB 100 100 __0 00000000000000 Nicht korrigierbare Fehler
C2 128 __0 __0 00000000000080 Temperatur
C3 __0 __0 __0 00000000000000 ECC On-the-fly-Anzahl
C4 100 100 __3 00000000000000 Wiederzuweisungsereignisse
E7 _97 _97 _10 00000000000001 Verbleibende SSD-Lebensdauer
E9 __0 __0 __0 00000000000C40 Herstellerspezifisch
EA __0 __0 __0 00000000000F40 Herstellerspezifisch
F1 __0 __0 __0 00000000000F40 Schreibvorgänge vom Host
F2 __0 __0 __0 00000000001940 Lesevorgänge vom Host
```

- *CURRENT VALUE* bzw. *Aktueller Wert*
  Gibt den aktuellen Wert dieses Parameters an, wobei sich »aktuell« auf den zuletzt gespeicherten Wert bezieht. Das muss nicht in diesem Moment sein, sondern kann schon etwas zurückliegen. Vor allem aber handelt es sich um einen normalisierten Wert, dessen Betrag man nicht wörtlich nehmen darf. Eine *Lesefehlerrate* von 100 beispielsweise bedeutet nicht, dass bislang 100 Lesefehler auftraten. Sondern es bedeutet, dass die Eigenschaft *Lesefehlerrate* zuletzt bei 100 lag. Man kann sich auch das vereinfacht als Prozent der gewünschten Leistung vorstellen. Lesefehlerrate 100 hieße also: In der Eigenschaft *Lesefehlerrate* liegt das Laufwerk bei 100 %, also genau da, wo man es haben möchte. Denn bei den meisten Werten bedeutet höher = besser. Es gibt auch Werte, die höher als 100 liegen, beispielsweise 252. Hier ist die Skala einfach etwas weiter und erlaubt feinere Abstufungen.
- *WORST* bzw. *Schlechtester Wert*
  Zu jeder Eigenschaft speichert SMART auch den schlechtesten jemals gemessenen Wert. In vielen Fällen (beispielsweise den ganzen *Old_age*-Parametern) wird der aktuelle Wert mit dem schlechtesten Wert identisch sein, weil ein Laufwerk ja nun mal nur älter und nicht wieder jünger wird. Aber gerade bei den *Pre-fail*-Eigenschaften kann es sein, dass diese in der Vergangenheit schlechter waren und sich seitdem erholt haben. Etwa wenn einige Sektoren neu zugewiesen werden mussten, was aber auf einen kleinen Bereich des Laufwerks begrenzt war und mittlerweile abgeschlossen ist. Dann hat man zwar ein paar Sektoren verloren, muss sich ansonsten aber aktuell keine Gedanken machen.
- *TRESH* bzw. *Grenzwert*
  Zu jedem Wert ist eine Grenze angegeben, die dieser Wert möglichst nicht erreichen sollte. In vielen Fällen steht dieser Wert auf 0, dann dient diese Eigenschaft nur der Information und nicht der Zustandsbewertung. Wenn sich der aktuelle oder schlechteste Wert dieser 0 annähern sollte, bedeutet es, dass dieses Laufwerk schon einen erheblichen Teil seiner Lebensspanne absolviert hat. Sehr hohe Grenzwerte wie etwa 253 besagen in ähnlicher Weise, dass es sich lediglich um einen Testwert ohne Relevanz für den Zustand des Laufwerks handelt. Alle anderen Grenzwerte geben an, dass man sich konkrete Gedanken machen muss, wenn sich der aktuelle bzw. schlechteste Wert dem Grenzwert annähert oder ihn unterschreitet. Insbesondere wenn mehrere verschiedene Parameter sich ihrem Grenzwert nähern, ist große Vorsicht angesagt.

- *RAW_VALUE* bzw. *Rohwerte*
  Bei den bisherigen drei Werten handelt es sich jeweils um normalisierte Werte, die zum Zweck der besseren Vergleichbarkeit aus den eigentlichen übermittelten Daten gebildet werden. Der Rohwert hingegen gibt genau diese übermittelte Information wieder. Diese Daten können für eine statistische Erfassung interessant sein, um zu erfassen, wie sich bestimmte Rohwerte im Laufe der Zeit entwickeln. Ansonsten sollte man ihre Aussagekraft nicht überbewerten, da sie zum einen herstellerspezifisch sind und zum anderen nur für Experten eine echte Aussagekraft haben. Ein Rohwert von 15 Lesefehlern etwa besagt nichts, wenn man nicht weiß, wie häufig Lesefehler im regulären Betrieb einer Festplatte üblicherweise auftreten.

SMART-Angaben richtig interpretieren

Die wichtigste Regel für das Interpretieren habe ich schon kurz erwähnt: Mit wenigen Ausnahmen bedeuten höhere Werte bessere Werte. Bei einer fabrikneuen Festplatte beginnen die normalisierten Werte typischerweise bei 100, 200 oder 252 und sinken im Laufe der Lebensdauer allmählich ab. Die Grenzwerte liegen deutlich darunter und lassen einen großen Puffer. Und ganz wichtig: Es handelt sich um abstrakte Werte. Wenn beim Parameter Temperatur beispielsweise 74 als aktueller Wert angegeben ist, bedeutet das nicht, dass die Festplatte im Moment 74 Grad warm ist (was schon nicht wenig wäre). Sondern es bedeutet, dass die Temperatur in einem Wertebereich von beispielsweise 100 (= kalt) bis 0 (= wir brauchen sofort einen Feuerlöscher!) bei 74 liegt, also in einem völlig unbedenklichen Bereich.

Zum Verdeutlichen ein konkretes Beispiel:

```
0x002f 253 253 063 Pre-fail Always - 0 Read_Error_Rate
```

Parametername: *Lesefehlerrate* bzw. *Read_Error_Rate*
Aktueller Wert: 253
Schlechtester Wert: 253
Grenzwert: 63
Rohwert: 0

Das könnten die Werte einer fabrikneuen Festplatte sein. Bislang ist noch kein Lesefehler verzeichnet. Es gibt keinerlei Grund zur Beunruhigung. Im Vergleich dazu:

```
0x002f 103 089 063 Pre-fail Always - 1234567 Read_Error_Rate
```

Parametername: *Lesefehlerrate* bzw. *Read_Error_Rate*
Aktueller Wert: 103
Schlechtester Wert: 89
Grenzwert: 63
Rohwert: 1234567

Ein paar Jahre später könnte es so aussehen: Die Festplatte hat mittlerweile eine ganze Menge an Lesefehlern erlebt. Im Moment aber hat sich der Wert wieder etwas stabilisiert. Die Festplatte arbeitet aus Sicht des Anwenders weiterhin zuverlässig, aber man sollte nun beginnen, Vorsichtsmaßnahmen zu ergreifen. Wenn die Platte wichtige Daten enthält, sollte man regelmäßig Backups auf einem anderen Medium anfertigen. Außerdem sollte man überlegen, die Festplatte durch ein neues Modell zu ersetzen. Die alte Festplatte kann auch mit diesen Daten durchaus noch dienlich sein, beispielsweise in einem externen Gehäuse als USB-Festplatte zum Datentransport. Für Sicherungszwecke sollte sie aber nicht mehr verwendet werden.

Und noch ein weiteres Beispiel aus dem echten Leben:

```
0x002f 100 100 051 Pre-fail Always - 15 Raw_Read_Error_Rate
0x0026 056 056 000 Old_age Always - 11418 Throughput_Perform
0x0023 089 089 025 Pre-fail Always - 3451 Spin_Up_Time
0x0032 096 096 000 Old_age Always - 4838 Start_Stop_Count
0x0033 252 252 010 Pre-fail Always - 0 Reallocated_Sector_Ct
0x002e 252 252 051 Old_age Always - 0 Seek_Error_Rate
0x0024 252 252 015 Old_age Offline - 0 Seek_Time_Performance
```

Hier kann man sehr schön erkennen, dass das Laufwerk an sich in Ordnung ist. Es gab bislang keine nennenswerten Lesefehler, es wurden keine Sektoren neu zugewiesen, das Suchen nach Datenblöcken läuft schnell und fehlerfrei.

Aber: Es wurde schon häufiger eine verlängerte Anlaufzeit (*Spin_Up_Time*) registriert. Es handelt sich also um eine Magnetfestplatte, deren Antrieb erste Ermüdungserscheinungen zeigt. Das wirkt sich auch negativ auf den Datendurchsatz (*Throughput_Perform*) aus. Eine Festplatte mit solchen S.M.A.R.T.-Werten muss nicht unbedingt ersetzt werden, da sie voraussichtlich noch eine ganze Weile zuverlässig ihren Dienst versehen wird. Aber der Ersatz durch ein neues Laufwerk könnte die Leistung des PCs insgesamt verbessern, sodass es unter diesem Gesichtspunkt durchaus überlegenswert wäre.

6.1.8 Wichtige SMART-Werte im Verlauf beobachten

Bei konkreten Problemen mit Dateifehlern oder Abstürzen kann es hilfreich sein, das Verhalten der Festplatte über einen längeren Zeitraum zu beobachten. So ist z. B. die Temperaturentwicklung ein solcher Kandidat, denn auch wenn die Wärme üblicherweise im Rahmen bleibt, kann sie unter besonderen Belastungen eben doch kritische Werte erreichen. CrystalDiskInfo bietet Ihnen die Möglichkeit, die Entwicklung einzelner Werte aufzuzeichnen und in einem Diagramm darzustellen.

1. Wählen Sie dazu die Menüfunktion *Optionen/Diagramm*.
2. Hier können Sie oben im Auswahlfeld zunächst angeben, welchen Parameter Sie überwachen möchten.

3. Im Diagramm können Sie dann verfolgen, wie sich dieser Wert entwickelt. Soweit vorhanden, fügt das Programm automatisch den kritischen Schwellenwert sowie den bislang erreichten Maximalwert ein.

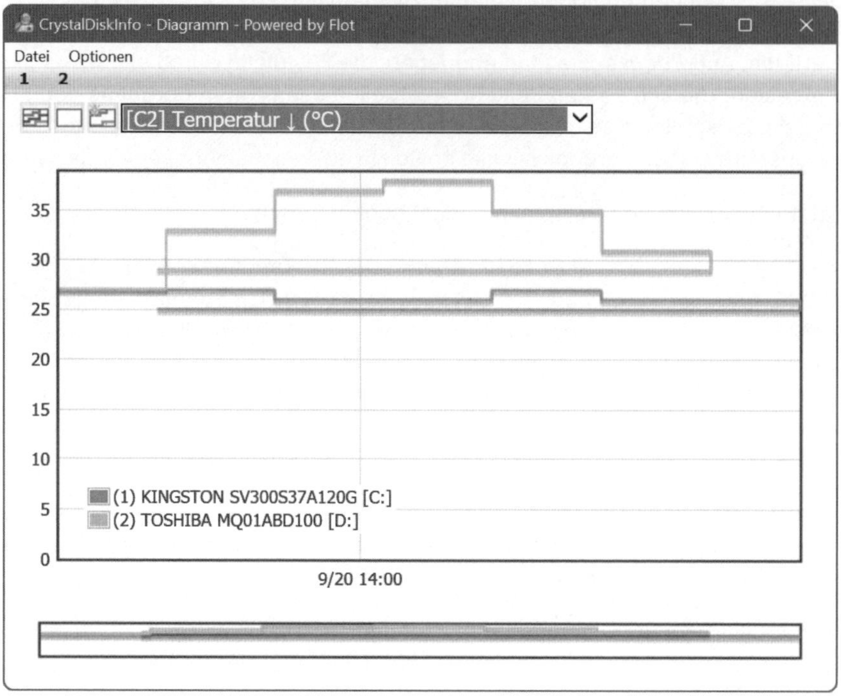

4. Wenn Sie dieses Programm einfach im Hintergrund laufen lassen, können Sie nach einiger Zeit gut nachvollziehen, wie sich z. B. die Temperatur während der Arbeit mit dem PC entwickelt hat.

Das Aktualisierungsintervall verkürzen

Standardmäßig fragt CrystalDiskInfo alle zehn Minuten neue Daten von der Festplatte ab. Um eine möglichst detaillierte Überwachung zu gewährleisten, sollten Sie diesen Wert ggf. herabsetzen. Wählen Sie dazu im Hauptprogramm mit *Optionen/Autoaktualisierung* ein kürzeres Intervall.

6.1.9 Neue Laufwerke partitionieren und formatieren

Normalerweise müssen Festplattenlaufwerke nicht gerade häufig formatiert werden. Wenn sie nicht schon vorformatiert sind, erledigt Windows das bei der Installation notfalls automatisch. Vielleicht bauen Sie aber irgendwann eine zusätzliche Festplatte ein, weil der Speicherplatz knapp wird.

1. Klicken Sie mit der rechten Maustaste auf das Windows-Symbol in der Taskleiste und wählen Sie im so geöffneten WinX-Menü die *Datenträgerverwaltung*.

2. Bei einer neu eingebauten Festplatte noch ohne Datenstrukturen meldet sich dann automatisch die Datenträgerinitialisierung und fragt nach dem gewünschten Partitionsstil. Hier sollten Sie in der Regel *GPT* wählen.

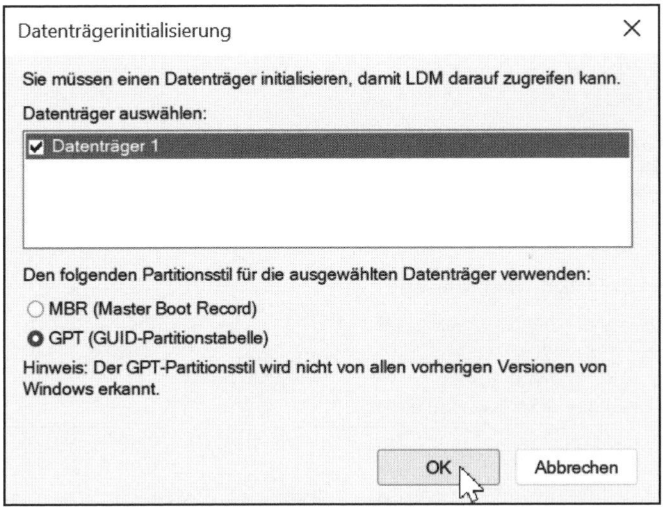

3. Wählen Sie in der Datenträgerverwaltung die Festplatte oder Partition aus, die Sie formatieren möchten. Wurde sie zuvor noch nicht benutzt, erkennen Sie sie an dem Kommentar *Nicht zugeordnet* in der Beschreibung.

4. Hier muss im bislang ungenutzten Speicher zunächst ein Volume, also eine Partition angelegt werden. Wählen Sie dazu *Aktion/Alle Aufgaben/Neues einfaches Volume* aus.

5. Im anschließenden Assistenten können Sie festlegen, ob Sie den gesamten Speicher diesem Volume zuordnen möchten. Sie können auch nur einen Teil benutzen, dann bleibt freier Speicher für weitere Partitionen zurück. Klicken Sie dann auf *Weiter*.

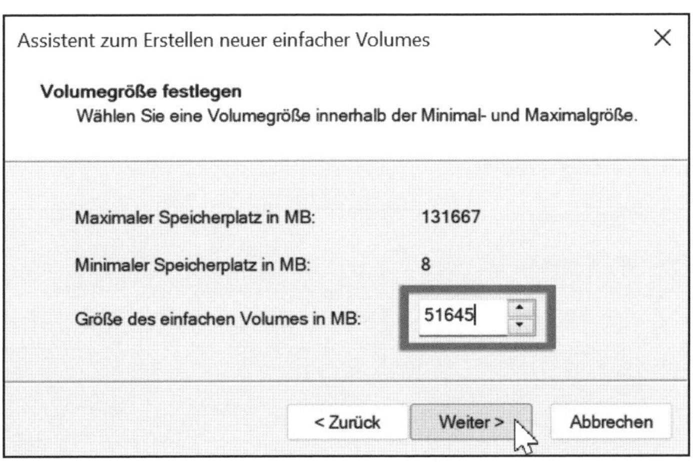

6. Bestimmen Sie den Laufwerkbuchstaben, unter dem Sie dieses Volume ansprechen möchten. Standardmäßig verwendet Windows den nächsten verfügbaren Buchstaben. Alternativ können Sie den Speicherplatz auch als Ordner in ein anderes Volume integrieren, um dieses über seinen eigentlichen Umfang hinaus zu vergrößern.

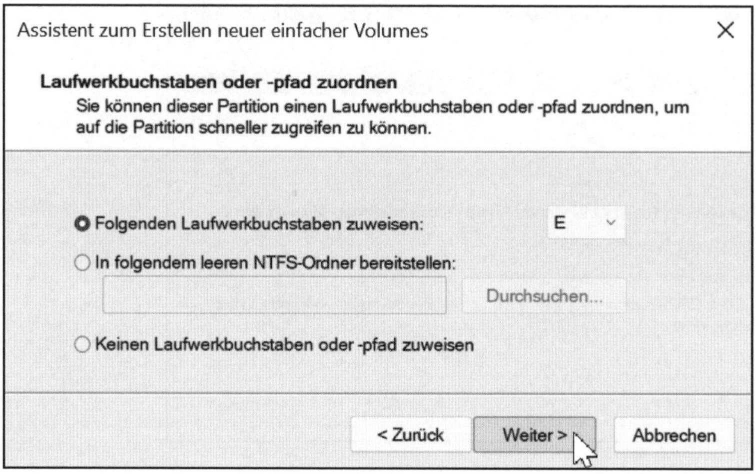

7. Nun geht es an die Formatierungseinstellungen. Wählen Sie die Option *Dieses Volume mit folgenden Einstellungen formatieren*. Als zu verwendendes Dateisystem bietet sich für eine Festplatte unter Windows *NTFS* an. Geben Sie außerdem eine *Volumebezeichnung* ein.

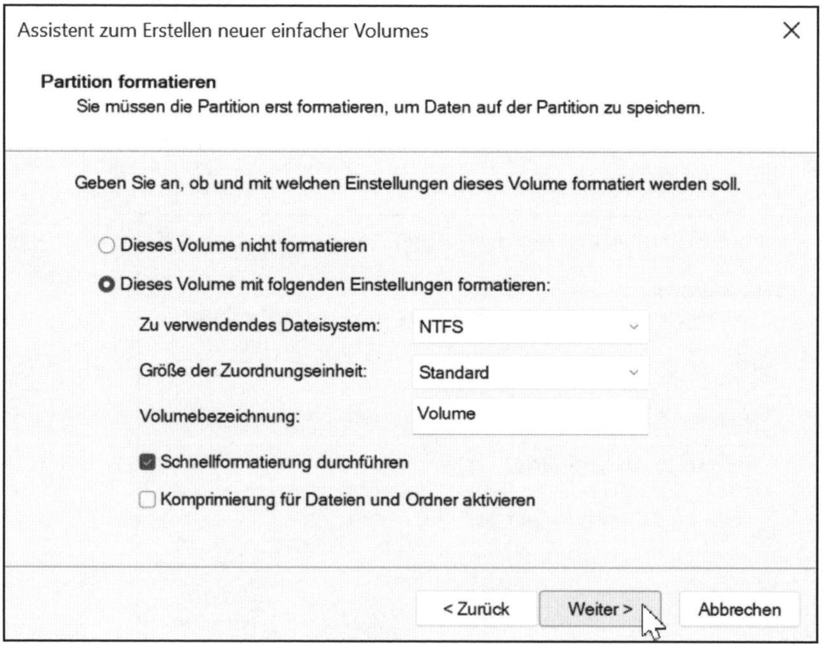

8. Klicken Sie dann auf *Weiter* und bestätigen Sie die Zusammenfassung des Assistenten mit *Fertig stellen*, um das Formatieren durchzuführen.

9. Windows führt nun die Formatierung durch. Währenddessen können Sie mit dem System weiterarbeiten. Nur auf das neue Volume können Sie noch nicht zugreifen. Das steht Ihnen erst zur Verfügung, wenn die Formatierung abgeschlossen ist und in der Beschreibung die verfügbare Größe und die Bemerkung *Fehlerfrei* stehen.

6.1.10 Bezeichnungen und Laufwerkbuchstaben ändern

Die Datenträgerbezeichnungen und Laufwerkbuchstaben sind – bis auf wenige Ausnahmen – nicht unveränderbar. Sollten Sie die Bezeichnung eines Laufwerks später ändern wollen oder wenn es Konflikte mit einem Laufwerkbuchstaben gibt, können Sie diese Einstellungen bearbeiten.

1. Die Bezeichnung jedes Laufwerks – egal ob Festplattenvolume oder Wechselmedium – können Sie in den Eigenschaften dieses Datenträgers verändern. Dies geht nicht nur in der Datenträgerverwaltung, sondern z. B. auch im Explorer. Klicken Sie mit der rechten Maustaste auf das Symbol des Datenträgers und wählen Sie *Eigenschaften*.

2. Ersetzen Sie in der Rubrik *Allgemein* im Eingabefeld ganz oben die bisherige Bezeichnung durch den neuen Namen und klicken Sie unten auf *OK*.

3. Die Zuordnung der Laufwerkbuchstaben lässt sich nur in der Datenträgerverwaltung verändern und auch nicht für alle Laufwerke. Das momentane Systemlaufwerk z. B. kann keinen anderen Buchstaben erhalten, da dann viele aktuelle Pfade plötzlich nicht mehr stimmen würden. Generell empfiehlt es sich nicht, den Laufwerkbuchstaben von Datenträgern zu verändern, auf denen Software installiert ist. Wählen Sie den Datenträger aus und rufen Sie den Menübefehl *Aktion/Alle Aufgaben/Laufwerkbuchstaben und -pfade ändern* auf.

4. Klicken Sie im anschließenden Dialog auf *Ändern*.

5. Wählen Sie im nächsten Schritt die Option *Folgenden Laufwerkbuchstaben zuweisen* und stellen Sie im Auswahlfeld rechts den gewünschten Buchstaben ein.

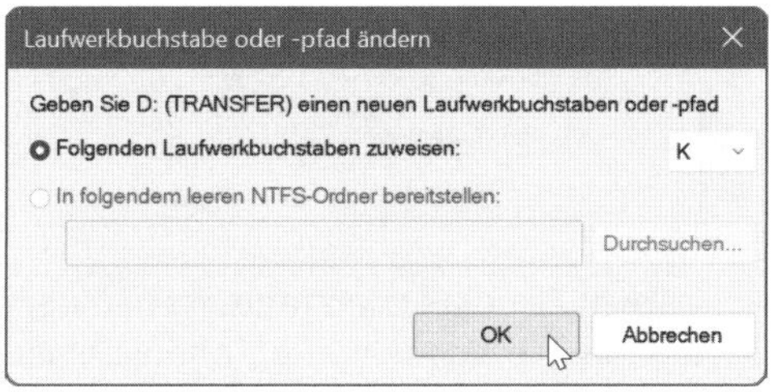

Hier werden nur die Laufwerkbuchstaben angeboten, die momentan verfügbar sind.

6. Klicken Sie dann auf *OK* und bestätigen Sie die Rückfrage mit *Ja*.

6.1.11 Laufwerke nachträglich verkleinern

Mit der Datenträgerverwaltung können Sie ein vorhandenes Laufwerk nachträglich verkleinern. Ein Teil des zu diesem Volume gehörenden Speicherplatzes wird dadurch freigegeben und kann als separates Laufwerk formatiert oder wiederum einem anderen Volume zugeschlagen werden. So können Sie flexibel reagieren, wenn sich die ursprünglich vorgenommene Aufteilung von Festplatten und Laufwerken im Laufe der Zeit doch nicht als optimal erweisen sollte. Das Verkleinern eines Laufwerks erfolgt dabei ohne Datenverlust. Was bereits auf dem Laufwerk gespeichert ist, bleibt also erhalten. Allerdings können Sie das Laufwerk deshalb auch maximal um die Menge des freien Speicherplatzes verringern.

1. Um ein Laufwerk zu verkleinern, wählen Sie es in der Datenträgerverwaltung aus und rufen dann den Menübefehl *Aktion/Alle Aufgaben/Volume verkleinern* auf.

2. Die Datenträgerverwaltung ermittelt dann, wie viel Speicherplatz von diesem Laufwerk maximal abgezwackt werden kann, und verwendet diesen Wert als Voreinstellung. Beachten Sie, dass das verbleibende Laufwerk dann allerdings praktisch voll wäre. Reduzieren Sie den Wert bei *Zu verkleinernder Speicherplatz in MB* also ggf. auf eine sinnvolle Größe.

3. Klicken Sie dann unten auf die Schaltfläche *Verkleinern*.

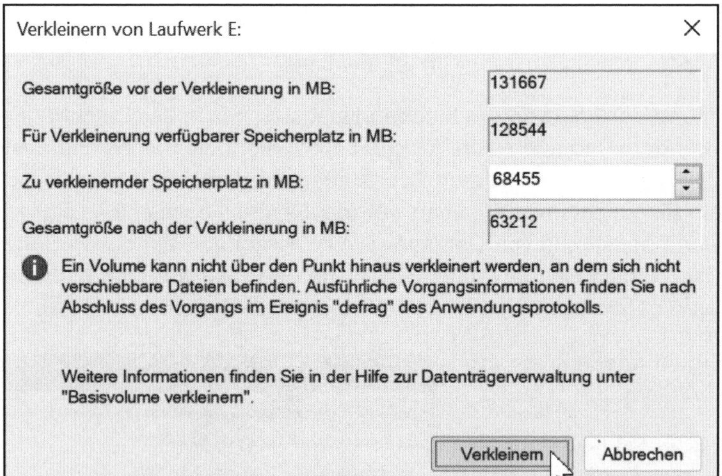

4. Lassen Sie die Datenträgerverwaltung anschließend am besten in Ruhe arbeiten, bis die Verkleinerung abgeschlossen ist. Dort, wo bislang ein großes Volume war, werden anschließend zwei kleinere angezeigt.

Das neue Volume trägt zunächst die Bemerkung *Nicht zugeordnet*. Das bedeutet, dass es sich um unformatierten Speicher handelt, der in dieser Form nicht genutzt werden kann. Sie müssen ihn erst formatieren, wenn er z. B. als separates Laufwerk unter Windows genutzt werden soll.

6.1.12 Laufwerke nachträglich erweitern

Im Gegensatz zum Verkleinern und Aufteilen von Laufwerken können Sie vorhandene Laufwerke auch vergrößern. Wenn auf einem Volume der Speicherplatz zur Neige geht, können Sie so rechtzeitig Reserven mobilisieren. Voraussetzung dafür ist allerdings, dass auf demselben Datenträger, der das volle Volume beherbergt, noch freier, nicht zugeordneter Speicher vorhanden ist.

1. Wählen Sie hierbei einen Datenträger aus, der das vorhandene volle Laufwerk sowie frei verfügbaren Speicherplatz umfasst. Markieren Sie das bestehende Volume und rufen Sie den Menübefehl *Aktion/Alle Aufgaben/Volume erweitern* auf.
2. Starten Sie den Assistenten mit *Weiter*. Im zweiten Schritt schlägt er Ihnen vor, den gesamten verfügbaren ungenutzten Speicherplatz auf dem Datenträger dem vorhandenen Laufwerk zuzuschlagen. Sollten Sie nur einen Teil des Speichers hierfür verwenden wollen, können Sie diesen Wert unten bei *Speicherplatz in MB* verringern.

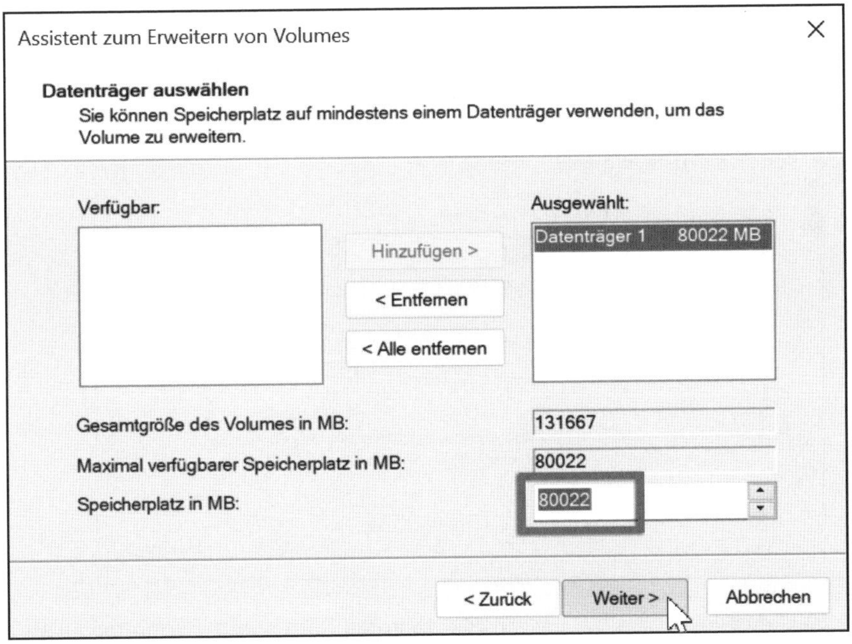

3. Überprüfen Sie dann die Zusammenfassung des Assistenten und starten Sie den Vorgang mit *Fertig stellen*.

6.1.13 Datenträger als Ordner in anderen Laufwerken

Das nachträgliche Erweitern eines Laufwerks funktioniert nur, wenn auf dem Datenträger noch freier Speicherplatz vorhanden ist. Ist das nicht der Fall, kommt eine Alternative infrage. Sie können ein Laufwerk von einem Datenträger als Ordner in einen anderen Datenträger einbinden und so für mehr Platz sorgen. Letztlich ist das nichts anderes, als wenn Sie einen Teil der Daten auf einem anderen Datenträger speichern würden. Aber das Dateisystem kümmert sich eben um die Einzelheiten, und manche Anwendung, die unbedingt mehr Speicher an einer bestimmten Stelle erwartet, lässt sich so ggf. zufriedenstellen.

1. Wählen Sie den Speicherbereich, den Sie in ein anderes Volume integrieren möchten, in der Datenträgerverwaltung aus.
2. Handelt es sich noch um freien, nicht zugeordneten Speicher, wählen Sie *Aktion/Alle Aufgaben/Neues einfaches Volume*. Ist das Volume bereits als Laufwerk formatiert, müssen Sie es zuvor mit *Aktion/Alle Aufgaben/Volume löschen* vorbereiten. Eventuell enthaltene Daten gehen dabei allerdings verloren.
3. Starten Sie den Assistenten mit *Weiter* und legen Sie im zweiten Schritt fest, ob Sie den kompletten verfügbaren Speicher für diesen Zweck nutzen möchten. Standardmäßig ist das der Fall, Sie können den Wert bei *Größe des einfachen Volumes in MB* aber reduzieren.
4. Wählen Sie im anschließenden Schritt die Option *In folgendem leeren NTFS-Ordner bereitstellen* und wählen Sie dann mit *Durchsuchen* einen leeren Ordner auf dem Laufwerk aus, das Sie auf diese Weise erweitern möchten. (Sollte dort kein passender Ordner vorhanden sein, können Sie ihn jetzt immer noch anlegen.)

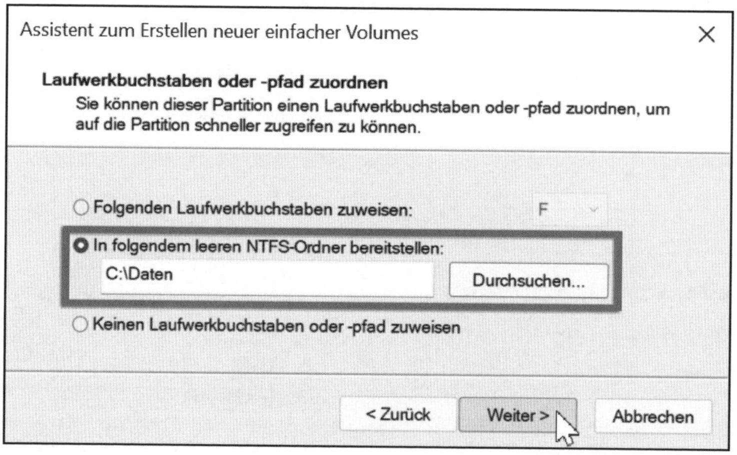

5. Klicken Sie auf *Weiter*. Geben Sie dann die Formatierungsparameter an bzw. übernehmen Sie die voreingestellten Werte. Die Formatierung bezieht sich dabei wohlgemerkt nur auf den neuen, hinzuzufügenden Bereich. Das bereits vorhandene Laufwerk wird davon nicht berührt.

6. Klicken Sie dann auf *Weiter*. Überprüfen Sie im letzten Schritt die Zusammenfassung des Assistenten und starten Sie den Vorgang mit *Fertig stellen*.

Die Datenträgerverwaltung richtet das Volume ein und integriert es in das andere Laufwerk. Der neue Speicherplatz wird dem alten Laufwerk dabei nicht pauschal zugeschlagen, sondern steht nur in dem ausgewählten Ordner zur Verfügung. Dieser stellt sich im Explorer auch nicht mehr als herkömmlicher Ordner dar, sondern wird als bereitgestelltes Volume mit einem speziellen Symbol gekennzeichnet. Trotzdem kann er von Anwendungen in der Regel wie ein herkömmlicher Ordner genutzt werden.

6.1.14 Datenträger zu einem Speicherplatz vereinen

Windows bietet unter der Bezeichnung *Speicherplätze* eine Möglichkeit, mehrere Laufwerke zu einem großen gemeinsamen virtuellen Laufwerk zusammenzufassen. So addiert sich der Speicherplatz, ohne dass Sie im Windows-Explorer mehrere Laufwerke vorfinden. Sie müssen sich dabei vor allem auch bei umfangreichen Dateien keine Gedanken machen, auf welchem der Laufwerke Sie diese speichern. Windows verteilt die Dateien automatisch passend auf die vorhandenen Kapazitäten.

HINWEIS

Speicherplätze – das Kleingedruckte

Eventuell vorhandene Daten werden beim Erstellen des Speicherplatzes gelöscht. Deshalb kann das Windows-Systemlaufwerk auch nicht Teil eines Speicherplatzes werden. Speicherplätze lassen sich auch nur auf fest angeschlossenen Laufwerken (keine USB-Festplatte usw.) einrichten. Falsch machen können Sie dabei aber nichts, denn Windows bietet Ihnen automatisch nur solche Datenträger zur Auswahl an, die für diese Funktion geeignet sind.

1. Öffnen Sie in den Windows-Einstellungen den Bereich *System/Speicher* und klappen Sie dort den Eintrag *Erweiterte Speichereinstellungen* aus.

2. Klicken Sie hier auf *Speicherplätze* und dann auf *Einen Speicherpool und Speicherplatz erstellen*.

3. Windows listet dann die Laufwerke auf, die für den Einsatz in einem Speicherplatz infrage kommen. Mit *Verfügbare Datenträger* werden alle infrage kommenden Laufwerke ausgewählt. Schauen Sie aber besser genau hin und wählen Sie die zu verwendenden Laufwerke selbst aus. Beachten Sie, dass diese Daten im nächsten Schritt unwiederbringlich gelöscht werden. Klicken Sie unten auf *Erstellen*, um fortzufahren.

4. Anschließend können Sie festlegen, in welchem Modus die Festplatten zusammengefasst werden. Um möglichst viel Speicherplatz nutzen zu können, sollten Sie den Modus *Einfach (keine Resilienz)* wählen. Der Wert bei *Größe (Maximum)*

gibt an, wie viel Speicher Sie effektiv nutzen können. Klicken Sie dann erneut rechts unten auf *Erstellen*.

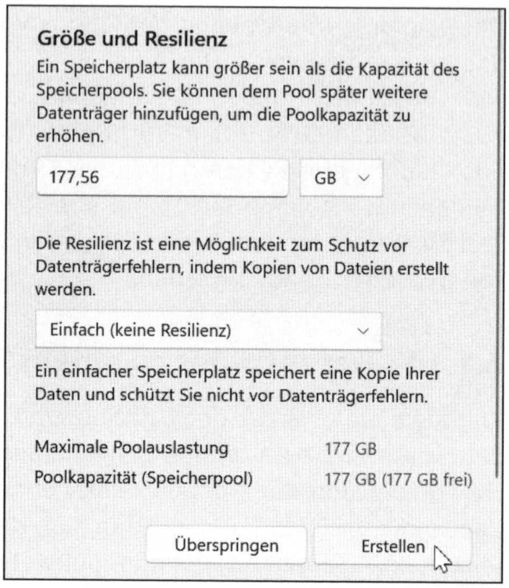

5. Windows erstellt nun den Speicherplatz, was je nach Umfang und Anzahl der Laufwerke eine kurze Zeit dauern kann.
6. Abschließend können Sie für das so entstehende virtuelle Laufwerk noch eine *Bezeichnung* angeben und einen *Laufwerkbuchstaben* auswählen. Lassen Sie den Speicher dann *Formatieren*.

Speicherplatz wird mit einem eigenen Laufwerkbuchstaben in das Dateisystem unter *Dieser PC* eingebunden. Dieses virtuelle Laufwerk können Sie wie jedes andere zum Speichern, Kopieren, Bearbeiten usw. von Daten nutzen.

6.2 Wechselmedien sicher verwenden

Neben Festplattenlaufwerken haben Wechselspeichermedien inzwischen eine fast noch größere Bedeutung. USB-Sticks und -Festplatten, Speicherkarten für Digitalkameras und Camcorder oder auch das Smartphone mit seiner Speicherkapazität sind für viele Anwender selbstverständliche Hilfsmittel geworden. Gerade bei der Vielzahl von verschiedenen Produkten und Anwendungen ist ein gutes Management wichtig, um Datenverluste zu vermeiden und stets die maximale Kapazität und Geschwindigkeit nutzen zu können.

6.2.1 USB-Sticks und Speicherkarten korrekt formatieren

Während Festplatten in der Regel nur einmal bei der Installation formatiert werden, kann dies bei Wechselspeichermedien wie USB-Sticks und Speicherkarten häufiger notwendig sein. Generell empfiehlt es sich, solche Geräte bei der ersten Inbetriebnahme einmal neu zu formatieren. Sollten später Probleme auftauchen, weil Dateien nicht mehr lesbar sind oder umgekehrt nicht mehr benötigte Dateien nicht gelöscht werden können, formatieren Sie den Wechselspeicher neu. Danach sollten die Probleme behoben sein, und der Speicher steht Ihnen dann wieder in vollem Umfang zur Verfügung.

Gerät wird nicht als Wechselspeichermedium angezeigt?

USB-Sticks, Speicherkarten oder auch Smartphones sollten von Windows ohne Weiteres als Wechselspeichermedien erkannt und angezeigt werden. Selten ist ein spezieller Treiber erforderlich, der beim ersten Anstecken des Gerätes an den PC einmalig installiert werden muss. Bei Smartphones kann man durch Einstellungen am Mobilgerät selbst wählen, ob das Gerät als Wechselspeicher oder beispielsweise als Kamera erkannt wird. Dementsprechend richtet Windows einen etwas anderen Zugriff ein. Wird ein Gerät trotz eines funktionierenden Treibers nicht im Explorer angezeigt, handelt es sich dabei nicht um ein klassisches Wechselspeichermedium. In diesem Fall sind Sie für den Zugriff auf spezielle Software des Geräteherstellers angewiesen. Eine Funktion zum Formatieren des Datenträgers finden Sie dann in der Regel in dieser Software oder im Gerät selbst.

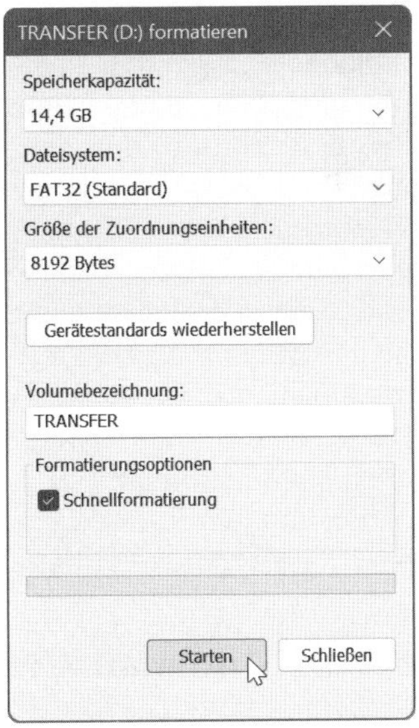

1. Verbinden Sie den Wechselspeicher mit dem PC und zeigen Sie den Arbeitsplatz im Explorer an. Hier sollte das Wechselspeicherlaufwerk nun aufgeführt werden. Vergewissern Sie sich, dass der Speicher keine wichtigen Daten mehr enthält, denn beim Formatieren wird er komplett gelöscht.
2. Wählen Sie das Wechselspeichermedium im Explorer aus und wählen Sie im •••- oder Kontextmenü den Befehl *Formatieren*.
3. Im anschließenden Dialog legen Sie die Parameter für das Formatieren fest. Hier ist vor allem die Einstellung *Dateisystem* wichtig. Bei den anderen Angaben können Sie in der Regel die Voreinstellungen beibehalten.
4. Im Feld *Volumebezeichnung* können Sie dem Datenträger einen Namen geben, unter dem er im Explorer aufgeführt wird. Das kann gerade beim Hantieren mit verschiedenen Speichermedien den Überblick erleichtern.

5. Auf die Formatierungsoption *Schnellformatierung* sollten Sie verzichten, insbesondere wenn Sie mit der Formatierung Probleme lösen wollen. Der Geschwindigkeitsgewinn ist bei Wechselspeichermedien nicht besonders groß, und einer gründlichen Formatierung ist allemal der Vorzug zu geben.

6. Klicken Sie dann unten auf die *Starten*-Schaltfläche, um das Formatieren zu beginnen, und bestätigen Sie die Warnung, dass alle Daten auf dem Datenträger gelöscht werden.

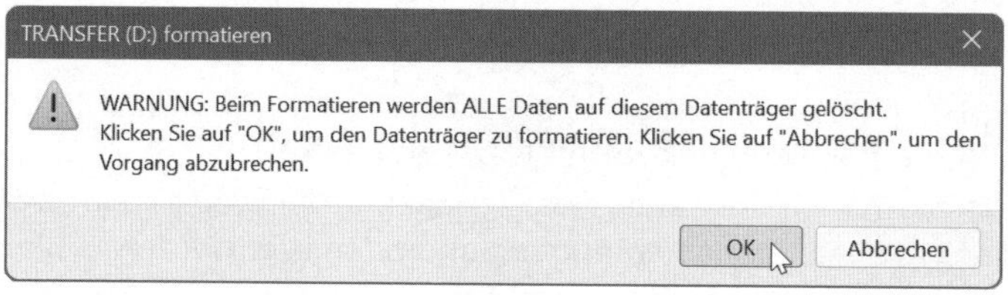

7. Windows formatiert nun den Wechselspeicher, was Sie anhand des grünen Fortschrittsbalkens verfolgen können.

8. Schließlich erhalten Sie die Erfolgsmeldung *Formatieren abgeschlossen*. Klicken Sie auf *OK* und zurück im *Formatieren*-Dialog auf *Schließen*. Der frisch formatierte Speicher steht Ihnen zur Verfügung.

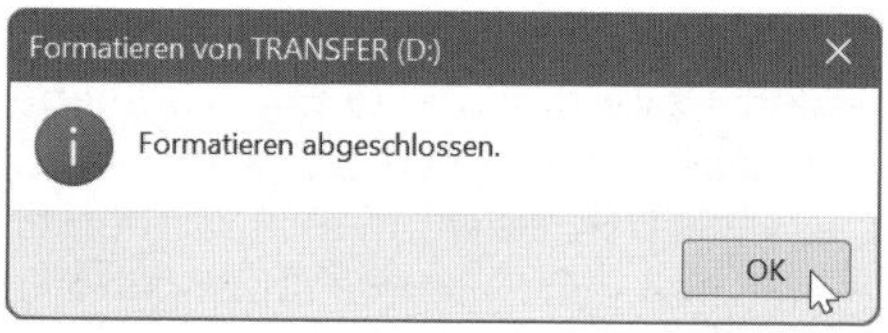

Das richtige Dateisystem

Welches das richtige Dateisystem ist, lässt sich leider so pauschal nicht sagen. Für USB-Sticks, Speicherkarten und MP3-Player kommen in erster Linie FAT32 (Standard) und exFAT infrage. Wesentlich ist hier die maximale Dateigröße. FAT32 kann maximal 4 GB große Dateien speichern. Zum Speichern von Videos sollte man also besser exFAT wählen. NTFS bietet sich für den Austausch von Dateien zwischen Windows-PCs an, da hierbei zusätzliche Dateieigenschaften erhalten bleiben. Wichtig ist, dass Geräte, in denen die Speichermedien eingesetzt werden sollen (PCs, Digitalkameras, MP3-Player, Tablets etc.), das gewählte Dateisystem unterstützen. Schauen Sie deshalb im Zweifelsfall in der Dokumentation Ihrer Geräte nach oder probieren Sie es einfach aus. Falsch machen kann man nicht viel. Sollte ein Speichermedium das falsche Dateisystem haben und nicht zu verwenden sein, wiederholen Sie die Formatierung einfach mit einem anderen Format.

6.2.2 Automatische Aktion beim Einstecken eines Gerätes

In den Windows-Einstellungen ist für jedes Speichermedium bzw. Wiedergabegerät, das Sie bislang mit diesem PC verbunden haben, vermerkt, welche Wahl Sie für die automatische Wiedergabe getroffen haben. Hier können Sie diese Entscheidung später auch wieder korrigieren:

1. Öffnen Sie dazu in den Einstellungen den Bereich *Bluetooth & Geräte* und klicken darin auf *Automatische Wiedergabe*.

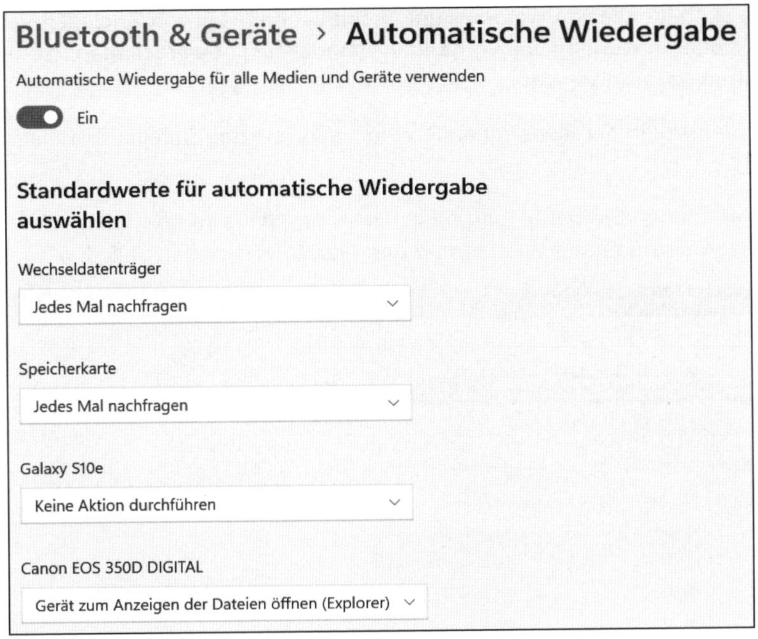

2. Hier können Sie in der rechten Hälfte oben die Funktion der automatischen Wiedergabe insgesamt ein- und ausschalten.
3. Mit der Einstellung für Wechseldatenträger bzw. Speicherkarte können Sie eine Voreinstellung für diese Art von Geräten treffen, sodass Sie nicht bei jedem USB-Stick oder jeder SD-Karte neu gefragt werden.
4. Darunter werden alle Geräte wie Kameras, Smartphones usw. aufgeführt, die Sie bislang an diesen PC angeschlossen haben. Zu jedem Gerät finden Sie die Einstellung, die Sie gewählt haben.
5. Wenn Sie eines der Auswahlfelder öffnen, werden Ihnen alle Optionen angeboten, die für diese Art von Gerät zur Verfügung stehen. Wählen Sie aus, welche Aktion standardmäßig ausgeführt werden soll. Zusätzliche Optionen für alle Geräte sind:

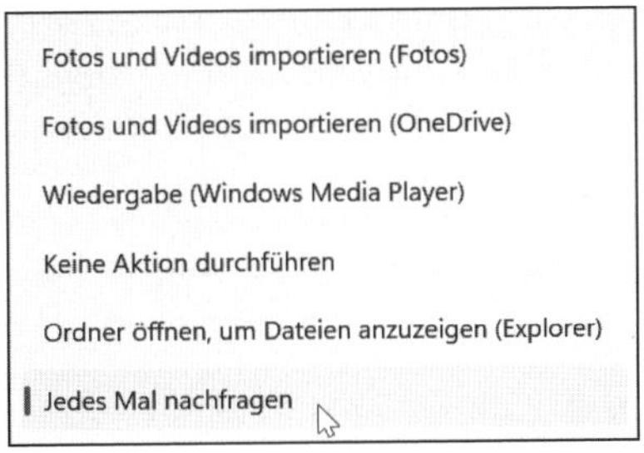

- ***Keine Aktion durchführen*** – Dann reagiert Windows von sich aus nicht auf das Anschließen dieses Gerätes, Sie können es aber ganz nach Belieben verwenden.
- ***Jedes Mal nachfragen*** – Damit merkt sich Windows keine Standardaktion für dieses Gerät, sondern fragt beim Anschließen jedes Mal wieder nach.

6.2.3 Standardaktionen für bestimmte Medientypen

Alternativ zur Salamitaktik bei jedem einzelnen Gerät (siehe vorangehender Tipp) können Sie auch für alle von Windows unterschiedenen Arten von Speichermedien und anschließbaren Geräten von vornherein Standardaktionen festlegen, die dann automatisch ausgeführt werden.

1. Öffnen Sie dazu in der klassischen Systemsteuerung den Bereich *Automatische Wiedergabe*.
2. Auch hier können Sie ganz oben bestimmen, ob Windows überhaupt die automatische Wiedergabe für alle Medien und Geräte verwenden soll.

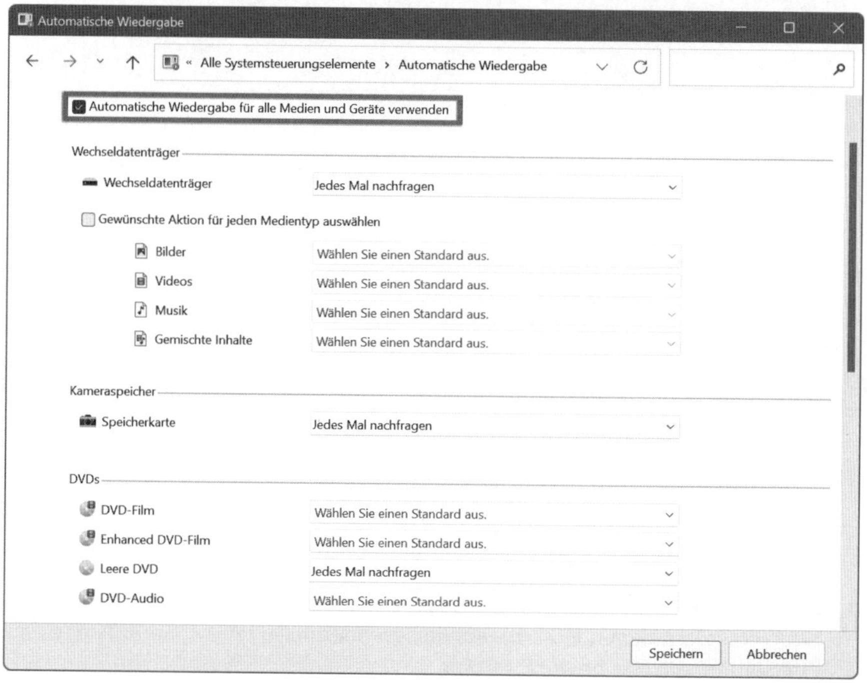

3. Darunter finden Sie eine längere Liste der Gerätearten und Medientypen, die Windows unterscheidet. Zu jedem Eintrag gehört ein Auswahlfeld, in dem Sie eine Standardaktion auswählen können.
4. Ganz unten im Abschnitt *Geräte* finden Sie auch hier wie in den Windows-Einstellungen eine Liste der dem PC bislang bekannten Geräte und können deren Wiedergabeoptionen anpassen.
5. Die genaue Auswahl an Aktionen hängt vom jeweiligen Medientyp ab. Außerdem spielt es eine Rolle, welche Software ggf. installiert ist, die mit den verschiedenen Medientypen umgehen kann. Wählen Sie also jeweils die gewünschte Aktion aus.
6. Einige Optionen stehen bei (fast) allen Einträgen unabhängig vom Medientyp zur Auswahl:

- *Keine Aktion durchführen*: Windows ignoriert das Einlegen bzw. Anschließen solcher Datenträger völlig.
- *Jedes Mal nachfragen*: Der interaktive Modus bleibt für diesen Medientyp erhalten, und Windows zeigt jedes Mal den Auswahldialog an.
- *Ordner öffnen, um Dateien anzuzeigen (Explorer)*: Windows startet den Explorer und zeigt den Inhalt des Datenträgers an.

7. Haben Sie Ihre Auswahl getroffen, klicken Sie ganz unten auf *Speichern*, um die Einstellungen auch dauerhaft festzulegen.

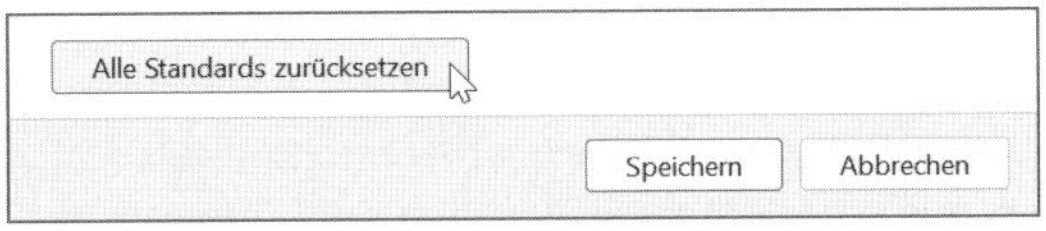

Zusätzlich finden Sie in diesem Einstellungsdialog ganz unten die Schaltfläche *Alle Standards zurücksetzen*. Damit stellen Sie alle Optionen der automatischen Wiedergabe auf die Werkseinstellungen zurück. Das kann praktisch sein, wenn man sich mit der Vielzahl an Geräten und Optionen verheddert hat und einen sauberen Neustart anstrebt.

6.2.4 Kein Hinweis mehr beim Einstecken von Medien

Wer schon lange mit Windows arbeitet, ist es gewohnt, dass beim Verbinden eines USB-Sticks oder -Laufwerks mit dem PC automatisch ein Hinweis angezeigt wird, den man ignorieren oder darüber eine Aktion für den Datenträger auswählen kann. Allerdings hat Microsoft dieses Verhalten zwischenzeitlich optimiert und zeigt diesen Hinweis nur noch bei speziellen Medien wie Digitalkameras oder MP3-Playern an. Bei simplen USB-Sticks bzw. -Laufwerken unterbleibt er. Wer den Hinweis vermisst, kann ihn mit einem Registry-Eingriff (mehr zum Registrierungs-Editor siehe Seite 426) wiederherstellen:

1. Öffnen Sie im Registrierungs-Editor den Schlüssel *HKEY_LOCAL_MACHINE\Software\Microsoft\Windows\CurrentVersion\Policies\Explorer*.
2. Suchen Sie dort auf der rechten Seite nach einem Eintrag namens *NoDriveTypeAutorun*.

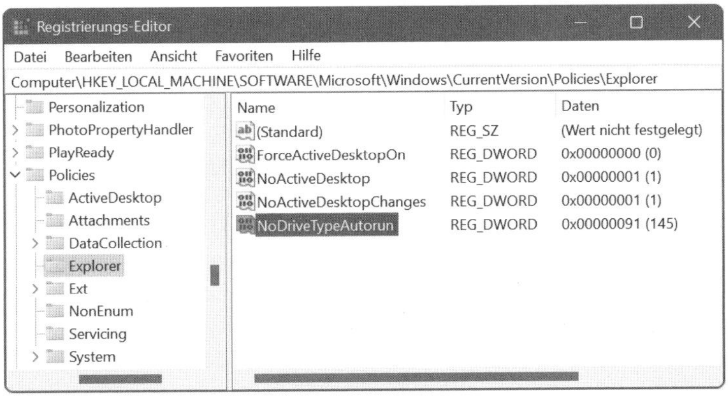

3. Wenn ein solcher Wert nicht vorhanden ist, legen Sie ihn als DWORD-Wert neu an.

4. Setzen Sie diesen Eintrag auf den hexadezimalen(!) Wert *91*.

Stellen Sie nun noch sicher, dass in den Einstellungen unter *Bluetooth & Geräte/ Automatische Wiedergabe* die *Automatische Wiedergabe* aktiviert und für *Wechseldatenträger* die Option *Jedes Mal nachfragen* gewählt ist. Anschließend sollte auch bei USB-Laufwerken wieder ein Autoplay-Hinweis angezeigt werden.

6.2.5 Dateien per USB-Medium synchronisieren

Eine einfache und intuitive Methode, Dateien von A nach B zu bekommen, ist ein USB-Stick. Das *Senden an*-Kontextmenü des Explorers ist der kürzeste Weg, Dateien aus einem Ordner der lokalen Festplatte auf einen angeschlossenen USB-Speicher zu übertragen.

1. Stecken Sie das USB-Speichermedium in den entsprechenden Anschluss am PC.

2. Wählen Sie im Explorer die zu übertragenden Dateien aus. Am einfachsten geht es, wenn Sie einen Ordner haben, der alle für die Arbeit oder für ein bestimmtes Projekt relevanten Daten enthält.

3. Klicken Sie die Auswahl mit der rechten Maustaste an, um das Kontextmenü zu öffnen, und wählen Sie *Weitere Optionen anzeigen*, um das erweiterte Kontextmenü anzuzeigen.

4. Wählen Sie im erweiterten Kontextmenü den Befehl *Senden an* und dann im Untermenü den Namen des angeschlossenen USB-Sticks.

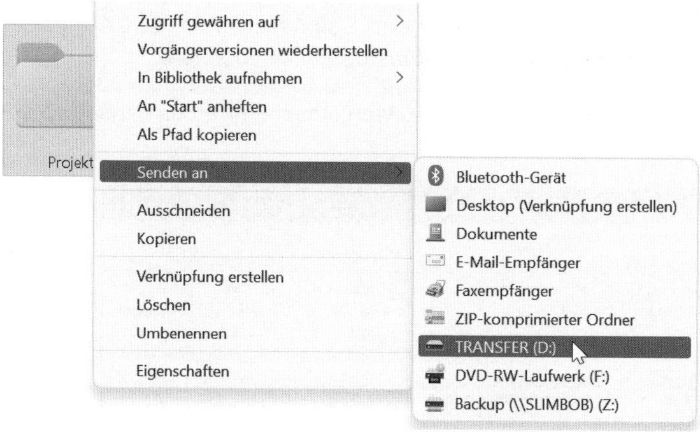

5. Der Explorer überträgt daraufhin die ausgewählten Ordner und Dateien auf das USB-Medium, auf dem sie direkt im Stammverzeichnis abgelegt werden. Daher ist es am sinnvollsten, ganze Verzeichnisse zu übertragen, die sich dann dort wiederfinden.

6. Sollten dort bereits Dateien gleichen Namens vorhanden sein, sehen Sie eine Rückfrage, wie Sie mit solchen Dubletten umgehen möchten:

   - *Dateien im Ziel ersetzen*
     Wenn die Dateien auf dem PC neuer oder jedenfalls keinesfalls älter als die Versionen auf dem USB-Medium sind, wählen Sie diese Option. Dann werden gleichnamige Dateien auf dem Speichermedium ersetzt.
   - *Diese Dateien überspringen*
     Wollen Sie nur neue Dateien übertragen, geht das mit dieser Variante schneller. Allerdings werden neue Versionen bereits vorhandener Dateien dabei nicht berücksichtigt.
   - *Für jede Datei selbst entscheiden*
     Mit dieser Option öffnen Sie einen zusätzlichen Dialog für jede bereits vorhandene Datei. Hier können Sie jeweils das Datum der letzten Bearbeitung und die Dateigröße vergleichen und dann entscheiden, welche Version der Datei Sie auf dem USB-Speicher haben möchten.

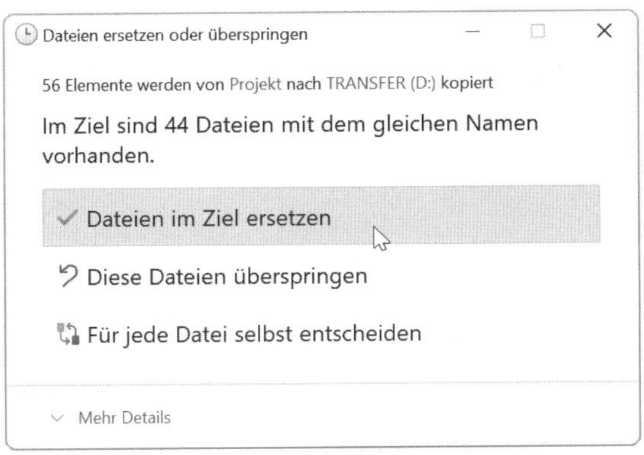

6.2.6 Dateien vom USB-Medium zurück auf den PC

Auch für den umgekehrten Weg können Sie die *Senden an*-Funktion verwenden. Lassen Sie hierfür den Inhalt des USB-Speichers anzeigen und wählen Sie den Ordner mit den zu übertragenden Daten aus. Öffnen Sie dann wiederum mit der rechten Maustaste das Kontextmenü und wählen Sie darin *Senden an/Dokumente*. Dann wird innerhalb Ihres *Dokumente*-Ordners ein entsprechender Ordner mit den Dateien vom USB-Stick erstellt.

Wenn Sie Ihre Dateien nicht innerhalb des *Dokumente*-Ordners auf Ihrem PC speichern möchten, können Sie das *Senden an*-Menü erweitern, sodass es zusätzlich einen beliebigen anderen Ordner als Ziel enthält:

1. Öffnen Sie den Explorer und tippen Sie oben im Eingabefeld anstelle des aktuellen Ordners *shell:sendto* gefolgt von ⏎ ein.

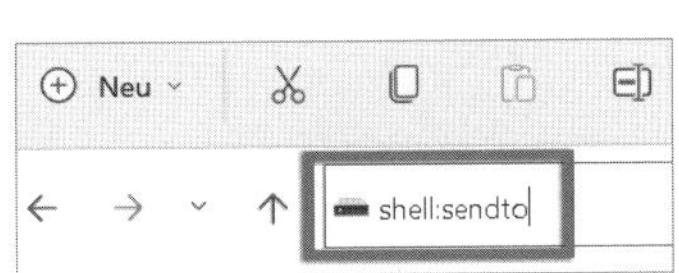

2. Der Explorer öffnet nun einen speziellen Ordner, der die Ziele des *Senden an*-Menüs umfasst.

3. Klicken Sie rechts auf eine leere Stelle und wählen Sie im Kontextmenü *Neu/Verknüpfung*.

4. Navigieren Sie im anschließenden Dialog zu dem Ordner, den Sie als Ziel ins *Senden an*-Menü aufnehmen möchten. Klicken Sie dann rechts unten auf *Weiter*.

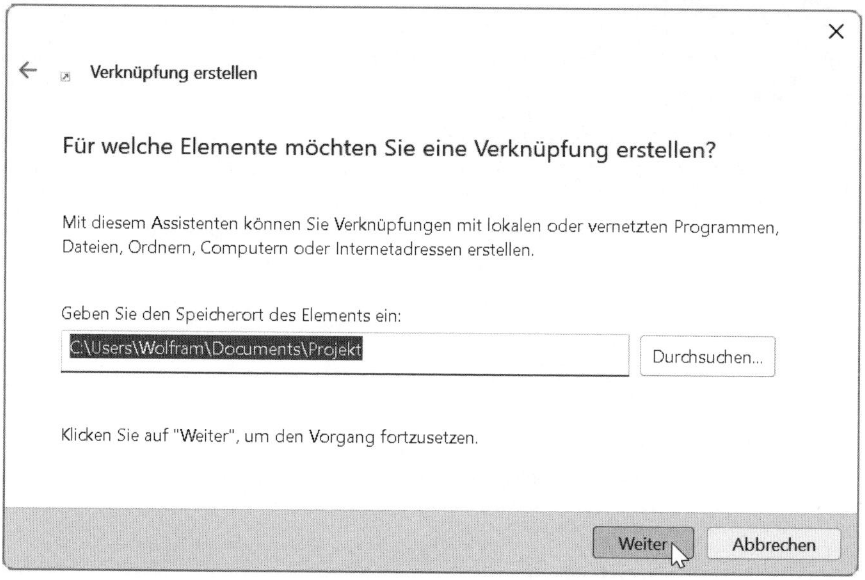

5. Im zweiten Schritt können Sie einen Namen angeben, der für dieses Ziel im *Senden an*-Menü angezeigt wird. Klicken Sie dann rechts unten auf *Fertig stellen*.

Ab sofort finden Sie den gewählten Ordner als neues Ziel im *Senden an*-Menü vor und können damit jederzeit Dateien und Ordner von einem USB-Speichermedium (oder auch jeder anderen Stelle des Dateisystems) per *Senden an* in diesen Ordner übertragen.

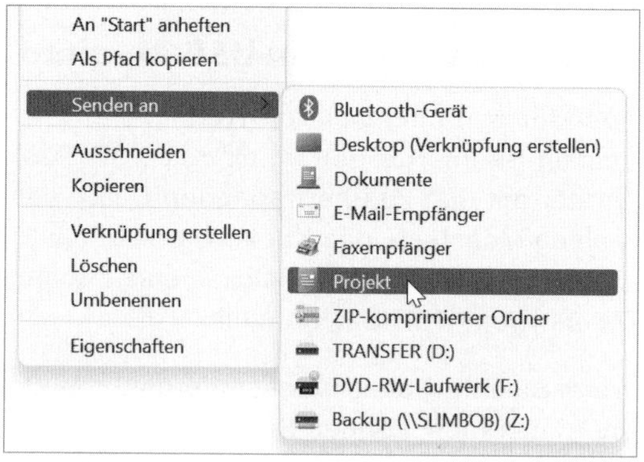

6.2.7 Geschwindigkeit von Speichermedien messen

Anbieter von USB-Sticks und Speicherkarten werben gern mit atemberaubenden Geschwindigkeiten. Wie viel davon bei Ihrem PC dann wirklich ankommt, ist die Frage. Windows bietet die Möglichkeit, die reale Kapazität eines Speichermediums an Ihrem PC zu messen. So lassen sich beispielsweise verschiedene Speichermedien vergleichen, um das leistungsfähigste zu ermitteln.

1. Öffnen Sie eine Eingabeaufforderung mit Administratorrechten.
2. Geben Sie hier den Befehl

   ```
   winsat disk -read -ran -ransize 4096 -drive X
   ```

   ein, wobei das *X* ganz am Ende für den Laufwerkbuchstaben des zu testenden USB-Sticks steht. Führen Sie den Befehl mit ⏎ aus.
3. Warten Sie kurz auf das Ergebnis des Tests. Entscheidend ist hierbei die Datenträgerleistung in der Zeile `Disk Random ... Read` der Bildschirmausgabe. Sie gibt an, wie schnell das Speichermedium kleine Dateien übertragen kann.
4. Auf ähnliche Weise können Sie auch die Geschwindigkeit bei größeren Dateien feststellen, was gerade für den Transfer von Bildern oder Videos entscheidend sein kann:

   ```
   winsat disk -read -ran -ransize 131072 -drive X.
   ```

5. Dieser Test dauert etwas länger. Anschließend können Sie das Ergebnis wiederum in der `Disk Random ... Read`-Zeile ablesen.

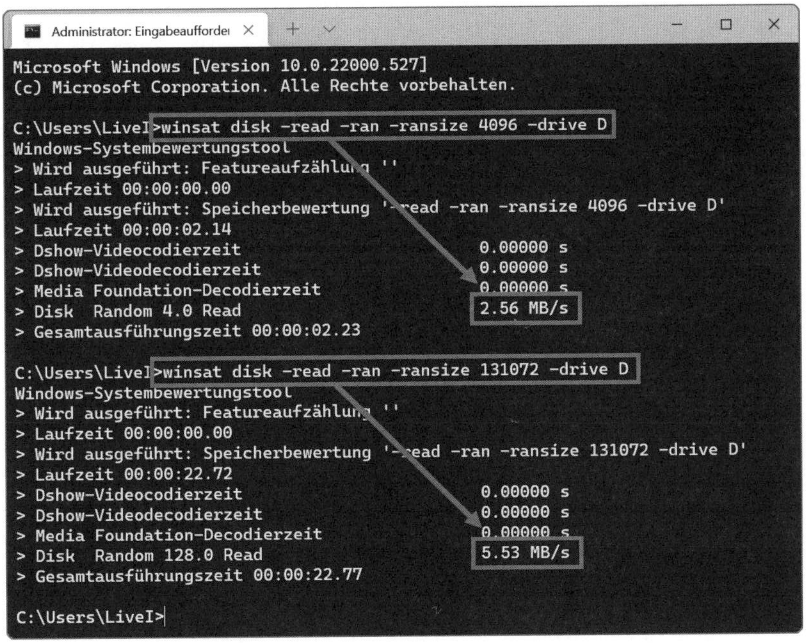

7 Sicherheit und Datenschutz

War Windows in früheren Zeiten für notorische Sicherheitsprobleme bekannt, hat Microsoft es mit den letzten Versionen konsequent auf Sicherheit getrimmt. Zwar ist es als meistverbreitetes Betriebssystem immer noch Ziel vieler Angriffe, aber wer seinen PC stets auf dem aktuellen Stand hält und sinnvoll vor Schädlingen schützt, ist recht sicher unterwegs. Ein wichtiges Element ist dabei, den Benutzer stets ins Bild zu setzen und auf wichtige Updates ebenso wie unsichere Konfigurationen hinzuweisen und direkte Abhilfe zu ermöglichen. Ein weiteres Puzzleteil ist der mitgelieferte Windows Defender, der den PC vor Viren, Erpressungstrojanern und lästiger Adware schützt. Er kann mit kostenpflichtigen Alternativen durchaus mithalten und bietet mehr Schutzfunktionen, als man auf den ersten Blick erkennt. Weiteres Mitglied des Sicherheitsteams ist die Windows-Firewall, die unerwünschte Datenflüsse verhindert, dabei aber gelegentlich auch übers Ziel hinausschießt.

7.1 Schutz vor Viren und Trojanern

Mit dem Microsoft Defender Antivirus bringt Windows einen Basisschutz gegen Viren und sonstige Malware mit. Galt dieser in früheren Jahren noch als »Billig-Lösung«, hat er sich inzwischen einen guten Ruf erarbeitet. Für private PCs mit typischen Anwendungsbereichen und gepaart mit etwas gesundem Menschenverstand handelt es sich um eine empfehlenswerte Lösung, die mit einem geringen Ressourcenverbrauch und zuverlässigen Aktualisierungen per Windows Update punkten kann. Außerdem ist er nahtlos in Windows integriert, sodass er Aktualisierungen über Windows Update bezieht und über die Windows-Sicherheit kontrolliert und gesteuert werden kann.

7.1.1 Die Windows-Sicherheit stets im Blick

Das Benachrichtigungssymbol im Infobereich kanalisiert alle Informationen über den aktuellen Status Ihres Windows-Betriebssystems. Dabei hält es sich wohltuend zurück.

Weniger wichtige Hinweise, etwa dass der Windows Defender Antivirus mal wieder einen Scan machen sollte, werden dem Benutzer nicht direkt aufgezwungen, sind aber über das Symbol schnell abrufbar. Bei kritischen Situationen wie z. B. einem Fund des Antivirenprogramms oder Problemen mit der Firewall gibt es aber trotzdem einen deutlichen Hinweis. So brauchen Sie diese wichtigen Schutzfunktionen nicht ständig selbst im Auge zu behalten, sind aber trotzdem jederzeit über den Sicherheitsstatus im Bilde.

1. Normalerweise bleibt der Platz für das Symbol einfach leer. Das bedeutet: Das System ist sicher, und es sind keine unmittelbaren Maßnahmen erforderlich.

2. Liegen Hinweise vor, verändert sich das Aussehen des Symbols und es wird zusätzlich die Anzahl der neuen, ungelesenen Mitteilungen angezeigt.

3. Mit einem Klick auf das Symbol erfahren Sie, was los ist. Der Benachrichtigungsbereich zeigt die aktuellen Meldungen an.

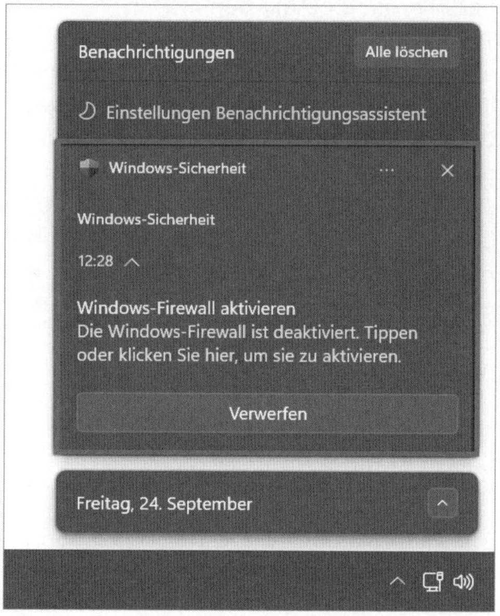

4. Häufig können diese direkt angeklickt werden und führen Sie dann ohne Umwege zu den entsprechenden Einstellungen oder Funktionen, mit denen das Problem behoben werden kann. Solange es keine wichtigen Meldungen sind, erfordern sie aber nicht unbedingt ein sofortiges Eingreifen.

5. Wenn das Problem erfolgreich korrigiert wurde, verschwindet die dazugehörende Benachrichtigung automatisch aus dem Benachrichtigungsbereich. Wollen Sie nichts unternehmen, aber auch nicht mehr ständig darauf hingewiesen werden, können Sie einzelne Meldungen mit dem *x*-Symbol löschen, das automatisch angezeigt wird, wenn Sie den Mauszeiger auf eine Meldung bewegen. Alternativ können Sie mehrere Nachrichten auf einmal unten rechts mit *Alle löschen* entfernen.

Auch wenn gerade keine Benachrichtigung vorliegt, können Sie sich jederzeit einen schnellen Überblick über den Sicherheitsstatus Ihres PCs verschaffen. Alle sicherheitsrelevanten Einstellungen und Funktionen sind in der *Windows-Sicherheit* zusammengefasst. Die können Sie jederzeit über das *Schild*-Symbol rechts unten in der Taskleiste öffnen.

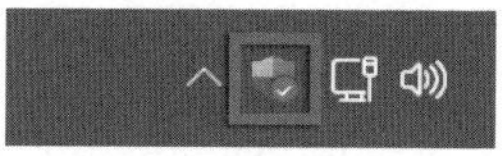

Sollte es nicht direkt in der Taskleistenecke zu finden sein, klappen Sie den Überlauf aus. Am Symbol selbst können Sie zugleich erkennen, ob dies überhaupt erforderlich ist: Solange ein grüner Haken das Symbol ziert, ist alles in Ordnung und Sie brauchen nicht einzugreifen.

7.1.2 Unnötige Sicherheitshinweise loswerden

Nicht alle Benachrichtigungen der Windows-Sicherheit sind hilfreich. Dass etwa eine Virenüberprüfung ohne Befund durchgeführt wurde, muss man nicht jedes Mal mitbekommen. Deshalb lassen sich die Benachrichtigungen durch die Windows-Sicherheit individuell anpassen.

1. Klicken Sie in der Windows-Sicherheit rechts unten in der Navigationsleiste auf das Zahnradsymbol.
2. Klicken Sie im Abschnitt *Benachrichtigungen* auf *Benachrichtigungen verwalten*.
3. In den hier aufgeführten drei Abschnitten steuern Sie jeweils mit dem oberen Schalter, ob Sie überhaupt Nachrichten zu diesem Thema erhalten möchten.
4. Ist die Option eingeschaltet, können Sie mit den Einstellungen darunter genauer regeln, wann die Windows-Sicherheit Sie informieren darf. So kann man beim *Viren- & Bedrohungsschutz* durchaus auf *Letzte Aktivitäten und Überprüfungsergebnisse* verzichten. Die beiden anderen Häkchen sollten aber gesetzt bleiben, damit Sie über blockierte bzw. in Quarantäne versetzte Dateien informiert werden.
5. Benachrichtigungen zum Kontoschutz sind an sich sinnvoll, aber Hinweise speziell zu Windows Hello oder zur dynamischen Sperre sind nur sinnvoll, wenn Sie diese Funktion verwenden (wollen).
6. Bei *Firewall & Netzwerkschutz* ist es sinnvoll, eine Nachricht über das Blockieren einer App zu erhalten. Ansonsten kann es passieren, dass beispielsweise eine neue App scheinbar nicht funktioniert. Tatsächlich aber wird sie von der

Firewall blockiert und kann deshalb ihre Aufgabe nicht erfüllen. Deshalb sollten Benachrichtigungen zumindest in privaten Netzen aktiviert bleiben. Für öffentliche Netze kann man sie abschalten, wenn sie zu lästig werden.

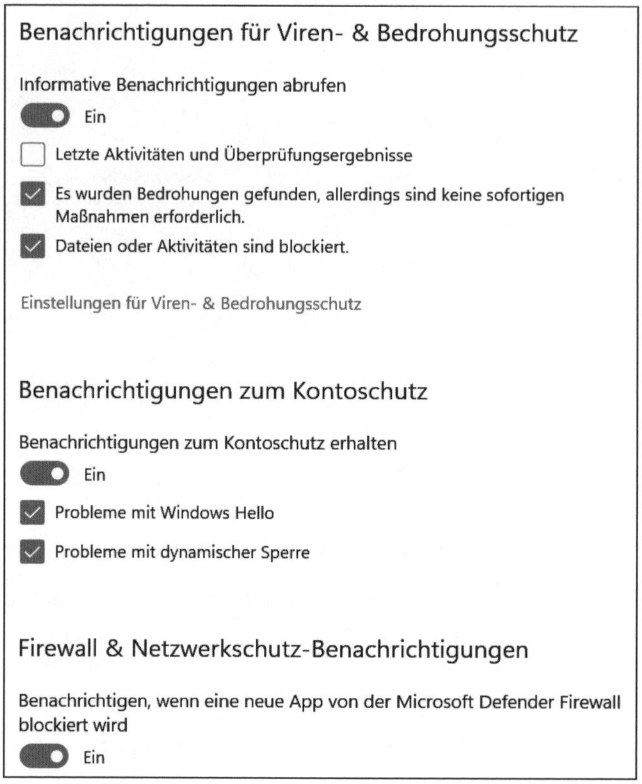

7.1.3 Funktioniert mein Virenschutz?

Wenn Sie noch nie einen Virus auf Ihrem PC gefunden haben, wie können Sie dann sicher sein, dass Ihr Virenschutzprogramm richtig funktioniert? Einen echten Virus als Test zu verwenden, wäre wohl etwas riskant. Außerdem hat man den ja meist nicht mal eben zur Hand. Es gibt aber einen einfachen Test, den jeder an seinem Computer schnell nachvollziehen kann.

Unter Windows geht es beispielsweise so:

1. Klicken Sie mit der rechten Maustaste in einen Ihrer Ordner oder eine freie Stelle des Desktops.
2. Wählen Sie im Kontextmenü die Funktion *Neu/Textdokument*. Übernehmen Sie den vorgeschlagenen Namen oder verwenden Sie einen eigenen.
3. Öffnen Sie die Datei mit einem Doppelklick im Editor. Verwenden Sie zum Bearbeiten nur einen einfachen Texteditor, nicht Word oder Ähnliches.

4. Fügen Sie in die Datei den folgenden Code in einer Zeile ohne Leerzeichen ein:

   ```
   X5O!P%@AP[4\PZX54(P^)7CC)7}$EICAR-STANDARD-ANTIVIRUS-TEST-
   FILE!$H+H*
   ```

   Verwenden Sie dabei nur Großbuchstaben und das dritte Zeichen ist der Buchstabe O und nicht die Ziffer 0! Bei dieser Zeichenkette handelt es sich um den EICAR-Virus. Das ist kein echter Schädling, sondern eine spezielle Virensignatur, die jedes Antivirenprogramm kennen und entdecken sollte. Selbstredend ist der EICAR-Virus keine echte Gefahr, weil er sich weder selbst repliziert noch irgendeinen Schaden anrichtet.

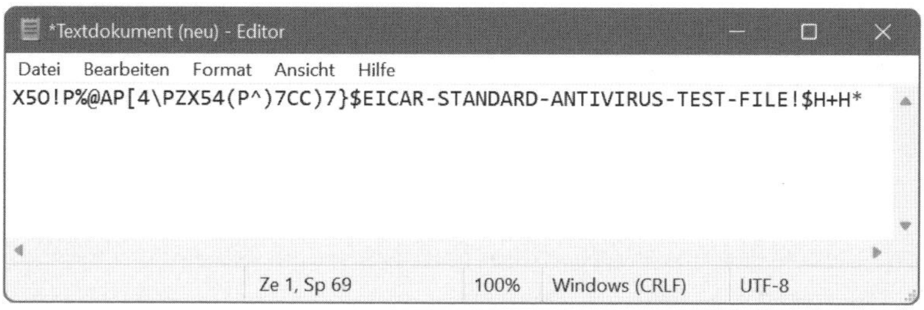

5. Speichern Sie nun diese Datei mit dem neuen Inhalt.
6. Warten Sie ab, ob Sie daraufhin eine Reaktion Ihres Antivirenprogramms erhalten. Sollte keine unmittelbare Reaktion erfolgen, schließen Sie die Datei und öffnen Sie sie wieder.

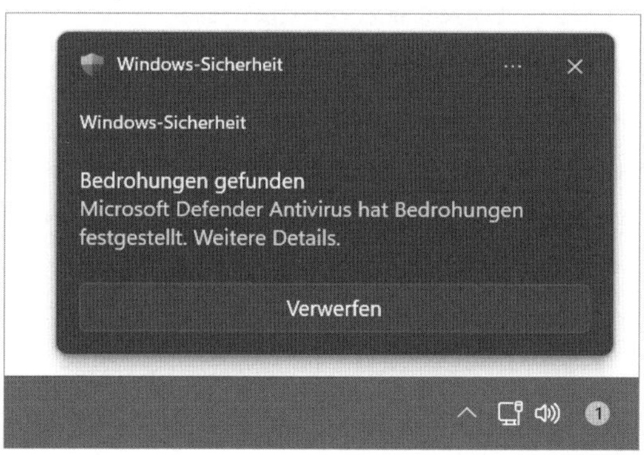

Da es sich hierbei um einen »offiziellen« Testvirus handelt, sollte jedes Antivirenprogramm ihn erkennen und darauf reagieren. Wie diese Reaktion genau aussieht, hängt vom jeweiligen Programm und dessen Einstellungen ab. Wenn Sie keine direkte Reaktion erkennen können, sollten Sie einen Blick ins Protokoll des Antivirenprogramms werfen. Möglicherweise hat es die Datei stillschweigend in Quarantäne verschoben und gelöscht. Sollte die Datei hingegen anstandslos gespeichert werden, sollten Sie überprüfen, warum Ihr Antivirenprogramm diese »Bedrohung« nicht erkannt und darauf reagiert hat. Anscheinend besteht hier Nachbesserungsbedarf.

7.1.4 Manuelle Überprüfung bei Bedarf

Der Windows Defender Antivirus führt – gesteuert durch die Windows-Aufgabenplanung – regelmäßig Überprüfungen des PCs aus. Daneben können Sie auch jederzeit manuelle Überprüfungen durchführen.

So können Sie z. B. ergänzend zu den regelmäßigen schnellen Überprüfungen hin und wieder auch mal eine gründliche vollständige Überprüfung durchführen:

1. Für eine manuelle Überprüfung klicken Sie unter der Schaltfläche *Schnellüberprüfung* auf den Link *Scanoptionen*.
2. Im anschließenden Dialog finden Sie eine Auswahl für die Art der Überprüfung, z. B. *Vollständige Überprüfung*.

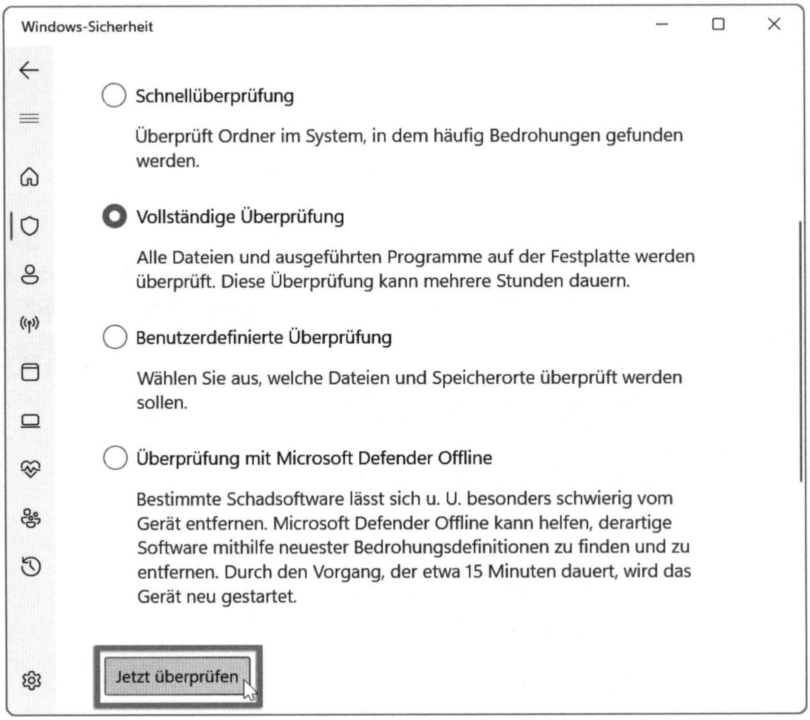

3. Wählen Sie die gewünschte Variante aus und klicken Sie dann darunter auf *Jetzt überprüfen*.
4. Der Defender beginnt nun mit der Überprüfung der Dateien. Je nach Umfang kann das vor allem bei einer vollständigen Prüfung etwas dauern. Sie können das Programm aber in der Zeit minimieren und weiterarbeiten.
5. Nach Abschluss der Überprüfung zeigt der Defender eine kurze Statistik an. Dieser können Sie entnehmen, wie viele Dateien geprüft wurden und ob dabei

Bedrohungen gefunden wurden. Solange hier nur *Keine aktuellen Bedrohungen* steht, ist alles in Ordnung.

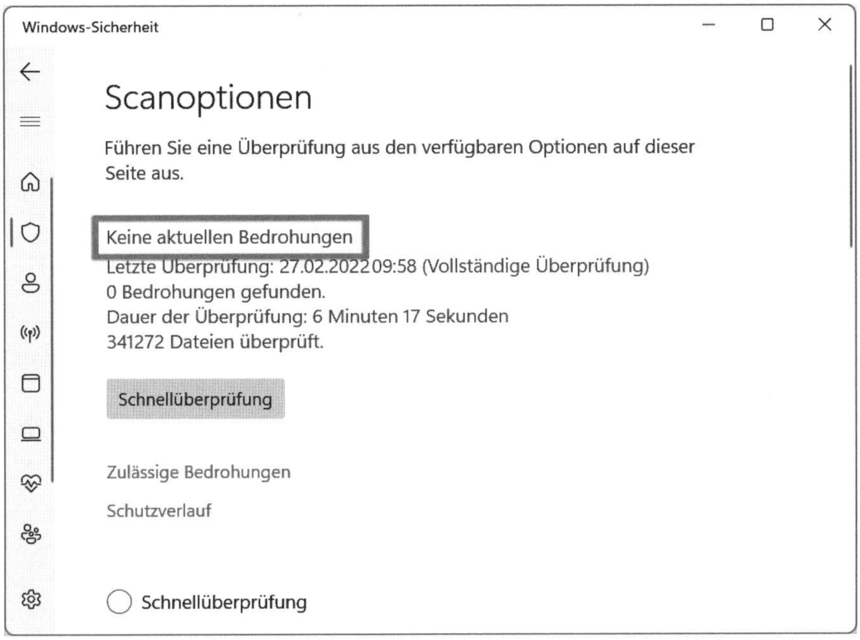

7.1.5 Einzelne Laufwerke oder Ordner überprüfen

Sie können auch gezielt einzelne Ordner oder Laufwerke überprüfen. So lässt sich z. B. eine DVD oder ein USB-Stick ungewisser Herkunft schnell kontrollieren, bevor Sie auf die Daten zugreifen.

1. Wählen Sie dazu bei den *Scanoptionen* die Variante *Benutzerdefinierte Überprüfung*.
2. Nach dem Klick auf *Jetzt überprüfen* können Sie dann in einem zusätzlichen Dialog die zu überprüfenden Bereiche auswählen.
3. Markieren Sie dazu den Ordner bzw. das Laufwerk, das geprüft werden soll. Die Prüfung bezieht sich dabei stets auf den vollständigen Inhalt, also auch auf Dateien in Unterverzeichnissen etc.
4. Klicken Sie dann auf *Ordner auswählen*, um die Überprüfung zu starten.

7.1.6 Ausgewählte Dateien oder Ordner direkt überprüfen

Geht es darum, einzelne Dateien oder Ordner zu scannen, die man gerade heruntergeladen oder beispielsweise von einem USB-Stick kopiert hat, können Sie eine Überprüfung auch direkt aus dem Explorer durchführen.

1. Dazu markieren Sie die zu überprüfenden Elemente und klicken die Auswahl mit der rechten Maustaste an.
2. Wählen Sie im Kontextmenü *Weitere Optionen anzeigen*.
3. Im so geöffneten erweiterten Kontextmenü finden Sie die Option *Mit Microsoft Defender überprüfen*.

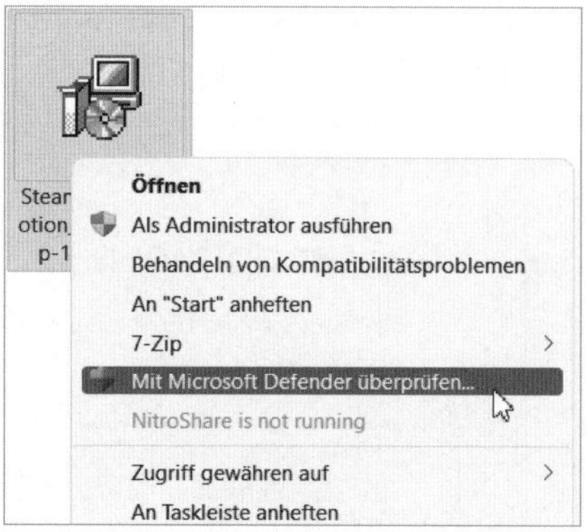

4. Sie führt einen Scan der ausgewählten Elemente durch und öffnet automatisch die Windows-Sicherheit, um den Ablauf und das Ergebnis dort anzuzeigen.

7.1.7 Dateien, Ordner und Programme von der Überprüfung ausschließen

In seltenen Fällen kann es durch Microsoft Defender Antivirus zu Problemen kommen. Dann lassen sich Anwendungen möglicherweise nicht installieren oder ordnungsgemäß ausführen. Ob es am Defender liegt, kann man ausprobieren, indem man den Echtzeitschutz vorübergehend deaktiviert. Diesen Test sollte man aber nur machen, wenn man ganz sicher ist, dass von der fraglichen Anwendung auch wirklich keine Gefahr ausgeht. Stellen Sie auf diese Weise fest, dass ein Problem durch den Defender verursacht wird, können Sie Ausnahmen festlegen, bei denen der Defender nicht aktiv wird:

1. Öffnen Sie dazu wie vorangehend beschrieben die *Einstellungen für Viren- & Bedrohungsschutz*.
2. Klicken Sie dort im Bereich *Ausschlüsse* auf *Ausschlüsse hinzufügen oder entfernen*.

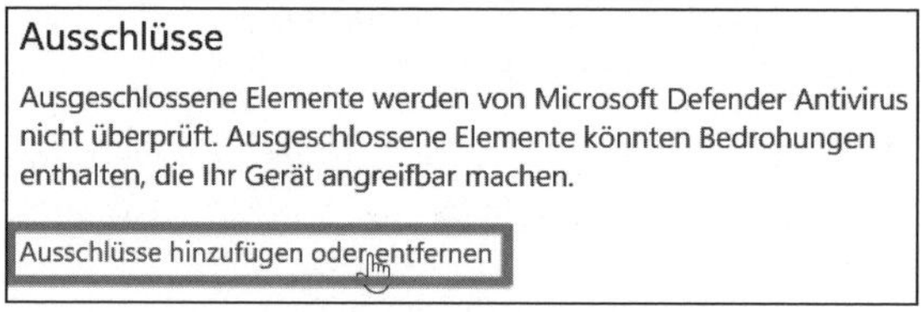

3. Auf der so geöffneten Seite klicken Sie ganz oben auf die Schaltfläche *Ausschluss hinzufügen*.
4. Nun können Sie wählen, auf welcher Basis der Ausschluss erfolgen soll. Sie können einzelne Dateien, ganze Ordner, bestimmte Dateitypen oder festgelegte Prozesse definieren. Generell sollte man aus Sicherheitsgründen so wenige Ausschlüsse wie

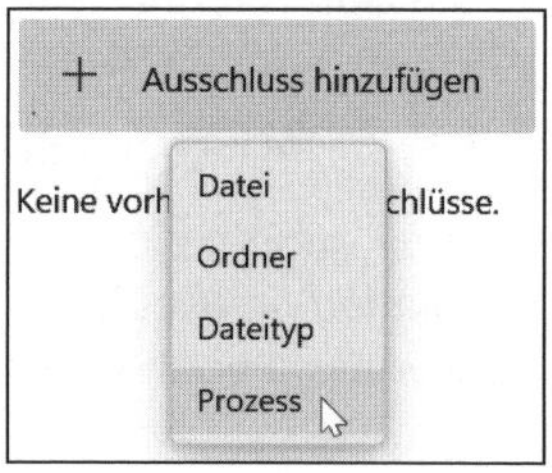

möglich vornehmen. Wenn beispielsweise eine bestimmte Anwendung nicht funktioniert, sollte man nicht gleich den gesamten Installationsordner ausnehmen, sondern nur die Anwendung selbst (mit *Prozesse*).

5. Je nach Ausschlussart wählen Sie dann in einem passenden Dialog Datei, Ordner oder Programmdatei aus bzw. geben die Dateiendung an.

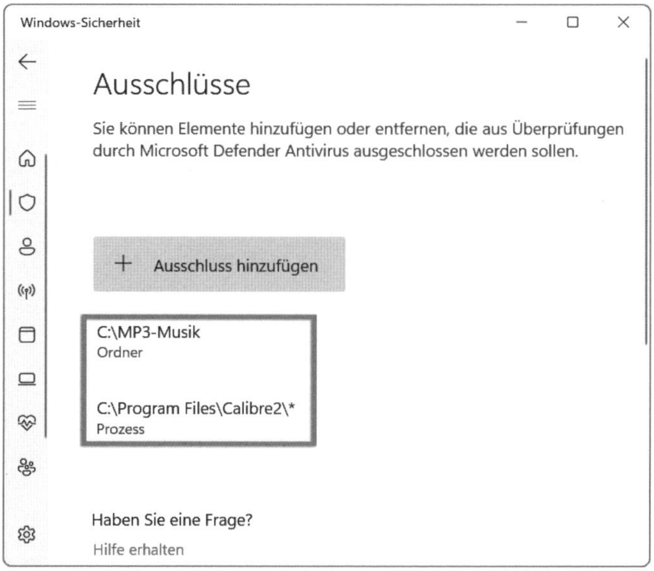

Solche Ausschlüsse sind ein probates Mittel, um akute Probleme nachhaltig zu lösen. Man sollte die festgelegten Ausnahmen aber im Auge behalten und von Zeit zu Zeit kontrollieren. Ziel sollte es immer sein, auf Dauer ohne eine solche Ausnahme auszukommen. Teilweise lernt der Defender im Laufe der Zeit dazu. Teilweise lassen sich Probleme mit Anwendungsprogrammen auch durch neue Versionen dauerhaft ohne Ausnahme beheben.

7.1.8 Gefundene Virenfunde kontrollieren

Der Microsoft Defender Antivirus läuft permanent im Hintergrund und kontrolliert alle Dateioperationen (sofern Sie nicht den Echtzeitschutz deaktiviert haben). Wird er fündig, erfahren Sie das durch eine Benachrichtigung.

Sollten Sie diese verpassen, wird aber auch eine Meldung im Benachrichtigungsbereich platziert. Mit einem Klick darauf öffnet Windows-Sicherheit direkt den Schutzverlauf.

Alternativ können Sie jederzeit selbst nachschauen:

1. Öffnen Sie *Windows-Sicherheit* in der Rubrik *Viren- & Bedrohungsschutz* und klicken Sie dort auf *Schutzverlauf*.
2. Hier können Sie ein vollständiges Protokoll der gefundenen Bedrohungen abrufen.

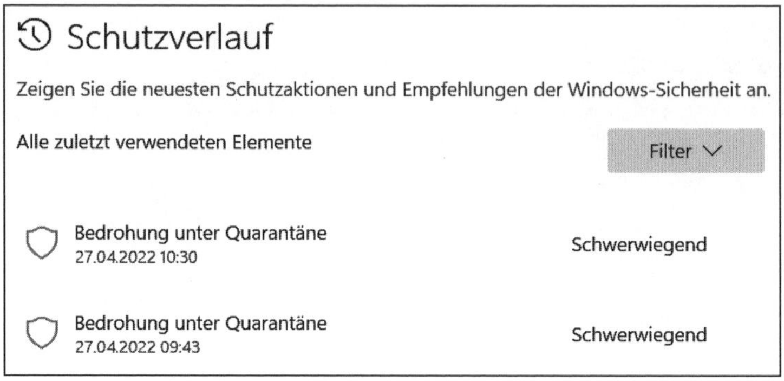

3. Jeden der Einträge können Sie durch Anklicken »ausklappen« und so alle Informationen kompakt erhalten.

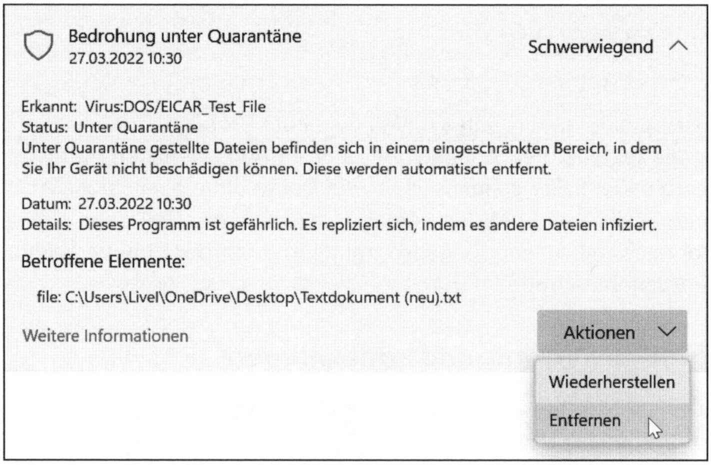

4. Unten finden Sie das Auswahlmenü *Aktionen*, mit dem Sie das betroffene Element direkt *Entfernen* oder *Wiederherstellen* lassen können.

Grundsätzlich verschiebt der Defender alle als schädlich befundenen Dateien in einen speziellen Quarantäne-Ordner, sodass sie nicht mehr versehentlich geöffnet werden können. Dort verbleiben sie neutralisiert. Diesen Quarantäne-Ordner können Sie jederzeit einsehen und nachschauen, ob und welche Dateien sich darin angesammelt haben. Klicken Sie dazu im Schutzverlauf oben rechts neben *Alle zuletzt verwendeten Elemente* auf die Schaltfläche und wählen Sie im so geöffneten Menü *Elemente unter Quarantäne*.

7.1.9 Den Schutzverlauf des Defender leeren

Der Bedrohungsverlauf beim Windows Defender lässt sich nur Eintrag für Eintrag löschen. Sofern im Verlauf viele Einträge enthalten sind, ist das aber unpraktikabel bis unmöglich. Und die Alles-löschen-Schaltfläche, die sich hier früher mal fand, hat Microsoft zwischenzeitlich abgeschafft. Löscht man die Dateien mit dem kritischen Code von der Festplatte, bekommt der Windows Defender dies leider auch nicht mit. Das Ergebnis ist aber, dass man die Einträge nun gar nicht mehr entfernen kann. Zwar würden sie nach einiger Zeit automatisch verschwinden, aber bis dahin würde das Sicherheitscenter ständig Bedrohungen melden, sodass man nicht mehr bemerkt, wenn es wirklich eine neue Gefahr gibt.

Glücklicherweise gibt es für solche Fälle eine Methode, den Schutzverlauf schnell manuell zu leeren.

1. Öffnen Sie im Datei-Explorer den Pfad *C:\ProgramData\Microsoft\Windows Defender\Scans*. Für den Zugriff sind Administratorrechte erforderlich, sodass die Benutzerkontensteuerung danach fragen wird.
2. Wechseln Sie dann in das Unterverzeichnis *History*, in dem die Daten des Bedrohungsverlaufs gespeichert werden.
3. Löschen Sie darin den Unterordner *Service* (er wird vom Windows Defender bei der nächsten Bedrohung automatisch neu erstellt).

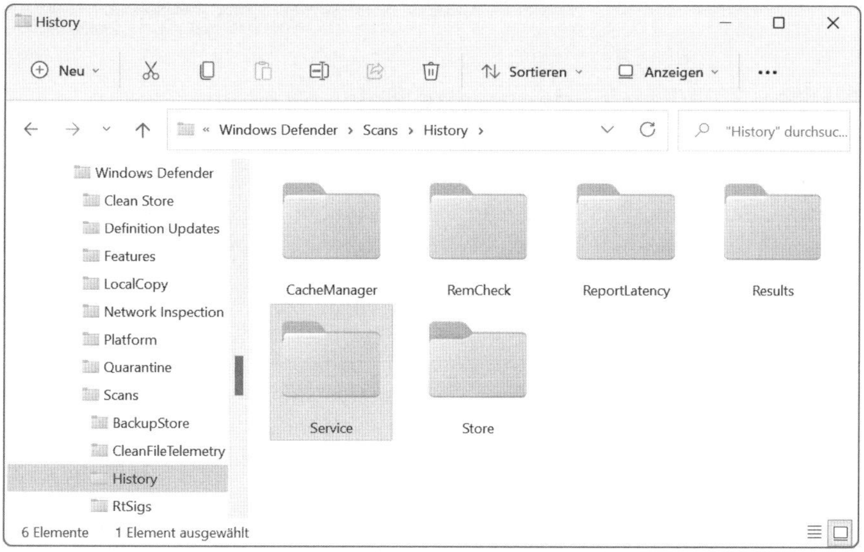

4. Das alleine reicht aber noch nicht: Öffnen Sie nun *Windows-Sicherheit* (beispielsweise mit dem Symbol im Infobereich).
5. Wechseln Sie in den Bereich *Viren- & Bedrohungsschutz* und klicken Sie im Abschnitt *Einstellungen für Viren- & Bedrohungsschutz* auf *Einstellungen verwalten*.

6. Deaktivieren Sie hier die Schalter bei *Echtzeitschutz* und *Cloudbasierter Schutz* (wenn Letzterer überhaupt eingeschaltet ist).

7. *Windows-Sicherheit* wird sich beschweren, dass die Sicherheit des Systems nun gefährdet sei. Das macht aber nichts, weil Sie die Schalter direkt wieder einschalten können.

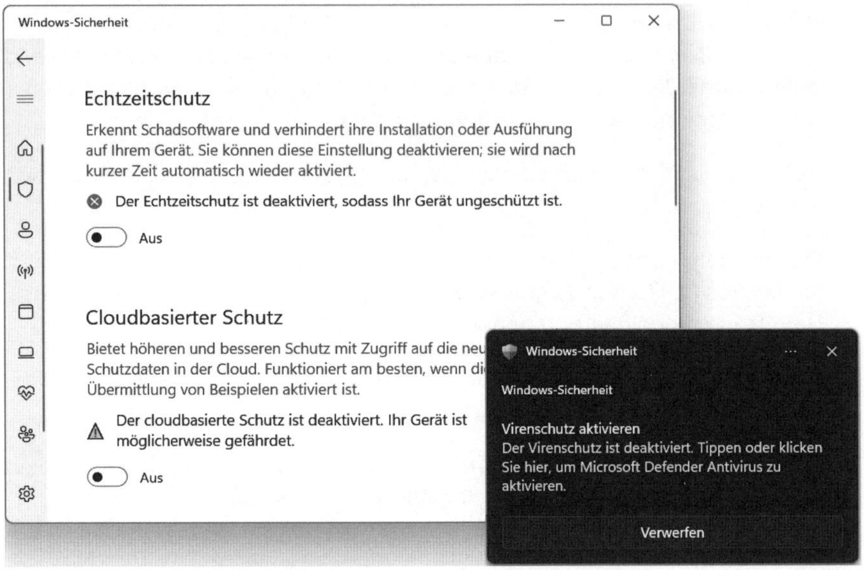

7.1.10 Bei Virenfunden zweite Meinung holen

Gelegentlich hat man vielleicht Zweifel an den Befunden des Virenscanners. Etwa wenn der eine Datei als verseucht erklärt, bei der man dies für sehr unwahrscheinlich hält. Oder eine Datei, die man selbst als sehr verdächtig einstuft, wird anstandslos durchgewinkt. In solchen Fällen gibt es die Möglichkeit, sich eine zweite Meinung zu holen.

Bei der Website *www.virustotal.com* können Sie einzelne Dateien hochladen und automatisch von über 50 verschiedenen Virenscannern überprüfen lassen. Auch das ergibt nicht immer ein einheitliches Meinungsbild, aber in der Regel zumindest eine deutliche Tendenz. Oftmals liefern die anderen Scanner auch zusätzliche Informationen wie etwa andere Bezeichnungen des Schädlings, die weitere Ansatzpunkte für die Recherche bieten.

Wichtig ist, dass man die Ergebnisse von *virustotal.com* richtig einordnet. Ist alles grün oder alles rot, fällt das leicht. Es kommt aber häufiger vor, dass einige wenige der integrierten Scanner einen Verdacht melden, während die Mehrheit die Datei durchwinkt. Das liegt an den verschiedenen zugrunde liegenden Methoden, aber auch an unterschiedlichen Definitionen, beispielsweise ob Adware als unerwünscht zu betrachten ist oder nicht.

Ein oder zwei rote Einträge in der Ergebnisliste müssen also nicht unbedingt bedeuten, dass die Datei tatsächlich einen Schädling enthält. Bei mehr als drei Treffern wäre ich aber schon sehr vorsichtig und würde im Zweifelsfall besser auf das Öffnen verzichten.

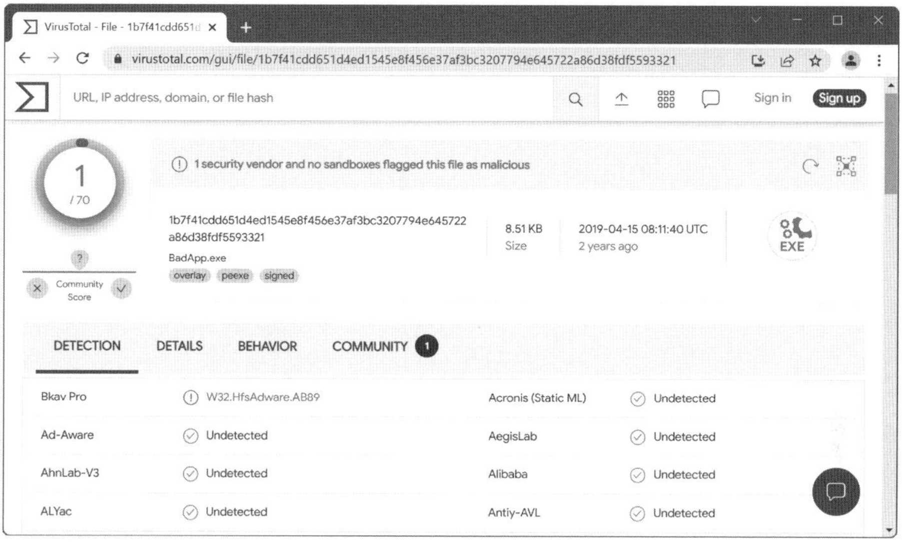

7.1.11 Autostart-Einträge gründlich prüfen

Schadsoftware ist in der Regel darauf angewiesen, beim Systemstart automatisch aktiviert zu werden. Leider bietet Windows eine ganze Reihe von Möglichkeiten, wo ein Schädling sich zu diesem Zweck einnisten kann. Verlässt man sich dabei auf den Task-Manager und dessen Rubrik *Autostart*, erfährt man nur einen Teil der Wahrheit.

Wesentlich detaillierter informiert das Programm Autoruns aus der Sysinternals-Sammlung (siehe Seite 575):

1. Es listet nach kurzer Analyse wirklich alles auf, was während des Starts geladen wird. Ausgenommen sind standardmäßig Komponenten von Windows selbst, aber auch diese können Sie durch Entfernen des Häkchens bei *Options/Hide Windows Entries* mit anzeigen lassen.

2. Die Gefahr, von der Menge der Informationen erschlagen zu werden, ist erst mal recht groß. Aber die Liste lässt sich strukturieren, indem Sie oben in der Leiste einzelne Bereiche wie etwa *Services* (Hintergrunddienste), *Explorer* oder *Codecs* anwählen und die Liste so filtern.

3. Außerdem ist die Farbgebung der Zeilen eine gute Orientierung: Einträge, bei denen der Herausgeber (*Publisher*) unbekannt oder nicht verifizierbar ist, sind farbig hervorgehoben. Diesen sollten Sie besondere Aufmerksamkeit schenken.

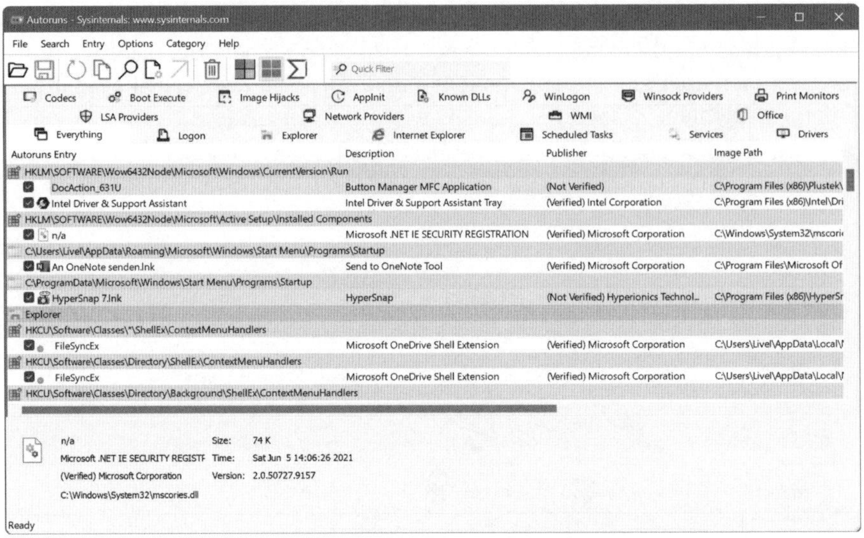

4. Um einen Eintrag näher zu untersuchen, klicken Sie ihn mit der rechten Maustaste an, um das Kontextmenü zu öffnen. Hier können Sie die Eigenschaften (*Properties*) des Eintrags anzeigen, aber auch direkt zum Dateipfad (*Jump to Image*) oder zum dazugehörenden Registry-Eintrag (*Jump to Entry*) springen. Mit *Check Virus Total* unterziehen Sie die Datei einer Onlinevirenprüfung (mehr zu Virus Total auch im nachfolgenden Abschnitt zum Prozess-Explorer).

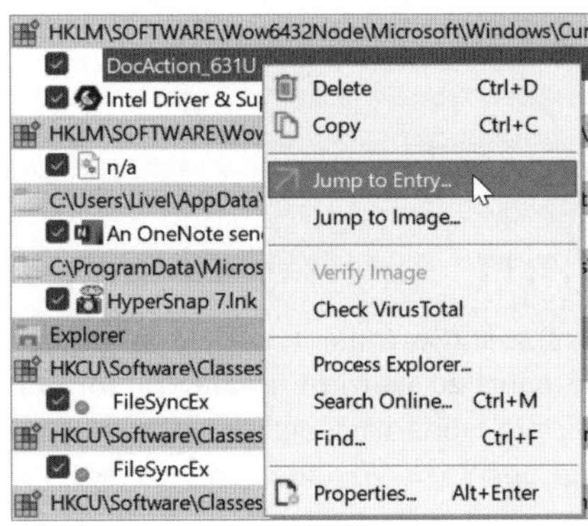

Vorsicht bei Eingriffen

Wie alle Sysinternals-Tools zeigt *Autoruns* nicht nur sehr umfangreich und detailliert Informationen an, sondern erlaubt auch weitgehende Eingriffe ohne zwischengeschaltete Warnhinweise und Rückfragen. Überlegen Sie deshalb gut, welche Einträge Sie bearbeiten oder gar entfernen. Wenn sich Einträge einer bestimmten Anwendung zuordnen lassen, ist es sinnvoller, diese Anwendung zu deinstallieren bzw. in ihren Einstellungen zu prüfen, ob sich Autostartfunktionen abschalten lassen.

7.1.12 Die Signatur von Anwendungen überprüfen

Programme von namhaften Anbietern sind üblicherweise digital signiert, um ihre Authentizität zu beweisen. Mit dem Prozess-Explorer können Sie Anwendungen aufspüren, denen eine solche Signatur fehlt. Ein weiteres sehr hilfreiches Programm aus der Sysinternals-Sammlung (siehe Seite 575) ist der Prozess-Explorer (*procexp.exe* bzw. *procexp64.exe*). Dabei handelt es sich um einen Task-Manager im XXL-Format, der Ihnen wesentlich ausführlichere Informationen zu den auf Ihrem PC laufenden Anwendungen, Diensten und Prozessen verraten kann.

1. Klicken Sie dazu mit der rechten Maustaste in die Spaltenüberschrift der Liste und wählen Sie im Kontextmenü den Eintrag *Select Columns*.

2. Im anschließenden Dialog setzen Sie ein Häkchen bei *Verified Signer*, um diese zusätzliche Spalte anzuzeigen. Klicken Sie dann auf *OK*.

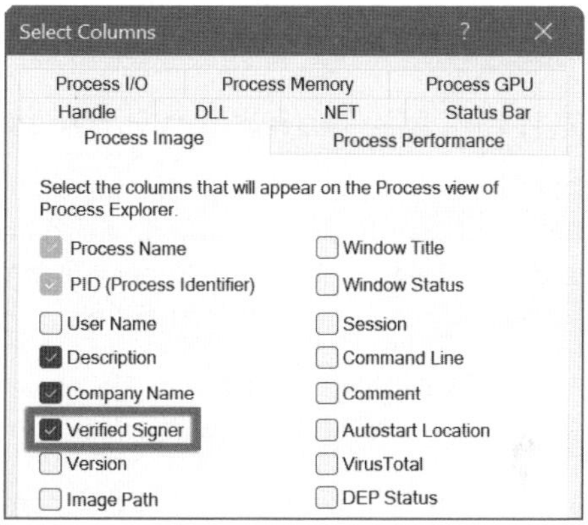

3. Platzieren Sie die neue Spalte möglichst direkt neben die Spalte *Company Name*, um diese beiden Werte leicht vergleichen zu können.

4. Die Spalte ist anfangs leer. Wählen Sie deshalb die Menüfunktion *Options/Verify Image Signatures*, um sie mit Inhalt zu füllen.

5. Klicken Sie dann auf die Spaltenüberschrift, um die Liste anhand dieser Eigenschaft zu ordnen. Dann stehen alle Einträge, die nicht mit *(Verified)* beginnen, ganz oben. Diese sollten Sie nun näher in Augenschein nehmen.

6. Kontrollieren Sie außerdem, ob es in der Liste Einträge gibt, bei denen die Angabe bei *Verified Signer* nicht mit der Angabe unter *Company Name* übereinstimmt.

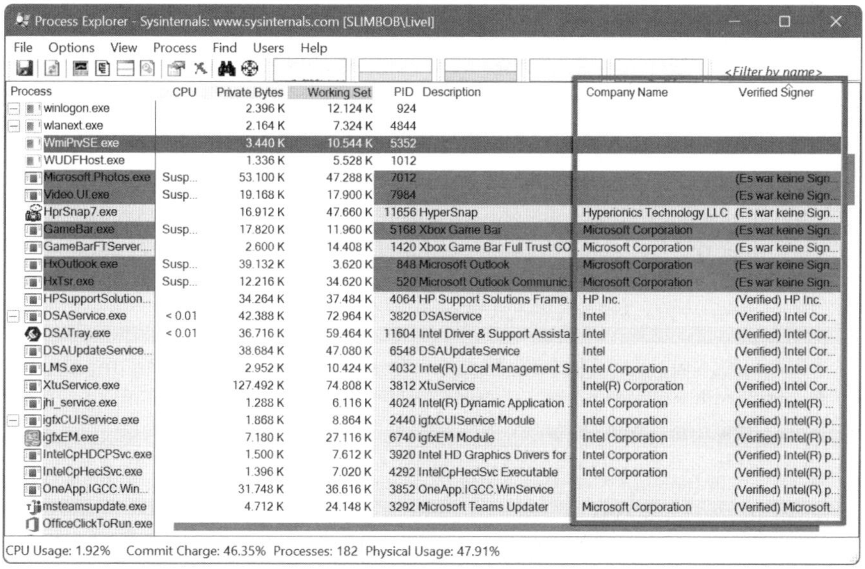

Gehen Sie allerdings nicht davon aus, dass eine unsignierte Datei unbedingt ein Schädling ist. Gerade Einzelentwickler oder kleinere Anbieter können oder wollen sich die Kosten für eine Signatur oft nicht leisten. Und selbst Microsoft liefert einige seiner Apps ohne Signatur aus.

Genauer hinsehen sollte man aber schon, wenn eine Anwendung angeblich von einem bekannten Software-Hersteller stammt, aber mit einer ganz anderen Signatur versehen ist. Auch wenn Zertifikate zwar vorhanden sind, aber als nicht vertrauenswürdig eingestuft werden, sollte das ein Alarmsignal sein.

7.1.13 Alle laufenden Prozesse auf Malware testen

Der Prozess-Explorer bietet eine Integration des Onlinevirenscanners *VirusTotal.com*. Dieser überprüft eingereichte Dateien mit bis zu 70 verschiedenen Scan-Varianten und liefert einen Wert zurück, der Aufschluss darüber gibt, mit welcher Wahrscheinlichkeit es sich um Malware handelt.

Beim Prozess-Explorer können Sie diese Information als Spalte in die Liste einfügen und so auf einen Blick sehen, welche Prozesse verdächtig sind.

1. Wählen Sie hierzu zunächst die Menüfunktion *Options/VirusTotal.com/Check VirusTotal.com*, sofern diese noch nicht aktiviert ist. Bestätigen Sie ggf. den Hinweis zum Akzeptieren der Nutzungsbedingungen.

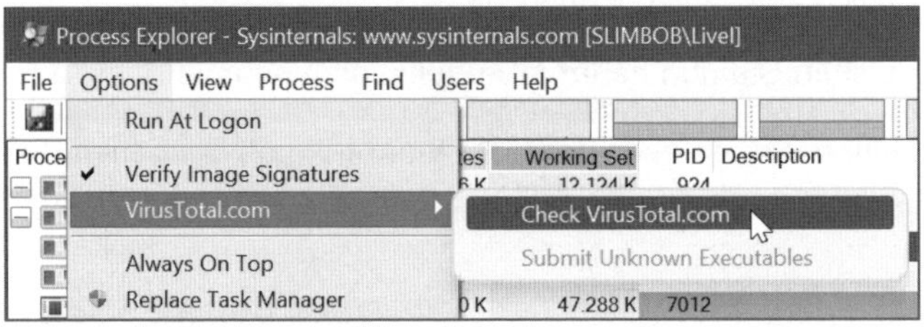

2. Sollte in der Liste der Prozesse noch keine Spalte *Virus Total* angezeigt werden, orientieren Sie sich an der vorangehenden Anleitung, um diese Spalte einzufügen.

3. Nun zeigt der Prozess-Explorer in dieser Spalte die Informationen zur Onlinevirenprüfung an. Es kann anfangs allerdings einige Sekunden dauern, während derer hier nur Statusmeldungen stehen. Dann folgen aber die Ergebnisse, üblicherweise in der Form *0/70* o.Ä. Dies bedeutet, dass für dieses Programm von 70 Scanmodulen keines einen Virenalarm gemeldet hat.

4. Klicken Sie auf den Titel der Spalte *Virus Total*, damit die Liste anhand dieser Eigenschaft sortiert wird. So finden sich die interessanten Einträge ganz am Ende bzw. ganz am Anfang.

5. Achten Sie hier auf Einträge, bei denen die Zahl vor dem / nicht null ist, also beispielsweise *1/59*. Das würde bedeuten, dass eines der Scan-Module bei diesem

Programm einen Virus gemeldet hat. Das wäre noch kein Grund für große Besorgnis, da es immer mal zu Fehlalarmen oder falschen Einschätzungen kommen kann. Bei mehr als einer Meldung sollte man aber genauer hinschauen.

6. Die Zahlenangabe in der Spalte *Virus Total* ist zugleich ein Link, den Sie anklicken können. So öffnen Sie eine Webseite mit den Details der Überprüfung und können beispielsweise nachsehen, welcher Virenscanner Alarm geschlagen hat.

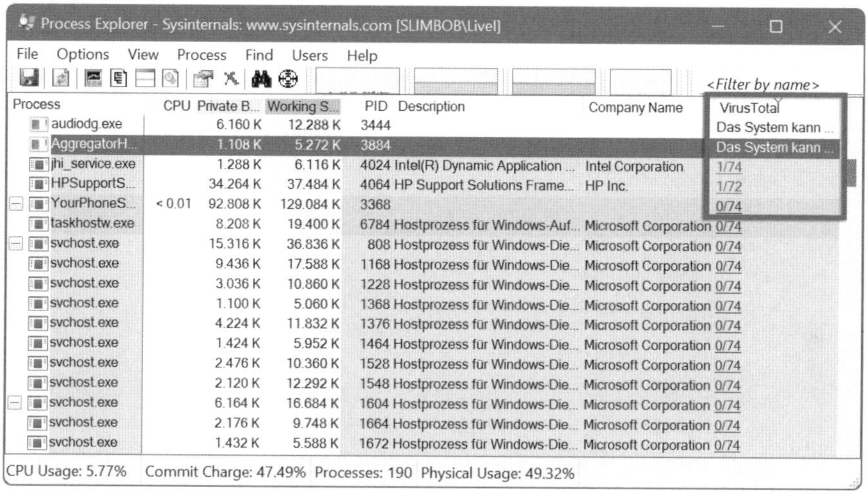

7.1.14 Verdächtige Programme durchleuchten

Der Process Explorer bietet im Kontextmenü jedes Eintrags den Befehl *Kill Process*, mit dem Sie jedes laufende Programm jederzeit kompromisslos beenden können.

Sinnvoller ist es aber, zunächst weitere Informationen zu sammeln. Hierzu können Sie stattdessen den Befehl *Suspend* wählen. Damit wird die Ausführung des Programms unterbrochen, sodass es im Moment keinen Schaden mehr anrichten kann. Es verbleibt aber im Speicher und kann weiter untersucht werden. Dazu öffnen Sie ebenfalls über das Kontextmenü die *Properties*.

- Besonders ergiebig ist hier die Rubrik *Info*. Sie verrät, wo die Datei genau gespeichert ist und mit welchen Parametern sie gestartet wurde.
- Bei den Autostart-Programmen finden Sie bei *Autostart Location* die Angabe, wo in der Registry bzw. in welchem Autostart-Ordner sich der entsprechende Eintrag befindet.
- Spannend kann auch die Angabe *Parent* sein. Sie verrät ggf., durch welches andere Programm die Anwendung gestartet wurde.
- In der Rubrik *Security* können Sie ablesen, mit welchem Benutzerkonto die Anwendung ausgeführt wird. Daraus ergeben sich auch die Benutzerrechte.

- Sehr spannend kann auch die Rubrik *TCP/IP* sein. Sie listet Netzwerkverbindungen auf, die das Programm unterhält. Bei *Remote Address* finden Sie die Adresse des Servers, mit dem die Anwendung kommuniziert.

7.1.15 Virensignaturen im Ernstfall aktualisieren

Die Signaturen von Microsoft Defender Antivirus sind in den Windows Update-Prozess einbezogen und werden darüber regelmäßig aktualisiert. Allerdings ist Windows Update recht zurückhaltend und wartet gern auf Leerlaufzeiten des PCs, um den Benutzer nicht bei seinen Aktivitäten zu behindern. Dadurch können sich neue Updates schon mal verzögern. Deshalb sollten Sie die Situation im Auge behalten und sicherstellen, dass Ihr PC regelmäßig aktuelle Virensignaturen erhält.

1. In *Windows-Sicherheit* finden Sie direkt auf der Seite *Viren- & Bedrohungsschutz* im Abschnitt *Updates für Viren- und Bedrohungsschutz* die Information, wie aktuell die derzeit verwendeten Signaturen sind.

2. Wollen Sie es noch genauer wissen oder besteht Handlungsbedarf, klicken Sie auf *Schutzupdates*. Im anschließenden Dialog finden Sie noch mal genauere Angaben zur letzten Aktualisierung und dem jetzigen Stand der Signaturen.

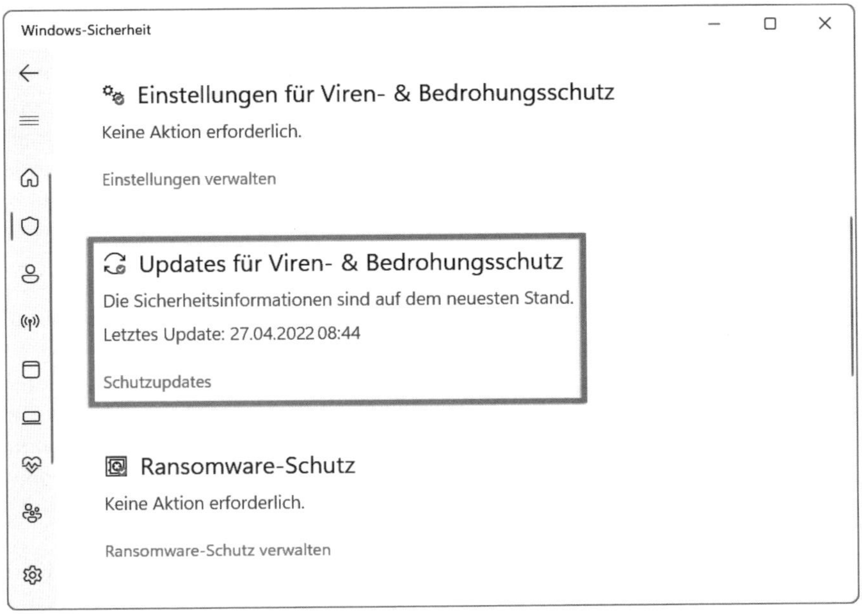

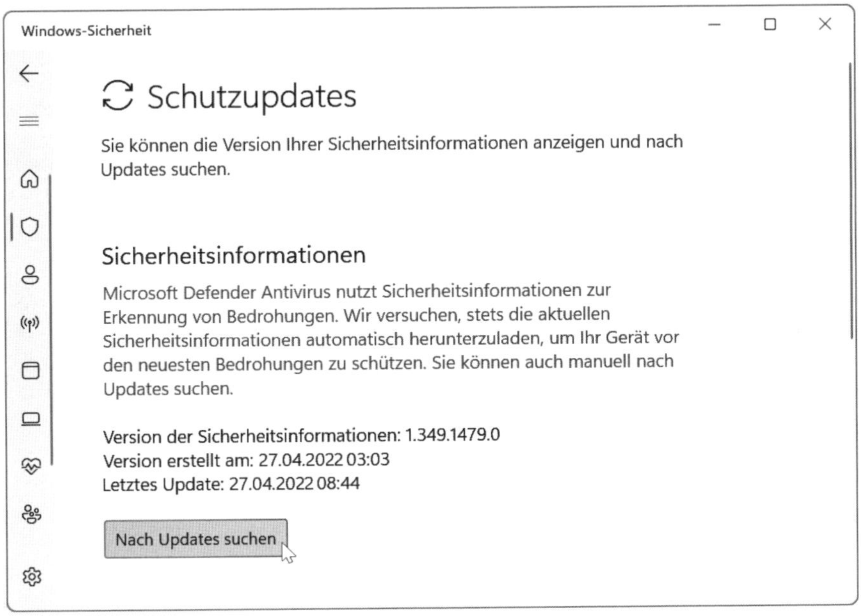

3. Mit einem weiteren Klick auf die Schaltfläche *Nach Updates suchen* können Sie jederzeit manuell den Download der neuesten Signaturen veranlassen. Dieser dauert einige Zeit, Sie können das Programm so lange aber auch minimieren oder schließen und anderweitig weiterarbeiten.

Anschließend ist der Windows Antivirus Defender erst mal wieder auf dem neuesten Stand und kann Sie zuverlässig schützen.

7.1.16 Dateien vor Erpressungstrojanern schützen

Als Erpressungstrojaner bezeichnet man Schadprogramme, die sich auf einem PC einnisten und die persönlichen Dateien des Anwenders wie Dokumente, Bilder, Musik und Videos verschlüsseln. Um wieder Zugriff darauf zu erlangen, muss der Besitzer einen Entschlüsselungscode erwerben, den man per Bitcoin oder anderen nicht verfolgbaren Methoden bezahlen muss. Aber selbst dann ist nicht sichergestellt, dass die Erpresser auch wirklich einen (passenden) Schlüssel liefern.

Um seine Nutzer besser vor dieser Masche zu schützen, bietet Windows eine Funktion namens *Überwachter Ordnerzugriff*. Der erlaubt bei ausgewählten Ordnern beispielsweise mit persönlichen Dokumenten und Bildern den Zugriff nur Anwendungen, die entweder von Microsoft selbst stammen oder die der Benutzer ausdrücklich dafür freigegeben hat. Versuchen andere Anwendungen den Zugriff, unterbindet Windows dies. Erpressungstrojaner haben somit keine Chance mehr, solange man als Anwender wachsam ist und wirklich nur vertrauenswürdigen Anwendungen den Zugriff erlaubt.

1. Öffnen Sie in *Windows-Sicherheit* den Bereich *Viren- & Bedrohungsschutz*.
2. Klicken Sie auf der anschließenden Seite unter *Einstellungen für Viren- und Bedrohungsschutz* auf *Einstellungen verwalten*.
3. In den *Einstellungen* gehen Sie nach unten, bis Sie den Abschnitt *Überwachter Ordnerzugriff* finden, und klicken dort auf *Überwachter Ordnerzugriff verwalten*.
4. Schalten Sie dort die Option auf *Ein*. Bestätigen Sie die Sicherheitsrückfrage der Benutzerkontensteuerung.

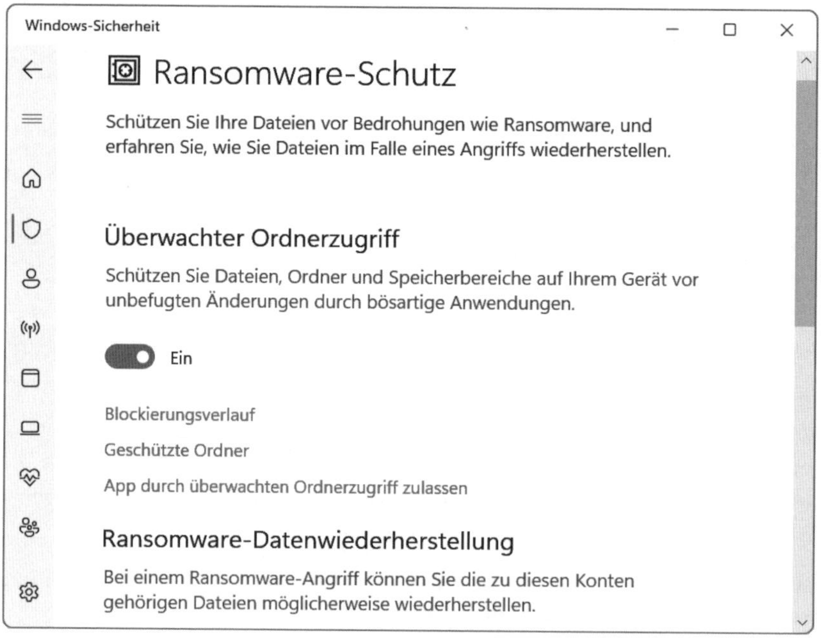

7.1.17 Weitere Ordner überwachen lassen

Standardmäßig gehören zu den geschützten Ordnern die privaten und öffentlichen Ordner für Dokumente, Bilder, Videos und Musik sowie die Favoriten. Diese Elemente werden immer kontrolliert (solange diese Funktion aktiv ist) und lassen sich auch nicht entfernen. Sie können aber weitere Ordner hinzufügen, bei denen der Zugriff dann ebenfalls überwacht und ggf. unterbunden wird.

1. Nach dem Aktivieren der Ordnerüberwachung werden im selben Einstellungsmenü zusätzliche Optionen angezeigt. Der Link *Geschützte Ordner* führt zu einer Liste der von dieser Funktion überwachten Verzeichnisse.
2. Klicken Sie auf das Plussymbol vor *Geschützten Ordner hinzufügen*, um weitere Ordner in die Überwachung aufzunehmen.
3. Wählen Sie dazu im so geöffneten Dialog den gewünschten Ordner aus. Er wird dann mitsamt seiner Unterordner berücksichtigt.

Wählen Sie hierzu möglichst nur Ordner aus, die Sie selbst für das Ablegen Ihrer Daten erstellt haben. Ordner, die von Windows oder bestimmten Anwendungen für temporäre Dateien oder Einstellungen angelegt wurden, brauchen eigentlich nicht überwacht zu werden, das könnte auch zu unnötigen Komplikationen führen.

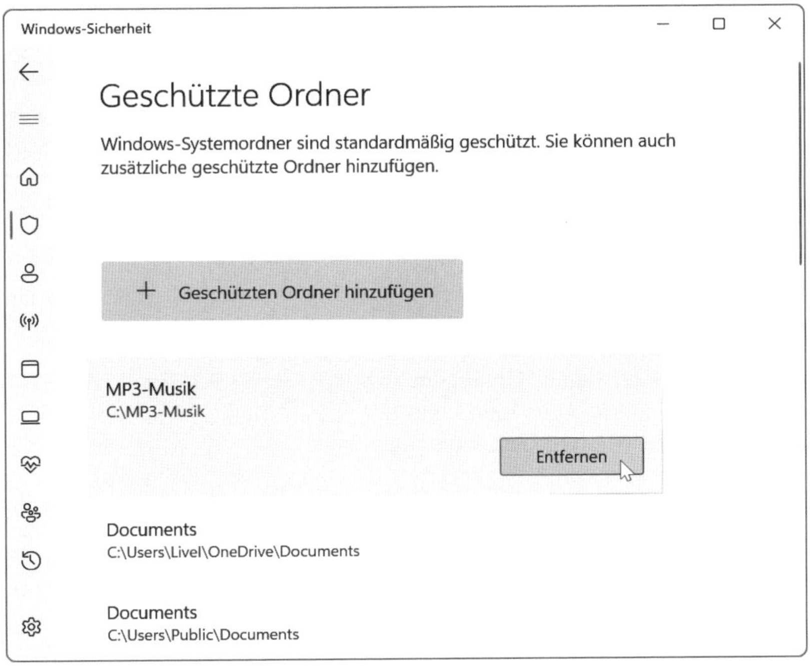

Sie können auf diese Weise beliebig viele Ordner der Überwachung hinzufügen. Diese Ordner können Sie – im Gegensatz zu den Standardordnern – auch wieder aus der Liste löschen. Klicken Sie dazu auf den entsprechenden Eintrag und dann auf *Entfernen*.

7.1.18 Anwendungen den Zugriff auf geschützte Ordner erlauben

Die andere wichtige Möglichkeit, das Überwachen von Ordnern zu steuern, ist die Auswahl der Anwendungen, denen der Zugriff auf die so geschützten Daten erlaubt wird.

Diese Einstellungen finden Sie unter dem Link *App durch überwachten Ordnerzugriff zulassen*. Auch der führt zu einer Liste, die aber zunächst leer ist. Das bedeutet nicht, dass keinerlei Zugriffe möglich wären.

Microsoft-eigene Programme wie der Explorer und diverse Systemanwendungen sind als sicher signiert und dürfen unabhängig von dieser Liste immer zugreifen.

Wenn eine andere Anwendung einen potenziell bedrohlichen Zugriff auf einen geschützten Ordner durchführen will, wird das von Windows blockiert. Sie bemerken das an einer Benachrichtigung.

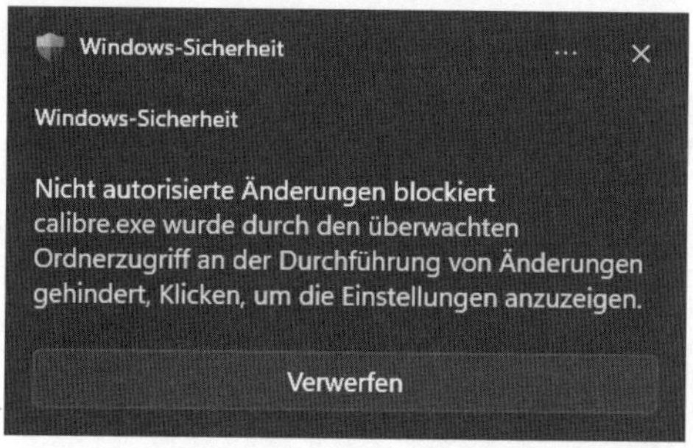

Ist der Zugriff in Ihrem Sinn, weil es sich um eine von Ihnen aktiv genutzte Anwendung handelt, können Sie dieses Programm für die Ordnerüberwachung freigeben. Diese Anwendung hat dann grundsätzlich auf alle überwachten Ordner vollen Zugriff. Eine Abstufung, einzelnen Programmen nur für bestimmte Ordner Rechte einzuräumen, ist bei den geschützten Ordnern bislang zumindest nicht vorgesehen.

1. Um einer App Zugang zu den geschützten Dateien zu ermöglichen, klicken Sie in der App-Liste für den Ordnerzugriff auf *Zulässige App hinzufügen*.
2. Dadurch öffnen Sie ein kleines Untermenü, wo Sie mit *Zuletzt blockierte Apps* eine Liste der zuletzt von dieser Funktion am Arbeiten gehinderten Anwendungen abrufen.

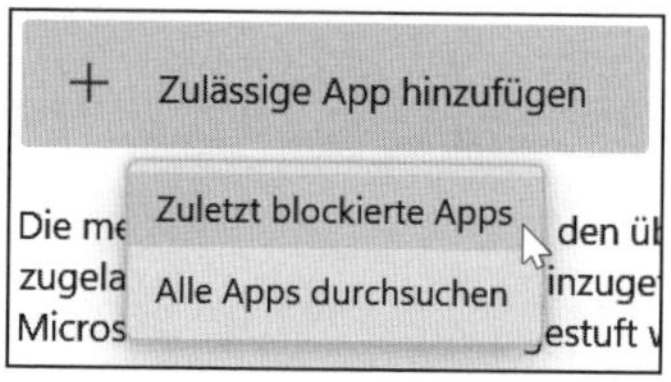

3. Ist die gewünschte App nicht in der Liste enthalten, verwenden Sie stattdessen *Alle Apps durchsuchen*.
4. Dann navigieren Sie im *Dateiauswahl*-Dialog zum entsprechenden Ordner – meist unter *C:\Programme* oder *C:\Programme(x86)*. Bestätigen Sie die Rückfrage der Benutzerkontensteuerung.

Es wird in der App-Liste dann ein Eintrag für diese Anwendung angelegt, über den Sie das Programm später ggf. auch wieder entfernen können.

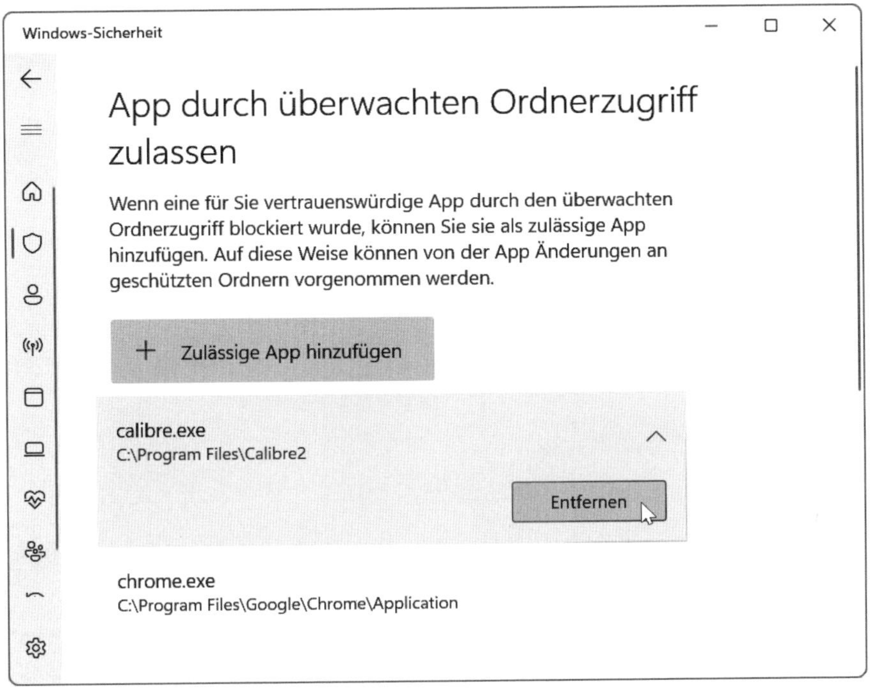

7.1.19 Rootkits und hartnäckige Schädlinge ermitteln

Wie alle Antivirenprogramme hat der Windows Antivirus Defender seine Grenzen, etwa wenn es an das Aufstöbern und Entfernen von Rootkits geht, die sich geschickt verstecken und über aktive Abwehrmaßnahmen gegen Virenprogramme verfügen. In solchen Fällen hilft der Offline-Modus des Defender weiter.

Dabei wird Windows beendet und stattdessen ein spezielles Notfall-Windows gestartet, das den Defender ausführt. Dadurch werden die üblichen Startmechanismen für Rootkits und Trojaner umgangen. Der Defender kann nun völlig ungestört die Daten des inaktiven Windows auf der Festplatte analysieren und nach verdächtigen Spuren durchsuchen. Der ganze Vorgang dauert ca. 15 Minuten. Es ist sinnvoll, ihn hin und wieder durchzuführen. Auf alle Fälle sollten Sie dies tun, wenn ein konkreter Verdacht auf eine Infektion besteht. Wichtig: Schließen Sie alle geöffneten Dokumente, bevor Sie die folgenden Schritte ausführen!

1. Um den Offline-Modus des Windows Antivirus Defender zu nutzen, öffnen Sie in *Windows-Sicherheit* die Rubrik *Viren- & Bedrohungsschutz*.

2. Klicken Sie dort auf *Scanoptionen* und wählen Sie im anschließenden Dialog die Option *Überprüfung mit Microsoft Defender Offline*.

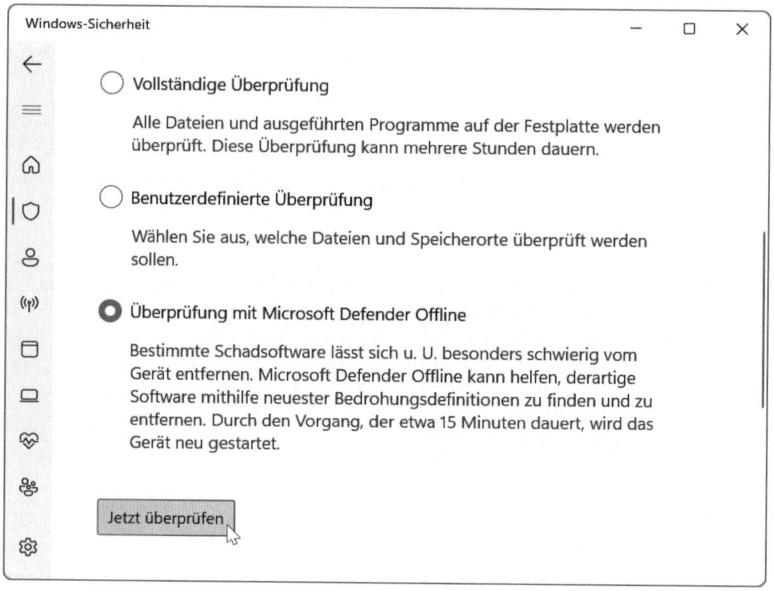

3. Klicken Sie dann auf *Jetzt überprüfen*. Bestätigen Sie anschließend, dass Sie den PC für die Dauer der Überprüfung nicht nutzen können.

4. Sie werden nun automatisch abgemeldet und Windows wird in einem speziellen Modus neu gestartet, in dem nur der Windows Antivirus Defender ausgeführt wird.

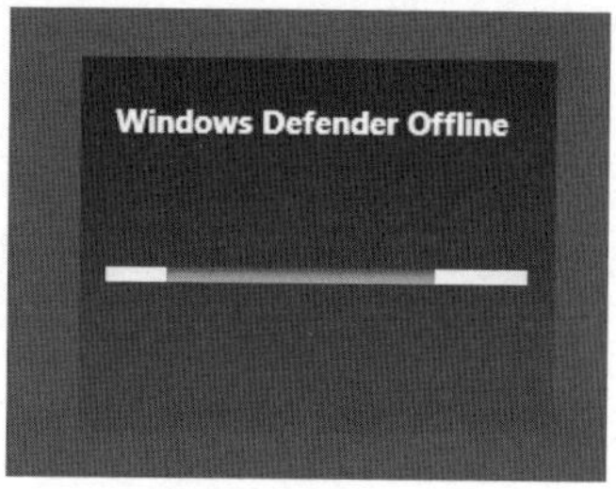

5. Dieser führt automatisch eine Schnellüberprüfung durch. Das sieht genauso aus, wie Sie es vom Defender gewohnt sind. Durch den speziellen Windows-Modus kann er aber gründlicher prüfen und lässt sich nicht durch die üblichen Rootkit-Tricks aufs Glatteis führen.

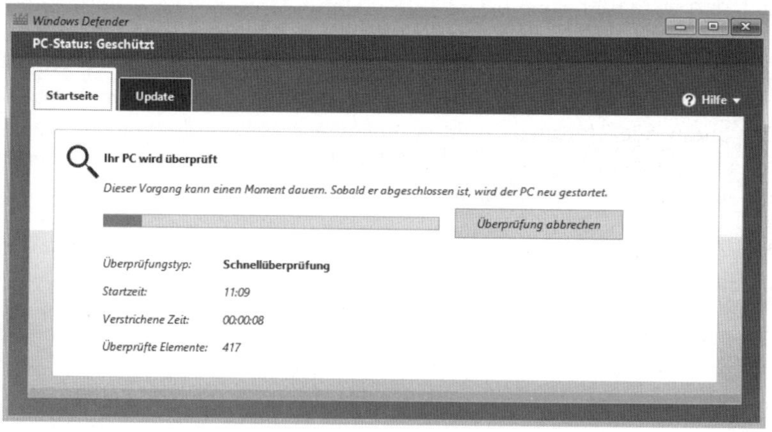

6. Nach Abschluss der Überprüfung wird der spezielle Windows-Modus beendet und das reguläre Windows startet neu. Anschließend können Sie im Schutzverlauf der Windows-Sicherheit überprüfen, ob im Offline-Modus problematische Dateien auf Ihrem PC gefunden wurden. Sollte der Defender fündig geworden sein, meldet er sich aber ohnehin und weist Sie per Benachrichtigung darauf hin.

7.1.20 Die Windows-Sandbox aktivieren

Die leider nur in der Pro-Edition enthaltene Windows-Sandbox ist ein virtueller »Sandkasten«, in dem Sie Programme, aber auch Einstellungen und Windows-Funktionen gefahrlos testen können. Hierbei kommt ein »Windows in Windows« zum Einsatz, ein vollwertiges Windows-Subsystem, das als separate Anwendung ausgeführt wird. Dieser Sandkasten ist vom eigentlichen Windows und Ihren Daten völlig isoliert. Selbst wenn man darin ein schädliches Programm installiert, kann kein dauerhafter Schaden entstehen. Denn mit dem Schließen des Sandbox-Fensters werden alle Änderungen rückgängig gemacht.

Voraussetzungen für Windows-Sandbox

Um diese Funktion nutzen zu können, muss der PC neben einer Pro-Edition auch über eine Virtualisierungserweiterung im BIOS verfügen (VT-x). Sollte diese nicht vorhanden sein, muss die Funktion ggf. erst im BIOS aktiviert werden. Außerdem müssen mindestens 4 GB Arbeitsspeicher vorhanden sein und der Prozessor muss mindestens zwei Kerne haben.

Standardmäßig ist die Windows-Sandbox nicht aktiv und die erforderlichen Komponenten sind auch nicht installiert. Sie müssen sie deshalb zunächst aktivieren.

1. Öffnen Sie in der klassischen Systemsteuerung das Modul *Programme und Features*.
2. Wechseln Sie dort im Navigationsbereich links auf *Windows-Features aktivieren oder deaktivieren*.
3. Suchen Sie in der anschließenden Liste recht weit unten die Option *Windows-Sandbox* und setzen Sie dort ein Häkchen. Sollte der Eintrag ausgegraut sein, unterstützt Ihr PC die Voraussetzungen nicht (siehe Tippkasten).

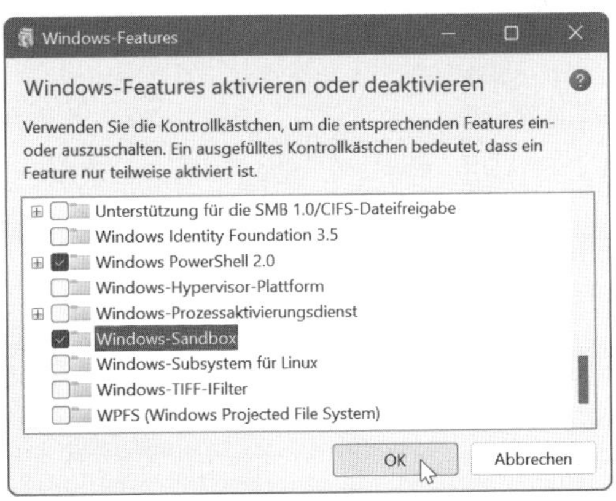

4. Klicken Sie dann auf *OK* und warten Sie kurz die Installation der benötigten Komponenten ab. Anschließend ist ein Neustart erforderlich.

Windows-Sandbox für die Home-Edition

Die Sandbox ist ab der Pro-Edition verfügbar. Aber auch Home-Nutzer können davon profitieren, da sie sich mit einem Trick auch dort installieren lässt. Laden Sie sich dazu unter *www.deskmodder.de/blog/2019/04/20/windows-10-home-windows-sandbox-installieren-und-nutzen/* eine Batchdatei herunter und führen Sie diese einmalig aus.

7.1.21 Verdächtige Apps in der Windows-Sandbox testen

Nach dem Aktivieren der *Windows Sandbox* in der Systemsteuerung finden Sie ein gleichnamiges Symbol dafür im Startmenü vor. Alternativ tippen Sie »sand« im Suchfeld der Taskleiste ein und erhalten dann den passenden Eintrag zur direkten Auswahl.

Beim ersten Start der Sandbox müssen Sie etwas länger warten, da Windows das Image für den virtuellen Windows-Kern erst erstellen muss. Später geht es dann meist deutlich schneller. Ihre Geduld wird mit einem »Windows in Windows« belohnt, also einem Fenster, in dem eine zusätzliche, völlig isolierte Windows-Umgebung läuft.

Sie finden hier die bekannten Apps aus dem Installationsumfang vor, etwa Explorer oder Edge-Browser. Letzteren können Sie verwenden, um Programme herunterzuladen und zu installieren. Wenn Sie einen anderen Webbrowser bevorzugen, können Sie auch diesen in der Sandbox herunterladen und installieren. Allerdings müssen Sie das dann jedes Mal wieder tun.

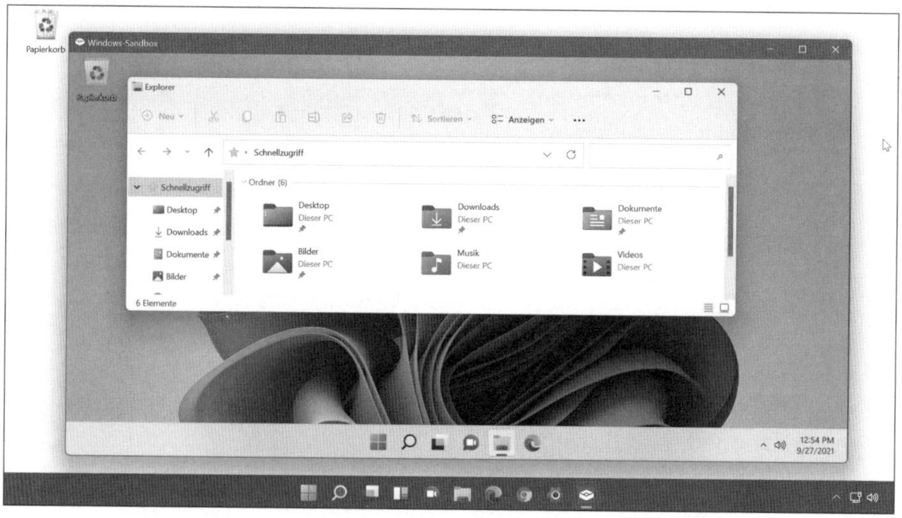

Um Programme oder Dokumente von Ihrem PC in der Sandbox zu testen, können Sie diese in die laufende Windows-Sandbox einfügen.

1. Klicken Sie auf Ihrem PC das Symbol der Anwendungs- bzw. Setup-Datei oder das Dokument mit der rechten Maustaste an und wählen Sie im Kontextmenü den *Kopieren*-Befehl.

2. Starten Sie dann die Sandbox bzw. wechseln Sie zum bereits geöffneten Sandbox-Fenster.

3. Klicken Sie mit der rechten Maustaste auf eine freie Stelle des Windows-Desktops in der Sandbox.

4. Wählen Sie im so geöffneten Kontextmenü den Befehl *Einfügen*.

5. Die Datei wird auf dem Desktop des Sandbox-Windows abgelegt und kann dort geöffnet bzw. ausgeführt werden.

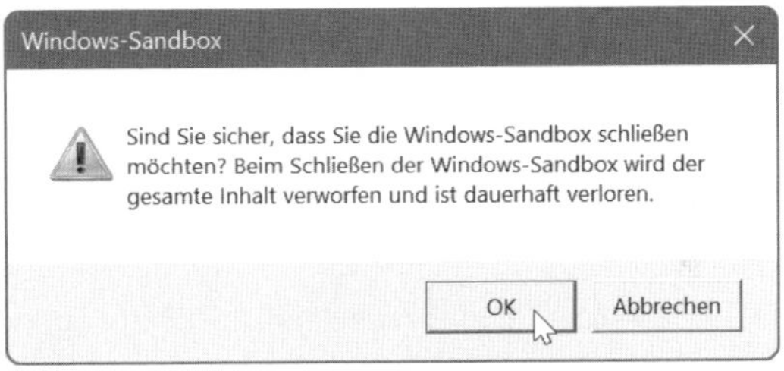

Um die Windows-Sandbox zu beenden, klicken Sie oben rechts auf das *x*-Symbol des Fensters. Eine Sicherheitsrückfrage macht Sie dann darauf aufmerksam, dass alle Änderungen, die Sie seit dem Start in der Testumgebung vorgenommen haben, beim Beenden rückstandslos entfernt werden. Auch wenn Sie beispielsweise einen anderen alternativen Browser installiert haben, wird dieser beim nächsten Start der Windows-Sandbox nicht mehr vorhanden sein.

7.1.22 Die Windows-Sandbox dauerhaft konfigurieren

Es gibt keine Einstellungsmenüs für das Verhalten der Windows-Sandbox. Über spezielle Konfigurationsdateien kann man das Verhalten aber trotzdem steuern und so beispielsweise einen Ordner des Host-Windows als Laufwerk im Sandbox-Windows einbinden. So erspart man es sich, beispielsweise heruntergeladene Dateien immer erst manuell in die Sandbox einfügen zu müssen.

Die Konfigurationsdatei muss man selbst manuell erstellen und sich dabei genau an die Vorgaben von Microsoft halten. Es muss sich um eine Textdatei handeln, die jeweils mit *<Configuration>* beginnt und mit *</Configuration>* endet. Dazwischen kann eine Reihe von Eigenschaften beschrieben werden, die jeweils in der Form *<Eigenschaft>Wert</Eigenschaft>* angegeben werden. Soll beispielsweise die Netzwerkfunktionalität des Sandbox-Windows deaktiviert werden, lautet die Anweisung:

```
<Networking>Disable</Networking>
```

Will man Ordner des realen Windows in die Sandbox-Umgebung einbinden, ist das noch etwas komplexer:

```
<MappedFolders>
   <MappedFolder>
      <HostFolder>C:\Users\Public\Downloads</HostFolder>
      <ReadOnly>true</ReadOnly>
   </MappedFolder>
</MappedFolders>
```

Will man mehrere Ordner einbinden, kann man zwischen **<MappedFolders>** und **</MappedFolders>** weitere **<MappedFolder>...</MappedFolder>**-Abschnitte anlegen (wichtig, dabei den Unterschied zwischen **Folder** und **Folders** zu beachten!).

Weiterhin kann man einen Befehl hinterlegen, der in der Sandbox automatisch beim Start ausgeführt wird, beispielsweise das Öffnen des Download-Ordners:

```
<LogonCommand>
   <Command>
      explorer.exe C:\users\WDAGUtilityAccount\Desktop\Downloads
   </Command>
</LogonCommand>
```

Die so erstellte Datei muss mit der Endung *.wsb* gespeichert werden. Daran erkennt Windows, dass es sich um eine Konfigurationsdatei für die Sandbox handelt. Wenn Sie eine solche Datei per Doppelklick aufrufen, startet Windows die Sandbox und konfiguriert sie automatisch nach den darin enthaltenen Vorgaben.

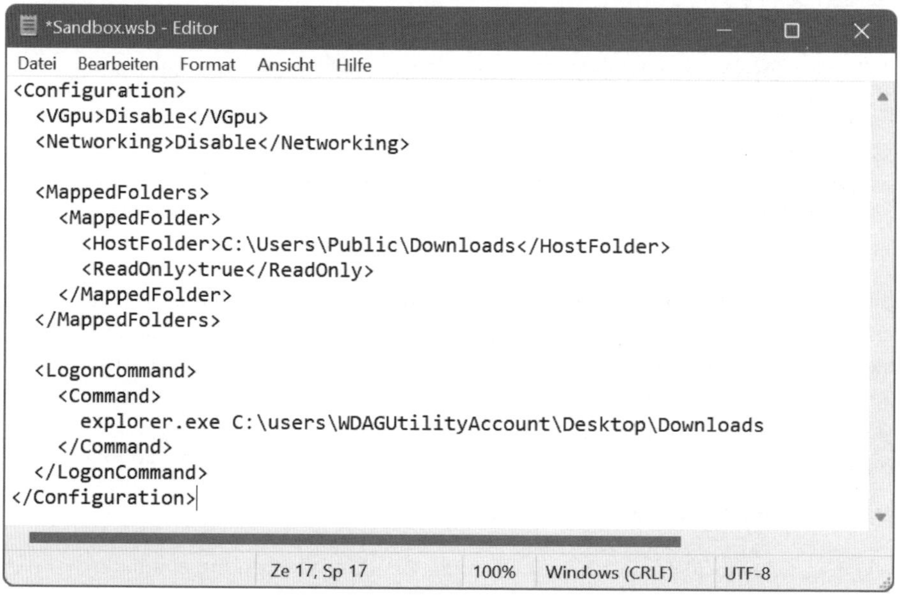

7.2 Sichere Netze mit der Windows-Firewall

Angesichts der Gefahren im Internet ist eine Firewall eine unerlässliche Maßnahme. Sie filtert unerwünschte und potenziell gefährliche Pakete und Anfragen aus dem Datenstrom heraus und verhindert so, dass sie auf den PC gelangen. So werden die Zugänge des PCs vor unerwünschten Gästen geschützt, und auch bösartige Angriffe wie Portscans und Denial-of-Service-Attacken werden abgewehrt. Ebenso kann sie unerwünschte Datenabflüsse verhindern und so Überwachungs- und Spionageprogramme blockieren.

Windows bringt von Haus aus eine Firewall mit, die alle diese Anforderungen erfüllen kann. Diese ist zusammengesetzt aus einem grundlegenden Basisschutz und einer vollwertigen Firewall, deren Konfiguration allerdings grundlegende Kenntnisse voraussetzt.

7.2.1 Die Funktion der Windows-Firewall kontrollieren

Die Windows-Firewall kann für jegliche Arten von Internetverbindung verwendet werden. Dabei spielt es keine Rolle, ob es sich um eine Einwählverbindung, einen DSL-Zugang über ein lokales Netzwerk oder auch um ein Drahtlosnetzwerk handelt. Die Firewall-Einstellungen können auf die jeweilige Rechner- und Zugangskonfiguration und das persönliche Sicherheitsbedürfnis abgestimmt werden.

Hierzu unterscheidet die Firewall – wie auch das Netzwerk- und Freigabecenter – grundsätzlich zwei Arten von Netzwerken:

- Das sind zum einen **private Netzwerke** zu Hause oder an einem Arbeitsplatz, wo der PC mit anderen, prinzipiell vertrauenswürdigen PCs verbunden ist. Standardmäßig sind hier der Datenaustausch und das Teilen von Ressourcen möglich, und die Firewall-Einstellungen sind weniger restriktiv bzw. lassen problematische Aktivitäten ggf. nach einer Rückfrage zu.
- **Gast- oder öffentliche Netzwerke** wie z. B. offene WLAN-Hotspots oder Firmennetze, die von vielen Anwendern genutzt werden, behandelt Windows wesentlich restriktiver. Datenaustausch und Ressourcenfreigabe sind hier standardmäßig nicht möglich. Eine vom öffentlichen Netzwerk bereitgestellte Internetverbindung kann selbstverständlich genutzt werden, unterliegt aber einer strengen Kontrolle bezüglich der Art der übertragenen Daten.

1. Um die Windows-Firewall einzustellen, öffnen Sie in der klassischen Systemsteuerung das Modul *Windows Defender Firewall*.

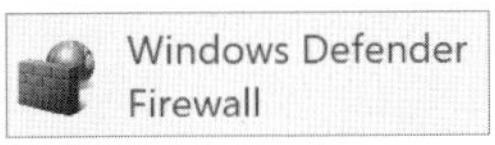

2. Im anschließenden Menü können Sie nun den aktuellen Status von Netzwerk und Firewall sowie die Grundkonfiguration der Firewall einsehen. Hier zeigt sich die Unterscheidung in private und öffentliche Netzwerke deutlich. Für jeden Bereich ist eine eigene Übersicht vorhanden, und Sie können dieselben – getrennten – Einstellungen für beide Arten von Netzwerken vornehmen.

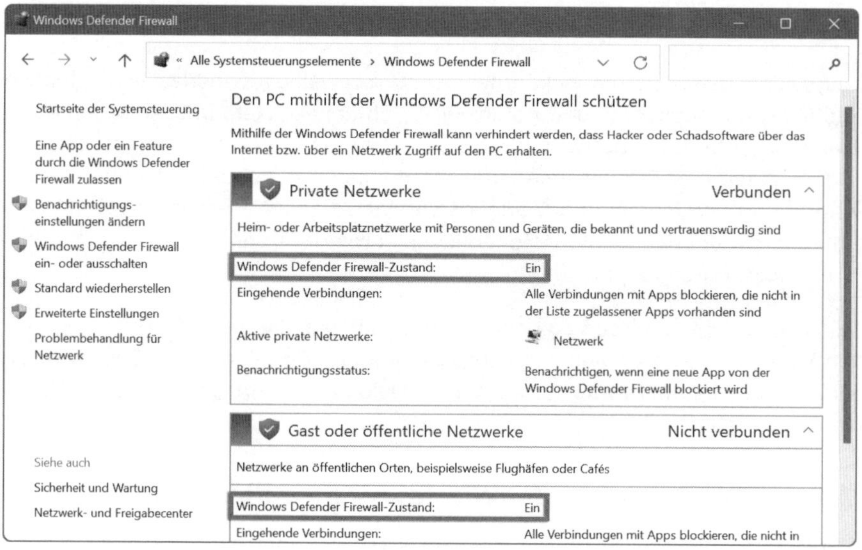

3. Um die Konfiguration der Firewall zu verändern, klicken Sie links auf *Windows-Firewall ein- oder ausschalten*. So öffnen Sie die eigentlichen Firewall-Einstellungen. Auch hier ist alles zweigeteilt, und alle Einstellungen können separat für geschlossene und öffentliche Netze vorgenommen werden:

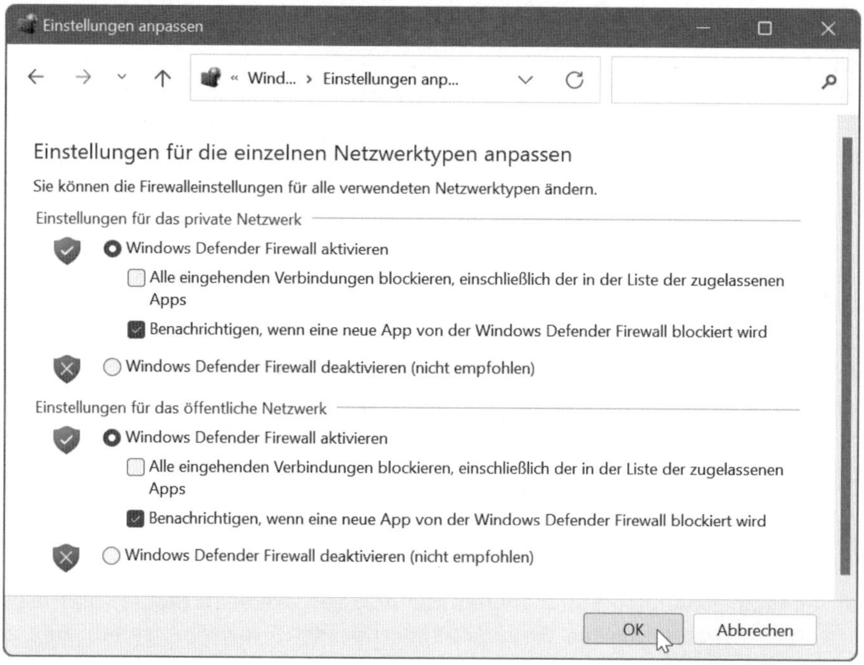

- Standardmäßig ist die Schutzfunktion mit *Windows-Firewall aktivieren* eingeschaltet und läuft mit Basisregeln, die die üblichen Internetanwendungen zulassen. Nicht angeforderte Datenpakete von anderen Rechnern werden dabei verworfen, wenn diese nicht ausdrücklich als Ausnahmen definiert sind. Somit sind Sie vor Portscans, Trojanern etc. schon recht gut geschützt.

- Insbesondere für mobile PCs, die hin und wieder an öffentlichen Netzwerken wie z. B. WLANs betrieben werden, ist die Option *Alle eingehenden Verbindungen blockieren, einschließlich der in der Liste der zugelassenen Apps* gedacht. Sie ignoriert auch definierte Ausnahmeregeln und bietet so noch mehr Schutz.
- Die Option *Benachrichtigen, wenn eine neue App von der Windows-Firewall blockiert wird* setzt Sie davon in Kenntnis, wenn die Firewall aktiv ins Geschehen eingreift. Das kann sinnvoll sein, da ansonsten Anwendungen mit Internetzugriff nicht funktionieren und Sie nicht erfahren, warum das so ist. Sollten die Meldungen der Firewall nervig sein, können Sie sie aber so unterdrücken.
- Die Firewall mit *Windows-Firewall deaktivieren* auszuschalten, empfiehlt sich nur, wenn Sie stattdessen andere, mindestens ebenbürtige Schutzmaßnahmen ergreifen.

4. Wenn Sie die geänderte Einstellung mit *OK* übernehmen, wird die *Firewall*-Funktion entsprechend Ihrer Auswahl eingestellt. Dies ist ohne Neustart möglich, sodass Sie den Modus auch während des Betriebs jederzeit schnell wechseln können.

7.2.2 Neuen Anwendungen den Internetzugang freigeben

Die Windows-Firewall überwacht nicht nur den von außen ankommenden Datenverkehr, sondern achtet auch auf Programme, die vom PC aus Daten ins Internet übertragen wollen. Schließlich könnte es sich dabei ja um Trojaner oder andere schwarze Schafe handeln.

Nimmt ein Programm Kontakt mit dem Internet auf, vergleicht die Windows-Firewall dieses mit ihrer internen Liste und wird aktiv, wenn das Programm dort nicht verzeichnet oder gar gesperrt ist. Das kann freilich auch passieren, wenn Sie selbst eine Internetanwendung zum ersten Mal starten. Dann müssen Sie Windows beibringen, dieses Programm zu akzeptieren.

Nachricht beim Blockieren von Programmen

Damit das interaktive Freischalten von Anwendungen für den Internetzugriff gelingen kann, muss in den Einstellungen der Windows-Firewall die Option *Benachrichtigen, wenn eine neue App von der Windows-Firewall blockiert wird* eingeschaltet sein (siehe vorangegangenen Abschnitt).

1. Wenn ein Programm auf das Internet zugreifen möchte, das die Windows-Firewall bislang nicht in der internen Liste verzeichnet hat, blockiert sie dessen Zugriff zunächst. Sie erhalten dazu ein Hinweisfenster.

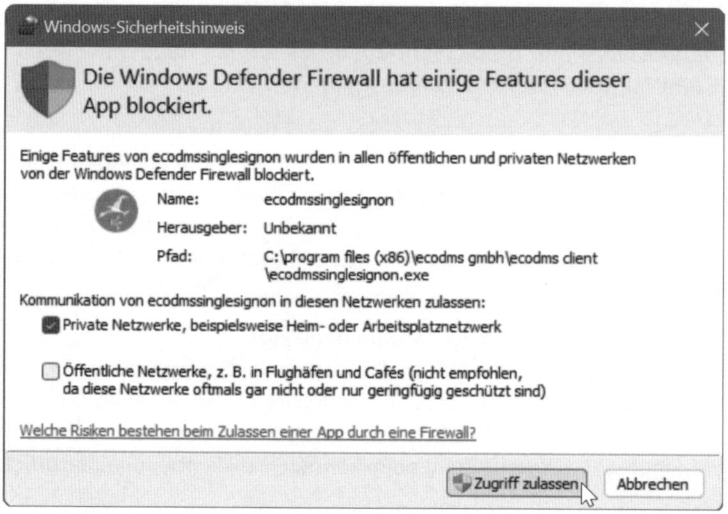

2. Haben Sie dieses Programm selbst aufgerufen und wollen es online benutzen, können Sie zunächst wählen, ob der Zugriff nur in geschlossenen privaten Netzwerken oder auch an öffentlichen Hotspots erlaubt sein soll.

3. Klicken Sie dann unten auf *Zugriff zulassen*.

4. Wurde das Programm versehentlich gestartet oder handelt es sich um ein Programm, das gar keine Internetfunktionen haben sollte, oder haben Sie vielleicht gar kein Programm gestartet, klicken Sie unten rechts auf die Schaltfläche *Abbrechen*. Damit wird dieses Programm auf die rote Liste gesetzt.

7.2.3 Erteilte Zugriffsgenehmigung zurückziehen

Wenn Sie einem Internetprogramm den Zugriff aufs Internet gestattet haben, fragt Windows nicht mehr nach, sondern startet das Programm immer sofort. Das liegt daran, dass die Windows-Firewall alle Programme, denen Sie den Zugriff einmal erlaubt haben, in einer Liste speichert, um wiederholte Nachfragen zu vermeiden. Sie können ein Programm aber wieder aus dieser Liste streichen.

1. Öffnen Sie die *Windows Defender Firewall*-Einstellungen in der klassischen Systemsteuerung und klicken Sie dort links oben auf *Eine App oder ein Feature durch die Windows-Firewall zulassen*.

2. Klicken Sie im anschließenden Dialog zunächst oben auf die Schaltfläche *Einstellungen ändern*.

3. Suchen Sie in der Liste darunter einen Eintrag mit dem Namen des Programms. Wählen Sie diesen aus und klicken Sie dann ganz unten rechts auf die Schaltfläche *Entfernen*.

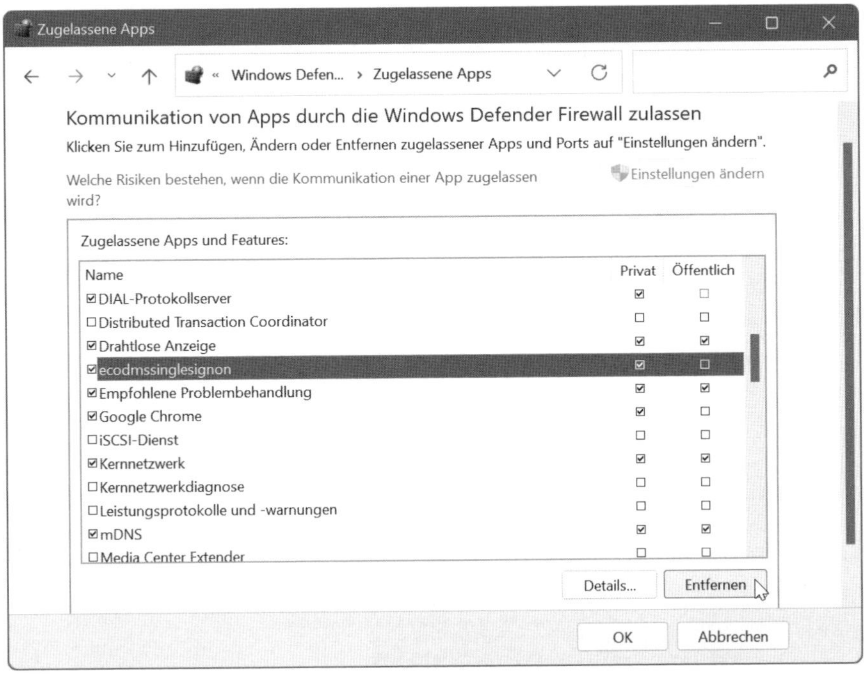

4. Bestätigen Sie die Sicherheitsrückfrage mit *Ja* und übernehmen Sie die Änderung schließlich mit *OK*. Beim nächsten Start dieser Anwendung fragt die Windows Defender Firewall wieder nach, und Sie können das Programm nun z. B. für den Internetzugang sperren.

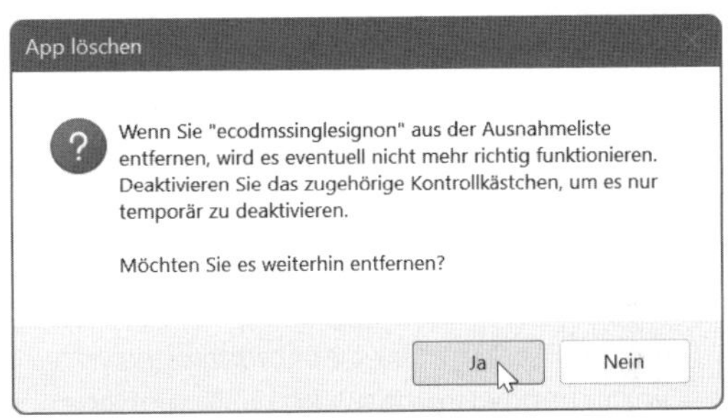

7.2.4 Volle Kontrolle mit der erweiterten Firewall

Die Basisoptionen der Windows Defender Firewall lassen nur Grundeinstellungen sowie das Freigeben oder Sperren konkreter Anwendungen zu. Wer mehr will, muss sich mit den erweiterten Einstellungen beschäftigen. Deren Optionen und Möglichkeiten sind vielfältig und erfordern etwas mehr Kenntnisse als bei der klassischen Variante. Dafür erlauben sie aber auch wesentlich flexiblere und tiefer greifende Eingriffe in diese wichtigen Schutzmechanismen. Deshalb sollten Sie dabei auf eine sinnvolle Konfiguration achten, um die Netzwerkfunktionen Ihres PCs nicht zu beeinträchtigen.

1. In den Basiseinstellungen der Windows Defender Firewall finden Sie rechts im Navigationsbereich den Link *Erweiterte Einstellungen*. Damit gelangen Sie zu den auf den ersten Blick vielleicht etwas verwirrenden erweiterten Firewall-Einstellungen.

2. Im mittleren Bereich sehen Sie in der Übersicht die aktuellen Statusinformationen zur erweiterten Windows Defender Firewall. Achten Sie hierbei vor allem auf die Angaben zu dem Profil, bei dem *ist aktiv* vermerkt ist. Hier können Sie sehen, ob die Firewall derzeit aktiviert ist und wie sie mit eingehenden und ausgehenden Verbindungen standardmäßig umgeht.

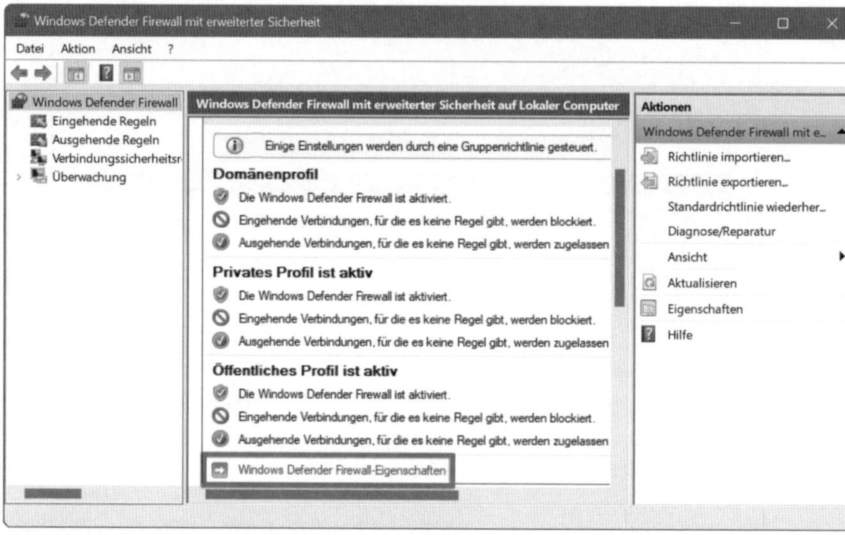

3. Um die erweiterte Firewall zu steuern, klicken Sie im mittleren Bereich im Abschnitt *Übersicht* ganz unten auf den Link *Windows Defender Firewall-Eigenschaften*.

4. Damit öffnen Sie einen Einstellungsdialog, in dem Sie zunächst die richtige Registerkarte wählen sollten. Geht es um Einstellungen für ein öffentliches Netzwerk, sind Sie bei *Öffentliches Profil* richtig. Einstellungen für ein lokales, vertrauenswürdiges Netzwerk hingegen werden in *Privates Profil* konfiguriert. Inhaltlich sind beide Registerkarten identisch, deshalb ist an dieser Stelle etwas Umsicht erforderlich.

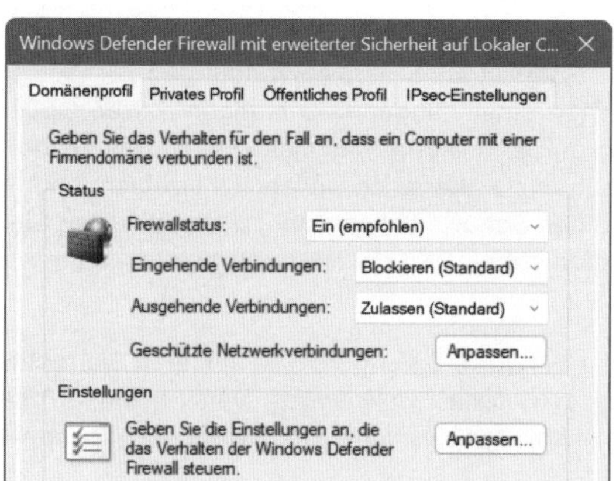

5. Um die Firewall zu aktivieren, setzen Sie das Auswahlfeld *Firewallstatus* auf *Ein*.

6. Danach sollten Sie die Grundeinstellungen der Firewall überprüfen und ggf. anpassen.

7. Klicken Sie anschließend noch im Bereich *Einstellungen* auf die Schaltfläche *Anpassen*.

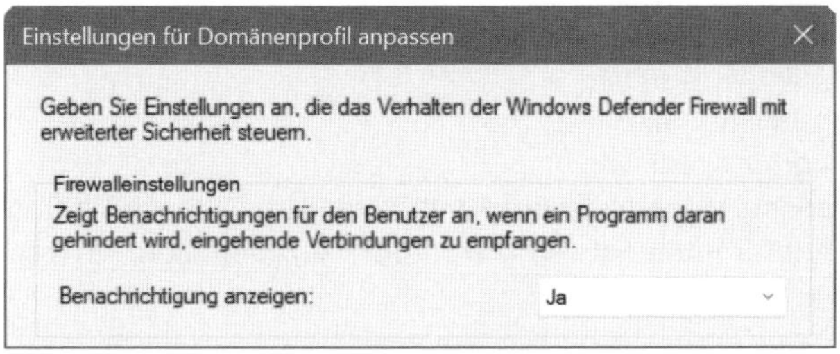

8. Im nächsten Dialog sollten Sie sicherstellen, dass der Eintrag *Benachrichtigung anzeigen* oben im Bereich *Firewalleinstellungen* aktiviert ist. Dann wird der Benutzer informiert, wenn eine Anwendung auf seinem PC eine Verbindung herstellt, um Daten von außerhalb zu empfangen. Verfügt der Benutzer über Administratorrechte, kann er dann entscheiden, dies zuzulassen oder zu blockieren. Kommt es allerdings sehr häufig zu solchen Rückfragen, kann es hilfreich sein, diese Option zu deaktivieren. Dann gelten die in den *Einstellungen* festgelegten Standardregeln.

7.2.5 Datenverkehr auf bestimmten Ports freigeben

Die Windows-Firewall filtert ein- und ausgehende Daten und lässt nur solche Pakete passieren, die zuvor von einer Anwendung oder einem Dienst des PCs ausdrücklich angefordert wurden. Datenpakete, zu denen sich keine Aufforderung direkt zuordnen lässt, werden hingegen blockiert. Deshalb ist es bei bestimmten Anwendungen oder Diensten erforderlich, eingehenden Datenverkehr ausdrücklich zu erlauben. Eine Möglichkeit dazu ist das Freigeben der Ports, auf denen diese Kommunikation erfolgt.

1. Wählen Sie in der Verwaltungskonsole der Firewall ganz links in der Navigationsleiste den Unterbereich *Eingehende Regeln*, in dem Sie Ausnahmeregeln für eingehende Datenverbindungen festlegen können.

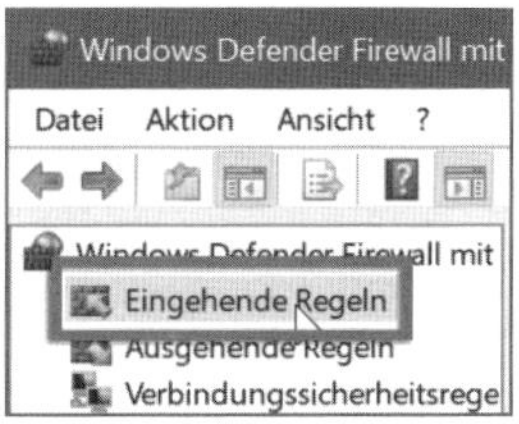

2. Wechseln Sie dann auf die ganz rechte Seite des Fensters in den Bereich *Aktionen* und klicken Sie hier ganz oben auf *Neue Regel*. Damit starten Sie einen Assistenten, der Sie komfortabel durch die Schritte zum Definieren einer Firewall-Regel führt.

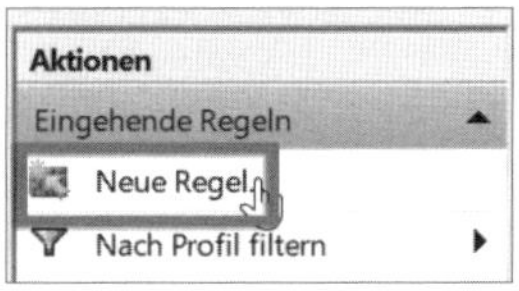

3. Wählen Sie im ersten Schritt, auf welcher Basis die Regel erstellt werden soll. Der Assistent kann Ausnahmeregeln an einem Programm, einem Port oder an vordefinierten Windows-Diensten festmachen. Alternativ können Sie mit *Benutzerdefiniert* auch eine »leere« Regel erstellen, die sich anschließend ganz detailliert bearbeiten lässt. Das ist aber eher eine Lösung für spezielle Situationen und fortgeschrittene Netzwerkkenntnisse. Um Datenverbindungen für einen bestimmten Internetdienst wie etwa VoIP freizuschalten, verwenden Sie die Option *Port*.

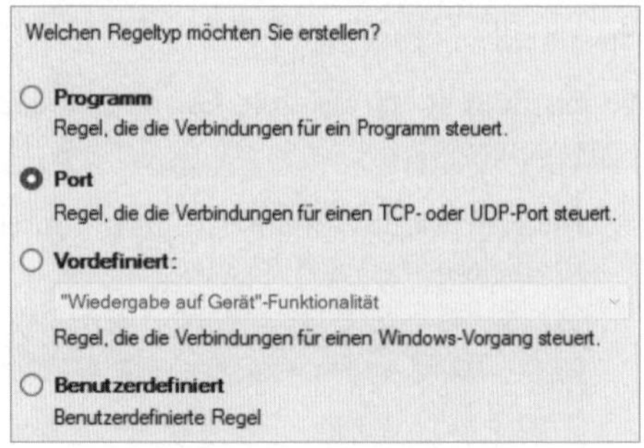

4. Im nächsten Schritt geben Sie an, welche Ports genau freigegeben werden sollen. Wählen Sie dazu zunächst, ob es sich um TCP- oder UDP-Verbindungen handelt. Darunter wählen Sie dann die Option *Bestimmte lokale Ports* und geben den oder die Portnummern an. Mehrere Nummern werden dabei durch Kommata getrennt. Um etwa Anrufe bei VoIP zu erhalten, muss der Port 5060 für UDP-Verbindungen freigeschaltet werden.

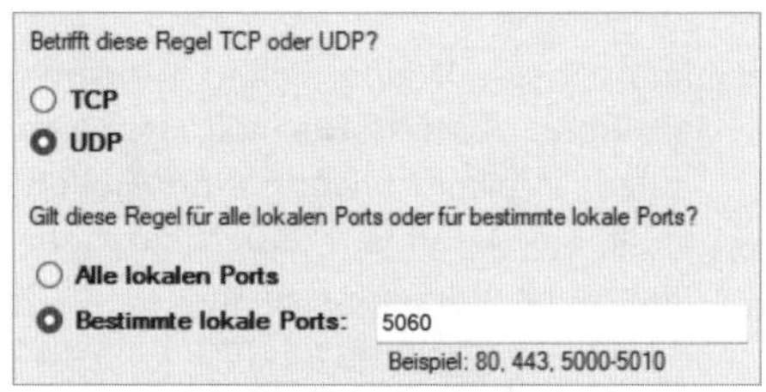

Welche Ports müssen freigeschaltet werden?

Jeder Internetdienst verwendet andere Ports. Eine pauschale Aussage, welche Ports freigeschaltet werden müssen, ist deshalb nicht möglich. Lediglich eine Faustregel kann aus Sicherheitsgründen gelten: so viele wie nötig, aber so wenige wie möglich. Welche Ports ein bestimmter Dienst benötigt, erfahren Sie meist in der Hilfe des dazugehörigen Programms oder in den FAQs des Dienstanbieters. Achten Sie dabei nicht nur auf die Portnummern selbst, sondern auch auf die Verbindungsart (TCP oder UDP) und die Richtung der Daten (ein- bzw. ausgehend oder beides).

5. Dann legen Sie fest, welche Verbindungen auf diesem Port zugelassen werden. In den meisten Fällen sollten Sie sich für *Verbindung zulassen* entscheiden. In bestimmten Situationen kann es erforderlich sein, nur sichere, verschlüsselte Verbindungen zuzulassen, z. B. wenn es um Funktionen eines **v**irtuellen **p**rivaten **N**etzwerks (VPN) geht.

6. Schließlich wählen Sie aus, für welche Bereiche die Regel gelten soll. Dies bezieht sich wieder auf die Unterscheidung zwischen Domänenprofil, privatem und öffentlichem Profil.

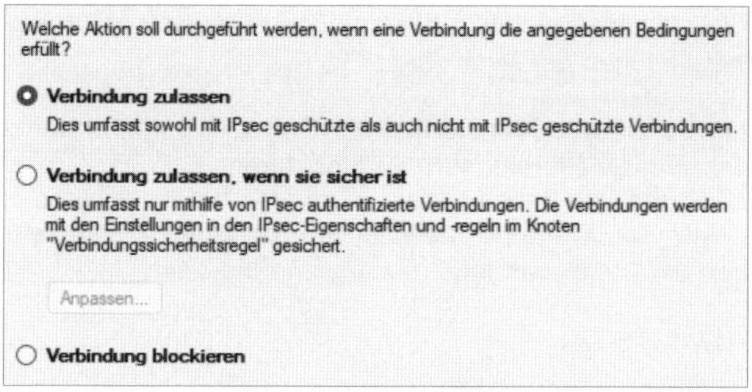

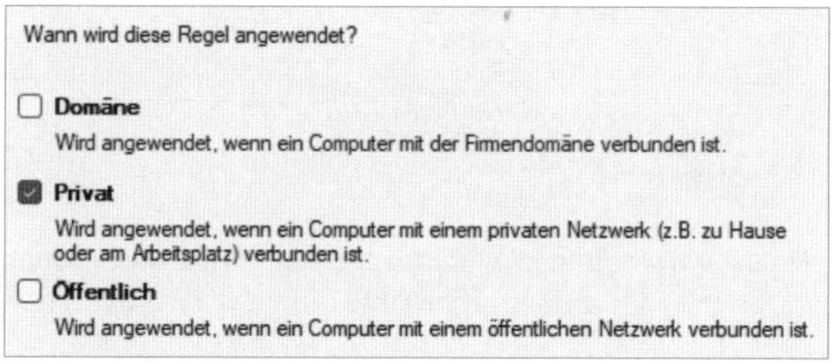

7. Zum Schluss können Sie einen Namen und eine Beschreibung der Regel angeben. Beide dienen nur Ihrer eigenen Orientierung, um die Regel in der womöglich recht langen Liste wiederzufinden und auch nach längerer Zeit noch zu verstehen, welchen Zweck diese Regel erfüllen soll.

Auf diese Weise können Sie Ausnahmeregeln für beliebige Internetdienste wie z. B. VoIP, Filesharing, Onlinespiele oder Team-Meetings definieren, damit Sie diese uneingeschränkt nutzen und Ihren PC trotzdem per Firewall absichern können. Welche Ports Sie genau freischalten müssen, erfahren Sie vom Anbieter des jeweiligen Dienstes bzw. der Anwendung.

7.2.6 Unerwünschte Updates und Datenschnüffelei blockieren

Die erweiterte Firewall erlaubt auch detaillierte Vorgaben für ausgehende Daten. Dadurch lassen sich unerwünschte Anwendungen und Dienste auf dem PC unterbinden.

Das folgende Beispiel zeigt, wie Sie sich das zunutze machen können, um z. B. Updates einer Anwendung bzw. deren »Nach-Hause-Telefonieren« zu verhindern, wenn sich dies nicht anderweitig deaktivieren lässt. Durch eine Firewall-Regel wird nicht die Anwendung selbst blockiert, sondern nur deren Internetkonnektivität. Das ist dann also so, als ob das Programm auf einem PC ohne Internetverbindung laufen würde. Der Vorgang ist im Prinzip der gleiche wie bei der vorangehend beschriebenen Filterregel für eingehende Verbindungen. Deshalb beschränke ich mich auf die wesentlichen Einstellungen.

1. Wählen Sie links in der Navigationsleiste die Unterrubrik *Ausgehende Regeln*. Klicken Sie rechts bei *Aktionen* auf *Neue Regel*.

2. Wählen Sie im ersten Schritt des Assistenten die Option *Programm*, um eine Anwendung (bzw. deren Internetfunktionen) zu blockieren.

3. Im nächsten Schritt aktivieren Sie die Option *Dieser Programmpfad* und wählen dann mit *Durchsuchen* die Programmdatei der Anwendung aus.

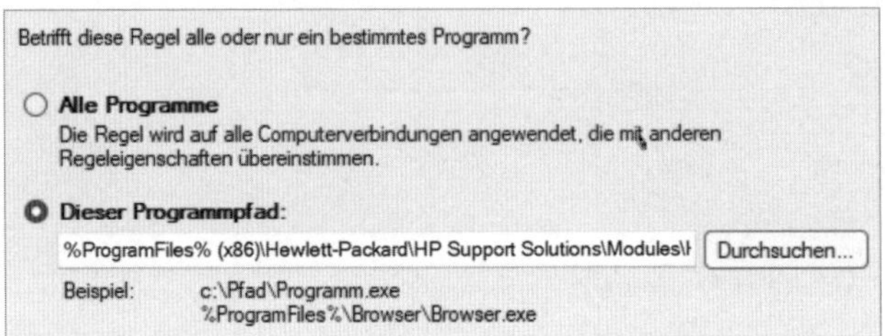

4. Geben Sie nun als Aktion *Verbindung blockieren* an, damit alle Verbindungen, die diese Anwendung ins Internet aufbauen möchte, von der Firewall blockiert werden.

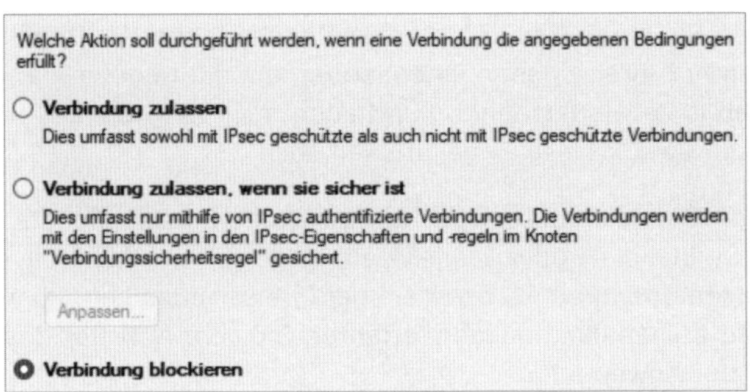

5. Wählen Sie schließlich wieder das bzw. die Profile aus, für die die Regel gelten soll, und tragen Sie einen Namen sowie eine Beschreibung für die neue Regel ein.

7.3 Dateien verschlüsseln

Sensible persönliche Dokumente oder Geschäftsunterlagen sollten besonders geschützt werden. Dabei geht es nicht nur darum, dass sie von anderen Benutzern desselben PCs eingesehen oder von Hackern ausgeschnüffelt werden könnten. Was wäre, wenn das Notebook/Tablet unterwegs verloren geht oder der PC bei einem Einbruch entwendet wird? Dann ist nicht nur die Hardware futsch, sondern vertrauliche Informationen gelangen womöglich in falsche Hände, was häufig die schlimmere Folge ist. Die Windows-Pro-Edition umfasst verschiedene Möglichkeiten, Dokumente vor unbefugten Zugriffen zu schützen. Home-Nutzer können die kostenlose Alternative VeraCrypt (siehe Seite 390) nutzen.

7.3.1 Dateien und Ordner per EFS verschlüsseln

Zu den Funktionen des von Windows verwendeten NTFS gehört das Verschlüsseln einzelner Dateien oder auch ganzer Ordner samt Inhalt. Damit kann jeder Anwender sensible Dokumente so verschlüsseln, dass nur er ihren Inhalt sehen und weiterbearbeiten kann. Selbst Administratoren können sich nicht ohne Weiteres Zugang zu solchen Dateien verschaffen. Das Verschlüsseln von Dateien und Ordnern ist dabei der leichteste Teil. Dazu bedarf es lediglich einer kleinen Einstellung in den Dateieigenschaften.

1. Wählen Sie den oder die Dateien bzw. Ordner im Explorer aus, die Sie verschlüsseln möchten.
2. Klicken Sie mit der rechten Maustaste auf die Auswahl und wählen Sie im Kontextmenü *Eigenschaften*.
3. Klicken Sie in den *Eigenschaften* auf der Registerkarte *Allgemein* unten rechts auf die Schaltfläche *Erweitert*.

4. Aktivieren Sie im anschließenden Dialog *Erweiterte Attribute* ganz unten die Option *Inhalt verschlüsseln, um Daten zu schützen*. Klicken Sie dann auf *OK*.
5. Zurück in den Eigenschaften der Datei klicken Sie erneut unten auf *OK*.

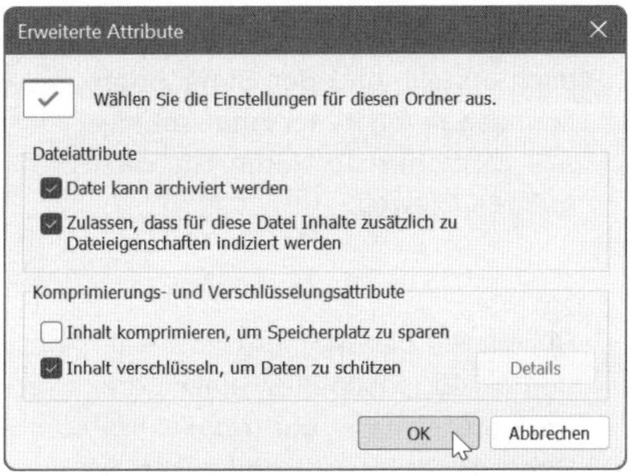

6. Windows zeigt dann eine Verschlüsselungswarnung an. Hier können Sie festlegen, ob Sie wirklich nur diese eine Datei oder auch den gesamten übergeordneten Ordner verschlüsseln möchten. Mit der Option *Immer nur die Datei verschlüsseln* können Sie solche Rückfragen für die Zukunft vermeiden.

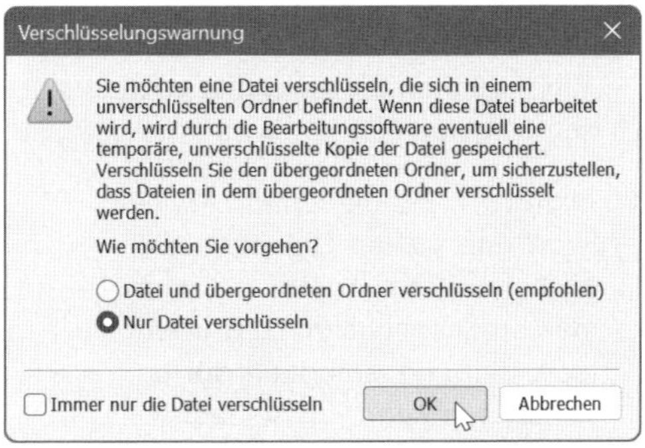

Damit ist das Verschlüsseln auch schon erledigt. Am Zugriff auf die Dateien und Ordner ändert sich dadurch nichts. Das gilt allerdings nur für Sie selbst. Andere

Benutzer können so verschlüsselte Dateien nun nicht mehr öffnen, selbst wenn sie entsprechende Zugriffsberechtigungen dafür haben. Um die Verschlüsselung einer Datei später wieder aufzuheben, wiederholen Sie den Vorgang einfach und entfernen diesmal das Häkchen der Verschlüsselungsoption.

7.3.2 EFS-Zertifikate zuverlässig sichern

Windows verwendet für die Verschlüsselung ein Zertifikat, das an Ihr Benutzerkonto gebunden ist. Wenn Sie eine verschlüsselte Datei öffnen möchten, wird dieses Zertifikat abgefragt und der Inhalt damit entschlüsselt. Da nur Ihr Benutzerkonto über ein solches Zertifikat verfügt, können auch nur Sie die Datei öffnen. Sollte Ihr Benutzerkonto allerdings beispielsweise durch einen Hardwaredefekt und eine damit verbundene Windows-Neuinstallation verloren gehen, ist auch kein Zugriff auf die verschlüsselten Dateien mehr möglich. Zwar können Sie nach der Neuinstallation ein Benutzerkonto mit gleichem Namen und Kennwort erneut anlegen, aber es ist eben nicht dasselbe Konto und verfügt nicht über das erforderliche Zertifikat. Deshalb empfiehlt es sich, das Zertifikat auf einem externen Speicher zu sichern, um es in solchen Fällen einspielen zu können und um den Zugriff auf verschlüsselte Dokumente wieder zu ermöglichen.

1. Wenn Sie erstmals eine Datei oder einen Ordner verschlüsseln, wird Ihr persönliches Zertifikat automatisch erstellt, und der Benachrichtigungsbereich bietet Ihnen an, dieses zu sichern. Klicken Sie dazu auf den Hinweis.

   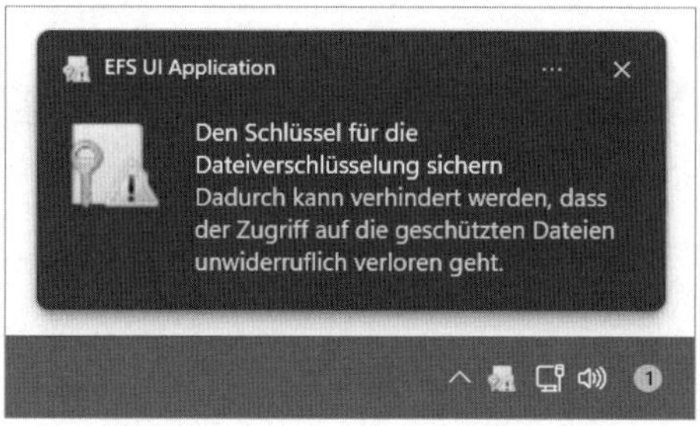

   Sollten Sie den Moment verpasst haben, öffnen Sie wie vorangehend beschrieben die Eigenschaften einer bereits verschlüsselten Datei, klicken dort auf *Erweitert* und dann auf *Details*. Wählen Sie anschließend in der Liste oben Ihr Benutzerkonto aus und klicken Sie auf *Schlüssel sichern*.

2. Damit starten Sie einen Assistenten, der Sie durch die notwendigen Schritte führt. Klicken Sie zunächst zweimal auf *Weiter*, um zu den wesentlichen Schritten zu gelangen.

3. Aktivieren Sie die Option *Kennwort* und geben Sie dann ein sicheres Passwort ein, mit dem das Zertifikat geschützt werden soll. Selbstverständlich dürfen Sie dieses Kennwort keinesfalls vergessen, da Sie es im Falle eines Falles benötigen, um das Zertifikat wieder einzuspielen.

   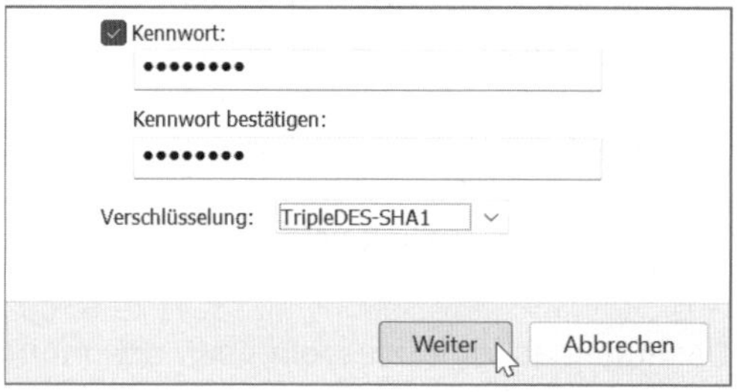

4. Wählen Sie dann Laufwerk, Pfad und Dateiname aus, unter denen Sie das Zertifikat speichern wollen. Hier bietet sich insbesondere ein externes Speichermedium wie ein USB-Stick an. Auch das Brennen auf eine CD oder DVD ist empfehlenswert. Das Speichern auf dem PC selbst bietet nur geringen Schutz, da die Datei z. B. bei einem Hardwaredefekt eventuell ebenfalls beschädigt wird.

5. Schließlich fasst der Assistent nochmals alle Einstellungen zusammen. Klicken Sie hier auf *Fertig stellen*, um die Sicherungsdatei mit dem Zertifikat zu erstellen.

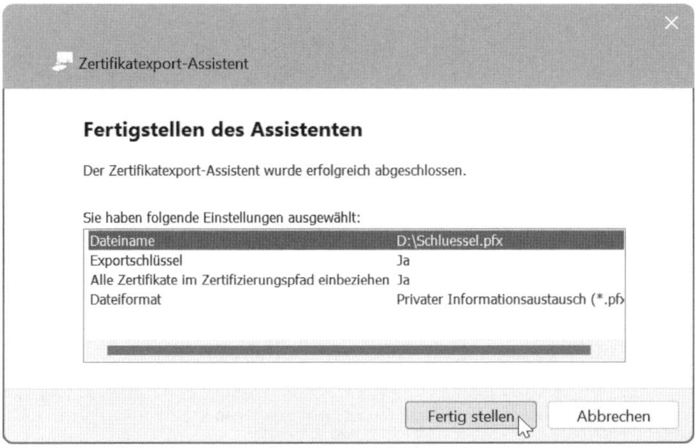

Dieses Sichern des Zertifikats brauchen Sie nur einmalig nach dem ersten Verschlüsseln vorzunehmen. Anschließend verwendet Windows automatisch immer wieder dasselbe Zertifikat, von dem Sie nun ja bereits eine Sicherung haben.

Zertifikate auch später noch sichern

Sollten Sie den Zeitpunkt zum Sichern Ihres Zertifikats verpasst haben, können Sie dies auch später noch nachholen. Öffnen Sie in der klassischen Systemsteuerung den Bereich *Benutzerkonten*. Klicken Sie darin links im Aufgabenbereich auf *Dateiverschlüsselungszertifikate verwalten*. Hier können Sie unter anderem das Zertifikat sichern.

7.3.3 Gesicherte Zertifikate wiederherstellen

Sollten Sie in die Verlegenheit kommen, nicht mehr auf verschlüsselte Dokumente zugreifen zu können, ist eine zuvor erstellte Sicherungskopie Ihres Zertifikats Ihre Rettung. Diese können Sie mit einem Assistenten einspielen und sich so wieder Zugang verschaffen.

1. Verbinden Sie das Speichermedium, auf dem Sie die Sicherungskopie abgelegt haben, mit Ihrem PC. Lokalisieren Sie darauf die Datei mit dem Zertifikat und öffnen Sie sie per Doppelklick.

2. Damit starten Sie einen Assistenten, in dem Sie nach einem Klick auf *Weiter* zunächst die Option *Aktueller Benutzer* wählen.

3. Bestätigen Sie dann die ausgewählte Datei mit den Schlüsselinformationen.

4. Mit einem erneuten Klick auf *Weiter* gelangen Sie zur Kennworteingabe. Tippen Sie hier das beim Sichern festgelegte Passwort ein und klicken Sie wiederum auf *Weiter*.

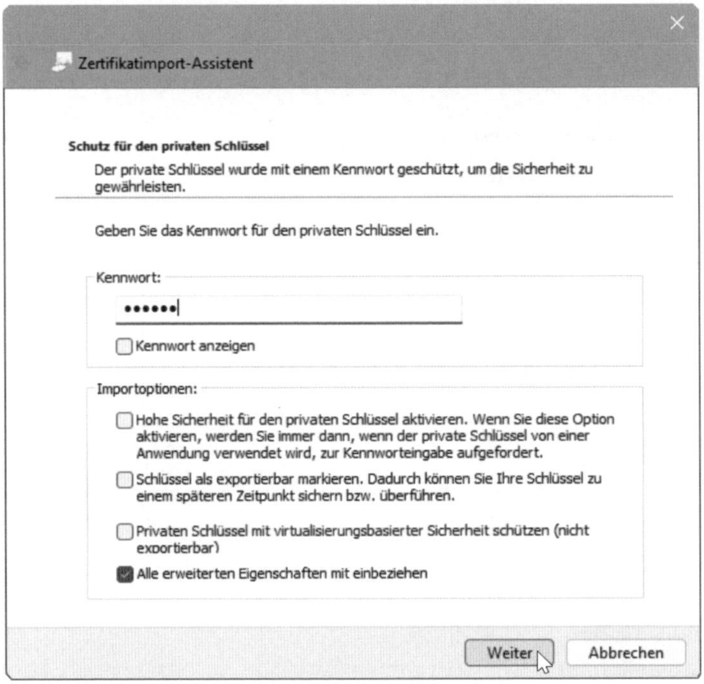

5. Belassen Sie es im nächsten Schritt bei der Einstellung *Zertifikatspeicher automatisch auswählen* und gehen Sie mit *Weiter* zum letzten Schritt.

6. Klicken Sie hier auf *Fertig stellen*, um das Zertifikat zu importieren. Anschließend sollte der Zugriff auf die geschützten Dokumente dauerhaft wieder möglich sein.

7.3.4 Anderen Benutzern den Zugriff auf verschlüsselte Daten ermöglichen

Ein verschlüsseltes Dokument ist einem bestimmten Benutzer zugeordnet und kann nur von diesem verwendet werden. Windows kann Dokumente aber auch mehrfach verschlüsseln, sodass sie mehr als einem Benutzer zur Verfügung stehen, aber trotzdem vor den Augen aller anderen geschützt sind. Voraussetzung ist allerdings, dass die weiteren Benutzer auch die Zugriffsberechtigungen für die Dateien haben und dass für sie ein Schlüsselzertifikat vorhanden ist, sie also auf dem PC bereits mindestens einmal eine Datei verschlüsselt haben.

1. Der Besitzer einer Datei, der diese ursprünglich für sich selbst verschlüsselt hat, kann weitere Benutzer hinzufügen. Klicken Sie dazu wiederum in den allgemeinen Eigenschaften des Objekts auf *Erweitert*.
2. Klicken Sie dann rechts neben der Option *Inhalt verschlüsseln, um Daten zu schützen* auf die Schaltfläche *Details*.
3. Hier sehen Sie oben, für welche Benutzer die Datei bislang verschlüsselt wurde. Mit einem Klick darunter auf *Hinzufügen* können Sie weitere Benutzer angeben.
4. Wählen Sie hier das Zertifikat des Benutzers aus, für den die Datei bzw. der Ordner zusätzlich verschlüsselt werden soll. Wird ein bestimmter Benutzer hier nicht angezeigt, ist für ihn kein Zertifikat vorhanden, weil er vermutlich selbst noch nie eine Datei verschlüsselt hat.

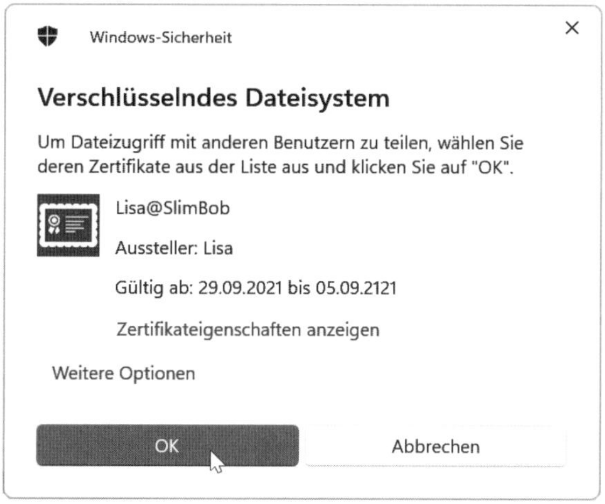

5. Klicken Sie dann viermal auf *OK*, um alle Dialoge zu schließen.

Anschließend dürfen beide Benutzer unabhängig voneinander auf die verschlüsselten Daten zugreifen. Prinzipiell können Sie auf diese Weise beliebig vielen Benutzern den Zugriff auf verschlüsselte Dateien erlauben.

7.3.5 Laufwerke mit BitLocker verschlüsseln

Die in Windows ab der Pro-Edition enthaltene BitLocker-Laufwerkverschlüsselung kann komplette Laufwerke verschlüsseln, sodass sie nur durch berechtigte Benutzer verwendet werden können. Das ist insbesondere für mobile Computer wie Notebooks und Tablet-PCs sinnvoll, denn so bleiben die Daten auch im Fall eines Verlusts oder Diebstahls sicher und vertraulich. Selbstverständlich können aber auch Benutzer von Desktop-PCs mit entsprechendem Sicherheitsbedürfnis diese Funktion nutzen. Denn auch bei ihnen könnte eine ungeschützte Festplatte beispielsweise nach einem Diebstahl in einem beliebigen PC eingebaut und ausgelesen werden. BitLocker aber verhindert dies zuverlässig. Um ein Laufwerk mit BitLocker zu sichern, muss es einmalig komplett verschlüsselt werden. Bei allen weiteren Zugriffen erledigt Windows die Ver- und Entschlüsselung dann im Hintergrund in Echtzeit. Die initiale Verschlüsselung kann hingegen je nach Umfang und Füllstand des Laufwerks bis zu einigen Stunden dauern.

1. Rufen Sie in der Systemsteuerung das Modul *BitLocker-Laufwerkverschlüsselung* auf.

2. Im folgenden Dialog sehen Sie zunächst eine Übersicht über die Laufwerke. Diejenigen, die mit einem Link *BitLocker aktivieren* versehen sind, können mit BitLocker verschlüsselt werden. Alle anderen kommen dafür nicht in Betracht, z. B. weil es sich dabei um FAT32-Laufwerke handelt. Wählen Sie also das Systemlaufwerk Ihrer Windows-Installation aus und klicken Sie in diesem Feld auf *BitLocker aktivieren*. Damit starten Sie einen Assistenten, der Sie durch die weiteren Schritte führt.

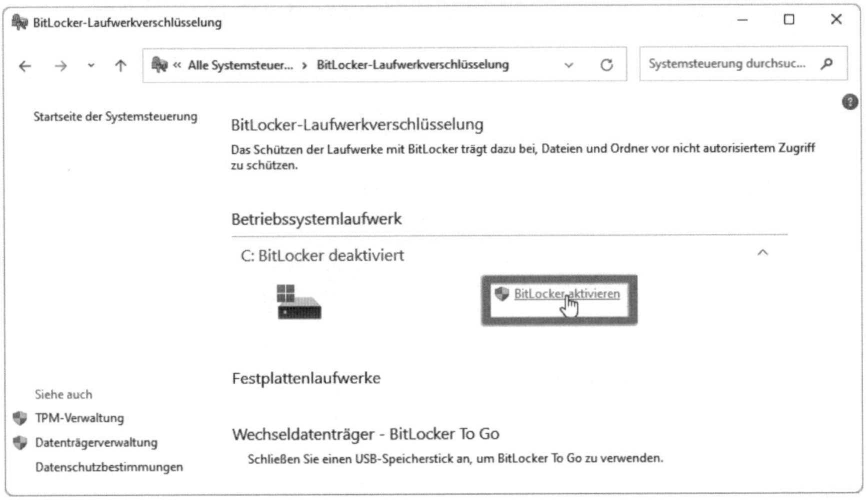

3. Bestätigen Sie die ersten Schritte mit *Weiter.* Ist ein TPM-Modul vorhanden, wird dieses automatisch verwendet. Ohne TPM (siehe vorangehenden Abschnitt) können Sie zwischen USB-Speicherstick und Kennwort wählen.

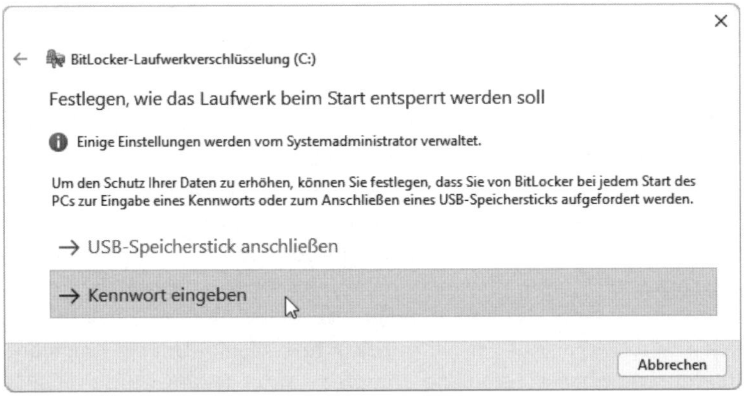

4. Bei Verwendung eines USB-Sticks wählen Sie im nächsten Schritt das Wechsellaufwerk aus, das Sie für diesen Zweck benutzen möchten. Bei Schutz durch ein Kennwort geben Sie dieses (zweimal) ein. Es sollte mindestens acht Zeichen umfassen, die aus Groß- und Kleinbuchstaben, Ziffern und Sonderzeichen bestehen.

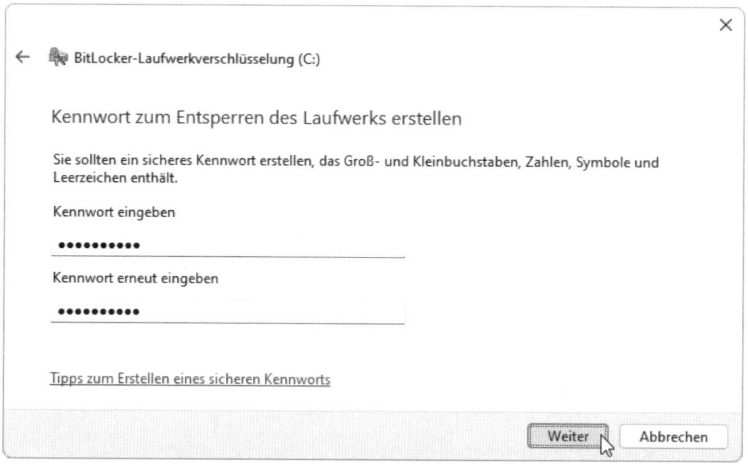

5. Der Assistent erstellt dann einen Wiederherstellungsschlüssel. Mit diesem Schlüssel können Sie den Zugang zu Ihren Daten retten, falls BitLocker Sie am Zugriff hindern sollte (z. B. weil der USB-Stick mit dem Zugangscode defekt oder verloren gegangen ist). Sie können sich den Schlüssel anzeigen lassen und notieren. Alternativ können Sie ihn auch ausdrucken oder in einer Datei speichern. Diese Speicherung darf allerdings keinesfalls auf dem zu verschlüsselnden Laufwerk erfolgen, da Sie hierauf ja im Zweifelsfall keinen Zugriff haben.

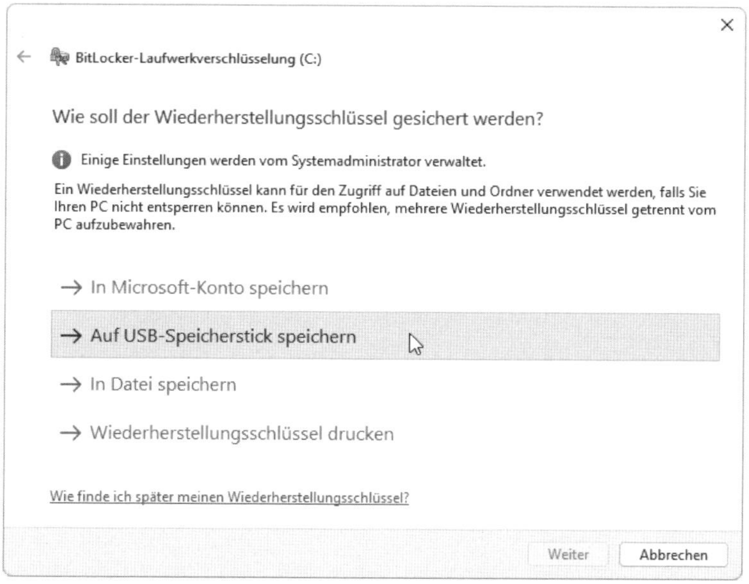

Nutzen Sie stattdessen beispielsweise einen USB-Stick oder drucken Sie den Schlüssel für die sichere Verwahrung aus. Am besten verwenden Sie mehrere oder auch alle Möglichkeiten gleichzeitig und verwahren die so entstandenen Kopien des Schlüssels an einem sicheren Ort.

6. Ob Sie nur den bereits verwendeten Speicherplatz sofort verschlüsseln und weiteren später verschlüsseln lassen oder gleich alles verschlüsseln, bleibt Ihnen überlassen. Letzteres ist bei einem bereits genutzten PC sicherer, dauert aber auch länger.

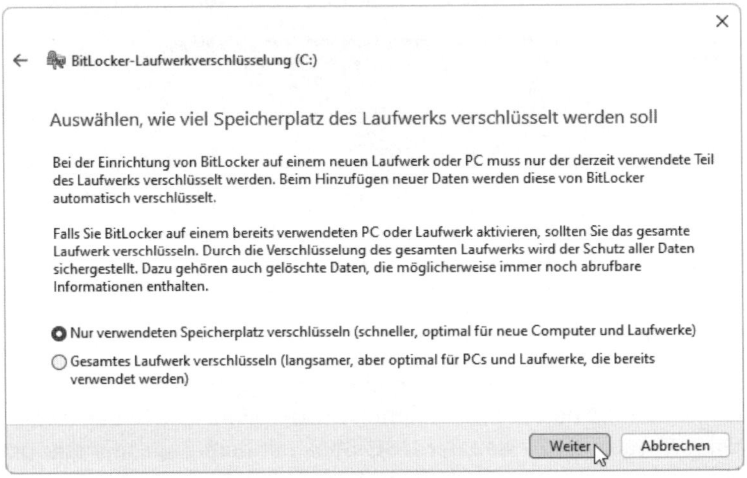

7. Bei der Wahl des Verschlüsselungsmodus sollten Sie sich in der Regel für den neuen Modus entscheiden, der mehr Sicherheit bietet. Einzige Ausnahme: wenn Sie einen Wechseldatenträger verschlüsseln möchten (siehe Seite 385), der auch an Geräten mit älteren Versionen als Windows 10 angeschlossen werden soll. Dann sollten Sie den alten Modus wählen, der noch zu älteren Windows-Ausgaben kompatibel ist.

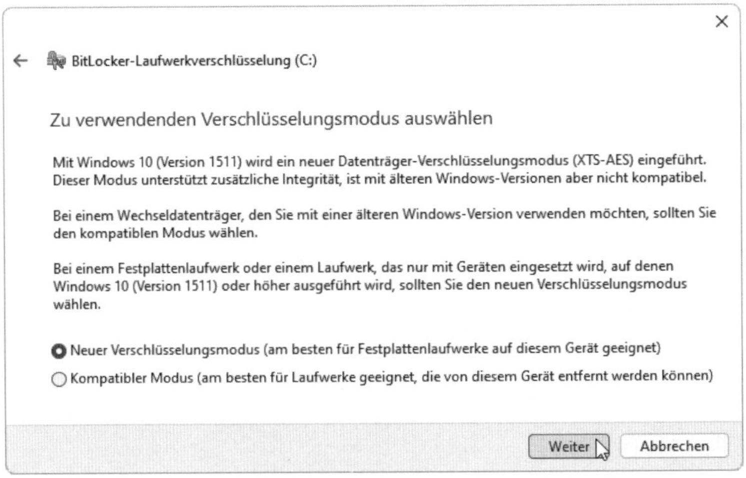

8. Dann kann das eigentliche Verschlüsseln des Laufwerks beginnen. Klicken Sie dazu unten auf die *Weiter*-Schaltfläche.

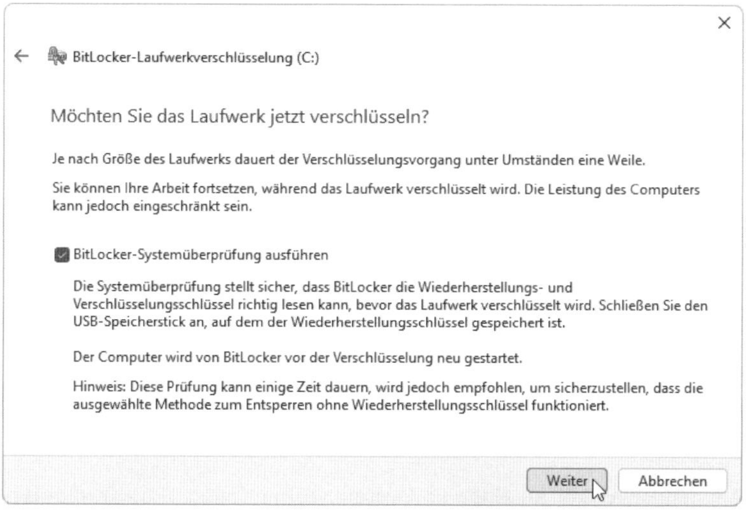

9. Windows fordert Sie nun mit einer Benachrichtigung auf, den PC neu zu starten, um die Verschlüsselung des Laufwerks durchzuführen.

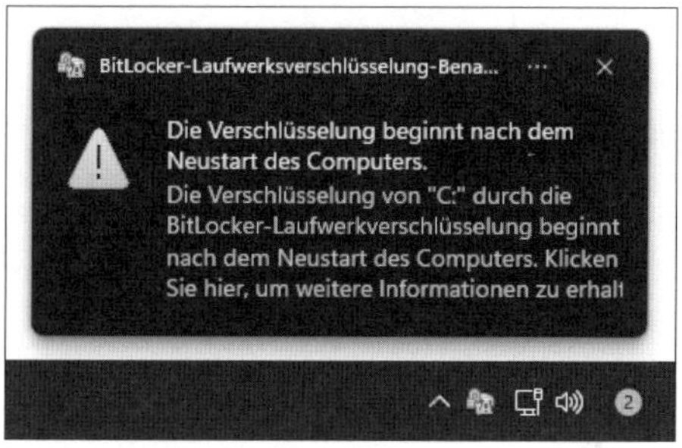

7.3.6 Den PC während des Verschlüsselungsvorgangs nutzen

Die Verschlüsselung eines ganzen Laufwerks kann einige Stunden in Anspruch nehmen. Während der Verschlüsselung des Laufwerks können Sie den PC uneingeschränkt weiterverwenden, allerdings wirkt sich die laufende Verschlüsselung schon spürbar auf die Performance aus. Wenn Sie können, sollten Sie den Rechner deshalb in dieser Zeit also einfach sich selbst überlassen, dann geht es am schnellsten. Sie können den PC übrigens auch ausschalten. Die Verschlüsselungsfunktion bemerkt das und richtet sich danach. Beim nächsten Start setzt sie ihre Tätigkeit also automatisch fort, bis die Verschlüsselung vollständig ist.

1. Solange die Verschlüsselung des Laufwerks läuft, finden Sie unten rechts im Infobereich ein Symbol dafür vor.

2. Mit einem Doppelklick darauf öffnen Sie einen Dialog mit den Statusinformationen zum Verschlüsselungsvorgang.

3. Hier können Sie ablesen, wie weit die Verschlüsselung bereits fortgeschritten ist.

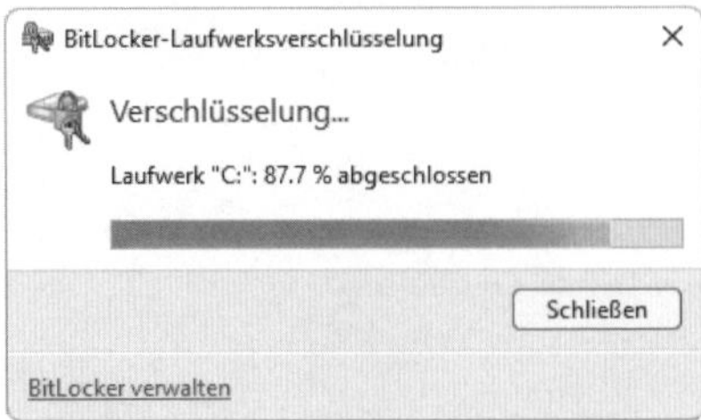

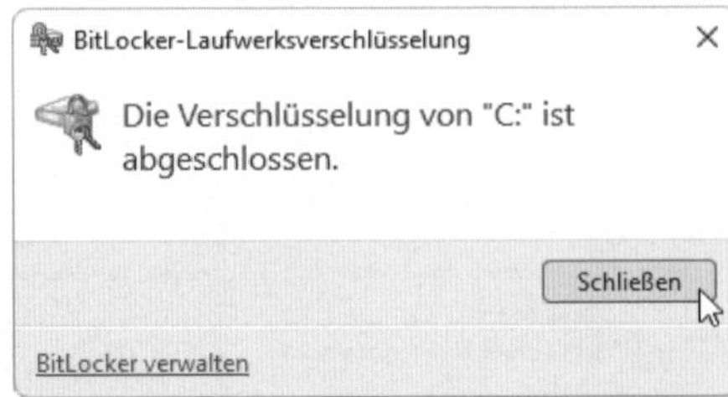

4. Ist die Verschlüsselung vollständig, wird das Symbol automatisch aus dem Infobereich ausgeblendet. Zusätzlich erhalten Sie einen deutlichen Hinweis. Ab sofort können Sie Ihren PC wieder uneingeschränkt nutzen und Ihre Daten sind vor Diebstahl geschützt.

7.3.7 BitLocker mit USB-Stick anstatt TPM-Chip

Standardmäßig ist BitLocker an einen im System vorhandenen TPM-Kryptochip geknüpft. Anstelle eines fest verdrahteten Chips kann aber auch ein Kennwort oder ein handelsüblicher USB-Stick als Autorisierung für den Zugriff verwendet werden. Dies muss aber zunächst einmalig in den Gruppenrichtlinien (siehe Seite 447) eingestellt werden.

1. Wenn Sie in der klassischen Systemsteuerung im Modul *BitLocker-Laufwerkverschlüsselung* mit *BitLocker aktivieren* den Dienst starten und kein TPM-Chip in Ihrem PC installiert ist, beschwert sich das Programm direkt und verweigert die weitere Arbeit.

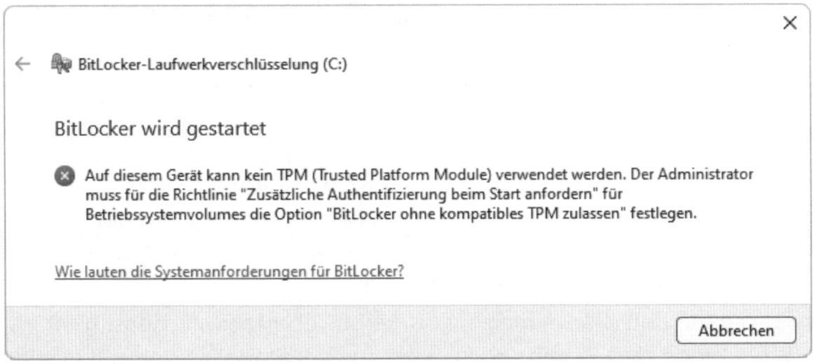

2. Starten Sie den Gruppenrichtlinien-Editor und wählen Sie im Navigationsbereich links die Kategorie *Computerkonfiguration/Administrative Vorlagen/Windows-Komponenten/BitLocker-Laufwerkverschlüsselung/Betriebssystemlaufwerke* aus.

3. Rechts werden nun die Einstellungen für diesen Bereich angezeigt. Lokalisieren Sie hier die Option *Zusätzliche Authentifizierung beim Start anfordern* und doppelklicken Sie darauf.

4. Wählen Sie im Einstellungsdialog oben die Option *Aktiviert* und klicken Sie unten auf *OK*.

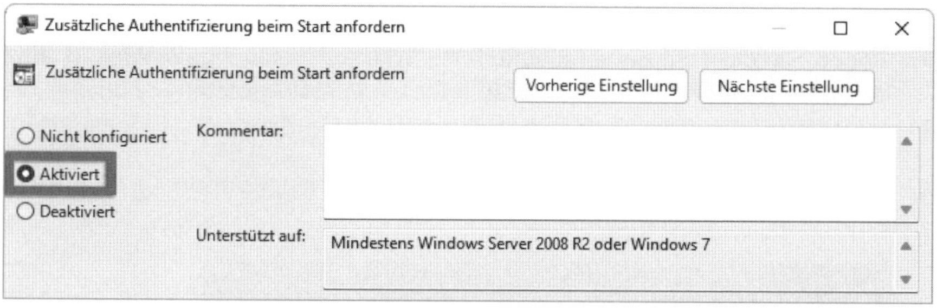

5. Schließen Sie den Gruppenrichtlinien-Editor. Wenn Sie BitLocker nun erneut starten, sollte der Warnhinweis bezüglich des fehlenden TPM-Chips verschwunden sein. Eventuell müssen Sie Windows zwischenzeitlich einmal neu starten.

7.3.8 Windows von einem verschlüsselten Laufwerk starten

Im Prinzip können Sie mit Windows von einem verschlüsselten Laufwerk ganz genauso wie sonst auch arbeiten. Das Betriebssystem erledigt das Ver- und Entschlüsseln unmerklich im Hintergrund in Echtzeit.

Nur der Start unterscheidet sich, da jeweils beim ersten Zugriff auf das Laufwerk die Berechtigung überprüft werden muss. Dies kann je nach Konfiguration durch das Abfragen des TPM-Moduls im PC, durch den Zugriff auf den präparierten USB-Stick oder durch Eintippen eines festgelegten Kennworts erfolgen. Dafür ist die Start-PIN vorgesehen. Haben Sie diese vor dem Verschlüsseln des Laufwerks auf einem USB-Stick gespeichert, muss dieser Stick eingesteckt sein bzw. werden. Verfügt Ihr PC über einen TPM-Chip, müssen Sie je nach Einstellung eine PIN eingeben oder es wird einfach nur das Vorhandensein des Chips überprüft.

1. Haben Sie z. B. ein BitLocker-Kennwort für den Start festgelegt, wird dieses nach dem Einschalten des PCs abgefragt. Tippen Sie die Zeichen einfach ein und drücken Sie dann ⏎.

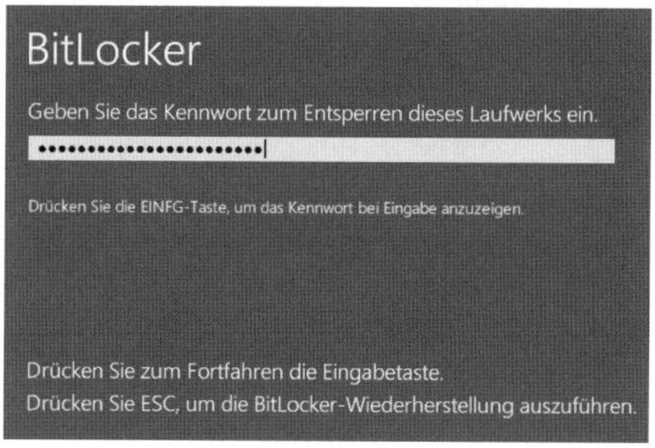

2. Sollten Sie eine BitLocker-Wiederherstellung durchführen müssen, weil das Kennwort falsch ist oder das System einen präparierten USB-Stick nicht erkennt, drücken Sie stattdessen Esc.

3. Nun kommt der große Auftritt des Wiederherstellungsschlüssels, den Sie während des Einrichtens der Verschlüsselung aufgeschrieben, ausgedruckt oder anderweitig hinterlegt haben, sodass er jetzt greifbar ist.

4. Geben Sie die acht Zahlenblöcke Ihres Wiederherstellungsschlüssels ein. Dafür verwenden Sie die Zifferntasten oder die Funktionstasten F1 bis F10, die für die Ziffern 1 bis 9 sowie 0 stehen.

5. Drücken Sie schließlich ↵, wenn alles fertig eingegeben ist. Nun wird der Startvorgang regulär fortgesetzt.

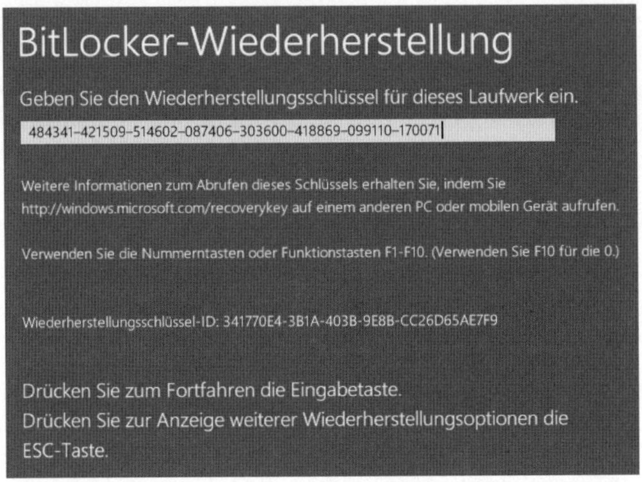

7.3.9 Die Verschlüsselung eines Laufwerks wieder aufheben

Selbstverständlich können Sie die Verschlüsselung eines Laufwerks auch wieder rückgängig machen, um dieses ohne USB-Stick, Start-PIN und sonstige Umstände nutzen zu können.

1. Öffnen Sie dazu erneut das Modul *BitLocker-Laufwerkverschlüsselung* in der Systemsteuerung. Hier finden Sie für jedes BitLocker-geschützte Laufwerk eine Reihe von Optionen. So können Sie hier z. B. auch das BitLocker-Kennwort ändern.

2. Mit einem Klick auf *BitLocker deaktivieren* entfernen Sie die Verschlüsselung von diesem Laufwerk.

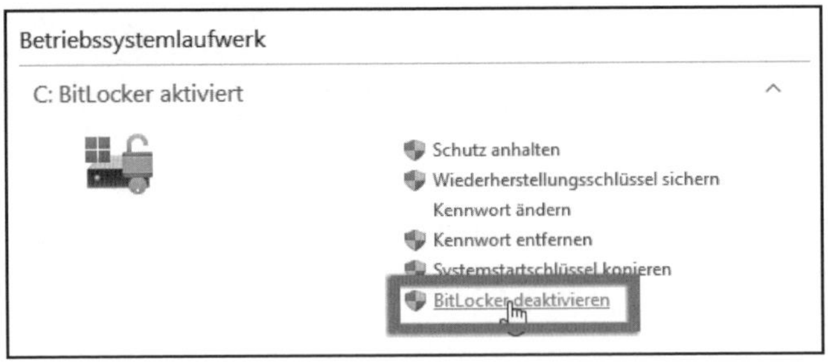

3. Bestätigen Sie dann das Zurücknehmen der Laufwerkverschlüsselung, indem Sie auf die Schaltfläche *BitLocker deaktivieren* klicken.

4. Das Entschlüsseln dauert erneut etwa so lange wie das ursprüngliche Verschlüsseln. Sie können aber auch diesmal den PC zwischendurch abschalten und das Entschlüsseln ein anderes Mal fortsetzen lassen. Aber erst wenn die Verschlüsselung vollständig entfernt ist, können Sie Windows wieder ohne Systemstartschlüssel starten.

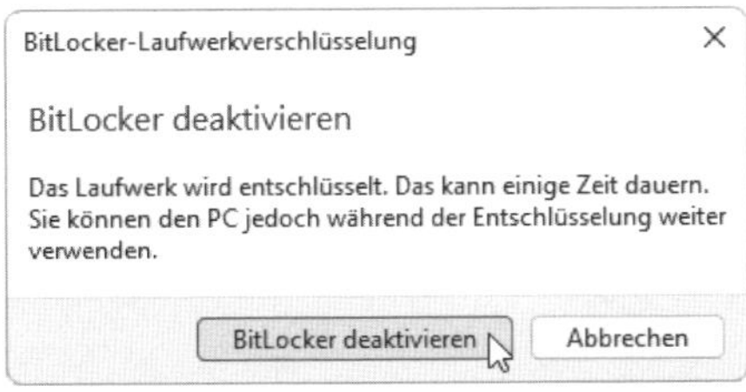

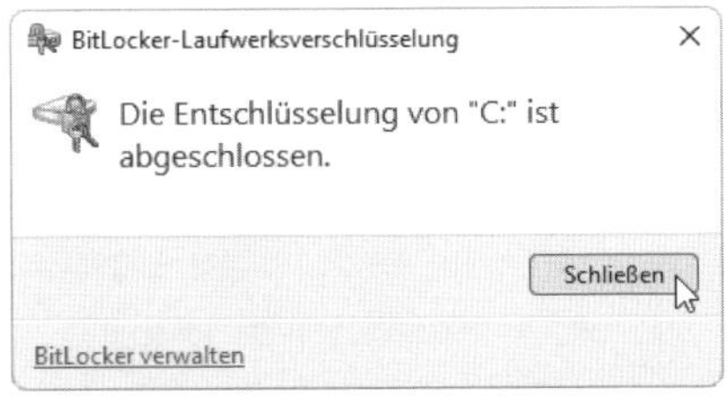

BitLocker-Schutz anhalten

Den BitLocker-Schutz mit *Schutz anhalten* vorübergehend zu deaktivieren, empfiehlt sich, wenn Sie z. B. ein BIOS-Update vornehmen oder die Startdateien des PCs reparieren wollen oder müssen. BitLocker ist dann vorübergehend deaktiviert, damit Sie auf die erforderlichen Dateien zugreifen können. Anschließend können Sie den Schutz wieder reaktivieren. Diese Variante ist in den genannten Fällen einfacher und schneller, als die Verschlüsselung erst vollständig zu entfernen, um sie später erneut durchzuführen.

7.3.10 Wechselmedien mit BitLocker To Go schützen

BitLocker kann nicht nur Ihre eingebauten Festplattenlaufwerke schützen, sondern auch Wechselspeichermedien wie USB-Sticks und Speicherkarten. Auch diese lassen sich verschlüsseln, sodass der Zugriff nur nach dem Eingeben des dazugehörigen Passworts erlaubt wird. Dabei ist es nicht notwendig, auf fremden PCs spezielle Software zu installieren. Zumindest für andere Windows-PCs bringen die verschlüsselten Mobilspeicher alles Notwendige selbst mit.

Um ein Speichermedium zu schützen, müssen Sie es einmalig verschlüsseln. Dabei spielt es keine Rolle, ob zu diesem Zeitpunkt bereits Daten auf dem Speicher sind. Diese werden mit verschlüsselt und können dann sicher genutzt werden.

1. Schließen Sie zunächst das Speichermedium, das Sie mit BitLocker schützen möchten, an den PC an.

2. Klicken Sie das Symbol des Laufwerks im Explorer mit der rechten Maustaste an, wählen Sie *Weitere Optionen anzeigen* und im erweiterten Kontextmenü dann *BitLocker aktivieren*.

3. Wählen Sie im so gestarteten Assistenten, wie das Laufwerk vor der Verwendung jeweils entschlüsselt werden soll. Steht Ihnen eine Smartcard nebst einem

entsprechenden Lesegerät zur Verfügung, ist dies die komfortabelste Methode. Das Speichermedium kann dann an anderen PCs ohne diese Smartcard allerdings nicht genutzt werden. Mit *Kennwort zum Entsperren des Laufwerks verwenden* sind Sie deshalb flexibler. Das Kennwort muss mindestens acht Zeichen umfassen, sonst wird es nicht akzeptiert.

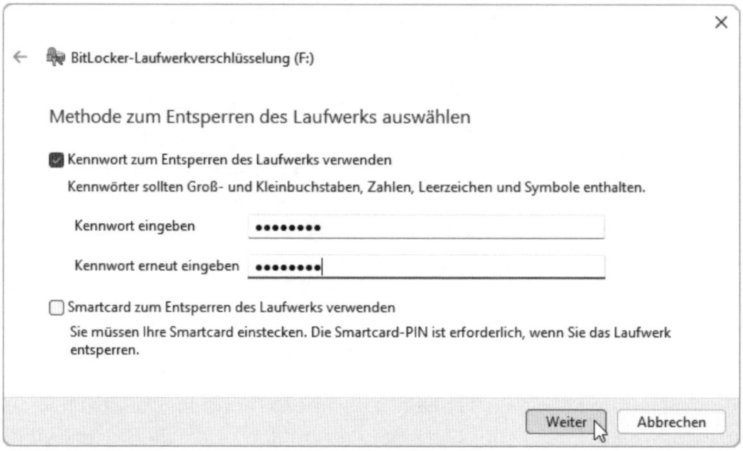

4. Anschließend bietet BitLocker Ihnen an, einen Wiederherstellungsschlüssel auszudrucken, in einer Datei zu speichern oder in Ihrem Microsoft-Konto abzulegen. Mit diesem können Sie Zugang zu den verschlüsselten Daten erlangen, sollten Sie das gewählte Kennwort mal vergessen. Bewahren Sie den Wiederherstellungsschlüssel so oder so an einem sicheren Ort auf – allerdings keinesfalls auf dem verschlüsselten Speichermedium selbst, denn dort nutzt es Ihnen gar nichts. Erst wenn Sie eine der Varianten gewählt haben, können Sie unten auf *Weiter* klicken.

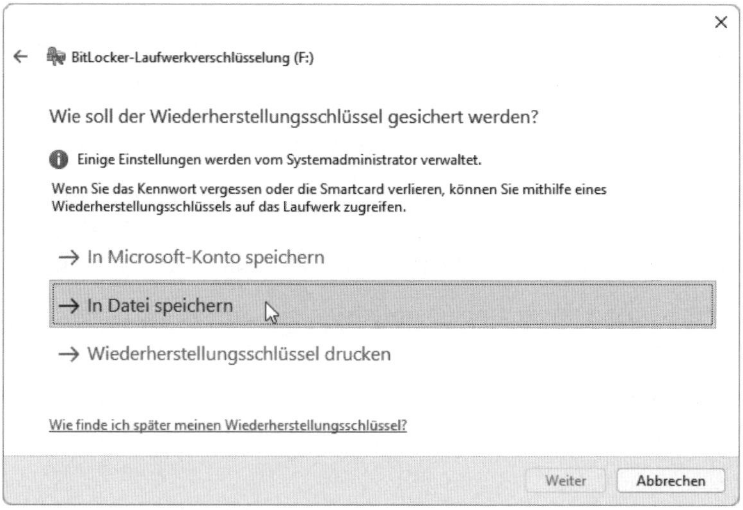

5. Aktivieren Sie im nächsten Schritt am besten die Option *Gesamtes Laufwerk verschlüsseln*, da der etwas höhere Zeitaufwand dafür bei Wechselspeichern in der Regel nicht so ins Gewicht fällt.

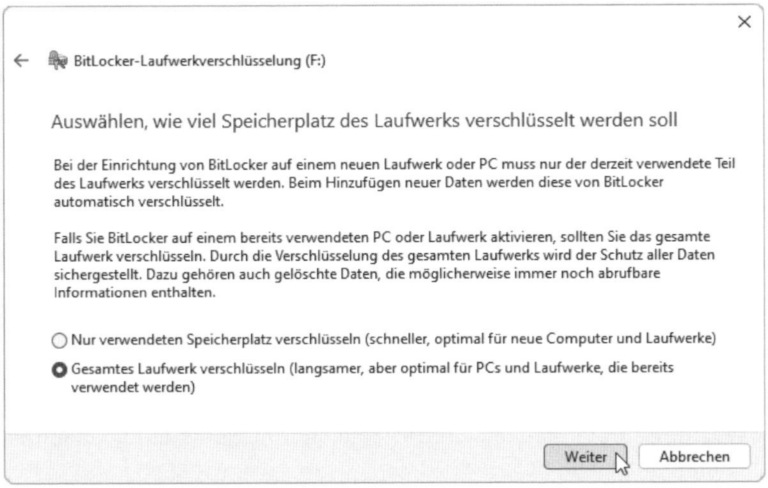

6. Bei der Wahl des Verschlüsselungsmodus empfiehlt Windows für Wechselmedien den älteren kompatiblen Modus. Den sollten Sie zumindest dann wählen, falls Sie den Speicher auch an Geräten mit älteren Versionen als Windows 10 nutzen möchten (die allerdings aus Sicherheitsgründen ohnehin nicht mehr eingesetzt werden sollten). Ansonsten ist der neue Verschlüsselungsmodus für mehr Sicherheit zu bevorzugen.

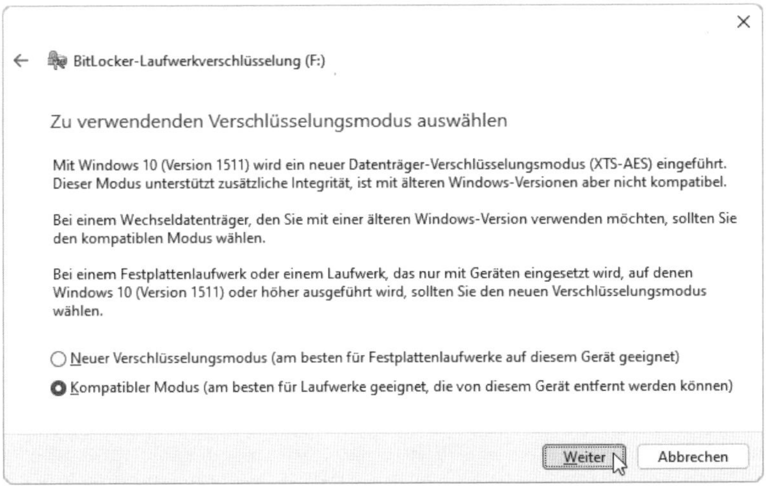

7. Klicken Sie dann unten rechts auf *Verschlüsselung starten*. BitLocker verschlüsselt nun das Laufwerk. Sie sollten das Speichermedium während dieses Vorgangs nicht entfernen.

Sollte es unbedingt erforderlich sein, können Sie den Vorgang anhalten, dann den Speicher entfernen und das Ganze später fortsetzen.

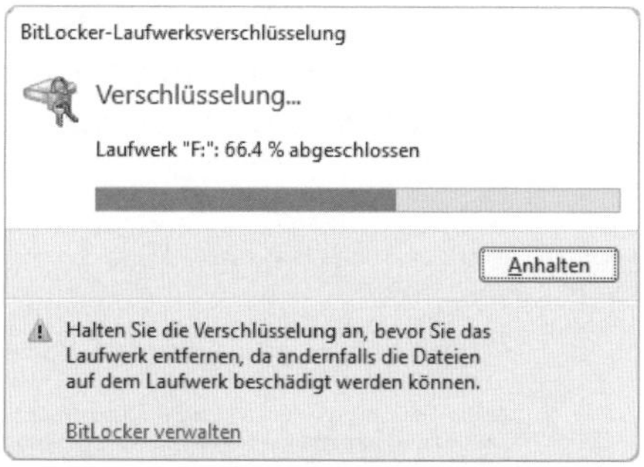

8. Ist das Verschlüsseln vollständig durchgeführt, erhalten Sie eine Erfolgsmeldung. Sie können das Speichermedium nun sicher nutzen.

7.3.11 BitLocker-geschützte Speichermedien nutzen

Ein mit BitLocker genutztes Speichermedium können Sie prinzipiell wie sonst auch verwenden. Einziger Unterschied: Jedes Mal, wenn Sie das Speichermedium mit Ihrem oder auch einem anderen Windows-PC verbinden, müssen Sie nun das Kennwort eingeben (oder die entsprechende Smartcard muss vorliegen). In der Praxis blendet Windows beim Einstecken des Speichermediums automatisch einen Hinweis ein, der Ihnen zeigt, dass dieses Medium BitLocker-geschützt ist. Klicken Sie darauf, um den Zugang zu autorisieren. Alternativ finden Sie im Kontextmenü eines so geschützten Datenträgers den Befehl *Laufwerk entsperren*.

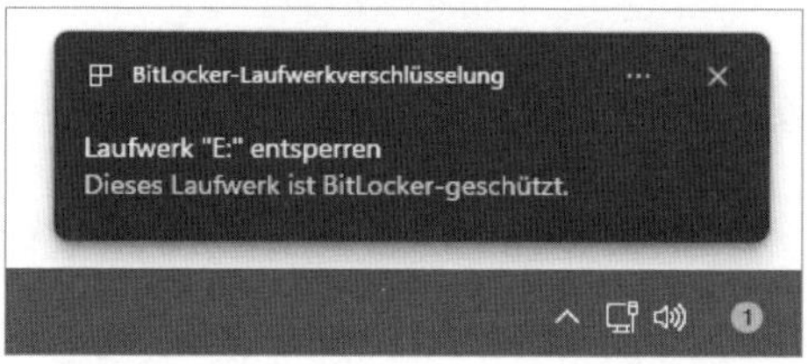

Wird die Passwortabfrage angezeigt, tippen Sie einfach das festgelegte Kennwort ein und drücken ⏎. Anschließend können Sie das Speichermedium und die darauf gespeicherten Daten wie gewohnt benutzen.

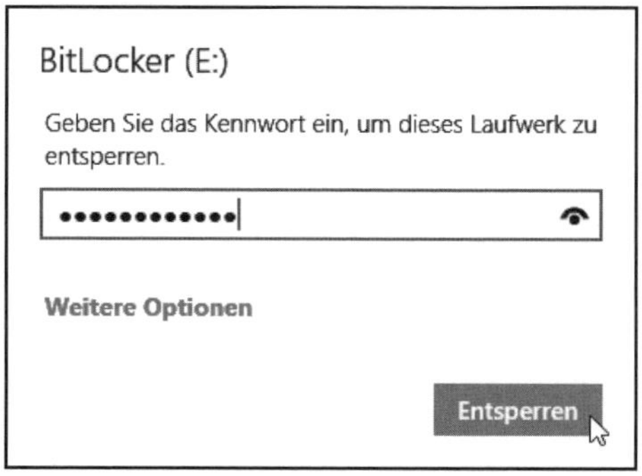

Passwort vergessen?

Sollten Sie das Kennwort für ein BitLocker-geschütztes Speichermedium einmal vergessen haben, können Sie nur über den Wiederherstellungsschlüssel an Ihre Daten kommen. Klicken Sie in diesem Fall im Kennwortfenster auf den Link *Weitere Optionen* und dann auf *Wiederherstellungsschlüssel eingeben*. Dann können Sie den Wiederherstellungsschlüssel angeben und so Zugriff auf die Daten erhalten.

Besondere Maßnahmen beim Entfernen des Wechselspeichers sind nicht erforderlich. Allerdings empfiehlt es sich, gerade nach dem Speichern umfangreicherer Daten etwas abzuwarten oder noch besser vorsichtshalber die *Auswerfen*-Funktion im Kontextmenü des Laufwerks zu verwenden. Das stellt sicher, dass alle Daten erfolgreich auf das Medium geschrieben wurden, bevor es entfernt wird.

7.3.12 Speichermedien beim Einstecken automatisch entschlüsseln

Wenn Sie ein Speichermedium regelmäßig z. B. an Ihrem eigenen PC benutzen, ist das ständige Eingeben des Kennworts vielleicht zu nervig. In solchen Fällen können Sie festlegen, dass der Speicherstick beim Einstecken in diesem PC automatisch angemeldet wird, ohne dass Sie aktiv werden müssen.

So viel Komfort wird aber mit weniger Sicherheit erkauft. Das System prüft schließlich nicht, wer den Speicherstick einsteckt. Er kann also auch von Dritten verwendet werden, die Zugang zu Ihrem PC haben.

1. Um ein Speichermedium in Zukunft automatisch anmelden zu lassen, tippen Sie bei der nächsten Anmeldung noch einmal Ihr Kennwort ein.
2. Vor dem Betätigen von [Enter] klicken Sie dann aber auf *Weitere Optionen* und setzen ein Häkchen bei der Option *Auf diesem PC automatisch entsperren*.
3. Klicken Sie dann unten auf *Entsperren*. In Zukunft wird dieses Speichermedium auf diesem PC automatisch entsperrt. Bei anderen PCs muss aber nach wie vor das Kennwort eingegeben werden.

7.3.13 Den BitLocker-Schutz von Speichermedien wieder entfernen

Sollten Sie den BitLocker-Schutz nicht mehr benötigen, können Sie ihn jederzeit wieder entfernen. Dabei brauchen Sie sich auch keine Sorgen über die auf dem Speicher abgelegten Daten zu machen. Diese werden mit entschlüsselt und stehen anschließend wieder unverschlüsselt zur Verfügung.

1. Schließen Sie das Speichermedium an den PC an und entsperren Sie es mit dem Kennwort.

2. Öffnen Sie dann in der Systemsteuerung das Modul *BitLocker-Laufwerkverschlüsselung*.
3. Wählen Sie in der Liste unter *Wechseldatenträger – BitLocker To Go* das verschlüsselte Laufwerk aus und klicken Sie in dessen Aktionsliste auf *BitLocker deaktivieren*.

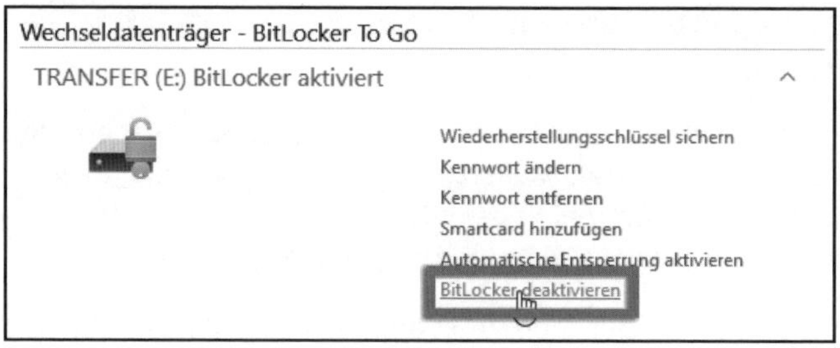

4. Bestätigen Sie den Vorgang im anschließenden Dialog mit einem Klick auf *BitLocker deaktivieren*.

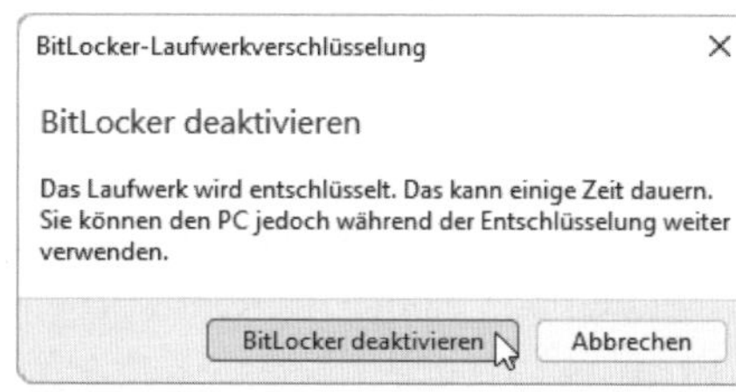

5. Windows entfernt dann die BitLocker-Verschlüsselung von dem Laufwerk. Dies kann je nach Größe des Speichers ein wenig dauern. Sie sollten das Speichermedium während dieses Vorgangs nicht entfernen. Sollte es unbedingt erforderlich sein, können Sie den Vorgang anhalten, dann den Speicher entfernen und das Ganze später fortsetzen.
6. Ist das Entfernen der Verschlüsselung abgeschlossen, erhalten Sie eine Erfolgsmeldung. Sie können das Speichermedium nun wieder ganz regulär verwenden.

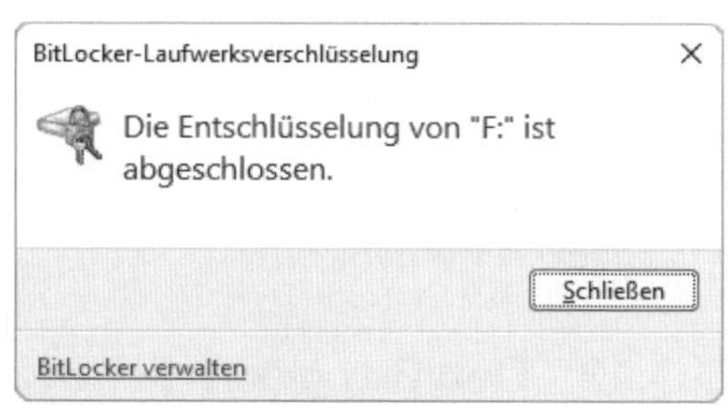

7.3.14 VeraCrypt als BitLocker-Alternative nutzen

BitLocker ist leider nur in den höheren Windows-Editionen ab Pro verfügbar und lässt sich für Windows Home nicht nachrüsten. Eine gute Alternative für Home-Anwender ist die kostenlose Verschlüsselungssoftware VeraCrypt (*veracrypt.fr*).

Sie bietet ebenfalls sichere Verschlüsselung und die Möglichkeit, ganze Laufwerke zu schützen. Außerdem bietet es die Möglichkeit, einen sicheren Container für sensible Daten anzulegen, anstatt gleich ein ganzes Laufwerk zu verschlüsseln.

VeraCrypt in Deutsch

Sollte VeraCrypt nach der Installation eine englischsprachige Benutzeroberfläche anzeigen, können Sie das schnell ändern: Wählen Sie im Menü *Settings/ Language*, dann *Deutsch* und klicken Sie auf *OK*. Die nachfolgenden Abbildungen sind mit dieser Einstellung angefertigt worden.

Um Daten mit VeraCrypt sicher aufzubewahren, benötigen Sie zunächst einen Container, der mit einem Assistenten schnell angelegt ist.

1. Klicken Sie im VeraCrypt-Hauptprogramm links unten auf die Schaltfläche *Volumen erstellen* oder wählen Sie die Menüfunktion *Volumen/Neues Volumen erstellen*.

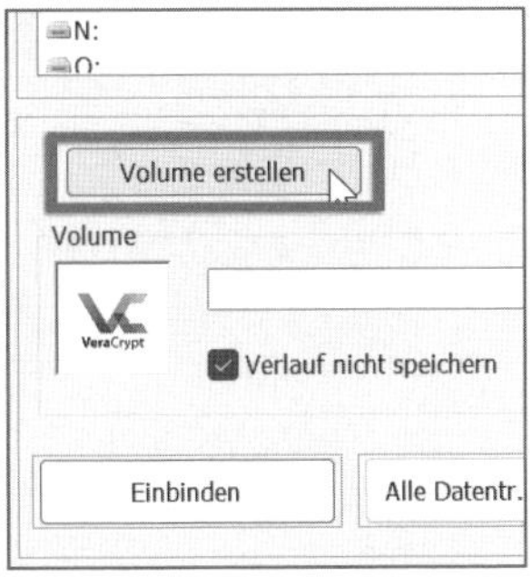

2. Wählen Sie im ersten Schritt die Option *Eine verschlüsselte Containerdatei erstellen* und klicken Sie unten auf *Weiter*. Wie Sie hier aber schon sehen, bietet VeraCrypt auch andere Funktionen wie etwa das Verschlüsseln ganzer Laufwerke und Wechselspeicher sowie sogar das Verschlüsseln eines Systemlaufwerks.

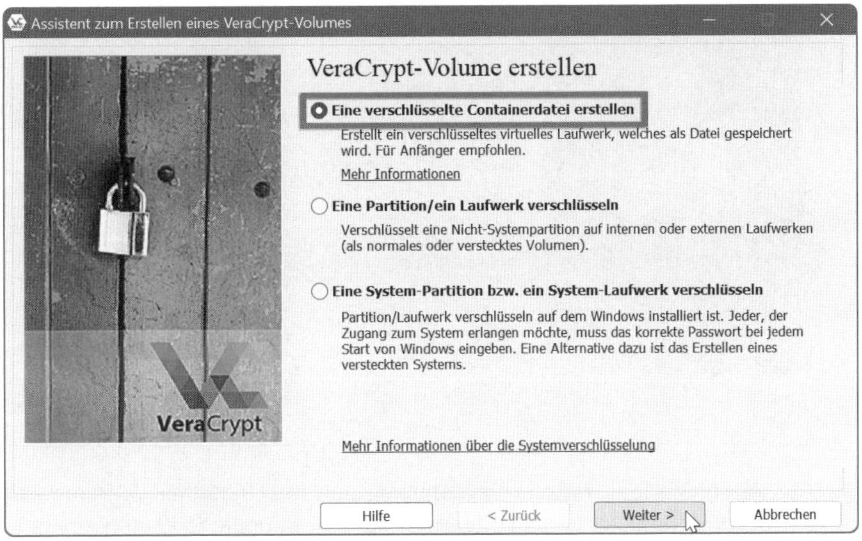

3. Nun können Sie entscheiden, ob Sie einen versteckten verschlüsselten Container erstellen wollen. Dieser ist für Uneingeweihte gar nicht erst zu entdecken, sodass Sie auch niemand dazu zwingen kann, das Passwort für den Zugang preiszugeben. Für erste Versuche sollten Sie sich aber mit *Standard VeraCrypt-Volume* auf einen einfachen, sichtbaren Container beschränken.

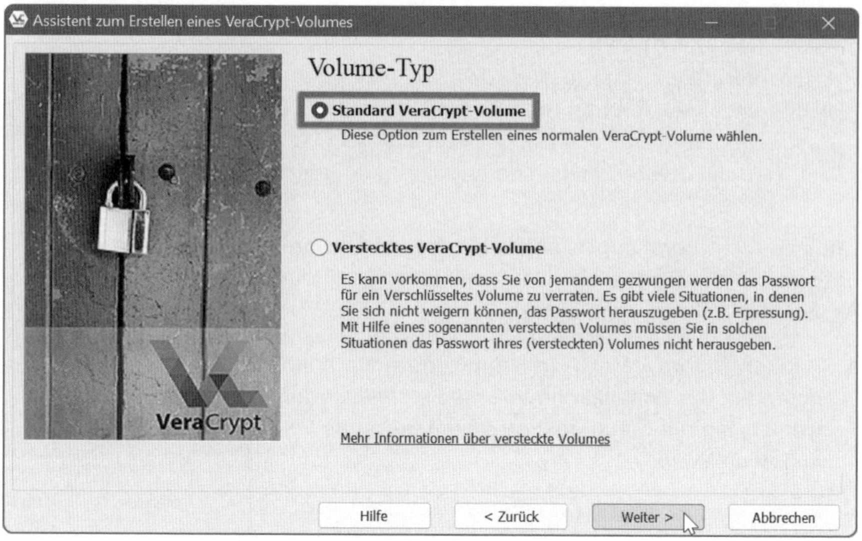

4. Wählen Sie dann aus, wo und mit welchem Dateinamen der Container gespeichert werden soll. Sie können hierfür einen beliebigen Speicherort wählen, also eine Festplatte, aber auch einen Wechselspeicher (z. B. einen USB-Stick).

5. Nun legen Sie fest, welche Verschlüsselung Ihr Container verwenden soll. VeraCrypt unterstützt verschiedene Verschlüsselungsalgorithmen sowie Kombinationen davon, die allesamt als sicher gelten können, solange Sie nicht gerade Ihr Patent für kalte Kernfusion damit speichern möchten.

   Je mehr verschlüsselt wird, desto sicherer sind Ihre Daten, aber Sie sollten auch nicht vergessen, dass das Öffnen und Speichern der verschlüsselten Daten dann entsprechend länger dauert. Für den Anfang ist der AES-Algorithmus, der beispielsweise auch von offiziellen US-Behörden eingesetzt wird, sicherlich kein schlechter Kompromiss zwischen Geschwindigkeit und Sicherheit.

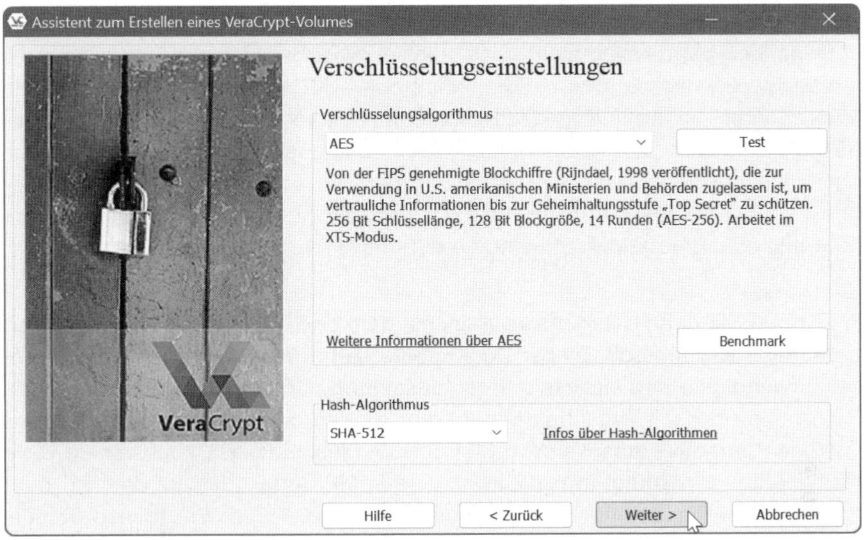

6. Geben Sie dann an, wie groß der Container sein soll. Beachten Sie dabei die Wahl der richtigen Größenordnung rechts neben dem Eingabefeld (KB = Kilobyte/KB, MB = Megabyte/MB, GB = Gigabyte/GB).

   Wenn Sie sich in Schritt 8 für einen dynamisch wachsenden Container entscheiden, gibt diese Zahl dessen maximale Größe an.

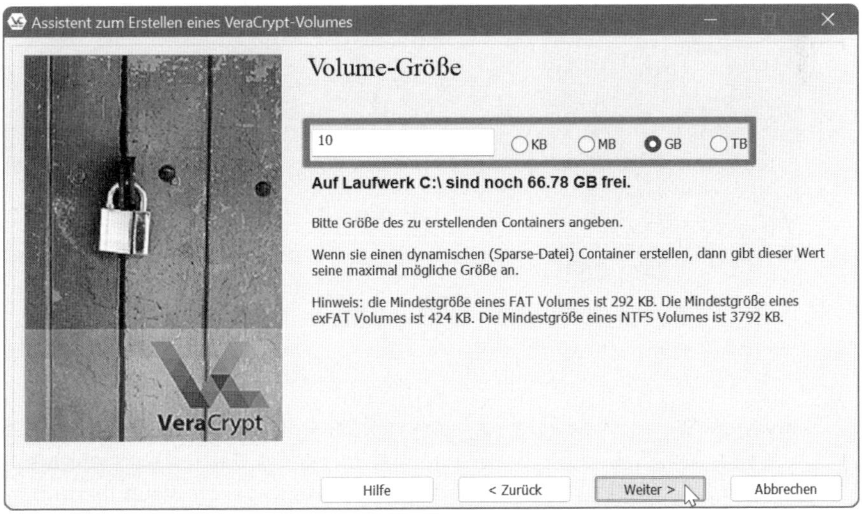

Verschlüsselungsverfahren vergleichen

VeraCrypt bietet die für an Verschlüsselung Interessierten wichtige Möglichkeit, die verschiedenen unterstützten Verfahren in einem Benchmark-Test auf dem eigenen PC zu vergleichen. So kann man schnell erkennen, wie groß die Unterschiede in der Verarbeitungsgeschwindigkeit zwischen sicheren und sehr sicheren Verfahren sind. So braucht die sehr sichere AES-Variante Twofish (Serpent) etwa zehnmal so lange für dieselbe Datenmenge wie das einfachere Standard-AES. Daraus lässt sich vielleicht folgende Strategie ableiten: einen kleinen Container mit höchster Verschlüsselung für die sehr sensiblen Daten. Und einen größeren mit Standard-AES für die nicht ganz so wichtigen Dinge, die man aber öfter mal schnell braucht, ohne lange auf das Entschlüsseln warten zu wollen.

7. Tippen Sie dann das Kennwort ein, mit dem der Zugriff auf Ihren Container geschützt werden soll. Dieser Punkt sollte nicht unterschätzt werden, denn die aufwendigste und sicherste Verschlüsselung nutzt nichts, wenn das Passwort erraten oder mit einfachen Mitteln durch Ausprobieren ermittelt werden kann. Eine Alternative zum Kennwort ist eine Schlüsseldatei. Dabei wählen Sie eine beliebige Binärdatei (beispielsweise JPG, MP3 oder ZIP) auf dem PC aus. So brauchen Sie sich nur zu merken, welche Datei es war. Wird diese Datei allerdings verändert oder gelöscht, ist der Zugang zum Container für immer verschlossen.

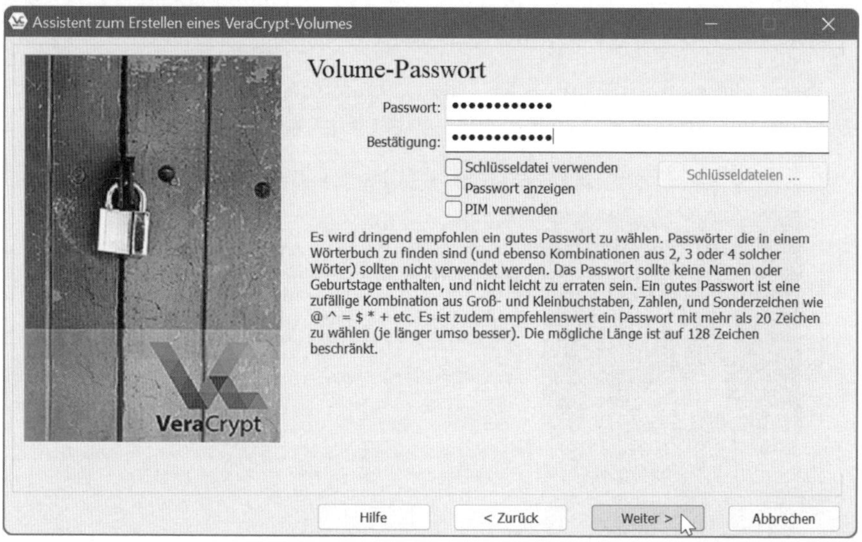

8. Nun legen Sie noch das Dateisystem des im Container enthaltenen virtuellen Laufwerks fest. Geben Sie dazu zunächst an, ob Sie Dateien mit mehr als 4 GB Größe im Container speichern möchten. Abhängig davon bietet Ihnen der Assistent dann geeignete Dateisysteme an. Mit FAT können Sie kaum etwas falsch machen. Legen Sie Wert darauf, dass die speziellen Windows-Dateieigenschaf-

ten im Container erhalten bleiben, können Sie aber auch NTFS wählen. Mit der Option *Dynamisch* wächst die Datei erst im Laufe der Zeit allmählich entsprechend den gespeicherten Daten. Allerdings verringert dies die Sicherheit der Daten und ist deshalb nicht zu empfehlen.

Wirklich sichere Kennwörter

Wenn Sie wirklich sensible Daten mit VeraCrypt schützen möchten, empfehle ich Ihnen eher einen Kennsatz anstelle eines Kennworts. Am besten wirklich einen vollständigen Satz einschließlich Satzzeichen, in den idealerweise auch noch Ziffern und Sonderzeichen eingebaut sind. Beispiel: »VeraCrypt verschlüsselt 100%ig sicher!« Eine andere sichere Variante ist es, ganz auf Wörter zu verzichten und stattdessen ein scheinbar wildes Buchstabengewirr zu verwenden, das mit keiner Wörterbuchanalyse geknackt werden kann. Wenn Sie beispielsweise ein Gedicht oder einen Liedtext auswendig kennen, könnten Sie von jedem Wort nur den Anfangsbuchstaben verwenden: GuaeHssbFul.HsdF,DB.KDdKOn?

9. Bevor es weitergeht, bewegen Sie nun einfach die Maus auf dem Bildschirm hin und her. Durch diese Bewegungen sammelt der Assistent wirklich zufällige Werte, die für eine sichere Verschlüsselung benötigt werden. Fahren Sie möglichst so lange fort, bis der Balken im unteren Bereich grün ist.

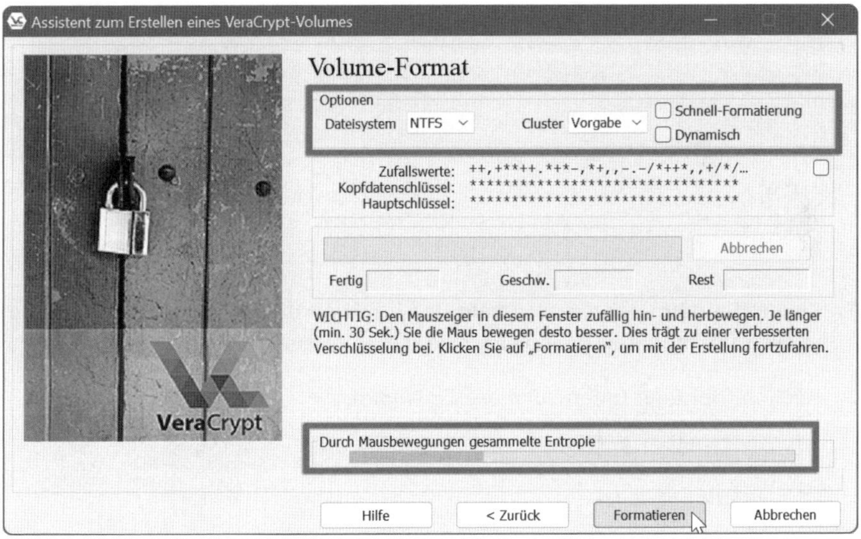

10. Klicken Sie dann auf *Formatieren*, um das virtuelle Laufwerk in der angegebenen Datei zu erstellen. VeraCrypt legt nun den Container nach Ihren Vorgaben an.

11. Warten Sie ab, bis der Container erstellt wurde, und klicken Sie dann auf *OK* und *Beenden*, um den Assistenten zu schließen.

7.3.15 Verschlüsselte Container als Laufwerke einbinden

Für den möglichst einfachen und schnellen Zugriff auf Ihre verschlüsselten Dateien können Sie erstellte Container als Laufwerk in das Windows-Dateisystem einbinden.

So wird der Inhalt eines Containers im Explorer und in beliebigen Dialogen zum Öffnen und Speichern von Dateien wie ein herkömmliches Laufwerk angezeigt.

1. Wählen Sie im VeraCrypt-Hauptprogramm mit *Datei* den zuvor angelegten Container aus.

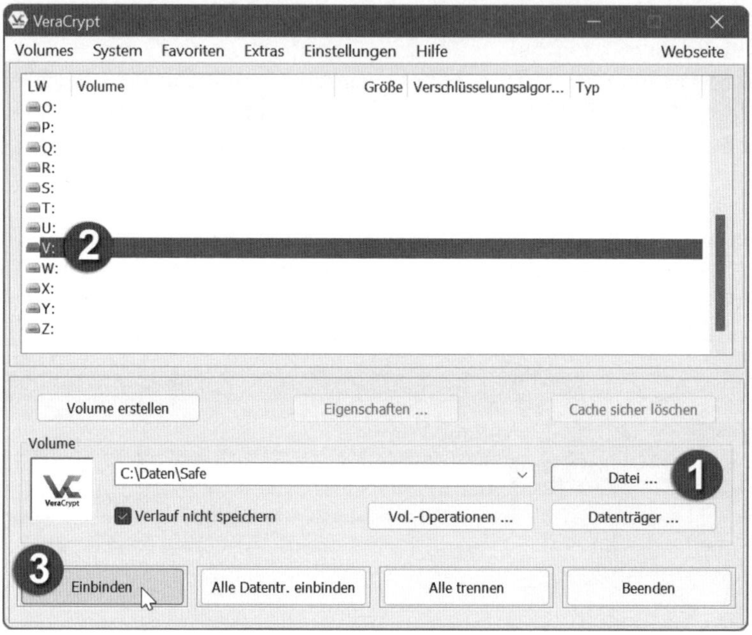

2. Legen Sie dann oben in der Liste den Laufwerkbuchstaben fest, den Sie dafür verwenden möchten, beispielsweise *V* wie **V**eraCrypt.

3. Klicken Sie dann unten links auf *Einbinden*.

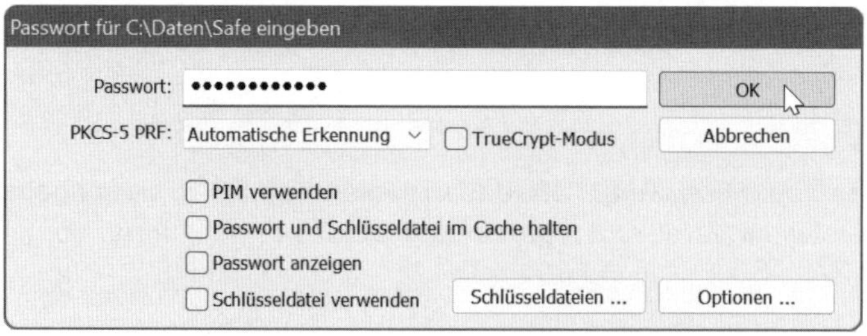

4. Schließlich brauchen Sie nur noch das festgelegte Kennwort für diesen Container anzugeben.

Nun können Sie sich im Datei-Explorer selbst davon überzeugen, dass Ihr verschlüsselter Dateicontainer jetzt als eigenes Laufwerk zugänglich ist.

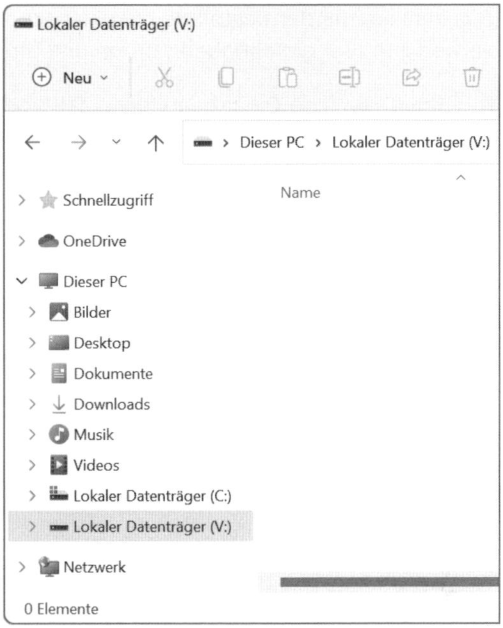

Wichtig: Dieses Einbinden müssen Sie jedes Mal wiederholen, bevor Sie auf die geschützten Daten zugreifen können. Ein automatisches Einbinden des Containers wäre zwar komfortabler, würde aber auch die Schutzfunktion von VeraCrypt verringern. Denn dann hätte jeder, der Zugang zu Ihrem Windows-PC hat, automatisch auch Zugang zu Ihren verschlüsselten Daten.

Verschlüsselte Container loswerden
Wenn Sie für einen VeraCrypt-Container keine Verwendung mehr haben und den Speicherplatz freigeben möchten, brauchen Sie die entsprechende Containerdatei einfach nur zu löschen. Das geht im VeraCrypt-Programm, aber auch einfach mit dem Datei-Explorer, wenn Sie den Speicherort kennen.

7.4 Benutzerverwaltung und Zugriffsrechte

Das Benutzerkonto ist ein grundlegendes Sicherheitskonzept von Windows. Es schützt den Zugriff auf Ihre Daten und ermöglicht, dass sich mehrere Benutzer einen PC teilen. So kann es beispielsweise auch in Bezug auf eine Home-Office-Tätigkeit sinnvoll sein, ein eigenes Benutzerkonto für diesen Zweck anzulegen. So werden Dateien, Informationen und Einstellungen sauber zwischen privat und dienstlich getrennt gehalten. In diesem Kapitel geht es um Windows-Funktionen und Tricks, sich das Leben mit Benutzerkonten und -gruppen so angenehm und sicher wie möglich zu machen.

7.4.1 Ohne Passwort automatisch anmelden

Sicherheit ist wichtig, aber der Komfort sollte nicht zu kurz kommen. Ein Beispiel dafür ist das Anmelden bei Windows mit Benutzernamen und Kennwort. In der Firma oder einer sonstigen Umgebung, in der andere Menschen Zugriff auf den PC haben, sollte das eine Selbstverständlichkeit sein. Was aber im trauten Heim, wo kein anderer Zutritt zum Arbeitszimmer hat und vielleicht auch nicht gerade Staatsgeheimnisse auf der Festplatte gespeichert sind? Hier darf der Komfort ggf. ruhig ein wenig größer geschrieben werden und die Anmeldung vollautomatisch erfolgen.

1. Öffnen Sie eine Eingabeaufforderung, tippen Sie hier den Befehl *control userpasswords2* ein und drücken Sie dann ↵.

2. Wählen Sie im anschließenden Dialog in der Liste den Benutzer aus, der beim Systemstart automatisch angemeldet werden soll.

3. Entfernen Sie dann oberhalb der Liste das Häkchen bei *Benutzer müssen Benutzernamen und Kennwort eingeben*.

4. Klicken Sie nun unten auf *OK*.

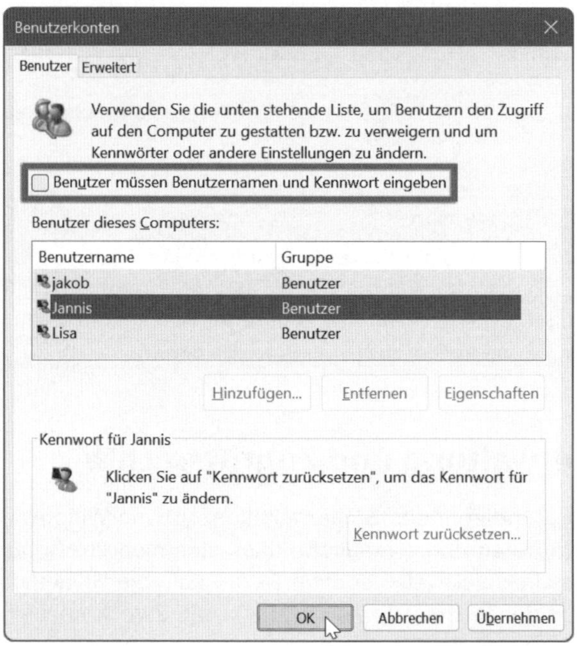

5. Geben Sie im anschließenden Dialog zur Bestätigung zweimal das Kennwort dieses Benutzers an.

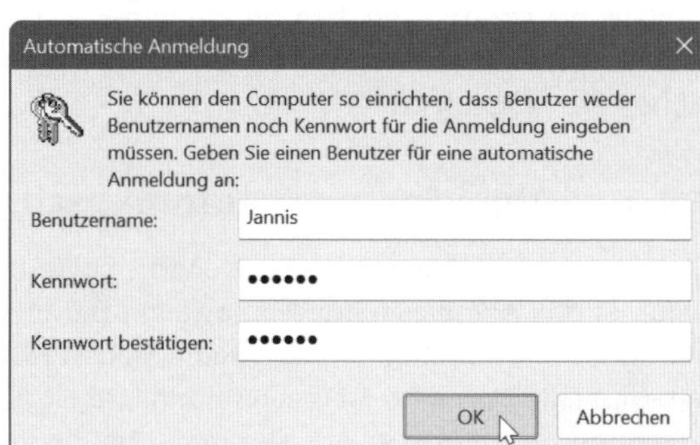

Ab sofort wird dieser Benutzer beim Windows-Start automatisch angemeldet. Sie brauchen ihn dazu nicht auszuwählen und auch kein Kennwort einzutippen. Soll sich doch mal ein anderer Benutzer anmelden können, dann melden Sie den Standardbenutzer einfach ab. Dann wird der gewohnte Bildschirm zur Auswahl des Benutzerkontos angezeigt.

Option nicht vorhanden?

Wird die Option zum Deaktivieren der Anmeldepflicht nicht angezeigt, liegt dies daran, dass zuvor die Windows Hello-Anmeldung aktiviert wurde. Dies muss dann zunächst wieder ausgeschaltet werden. Wenn Sie ein Microsoft-Konto verwenden, öffnen Sie dazu in den Windows-Einstellungen den Bereich *Konten/Anmeldeoptionen* und schalten Sie dort rechts die Option unter *Erlauben Sie die Anmeldung mit Windows Hello nur für Microsoft-Konten auf diesem Gerät* aus. Melden Sie sich mit einem lokalen Konto an, müssen Sie sich mit einem Registry-Eingriff behelfen: Öffnen Sie mit dem Registrierungseditor den Schlüssel *Computer\HKEY_LOCAL_MACHINE\Software\Microsoft\Windows NT\CurrentVersion\Passwordless\Device* (sollten die letzten beiden Unterschlüssel nicht vorhanden sein, legen Sie diese an). Legen Sie dort den DWORD-Wert *DevicePasswordLessBuildVersion* an (sofern noch nicht vorhanden) und tragen Sie dafür den Wert 0 ein.

7.4.2 Den echten Systemadministrator aktivieren

Immer wieder möchten Benutzer als echter Systemadministrator arbeiten. Ich rate davon stets ab, weil der Systemadministratorbenutzer das Sicherheitskonzept der Windows-Benutzerkontensteuerung aushebelt. Er darf (fast) alle Eingriffe vornehmen und das ganz ohne Warnungen und Rückfragen.

Eine wirkliche Notwendigkeit dafür besteht nicht, denn als Benutzer mit einem normalen Administratorkonto kann man das alles auch, muss eben nur hin und wieder Rückfragen der Benutzerkontensteuerung bestätigen.

Es kann aber Situationen geben, in denen das wiederholte Bitten um Bestätigung lästig wird. Wer in solchen Fällen als echter Systemadministrator arbeiten möchte, muss dieses Konto dafür nur aktivieren, dann kann er es jederzeit verwenden.

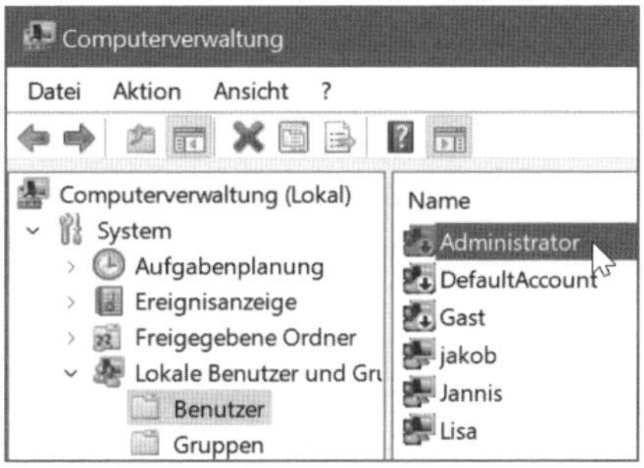

1. Öffnen Sie in der Systemsteuerung die *Verwaltung* und dort die *Computerverwaltung*.

2. Wählen Sie hier im Navigationsbereich links *Lokale Benutzer und Gruppen/Benutzer* aus (Benutzer der Home-Edition siehe Tippkasten).

3. Nun werden rechts die vorhandenen Benutzer angezeigt. Doppelklicken Sie auf den Eintrag *Administrator*.

4. In den so geöffneten Eigenschaften dieses Kontos entfernen Sie das Häkchen bei der Option *Konto ist deaktiviert*.

5. Bestätigen Sie die Änderungen mit *OK* und schließen Sie Computerverwaltung und Systemsteuerung.

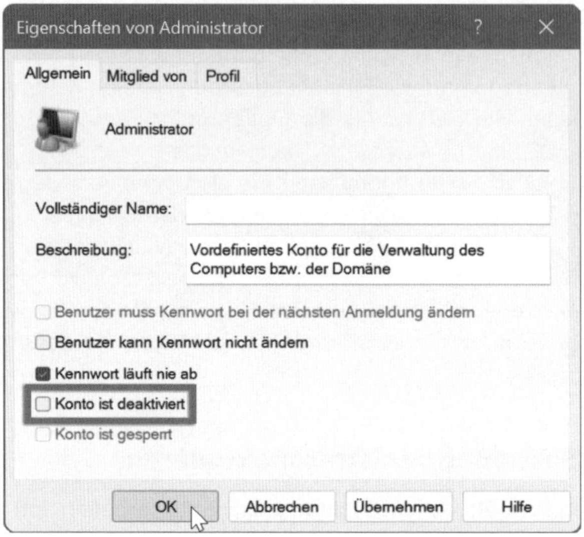

Ab sofort steht auf dem Anmeldebildschirm oder auch in der Kontoliste des Startmenüs der *Administrator*-Benutzer. Wichtig: Melden Sie sich im Anschluss am besten einmal direkt an und legen Sie dabei ein Passwort für dieses Konto fest, sodass es nicht von anderen missbraucht werden kann.

Administrator bei der Home-Edition aktivieren

Bei der Home-Edition von Windows fehlen die Einstellungen für Benutzer und Gruppen, in denen sich das Administratorkonto aktivieren ließe. Hier ist deshalb ein kleiner Trick erforderlich: Öffnen Sie eine Eingabeaufforderung mit Administratorrechten und geben Sie darin den Befehl `net user administrator /active:yes` ein. Anschließend ist das Konto aktiviert und kann benutzt und mit einem Passwort versehen werden. Wollen Sie das sofort erledigen, können Sie auch die Variante `net user administrator * /active:yes` verwenden, bei der direkt ein Passwort abgefragt und eingetragen wird. Sollten Sie das Administratorkonto später wieder deaktivieren wollen, geht dies mit `net user administrator /active:no`.

7.4.3 Vergessene Benutzerpasswörter zurücksetzen

Wenn Sie ein Microsoft-Konto verwenden und Ihr Passwort dafür vergessen haben sollten, finden Sie direkt auf der Windows-Anmeldeseite unterhalb der Passwortabfrage den Link *Kennwort vergessen*. Er startet einen Assistenten, der Sie direkt am betroffenen PC in mehreren Schritten durch das Zurücksetzen Ihres Kennworts führt. Das eigentliche Zurücksetzen verwendet dabei die Methode, die beim Anlegen des Microsoft-Kontos festgelegt wurde. Je nachdem müssen Sie also das Zurücksetzen bestätigen, indem Sie einen SMS-Code eintippen oder einen per E-Mail empfangenen Bestätigungslink anklicken.

Bei lokalen Konten kommen die Sicherheitsfragen zum Einsatz, die Sie beim Erstellen des Kontos ausgewählt haben. Geben Sie die passende Antwort, die allerdings exakt mit der beim Kontoeinrichten angegebenen übereinstimmen muss. Dann ermöglicht Windows es Ihnen, ein neues Kennwort für das lokale Konto festzulegen und sich damit anzumelden.

7.4.4 Regelmäßigen Passwortwechsel erzwingen

Im professionellen Umfeld werden Anwender meist dazu angehalten oder sogar gezwungen, ihr Kennwort regelmäßig zu ändern. Das erhöht die Schutzwirkung, da ein kompromittiertes Passwort spätestens ab der Änderung nicht mehr missbraucht werden kann. Außerdem sinkt die Wahrscheinlichkeit, dass Anwender für mehrere Konten dasselbe Passwort verwenden. Im privaten Bereich ist so viel Vorsicht vielleicht nicht unbedingt erforderlich, kann aber sicher nicht schaden. Wenn Sie sich selbst oder andere (Mit-)Benutzer zum regelmäßigen Wechseln des Windows-Kennworts anhalten möchten, lässt sich das bei Windows ab der Pro-Edition wie folgt umsetzen:

1. Öffnen Sie im WinX-Menü (siehe Seite 73) die *Computerverwaltung*.
2. Wählen Sie dort im Navigationsbereich links *System/Lokale Benutzer und Gruppen/Benutzer*.
3. Öffnen Sie dann rechts den Eintrag eines Benutzers per Doppelklick.
4. Entfernen Sie in der Rubrik *Allgemein* unten das Häkchen bei der Option *Kennwort läuft nie ab*.

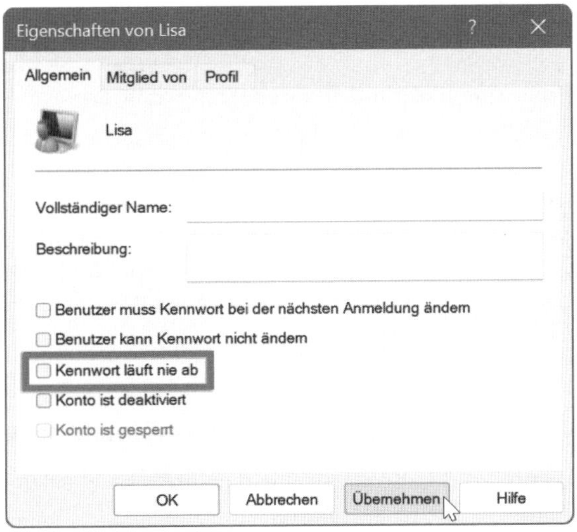

Damit ist der Automatismus für den regelmäßigen Wechsel des Kennworts in Gang gesetzt. Standardmäßig fordert Windows diesen Benutzer nun alle 42 Tage auf, ein neues Passwort festzulegen.

Wenn Sie diese Frist verändern möchten, geht das in den Gruppenrichtlinien (siehe Seite 448):

1. Öffnen Sie den Gruppenrichtlinien-Editor.
2. Navigieren Sie darin zu *Richtlinie für Lokaler Computer/Computerkonfiguration/Windows-Einstellungen/Sicherheitseinstellungen/Kontorichtlinie/Kennwortrichtlinien/Maximales Kennwortalter*.
3. Hier können Sie einen längeren Zeitraum von bis zu 999 Tagen angeben, für die ein einmal gewähltes Kennwort seine Gültigkeit behalten soll.

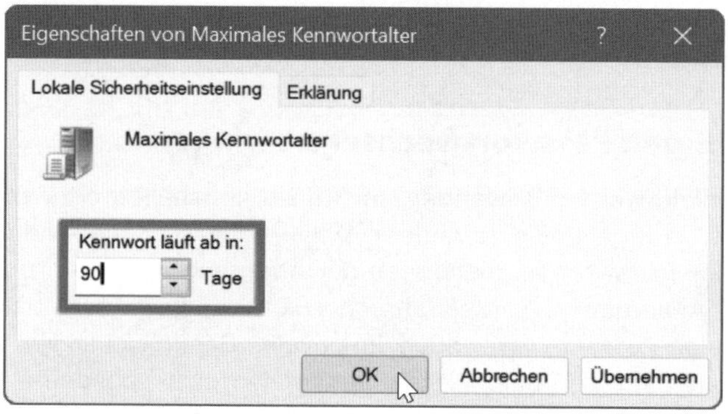

4. Klicken Sie auf *OK*, um die veränderte Gruppenrichtlinie zu übernehmen.

Die hier getroffene Einstellung für den Zeitraum gilt für alle Benutzerkonten, bei denen der Kennwortablauf nicht deaktiviert ist.

Passwortgültigkeit bei der Home-Edition

Auch bei der Home-Edition kann ein begrenzter Zeitraum für die Gültigkeit von Kennwörtern festgelegt werden. Es fehlen dafür allerdings die komfortablen Einstellungen in der Benutzeroberfläche. Öffnen Sie stattdessen eine Eingabeaufforderung mit Administratorrechten und geben Sie dort den Befehl `net accounts /maxpwage:90` ein, um beispielsweise einen Kennwortwechsel alle 90 Tage herbeizuführen. Wollen Sie den Kennwortwechselzwang deaktivieren, verwenden Sie stattdessen `net accounts /maxpwage:unlimited`.

7.4.5 Das eigene Benutzerkonto hacken

Wenn Sie das Kennwort für das letzte bzw. einzige Administratorkonto eines Windows-PC vergessen haben und die vorgesehenen Methoden zum Zurücksetzen nicht funktionieren, bleibt nur noch die Möglichkeit, das eigene Konto zu »hacken«.

Die folgende Methode benötigt lediglich ein bootfähiges Installationsmedium beispielsweise auf einem USB-Stick (siehe Seite 568).

1. Starten Sie den PC von diesem Medium und beginnen Sie die Installation mit *Jetzt installieren* (keine Angst, es wird nicht wirklich etwas installiert).

2. Drücken Sie nun die Tastenkombination ⇧+F10. Damit öffnen Sie eine Eingabeaufforderung.

3. Starten Sie hier mit dem Befehl `regedit` den Registrierungseditor.

4. Wählen Sie darin den Schlüssel *HKEY_LOCAL_MACHINE* aus und klicken Sie dann auf *Datei/Struktur laden*.

5. Navigieren Sie im *Öffnen*-Dialog zum Windows-Laufwerk, dort zum Pfad *\Windows\System32\config* und in diesem Ordner zur Datei *Software*.

6. Nun möchte der Registrierungseditor wissen, wohin er die Struktur laden soll. Geben Sie hier einen beliebigen Namen an, den Sie sich nur merken sollten, beispielsweise *passwort*.

7. Navigieren Sie nun im Registrierungseditor zum Schlüssel *HKEY_LOCAL_MACHINE\passwort\Microsoft\Windows NT\CurrentVersion\Image File Execution Options*. Verwenden Sie dabei anstelle von *passwort* ggf. den von Ihnen in Schritt 6 gewählten Namen.

8. Legen Sie in diesem Schlüssel auf der rechten Seite mit *Bearbeiten/Neu/Schlüssel* einen neuen Unterschlüssel namens *utilman.exe* an.

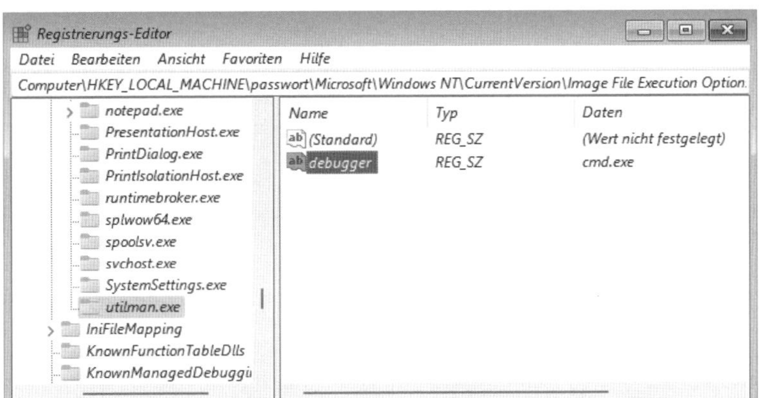

9. Darin legen Sie wiederum mit *Bearbeiten/Neu/Zeichenfolge* eine Zeichenfolge namens *debugger* an. Öffnen Sie diese zum Bearbeiten und geben Sie ihr den Wert *cmd.exe*.

10. Wählen Sie nun im Registrierungseditor den Schlüssel *HKEY_LOCAL_MACHINE\passwort* (ggf. durch die von Ihnen gewählte Bezeichnung ersetzt) aus und klicken Sie auf *Datei/Struktur entfernen*.

11. Starten Sie nun den PC neu, wobei Sie wieder regulär booten und nicht vom Windows-Image. Wenn der Anmeldebildschirm angezeigt wird, drücken Sie [Win]+[U].

12. Dadurch erhalten Sie auf dem Anmeldebildschirm eine Eingabeaufforderung mit Administratorrechten. Tippen Sie hier den folgenden Befehl ein, wobei Sie *<Kontoname>* durch den Namen des Benutzers mit dem vergessenen Passwort ersetzen:

```
net user <Kontoname> *
```

13. Geben Sie dann ein neues Passwort an (zweimal). Damit können Sie sich ab sofort bei diesem Benutzerkonto anmelden.

Sicherheitslücke wieder schließen

Der hier verwendete Trick reißt eine Sicherheitslücke in Ihren PC, die theoretisch jeder nutzen kann, der physischen Zugang zum Rechner hat. Deshalb sollten Sie diese Lücke nach erfolgreichem Passwortwechsel umgehend wieder schließen. Öffnen Sie nach der Anmeldung wiederum den Registrierungseditor, navigieren Sie zum Schlüssel *HKEY_LOCAL_MACHINE\SOFTWARE\Microsoft\Windows NT\CurrentVersion\Image File Execution Options\utilman.exe* und löschen Sie diesen Schlüssel mitsamt Inhalt wieder.

7.4.6 Kontoname und Kontotyp nachträglich verändern

Praktisch alle Einstellungen eines Benutzerkontos können jederzeit angepasst werden. Bei Kennwort und Kontobild ist das naheliegend, aber selbst so elementare Eckdaten wie den Benutzernamen oder den Kontotyp (Administrator oder Standardbenutzer) können Sie verändern, wenn die Umstände dies erfordern. Windows nimmt dann automatisch alle Änderungen vor, damit das Benutzerkonto auch mit den neuen Einstellungen wieder reibungslos funktioniert.

1. Öffnen Sie in der Systemsteuerung den Bereich *Benutzerkonten* und klicken Sie dort auf *Anderes Konto verwalten*, um die Übersicht über die Benutzerkonten sowie das zu ändernde Konto aufzurufen.

2. Im anschließenden Menü finden Sie ganz oben den Punkt *Kontonamen ändern*.

3. Damit öffnen Sie einen Dialog, in dem Sie einfach den neuen Namen für diesen Benutzer eingeben können. Mit der Schaltfläche *Namen ändern* veranlassen Sie die Änderung, und Windows führt automatisch alle Maßnahmen durch, die dazu erforderlich sind.

4. Zurück im Kontomenü können Sie mit dem Menüpunkt *Kontotyp ändern* diesem Benutzerkonto ein anderes Berechtigungsschema zuweisen.

5. Wählen Sie dazu im anschließenden Dialog den jeweils anderen Kontotyp aus und klicken Sie dann unten auf *Kontotyp ändern*. Windows verändert automatisch alle Zugriffsrechte dieses Kontotyps entsprechend.

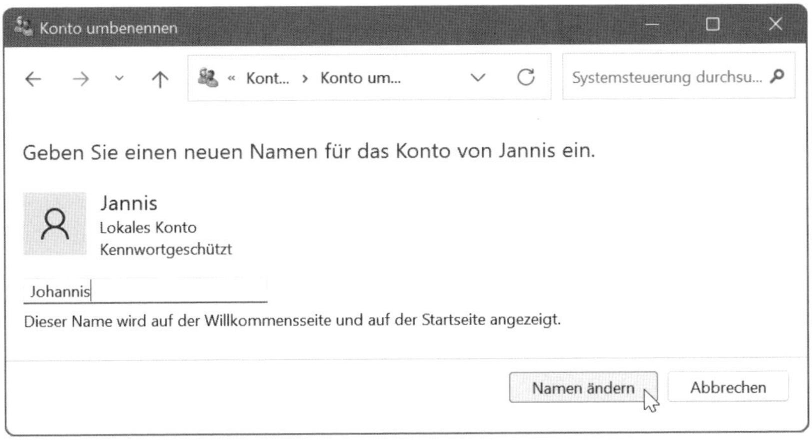

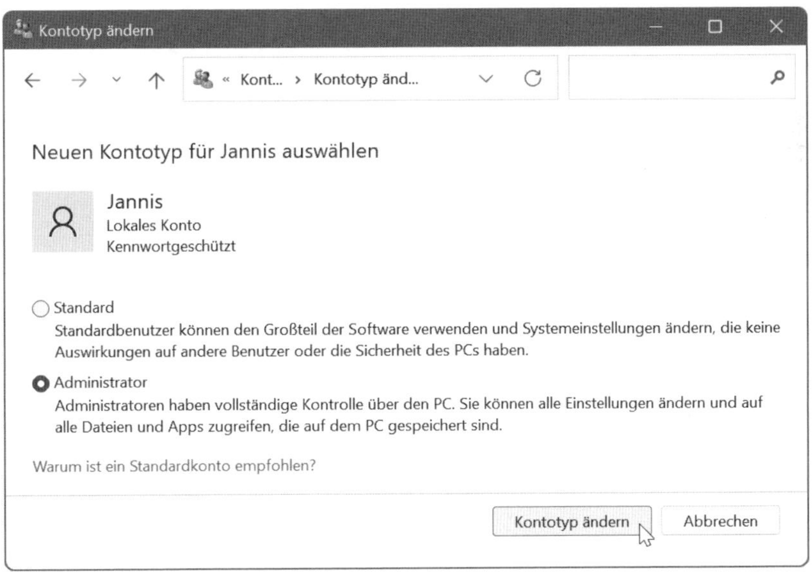

7.4.7 Nicht mehr benötigte Benutzerkonten umfassend und zuverlässig löschen

Selbstverständlich können Sie ein einmal eingerichtetes Benutzerkonto auch wieder entfernen, wenn es nicht mehr benötigt wird.

Allerdings werden dabei die Daten in den persönlichen Ordnern dieses Benutzers gelöscht. Sollen diese bewahrt werden, müssen Sie sie also zuvor an anderer Stelle sichern.

1. Öffnen Sie in den Windows-Einstellungen den Bereich *Konten/Familie und andere Benutzer*.
2. Klappen Sie hier den Eintrag für das zu löschende Benutzerkonto aus.

3. Klicken Sie dort in der Zeile *Konto und Daten* auf den Punkt *Entfernen*.

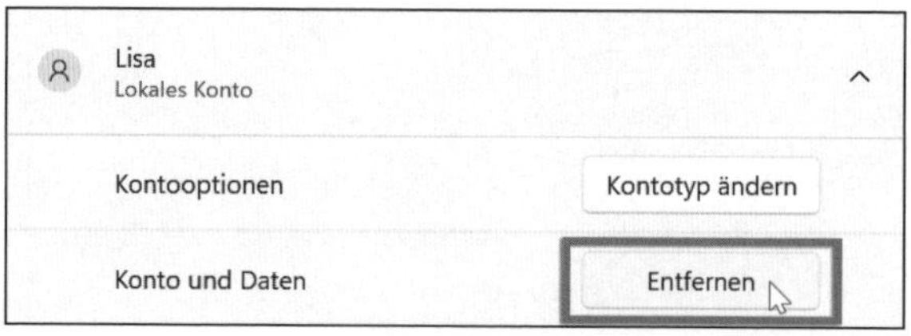

4. Klicken Sie im anschließenden Dialog auf die Schaltfläche *Konto und Daten löschen*, um das Benutzerkonto endgültig zu entfernen.

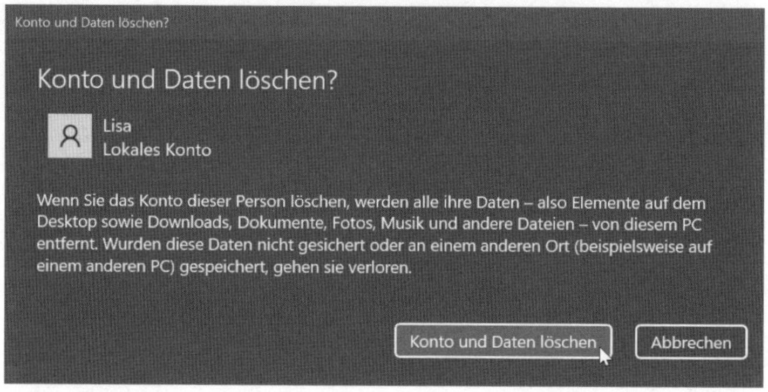

7.4.8 Microsoft-Konto auf lokale Anmeldung umstellen

Falls Sie sich von Windows zu einem Microsoft-Konto haben verleiten lassen, aber lieber mit einem datenschutzfreundlicheren lokalen Konto arbeiten möchten, können Sie diese Entscheidung rückgängig machen. Ihre Dateien und Einstellungen werden dadurch nicht beeinträchtigt. Lediglich Apps, die bislang von der zentralen Anmeldung profitiert haben, funktionieren nun ggf. nicht mehr, was ja aber vielleicht sogar gewollt ist. In den einzelnen Apps, die Sie nutzen möchten, können Sie das Microsoft-Konto anschließend wieder nur für die jeweilige App aktivieren.

1. Öffnen Sie die Windows-Einstellungen und rufen Sie dort die Kategorie *Konten/Ihre Infos* auf.

2. Hier finden Sie rechts Ihr eigenes Microsoft-Konto. Klicken Sie darunter im Abschnitt *Kontoeinstellungen* auf *Stattdessen mit einem lokalen Konto anmelden*.

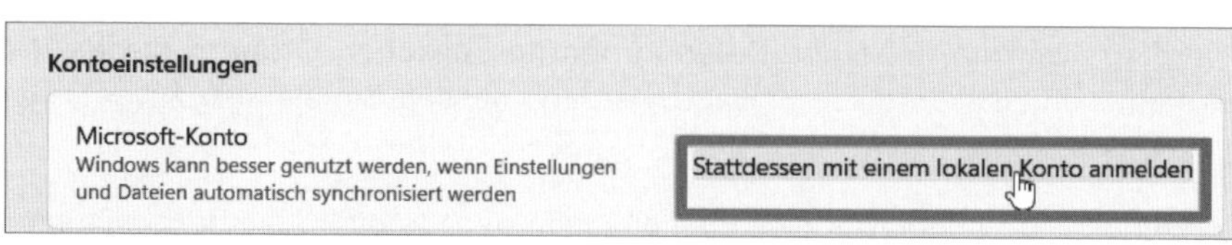

3. Geben Sie anschließend das Kennwort Ihres Microsoft-Kontos zur Authentifizierung ein.

4. Nun können Sie wiederum ein lokales Konto mit Benutzername, Kennwort und Kennworthinweis erstellen.

5. Windows meldet Sie dann ab. Anschließend können Sie sich mit dem lokalen Konto anmelden.

7.4.9 Zugriffsrechte auf Dateien und Ordner kontrollieren

Windows verwendet das Dateisystem NTFS (**N**ew **T**echnology **F**ile **S**ystem). Es hat vor allem in Bezug auf Benutzer und Sicherheit den Vorteil, dass sich zu jedem Ordner und jeder einzelnen Datei sehr detailliert festlegen lässt, welche Benutzer Zugriff darauf haben sollen und wie dieser Zugriff genau aussehen soll. Umgekehrt kann auch der Zugriff auf einzelne Objekte ausdrücklich verboten werden. Diese Zugriffsrechte verbergen sich in den Eigenschaften von Ordnern und Dateien. Sie können sie jederzeit bearbeiten, wenn Sie entweder der Besitzer der Datei bzw. des Ordners sind oder allgemein Administratorrechte haben. »Besitzer« einer Datei sind Sie, wenn Sie diese Datei selbst erstellt haben oder wenn ein Ordner oder eine Datei beim Anlegen Ihres Benutzerkontos vom Betriebssystem für Sie erstellt wurde.

1. Um die Zugriffsrechte einer Datei oder eines Ordners einzusehen sowie ggf. zu verändern, zeigen Sie diese im Explorer an und öffnen die Eigenschaften. Klicken Sie dazu mit der rechten Maustaste darauf und wählen Sie im Kontextmenü den gleichnamigen Befehl. Wichtig: Markieren Sie immer nur eine Datei bzw. einen Ordner.

2. Wechseln Sie in den Eigenschaften in die Rubrik *Sicherheit*.

3. Hier sehen Sie oben im Bereich *Gruppen- oder Benutzernamen*, für welche Benutzer bzw. Benutzergruppen Berechtigungen für diese Datei vorgesehen sind. Dass ein Benutzer hier eingetragen ist, heißt allerdings nicht automatisch, dass er Zugriffsrechte auf die Datei hat. Um zu erfahren, welche Rechte ein Benutzer bzw. eine Benutzergruppe hat, markieren Sie deren Eintrag in der Liste.

4. Wie die Berechtigungen im Einzelnen aussehen, können Sie dann unten bei *Berechtigungen für* ... ablesen. Hier können die verschiedenen Zugriffsrechte (siehe Infokasten) sowohl zugelassen als auch verweigert werden.

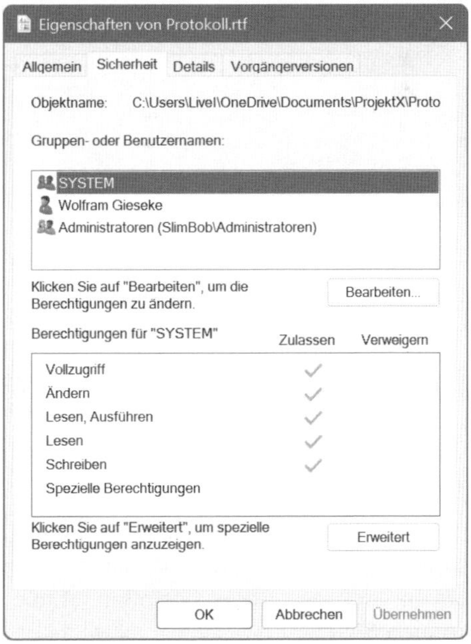

HINWEIS

Die Standardzugriffsrechte

NTFS unterscheidet verschiedene Arten von Zugriffsrechten auf Dateien und Ordner:

- *Ändern* – vorhandene Objekte öffnen, bearbeiten und speichern.
- *Lesen, Ausführen* – Dokumente öffnen bzw. Programme ausführen.
- *Lesen* – Dokumente öffnen.
- *Schreiben* – Dateien erstellen und speichern.

Neben diesen Grundberechtigungen gibt es noch spezielle Berechtigungen, die aber letztlich nur Kombinationen verschiedener Grundberechtigungen sind. Mit *Vollzugriff* erfassen Sie jeweils alle Grundberechtigungen auf einmal.

5. Um die Zugriffsrechte zu verändern, klicken Sie rechts auf die *Bearbeiten*-Schaltfläche. Damit öffnen Sie einen ganz ähnlichen Dialog. Allerdings können Sie hier in der unteren Liste tatsächlich Häkchen für die Zugriffsrechte setzen und entfernen.

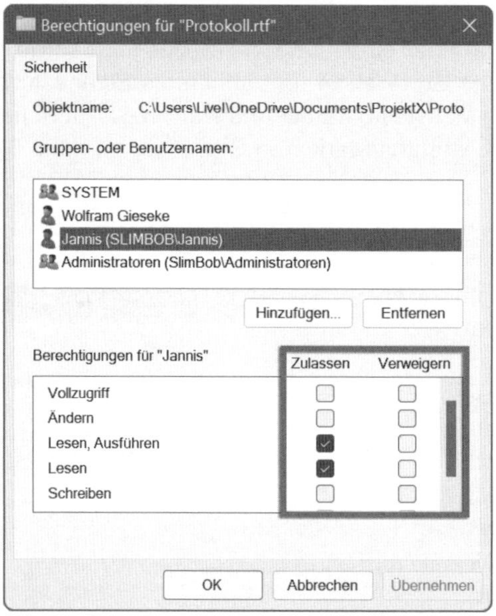

6. Klicken Sie dann unten auf *OK* bzw. *Übernehmen*. Beachten Sie dabei ggf. Warnhinweise des Betriebssystems in Bezug auf Konflikte zwischen den Berechtigungen und mögliche anderweitige Probleme.

Generell ist beim Verändern von Zugriffsrechten ein wenig Umsicht zu üben, denn diese unscheinbaren Eigenschaften können eine mächtige Waffe sein. Prinzipiell ist es möglich, dass Sie sich selbst den Zugriff auf wichtige Dateien entziehen. Wenn davon auch das Recht betroffen ist, die Dateieigenschaften zu bearbeiten, dann können Sie diesen Schritt auch nicht ohne Weiteres rückgängig machen.

Zulassen vs. Verweigern

Zulassen und Verweigern sind zwei gegensätzliche Berechtigungen, die durchaus für Konflikte sorgen können. Schließlich kann ein Benutzer Mitglied zweier Benutzergruppen A und B sein. Wenn nun für Gruppe A der Zugriff auf eine Ressource zugelassen, Gruppe B aber der Zugriff auf dieselbe Ressource verweigert wird, entsteht ein Konflikt. Dieser wird gelöst, indem Verweigerungen grundsätzlich höher bewertet werden als Zulassungen. Wird einem Benutzer also der Zugriff durch eine Regel zugelassen und durch eine andere verweigert, behält letztlich die Verweigerung die Oberhand. Generell empfiehlt es sich aber, dem ausdrücklichen Zulassen von Zugriffen den Vorrang zu geben, also Benutzern einfach nur positive Rechte für genau die Ressourcen zu verleihen, die sie benötigen. Dies ist einfacher und auf Dauer besser durchschaubar, als etwa erst einmal alle Ressourcen freizugeben und dann nur einzelne, unerwünschte Objekte zu sperren.

7.4.10 Weiteren Benutzern Zugriff auf Dateien erlauben

Zu den hilfreichsten Möglichkeiten der NTFS-Zugriffsrechte gehört es, anderen Benutzern den Zugriff auf eigene Dateien zu ermöglichen. Hierzu fügt man sie der Liste der berechtigten Gruppen und Benutzer hinzu und legt dann fest, welche Berechtigungen ihnen genau zustehen sollen.

1. Öffnen Sie wie vorangehend beschrieben die Rubrik *Sicherheit* in den Eigenschaften der Datei bzw. des Ordners, zu dem Sie Zugang gewähren möchten.
2. Klicken Sie dort rechts auf die Schaltfläche *Bearbeiten*.
3. Verwenden Sie im anschließenden Dialog die Schaltfläche *Hinzufügen*.
4. Tippen Sie dann den Namen des Benutzers ein, dem Sie Zugriffsrechte einräumen möchten. Sollten Sie den genauen Namen nicht kennen, klicken Sie auf *Erweitert* und verwenden dann *Jetzt suchen*, um eine Liste aller infrage kommenden Benutzer abzurufen.
5. Der neu hinzugefügte Benutzer wird dann in der Liste *Gruppen- oder Benutzernamen* oben angezeigt. Er ist dort auch automatisch ausgewählt.

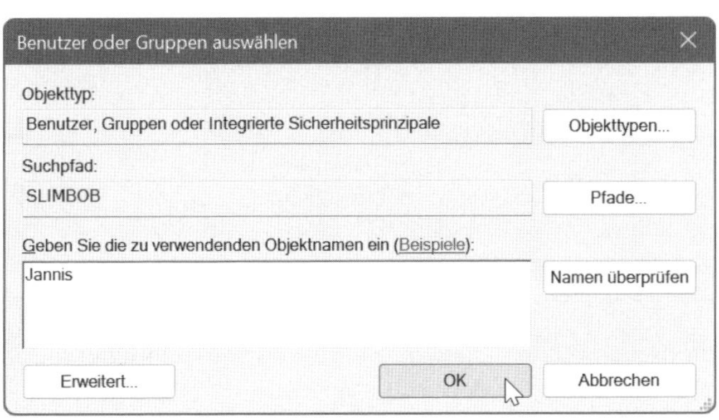

6. Sie können nun im unteren Bereich die genauen Berechtigungen einstellen, die Sie diesem Benutzer für die ausgewählte Datei bzw. den Ordner einräumen möchten.

7. Klicken Sie schließlich auf *OK*, um die neuen Zugriffsrechte wirksam werden zu lassen.

7.4.11 Besitz von Dateien oder Ordnern übernehmen

Bei NTFS hat jede Datei und jeder Ordner einen Besitzer. Das ist in der Regel derjenige Benutzer, der dieses Objekt irgendwann einmal erstellt hat. Ausnahmen sind Dateien und Ordner, die Windows für Sie erstellt hat, z. B. als es Ihr Benutzerkonto eingerichtet hat. Allerdings können die Besitzrechte an Dateien und Ordnern nachträglich wechseln. So können Sie z. B. Dateien von einem anderen Benutzer übernehmen, wenn Sie sich in Zukunft exklusiv damit beschäftigen wollen oder wenn das Konto dieses Benutzers vielleicht sogar entfernt werden soll. Eine solche Änderung kann allerdings nur von einem Benutzer mit Administratorrechten oder vom bisherigen Besitzer eines Objekts herbeigeführt werden.

1. Öffnen Sie wie vorangehend beschrieben die Rubrik *Sicherheit* in den Eigenschaften der Datei bzw. des Ordners, dessen Besitzverhältnisse Sie verändern möchten.

2. Klicken Sie dort unten auf die Schaltfläche *Erweitert*.

3. In diesem Dialog wird oben in der Zeile *Besitzer* der aktuelle Urheber und Inhaber der Datei angezeigt. Klicken Sie rechts daneben auf *Ändern*, um einen anderen Besitzer festzulegen.

4. Im anschließenden Dialog geben Sie den Namen des neuen Besitzers ein. Mit *Erweitert* und dann *Jetzt suchen* können Sie alle auf dem PC registrierten Benutzerkonten nach dem gewünschten durchsuchen. Klicken Sie dann mehrmals auf *OK*, bis alle Dialoge geschlossen sind.

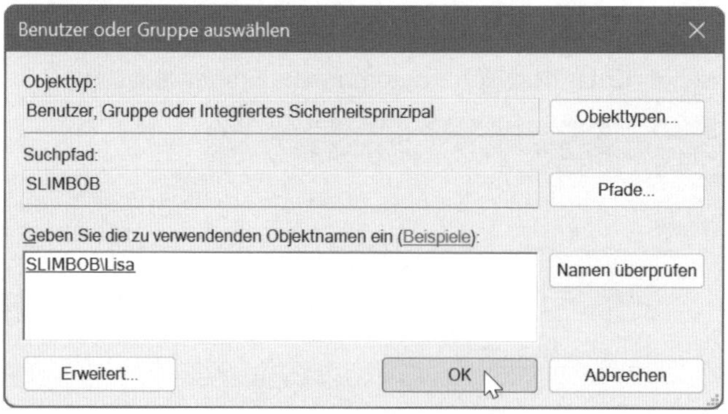

Ab sofort befindet sich das gewählte Objekt im Besitz des neuen Inhabers. Beachten Sie, dass der bisherige Benutzer dadurch aber nicht automatisch sämtliche

Rechte an dem Objekt verliert. Hierzu müssten Sie ihn aus der Liste der zugangsberechtigten Benutzer entfernen bzw. seine Zugriffsrechte ggf. Ihren Vorstellungen entsprechend modifizieren.

7.4.12 Mehrere Benutzer als Gruppe zusammenfassen

Benutzergruppen fassen verschiedene Benutzer zusammen und ermöglichen so ein effizientes Rechtemanagement. Um z. B. allen Benutzern den Zugriff auf einen bestimmten Ordner zu ermöglichen, reicht es, dieses Recht einer Benutzergruppe zuzuordnen. Alle Mitglieder dieser Gruppe erhalten es dann automatisch. Benutzergruppen sind in allen Windows-Editionen enthalten. Allerdings erlauben es nur die Editionen Pro und höher, zusätzliche Benutzergruppen anzulegen und zu bearbeiten.

1. Öffnen Sie beispielsweise im WinX-Menü (siehe Seite 73) die *Computerverwaltung*.

2. Wählen Sie dort in der Navigationsspalte links die Kategorie *Computerverwaltung/System/Lokale Benutzer und Gruppen/Gruppen*.

3. Sie finden dann in der Mitte eine Liste der bereits eingerichteten Gruppen. Wundern Sie sich nicht über den Umfang, denn Windows bringt von Haus aus bereits eine Reihe von Systemgruppen mit.

4. Um eine neue Benutzergruppe anzulegen, klicken Sie mit der rechten Maustaste auf einen freien Bereich und wählen Sie im Kontextmenü den Befehl *Neue Gruppe*.

5. Im nachfolgenden Menü geben Sie zunächst ganz oben den Gruppennamen an. Regeln gibt es dafür nicht. Es empfiehlt sich allerdings, kurze, einfache und aussagekräftige Namen zu verwenden. Darunter können Sie eine kurze Beschreibung zum Zweck dieser Gruppe angeben.

6. Im Feld *Mitglieder* wird festgelegt, welche Benutzer Mitglieder dieser Gruppe sein sollen. Klicken Sie dazu auf die Schaltfläche *Hinzufügen*.

7. Im anschließenden Dialog *Benutzer auswählen* geben Sie den Namen eines Benutzers ein, den Sie dieser Gruppe zuordnen wollen. Sie können auch gleich die Namen mehrerer Benutzer eingeben, indem Sie die einzelnen Namen jeweils mit einem Semikolon trennen. Wenn Sie sich bei den Namen bzw.

Schreibweisen nicht sicher sind, können Sie mit *Erweitert* eine Suchfunktion aufrufen. Übernehmen Sie den oder die Benutzernamen mit *OK*.

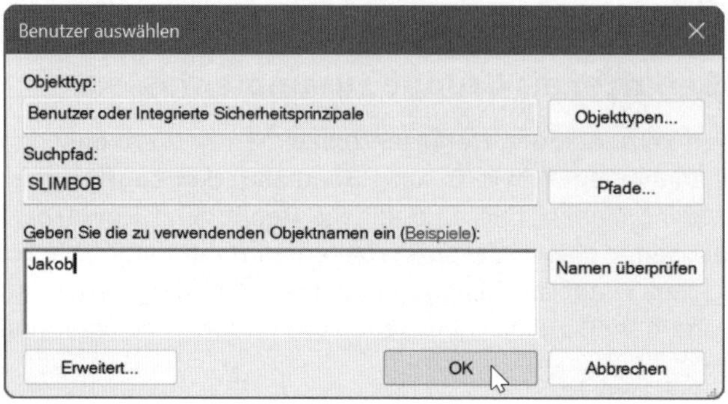

8. Zurück im *Neue Gruppe*-Menü können Sie mit einem erneuten Klick auf *Hinzufügen* noch mehr Mitglieder in die Gruppe aufnehmen. Abschließend nutzen Sie die *Erstellen*-Schaltfläche, um die neue Gruppe endgültig anzulegen.

Auch später können Sie einer Gruppe noch beliebig Benutzer hinzufügen. Wiederholen Sie dazu den beschriebenen Ablauf. Anstatt eine neue Gruppe anzulegen, öffnen Sie aber die vorhandene mit einem Doppelklick und nutzen dort wiederum die *Hinzufügen*-Schaltfläche. Beachten Sie dabei, dass Änderungen in der Gruppenzugehörigkeit erst bei der nächsten Anmeldung des betroffenen Benutzers wirksam werden.

7.4.13 Rechte für Benutzergruppen festlegen

Das Zuweisen von Rechten für eine Benutzergruppe geschieht analog zum Zuweisen von Rechten für einzelne Benutzer. Die Benutzergruppen können in den entsprechenden Dialogen anstelle von bzw. gemeinsam mit einzelnen Benutzern ausgewählt werden. Der Unterschied ist: Rechte, die Sie einer Benutzergruppe zugestehen, werden automatisch für alle Benutzer wirksam, die dieser Gruppe angehören.

Um einer Benutzergruppe z. B. den Zugriff auf einen bestimmten Ordner freizugeben, gehen Sie wie folgt vor:

1. Zeigen Sie den gewünschten Ordner im Explorer an, klicken Sie mit der rechten Maustaste darauf und wählen Sie ganz unten den Kontextbefehl *Eigenschaften*.

2. Wechseln Sie in den Eigenschaften in die Rubrik *Sicherheit*. Hier sehen Sie in der oberen Hälfte den Bereich *Gruppen- oder Benutzernamen*, in dem alle Benutzer und Gruppen aufgelistet sind, für die bislang Regeln für diesen Ordner erstellt wurden.

3. Klicken Sie darunter rechts auf die Schaltfläche *Bearbeiten* und im anschließenden Dialog auf *Hinzufügen*.

4. Tippen Sie dann den Namen der Benutzergruppe ein, der Sie Rechte an diesem Ordner einräumen möchten. Klicken Sie rechts auf *Namen überprüfen*. Windows ersetzt dann die eingetippte Bezeichnung ggf. durch den vollständigen »offiziellen« Namen dieser Benutzergruppe. Klicken Sie anschließend unten auf *OK*, um diese Benutzergruppe hinzuzufügen.

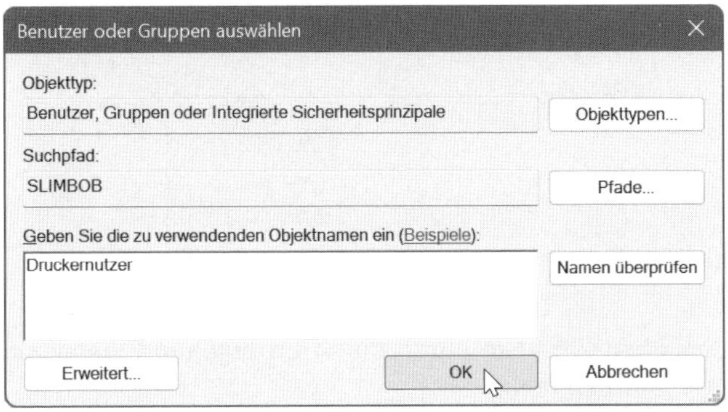

5. Die Liste der Gruppen- und Benutzernamen wird dann um diesen Eintrag erweitert. Wählen Sie ihn in der Liste aus.

6. Nun können Sie unten im Bereich *Berechtigungen für ...* genau einstellen, welche Rechte die Benutzer dieser Gruppe an diesem Ordner haben sollen und welche nicht. Mit *Vollzugriff* können Sie es sich einfach machen und sämtliche Rechte einräumen. Genaueres zu den Berechtigungen und ihren Auswirkungen erfahren Sie auf Seite 407.

7. Klicken Sie anschließend zweimal auf *OK*, um die Änderungen wirksam werden zu lassen.

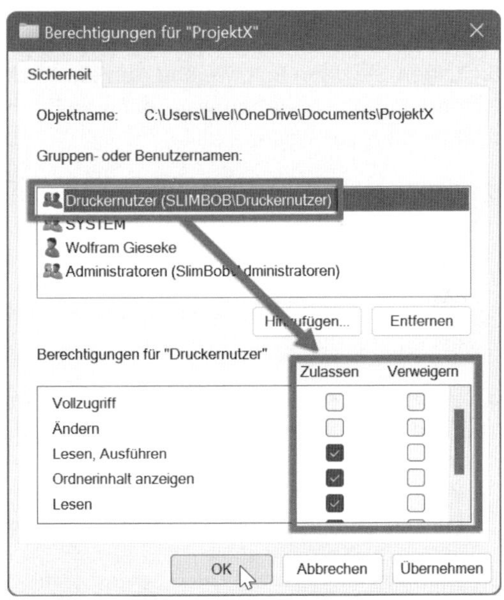

7.4.14 Den PC-Zugriff im Kioskmodus beschränken

Wer einen Windows-PC anderen zur eingeschränkten Nutzung bereitstellen möchte, findet im Kioskmodus möglicherweise das richtige Werkzeug. Damit ist ein spezieller Betriebsmodus gemeint, in dem Windows direkt mit einer bestimmten Anwendung startet und den Zugriff auch auf diese beschränkt. So lässt sich der PC beispielsweise als öffentlicher Webbrowser oder zur Anzeige von Informationen nutzen, ohne dass die Benutzer Daten und Sicherheit gefährden könnten. Leider ist der Kioskmodus nur in den Windows-Editionen ab Professional aufwärts enthalten.

1. Öffnen Sie in den Windows-Einstellungen den Bereich *Konten/Familie und andere Benutzer*.
2. Lokalisieren Sie auf der rechten Seite ganz unten den Abschnitt *Kiosk einrichten* und klicken Sie dort auf *Los geht's*.

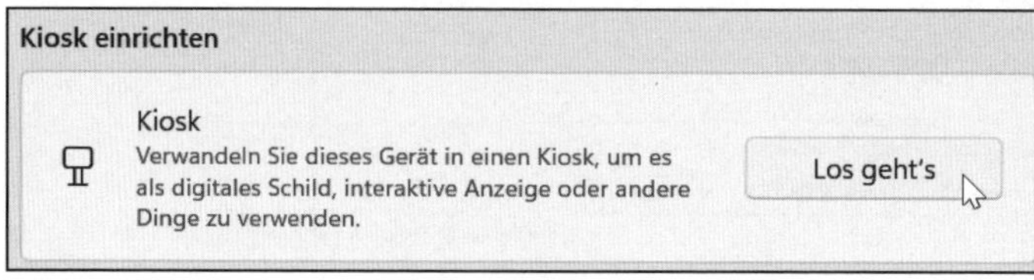

3. Der so gestartete Assistent führt Sie durch die erforderlichen Einstellungen. Klicken Sie dazu auf *Erste Schritte*.
4. Legen Sie zunächst einen Namen für das zu erstellende lokale Benutzerkonto fest. Sie können auch den Vorschlag *Kiosk* übernehmen. Soll der Kioskmodus mit einem anderen Konto ausgeführt werden, können Sie dieses hier ebenfalls auswählen.
5. Legen Sie dann fest, welche App als einzige im Kioskmodus verwendet werden darf. Für einen Webbrowser nehmen Sie beispielsweise *Microsoft Edge*. Klicken Sie dann auf *Weiter*.
6. Entscheiden Sie nun, ob der Browser eine bestimmte Webseite im Vollbildmodus anzeigen soll. Die Benutzer können dann nur auf dieser Seite surfen.
7. Alternativ können Sie einen öffentlichen Browser konfigurieren, der zumindest einige Funktionen bereitstellt und beispielsweise das Besuchen anderer Webseiten erlaubt.
8. Haben Sie sich für eine Website im Vollbild entschieden, geben Sie anschließend die entsprechende Webadresse ein. Zusätzlich können Sie einen Zeitraum festlegen, nach dem der Browser mit dieser Webseite neu gestartet wird, wenn keine Benutzeraktivität mehr erfolgt ist. So bleiben die Daten der Besucher geschützt und alle finden die voreingestellte Webseite vor.
9. Dann können Sie den Assistenten schließen.

Nach einem Neustart ist und bleibt der Kioskmodus automatisch aktiv. Um ihn später zu beenden, drücken Sie Strg+Alt+Entf und melden sich mit Ihrem Benutzerkonto an. In den Windows-Einstellungen unter *Konten/Familie und andere Benutzer/Kiosk* können Sie den Kioskmodus wieder deaktivieren. Klicken Sie dazu unter *Kiosk-Info* auf den Namen des Kiosk-Kontos und dann auf *Kiosk entfernen*.

8 Windows pflegen und optimieren

Windows ist ein komplexes System, das mit jeder installierten Anwendung und jeder angeschlossenen Hardware noch komplexer wird. Aber es bringt auch Werkzeuge mit, die diese Komplexität beherrschbar machen.

Die Windows-Einstellungen sowie die klassische Systemsteuerung sind dabei eher die Spitze des Eisbergs. Dahinter verbirgt sich noch eine Reihe von Verwaltungsprogrammen, mit denen Sie die Funktionen von Windows letztlich bis in die letzten Details beeinflussen können.

8.1 Prozesse im Task-Manager kontrollieren

Der Task-Manager erlaubt jederzeit einen Echtzeit-Einblick in den Zustand des Systems und die laufenden Prozesse. So kann er dabei helfen, Flaschenhälse zu erkennen, das System zu optimieren und bei Störungen gezielt in den Betrieb einzugreifen.

Mit zahlreichen Informationen und Möglichkeiten dient er als Informations- und Steuerzentrale für die Systemperformance und kann zahlreiche Ausflüge in verschachtelte Systemeinstellungen überflüssig machen.

8.1.1 Den Task-Manager jederzeit schnell aufrufen

Falls Sie noch am traditionellen Windows-Griff [Strg]+[Alt]+[Entf] hängen: Der bringt mittlerweile »nur noch« einen Verwaltungsbildschirm hervor, auf dem Sie dann in einem zweiten Schritt (unter anderem) den Task-Manager auswählen können.

Schneller geht es auf anderen Wegen:

- Wenn Sie ein einprägsames Tastenkürzel bevorzugen, gewöhnen Sie sich an [Strg]+[⇧]+[Esc].
- Mit einem Rechtsklick auf das Windows-Symbol in der Taskleiste öffnen Sie ein Menü, in dem Sie (unter anderem) den *Task-Manager* aufrufen können.
- Tippen Sie im Startmenü `task` ein. Dann wird der *Task-Manager* als höchste Übereinstimmung angegeben und Sie können ihn mit [↵] öffnen.

Egal, welche Variante Sie wählen, der Task-Manager präsentiert sich beim ersten Start zunächst in seiner minimalistischen Variante, wo er einfach nur die laufenden Apps anzeigt, wobei Desktop- und Touch-Apps gleichberechtigt behandelt werden.

Hier können Sie nur eine der Apps auswählen, beispielsweise wenn sie nicht mehr auf Eingaben reagiert, und mit der Schaltfläche unten rechts den dazugehörenden *Task beenden*.

Um alle Funktionen des Task-Managers nutzen zu können, klicken Sie am besten direkt nach dem (ersten) Start einmal unten links auf *Mehr Details*, damit der Task-Manager sich Ihnen in seiner vollen Pracht erschließt. Das Programm merkt sich diese Einstellung und startet ab dann immer in der Detailansicht, solange Sie dies nicht wieder ändern.

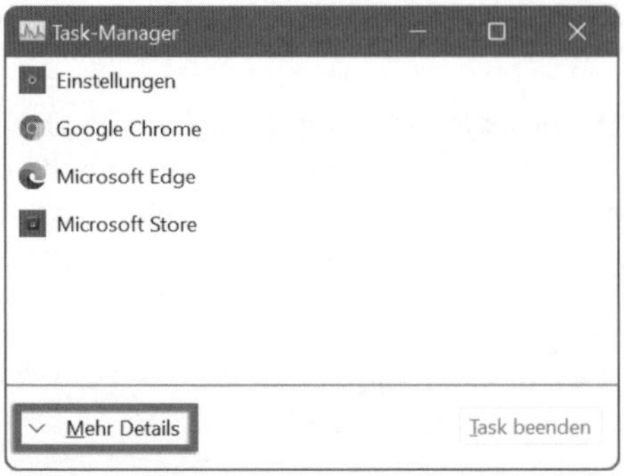

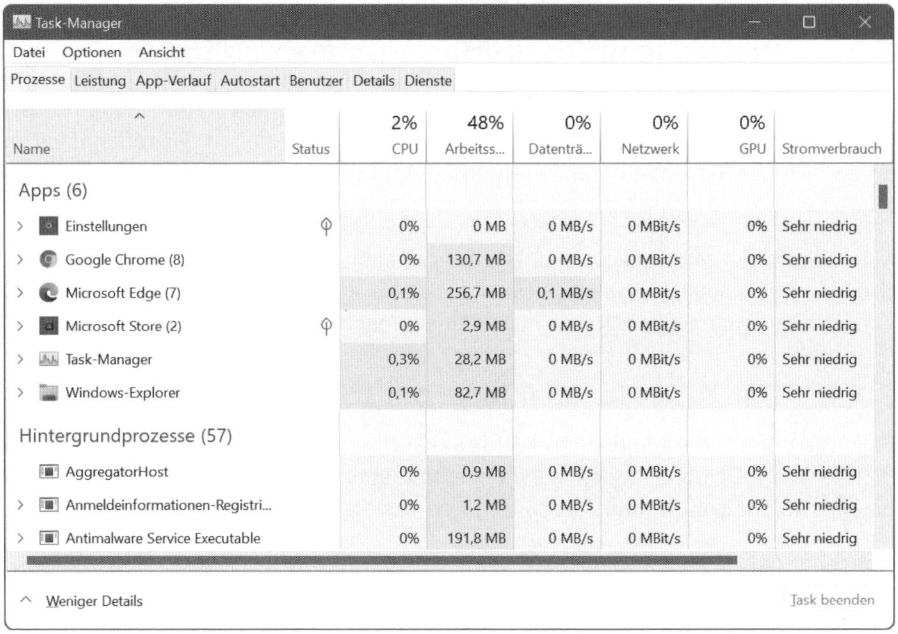

8.1.2 Task-Manager in der bevorzugten Rubrik starten

Der Task-Manager kann eine ganze Reihe von Informationen sichtbar machen, die er in verschiedene Register unterteilt. Standardmäßig startet er – in der Variante für mehr Details – immer mit der Registerkarte *Prozesse*. Will man beispielsweise die Leistung von Prozessor, Speicher und Netzwerk untersuchen, muss man immer erst in die entsprechende Rubrik wechseln.

Wenn Sie meist eine ganz bestimmte Registerkarte des Task-Managers nutzen, können Sie nun einstellen, dass er beim Start stets automatisch dieses Register öffnen soll.

1. Klicken Sie im Task-Manager (in der Ansicht mit mehr Details) im Menü auf *Optionen/Standardregisterkarte festlegen*.

2. Im so geöffneten Untermenü finden Sie Einträge für jedes Register des Task-Managers.

3. Klicken Sie auf die Registerkarte, die der Task-Manager beim Öffnen standardmäßig anzeigen soll.

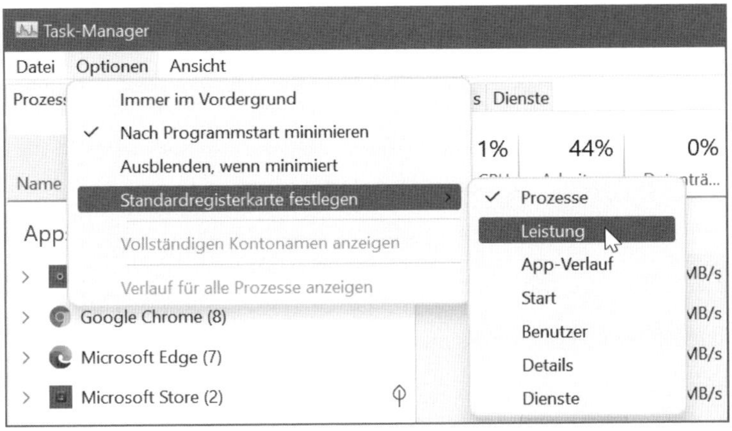

8.1.3 Relative statt absolute Vergleichswerte nutzen

Die Kategorie *Prozesse* fasst Anwendungen und Apps, Hintergrundprozesse sowie Systemdienste übersichtlich zusammen und ermöglicht dadurch ein ausgewogeneres Bild, wo genau die großen Verbraucher von Rechenzeit, Arbeitsspeicher und Festplattenkapazität sitzen.

Zu jedem laufenden Prozess finden Sie neben *Name* und *Status* fünf wichtige Angaben, die seinen Ressourcenverbrauch beschreiben:

- *CPU* – die Rechenzeit des Prozessors, die dieser Dienst beansprucht
- *Arbeitsspeicher* – die Menge an Arbeitsspeicher
- *Datenträger* – die Menge an Transferkapazität der Festplatte(n)
- *Netzwerk* – die Menge an Transferkapazität der Netzwerkverbindung
- *GPU* – die Rechenzeit der Grafikkarte (bzw. der internen Grafikeinheit), die der Prozess beansprucht

Disk misst die Transfer-, nicht die Speicherkapazität

Wichtig zu beachten ist, dass der *Datenträger* nichts mit der Speicherplatzbelegung auf der Festplatte zu tun hat. Es geht vielmehr um die Transferkapazität von der Festplatte in den Arbeitsspeicher, die ebenso ein bremsender Flaschenhals wie der Prozessor selbst sein kann. Ein hoher Wert bei *Datenträger* besagt also, dass dieser Prozess eine große Anzahl an Festplattenzugriffen verursacht, nicht aber notwendigerweise besonders viel Festplattenspeicher belegt.

Für *CPU* und *GPU* werden in der Tabelle grundsätzlich Prozentangaben angezeigt. Bei anderen Spalten entscheiden Sie, ob Sie relative oder absolute Werte bevorzugen:

1. Klicken Sie mit der rechten Maustaste irgendwo auf die Prozessliste und wählen Sie im Menü *Ressourcenwerte*.

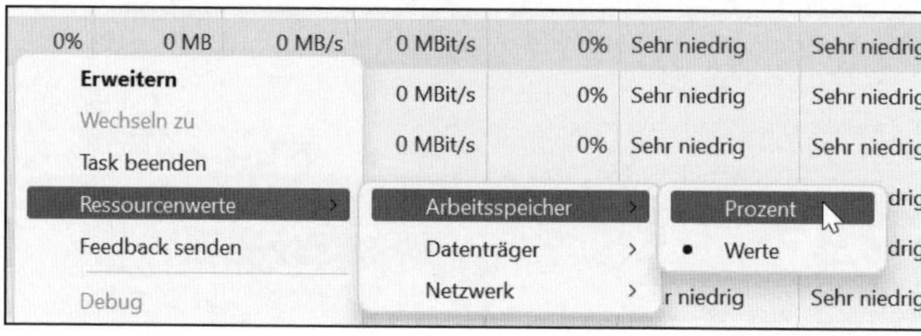

2. Im Untermenü wählen Sie die Ressource aus, für die Sie die Angabe der Werte verändern möchten.

3. Wählen Sie dann relative Werte unter *Prozent* oder absolute *Werte* aus, je nachdem, was Sie für informativer halten.

Weiterhin zeigt die Prozessliste in der Spalte *Stromverbrauch* den aktuellen Verbrauch der einzelnen Prozesse sowie bei *Stromverbrauch (Trend)* den gemittelten Verbrauch über einen gewissen Zeitraum an.

Stromverbrauch	Stromverbrauch (Trend)
Sehr niedrig	Sehr niedrig
Sehr niedrig	Sehr niedrig
Sehr niedrig	Sehr niedrig
Sehr niedrig	Sehr niedrig
Sehr niedrig	Sehr niedrig
Hoch	Niedrig

Diese Informationen werden nicht als Zahlen, sondern mit einfachen Begriffen angegeben. Wie alle Spalten können Sie auch diese zum Sortieren der Prozessliste verwenden und erhalten so schnell eine Liste der stromhungrigsten Prozesse Ihres PCs.

8.1.4 Zusätzliche Informationen in der Prozessliste anzeigen

Neben den fünf Standardspalten können Sie bei Bedarf weitere Informationen in der Prozesstabelle sichtbar machen und sich so Ihren ganz individuellen Task-Manager zusammenstellen.

1. Klicken Sie dazu mit der rechten Maustaste auf die Tabellenzeile mit den Spaltenüberschriften.

2. Im Kontextmenü finden Sie nun weitere Informationen wie *Typ*, *Herausgeber*, *Prozessname* und *Befehlszeile*. Um eine entsprechende Spalte hinzuzufügen, klicken Sie den Eintrag an und setzen so ein Häkchen davor.

3. Um eine der vorhandenen Spalten auszublenden, entfernen Sie das Häkchen einfach.

4. Um die Reihenfolge der Spalten zu verändern, klicken Sie eine Spaltenüberschrift an und ziehen sie mit gedrückter Maustaste an die gewünschte Position. Die anderen Spalten gruppieren sich dann automatisch passend um.

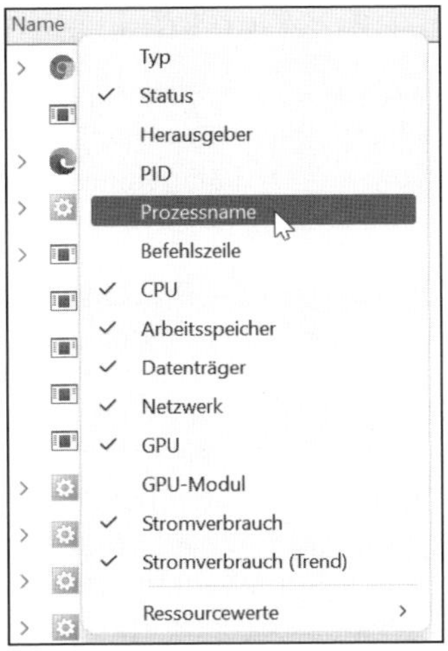

8.1.5 Die Prozessliste nach Bedarf sortieren

Genau wie bei der Detailansicht im Explorer können Sie die Liste der Prozesse nach Bedarf sortieren.

1. Möchten Sie z. B. wissen, welcher Prozess im Moment die meiste Rechenzeit beansprucht, verwenden Sie die Spalte *CPU* als Sortierkriterium.

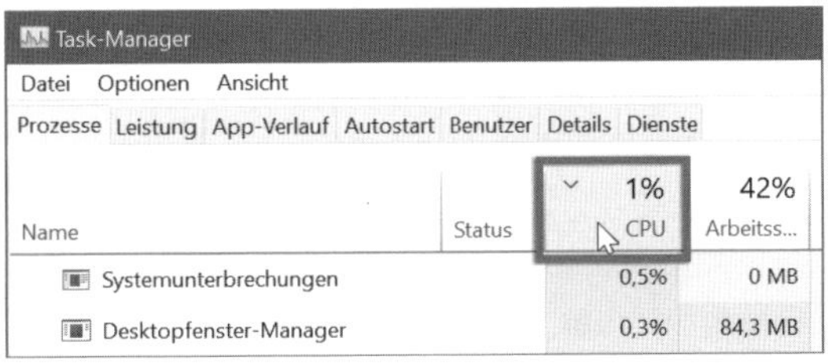

2. Dann finden Sie ganz oben in der Liste den aktuell größten Prozessorverbraucher.

3. Um die Sortierung zu steuern, klicken Sie wie beim Datei-Explorer auf die Überschrift der Spalte, die als Sortierkriterium verwendet werden soll. Der erste Klick sortiert von groß nach klein, ein weiterer kehrt die Reihenfolge um.

Die Gruppierung der Prozesse wiederherstellen

Wenn Sie die Sortierung der Prozesse verändern, geht die standardmäßige Gruppierung in Anwendungen, Hintergrundprozesse und Systemdienste verloren. Wollen Sie diese an sich sehr hilfreiche Aufteilung wiederherstellen, wählen Sie die Menüfunktion *Ansicht/Nach Typ gruppieren*.

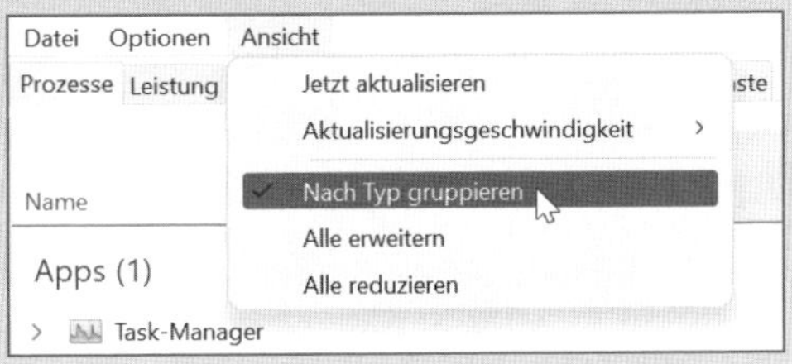

8.1.6 Den konkreten Prozess einer Anwendung ermitteln

Auch wenn die Rubrik *Prozesse* heißt, zeigt der Task-Manager darin den Namen der eigentlichen Anwendung an. Gerade komplexere Anwendungen wie etwa Webbrowser beschäftigen mehrere Prozesse parallel, weshalb der Eintrag ausgeklappt werden kann.

Um direkt in die Prozesssteuerung eingreifen zu können, benötigen Sie aber den konkreten Prozess, der einer Anwendung zugeordnet ist:

1. Klicken Sie dazu mit der rechten Maustaste auf einen Prozess. Wichtig: Es darf sich dabei nicht um eine Prozessgruppe handeln (zu erkennen am Pfeil links daneben). In diesem Fall klappen Sie die Gruppe zunächst auf und wählen darin einen Prozess aus.

2. Wählen Sie im Kontextmenü *Zu Details wechseln*.

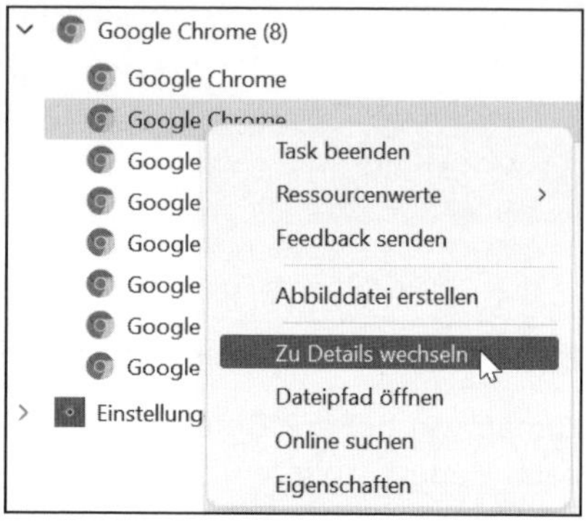

3. Dadurch gelangen Sie in die Kategorie *Details*, wo Sie eine Liste von Prozessen mit genauen Angaben vorfinden. Der Prozess der zuvor gewählten Anwendung ist hier schon ausgewählt.

4. Klicken Sie erneut mit der rechten Maustaste darauf, erhalten Sie im Kontextmenü die erweiterten Möglichkeiten zur Prozesssteuerung, etwa das Festlegen der Priorität.

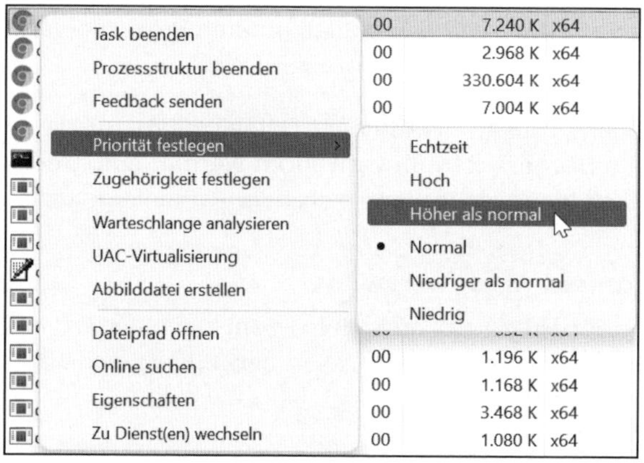

8.1.7 Ressourcenverbrauch der Benutzer überwachen

Der Task-Manager weiß auch, welche Benutzer gerade beim System angemeldet sind und was die Benutzer machen bzw. welche und wie viele Ressourcen sie dabei verbrauchen. Wenn Sie Ihren PC mit anderen teilen, Remoteverbindungen eingerichtet haben oder bestimmte Aufgaben im Kontext eines anderen Benutzerkontos ausführen lassen, kann diese Information hilfreich sein.

Aber auch wenn Sie alleine an Ihrem PC arbeiten, ist interessant, was für eine Vielzahl von Prozessen ablaufen, während man einfach nur am PC angemeldet ist.

1. Wechseln Sie im Task-Manager in die Rubrik *Benutzer*.
2. Hier finden Sie eine Liste aller Benutzer, die derzeit im System angemeldet sind. Zu jedem Eintrag sehen Sie ähnlich wie in der Prozessliste den aktuellen Ressourcenverbrauch des Anwenders.

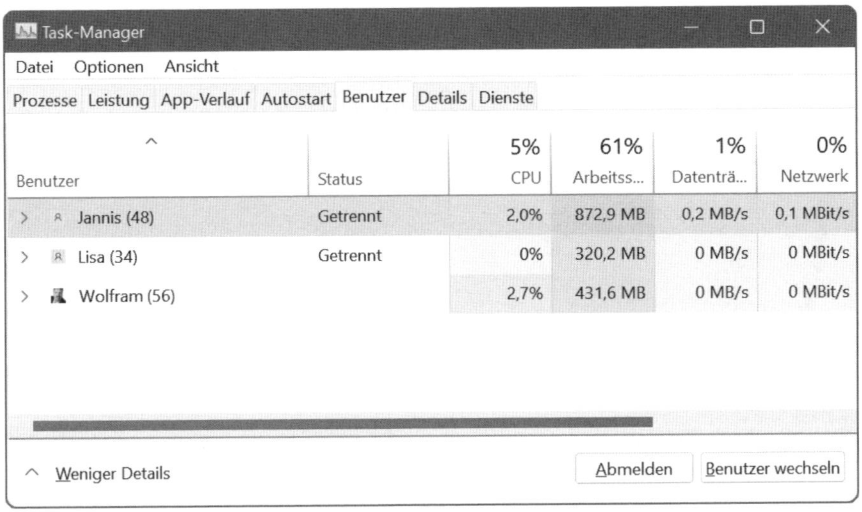

3. Sie können den Eintrag eines Benutzers in der Liste genau wie im Datei-Explorer ausklappen. Als Ergebnis erhalten Sie eine detaillierte Übersicht der Prozesse, die für diesen Anwender zurzeit ausgeführt werden.
4. Der Task-Manager bietet auch die Möglichkeit, Benutzersitzungen zu beenden. Wählen Sie dazu den Benutzer in der Liste aus und klicken Sie unten rechts auf *Abmelden*.

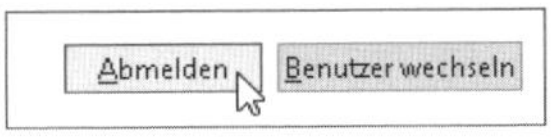

8.1.8 Die Leistung des Systems visualisieren

In der Rubrik *Leistung* können Sie jeden einzelnen Bereich der Leistungsfaktoren visualisieren. Wählen Sie dazu links jeweils den Bereich aus, der rechts ausführlich angezeigt werden soll. Sollten mehrere Datenträger eingebaut sein, kann jeder davon einzeln angewählt werden.

Sollten Sie SSDs und HDDs gemischt verwenden, ist die entsprechende Angabe bei jedem Datenträger hilfreich. Beim Grafikadapter zeigt die Leistungsübersicht zusätzlich die aktuelle Kerntemperatur an, sofern dieser das unterstützt.

Dies gilt meist für zusätzlich eingebaute Grafikkarten, aber nicht für die ins Mainboard integrierten Adapter.

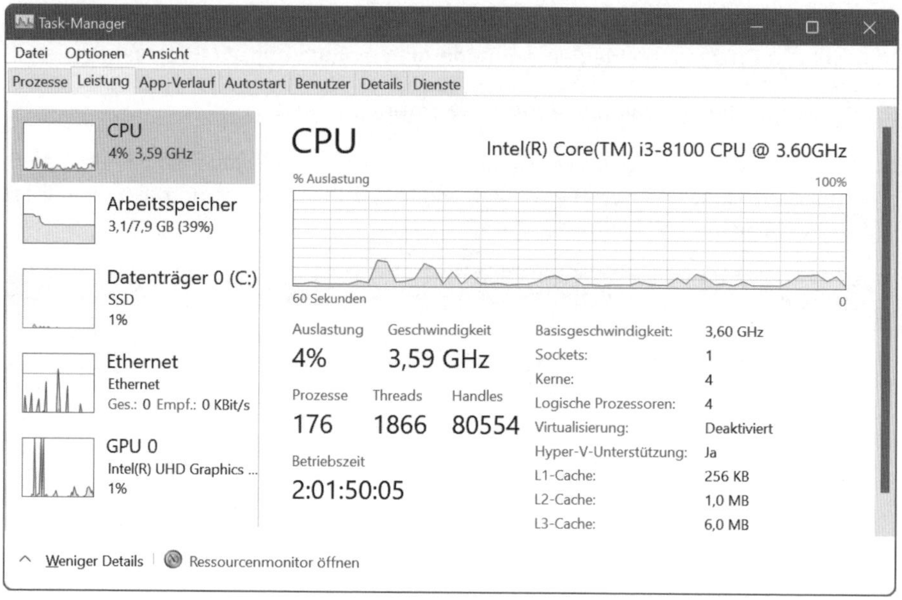

Grafiken für jeden Kern eines Mehrkernprozessors

Die Visualisierung des Prozessors trägt modernen Mehrkernsystemen Rechnung. Standardmäßig wird zwar die Gesamtleistung des Prozessors angezeigt. Sie können die Darstellung aber auch für jeden einzelnen Kern veranschaulichen. Klicken Sie dazu mit der rechten Maustaste auf die CPU-Grafik und wählen Sie im Kontextmenü *Graph ändern in/Logische Prozessoren*.

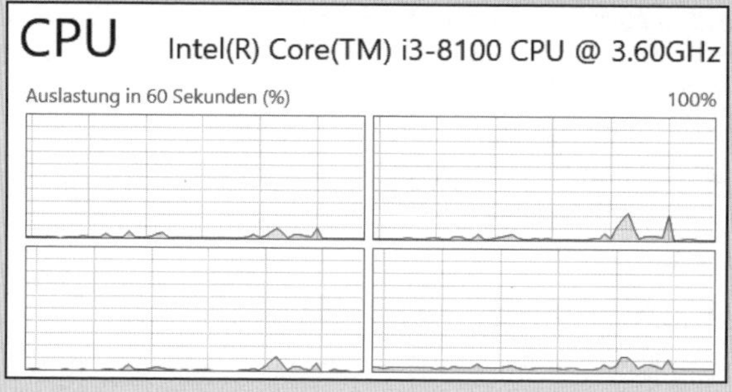

8.1.9 Alle Performancewerte kompakt immer im Blick

Wollen Sie in bestimmten Situationen die wesentlichen Leistungsparameter Ihres PCs ständig im Blick behalten, ist der Task-Manager dafür nur bedingt geeignet. Zwar bleibt er automatisch stets im Vordergrund, aber er nimmt dort eben auch einiges an Platz weg.

1. Klicken Sie aber mit der rechten Maustaste auf die linke Seite des Fensters, können Sie im Kontextmenü *Zusammenfassungsansicht* aktivieren.

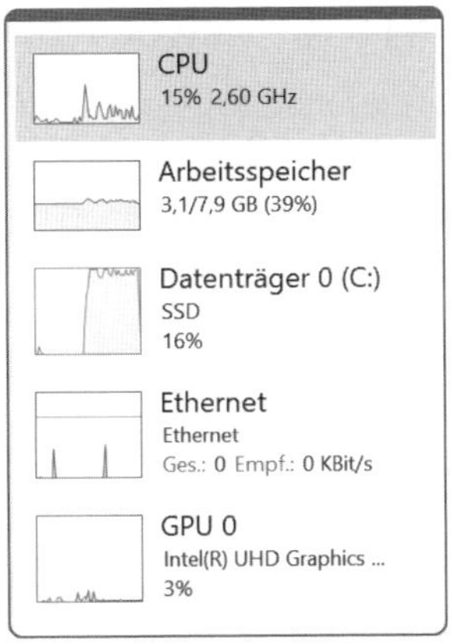

2. Dann zeigt ein schmales Fenster nur die wesentlichsten Dateien an. Sie können es mit der Maus an den linken oder rechten Rand des Bildschirms verschieben, wo es kaum stört. So behalten Sie die Kerndaten Ihres Systems stets im Blick.

3. Um später wieder das volle Fenster des Task-Managers auszuklappen, doppelklicken Sie an einer beliebigen Stelle auf die Miniversion.

4. Noch etwas kompakter wird es, wenn Sie mit der rechten Maustaste klicken und *Diagramme ausblenden* wählen. Dann sehen Sie nur noch die reinen Werte. In dieser Ansicht lässt sich das Fenster auf eine minimale Größe zusammenschieben und am Rand platzieren, wo es bei der Arbeit nicht stört.

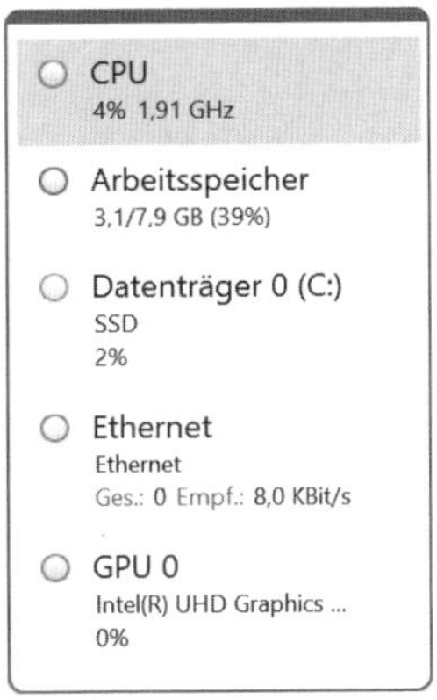

5. Die gleiche Funktion können Sie nutzen, wenn Sie nur einen bestimmten Wert im Blick behalten möchten, etwa die Auslastung des Arbeitsspeichers. Wählen Sie dazu links diesen Wert aus.

6. Klicken Sie dann in der rechten Fensterhälfte mit der rechten Maustaste und wählen Sie im Kontextmenü *Diagrammübersichtsansicht*. Der Task-Manager zeigt dann nur dieses Diagramm nebst Werten an. Auch dieses Fenster können Sie auf eine beliebige Größe zusammenschieben. Der Inhalt passt sich dem verfügbaren Platz automatisch optimal an.

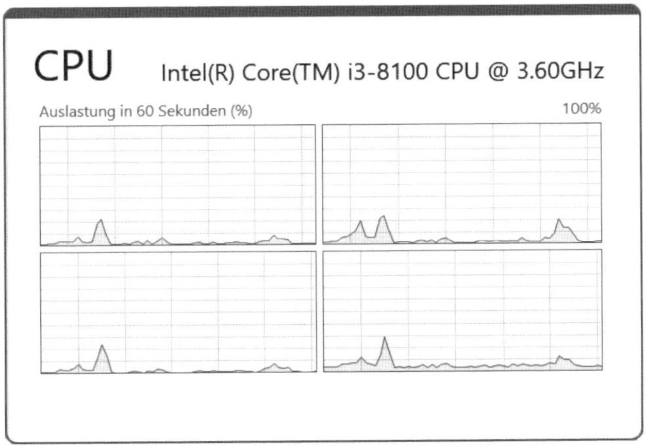

8.1.10 Welche Apps benötigen Sie wirklich?

Wenn man regelmäßig im App-Store stöbert, sammeln sich erfahrungsgemäß im Laufe der Zeit immer mehr Apps an. Längst nicht alle davon benutzt man tatsächlich auf Dauer regelmäßig. Der Task-Manager hilft Ihnen dabei, hin und wieder aufzuräumen. Er sammelt Daten über alle installierten Touch-Apps (nicht die Desktop-Anwendungen!) und verrät Ihnen, wie häufig Sie welche App nutzen oder eben nicht nutzen. Auch welche Apps besonders viele Daten herunter- oder hochladen, können Sie so ganz einfach feststellen. Öffnen Sie dazu die Kategorie *App-Verlauf* im Task-Manager. Sie zeigt Ihnen für alle vorhandenen Touch-Apps an, wie viel Rechenzeit, Arbeitsspeicher und Netzwerkkapazität sie verbrauchen.

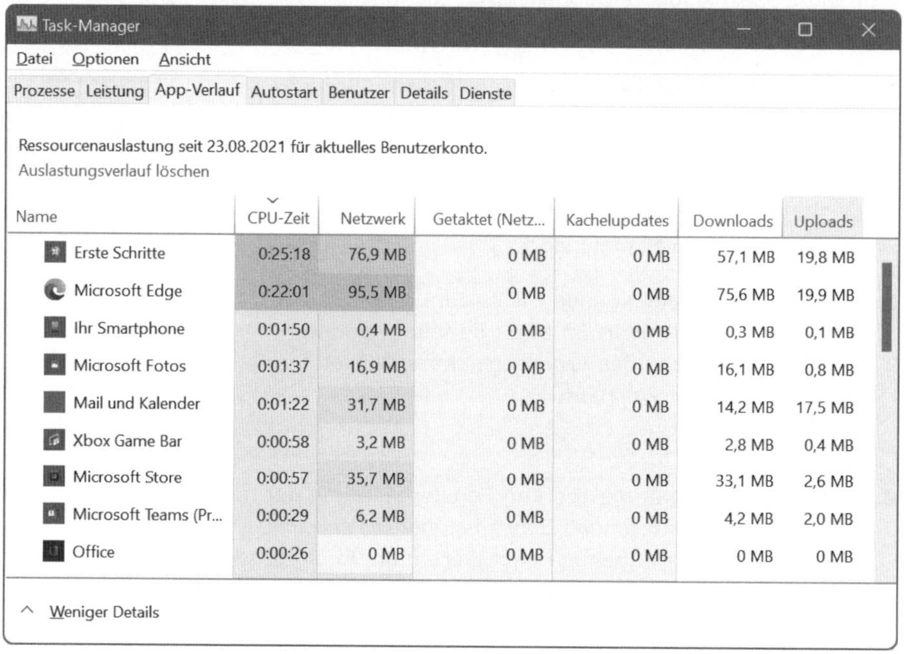

Up- und Downloads kontrollieren

Klicken Sie mit der rechten Maustaste auf die Überschriftenleiste der App-Tabelle. Im Kontextmenü können Sie dann zusätzlich die Spalten *Downloads* und *Uploads* einfügen, die Ihnen verraten, wie viele Daten welche App übertragen hat.

8.1.11 Bremsen beim Windows-Startverhalten finden

Mit jeder neuen Windows-Version hat Microsoft das Startverhalten optimiert, sodass Ihr System Ihnen nach einem Neustart möglichst schnell zur Verfügung steht. Bei einem neu installierten Windows klappt das erfahrungsgemäß auch, nur im Laufe der Zeit werden meist nach und nach zusätzliche Software und Treiber installiert, die den Start zunehmend verzögern. Der Task-Manager ermöglicht es Ihnen, den

Autostart von Programmen gezielt zu überwachen und so die wesentlichen Bremsen für eine kurze Startzeit zu ermitteln.

1. Öffnen Sie dazu im Task-Manager die Kategorie *Autostart*. Hier werden alle Programme aufgelistet, die während des Windows-Starts automatisch aktiviert werden.

2. Besonders interessant dabei ist die Spalte *Startauswirkungen*. Hier nimmt Windows eine Schätzung vor, wie stark sich das jeweilige Programm auf das Startverhalten auswirkt. Besonders bei Programmen mit dem Vermerk *Hoch* lohnt es sich zu überlegen, ob diese wirklich jedes Mal aktiviert werden müssen.

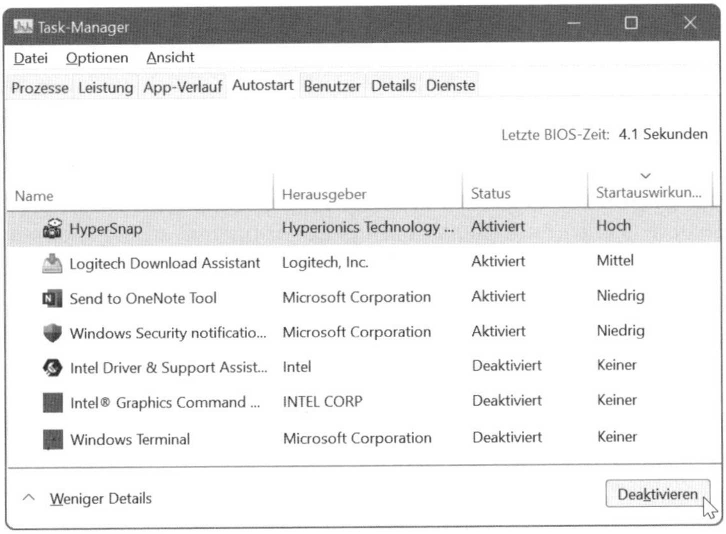

3. Um die Autostartfunktion eines Programms vorübergehend zu deaktivieren, wählen Sie es in der Liste aus und klicken rechts unten auf *Deaktivieren*.

4. Wenn Sie mit der rechten Maustaste auf einen Eintrag klicken, finden Sie weitere Funktionen, etwa die Eigenschaften der Datei aufzurufen oder den Hintergrund dieses Programms im Web zu recherchieren.

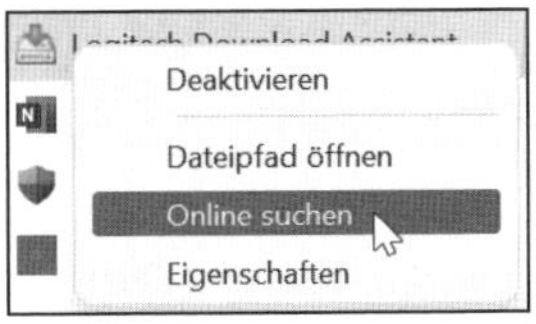

Boot-Zeit des PCs ermitteln

Wenn man das Startverhalten optimieren möchte, ist die Boot-Zeit das entscheidende Kriterium. Selbstverständlich kann man die mit einer Uhr oder einer passenden App auf dem Smartphone händisch stoppen. Sie können es sich aber einfacher machen: Der Task-Manager zeigt in der Rubrik *Autostart* rechts oben bei *Letzte BIOS-Zeit* jeweils die Dauer des letzten Einschaltens an. Gemeint ist damit die Zeit vom Einschalten des PCs bis zur Übergabe des Startvorgangs an Windows.

8.2 Mit der Windows-Registry Zugriff auf alle Einstellungen

Die Registrierungsdatenbank (im Folgenden kurz als Registry bezeichnet) ist die zentrale Konfigurationsdatenbank von Windows. Sie umfasst aber nicht nur Informationen zu Windows selbst, sondern auch zu den meisten installierten Anwendungen.

Während früher Einstellungen in zahlreichen Initialisierungsdateien dezentral gespeichert wurden, werden all diese Daten inzwischen zentral erfasst und verwaltet. Deshalb finden sich für fast alle Programme, Funktionen und Parameter von Windows-Einstellungen in der Registry, auch wenn diese auf »offiziellen« Wegen nicht verändert werden können. Auf Websites, in Zeitschriften oder Büchern finden sich immer wieder Hinweise auf Registry-Einstellungen. Auch in diesem Buch zeigen verschiedene Powertipps, wie Sie mit geschickten Registry-Einstellungen gewünschte Effekte erzielen oder Probleme beheben können.

In diesem Kapitel finden Sie Tipps, wie Sie solche Einstellungen schnell und sicher vornehmen und wie Sie mit dem Registrierungs-Editor optimal arbeiten können.

8.2.1 Einstellungen mit dem Registrierungs-Editor bearbeiten

Mit dem Registrierungs-Editor befindet sich im Lieferumfang von Windows ein einfaches Programm zum Bearbeiten der Registry-Optionen. Es ist zwar nicht besonders komfortabel, bietet dafür aber Zugriff auf wirklich alle Funktionen und Einstellungen von Windows und den meisten installierten Anwendungsprogrammen.

Der Registrierungs-Editor versteckt sich ein wenig, kann aber genau wie andere Systemtools schnell im Suchfeld des Startmenüs aufgerufen werden:

1. Um den Registrierungs-Editor zu starten, öffnen Sie zunächst das Startmenü (beispielsweise mit ⊞).
2. Tippen Sie hier den Befehl *regedit* ein.

Registrierungs-Editor an die Taskleiste anheften

Wenn Sie den Registrierungs-Editor regelmäßig nutzen und jederzeit besonders schnell starten möchten, können Sie ihn – wie jede andere Anwendung – an die Taskleiste anheften. Dazu brauchen Sie ihn nur einmal wie vorangehend beschrieben zu starten. Klicken Sie dann, während er geöffnet ist, mit der rechten Maustaste auf sein Symbol in der Taskleiste und wählen Sie im Kontextmenü *An Taskleiste anheften.*

3. Windows zeigt dann in der Regel ganz oben in der Trefferliste den Eintrag *regedit* an. Klicken Sie mit der linken Maustaste darauf oder drücken Sie ↵.

4. Da für Eingriffe an der Registry Administratorrechte benötigt werden, müssen Sie ggf. eine Rückfrage der Benutzerkontensteuerung beantworten. Dann startet der Registrierungs-Editor.

Der Registrierungs-Editor ähnelt optisch und von der Bedienung her dem Datei-Explorer, sodass man sich schnell zurechtfinden kann.

Dabei ist der Registrierungs-Editor etwas einfacher gestrickt und bietet dementsprechend weniger Funktionen an.

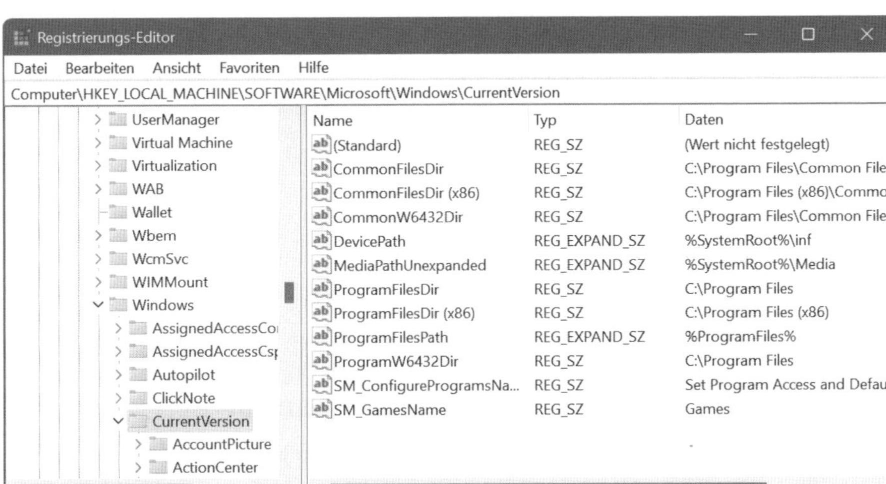

- Die Zeile unterhalb der Menüleiste gibt den vollständigen Pfad des aktuell gewählten Registry-Schlüssels an. In diesem Feld kann übrigens auch kopiert und eingefügt sowie der Pfad bearbeitet werden. Sie können also vollständige Registry-Pfade beispielsweise im Webbrowser kopieren und hier einfügen, um den entsprechenden Schlüssel direkt zu finden.
- In der linken Spalte finden Sie anstelle von Ordnern die Struktur der Registrierungsdatenbank wieder. Sie beginnt ganz oben mit *Computer* und zerfällt dann in fünf Hauptkategorien, die ihrerseits wiederum in zahlreiche Rubriken und Unterrubriken unterteilt sind.
- Um eine der Hauptkategorien oder eine der Rubriken darin zu öffnen, klicken Sie genau wie im Datei-Explorer auf das kleine Symbol davor, oder Sie doppelklicken auf den entsprechenden Eintrag. Der Editor öffnet daraufhin diese Unterrubrik und zeigt wiederum die darin enthaltenen Unterkategorien an.
- Genau wie ein Ordner im Datei-Explorer kann jede Rubrik ihrerseits Unterrubriken und Daten enthalten. Rubriken mit Unterkategorien erkennen Sie wie gewohnt am kleinen Symbol links daneben. Hat eine Rubrik kein solches Symbol, dann enthält sie nur Registry-Daten ohne weitere Verschachtelung.
- Den eigentlichen Inhalt einer Kategorie sehen Sie in der rechten Fensterhälfte. Im Unterschied zu den Dateien und Ordnern im Datei-Explorer werden hier aber nur die reinen Registry-Daten angezeigt, nicht die eventuell vorhandenen Unterrubriken, die sich nur in der linken Fensterspalte ablesen lassen.

Die Struktur der Registrierungsdatenbank

Die Registry besteht aus fünf Hauptkategorien, auf die alle Eigenschaften verteilt sind. Diese Hauptkategorien spiegeln das grundlegende Konzept der Datenverwaltung bei Windows wider:

- *HKEY_CLASSES_ROOT* enthält die Verknüpfungen von Dateitypen mit Anwendungen und ist eigentlich ein Teil von *HKEY_LOCAL_MACHINE\Software*. In der Regel dürften hier keine Eingriffe notwendig sein, da sich diese Einstellungen komfortabler über den Datei-Explorer vornehmen lassen.
- *HKEY_CURRENT_USER* umfasst die benutzerspezifischen Einstellungen des aktuell angemeldeten Benutzers. Dabei handelt es sich streng genommen um einen Teil von *HKEY_USERS*, der bei der Anmeldung jeweils abhängig vom Benutzer erstellt wird.
- *HKEY_LOCAL_MACHINE* enthält alle Konfigurationsdaten des PCs, also alle Daten der installierten Hard- und Software.
- *HKEY_USERS* beherbergt die Profile aller auf dem Rechner registrierten Benutzer. Hier finden sich also alle benutzerspezifischen Daten.
- In *HKEY_CURRENT_CONFIG* finden sich die Informationen zum Hardwareprofil, mit dem der PC gestartet wurde. Dies ist insbesondere von Bedeutung, wenn für den Rechner mehrere Hardwareprofile vorliegen.

8.2.2 Autovervollständigen im Registrierungs-Editor

Im Adressfeld des Registrierungs-Editors kann man nicht nur kopieren und einfügen, sondern den Schlüsselpfad auch direkt bearbeiten. Dabei bietet der Editor eine Autovervollständigung. Es schlägt also beim Tippen automatisch vor, welche Registry-Schlüssel infrage kommen könnten.

1. Um einen Registry-Schlüssel einzugeben, tippen Sie einfach erst mal drauflos.

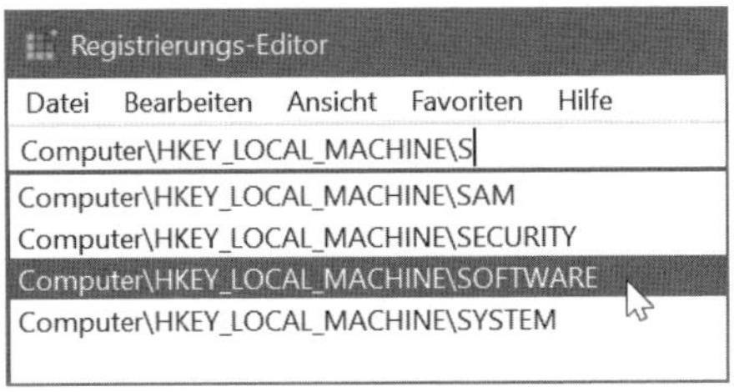

2. Der Editor schlägt Ihnen dann in einer Auswahlliste unterhalb des Eingabefelds jeweils die infrage kommenden Unterschlüssel vor.
3. Wählen Sie den gewünschten Unterschlüssel mit den Pfeiltasten aus. Er wird jeweils automatisch oben eingefügt.
4. Hängen Sie dann jeweils ein \ an, um den Schlüssel abzuschließen. Die Auswahlliste zeigt dann dessen Unterschlüssel an.

Auf diese Weise können Sie auch längere Registry-Schlüssel bequem auswählen, ohne viel eintippen zu müssen.

8.2.3 Bestimmte Einstellungen in der Registry finden

Um einen bestimmten Registry-Eintrag zu finden, muss man seine genaue Position in der Hierarchie der Registry kennen, also den exakten Pfad von der Wurzel des Baums bis zu der Rubrik, in der dieser Eintrag gespeichert ist. Es gibt als Alternative aber auch eine Suchfunktion. Hier können Sie die Bezeichnung eines Schlüssels oder Wertes oder aber auch nur einen Teil davon angeben und die Registrierungsdatenbank danach durchsuchen lassen.

1. Um die Registrierungsdatenbank zu durchsuchen, sollten Sie zunächst den Teil der Daten auswählen, in dem gesucht werden soll. Dazu markieren Sie in der linken Fensterhälfte eine Kategorie, die mit allen ihren Unterrubriken durchsucht wird. Um die gesamte Registry zu durchsuchen, wählen Sie die oberste Kategorie *Computer* aus. Sie können sich aber beispielsweise auch auf den Teilbereich *HKEY_CURRENT_USER* beschränken. Dann werden nur Registry-Daten durchsucht, die spezifische Einstellungen für den gerade angemeldeten Benutzer enthalten.
2. Wählen Sie dann die Menüfunktion *Bearbeiten/Suchen* oder benutzen Sie das Tastenkürzel Strg+F, um den *Suchen*-Dialog anzuzeigen. Geben Sie im Feld *Suchen nach* den Suchbegriff an.
3. Unter *Suchoptionen* können Sie die Suche auf bestimmte Objekte in der Registry beschränken. Um nur Namen der Rubriken zu berücksichtigen, wählen

Sie *Schlüssel*. *Werte* durchsucht die Bezeichnungen von konkreten Eigenschaften, während sich *Daten* auf deren Einstellung bezieht. Bei *Computer\HKEY_LOCAL_MACHINE\Software\Internet Explorer\Version=6.0* wäre also *Computer\HKEY_LOCAL_MACHINE\Software\Internet Explorer* der Schlüssel, *Version* der Wert und *6.0* dessen Dateneigenschaft.

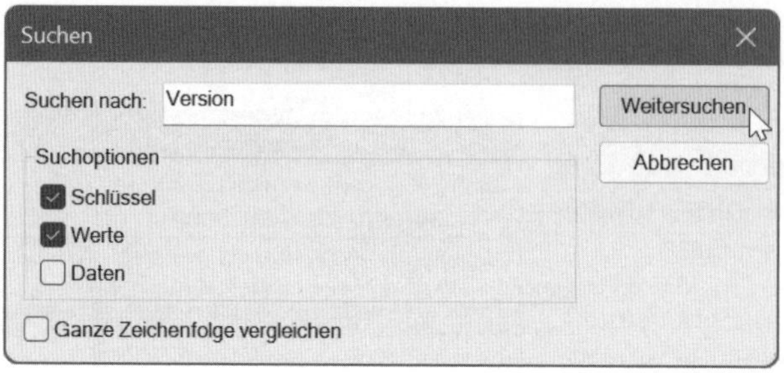

4. Mit der Option *Ganze Zeichenfolge vergleichen* können Sie außerdem vorgeben, dass nur solche Einträge gefunden werden, deren Bezeichnung mit dem Suchbegriff identisch ist und die diesen nicht nur als Teil enthalten.

5. Klicken Sie auf *Weitersuchen*, um die Suche zu starten. Der Registrierungs-Editor beginnt daraufhin mit der Suche und springt an die erste Stelle in der Datenbank, an der er einen entsprechenden Eintrag entdeckt. Dazu wechselt er in die entsprechende Rubrik und zeigt diese an.

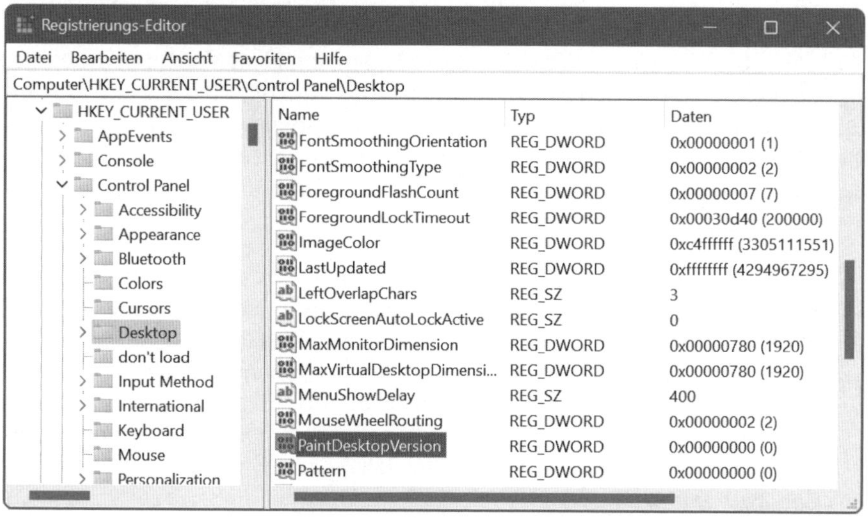

6. Wenn der gefundene Eintrag noch nicht der richtige ist, können Sie die Suche fortsetzen, indem Sie *Bearbeiten/Weitersuchen* wählen oder einfach direkt F3 drücken. Dann setzt der Editor die Suche an der alten Stelle fort. Gelangt er ohne weitere Funde zum Ende der Registrierungsdatenbank, erhalten Sie die Meldung *Das Durchsuchen der Registrierung ist beendet*.

8.2.4 Häufig besuchte Schlüssel als Favoriten speichern

Häufig genutzte Registry-Einträge können Sie schneller wieder aufsuchen, wenn Sie sie als Favoriten speichern. Dazu verfügt der Registrierungs-Editor über eine eigene Favoritenverwaltung, die ähnlich wie bei einem Webbrowser funktioniert.

Die beiden Sammlungen haben inhaltlich allerdings nichts miteinander zu tun. Die Favoriten des Registrierungs-Editors tauchen also nicht im Webbrowser auf und umgekehrt.

1. Um ein Lesezeichen anzulegen, wählen Sie im Registrierungs-Editor entweder in der rechten Hälfte einen Dateneintrag oder in der linken einen Schlüssel aus.
2. Wählen Sie dann die Menüfunktion *Favoriten/Zu Favoriten hinzufügen*.

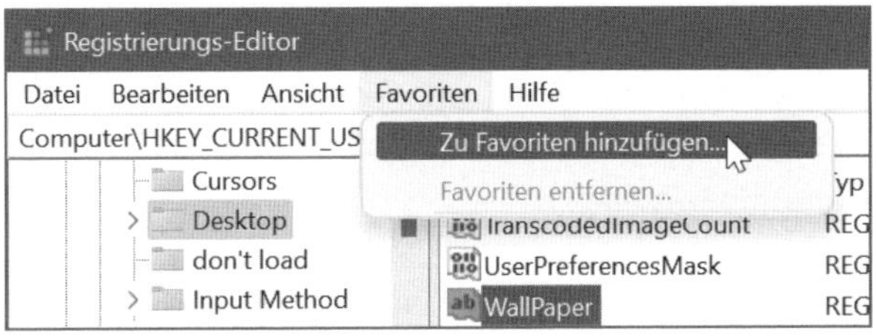

3. Der Editor zeigt daraufhin einen Dialog an, in dem Sie den Namen des Favoriten angeben. Wählen Sie hier eine beliebige Bezeichnung, durch die Sie den Eintrag in der Favoritenliste jederzeit eindeutig wiedererkennen können.

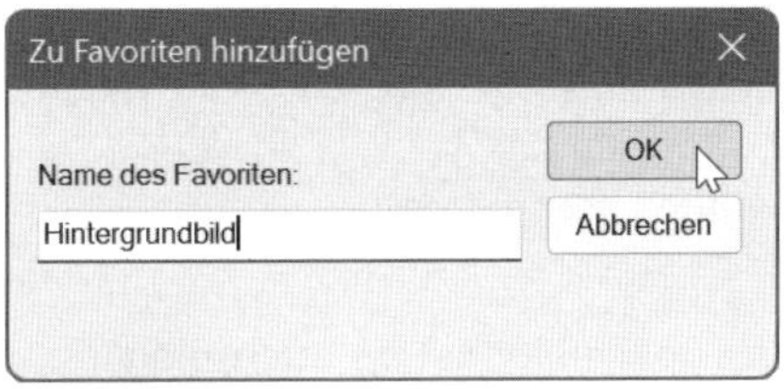

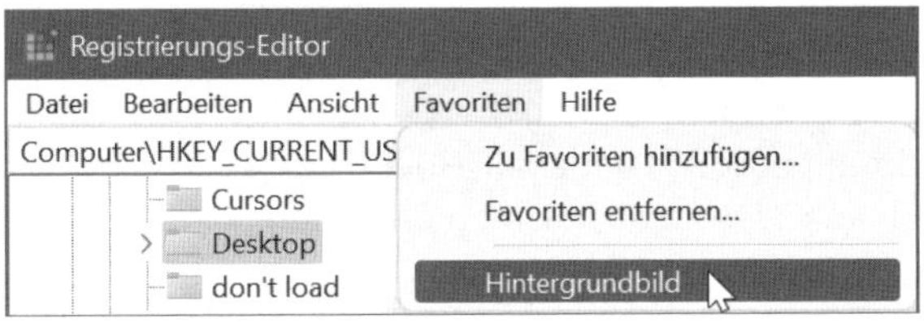

Die vorhandenen Favoriten werden ebenfalls im *Favoriten*-Menü aufgeführt und können dort jederzeit abgerufen werden. Wird ein Lesezeichen nicht mehr benötigt, können Sie es mit *Favoriten/Favoriten entfernen* löschen.

8.2.5 Einträge in der Registry verändern

Die in der Registry vorhandenen Einträge können Sie weitestgehend bearbeiten und verändern und so die Einstellungen und Funktionen von Windows und den installierten Anwendungen beeinflussen. Dazu wählen Sie im Navigationsbereich links den Schlüssel aus, in dem sich der gewünschte Wert befindet. Rechts wird dann die Liste aller dazugehörenden Werte angezeigt.

1. Doppelklicken Sie mit der Maus auf den betreffenden Eintrag. Dadurch öffnen Sie einen Dialog zum Bearbeiten dieses Wertes. Ersetzen Sie dazu den Eintrag bei *Wert* durch die gewünschte neue Einstellung. Übernehmen Sie die neue Eigenschaft mit ↵ oder mit einem Klick auf *OK*.

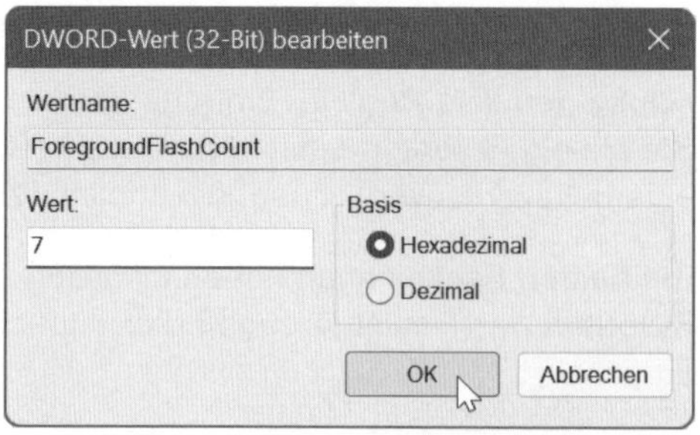

2. Auch den Namen einer Eigenschaft können Sie ändern. Klicken Sie dazu in der Liste mit der rechten Maustaste auf diesen Namen und wählen Sie im kontextabhängigen Menü die Funktion *Umbenennen*. Ähnlich wie im Datei-Explorer verwandelt sich der Name dann in ein Eingabefeld, in dem Sie die vorhandene Bezeichnung verändern oder durch eine eigene ersetzen können.

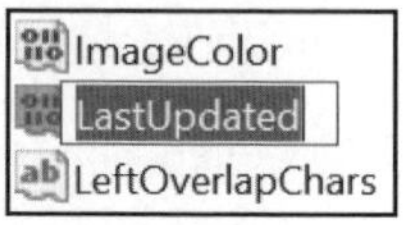

Wertenamen nur in Ausnahmefällen ändern

Bei Werten, die Sie in der Registry vorfinden, sollten Sie den Namen in der Regel nicht verändern. Dies würde dazu führen, dass Windows oder eine Anwendung diese Eigenschaft in der Registry nicht mehr wiederfinden würde, was meist nicht gewollt ist. Ausnahme wäre, wenn man eine Eigenschaft testweise deaktivieren möchte, ohne sie gleich ganz zu entfernen. Und wenn Sie sich beim Eintragen eigener Werte vertippt haben, lässt sich das mit dem Umbenennen schnell korrigieren.

3. Schließlich ist es auch möglich, Eigenschaften aus der Registrierungsdatenbank zu entfernen. Auch dazu klicken Sie wiederum mit der rechten Maustaste auf den fraglichen Wert und wählen im Kontextmenü diesmal die Funktion *Löschen*. Um versehentliches Entfernen wichtiger Eigenschaften zu verhindern, sichert sich der Registrierungs-Editor mit einer Rückfrage ab, die Sie mit *Ja* bestätigen, um den gewählten Wert tatsächlich zu entfernen.

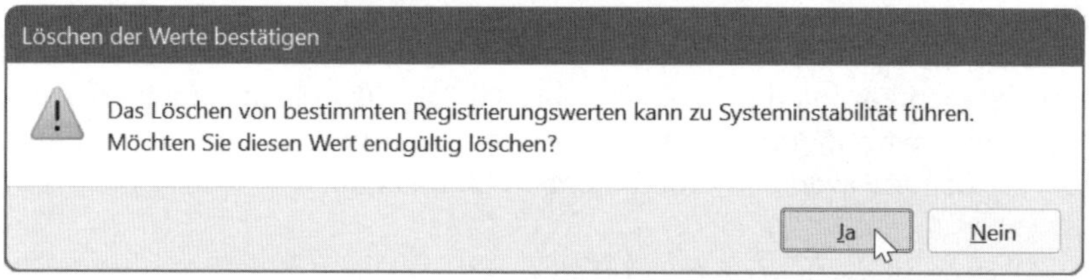

4. Auch die Schlüssel im Navigationsbereich können bearbeitet werden. Dazu finden Sie in deren kontextabhängigem Menü die Befehle *Löschen* und *Umbenennen*. Allerdings verändern Sie mit solchen Schritten unter Umständen die grundlegende Struktur der Registrierungsdatenbank. Deshalb sollte man das nur in absoluten Ausnahmefällen und mit sehr gutem Grund tun.

Änderungen an der Registry aktivieren

Ein ausdrückliches Speichern der Registrierungsdatenbank ist nicht nötig, da neue oder geänderte Werte automatisch gesichert werden. Wann eine Veränderung in der Registry Auswirkungen zeigt, hängt von der geänderten Eigenschaft ab. Damit neue oder veränderte Werte erkannt werden, müssen sie zunächst neu eingelesen werden. Bei spezifischen Eigenschaften einzelner Programme reicht dazu meist ein neuer Start dieser Anwendung, da dann die Einstellungen neu aus der Registry eingelesen werden. Bei allen Änderungen in Bezug auf das Betriebssystem selbst oder auf die Hardwarekonfiguration kann es hingegen sein, dass Windows neu gestartet werden muss, damit die Änderung in Kraft tritt. In vielen Fällen reicht es aber aus, wenn Sie sich mit Ihrem Windows-Benutzerkonto abmelden und dann gleich erneut anmelden.

8.2.6 Neue eigene Registry-Einträge erstellen

Bei vielen Registry-Tricks geht es nicht nur darum, bestehende Registry-Daten zu verändern, sondern auch darum, ganz neue Eigenschaften einzufügen. Dazu müssen Sie einen neuen Wert anlegen und mit einem Inhalt versehen.

1. Um eine neue Eigenschaft zu erstellen, navigieren Sie zunächst zum Schlüssel, in dem dieser Wert angelegt werden soll. Klicken Sie dann in der rechten Fensterhälfte auf eine freie Fläche, sodass das kontextabhängige Menü nur mit dem Befehl *Neu* angezeigt wird. Wählen Sie im Untermenü die Art von Wert, die eingefügt werden soll.

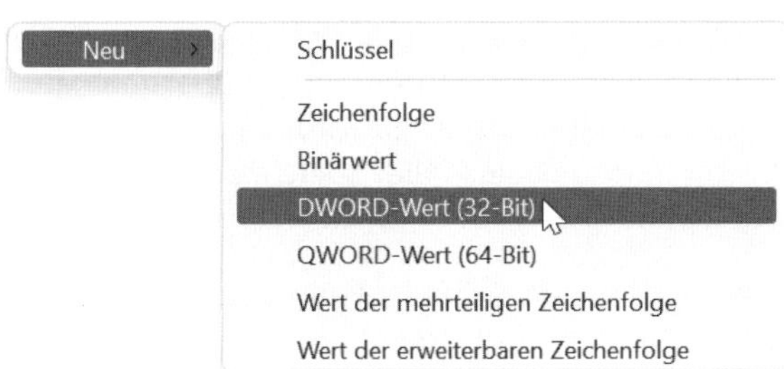

2. Der Registrierungs-Editor erstellt daraufhin einen neuen Wert mit einem provisorischen Namen (üblicherweise *Neuer Wert #1*) und fügt diesen unten am Ende der Liste an. Ersetzen Sie diese Bezeichnung durch den erforderlichen Namen des Wertes. Übernehmen Sie die Bezeichnung mit ↵.

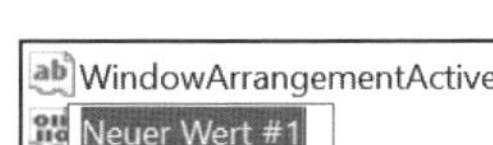

3. Nun können Sie den Wert markieren und mit ↵ oder einem Doppelklick öffnen. Dadurch öffnen Sie den gewohnten Dialog zum Bearbeiten, in dem Sie dem neuen Wert die erforderliche Eigenschaft mitgeben können.

Eigene Schlüssel in die Registry einfügen

Auch eigene Schlüssel und Unterschlüssel lassen sich in die Registry einfügen. Dazu wählen Sie den übergeordneten Schlüssel aus, in den der neue Schlüssel eingefügt werden soll. Dann klicken Sie wie vorangehend beschrieben rechts auf eine freie Stelle und wählen im Kontextmenü *Neu/Schlüssel*. Der Registrierungs-Editor fügt dann links im Navigationsbereich einen Eintrag mit dem generischen Namen *Neuer Schlüssel #1* ein, den Sie durch die gewünschte Schlüsselbezeichnung ersetzen.

8.2.7 Den Besitz von Registry-Strukturen übernehmen

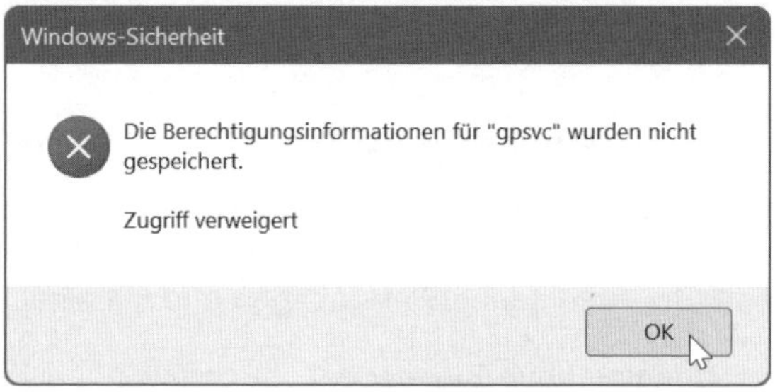

Wenn Sie sich etwas intensiver mit der Registry beschäftigen, werden Sie früher oder später auf Bereiche stoßen, in denen Sie keine Änderungen vornehmen können. Das sind besonders geschützte Strukturen, deren Besitzer das System selbst ist und bei denen selbst Benutzer mit Administratorrechten nur zuschauen und nichts anfassen dürfen. Änderungsversuche an solchen Objekten führen regelmäßig zu einer Fehlermeldung.

Wenn man selbst als Administrator nur Leserechte an einem Objekt hat, kann man sich fehlende Rechte auch nicht selbst einräumen. Der einzige Weg in solchen Situationen ist es, den Besitz des Objekts (vorübergehend) zu übernehmen. Dem sei als Warnung vorausgeschickt: Es hat in der Regel Gründe, warum bestimmte Bereiche der Registry besonders geschützt sind. Hier sollte man deshalb nur eingreifen, wenn man ganz sicher ist und gute Gründe dafür hat.

1. Wählen Sie im Registrierungs-Editor den Schlüssel aus, in dem Sie etwas ändern möchten, aber nicht über die erforderlichen Zugriffsrechte verfügen.

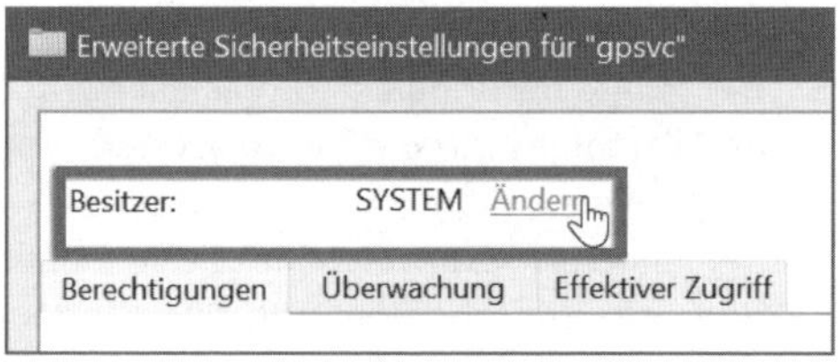

2. Klicken Sie mit der rechten Maustaste auf diesen Schlüssel und wählen Sie im Kontextmenü *Berechtigungen*.
3. Klicken Sie im anschließenden Dialog auf *Erweitert* und dann oben bei Besitzer auf *Ändern*.
4. Tippen Sie im nachfolgenden Dialog `Administrator` ein, klicken Sie rechts auf *Name überprüfen* und schließlich unten auf *OK*.

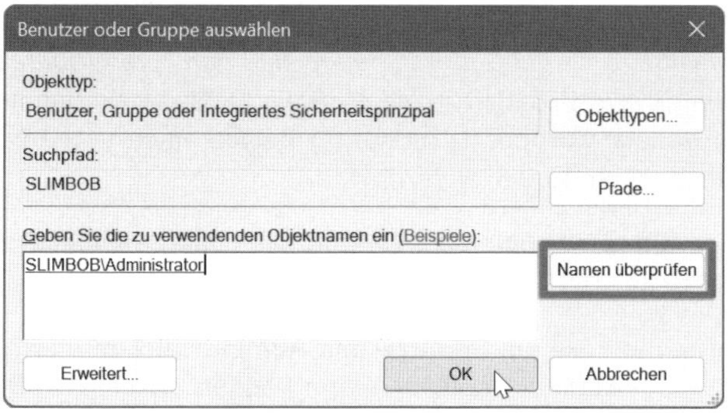

5. Aktivieren Sie anschließend die Option *Besitzer der Objekte und untergeordneten Container ersetzen*.

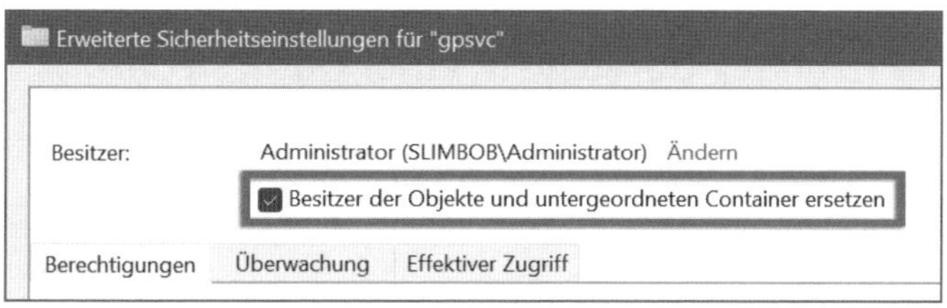

6. Schließen Sie die Dialoge mit *OK* und öffnen Sie die erweiterten Berechtigungen dann erneut.
7. Wählen Sie nun die *Administratoren* aus und klicken Sie auf *Bearbeiten*.
8. Wählen Sie hier als Typ *Zulassen* und bei *Anwenden* auf *Dieser Schlüssel und Unterschlüssel*.
9. Aktivieren Sie dann bei *Grundlegende Berechtigungen* den *Vollzugriff* und klicken Sie rechts unten auf *OK*.

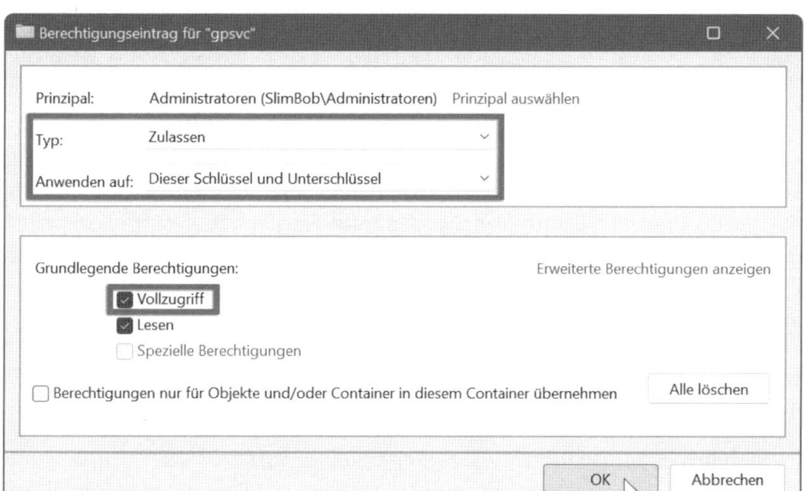

10. Zurück in den erweiterten Sicherheitseinstellungen wählen Sie unten die Option *Alle Berechtigungseinträge für untergeordnete Objekte durch vererbbare Berechtigungseinträge von diesem Objekt ersetzen*. Hinweis: Dieses Häkchen muss ggf. jedes Mal wieder gesetzt werden, da es nur für diesen einen Vorgang gilt und anschließend automatisch wieder entfernt wird.

11. Klicken Sie dann wiederum rechts unten auf *OK* und bestätigen Sie die Sicherheitsrückfrage des Systems.

Durch diese Änderungen haben Sie als Benutzer mit Administratorrechten Vollzugriffsrechte innerhalb des gewählten Schlüssels und können anschließend die vorhandene Konfiguration beliebig verändern. Abschließend empfiehlt es sich, die ursprünglichen Verhältnisse wieder herzustellen und *System* wieder zum Besitzer der Struktur zu machen.

8.2.8 Einzelne Registry-Bereiche in einer Datei sichern

Bevor man Änderungen an der Registry vornimmt, ist es eine sinnvolle Maßnahme, eine Sicherung zu erstellen. So lässt sich der Ausgangszustand zuverlässig wiederherstellen, falls eine Änderung nicht die gewünschte Wirkung oder unerwartete Nebeneffekte gebracht hat.

Außerdem können spezielle Einstellungen so von einem PC auf einen anderen übertragen und dort in dessen Registry integriert werden. Der Registrierungs-Editor erlaubt es, die Inhalte der gesamten Registrierungsdatenbank, aber auch einzelner Schlüssel in ein spezielles Dateiformat zu exportieren.

Komplette Registry per Systemwiederherstellung sichern

Eine Möglichkeit zum Sichern der Registry ist die Systemwiederherstellung von Windows. Sie speichert jeweils den kompletten Stand der Registry ab. Vor Änderungen an der Registrierungsdatenbank empfiehlt es sich deshalb, manuell einen Wiederherstellungspunkt anzulegen, den Sie am besten mit einer entsprechenden Bezeichnung versehen. Die Vorgehensweise hierfür ist auf Seite 570 beschrieben.

1. Um einen Teil der Registry zu sichern, wählen Sie in der linken Fensterhälfte des Registrierungs-Editors zunächst den Schlüssel aus, der exportiert werden soll. Sie können mit *Computer* die gesamte Registry auf einmal exportieren oder auch nur eine einzige, beliebig tief verschachtelte Unterrubrik auswählen. Es werden immer der markierte Schlüssel sowie alle darin enthaltenen Unterschlüssel und deren weitere Verästelungen gesichert.

2. Wählen Sie dann die Menüfunktion *Datei/Exportieren*. (Noch schneller geht es mit dem kontextabhängigen Menü der rechten Maustaste.)

3. Im anschließenden Dialog *Registrierungsdatei exportieren* wählen Sie zunächst den Ordner und den Dateinamen aus, unter dem die Daten gespeichert werden

sollen. Bei *Dateityp* sollten Sie es bei der Voreinstellung *Registrierungsdateien (*.reg)* belassen.

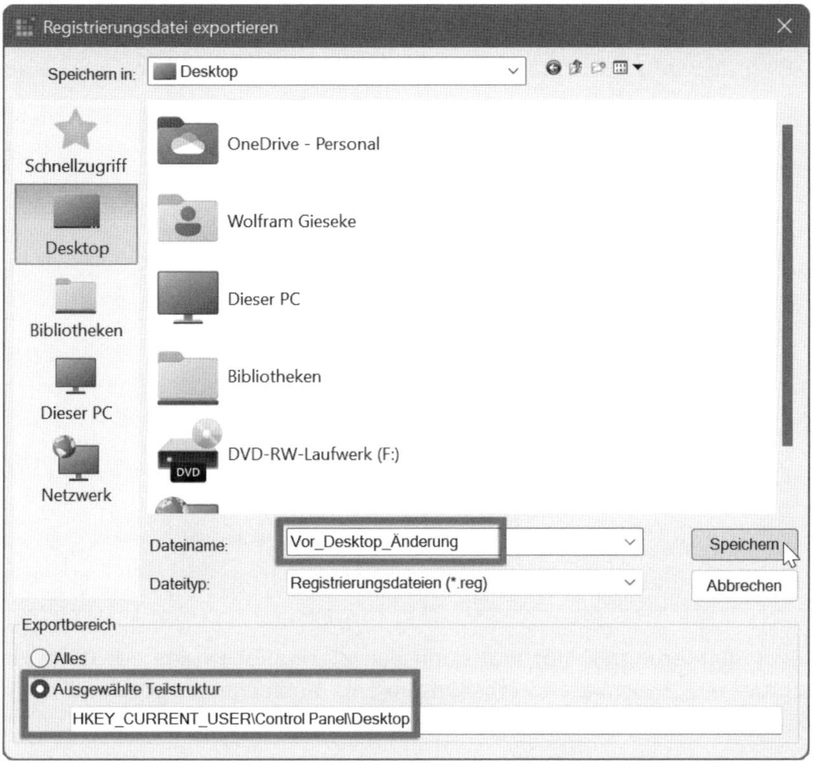

4. Ganz unten im *Exportbereich* überprüfen Sie, ob die Option *Ausgewählte Teilstruktur* aktiviert und die gewünschte Registry-Rubrik eingestellt ist. Klicken Sie dann auf *Speichern*, um die Registrierungsdatei zu erstellen. Der Registrierungs-Editor erstellt daraufhin eine Datei mit der Endung *.reg* im vorgesehenen Ordner.

8.2.9 Konfigurationsdateien in die Registry integrieren

Wenn Sie wie im vorangehenden Tipp beschrieben eine Teilstruktur der Registry in eine Datei gesichert haben, können Sie diese jederzeit auf demselben oder einem anderen Windows-PC wieder in dessen Registry integrieren.

Dabei wird dieser Teil der Registry durch die zum Zeitpunkt der Sicherung vorhandenen Werte ersetzt. Zwischenzeitlich vorgenommene Änderungen lassen sich so rückgängig machen. Auch wenn dieser Registry-Bereich inzwischen ganz oder nur teilweise entfernt wurde, werden die fehlenden Rubriken automatisch wieder erstellt.

1. Um mit dem Registrierungs-Editor eine gesicherte Registry-Datei erneut einzuspielen, wählen Sie *Datei/Importieren*.

2. Wählen Sie im anschließenden *Registrierungsdatei importieren*-Dialog die Datei aus, die die wiederherzustellende Registry-Struktur enthält. Klicken Sie dann auf *Öffnen*.

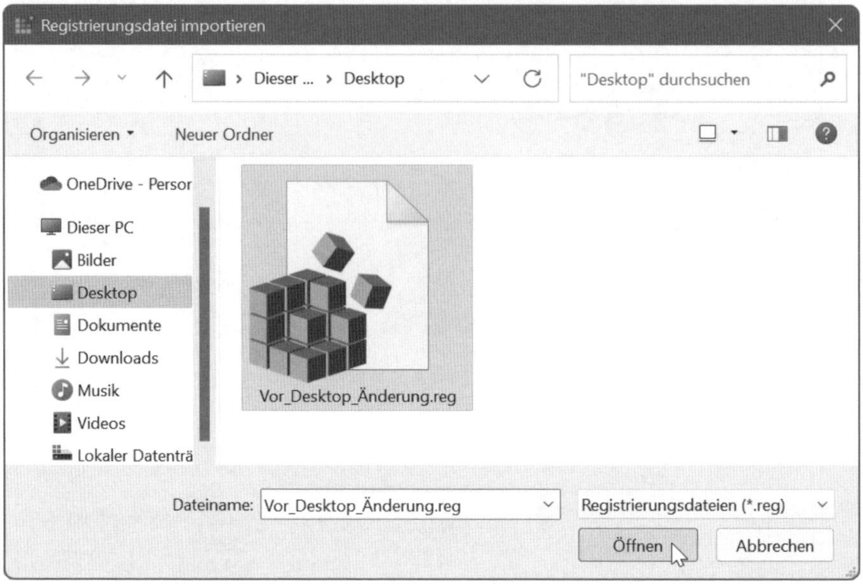

3. Der Registrierungs-Editor fügt dann die Informationen aus der Datei in die Registry ein. Anschließend erhalten Sie eine Bestätigung über den Erfolg der Aktion.

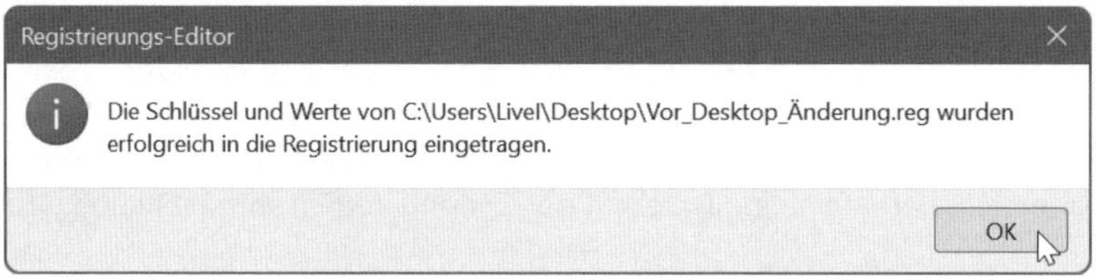

Fehlermeldung beim Wiederherstellen?

Es ist gar nicht so selten, dass sich der Registrierungs-Editor beim Wiederherstellen von Sicherungen beschwert, weil er Daten nicht wiederherstellen kann, die gerade von Benutzern oder Prozessen geöffnet sind. Das Risiko kann man minimieren, indem man immer nur einen sehr kleinen Teil der Registry sichert. Je weniger Daten, desto geringer die Wahrscheinlichkeit, dass diese beim Wiederherstellen gerade geöffnet sind. Wenn es dafür zu spät ist, ist der Start im abgesicherten Modus (siehe Seite 541) das Mittel der Wahl. Hier bleibt die Registry weitestgehend unangetastet. Die Sicherung kann eingespielt werden und die wiederhergestellten Einstellungen stehen ab dem nächsten regulären Neustart zur Verfügung.

8.2.10 Den Zugriff der Benutzer auf die Registry einschränken

Windows bietet die Möglichkeit, den Zugriff bestimmter Benutzer auf die Registry einzuschränken. So können Sie als Verwalter von PCs mit mehreren Benutzern genau festlegen, wer welche Bereiche der Registrierungsdatenbank einsehen und verändern kann.

Auf diese Weise lässt sich z. B. verhindern, dass der experimentierfreudige Nachwuchs den Rechner durch riskante Registry-Manipulationen unbrauchbar macht.

1. Um die Zugriffsberechtigungen für bestimmte Teile der Registry festzulegen, wählen Sie zunächst im Registrierungs-Editor den gewünschten Bereich in der Struktur der Registrierungsdatenbank aus.

   Sie können dabei auf einer der obersten Ebenen (*HKEY_*) beginnen, aber auch weiter unten in der Baumstruktur, z. B. bei den Einstellungen für eine bestimmte Software.

2. Klicken Sie dann mit der rechten Maustaste auf diesen Eintrag und wählen Sie im kontextabhängigen Menü *Berechtigungen*.

3. Damit öffnen Sie das Menü für Registry-Berechtigungen. Hier finden Sie in der oberen Hälfte alle Benutzer und Gruppen, für die bislang Registry-Berechtigungen festgelegt sind.

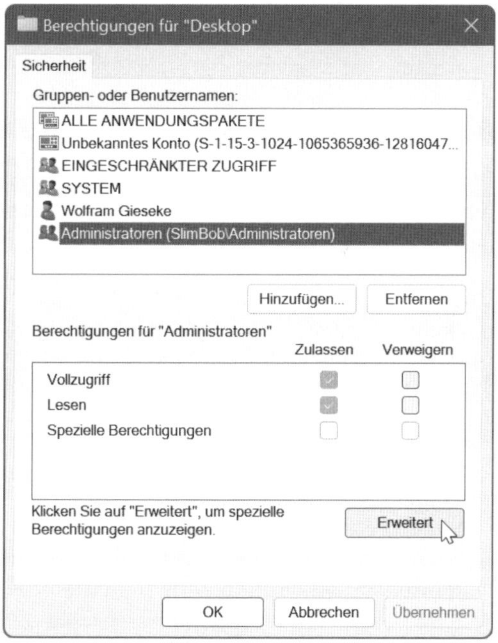

4. Wenn Sie einen dieser Einträge auswählen, sehen Sie unten die Berechtigungen, die derzeit für diesen Benutzer bzw. diese Gruppe eingestellt sind. Dabei werden der Vollzugriff mit allen Bearbeitungsmöglichkeiten, der Zugriff nur zum Lesen sowie einige spezielle Berechtigungen unterschieden. Jede dieser Berechtigungen können Sie zulassen oder verweigern.

5. Wollen Sie es noch etwas genauer wissen, können Sie mit einem Klick auf *Erweitert* die detaillierten Berechtigungen einsehen und bearbeiten.

6. Dazu wählen Sie im anschließenden erweiterten Menü wiederum die Gruppe bzw. den Benutzer aus, dessen Einstellungen Sie verändern wollen. Klicken Sie dann auf *Bearbeiten*.

7. Daraufhin werden die detaillierten Berechtigungen für die ausgewählte Gruppe (bzw. für den ausgewählten Benutzer) angezeigt und können bearbeitet werden.

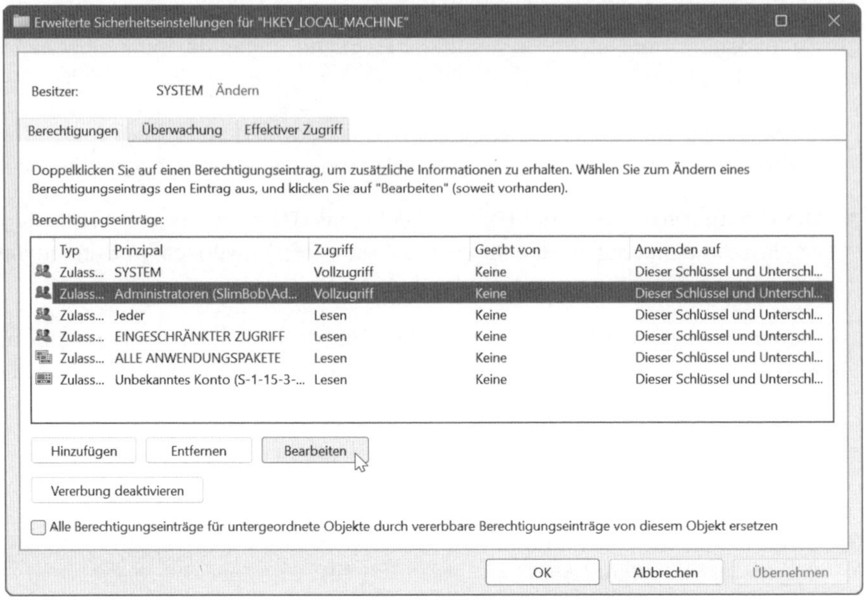

8.2.11 Weitere Benutzer in den Zugriffsschutz einbeziehen

Standardmäßig beziehen sich die Beschränkungen für den Registry-Zugriff nur auf einige wichtige Gruppen wie *Administratoren* und *SYSTEM*. Sie können aber für jede Gruppe und jeden einzelnen Benutzer individuelle Zugriffsregeln festlegen.

Das gilt selbstverständlich auch für selbst angelegte Gruppen und Benutzer. Dazu müssen Sie diese lediglich in die Registry-Kontrolle mit aufnehmen.

1. Öffnen Sie dazu wiederum die Berechtigungen im Registrierungs-Editor für einen bestimmten Schlüssel der Registry.
2. Klicken Sie dann auf die Schaltfläche *Hinzufügen* unterhalb des Bereichs *Gruppen- und Benutzernamen*.
3. Wenn Sie den genauen Objektnamen des gewünschten Benutzers bzw. der gewünschten Gruppe kennen, geben Sie ihn im anschließenden Menü im Eingabefeld ein und klicken dann rechts auf *Namen überprüfen*.
4. Andernfalls klicken Sie unten links auf *Erweitert* und dann im Auswahlmenü rechts auf die Schaltfläche *Jetzt suchen*. Daraufhin werden unten alle infrage kommenden Gruppen und Benutzer aufgeführt. Markieren Sie hier den gewünschten Eintrag und klicken Sie zweimal auf *OK*.
5. So gelangen Sie zurück ins Berechtigungsmenü und finden hier den neuen Gruppen- oder Benutzernamen in der Liste vor. Nun können Sie für diesen ge-

nau wie für alle anderen die allgemeinen oder auch die detaillierten Berechtigungen für den Zugriff auf die Registry festlegen.

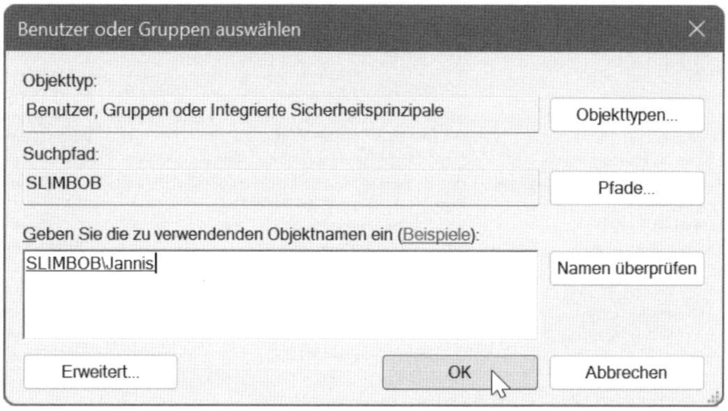

8.3 Die Windows-Systemdienste kontrollieren

Das Betriebssystem Windows besteht letztlich aus einer Ansammlung von Diensten. Das sind Programme, die ohne eigenes Fenster mehr oder weniger unsichtbar ablaufen.

Jeder Dienst ist für eine bestimmte Aufgabe bzw. einen bestimmten Aufgabenbereich zuständig, z. B. die Darstellung des Desktops, die Kommunikation mit der Hardware oder das Organisieren von Netzwerkverbindungen. Windows startet diese Dienste nach Bedarf automatisch, sodass Sie sich nicht darum kümmern müssen.

Trotzdem lohnt sich hin und wieder ein Blick in die Diensteverwaltung. Denn zum einen installieren dort auch andere Hersteller und Anwendungen eigene Dienste. Zum anderen besitzen die Dienste ein gewisses Optimierungspotenzial, denn nicht jeder Dienst ist für jeden unbedingt erforderlich.

8.3.1 Volle Kontrolle mit der Diensteverwaltung

Um die ansonsten unsichtbaren Dienste kontrollieren zu können, bringt Windows eine eigene Diensteverwaltung mit. Sie listet alle Dienste auf, gibt Informationen dazu und verrät den Status. Denn dass ein Dienst installiert ist, bedeutet nicht, dass er auch automatisch aktiv sein muss.

1. Öffnen Sie beispielsweise mit ⊞ das Startmenü und tippen Sie hier `dienste` ein, bis die *Dienste*-App als Eintrag mit der höchsten Übereinstimmung angeboten wird. Dann reicht ⏎ zum Öffnen des Verwaltungsprogramms.
2. In der Diensteverwaltung finden Sie eine lange Liste der vorhandenen Dienste. Zu jedem Namen gibt es auch eine kurze Beschreibung, die sich in der Liste allerdings nicht gut lesen lässt. Wenn Sie einen Eintrag auswählen, wird dieser Text zumindest in der *Erweitert*-Ansicht links daneben angezeigt.

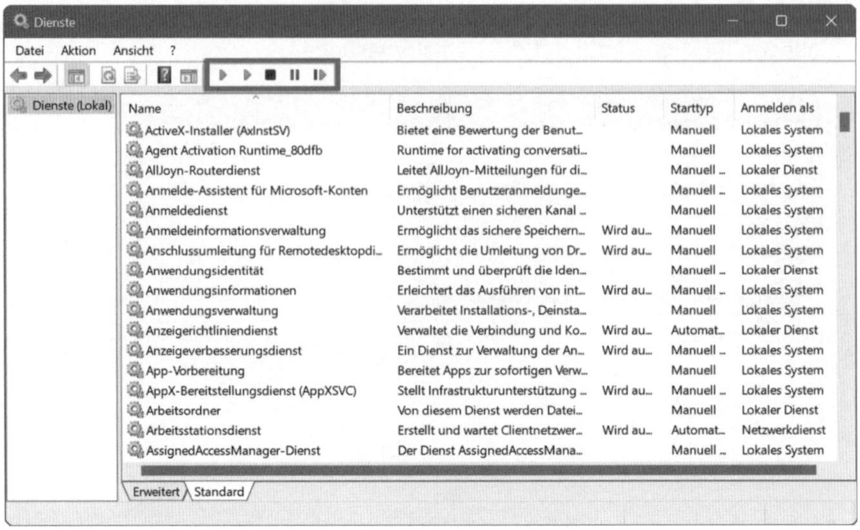

3. Jeder Eintrag in der Liste bedeutet zunächst nur, dass dieser Dienst installiert ist. Ob er tatsächlich auch aktiv ist, können Sie in der *Status*-Zeile ablesen. Steht hier *Gestartet*, läuft der Dienst in dieser Zeile gerade im Hintergrund.

4. In der Symbolleiste darüber finden Sie Steuerelemente, mit denen Sie ausgewählte Dienste jederzeit pausieren, stoppen oder starten können.

Bevor Sie Änderungen an der Dienstekonfiguration von Windows vornehmen, sollten Sie sich genau über die Dienste informieren, deren Status Sie verändern wollen. Jeder Dienst erfüllt eine Aufgabe, und nicht wenige davon sind für das reibungslose Arbeiten unerlässlich.

Zudem bestehen zwischen den Diensten Abhängigkeiten, sodass man mit dem Deaktivieren eines scheinbar nutzlosen Dienstes plötzlich Probleme an einer ganz anderen Stelle bekommt.

Um mehr über einen Dienst zu erfahren, markieren Sie ihn zunächst in der Liste. Wechseln Sie ggf. mit dem kleinen Reiter unten in die *Erweitert*-Ansicht. So können Sie die Beschreibung der Funktion dieses Dienstes am besten lesen.

Für weitere Informationen öffnen Sie die Eigenschaften dieses Dienstes mit einem Doppelklick auf seinen Eintrag in der Liste. In der Rubrik *Allgemein* erfahren Sie z. B. den Starttyp des Dienstes.

Bei *Dienststatus* können Sie den momentanen Zustand des Dienstes ablesen, also ob er derzeit gestartet ist oder nicht.

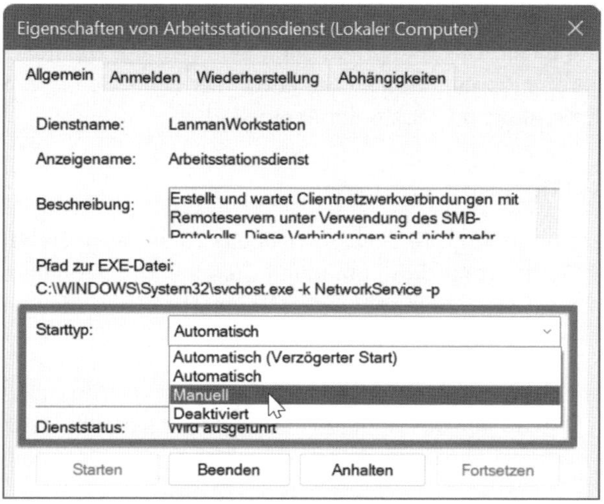

8.3.2 Abhängigkeiten zwischen den Diensten entschlüsseln

Viele Dienste sind für ihr Funktionieren auf andere Dienste angewiesen, bzw. andersherum gesehen stellen bestimmte Dienste ihre Funktionen nicht nur dem Betriebssystem und dem Benutzer, sondern auch anderen Diensten zur Verfügung. Das ist kein Problem, solange nicht ein Dienst deaktiviert ist, auf den ein anderer wichtiger Dienst angewiesen ist.

Die Diensteverwaltung hilft Ihnen dabei, solche Abhängigkeiten zu erkennen. So lassen sich z. B. auf diese Weise manchmal Startprobleme bei einem Dienst auflösen, wenn man feststellt, ob denn überhaupt alle Dienste, auf die er angewiesen ist, ihrerseits aktiv sind.

Für solche Informationen finden Sie in den Eigenschaften jedes Dienstes die Rubrik *Abhängigkeiten*:

- Hier finden Sie in der oberen Hälfte eine Liste der Dienste, auf die der ausgewählte Dienst angewiesen ist, um zu funktionieren. Wenn es Probleme mit einem Dienst gibt, sollten Sie also zunächst hier nachschauen und überprüfen, ob diese Dienste auch aktiv sind.

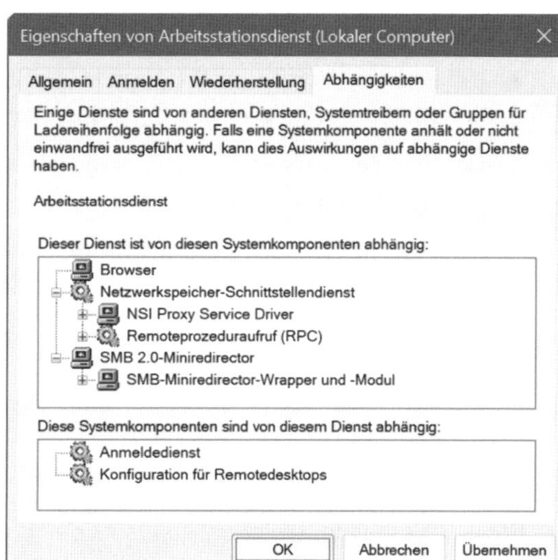

- In der unteren Hälfte finden Sie die Dienste, denen der aktuell gewählte Dienst seinerseits Funktionen bereitstellt. Diese Informationen sind wichtig, wenn Sie z. B. einen Dienst deaktivieren möchten. Stellen Sie zuvor hier sicher, dass von diesem Dienst keine anderen aktiven Dienste abhängig sind.

8.3.3 Den Status von Diensten steuern

Die Diensteverwaltung erlaubt es Ihnen, die Dienste beliebig zu steuern. Dabei können Sie den momentanen Status verändern, um einen Dienst z. B. anzuhalten oder neu zu starten. Da sich der Status beim nächsten Neustart aber wieder an den Vorgaben orientiert, können Sie auch diese einstellen.

1. In der Rubrik *Allgemein* der Diensteigenschaften können Sie in der unteren Hälfte den Dienststatus ablesen, also ob der Dienst derzeit gestartet, angehalten oder beendet ist.

2. Mit den Schaltflächen darunter können Sie den Status des Dienstes steuern. Dabei gibt es einen Unterschied zwischen *Starten* und *Beenden* einerseits und *Anhalten* und *Fortsetzen* andererseits:

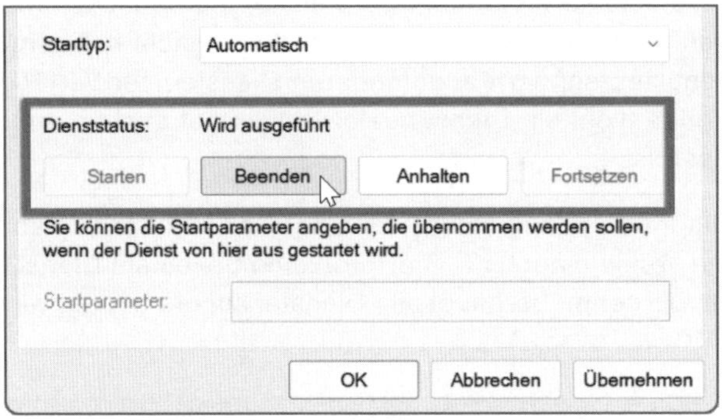

   - Bei *Beenden* wird das Programm, das durch den Dienst ausgeführt wird, komplett beendet und aus dem Speicher entladen.
   - Bei *Starten* wird das Programm jeweils neu gestartet. Zuvor muss es allerdings beendet worden sein.
   - Durch *Anhalten* wird die Ausführung des Dienstes unterbrochen, sodass er z. B. keine neuen Anforderungen mehr entgegennimmt, keine Daten mehr liefert usw. Allerdings verbleibt das Programm mit allen seinen aktuellen Parametern im Arbeitsspeicher.
   - Mit *Fortsetzen* wird ein angehaltenes Programm wieder ausgeführt. Es wird dabei exakt in den Status zurückversetzt, in dem es zuvor angehalten wurde.

3. Der aktuelle Status eines Dienstes bleibt so nur bis zum Herunterfahren von Windows erhalten. Welchen Status er beim nächsten Start erhält, das hängt von der Einstellung bei *Starttyp* ab, deren Optionen vorangehend erläutert wurden.

Um den Status eines Dienstes dauerhaft zu verändern, wählen Sie also hier die passende Einstellung.

Hier gibt es vier verschiedene Möglichkeiten:

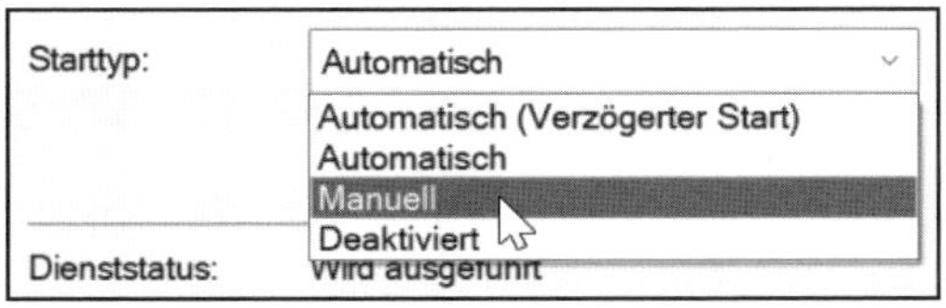

- *Automatisch*:
  Der Dienst wird beim Start von Windows jedes Mal automatisch aktiviert.
- *Automatisch (Verzögerter Start)*:
  Der Dienst wird beim Start von Windows jedes Mal automatisch aktiviert, aber mit einer gewissen Verzögerung. Dies ist für Dienste sinnvoll, die darauf angewiesen sind, dass andere Dienste oder Komponenten bereits aktiv sind. Da dies unmittelbar beim Systemstart noch nicht sichergestellt werden kann, starten sie mit einer kurzen Verzögerung.
- *Manuell*:
  Der Dienst wird beim Systemstart zunächst nicht aktiviert. Erst wenn sich herausstellt, dass er tatsächlich benötigt wird, aktiviert Windows ihn nachträglich.
- *Deaktiviert*:
  Der Dienst ist deaktiviert und kann von Windows auch nicht gestartet werden.

8.3.4 Den Prozess zu einem Dienst ermitteln

Wenn ein Dienst mal ganz Amok läuft und sich auch mit der Diensteverwaltung nicht mehr steuern lässt, steht man vor einem Problem. Denn in der Prozessliste des Task-Managers werden aktive Dienste nicht mit ihren Namen geführt, sondern jeweils unter der generischen Systemanwendung *svchost.exe*, die für das Ausführen von Diensten zuständig ist.

Nur hinter welchem der zahlreichen *svchost.exe*-Prozesse verbirgt sich nun ein ganz bestimmter Dienst?

1. Öffnen Sie im Task-Manager ganz rechts die Rubrik *Dienste*.
2. Lokalisieren Sie hier in der Liste den Dienst, der Ihnen Probleme macht.
3. Klicken Sie mit der rechten Maustaste darauf und wählen Sie im Kontextmenü ganz unten den Befehl *Zu Details wechseln*.

4. Der Task-Manager wechselt darauf in die Rubrik *Details* und wählt hier automatisch den Prozess aus, der zu dem zuvor gewählten Dienst gehört. Achten Sie also darauf, die Markierung nicht mit Maus oder Pfeiltasten zu verändern.

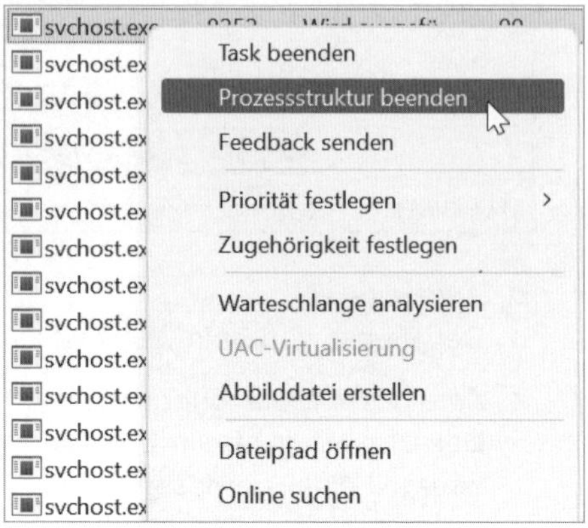

5. Sie haben hier nun die Möglichkeit, mit der *Task beenden*-Schaltfläche den Prozess selbst abzubrechen und den Dienst so zu beenden. Sollte das nicht reichen, klicken Sie mit der rechten Maustaste auf den Eintrag und wählen dort *Prozessstruktur beenden*, was auch eventuelle Unterprozesse abbricht.

6. Außerdem stehen Ihnen im Kontextmenü des Prozesses weitere Funktionen wie etwa das Analysieren der Warteschlange oder die Onlinerecherche zur Verfügung.

8.3.5 Dienste bei Problemen automatisch neu starten

Sollte bei einem Dienst ein Fehler auftreten oder dieser ganz hängen bleiben, muss etwas geschehen, da diese Funktion von Windows oder eine Anwendung sonst bis zum nächsten Neustart nicht mehr verfügbar wäre. Deshalb bringt Windows einen Mechanismus mit, der mit Dienstfehlern umgehen kann. Das Schöne daran ist, dass man diesen Mechanismus für jeden Dienst individuell gestalten kann. So ist es möglich, auf wiederkehrende Probleme mit einem Dienst in einer bestimmten Art und Weise zu reagieren, um ein allzeit einsatzbereites System zu garantieren.

1. Öffnen Sie in den Eigenschaften eines Dienstes die Rubrik *Wiederherstellung*.

2. Hier können Sie jeweils für den ersten, den zweiten und alle weiteren Fehler eine Aktion festlegen, die Windows automatisch ausführt. Zur Auswahl stehen dabei vier Optionen:

   - *Keine Aktion*: Der Dienstfehler wird ignoriert. Dies kann sinnvoll sein, wenn ein Dienst durch einzelne Fehler nicht grundsätzlich infrage gestellt wird.
   - *Dienst neu starten*: Windows startet den Dienst nach einem Fehler automatisch neu.
   - *Ein Programm ausführen*: Nach einem Fehler führt Windows ein bestimmtes Programm aus, das Sie darunter im Abschnitt *Programm ausführen* auswählen und ggf. mit Befehlszeilenparametern versehen können. Ein solches Programm könnte beispielsweise temporäre Dateien des Dienstes bereinigen oder andere Aktionen ausführen, die das weitere stabile Laufen des Dienstes gewährleisten.

- *Computer neu starten*: Windows kann den PC nach einem Dienstfehler automatisch neu starten. Das ist allerdings ein scharfes Schwert, das unbedacht eingesetzt zu einer langen Kette von Neustarts führen kann. Insofern würde ich es eher als letzte Möglichkeit betrachten. Für diesen Fall können Sie mit *Neustartoptionen* eine Warnung und Wartefrist für eventuell angemeldete Nutzer einstellen.

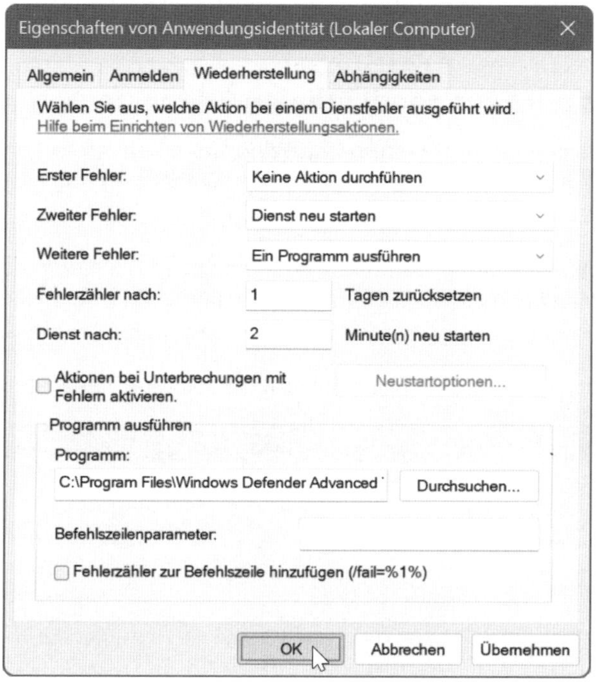

3. Alle diese Varianten können Sie kombinieren, etwa indem Sie beim ersten Fehler auf eine Aktion verzichten, nach einem zweiten Fehler den Dienst zunächst neu starten und bei weiteren Fehlern ein Programm zur Fehlerbereinigung ausführen lassen.

4. Der Fehlerzähler lässt sich nach einer wählbaren Zahl von Tagen automatisch zurücksetzen, sodass er nicht dauerhaft hochzählt. Nach der festgelegten Zahl von Tagen ohne Fehler wird er wieder auf 0 gesetzt.

8.4 Mit Gruppenrichtlinien System und Benutzer feinsteuern

Gruppenrichtlinien bieten die Möglichkeit, viele Einzelheiten im Verhalten von Windows bis ins letzte Detail zu steuern. Wie der Name nahelegt, sind diese Richtlinien dafür gedacht, für ganze Benutzergruppen die Art und Weise zu steuern, wie diese den PC nutzen können. Und sie erlauben es, in einem Netzwerk mit mehreren bzw.

auch vielen Windows-PCs alle diese Einstellungen zentral an einer Stelle festzulegen und sie von dort an alle Rechner im Netzwerk zu übertragen.

Gruppenrichtlinien lassen sich aber genauso auf Einzelplatzrechnern einsetzen. Vorausgesetzt, auf diesen läuft eine der Windows-Editionen Pro, Enterprise oder Education. Der Home-Edition bleibt der Gruppenrichtlinien-Editor leider vorenthalten. Allerdings gibt es auch hier Tricks, viele Gruppenrichtlinien trotzdem einzustellen.

8.4.1 Windows per Gruppenrichtlinien-Editor steuern

Um die Gruppenrichtlinien zu verwalten, bringt Windows einen speziellen Editor mit, der allerdings etwas versteckt ist. Er lässt sich am einfachsten über den Startbildschirm aufrufen.

1. Öffnen Sie beispielsweise mit [Win] das Startmenü und tippen Sie hier `gpedit` ein, bis *Gruppenrichtlinien bearbeiten* als Eintrag mit der höchsten Übereinstimmung angeboten wird. Dann reicht [Enter] zum Öffnen des Verwaltungsprogramms.

2. Der Gruppenrichtlinien-Editor öffnet sich mit seiner Explorer-artigen Oberfläche.

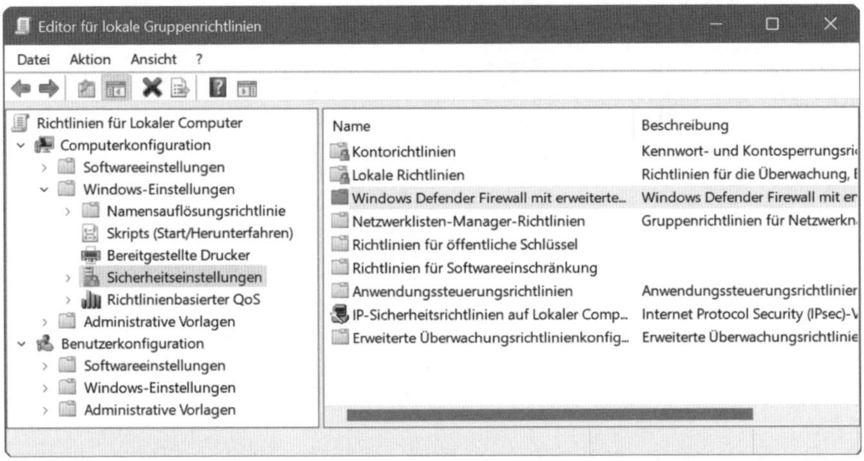

3. Links sehen Sie eine Navigationsspalte, mit der Sie durch die verschiedenen Einstellungsmöglichkeiten navigieren können.

4. Im größeren rechten Bereich werden jeweils die Inhalte der links ausgewählten Kategorie angezeigt. Hier können Sie teilweise wählen zwischen einer *Standard*-Ansicht, die nur die Elemente selbst enthält. Oder Sie verwenden die Ansicht *Erweitert*, in der Sie zum jeweils ausgewählten Objekt weitere Informationen erhalten.

Der Navigationsbereich unterteilt sich grob in zwei Bereiche, die sich teilweise sehr ähnlich sind bzw. sogar identische Richtlinien enthalten. Trotzdem haben sie unterschiedliche Bedeutung:

- **Computerkonfiguration:**
  Diese Richtlinien gelten für den gesamten PC und alle Benutzer. Sie werden beim Start des PCs eingelesen und bleiben bis zum Beenden von Windows aktiv. In diesem Bereich konfigurierte Richtlinien ändern sich nicht abhängig vom angemeldeten Benutzer.
- **Benutzerkonfiguration:**
  Diese Richtlinien gelten jeweils für einen Benutzer. Sie werden nach der Benutzeranmeldung geladen und bleiben bis zur Abmeldung aktiv.

Da es in beiden Bereichen teilweise identische Richtlinien gibt, bedeutet dies, dass man bestimmte Einstellungen pauschal für den gesamten PC (also für alle Benutzer) oder eben benutzerspezifisch vornehmen kann.

Kompliziert wird es, wenn man dieselbe Richtlinie sowohl in der Computer- als auch der Benutzerkonfiguration verwendet und die Einstellungen sich unterscheiden. Dann entsteht ein Konflikt, der in der Regel dadurch gelöst wird, dass in solchen Fällen die Computerkonfiguration »gewinnt«.

8.4.2 PowerShell-Skripte per Gruppenrichtlinien sperren

Die meisten Gruppenrichtlinien sind im Auslieferungszustand zwar vorhanden, aber nicht aktiviert. Sie beeinflussen das Verhalten von Windows also zunächst nicht.

Sie können jede Richtlinie jederzeit aktivieren und dann so einstellen, wie das Ihren Vorstellungen entspricht. Ich zeige die Vorgehensweise an einer Richtlinie, mit der sich das Ausführen von PowerShell-Skripten fein steuern oder auch ganz unterbinden lässt.

1. Öffnen Sie in der Navigationsspalte links die Kategorie *Richtlinien für Lokaler Computer/Computerkonfiguration/Administrative Vorlagen/Windows-Komponenten/Windows PowerShell*.
2. Rechts werden dann die Einstellungen für diese Kategorie angezeigt.

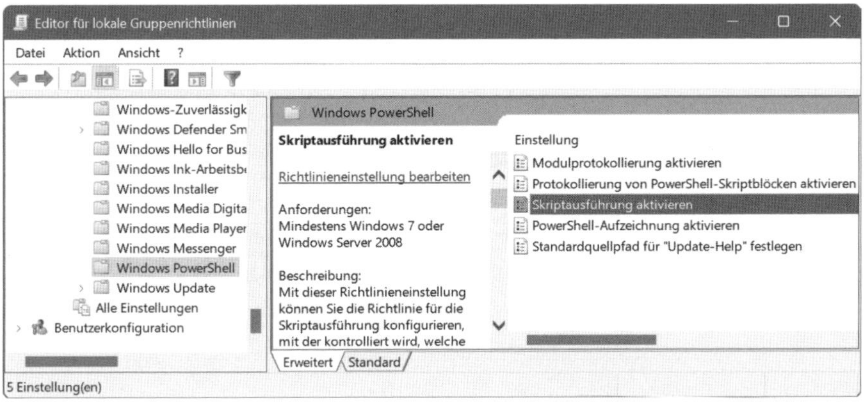

3. Doppelklicken Sie rechts auf den Eintrag *Skriptausführung aktivieren*, um dessen Einstellungen zu öffnen.

4. Wählen Sie im anschließenden Dialog zunächst oben links die Option *Aktiviert*. Damit wird diese Gruppenrichtlinie zunächst grundlegend wirksam. Bei vielen einfachen Richtlinien reicht es schon, diese zu aktivieren oder eben zu deaktivieren, um den gewünschten Effekt zu erzielen. *Nicht konfiguriert* bedeutet, dass die Richtlinie von Windows völlig ignoriert wird.

5. Bei anderen Gruppenrichtlinien können Sie im aktivierten Zustand darunter bei *Optionen* weitere Einstellungen für diese Richtlinie vornehmen:

   - In diesem Beispiel haben Sie die Möglichkeit, das Ausführen auf signierte Skripte zu beschränken.
   - Alternativ können Sie zusätzlich zu signierten Skripten auch lokale Skripte zulassen, die auf dem PC selbst erstellt wurden.
   - Oder aber Sie verzichten auf jegliche Kontrolle und lassen *Alle Arten von Skripten* zu.

6. Um hingegen das Ausführen jeglicher Art von Skripten auf dem PC zu unterbinden, wählen Sie oben die Option *Deaktiviert*.

7. Klicken Sie abschließend auf *OK*, um die neue Gruppenrichtlinie bzw. deren neue Einstellung in Kraft treten zu lassen.

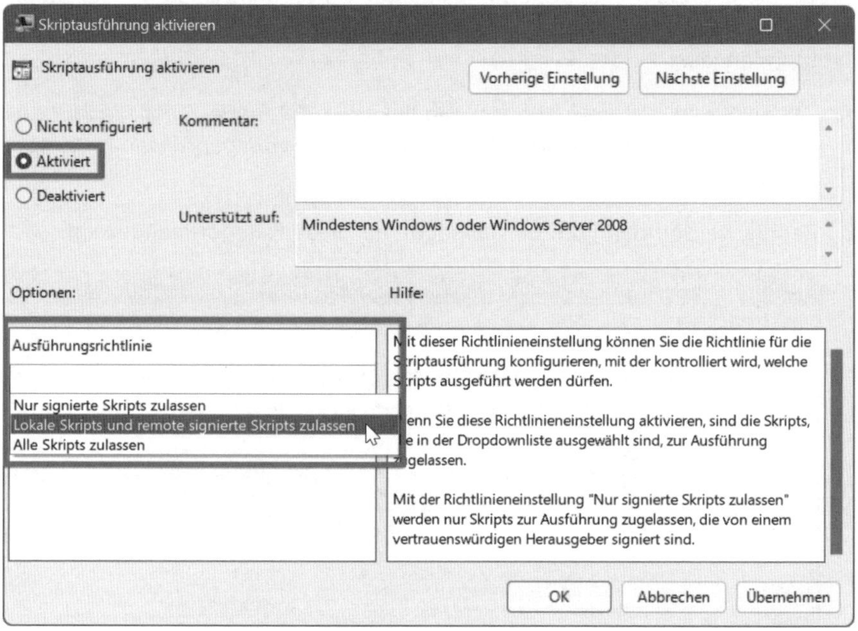

8.4.3 Nur die aktuell wirksamen Gruppenrichtlinien anzeigen

Der Gruppenrichtlinien-Editor gibt sich Mühe, die Richtlinien durch eine Vielzahl von Kategorien sinnvoll zu unterteilen und zu strukturieren. Insbesondere in einigen Kategorien der administrativen Vorlagen ist es aber immer noch gerammelt voll. Damit Sie sich in solchen umfangreichen Listen besser zurechtfinden, bietet der Gruppenrichtlinien-Editor eine Filterfunktion. Wenn Sie auf eine solche recht umfangreiche Liste stoßen, rufen Sie die Menüfunktion *Ansicht/Filteroptionen* auf.

Dann finden Sie verschiedene Möglichkeiten, Übersicht in die Menge der Einstellungsmöglichkeiten zu bringen:

- Sehr praktisch kann es sein, nur solche Optionen anzuzeigen, die Sie bereits verwendet haben und die demzufolge konfiguriert sind. Stellen Sie dazu oben im mittleren Auswahlfeld *Konfiguriert* den Wert *Ja* ein. Das hilft Ihnen dabei, Richtlinien, die Sie bereits aktiviert und eingestellt haben, schnell wiederzufinden. Alle Vorlagen, die bislang nicht konfiguriert wurden, werden dadurch ausgeblendet.

- Der Schlüsselwortfilter ist hilfreich, wenn Sie Einstellungen zu einem bestimmten Bereich suchen. Oder aber wenn Sie die Bezeichnung einer Richtlinie mehr oder weniger genau kennen. Schalten Sie dazu die Option *Schlüsselwortfilter aktivieren* ein und geben Sie den oder die entsprechenden Begriffe im Feld darunter ein.
- Ganz unten können Sie die Richtlinien nach betroffenen Softwareprodukten und -versionen aussieben. Schalten Sie dazu die Option *Anforderungsfilter aktivieren* ein. Setzen Sie dann bei den Produkten und Diensten ein Häkchen, zu denen Sie Richtlinien angezeigt bekommen möchten. Alle anderen blendet der Editor aus. (Falls Sie hier als Plattform Windows 11 vermissen: Microsoft führt dies intern weiterhin als Windows 10.)

Alle Filtervarianten lassen sich beliebig miteinander kombinieren. Übernehmen Sie die gewählten Filter abschließend mit einem Klick unten auf *OK*. Der Filter wird dann automatisch mit diesen Einstellungen aktiviert.

Um ihn wieder außer Kraft zu setzen, verwenden Sie die Menüfunktion *Ansicht/Filter aktivieren*, sodass dort kein Häkchen mehr zu sehen ist.

Alle aktivierten Gruppenrichtlinien anzeigen

Wenn Sie einen schnellen Überblick haben möchten, welche Gruppenrichtlinien Sie eventuell auch schon in der Vergangenheit auf Ihrem PC konfiguriert haben, stellen Sie in den Filteroptionen bei *Konfiguriert* die Option *Ja* ein. Klicken Sie dann unten auf *OK*, um dies zu übernehmen.

Wenn Sie anschließend im Gruppenrichtlinien-Editor jeweils für die Computerkonfiguration und die Benutzerkonfiguration den Bereich *Administrative Vorlage/Alle Einstellungen* auswählen, werden rechts alle dort konfigurierten Gruppenrichtlinien angezeigt.

8.4.4 Veränderte Richtlinien sofort in Kraft setzen

Nicht alle Gruppenrichtlinien treten nach einer Änderung sofort in Kraft, weil Windows seine Regeln beim Start bzw. bei der Benutzeranmeldung einmalig einliest. Das bedeutet aber nicht, dass man nach dem Bearbeiten einer Gruppenrichtlinie immer neu starten oder sich ab- und wieder anmelden müsste.

Es gibt ein kleines Hilfsprogramm, mit dem man Windows überreden kann, die Gruppenrichtlinien neu einzulesen.

1. Öffnen Sie eine Eingabeaufforderung mit Administratorrechten.
2. Tippen Sie hier den Befehl `gpupdate /force` ein und drücken Sie ⏎.
3. Warten Sie ab, bis das Programm eine Erfolgsmeldung ausgibt und wieder die Eingabemarkierung anzeigt.

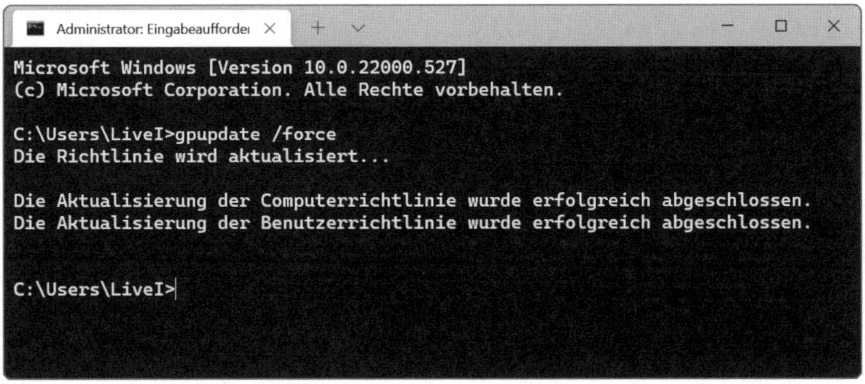

4. Nun können Sie die Eingabeaufforderung schließen und davon ausgehen, dass Windows die veränderten Gruppenrichtlinien berücksichtigt.

8.4.5 Gruppenrichtlinien auch bei Windows Home

In der preisgünstigsten Windows-Edition – Home – ist der Gruppenrichtlinien-Editor leider nicht vorhanden und lässt sich auch nicht nachrüsten. Dies ist von Microsoft so beabsichtigt, da es sich hierbei um ein Produkt ausdrücklich für Privatnutzer handelt, für die der komplexe Umgang mit Gruppenrichtlinien wohl als zu schwierig oder nicht notwendig erachtet wird. Das ist bedauerlich, da sich gerade einige sicherheitsrelevante Funktionen in diesen Editionen so nicht aktivieren lassen.

Allerdings sind auch die Gruppenrichtlinien letztlich nur eine Oberfläche für Parameter, die in der Registry gespeichert werden. Fast alle Einstellungen, die sich via Gruppenrichtlinien vornehmen lassen, können deshalb auch direkt in der Registry gespeichert werden. Dazu muss man allerdings wissen, an welcher Stelle sich welche Parameter verbergen.

Hier hilft Microsoft mit einer Übersicht weiter. Es handelt sich um eine Excel-Tabelle, die aber auch mit entsprechenden kostenlosen Viewer-Programmen betrachtet werden kann. Die Downloadadresse *https://www.microsoft.com/en-us/download/confirmation.aspx?id=103506* bei Microsoft ist recht lang und wird ggf. auch mal veraltet sein. Sie können die Datei aber auch mit einer Suchmaschine finden, wenn Sie dort nach »group policy reference« ggf. ergänzt mit der aktuellen Windows-Version suchen.

Die Datei ist recht umfangreich und besteht aus drei Tabellen:

- *Instructions* enthält grundlegende Informationen und Anweisungen zum Umgang mit den enthaltenen Daten.
- *Administrative Template* listet alle Gruppenrichtlinien in alphabetischer Reihenfolge auf.
- *Security* führt insbesondere die sicherheitsrelevanten Einstellungen auf.

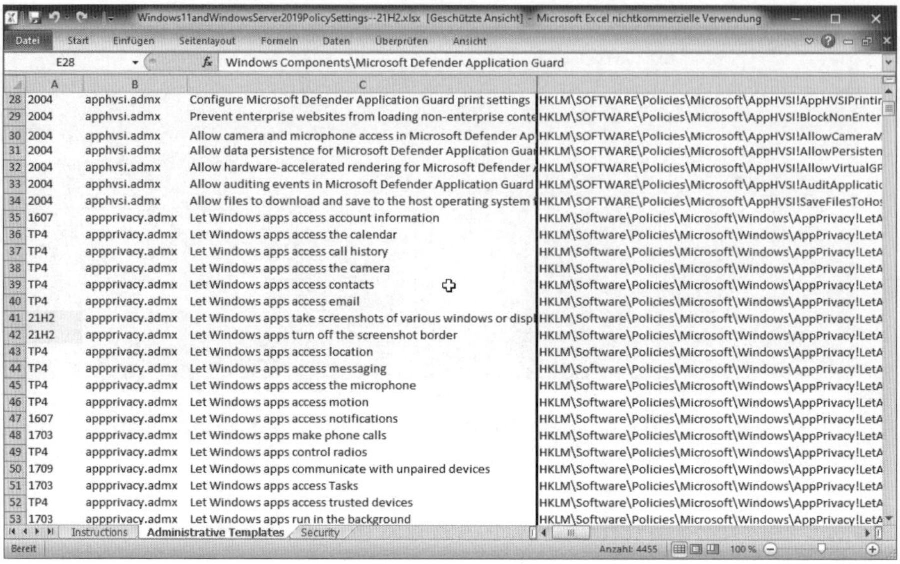

Die Listen sind jeweils recht umfangreich, aber Excel bietet eine gute Suchfunktion, mit der Sie einzelne Einstellungen schnell lokalisieren können. Zu jeder Einstellung finden Sie in mehreren Spalten alle Informationen. Neben dem Namen und der Kategorie sind vor allem auch *Help Text* mit einer kurzen Erläuterung und natürlich die Spalte *Registry Settings* interessant, die auf die eigentliche Registry-Einstellung verweist. Mit diesen Informationen können Sie praktisch jede Gruppenrichtlinie direkt im Registrierungs-Editor umsetzen (siehe Seite 426), ohne auf den Gruppenrichtlinien-Editor angewiesen zu sein.

8.4.6 Skripte beim Starten und Beenden ausführen

Gruppenrichtlinien bieten die Möglichkeit, PowerShell- und andere Skripte automatisch beim Systemstart, beim Herunterfahren bzw. beim An- oder Abmelden eines Benutzers auszuführen. So können Sie eigene Skripte für Wartungsaufgaben erstellen, die beispielsweise bestimmte temporäre Verzeichnisse leerräumen oder bestimmte Konfigurationen oder Arbeitsumgebungen zuverlässig wiederherstellen. Gruppenrichtlinien sorgen dafür, dass diese Skripte automatisch zum richtigen Zeitpunkt ausgeführt werden.

1. Öffnen Sie im Gruppenrichtlinien-Editor den Bereich *Computerkonfiguration/Windows-Einstellungen/Skripts (Start/Herunterfahren)*. Alternativ verwenden Sie *Benutzerkonfiguration/Windows-Einstellungen/Skripts (Anmelden/Abmelden)*, um benutzerspezifisch Skripte beim Anmelden oder Abmelden eines Benutzers auszuführen.

2. Auf der rechten Seite werden nun die Einträge *Starten* und *Herunterfahren* bzw. *Anmelden* und *Abmelden* angezeigt. Doppelklicken Sie auf den gewünschten Zeitpunkt.

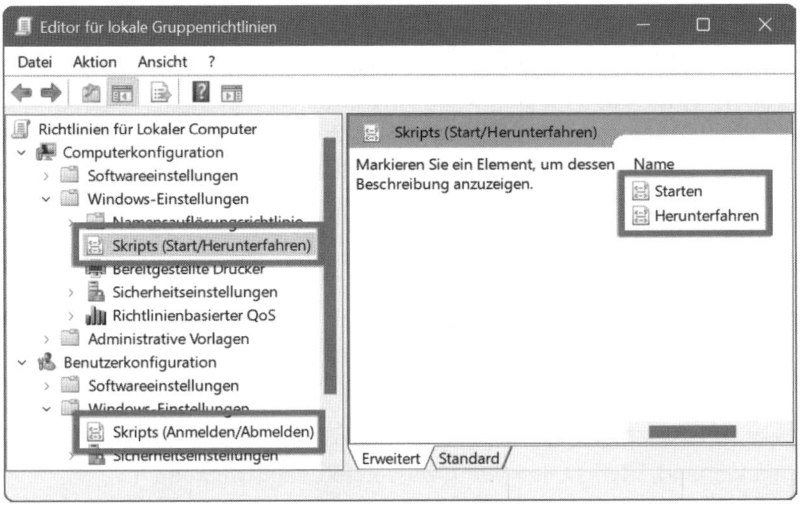

3. In den so geöffneten Eigenschaften können Sie in der Rubrik *Skripts* ein oder mehrere WSH-Skripte *Hinzufügen*. Wählen Sie dazu im *Öffnen*-Dialog die Skriptdatei aus.
4. Falls nötig, können Sie Skriptparameter festlegen, die dem Skript dann beim Aufruf übergeben werden.

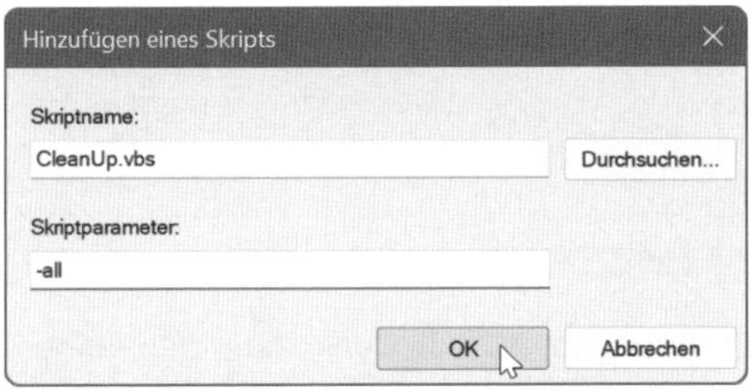

Wollen Sie *PowerShellSkripte* verwenden, nutzen Sie dafür die gleichnamige Rubrik. Die Einstellmöglichkeiten sind identisch. Der wesentliche Unterschied und der Grund für die Unterscheidung zwischen PowerShell- und sonstigen Skripten ist unten die Einstellung für die Reihenfolge. Hier können Sie beeinflussen, ob zuerst vorhandene PowerShell-Skripte oder erst andere Arten von Skripten ausgeführt werden sollen. Das alles spielt aber nur eine Rolle, wenn Sie überhaupt mehr als ein Skript für einen Zeitpunkt festlegen.

Was für Skripte sind zulässig?

Man darf den Begriff »Skripte« an dieser Stelle nicht überbewerten. Die Gruppenrichtlinien führen einfach aus, was Sie ihnen vorgeben. Es muss also nicht unbedingt eine Skriptdatei im engeren Sinne sein, sondern Sie können beispielsweise auch eine EXE-Programmdatei verwenden. Entscheidend ist, dass Windows diese Dateien finden und ausführen kann.

8.4.7 Probleme mit dem Gruppenrichtliniendienst lösen

Gruppenrichtlinien bieten nicht nur praktische Konfigurationsmöglichkeiten, sondern können leider auch zu Schwierigkeiten führen. Genauer ist der Gruppenrichtliniendienst dafür bekannt, gelegentlich Probleme zu verursachen, die im schlimmsten Fall das Anmelden des Benutzers am PC verhindern können. Stattdessen erhält man die Benachrichtigung *Es konnte keine Verbindung mit dem Dienst „Gruppenrichtlinienclient" hergestellt werden.* In solchen Fällen liegt das Problem meist in fehlerhaften Registry-Einstellungen für eben diesen Gruppenrichtliniendienst.

1. Hierfür benötigen Sie zunächst eine intakte Registry-Struktur des Schlüssels *HKEY_LOCAL_MACHINE\SYSTEM\CurrentControlSet\services\gpsvc*. Diese können Sie selbst aus der Registry exportieren, wenn der PC weitere Benutzerkonten hat, die noch funktionieren. Ebenso können Sie einen anderen PC mit einer (weitestgehend) identischen Windows-Version dafür verwenden.

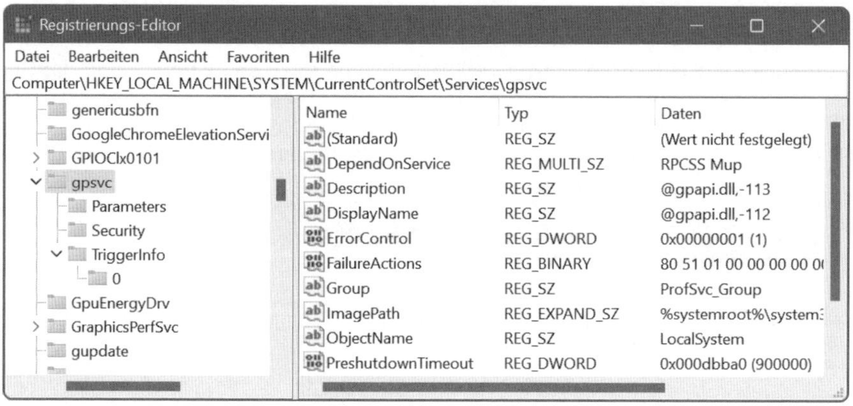

2. Dann ist es unerlässlich, auf dem Problem-PC den Besitz über den obigen Registry-Schlüssel zu übernehmen, da dieser sich sonst nicht modifizieren lässt. Die Vorgehensweise dazu ist im Tipp auf Seite 434 beschrieben.

3. Ist das erledigt, importieren Sie die zuvor erstellte .reg-Datei mit dem funktionierenden gpsvc-Registry-Schlüssel auf dem Problem-PC.

4. Wichtig: Führen Sie anschließend einen Windows-Neustart durch.

Nun sollte die Fehlermeldung ausbleiben und auch wieder eine problemlose Anmeldung für alle Benutzer möglich sein.

8.5 Abläufe per Aufgabenplanung automatisieren

Soll z. B. ein bestimmtes Programm jeden Tag zur selben Zeit ausgeführt werden, bietet sich dafür ein Zeitplan an. Er legt genau fest, zu welcher Uhrzeit eine Aufgabe durchgeführt wird. Zusätzlich können weitere Optionen eingestellt werden, etwa ob ein Stromsparmodus für das Ausführen der Aufgabe unterbrochen werden soll oder ob beim Scheitern der Durchführung später ein erneuter Versuch stattfinden soll. Zum Erstellen solcher Zeitpläne bringt Windows die Aufgabenplanung mit.

1. Öffnen Sie beispielsweise mit ⊞ das Startmenü und tippen Sie hier `aufgabe` ein, bis *Aufgabenplanung* als Eintrag mit der höchsten Übereinstimmung angeboten wird. Dann reicht ↵ zum Öffnen des Verwaltungsprogramms.
2. Bestätigen Sie ggf. die Rückfrage der Benutzerkontensteuerung, da nur Benutzer mit Administratorrechten Aufgaben planen dürfen.
3. Die Aufgabenplanung zeigt Ihnen standardmäßig eine Übersicht der derzeit aktiven Aufgaben sowie eine Zusammenfassung über den Status der geplanten Aufgaben der letzten 24 Stunden.
4. Mit der Spalte am linken Rand navigieren Sie durch die Struktur der *Aufgabenplanung*. In der Spalte ganz rechts finden Sie *Aktionen*, die sich kontextabhängig global auf die Aufgabenplanung oder konkret auf eine ausgewählte Aufgabe beziehen.

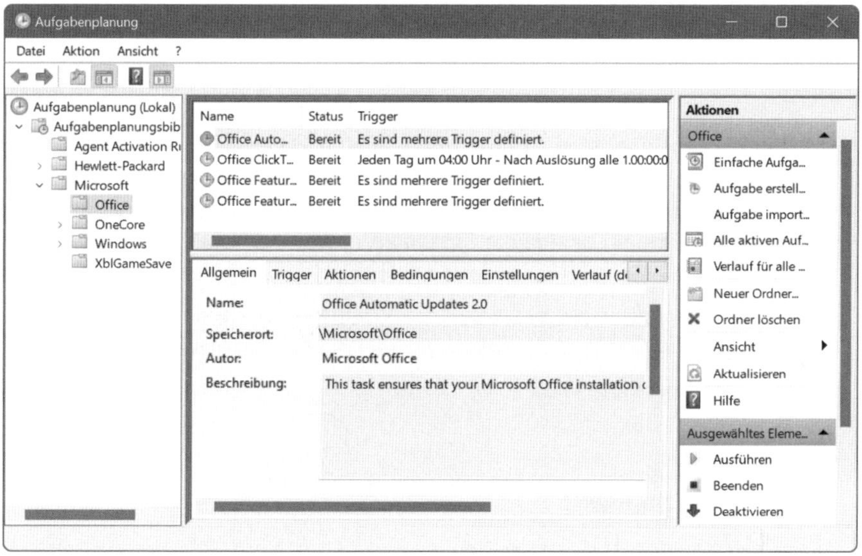

Wundern Sie sich nicht, dass hier schon einige Aufgaben vorhanden sind. Windows selbst nutzt die Aufgabenplanung, um bestimmte Tasks regelmäßig durchzuführen.

8.5.1 Aufgaben per Assistent schnell planen

Die Aufgabenplanung bringt für einfache Konstellationen einen komfortablen Assistenten mit, der Sie in wenigen Schritten durch alle notwendigen Einstellungen führt.

1. Starten Sie den Assistenten mit *Aktion/Einfache Aufgabe erstellen*.

2. Legen Sie dann zunächst im Feld *Name* eine Bezeichnung für diese Aufgabe an. Sie können sie frei wählen. Da die Aufgaben anhand ihres Namens in den Listen aufgeführt werden, wählen Sie am besten einen möglichst eindeutigen, aussagekräftigen Namen.

3. Zusätzlich können Sie eine *Beschreibung* der Aufgabe angeben. Diese kann Ihnen oder auch anderen Benutzern dienen, um auch später noch verstehen zu können, zu welchem Zweck und wie diese Aufgabe angelegt wurde. Klicken Sie dann auf *Weiter*.

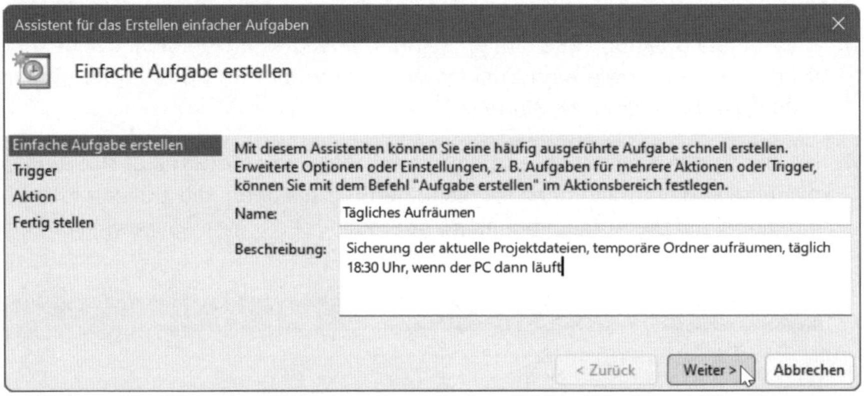

4. Wählen Sie im nächsten Schritt aus, wann bzw. wodurch die Aufgabe ausgelöst werden soll. Mit den Optionen *Täglich*, *Wöchentlich*, *Monatlich* und *Einmal* erstellen Sie einen Zeitplan für die Aufgabe. Mit den anderen Optionen können Sie eine Aufgabe an bestimmte Systemereignisse wie etwa den Start des Computers oder die Benutzeranmeldung koppeln.

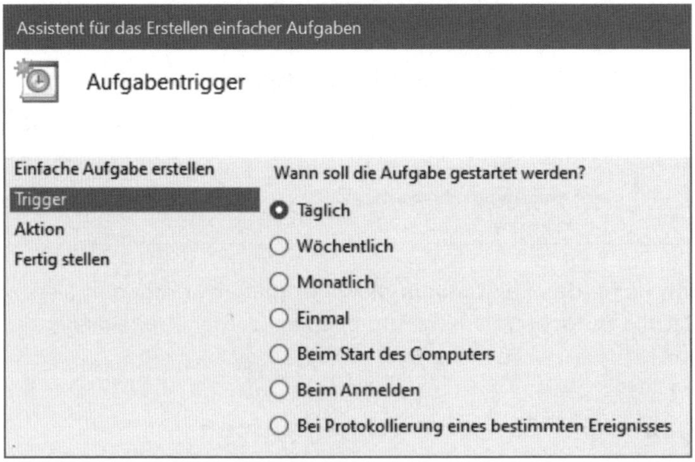

5. Im nächsten Schritt können Sie die Details des Zeitplans festlegen. Als Startdatum wird standardmäßig der heutige Tag eingesetzt. Ergänzen Sie die gewünschte Uhrzeit sowie bei *Wiederholung alle x Tage* die Wiederholrate.

6. Wählen Sie dann die Aktion aus, die durch diese Aufgabe ausgeführt werden soll. Um eine beliebige Anwendung oder ein Skript auszuführen, markieren Sie die Option *Programm starten*. Alternativ können Sie stattdessen auch eine E-Mail senden oder eine Meldung anzeigen lassen.

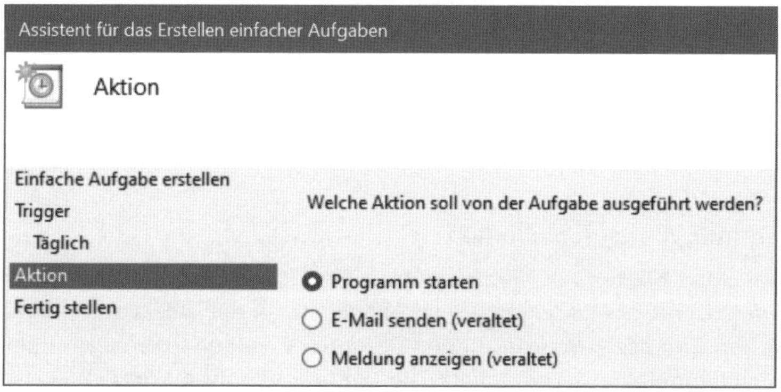

7. Haben Sie sich für das Ausführen eines Programms entschieden, geben Sie dieses nun an. Tippen Sie dazu im Feld *Programm/Skript* den vollständigen Pfad zu der gewünschten Anwendung ein oder wählen Sie diesen mit *Durchsuchen*.

   Zusätzlich können Sie bei *Argumente hinzufügen* Startparameter für das Programm angeben, wenn dies nötig sein sollte. Benötigt die Anwendung ein bestimmtes Startverzeichnis, geben Sie dies bei *Starten in* an.

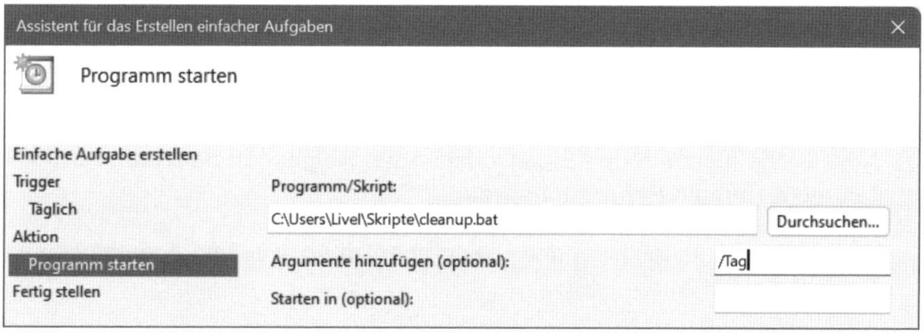

8. Abschließend präsentiert Ihnen der Assistent noch einmal die gewählten Einstellungen. Kontrollieren Sie alles und klicken Sie dann unten auf *Fertig stellen*, um die Aufgabe endgültig zu aktivieren.

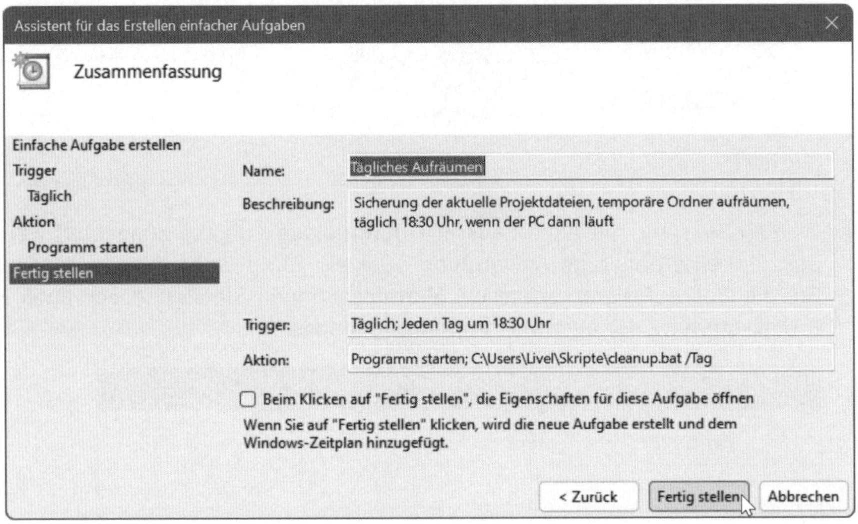

Direkt zu den Aufgabeneigenschaften

Mit der Option *Beim Klicken auf "Fertig stellen", die Eigenschaften für diese Aufgabe öffnen* im letzten Schritt können Sie im Anschluss an den Assistenten direkt die ausführlichen Eigenschaften der neuen Aufgabe anzeigen lassen. Hier sind zusätzliche Detaileinstellungen möglich. Diese Eigenschaften können Sie anstelle des Assistenten auch direkt bearbeiten, wenn Sie *Aktion/Aufgabe erstellen* wählen. Einige dieser Eigenschaften werden in den nachfolgenden Tipps ausführlicher vorgestellt.

8.5.2 Über kritische Systemereignisse benachrichtigen

Neben dem Ausführen nach einem festgelegten Zeitplan können Sie Aufgaben auch durch bestimmte Ereignisse auslösen lassen. Windows achtet dann automatisch darauf, ob ein bestimmtes Ereignis auftritt, und wenn dies der Fall ist, führt es die festgelegte Aufgabe durch. So können Sie sich beispielsweise informieren lassen, wenn kritische Systemereignisse Ihre Aufmerksamkeit erfordern.

1. Klicken Sie hierzu in den Eigenschaften der Aufgabe in der Rubrik *Trigger* unten rechts auf die Schaltfläche *Neu*.

2. Wählen Sie im anschließenden Dialog oben im Auswahlfeld *Aufgabe starten* die Einstellung *Bei einem Ereignis*.

3. Schalten Sie dann links die Option *Benutzerdefiniert* ein und klicken Sie rechts daneben auf die dann angezeigte Schaltfläche *Neuer Ereignisfilter*.

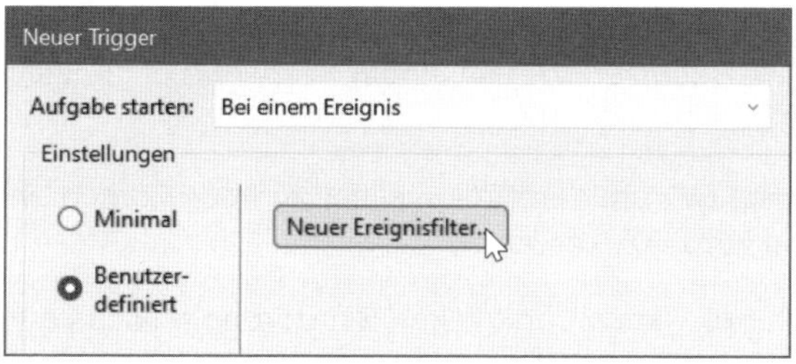

4. Windows öffnet dann wiederum einen neuen Dialog, in dem Sie zunächst bei *Ereignisebene* einstellen können, bei welcher Art von Ereignis Sie benachrichtigt werden wollen. So können Sie sich z. B. auf problematische Aspekte wie *Kritisch* und *Fehler* beschränken.

5. Nun legen Sie fest, welcher Bereich überwacht werden soll. Dies kann entweder per Protokoll oder per Quelle geschehen. Beides führt letztlich zum selben Ergebnis. Wählen Sie also die Methode, die Ihren Kenntnissen besser entspricht. Sie können beliebig viele Protokolle oder Quellen überwachen lassen. Setzen Sie einfach die entsprechenden Häkchen.

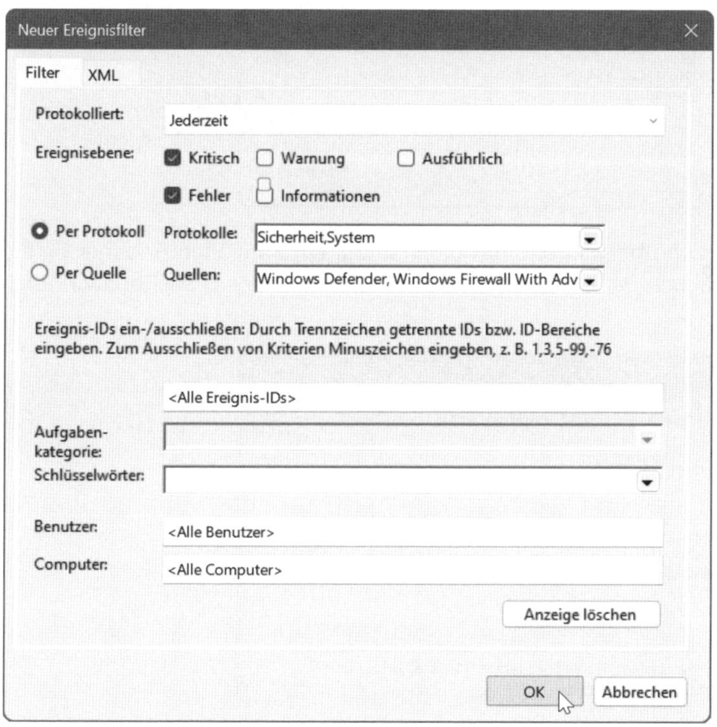

6. In den Feldern darunter können Sie nun noch weiter einschränken, welche Ereignisse berücksichtigt werden sollen. Standardmäßig löst *<Alle Ereignis-IDs>* die Aufgabe aus. Sie können sich aber auch auf eine oder mehrere bestimmte IDs beschränken. Wie die IDs für bestimmte Ereignisse lauten, können Sie z. B.

dem Ereignisprotokoll (siehe Seite 142) entnehmen. Ebenso können Sie die Überwachung auf bestimmte Benutzer oder (in einem Netzwerk) auf bestimmte Computer beschränken.

7. Klicken Sie dann zweimal auf *OK*, um den Ereignisfilter zu übernehmen und in die Aufgabeneigenschaften zurückzukehren.
8. Wechseln Sie hier in die Rubrik *Aktion* und klicken Sie dort unten links auf die Schaltfläche *Neu*.
9. Wählen Sie im anschließenden Dialog oben bei *Aktion* die Einstellung *Meldung anzeigen*. Geben Sie dann einen Titel und den Inhalt der Meldung an, und zwar so, wie sie auf dem Bildschirm angezeigt werden sollen.

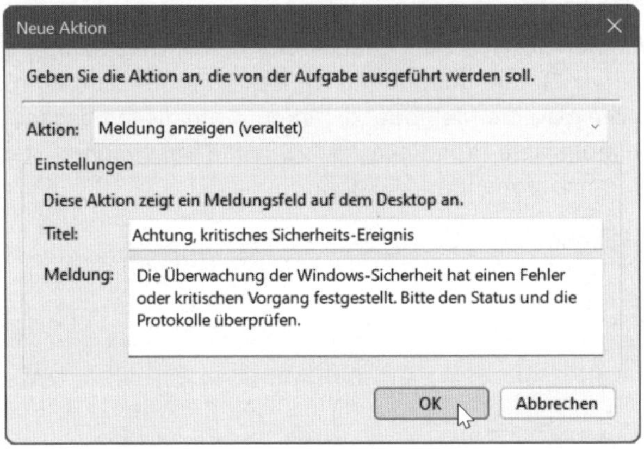

10. Wenn Sie sich überwiegend gar nicht selbst am fraglichen Rechner befinden, können Sie sich mit *E-Mail senden* auch alternativ per E-Mail benachrichtigen lassen.

8.5.3 Leerlaufzeiten für rechenintensive Anwendungen nutzen

Manche rechenintensive oder sonst wie aufwendige Anwendungen bieten die Option, nur dann tätig zu werden, wenn der PC anderweitig nicht beschäftigt und somit im Leerlauf ist.

Dank der Aufgabenplanung können Sie dies bei ganz beliebigen Programmen realisieren, selbst wenn diese keine entsprechenden Einstellungen anbieten.

1. Erstellen Sie eine Aufgabe und konfigurieren Sie als ihr Ziel das Ausführen des fraglichen Programms.
2. Wechseln Sie dann in die Rubrik *Trigger* und klicken Sie dort unten links auf die Schaltfläche *Neu*.
3. Stellen Sie oben im Auswahlfeld *Aufgaben starten* die Option *Im Leerlauf* ein.

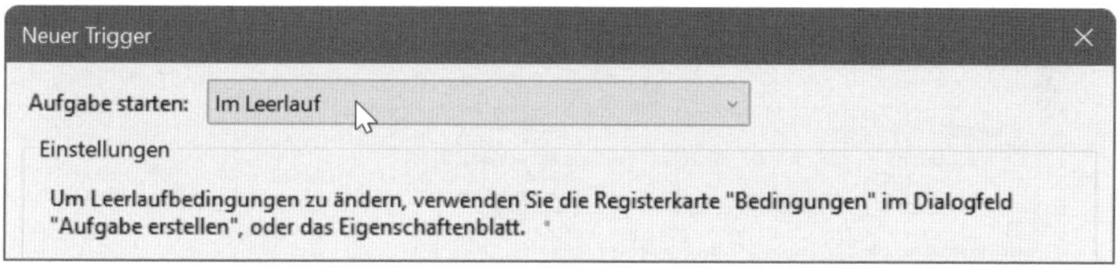

4. Klicken Sie dann auf *OK* und wechseln Sie zurück in die Aufgabeneinstellungen in die Rubrik *Bedingungen*.
5. Aktivieren Sie hier die Option *Aufgabe nur starten, falls Computer im Leerlauf ist*. Dann können Sie ggf. die Wartezeit für den Leerlauf verändern. Die Option *Beenden, falls Computer aus dem Leerlauf reaktiviert wird* sorgt dafür, dass das Leerlaufprogramm abgebrochen wird, sobald der Rechner wieder für andere Zwecke benötigt wird.

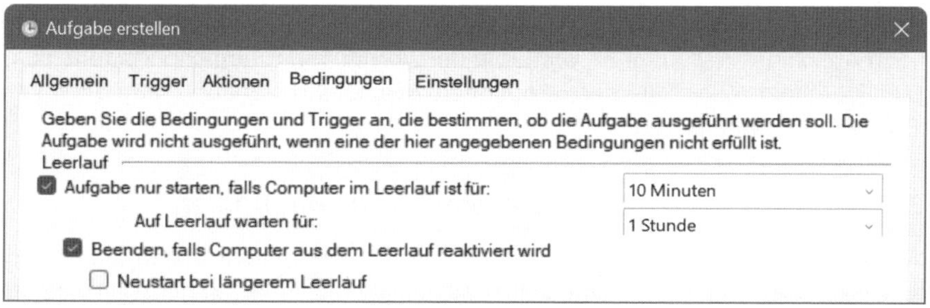

Beachten Sie, dass die Aufgabenplanung das festgelegte Programm einfach nur startet und beendet. Die Anwendung muss selbst dafür sorgen, dass ihre Daten regelmäßig gespeichert werden und sie trotz der Unterbrechungen sinnvoll arbeiten kann.

8.5.4 Den PC pünktlich für zeitkritische Aufgaben starten

Wenn der PC rund um die Uhr läuft, können Aufgaben stets pünktlich ausgeführt werden. Und wenn der Start einer Aufgabe mal verpasst wurde, kann die Aufgabenplanung dafür sorgen, dass sie nach dem nächsten Start so schnell wie möglich nachgeholt wird. Aktivieren Sie dazu in den Aufgabeneigenschaften in der Rubrik *Einstellungen* die Option *Aufgabe so schnell wie möglich nach einem verpassten Start ausführen*. Was aber, wenn eine Aufgabe unbedingt zu einem ganz bestimmten Zeitpunkt durchgeführt werden muss? Windows kann in solchen Fällen den PC rechtzeitig wecken und die Aufgabe pünktlich starten. Dies funktioniert allerdings nur, wenn der PC nicht komplett stromlos geschaltet ist, sondern sich in einem der Energiesparzustände befindet, also z. B. im Ruhezustand oder Stand-by.

1. Soll für das Durchführen einer Aufgabe der PC ggf. aufgeweckt werden, öffnen Sie die Eigenschaften dieser Aufgabe und wechseln Sie dort in die Rubrik *Bedingungen*.

2. Aktivieren Sie hier unten im Bereich *Energie* die Option *Computer zum Ausführen der Aufgabe reaktivieren*.

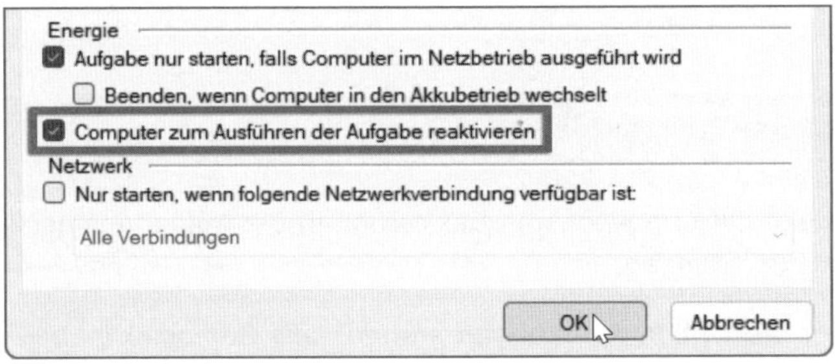

3. Setzen Sie die geänderten Einstellungen mit *OK* in Kraft.

Die Aufgabenplanung weckt den PC dann so rechtzeitig aus dem Stand-by oder Ruhezustand, dass er die Aufgabe gemäß dem Zeitplan pünktlich ausführen kann. Beachten Sie, dass die Aufgabenplanung den PC nur reaktiviert, ihn aber nicht nach Abschluss der Aufgabe wieder in den vorherigen Energiesparmodus schickt. Dies ist Aufgabe der Energiesparoptionen. Eventuell bietet auch der nachfolgende Tipp eine Lösung für Sie.

8.5.5 Den PC vorprogrammiert herunterfahren

Würden Sie gern Ihren PC auch in Ihrer Abwesenheit weiterarbeiten und sich dann zu einem bestimmten Zeitpunkt selbst ausschalten lassen? Manche Anwendungen wie etwa Brennprogramme bieten entsprechende Optionen. Mit der Aufgabenplanung von Windows können Sie so etwas aber ganz einfach selbst realisieren. Eine Zutat dafür ist das Kommandozeilenprogramm `shutdown`, das zum Lieferumfang von Windows gehört. Mit dem Parameter */s* aufgerufen, fährt es das System nach 30 Sekunden Vorwarnzeit herunter.

1. Erstellen Sie eine neue Aufgabe und geben Sie im Zeitplan an, zu welchem Zeitpunkt das Herunterfahren erfolgen soll.
2. Wechseln Sie dann in die Rubrik *Aktionen* und klicken Sie dort unten links auf die Schaltfläche *Neu*.
3. Im anschließenden Dialog sollte oben bei *Aktion* die Option *Programm starten* ausgewählt sein.
4. Fügen Sie im Feld *Programm/Skript* den Pfad *C:\Windows\System32\shutdown.exe* ein. Passen Sie diesen Pfad ggf. für Ihr System an.
5. Geben Sie im Feld *Argumente hinzufügen* den Parameter */s* ein.

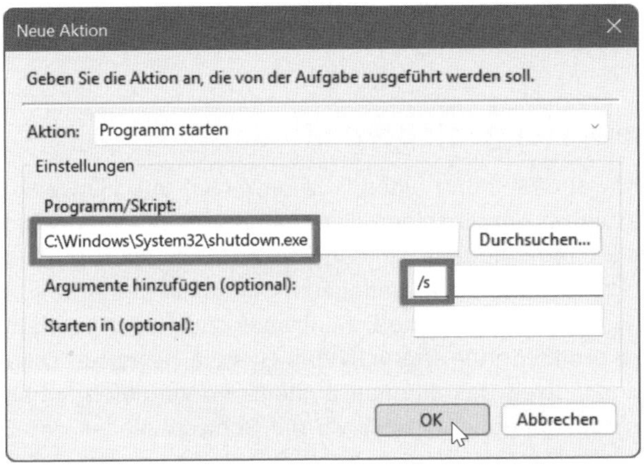

6. Wollen Sie sicherstellen, dass der PC wirklich nur ausgestellt wird, wenn niemand mehr damit arbeitet, können Sie in der Rubrik *Bedingungen* zusätzlich die Option *Aufgabe nur starten, falls Computer im Leerlauf ist für x Minuten* einstellen.

Die Aufgabenplanung startet nun zu dem angegebenen Termin das Shutdown-Programm. Dieses warnt den eventuell noch angemeldeten Benutzer, dass der Rechner nun heruntergefahren wird. Danach bleiben noch etwa 30 Sekunden, um offene Dateien zu speichern, bevor Windows herunterfährt.

8.6 Die Windows-Performance optimieren

Windows bietet viele Stellschrauben, mit denen sich die Leistungsfähigkeit des Systems beeinflussen lässt. Und ähnlich wie bei Autos entwickeln einige Anwender eine regelrechte Leidenschaft, hier und da auch noch das letzte bisschen Geschwindigkeit herauszukitzeln. Voraussetzung dafür ist eine solide Bestandsaufnahme für aussagekräftige Vorher-Nachher-Vergleiche. Die kann Windows mit Bordmitteln leisten. Dann kann man sich daran machen, verschiedene Tipps auszuprobieren.

Sinn und Unsinn beim Windows-Tuning

Wer Spaß am Basteln und Probieren hat, der soll sich mit diversen Tuning-Tipps ruhig austoben. Am besten aber mit penibler Dokumentation und Sicherungen, falls dabei mal etwas schiefgeht. Allen anderen sei gesagt: Bitte erwarten Sie nicht zu viel! Wenn die Ausstattung Ihres PCs den Empfehlungen für das aktuelle Windows entspricht, werden Sie mit ein paar Tuning-Maßnahmen kaum lohnende Erfolge erzielen. Wissenschaftliche Untersuchungen zeigen, dass Menschen etwas erst dann als schneller oder kürzer wahrnehmen, wenn es sich um mindestens 10 % von der vorherigen Situation unterscheidet. Und 10 % sind bei einem zeitgemäßen PC eine Menge. Etwas anders mag es aussehen, wenn Ihr PC ein älteres Modell ist und vielleicht auch nur mit Tricks (siehe Seite 19) auf die aktuelle Windows-Version aktualisiert werden konnte. Dann mag der eine oder andere Trick zu tatsächlich spürbaren Verbesserungen führen.

8.6.1 Leistungsbewertung mit Bordmitteln

Windows kann die Hardwareausstattung eines PCs bewerten und Hinweise geben, inwieweit sich Änderungen bei einzelnen Komponenten auswirken würden. Hierzu werden automatisiert verschiedene Leistungstests durchgeführt, die z. B. die Rechenkapazität des Prozessors, die Zugriffsgeschwindigkeit des Arbeitsspeichers, die Leistung der Grafikkarte oder die Datentransferrate der Festplatte(n) messen. Aufgrund der so ermittelten Werte wird das System bewertet. Dies ermöglicht nicht nur das Einschätzen des eigenen Systems im Vergleich mit anderen. Vor allem verrät diese Leistungsbewertung, wo die Schwachstellen des Systems liegen und inwiefern die Gesamtleistung durch einzelne Hardware-Updates gesteigert werden kann.

1. Öffnen Sie eine Eingabeaufforderung mit Administratorrechten (⊞+X und dann den entsprechenden Menüpunkt wählen).

2. Tippen Sie hier zunächst den Befehl `winsat formal` ein.

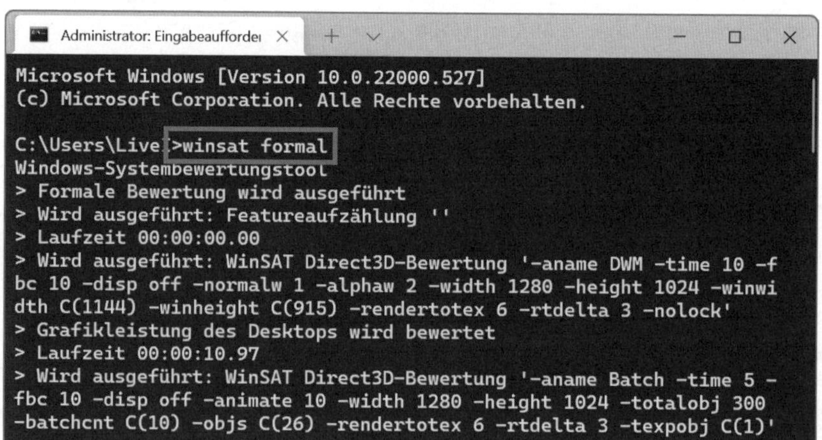

3. Warten Sie nun ein bis zwei Minuten, bis der Befehl abgearbeitet wird. Lassen Sie den PC so lange möglichst unangetastet, um die Messwerte nicht zu verfälschen.

4. Wenn Sie wieder etwas eingeben können, tippen Sie den Befehl `powershell` ein.

5. Die PowerShell macht sich nur an einer ganz leicht veränderten Eingabeaufforderung bemerkbar. Tippen Sie hier nun `Get-WmiObject -Class Win32_WinSAT` ein.

6. Damit werden die ermittelten Ergebnisse angezeigt.

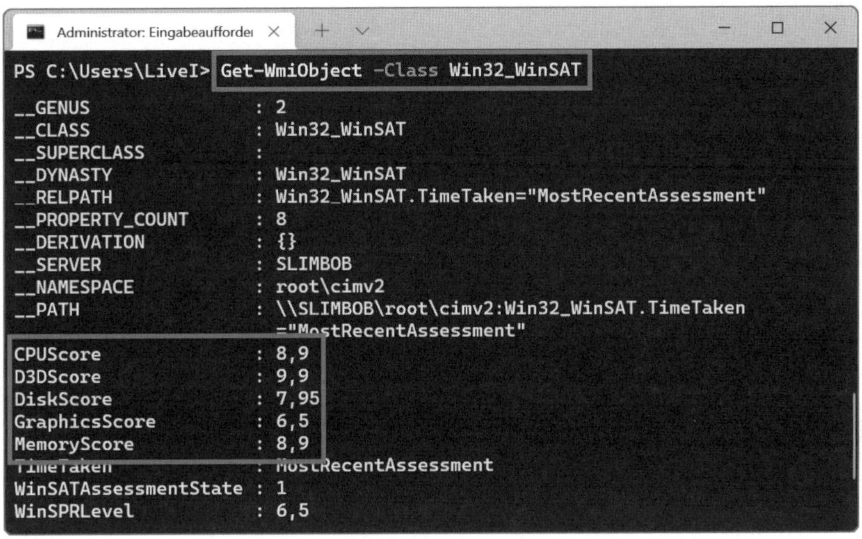

Wie ist die Leistungsbewertung genau zu verstehen?

Die Leistung Ihres PCs wird von Windows mit einer Gesamtnote bewertet, die sich aus verschiedenen Einzelnoten für die verschiedenen Komponenten zusammensetzt:

- *Processor* bzw. *CPUScore* – gibt die Rechenleistung des eingebauten Prozessors an, wobei hier selbstverständlich auch leistungssteigernde Elemente wie interne Cachespeicher berücksichtigt werden.
- *Arbeitsspeicher (RAM)* bzw. *MemoryScore* – bewertet den verbauten Arbeitsspeicher, wobei die Zugriffsgeschwindigkeit auf den RAM-Speicher wesentlich ist, aber auch die Speicherkapazität eine Rolle spielt.
- *Grafik* bzw. *GraphicsScore* – diese Note bezieht sich auf die technischen Fähigkeiten der Grafikkarte, den Windows-Desktop mit allen Effekten darzustellen. Die tatsächliche Leistungsfähigkeit spielt dabei eine untergeordnete Rolle.

- *Grafik (Spiele)* bzw. *D3Dscore* – hierbei geht es dann absolut um die Leistungsfähigkeit der Grafikkarte, wie sie insbesondere von 3D-Spielen benötigt wird.
- *Primäre Festplatte* bzw. *DiskScore* – entscheidend für die Performance der Festplatte ist die Datentransferrate, also wie schnell Daten vom Arbeitsspeicher auf die Festplatte und umgekehrt übertragen werden können.

Leistungsbewertung per Zusatztool

Falls Ihnen das Hantieren mit Eingabeaufforderung und PowerShell nicht liegt, können Sie sich des Zusatztools ExperienceIndexOK bedienen, das Sie unter *http://www.softwareok.de/?Download=ExperienceIndexOK* herunterladen können. Die Webseite ist etwas unübersichtlich. Achten Sie darauf, wirklich die Datei *ExperienceIndexOK.zip* herunterzuladen. Sie muss nur entpackt werden, dann kann das Programm ohne Installation ausgeführt werden. Es zeigt direkt die ermittelten Werte an. Falls hier 0 steht, hat noch keine Bewertung stattgefunden. So oder so sollten Sie die Werte aber mit *Neuberechnen* unten rechts erst mal aktualisieren und den PC dabei unangetastet lassen.

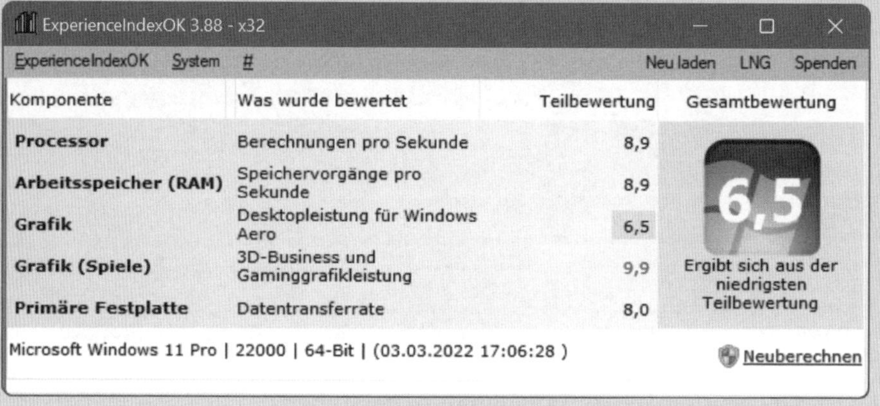

Welche Noten können überhaupt erreicht werden?

Derzeit vergibt die Leistungsbewertung Noten zwischen 1 und 9,9. Dabei ist es umgekehrt zu den klassischen Schulnoten: Eine 1 ist die schlechteste Note und bedeutet im Klartext »unbrauchbar«. Die 9,9 ist die beste Note und bedeutet »optimale Ausstattung«. Um der rasanten Entwicklung bei der Hardware zu entsprechen, wird Microsoft die Noten in Zukunft weiter nach oben ausweiten.

Für neue Prozessoren und Grafikkarten, die in Zukunft auf den Markt kommen, werden also höhere Noten vergeben werden, z. B. 10,5 oder 11. An der Bewertung der jetzigen Komponenten wird nichts verändert. Das bedeutet, wenn Sie jetzt eine 6,0-Note erzielen, wird Ihr System dies auch in fünf Jahren noch tun, sofern Sie in der Zwischenzeit nichts aufrüsten. Dies sorgt für eine dauerhafte Vergleichbarkeit der Messwerte z. B. in Bezug auf die Einsetzbarkeit bestimmter Software.

Jeder dieser Teilbereiche wird für sich bewertet und mit einer Note versehen. Die Gesamtnote gibt allerdings nicht den Durchschnitt der Einzelnoten an, wie man meinen könnte. Vielmehr vertritt Windows hier die Theorie, dass ein System immer nur so leistungsfähig wie sein schwächstes Element ist. Das ist auch kein schlechter Ansatz. Denn was nutzt ein super aufgemotzter PC, in dem eine fünf Jahre alte Grafikkarte werkelt, die schon bei einfachen optischen Desktop-Spielereien ins Schwitzen kommt und mit der an 3D-Spiele gar nicht zu denken ist?

Die Gesamtnote entspricht also immer der schlechtesten Einzelnote. Dies bedeutet allerdings auch, dass das Ergebnis immer etwas individuell zu interpretieren ist. Wenn Sie z. B. mit Ihrem PC vor allem produktiv arbeiten und surfen, ganz sicher aber keine 3D-Ballerspiele machen wollen, werden Sie auf eine teure Grafikkarte verzichten. Dementsprechend wird die Bewertung für *Grafik (Spiele)* schwach ausfallen und die Gesamtnote in den Keller ziehen. Daran sollten Sie sich dann einfach nicht stören, wenn die Bewertung aller anderen Komponenten im grünen Bereich liegt. Die folgende Tabelle gibt einen Überblick über die konkrete Bedeutung der Gesamtbewertung:

Gesamtnote	Bedeutung
1 bis 2	ausreichende Leistung für allgemeine Aufgaben wie Büroanwendungen, Internet, E-Mail keine oder nur sehr eingeschränkte Multimedia-Fähigkeiten
ab 3	ausreichende Leistung für die meisten Windows-Features, allerdings eventuell mit Einschränkungen mögliche Beschränkungen bei der Bildschirmauflösung und beim Multimonitorbetrieb Multimedia einschließlich Digital-TV sind möglich, in der Regel aber kein HDTV
4 und mehr	ausreichende Leistung für sämtliche Windows-Features ohne Einschränkungen grafikintensive Anwendungen, Multiplayer- und 3D-Spiele, Aufzeichnung und Wiedergabe von HDTV möglich

8.6.2 Wie kann die Leistung effizient verbessert werden?

Zunächst einmal sollten Sie die Noten für Ihre Hardware nicht überbewerten. Entscheidend ist, ob Sie Ihre Aufgaben mit Ihrem PC auf angenehme Art bewältigen können, und zwar ohne lästige Wartepausen oder andere Unannehmlichkeiten. Solange das der Fall ist, können Sie die Noten Noten sein lassen. Wenn Sie allerdings mit der Performance Ihres PCs nicht zufrieden sind, kann die Leistungsbewertung wertvolle Hinweise geben. Sie verrät Ihnen nämlich, wo die Schwachpunkte Ihrer Hardware liegen.

Etwas vereinfacht ausgedrückt: Die Komponente mit der schlechtesten Bewertung bremst den PC am meisten aus. Hat Ihr System in einem der Bereiche eine deutlich schlechtere Note als in den anderen, dann würde eine bessere Ausstattung in diesem Bereich die größte Leistungssteigerung bringen. Freilich keine Regel ohne Ausnahme: In Bezug auf 3D-Spiele etwa werden immer Grafikkarte, Prozessor und Arbeitsspeicher entscheidend sein. Ob die Festplatte nun etwas älter und langsamer ist, spielt dafür hingegen keine große Rolle.

Aus der Sicht verschiedener Anwendungsszenarien lässt sich die Bewertung wie folgt differenzieren:

- **Office und Internet**: Wenn Sie Ihren PC ausschließlich für Office-Anwendungen wie etwa Textverarbeitung oder aber Internetaufgaben wie E-Mail und Websurfen verwenden, sind die Werte für Prozessor und Arbeitsspeicher entscheidend für eine zufriedenstellende Leistung. Auch mit Werten ab 2 für Grafik und Festplatte sollte die Gesamtperformance des PCs dann zufriedenstellend sein.
- **3D-Spiele und grafikintensive Anwendungen** (z. B. Videoschnitt): Hierfür sind hohe Werte bei Arbeitsspeicher, Grafik sowie Grafik (Spiele) erforderlich. Die Noten für Prozessor und Festplatten sollten allerdings auch wenigstens bei 3 liegen.
- **Multimedia-Anwendungen**: Damit in diesem Bereich echter Spaß aufkommt und z. B. auch HDTV und HD-Video möglich sind, sollten die Noten für Prozessor, Grafik und Festplatte möglichst hoch sein. In den Bereichen Arbeitsspeicher und Grafik (Spiele) dürfte es mit Noten ab 3 keine Probleme geben.

8.6.3 Den Windows-Leistungsindex austricksen

Der von Windows automatisch ermittelte Leistungsindex Ihres PCs hat in erster Linie informativen Charakter und hilft Ihnen selbst, die Möglichkeiten Ihrer Hardware einzuschätzen. Wenn Spiele und Anwendungsprogramme den Leistungsindex als Orientierung verwenden und z. B. einen Mindestleistungsindex empfehlen, ist das umso besser. Allerdings ist der Leistungsindex auch nicht unumstritten. Insbesondere die Regel, dass der Gesamtindex immer so schlecht wie die schlechteste Komponente ausfällt, kann in manchen Fällen zu einer unnötig schlechten Gesamtbewertung führen, die so nicht gerechtfertigt ist.

Richtig tragisch wäre es allerdings, wenn in Zukunft z. B. der Zugang zu Onlinegameservern von einem bestimmten Mindestleistungsindex des PCs abhängt. Sollten Sie solche Probleme bekommen (oder wenn Sie mit einem tollen Leistungsindex einfach mal den strammen Max markieren wollen), können Sie die Bewertung Ihres PCs ein wenig »optimieren« – und das ganz ohne kostspielige Investitionen in neue Hardware.

1. Öffnen Sie im Datei-Explorer den Ordner *C:\Windows\Performance\WinSAT\DataStore* (sollte Windows nicht auf *C:* installiert sein, verwenden Sie stattdessen den entsprechenden Laufwerknamen).

2. In diesem Ordner finden Sie mehrere Dateien mit der Endung *.WinSAT*. Suchen Sie darunter diejenige, die im Namen die Bezeichnung *Formal.Assessment (Recent)* enthält. Machen Sie von dieser Datei vorsichtshalber eine Kopie, falls bei den folgenden Schritten etwas schieflaufen sollte.

3. Öffnen Sie die Datei in einem Editor (z. B. rechte Maustaste, dann *Öffnen mit/WordPad*).

4. In der Datei finden Sie relativ weit oben einige Einträge zwischen den Markierungen *<WinSPR>* und *</WinSPR>*. Darin enthalten sind die Gesamtbewertung (*SystemScore*) sowie die einzelnen Komponenten des Leistungsindex. Die Zahlenwerte können Sie nun im Editor beliebig abändern. Dabei gilt: je höher, desto besser.

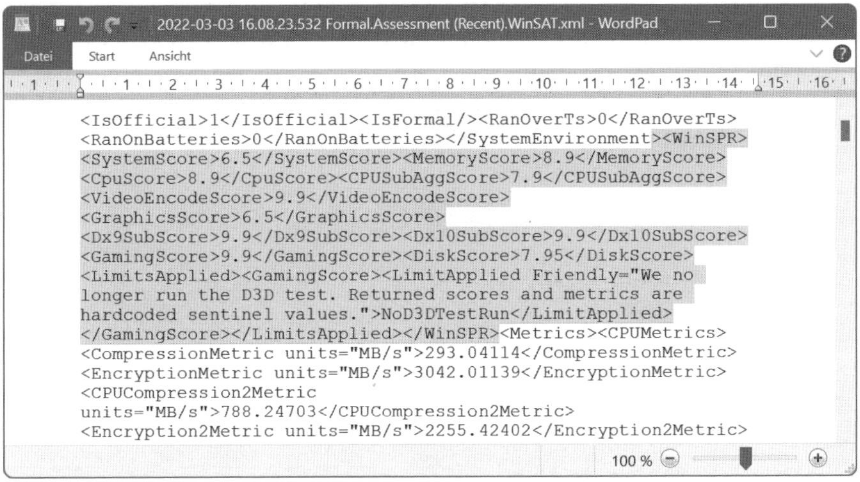

5. Speichern Sie die Datei nun mit *Datei/Speichern*. Damit hält sich Ihr Windows-System ab sofort für einen echten Muskelprotz. Allerdings sollten Sie auf eine automatische Leistungsbewertung in Zukunft verzichten, da die manipulierten Werte sonst wieder durch die realen Daten überschrieben werden.

8.6.4 Aufwendige Grafikeffekte reduzieren

Auch wenn die neue Windows-Oberfläche im Vergleich zu den Vorgängern simpler und geradliniger wirkt, sorgen doch viele Funktionen für ein dynamisches und optisch attraktives Erscheinungsbild. Solche Effekte lassen sich aber reduzieren, wenn sie nur schwerfällig ablaufen und die Arbeit eher behindern oder wenn der PC insgesamt zu unterdimensioniert für das Darstellen aller Effekte ist.

1. Öffnen Sie in den Windows-Einstellungen den Bereich *System/Info*.

2. Klicken Sie dort bei *Verwandte Links* auf *Erweiterte Systemeinstellungen*. Alternativ können Sie im Suchfeld der Taskleiste `erw` eintippen, um diesen Dialog direkt aufzurufen.

3. Klicken Sie im so geöffneten Menü in der Rubrik *Erweitert* oben im Bereich *Leistung* auf die Schaltfläche *Einstellungen*.

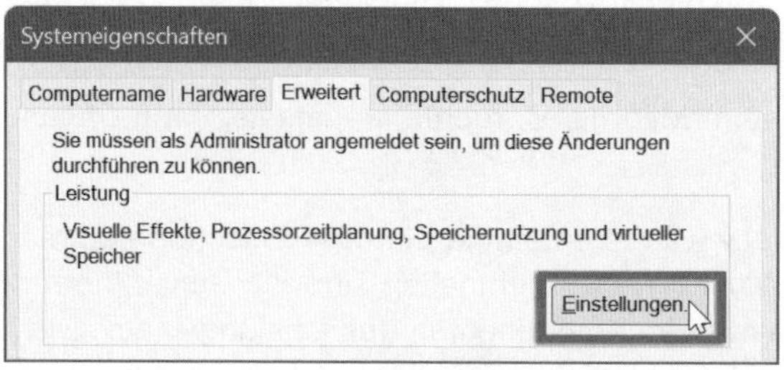

4. Damit öffnen Sie das Menü für die Leistungsoptionen. Hier können Sie auf der Registerkarte *Visuelle Effekte* im oberen Bereich z. B. pauschal *Für optimale Leistung anpassen* auswählen. Damit schalten Sie sämtliche in der Liste aufgeführten visuellen Effekte ab.

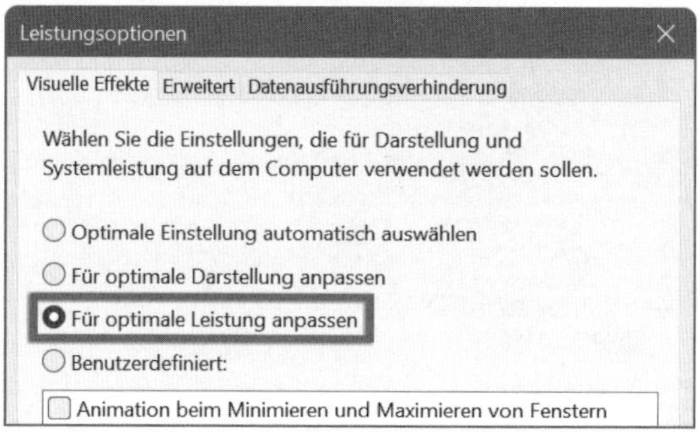

5. Alternativ gehen Sie die Liste aller Optionen durch und suchen sich gezielt diejenigen aus, auf die Sie verzichten können. Die Bezeichnungen sind meist selbsterklärend. Auch hier helfen ein paar Selbstversuche, festzustellen, welche Funktionen nun einen spürbaren Unterschied in der Leistung bewirken.

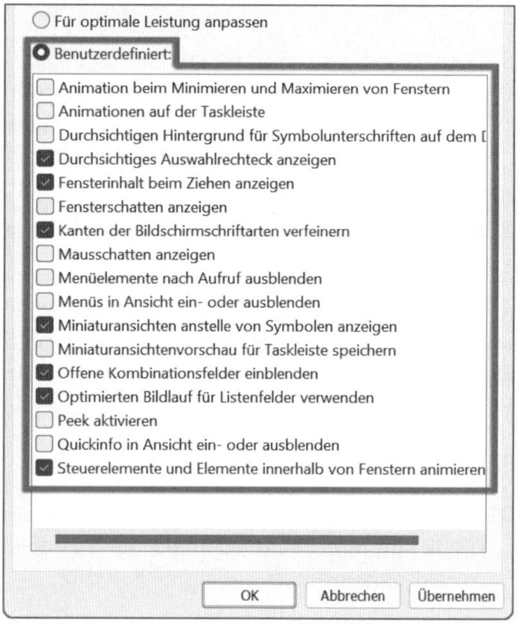

8.6.5 Mehr freien Speicher durch Verzicht auf unnötige Windows-Komponenten

Windows bringt eine Vielzahl von Komponenten und Diensten mit, die nicht unbedingt für jeden Benutzer erforderlich sind. Sie alle kosten aber Speicherplatz sowie teilweise auch Startzeit und Performance.

Es kann deshalb nicht schaden, die Liste einmal durchzugehen und unnötige Systemkomponenten zu deinstallieren.

1. Öffnen Sie in den Windows-Einstellungen den Bereich *Apps/Optionale Features*.
2. Hier finden Sie im Abschnitt *Installierte Features* eine Liste der auf Ihrem PC installierten Windows-Komponenten, die nicht zum Windows-Kern gehören und deshalb unter Umständen verzichtbar sind. Rechts bei jedem Eintrag können Sie den durch diese Funktion belegten Speicherplatz ablesen.
3. Wenn Sie einen der Einträge aufklappen, erhalten Sie eine etwas ausführlichere Beschreibung. Hier können Sie auch auf *Deinstallieren* klicken, um die Komponente zu entfernen.

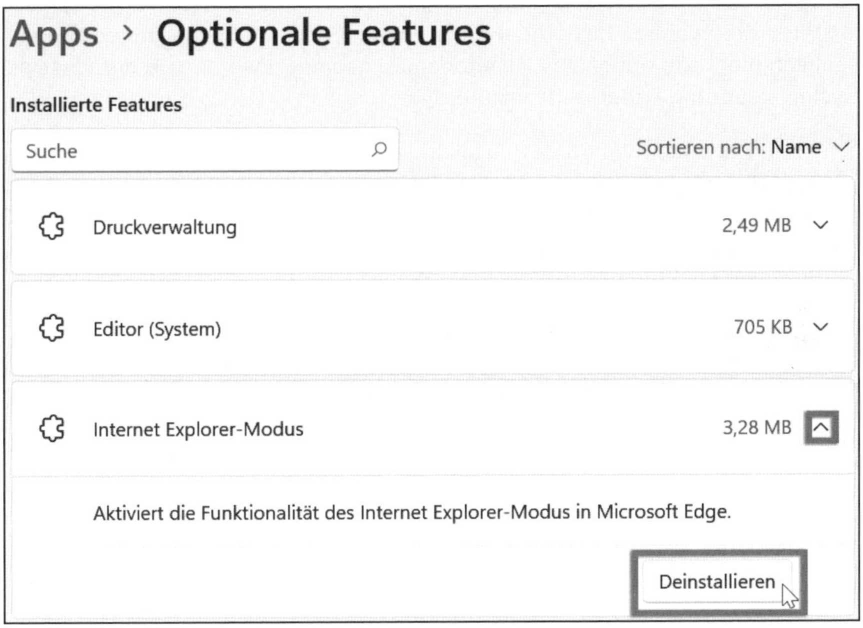

4. Sollten Sie eine deinstallierte Komponente später doch benötigen, klicken Sie an gleicher Stelle ganz rechts oben auf *Funktionen anzeigen*. Damit öffnen Sie eine Übersicht aller derzeit nicht installierten optionalen Komponenten und können sie dort auch bei Bedarf installieren.

Was kann entfernt werden?

Alle hier aufgeführten Komponenten sind optional. Windows läuft also genauso flott und stabil ohne sie. Allerdings können bestimmten Funktionen ggf. nur genutzt werden, wenn das entsprechende Feature installiert ist. Auch Software oder Hardware kann für das reibungslose Funktionieren auf bestimmte optionale Windows-Funktionen angewiesen sein. Sie sollten also nicht wahllos alles deinstallieren, sondern anhand von Name und Beschreibung die Komponenten identifizieren, die Sie mit sehr hoher Wahrscheinlichkeit niemals benötigen werden. Unter *Apps/Optionale Features* können Sie bei *Optionaler Featureverlauf* den *Verlauf anzeigen*. In dieser Liste sind Installationen und Deinstallationen der jüngeren Vergangenheit vermerkt, sodass Sie Änderungen ggf. wieder rückgängig machen können. Ansonsten kann es aber auch nicht schaden, sich die deinstallierten Komponenten zu notieren, um im Problemfall darauf zurückgreifen zu können.

Weitere optionale Windows-Komponenten

Windows ist nach wie vor zweigeteilt in die schöne neue App-Welt und die Domäne der klassischen Desktop-Anwendungen. Das macht sich auch bei den optionalen Windows-Features bemerkbar. Denn in den Windows-Einstellungen können tatsächlich nicht alle optionalen Komponenten gesteuert werden. In der klassischen Systemsteuerung finden sich weitere.

1. Wenn Sie in den Windows-Einstellungen bei *Apps/Optionale Features* ganz unten auf *Mehr Windows-Funktionen* klicken, gelangen Sie direkt in das Modul *Windows-Features*. Alternativ können Sie dieses auch über die klassische Systemsteuerung und *Programme und Features/Windows-Features aktivieren oder deaktivieren* öffnen.

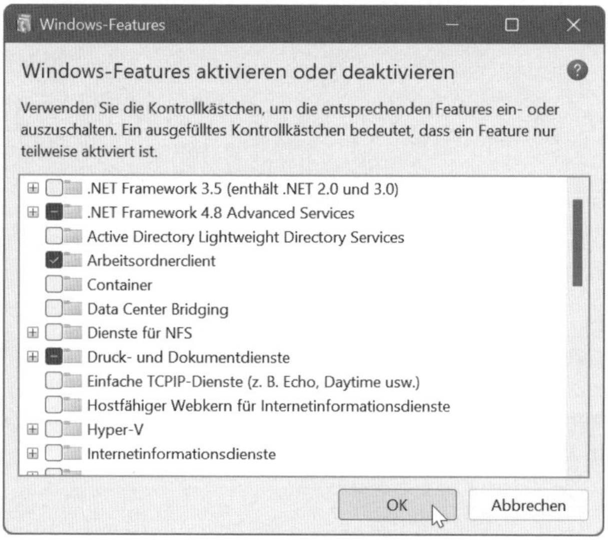

2. Hier können Sie eine weitere Liste mit Zusatzfunktionen durchgehen und schauen, welche der installierten Zusatzkomponenten Sie nicht benötigen. Entfernen Sie bei dem entsprechenden Listeneintrag das Häkchen.
3. Haben Sie Ihre Auswahl an zu deinstallierenden Komponenten getroffen, klicken Sie unten auf *OK*. Windows nimmt dann die Änderungen an seiner Konfiguration vor. Je nach Umfang kann dies einige Minuten dauern.

8.6.6 Performanceeinbußen beim Auslagerungsspeicher vermeiden

Wenn Sie viele Programme und/oder Dokumente gleichzeitig nutzen, wird der Arbeitsspeicher Ihres PCs eventuell knapp. In solchen Fällen verwendet Windows eine Datei auf der Festplatte als Auslagerungsspeicher: Inhalte des Arbeitsspeichers werden in diese Datei übertragen, um den Speicher frei zu bekommen. Soll später wieder auf diese Inhalte zugegriffen werden, holt das System sie von der Festplatte zurück in den Arbeitsspeicher. Da selbst SSD-Laufwerke langsamer arbeiten als Arbeitsspeicher, kommt es beim Aus- und Einlagern zu spürbaren Verzögerungen. Vermeiden lässt sich das nicht (außer durch das Einbauen zusätzlichen Speichers). Aber durch optimales Konfigurieren der Auslagerungsdatei können Sie den Bremseffekt vermeiden.

Mehr Arbeitsspeicher im PC

Das sinnvollste Mittel gegen zu wenig Arbeitsspeicher ist immer eine Erweiterung des eingebauten Arbeitsspeichers. Sie wird die Systemperformance in fast allen Fällen verbessern, da der beschriebene Auslagerungseffekt verringert wird. Windows benötigt mindestens 4 GB Arbeitsspeicher, mit 8 GB lässt sich akzeptabel arbeiten. Für speicherintensive Anwendungen (Bearbeiten von Bildern, Musik oder Video) und grafikintensive Spiele empfehlen sich aber eher 16 oder 32 GB Speicher. Ein zusätzlicher Speicherriegel kostet inzwischen kein Vermögen mehr, nicht immer ist eine Erweiterung aber ohne Weiteres möglich (z. B. bei Notebooks).

1. Die Optionen dafür finden Sie bei *Erweiterte Systemeinstellungen*. Diese öffnen Sie mit einem Klick auf den gleichnamigen Link in den Windows-Einstellungen im Bereich *System/Info* bei *Verwandte Links*. Alternativ tippen Sie im Suchfeld der Taskleiste `erw` ein und öffnen die *Einstellungen* dort direkt.
2. Der so geöffnete Dialog zeigt automatisch die Kategorie *Erweitert* an, wo Sie im Bereich *Leistung* auf *Einstellungen* klicken.

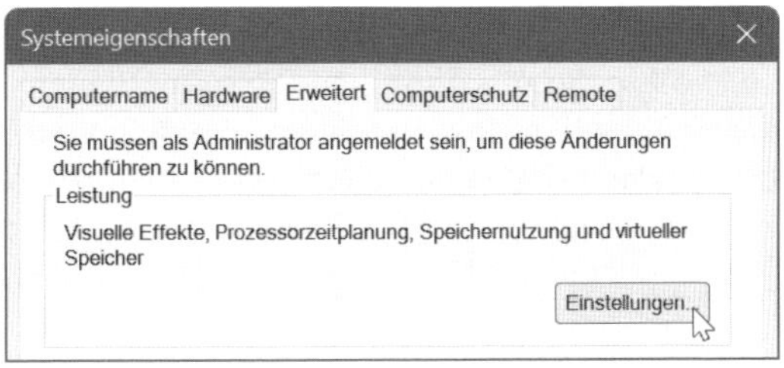

3. Im anschließenden Dialog wechseln Sie in die Rubrik *Erweitert* und klicken dort unten im Bereich *Virtueller Arbeitsspeicher* auf die *Ändern*-Schaltfläche.

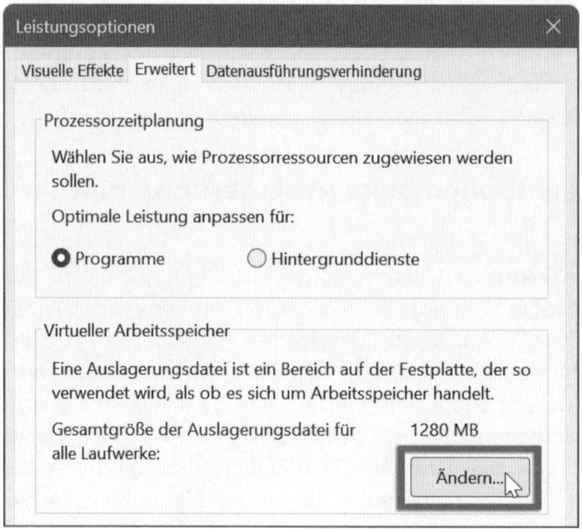

4. Deaktivieren Sie dann ganz oben die Option *Dateigröße für alle Laufwerke automatisch verwalten*, um in die Einstellungen für die Speicherauslagerung eingreifen zu können.

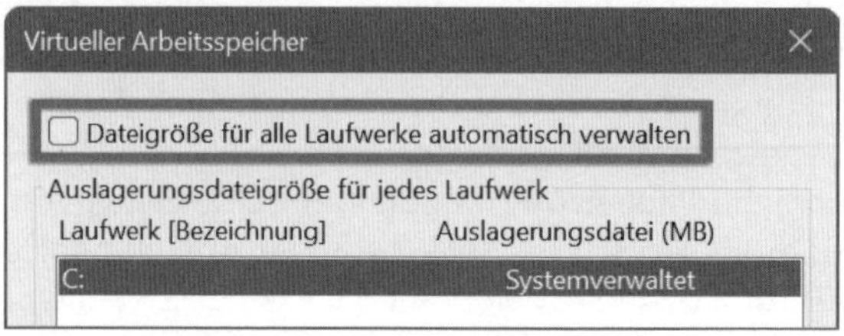

Auslagerungsspeicher optimieren

Wie Sie das Auslagern von Speicher optimieren, hängt von den Gegebenheiten ab. Haben Sie nur eine Festplatte mit einer Partition in den PC eingebaut, sind die Möglichkeiten begrenzt. In diesem Fall überlassen Sie am besten Windows die automatische Einstellung. Bei einer Festplatte mit mehreren Partitionen können Sie immerhin bestimmen, auf welchem Laufwerk die Auslagerungsdatei erstellt werden soll. Bei knappem Platz auf dem Systemlaufwerk können Sie die Auslagerungsdatei verlegen. Wenn Sie mehrere Festplatten eingebaut haben, sollten Sie die Auslagerungsdatei vom Systemlaufwerk auf eine andere Festplatte (nicht eine andere Partition auf demselben Laufwerk!) verlegen. So kann der PC parallel auf System- sowie Programmdateien und den Auslagerungsspeicher zugreifen, was den Ablauf beschleunigt.

5. Um die Auslagerungsdatei zu verlegen, wählen Sie zunächst das Laufwerk aus, auf dem sich die Datei zurzeit befindet (Vermerk *Systemverwaltet* in der Liste). Wählen Sie darunter die Option *Keine Auslagerungsdatei* und klicken Sie dann rechts davon auf *Festlegen*.

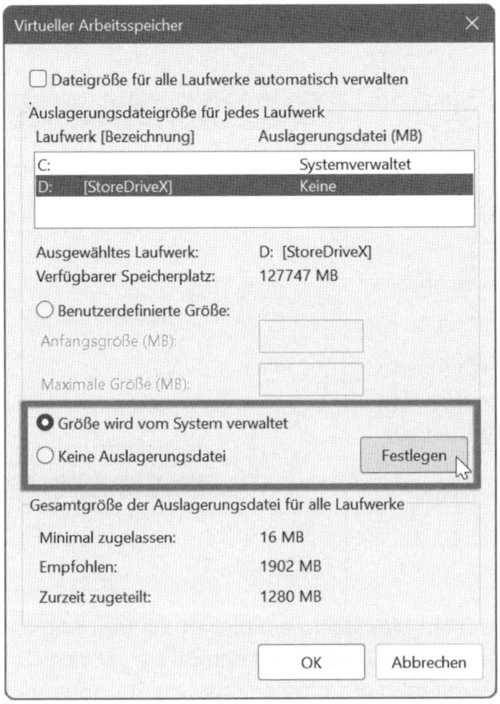

6. Wählen Sie nun oben das Laufwerk aus, auf das in Zukunft ausgelagert werden soll. Aktivieren Sie dann die Option *Größe wird vom System verwaltet* und klicken Sie wiederum auf *Festlegen*.

7. Übernehmen Sie die Einstellungen unten mit *OK*. Wichtig: Die Auslagerungsdatei kann nicht während des laufenden Betriebs geändert werden. Deshalb erfolgt die Umstellung automatisch beim nächsten Windows-Start bzw. nach einem Neustart.

Windows den Auslagerungsspeicher verwalten lassen

Beschränken Sie sich beim Optimieren der Auslagerungsdatei auf die Auswahl des Laufwerks und überlassen Sie die genaue Größe der Datei dem System. Es belegt dynamisch jeweils nur so viel Speicher wie nötig. Manuelle Vorgaben mit der Option der benutzerdefinierten Größe sind nicht notwendig und wenig sinnvoll. Eine zu kleine Datei kann zu einem instabilen System führen. Umgekehrt kann die Datei auch zu groß sein, weil dann so viel ein- und ausgelagert wird, dass das System nur noch im Schneckentempo reagiert. Die Automatik von Windows findet hingegen immer einen guten Mittelweg.

8.6.7 Anwendungen mit Priorität beschleunigen

Wenn Sie es mit einem bestimmten Programm mal besonders eilig haben, können Sie die Priorität für diese Anwendung erhöhen. Es wird dann vom System auf Kosten der anderen laufenden Programme und Dienste bevorzugt abgearbeitet. Das bietet sich z. B. für zeitintensive Anwendungen wie Videocodierungen oder aufwendige Grafikberechnungen an.

1. Starten Sie die fragliche Anwendung und rufen Sie dann mit Strg+⇧+Esc den Task-Manager auf.
2. Lokalisieren Sie die betreffende Anwendung in der Taskliste, klicken Sie mit der rechten Maustaste darauf und wählen Sie im Kontextmenü *Zu Details wechseln*.
3. Dadurch gelangen Sie in die Kategorie *Details*, in der Sie wie früher eine Liste von Prozessen mit genauen Angaben vorfinden. Der Prozess der zuvor gewählten Anwendung ist hier schon ausgewählt.

4. Klicken Sie wiederum mit der rechten Maustaste auf diesen Eintrag, wählen Sie im Kontextmenü *Priorität festlegen* und im Untermenü den Eintrag *Höher als normal* bzw. *Hoch*. Der Eintrag *Echtzeit* ist nicht empfehlenswert, da dann andere Prozesse womöglich gar nicht mehr zum Zuge kommen. Da dies auch wesentliche Systemkomponenten betrifft, kann der PC dadurch instabil werden.

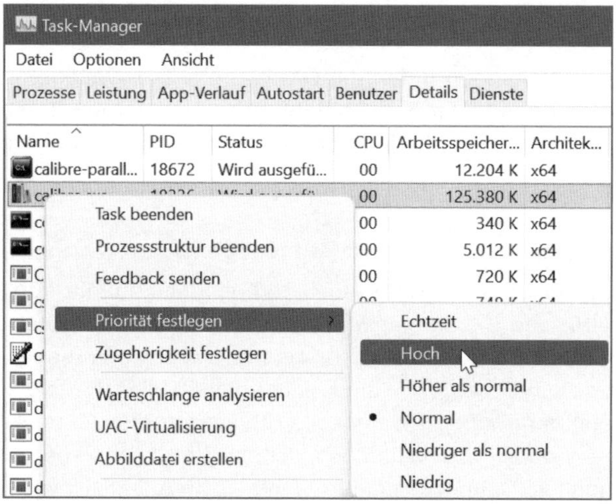

5. Bestätigen Sie die Sicherheitsrückfrage mit einem Klick auf *Priorität ändern*.

8.6.8 Die Dateianzeige im Explorer beschleunigen

Windows zeigt bei jeder sich bietenden Gelegenheit eine Miniaturansicht von Dateien. Das ist auch keine schlechte Sache, kann aber das Arbeiten ausbremsen. Wer schon mal auf leistungsschwächeren Rechnern umfangreichere Bildordner oder Verzeichnisse mit großen Videodateien geöffnet hat, kennt die Zwangspausen, die man bis zum Anzeigen aller Miniaturansichten ertragen muss.

Neben dem Wechsel der Ansicht zu einer ohne Miniaturansichten (z. B. *Details*, *Liste* oder *Kleine Symbole*) können Sie die zeitraubende Miniaturansicht auch ganz deaktivieren.

1. Starten Sie den Explorer, klicken Sie auf das ■■■-Symbol und wählen Sie im Menü die *Optionen*.
2. Wechseln Sie in den Optionen in die Rubrik *Ansicht*.
3. Suchen Sie hier in der Liste der Einstellungen etwa in der Mitte die Option *Immer Symbole statt Miniaturansichten anzeigen* und aktivieren Sie diese.
4. Klicken Sie unten auf *OK*, um die Einstellung zu aktivieren. Windows zeigt nun in allen Ansichten grundsätzlich nur ein Symbol gemäß dem Dateityp und verzichtet auf die Minivorschau.

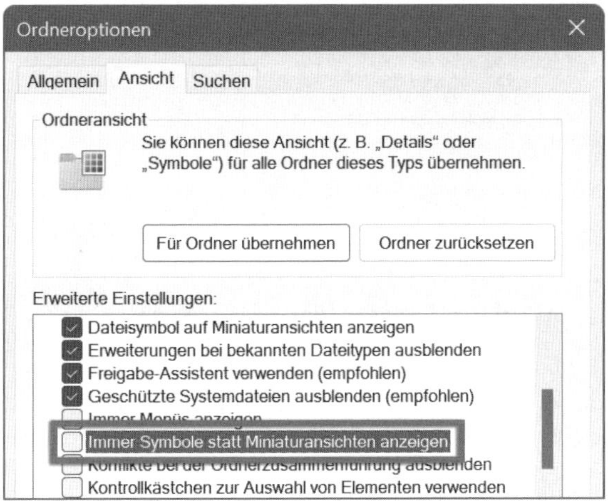

8.6.9 Was bremst eine Anwendung aus?

Zu den hilfreichen Möglichkeiten des Task-Managers gehört ein tiefer gehender Einblick in die Abläufe und Abhängigkeiten eines Multitasking-Systems mit zahlreichen parallelen und aufeinander aufbauenden Prozessen.

Wenn es bei einer Anwendung oder Funktion mal wieder »hängt«, können Sie nun selbst nachschauen, worin genau die Ursache dafür liegt.

1. Wählen Sie die fragliche Anwendung in der Taskliste aus, klicken Sie mit der rechten Maustaste darauf und wählen Sie im Kontextmenü *Zu Details wechseln*.
2. Dadurch gelangen Sie in die Kategorie *Details*, wo der zur gewählten Anwendung gehörende Prozess bereits ausgewählt ist.
3. Klicken Sie erneut mit der rechten Maustaste darauf und wählen Sie im Kontextmenü *Warteschlange analysieren*.
4. Der daraufhin folgende Dialog verrät Ihnen, ob und worauf der Prozess wartet. Das kann einfach ein anderer Prozess sein oder aber auch eine ganze Kaskade von untereinander abhängigen Prozessen. Ist die Liste leer, läuft der Prozess aber ganz normal bzw. ist im Zweifelsfall für alle »Hänger« selbst verantwortlich.

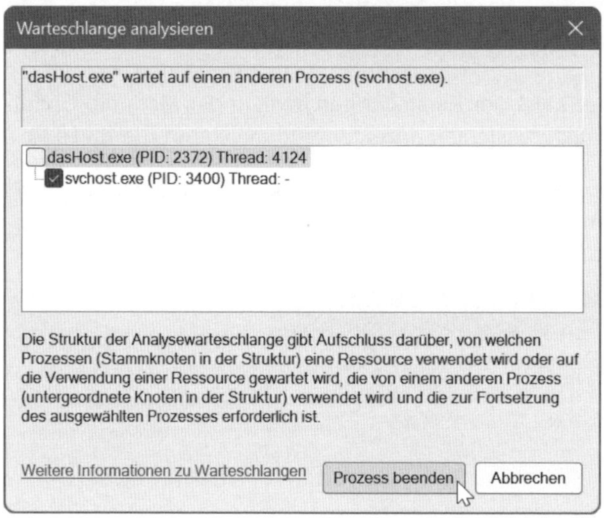

8.6.10 Systemanalyse mit dem Ressourcenmonitor

Der Task-Manager ist hilfreich für einen ersten Überblick und das Identifizieren von Prozessen, die möglicherweise Systemhänger und Wartepausen verursachen. Wer es genauer wissen möchte, sollte den Ressourcenmonitor zurate ziehen. Der gibt noch detaillierter Aufschluss darüber, wie stark Prozessor, Arbeitsspeicher, Datenträger und Netzwerk ausgelastet sind. So lässt sich gut erkennen, welche der Komponenten am Rande ihrer Leistungsfähigkeit angelangt ist und das Gesamtsystem ausbremst.

Ebenso können Sie damit aber auch einzelne Prozesse ganz genau unter die Lupe nehmen.

1. Den Ressourcenmonitor finden Sie am einfachsten über den Task-Manager in dessen Rubrik *Leistung*. Klicken Sie dort am unteren Fensterrand auf *Ressourcenmonitor öffnen*. Alternativ tippen Sie im Startmenü `resmon` ein.

2. Im Ressourcenmonitor sehen Sie rechts eine Ressourcenübersicht. Sie zeigt die derzeitige Auslastung von CPU, Datenträger, Netzwerk und (Arbeits-)Speicher im grafischen Verlauf an. Dies erlaubt einen schnellen Überblick, ob alle Eckpfeiler des Systems reibungslos laufen bzw. wo eventuell ein leistungsbremsender Engpass entstanden ist.

3. Mit den Reitern links oben können Sie jeweils ausführlichere Angaben zu einer dieser Systemkomponenten abrufen. Klicken Sie dazu z. B. bei *Netzwerk* ganz rechts auf das Pfeilsymbol, um diesen Balken nach unten aufzuklappen.

4. Dadurch erweitern Sie die Anzeige um eine genaue Liste der Prozesse und Anwendungen, die zurzeit Ressourcen dieser Art beanspruchen. So können Sie z. B. Programme enttarnen, die im Hintergrund Daten übertragen.

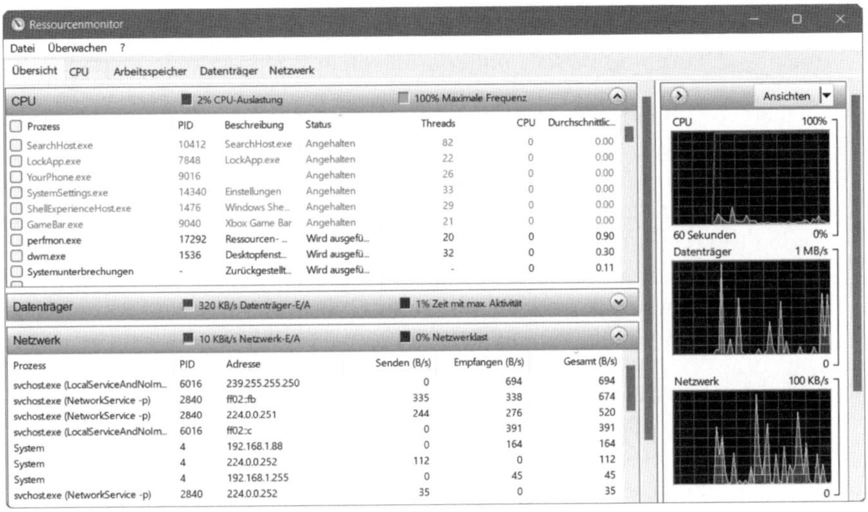

8.6.11 Prozesse im Ressourcenmonitor überwachen

Wie andere Windows-Werkzeuge auch liefert der Ressourcenmonitor eine schwer zu überblickende Menge an Daten. Sie können die Ausgabe aber filtern und sich nur Einträge anzeigen lassen, die mit einem konkreten Prozess in Verbindung stehen. So lässt sich beispielsweise effektiv erkennen, ob und welche Verbindungen ein bestimmter Prozess übers Netzwerk aufbaut oder auf welche Dateien er zugreift. Jeden dieser Zugriffe können Sie quasi in Echtzeit überwachen und etwa anhand von Datenraten und Antwort- bzw. Latenzzeiten potenzielle Probleme dabei erkennen.

1. Lassen Sie sich dazu am besten zunächst die Rubrik *CPU* anzeigen, da dort alle aktuell laufenden Prozesse angezeigt werden.

2. In der oberen Liste mit diesen Prozessen suchen Sie nun Ihren Störkandidaten und setzen bei seinem Eintrag ganz links das Häkchen. Dadurch werden in allen Bereichen des Ressourcenmonitors nur solche Daten angezeigt, die mit diesem Prozess in Verbindung stehen.

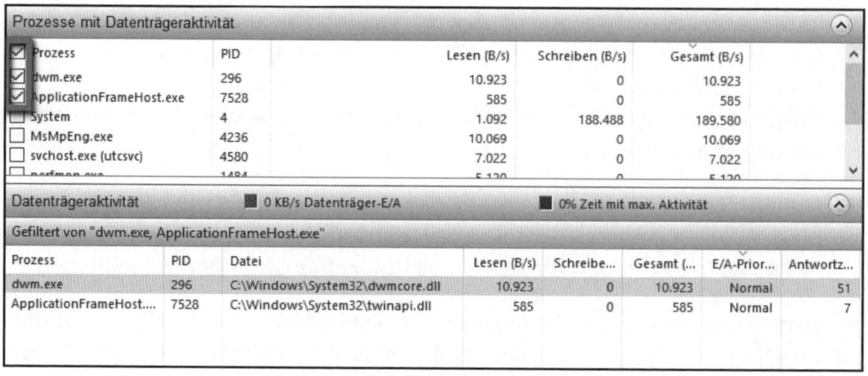

3. Nun können Sie beispielsweise in die Rubrik *Datenträger* wechseln und dort im Bereich *Datenträgeraktivität* die Dateizugriffe durch diesen Prozess beobachten (dazu ggf. kurz warten, falls nur sporadisch auf Dateien zugegriffen wird).

4. Dementsprechend können Sie in der Rubrik *Netzwerk* die Netzwerkzugriffe des Prozesses überwachen. Im Bereich *Netzwerkaktivitäten* finden Sie dazu auch die Adresse der Rechner, mit denen sich der Prozess verbindet, ebenso wie die Menge der gesendeten und empfangenen Daten. Unter *TCP-Verbindungen* finden Sie die dabei verwendeten lokalen und entfernten Portnummern. Interessant sind hier auch die Angaben zur Paketverlust-Rate und zur Latenz (Verzögerung zwischen Absenden und Eintreffen eines Pakets). Letztere sollte üblicherweise im Bereich von zwei- bis dreistelligen Millisekunden liegen.

5. Vor allem wenn Sie mit dem Namen eines Prozesses spontan wenig anfangen können, sollten Sie in der Rubrik *CPU* nachschauen, ob dieser Prozess beispielsweise zu einem bestimmten *Dienst* gehört. Andernfalls helfen ggf. die Pfadangaben bei *Zugeordnete Handles* bzw. *Zugeordnete Module*, um den Prozess einer Anwendung zuzuordnen.

8.6.12 Tiefenanalyse mit der Leistungsüberwachung

Der Ressourcenmonitor gibt einen guten Überblick, beschränkt sich dabei aber auf einige Kerndaten. Wenn Ihnen das nicht reicht, können Sie mit der Leistungsüberwachung noch detaillierter einzelne Aspekte und Kenngrößen kontrollieren.

Das bietet sich an, wenn Sie bereits einen bestimmten Bereich als Verursacher von Problemen identifiziert haben. Dann hilft die Leistungsüberwachung, in diese Bereiche genauer hineinzuschauen und die Abläufe zu verstehen, die zu den Problemen führen.

1. Öffnen Sie über das Windows-Startmenü die App *Leistungsüberwachung*.

2. In der Leistungsüberwachung klicken Sie links im Navigationsbereich auf *Überwachungstools/Leistungsüberwachung*, um die Detailansicht aufzurufen. Diese zeigt Ihnen standardmäßig die CPU-Auslastung Ihres PCs. Dies können Sie

aber schnell ändern, um sich die Daten anzeigen zu lassen, die Sie gerade interessieren.

3. Klicken Sie hierzu in der Symbolleiste oberhalb der grafischen Anzeigen auf das grüne Plussymbol.

4. Wählen Sie im anschließenden Menü *Leistungsindikatoren hinzufügen* zunächst links den Bereich aus, aus dem Sie detaillierte Leistungsdaten abrufen wollen. Die Auswahl ist recht groß und manche der Begriffe sind sehr technisch gehalten. Die wichtigen Daten lassen sich aber an Bezeichnungen wie z. B. *Auslagerungsdatei* problemlos erkennen.

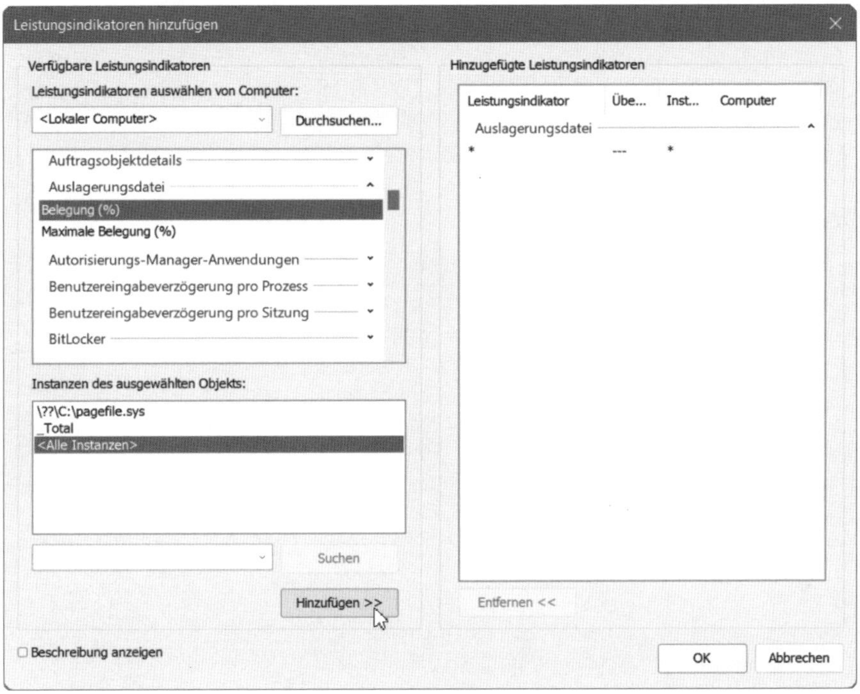

5. Um einen Bereich zu öffnen, klicken Sie rechts neben seiner Bezeichnung auf das kleine Pfeilsymbol. Damit klappen Sie diesen Bereich auf und sehen, welche einzelnen Daten Sie hierfür abrufen können. Diese können Sie nun durch einfaches Anklicken auswählen. Wollen Sie mehrere Daten auf einmal anzeigen lassen, klicken Sie sie nacheinander einfach an, wobei Sie Strg gedrückt halten.

6. Anschließend können Sie ggf. noch wählen, welches konkrete Gerät Sie überwachen wollen. Dazu werden darunter bei *Instanzen des ausgewählten Objekts* alle infrage kommenden Kandidaten aufgeführt. Auch hier können Sie wieder eines der Objekte oder gleich mehrere Objekte auswählen. Mit *<Alle Instanzen>* wählen Sie im Zweifelsfall einfach alles aus.

7. Wichtig: Haben Sie die gewünschten Daten ausgewählt, klicken Sie unten auf die *Hinzufügen*-Schaltfläche, um diese Überwachungsdaten auch zu aktivieren. Klicken Sie dann unten rechts auf *OK*, um zur Anzeige der Leistungsüberwachung zurückzukehren.

8. Diese zeigt die ausgewählten Daten umlaufend an. Dadurch können Sie neben den aktuellen Werten auch die Entwicklung verfolgen. Wenn Sie also wie im Beispiel die Belegung der Auslagerungsdatei überwachen, können Sie anhand der Leistungsgrafik genau verfolgen, wie diese sich im Folgenden entwickelt, wenn Sie etwa bestimmte Anwendungen ausführen.

9 Geräte verbinden und nutzen

Mit zusätzlichen Geräten lassen sich Funktionalität und Nutzen eines PCs individuell erweitern. Seien es nun Drucker für die Korrespondenz, Webcam und Headset für Videokonferenzen, Joysticks oder Lenkrad für Computerspiele oder ein Kartenlesegerät für Speicherkarten aus Digitalkamera oder Smartphone.

9.1 Hardwaretreiber einrichten

Windows bringt für viele Geräte und Hardwarekomponenten bereits passende Treiber mit oder liefert diese ggf. per Onlineupdate nach. Idealerweise funktioniert das Inbetriebnehmen neuer Hardware nach dem Plug-and-play-Prinzip: einstecken, kurz warten und dann direkt nutzen. Leider ist das aber eben ein Ideal, das in der Praxis so nicht immer eintreten wird. Gerade bei älteren oder exotischen Komponenten kann es zu Problemen kommen, insbesondere wenn die Hersteller keine aktuellen Treiber mehr dafür bereitstellen. Oftmals besteht aber die Möglichkeit, auch mit älteren Treibern für frühere Windows-Versionen zum Erfolg zu kommen.

9.1.1 Hardware im Geräte-Manager kontrollieren

Der Geräte-Manager ist bei Windows das zentrale Werkzeug für das Analysieren und Lösen von Hardware- bzw. Treiberproblemen.

1. Um den Geräte-Manager zu verwenden, wählen Sie in der klassischen Systemsteuerung die Kategorie *Hardware und Sound* und klicken dort auf *Geräte-Manager*. In der Symbolübersicht finden Sie direkt den gleichnamigen Eintrag. Alternativ können Sie im Suchfeld der Taskleiste »Gerät...« eintippen, um den Geräte-Manager schnell und direkt zu öffnen.

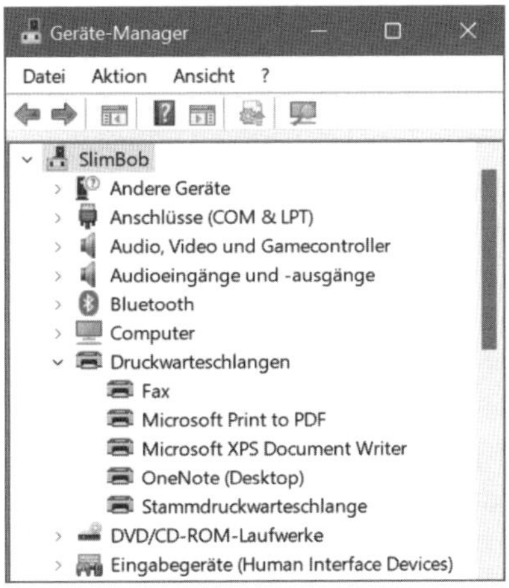

2. Da es sich hierbei um eine sicherheitsrelevante Aktion handelt, müssen Sie den Vorgang als Administrator bestätigen, falls Sie ein Standardbenutzerkonto ohne Administratorrechte verwenden.

3. Im Geräte-Manager finden Sie eine ganze Reihe von Rubriken, in die die vorhandenen Hardwarekomponenten eingeteilt sind. Die Darstellung ist dabei ähnlich wie die von Ordnern und Dateien im Explorer. Wenn Sie auf das Pfeilsymbol vor einer der Rubriken klicken, blättern Sie diese auf und erhalten Zugriff auf die dazugehörigen Komponenten.

4. Um ein einzelnes Gerät näher unter die Lupe zu nehmen, führen Sie einen Doppelklick auf den entsprechenden Eintrag im Geräte-Manager aus. Dieser öffnet dann die Eigenschaften für das Gerät. Dort finden Sie alle Informationen und Funktionen, die zu diesem Gerät und ggf. zu seinen Treibern verfügbar sind. Der genaue Inhalt der Eigenschaften hängt von der Art des jeweiligen Gerätes ab.

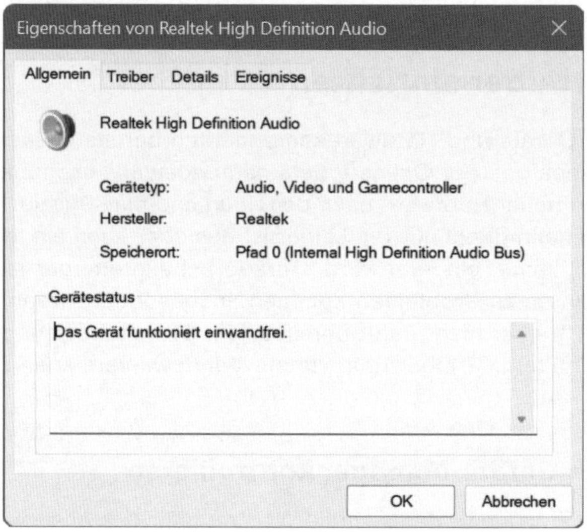

5. In der Regel erkennt Windows von allein, dass ein bestimmtes Gerät nicht ordnungsgemäß arbeitet. Dann blendet der Geräte-Manager dieses beim Öffnen automatisch ein und versieht sein Symbol mit einer farbigen Markierung. So kommen Sie den Verursachern von Hardwareproblemen schnell auf die Schliche.

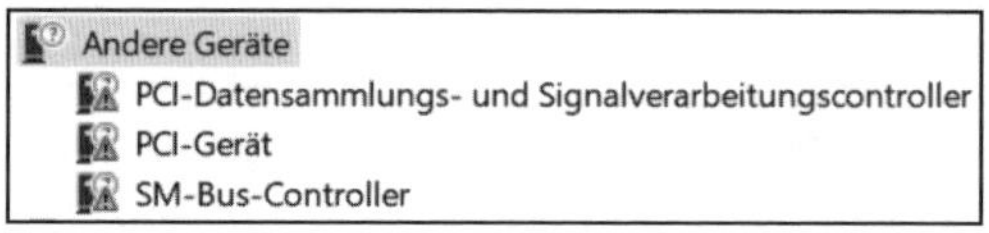

Wenn der Geräte-Manager ein Hardwareproblem anzeigt, hat dies in den seltensten Fällen tatsächlich mit einem Defekt an einer Komponente zu tun, eher schon mit einer Kabelverbindung, die sich gelöst hat, oder ähnlichen Verbindungsproblemen. Auch Probleme mit der Ressourcenverteilung sind dank Plug-and-play eher selten geworden. In den allermeisten Fällen aber liegt das Problem in der Treibersoftware für das Gerät, die entweder ganz fehlt oder nicht ordnungsgemäß funktioniert.

9.1.2 Im Geräte-Manager wirklich alle Komponenten anzeigen

Der Geräte-Manager versteckt einige Komponenten, die den Benutzer seiner Meinung nach nichts angehen, weil es sich dabei z. B. um logische Komponenten des Betriebssystems handelt.

Solche Komponenten können Sie aber dennoch einsehen, wenn Sie im Geräte-Manager mit *Ansicht/Ausgeblendete Geräte anzeigen* die entsprechende Option aktivieren. Leider »vergisst« der Geräte-Manager diese Einstellung beim Beenden jedes Mal, sodass Sie sie bei Bedarf immer wieder einschalten müssen.

Selbst jetzt verbirgt der Geräte-Manager aber immer noch Komponenten, für die zwar Treiber installiert sind, die aber momentan nicht an den PC angeschlossen bzw. eingeschaltet sind. Dazu gehören z. B. mobile Geräte wie USB-Sticks, Digitalkameras etc., aber auch sämtliche festen Hardwarekomponenten (Festplatten, Grafikkarten, CD-Laufwerke etc.), die irgendwann einmal in den PC eingebaut und unter Windows eingerichtet waren. Um auch auf diese Komponenten zugreifen und z. B. deren Treiber entfernen zu können, gehen Sie wie folgt vor:

1. Öffnen Sie in den Windows-Einstellungen den Bereich *System/Info* und klicken Sie dort bei *Verwandte Links* auf *Erweiterte Systemeinstellungen*.
2. Klicken Sie im so geöffneten Menü auf der Registerkarte *Erweitert* ganz unten auf die Schaltfläche *Umgebungsvariablen*.
3. Im dadurch geöffneten Menü klicken Sie wiederum unten im Bereich *Systemvariablen* auf die Schaltfläche *Neu*, um eine neue Systemvariable anzulegen.
4. Geben Sie im nachfolgenden Dialog bei *Name der Variablen* die Bezeichnung `devmgr_show_nonpresent_devices` und bei *Wert der Variablen* `1` an.

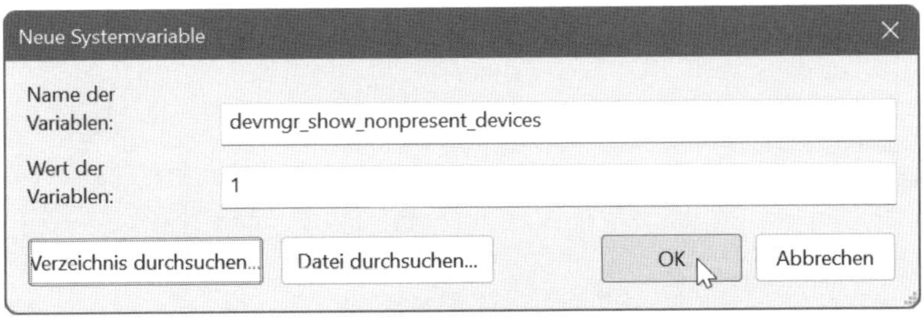

5. Klicken Sie dann dreimal auf *OK*, um die neue Variable zu übernehmen. Nun müssen Sie den Geräte-Manager ggf. beenden, neu starten und mit *Ansicht/ Ausgeblendete Geräte anzeigen* die erweiterte Anzeige aktivieren. Dann werden auch die derzeit nicht verbundenen Hardwarekomponenten angezeigt.

9.1.3 Ressourcenkonflikt bei Hardwarekomponenten auflösen

Konflikte um IRQs und andere Ressourcen sind zum Glück sehr selten geworden. Zum einen kümmert sich das aktuelle Windows wie schon seine Vorgänger sehr effizient um die reibungslose Verteilung der vorhandenen Ressourcen. Zum anderen sind viele Hardwarekomponenten heutzutage nicht mehr auf eine exklusive Ressourcenzuteilung angewiesen. Gerade bei älterer Hardware kann es aber immer noch zu Problemen kommen, die ein manuelles Eingreifen erfordern. Dies ist zum Glück zumindest bei einigen Geräten noch möglich.

1. Starten Sie den Geräte-Manager und wählen Sie die Hardwarekomponente aus, die durch den Ressourcenkonflikt lahmgelegt ist. Sie ist mit einem Warnsymbol deutlich markiert.

2. Öffnen Sie die Eigenschaften dieser Ressource mit einem Doppelklick. Auf der Registerkarte *Allgemein* können Sie zunächst den Gerätestatus ablesen. Hier findet sich meist schon ein deutlicher Hinweis darauf, welche Art von Ressourcenkonflikt vorliegt.

3. Wechseln Sie dann zur Registerkarte *Ressourcen*. Hier sollten Sie zunächst ganz unten den Bereich *Gerätekonflikt* beachten. Liegt ein Ressourcenkonflikt vor, wird ganz genau beschrieben, um welche Ressource es sich handelt und welches andere Gerät davon betroffen ist.

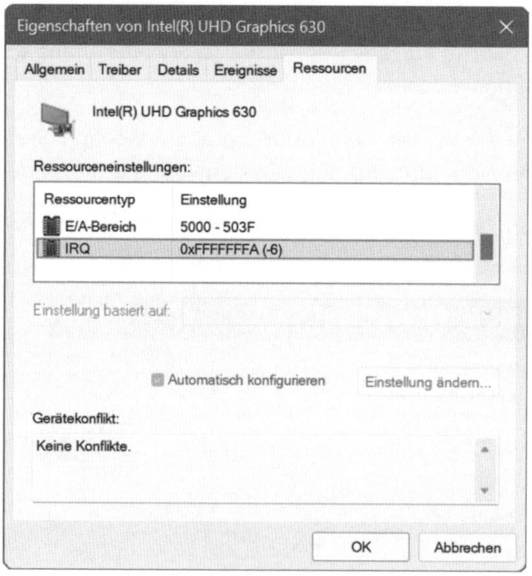

4. Wenn dieser Konflikt durch die automatische Ressourcenverteilung verursacht wurde, sollten Sie zunächst das Kontrollkästchen *Automatisch konfigurieren* deaktivieren. Sollte diese Option nicht anwählbar sein, dann wird dieses Gerät vollkommen automatisch verwaltet und lässt sich leider manuell nicht beeinflussen.

5. Wählen Sie dann im Bereich *Ressourceneinstellungen* die Ressource aus, die den Konflikt verursacht, und klicken Sie auf die Schaltfläche *Einstellung ändern*.

6. Damit öffnen Sie ein zusätzliches Menü, in dem Sie diese Ressourceneinstellung bearbeiten können. Ändern Sie dazu den Wert der Ressource so lange, bis im Bereich *Konfliktinformationen* die Meldung *Es liegen keine Gerätekonflikte vor* angezeigt wird.

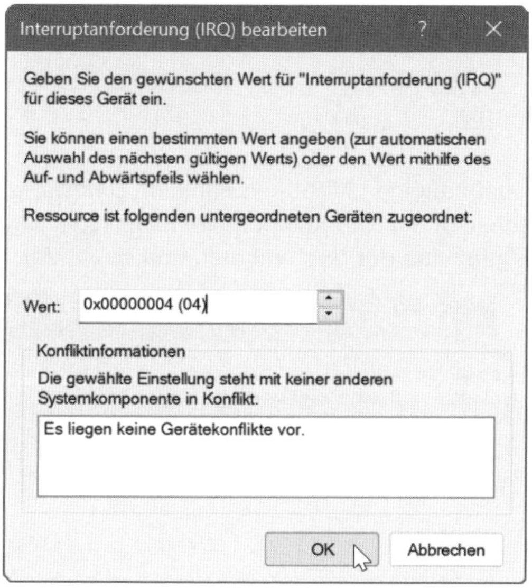

7. Übernehmen Sie den neuen Wert dann mit zweimal *OK* und starten Sie den PC neu, damit die geänderten Einstellungen für die Hardwarekomponenten in Kraft treten können.

9.1.4 Hardwarekomponenten vorübergehend deaktivieren

Der Geräte-Manager bietet die Möglichkeit, einzelne Hardwarekomponenten vorübergehend zu deaktivieren oder auch ganz aus der Konfiguration zu entfernen. Ein Ausbau des Gerätes ist dann nicht erforderlich. Die dazugehörigen Treiber werden beim Start nicht mehr geladen, und die Komponenten belegen auch keine Ressourcen mehr.

So lassen sich Treiberprobleme und Ressourcenkonflikte lösen, wenn eine Komponente ohnehin nicht gebraucht wird.

1. Um einzelne Geräte zu de- oder zu aktivieren, öffnen Sie den Geräte-Manager wie oben beschrieben und suchen den Eintrag dieses Gerätes.

2. Klicken Sie mit der rechten Maustaste auf den Eintrag. Im kontextabhängigen Menü finden Sie die Funktion *Deaktivieren*. Damit beenden Sie die Verwendung dieses Gerätes vorübergehend.

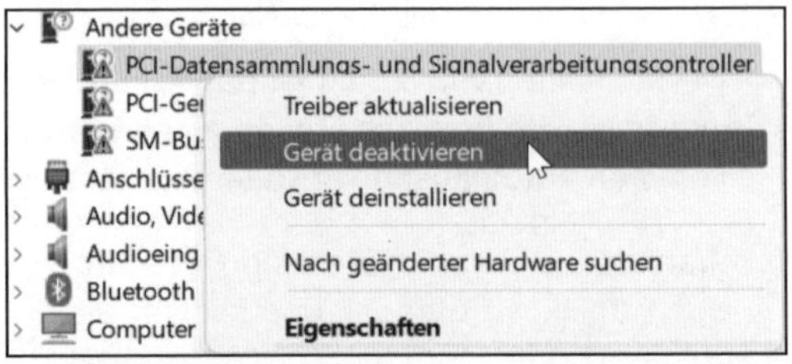

3. Bestätigen Sie den folgenden Sicherheitshinweis mit *Ja*.

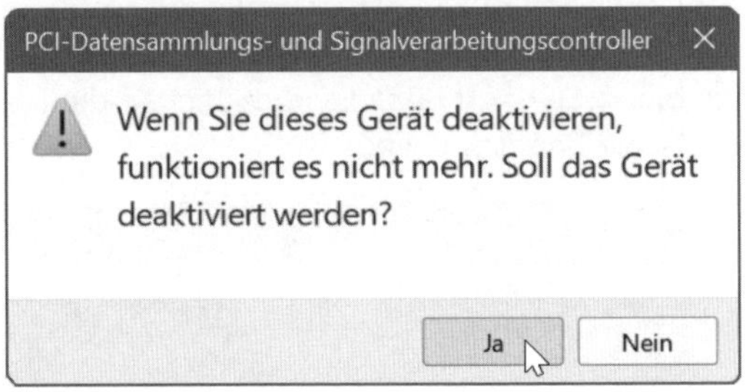

4. Im kontextabhängigen Menü finden Sie nun statt des *Deaktivieren*-Befehls die Funktion *Aktivieren*, mit der Sie die Komponente wieder in den Betrieb einbinden können.

5. Außerdem finden Sie im kontextabhängigen Menü die Funktion *Deinstallieren*. Im Gegensatz zu *Deaktivieren* schalten Sie eine Komponente damit nicht einfach nur ab, sondern entfernen sie ganz aus der Systemkonfiguration. In der Praxis bedeutet dies, dass der Softwaretreiber dafür entfernt wird und das Gerät komplett aus dem Geräte-Manager verschwindet. Auch hier müssen Sie den Sicherheitshinweis bestätigen, bevor die Aktion ausgeführt wird.

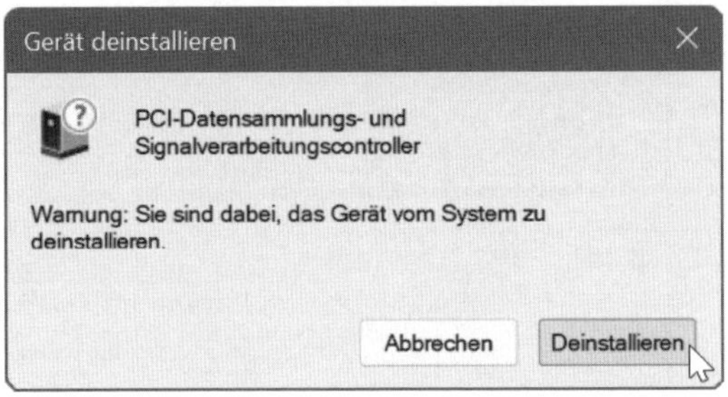

Deinstallierte Geräte

Eine deinstallierte Hardwarekomponente befindet sich natürlich physisch immer noch im Rechner, auch wenn Sie sie in der Gerätesteuerung deaktiviert haben. Windows merkt sich deinstallierte Geräte intern. So wird verhindert, dass der Hardwareassistent, der bei jedem Neustart nach neuen Geräten sucht, deinstallierte Geräte sofort wieder einbindet. Um eine deinstallierte, aber nicht ausgebaute Komponente später wieder einzubinden, müssen Sie den Hardwareassistenten manuell starten. Verwenden Sie dazu im Geräte-Manager *Aktion/Nach geänderter Hardware suchen*. Dann werden alle vorhandenen, nicht installierten Komponenten ermittelt und zur Installation angeboten.

Das Deaktivieren von Hardwarekomponenten sollte stets nur eine Not- und Übergangslösung sein, z. B. bis neue Treibersoftware verfügbar ist, mit der sich die eventuell vorhandenen Probleme oder Konflikte lösen lassen. Auch wenn Sie mehrere Betriebssysteme parallel auf einem PC betreiben, kann diese Maßnahme sinnvoll sein, wenn Sie eine Komponente beispielsweise unter dem aktuellen Windows gar nicht verwenden wollen oder können. Mit einem älteren Betriebssystem kann dann trotzdem normal damit gearbeitet werden.

Ansonsten sollten Sie eine Hardwarekomponente, die dauerhaft nicht genutzt werden kann, besser ganz ausbauen.

9.1.5 Hardware manuell installieren

Üblicherweise erkennt Windows neu hinzugekommene Hardware automatisch und versucht, sie einzurichten. Was aber, wenn diese Erkennung versagt und sich einfach gar nichts tut? Oder wenn Sie ein virtuelles Gerät wie etwa einen Netzwerk-Loopback-Adapter installieren möchten? Früher war dafür der Hardwareassistent zuständig, aber im aktuellen Windows ist dieser nicht mehr zu finden. Oder doch?

1. Geben Sie im Suchfeld der Taskleiste den Befehl `hdwwiz` ein. Daraufhin wird in der Trefferliste als einziger Punkt ebendieses Programm *hdwwiz* angezeigt. Alternativ finden Sie diese Funktion auch im Menü des Geräte-Managers unter *Legacyhardware hinzufügen*.
2. Damit starten Sie den klassischen Windows-Hardwareassistenten.
3. Hier können Sie zunächst nochmals mit *Hardwarekomponente automatisch suchen und installieren* die automatische Hardwareerkennung anstoßen.
4. Wenn auch das nichts hilft und Sie über passende Treiber verfügen, wählen Sie stattdessen *Hardware manuell aus einer Liste wählen und installieren*.

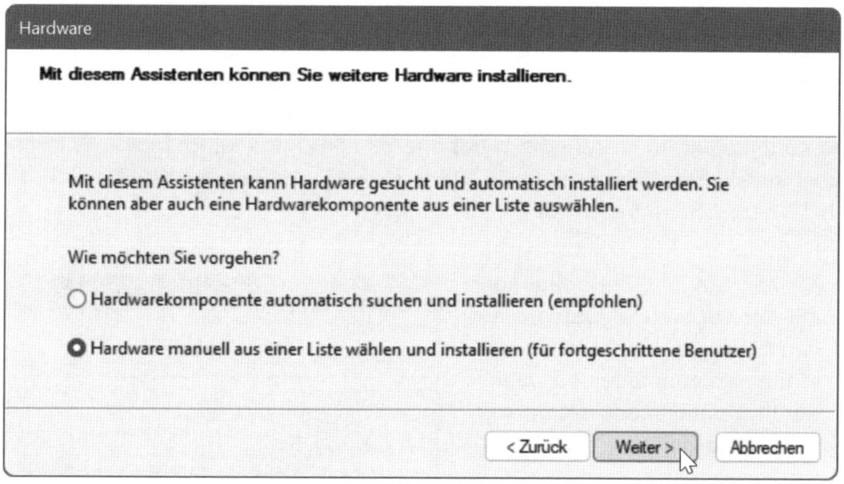

5. Wählen Sie im nächsten Schritt *Alle Geräte anzeigen* und dann *Weiter*.
6. Klicken Sie im dann folgenden Menü unten rechts auf *Datenträger*.

7. Geben Sie dann den Pfad zur Treibersoftware an und klicken Sie auf *OK*, um diese Treiber zu installieren.

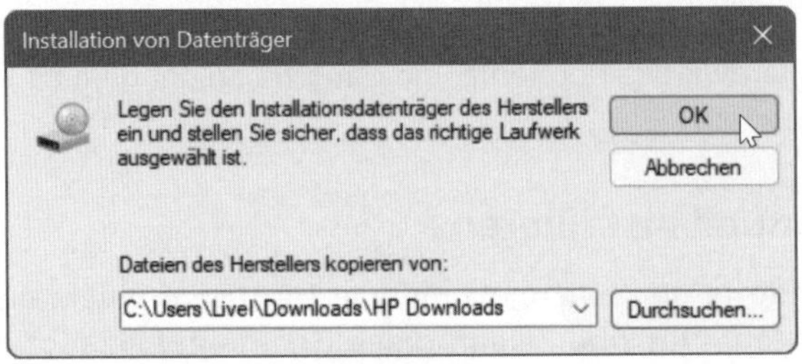

9.1.6 Hardwaretreiber manuell ersetzen

Nicht immer wird die automatische Treiber-Installation glatt durchlaufen. In solchen Fällen zeigt sich Windows leider wenig kooperativ: Wenn es selbst keine Treiber beschaffen kann, lässt es die Installation des Gerätes einfach scheitern. Frühere Versionen suchten in solchen Fällen automatisch auch noch auf einem ggf. eingelegten Datenträger oder gaben dem Benutzer die Möglichkeit, die zu verwendende Treibersoftware selbst zu lokalisieren. Nun aber bleibt in solchen Fällen nur der Weg in den Geräte-Manager (siehe Seite 485), um den Treiber manuell einzuspielen.

Automatische Treiber sind nicht immer die besten

Die von Windows automatisch ermittelten und installierten Treiber müssen nicht immer die beste Wahl sein. Besonders drastisch merkt man das etwa bei Grafikkarten. Hier bringt Windows einen generischen Treiber mit, der ein akzeptables 2D-Bild auf den Monitor bringt. Startet man eine 3D-Anwendung oder ein Computerspiel mit aufwendiger Grafik, bleibt die Karte aber weit hinter ihren Möglichkeiten zurück. Wenn der Hersteller einer Komponente eigene Treiber dafür anbietet, empfiehlt es sich deshalb in der Regel, diese aktuell herunterzuladen und zu installieren. Wenn eine Komponente allerdings mit dem von Windows selbst installierten Treiber zu Ihrer Zufriedenheit arbeitet, können Sie sich diesen Zusatzaufwand getrost sparen.

1. Klicken Sie im Geräte-Manager mit der rechten Maustaste auf den Eintrag der nicht funktionierenden Komponente und wählen Sie im Kontextmenü *Treibersoftware aktualisieren*.

2. Wählen Sie im anschließenden Dialog *Auf dem Computer nach Treibersoftware suchen*.

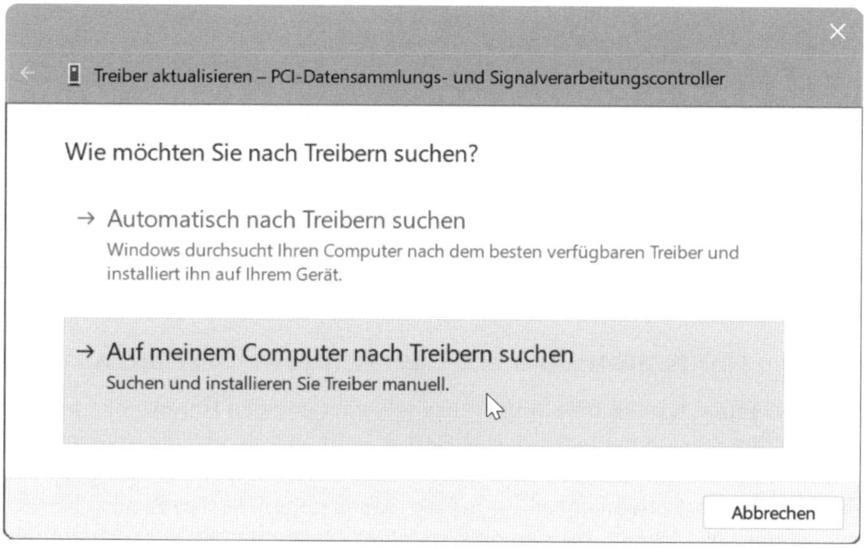

3. Geben Sie im nächsten Dialog den Ordner bzw. das Laufwerk an, auf dem sich die Installationsdateien befinden. Der Assistent kann bei der Suche auch Unterordner einbeziehen. Liegt Ihnen z. B. eine Installations-CD vor, geben Sie einfach deren Laufwerk an und achten darauf, dass die Option *Unterordner einbeziehen* aktiv ist. Klicken Sie dann unten rechts auf *Weiter*.

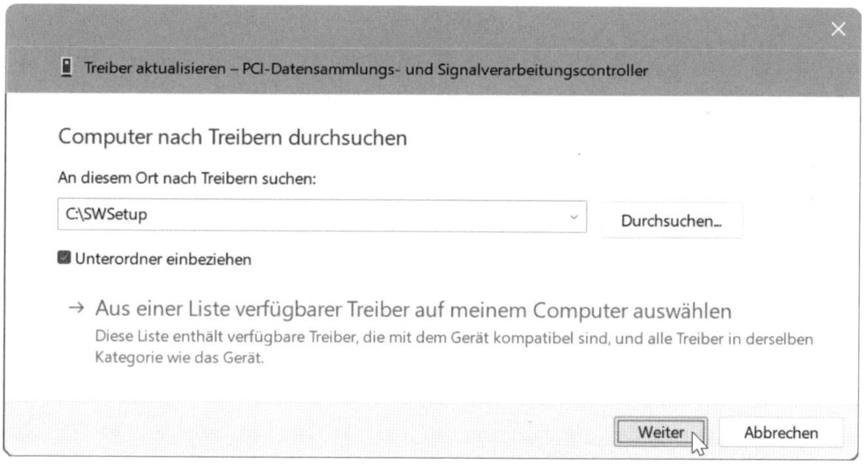

4. Der Assistent durchsucht nun die gesamte CD und findet die infrage kommende Installationssoftware automatisch. Sollte dies nicht gelingen, geben Sie den Pfad zu den korrekten Treiberdateien möglichst exakt an.

5. Der Rest der Installation läuft dann wieder vollautomatisch ab, bis Sie das Gerät direkt verwenden können.

Installationsdateien werden nicht gefunden?

Die automatische Treiberinstallation basiert auf sogenannten INF-Dateien, die alle für die Installation benötigten Informationen für den Hardwareassistenten beinhalten. Die Gerätetreiber müssen also mit einer solchen Datei ausgestattet sein. Manche Hersteller gehen einen anderen Weg und installieren die Treiber lieber selbst, z. B. gemeinsam mit zusätzlicher Anwendungssoftware für das Produkt. In diesem Fall können Sie den Hardwareassistenten nicht benutzen, sondern müssen den Setup-Assistenten des Hardwareherstellers bemühen.

9.1.7 Hardwaretreiber aus dem Windows-Bestand nutzen

Windows bringt bereits Treiber für Tausende von gängigen Hardwarekomponenten mit. Handelt es sich um eines dieser Geräte, wird es automatisch erkannt und der passende Treiber installiert. Aber auch wenn für ein Gerät kein Treiber vorliegt, müssen Sie nicht unbedingt selbst auf die Suche gehen. Microsoft stellt für die verschiedenen Windows-Versionen einen riesigen Onlinefundus an Hardwaretreibern zur Verfügung, der zudem ständig erweitert und aktualisiert wird. Mit etwas Glück ist hier der richtige Treiber dabei.

1. Wählen Sie hierzu beim Aktualisieren der Treiber die Variante *Automatisch nach Treibern suchen*.

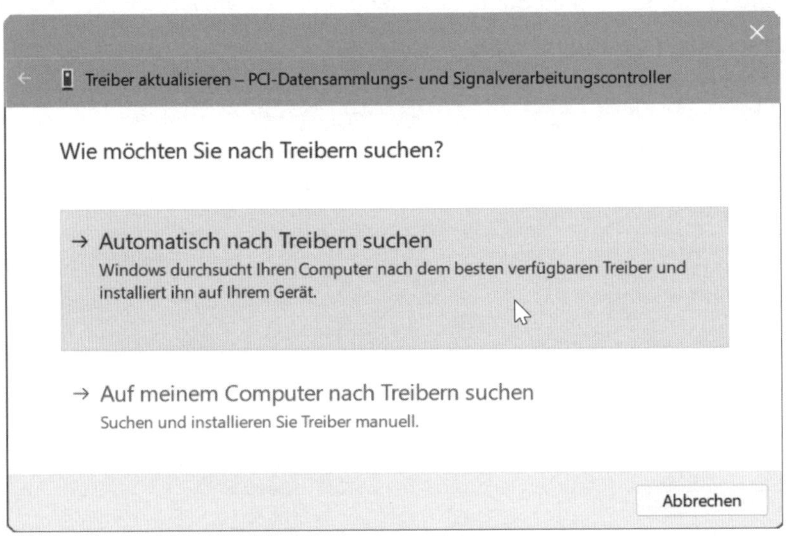

2. Der Assistent überprüft dann, ob für diese Hardware ein Treiber verfügbar ist. Wenn ja, wird er automatisch installiert. Anschließend können Sie das Gerät in der Regel sofort uneingeschränkt nutzen.

3. Sollte keine passenden Treiber vorliegen, kann der Assistent diese eventuell über Windows Update online herbeischaffen. Klicken Sie dazu unten auf *Aktualisierte Treiber auf Windows Update suchen*.

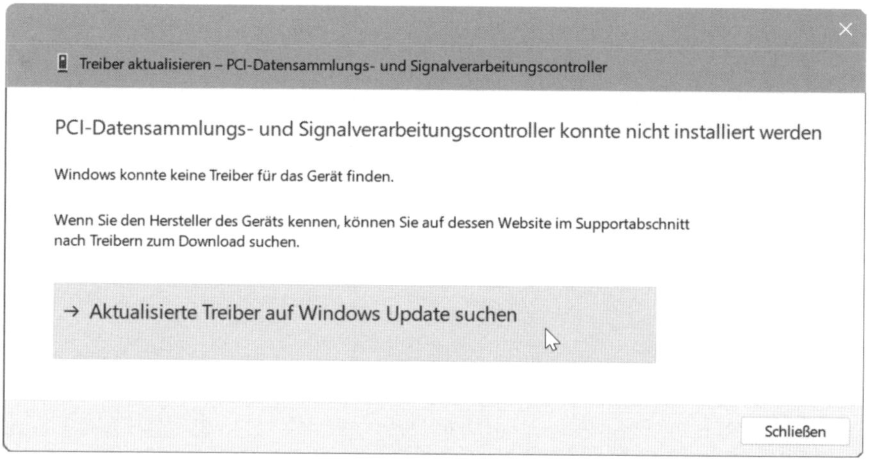

4. Das bringt Sie zu den Windows-Einstellungen für Updates. Allerdings wird eine Lösung hier eventuell nicht sofort vorliegen, sodass es sich lohnen kann, auch später noch mal reinzuschauen. Mehr dazu im nachfolgenden Abschnitt.

9.1.8 Aktuelle Treiber per Windows Update beschaffen

Die Infrastruktur von Windows Update kann auch für das Beschaffen von (aktuellen) Gerätetreibern verwendet werden. Dieses erfolgt allerdings nur in Ausnahmefällen automatisch, da Microsoft hier wohl auf die Devise setzt, ein gut laufendes System nicht unnötig zu verändern. So würde ich es jedenfalls halten und aktuelle Treiber nicht aus Prinzip einspielen, sondern nur, wenn es konkrete Probleme gibt oder ein Gerät nicht die erwartete Leistung erbringt.

1. Öffnen Sie in den Windows-Einstellungen den Bereich *Windows Update* und prüfen Sie zunächst, ob derzeit Aktualisierungen vorliegen, die installiert werden können.

2. Wenn Windows selbst auf dem neuesten Stand ist, klicken Sie unten auf *Erweiterte Option* und dann im Abschnitt *Weitere Optionen* auf *Optionale Updates*.

3. Sind hier *Treiberupdates* verfügbar, können Sie diesen Bereich ausklappen und eine Liste der vorhandenen Treiberaktualisierungen einsehen.

4. Versehen Sie hier die Treiber mit einem Häkchen, die Sie aktualisieren möchten. Es ist sicherlich verführerisch, einfach alle Häkchen zu setzen, aber ich würde es damit nicht übertreiben. Jedes Treiberupdate birgt auch das Risiko, etwas »kaputt zu reparieren«, das bislang gut funktioniert hat.

5. Haben Sie die zu aktualisierenden Treiber ausgewählt, klicken Sie unten auf *Herunterladen und installieren*. Windows beschafft dann die neuen Treiberversionen und spielt sie ein. Sollte das länger dauern, können Sie die Einstellungen ruhig schon schließen und weiterarbeiten.

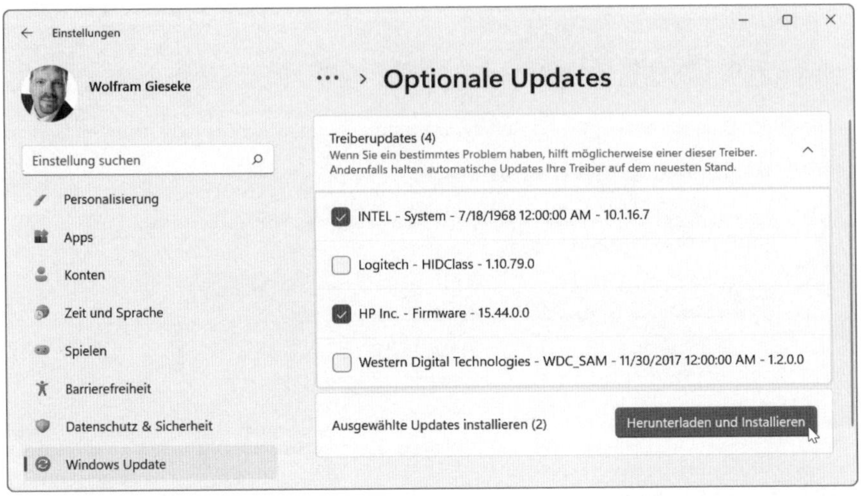

6. In Einzelfällen kann dafür ein Neustart des PCs erforderlich sein. Dann weist ein Symbol im Infobereich Sie darauf hin. Doppelklicken Sie darauf und klicken Sie in den so geöffneten Update-Einstellungen auf *Jetzt neu starten*.

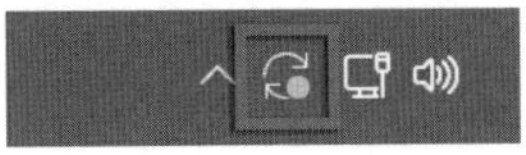

Treiber häppchenweise aktualisieren

Ein sinnvoller Kompromiss kann es sein, immer nur ein oder zwei vorliegende Treiberaktualisierungen auf einmal einzuspielen (falls es denn mehr sind). Danach den PC erst mal für ein paar Tage gründlich ausprobieren. Läuft alles rund, kann man die nächsten Aktualisierungen installieren usw. Der Vorteil dieser Vorgehensweise: Auftretende Probleme lassen sich auf bestimmte Treiber-Updates zurückführen und diese können ggf. gezielt rückgängig gemacht werden (siehe nachfolgenden Abschnitt).

Sollte Ihnen auch Windows Update nicht weiterhelfen können, müssen Sie für Treiber-Software auf andere Quellen wie z. B. die Website des Herstellers der fraglichen Hardware zurückgreifen. Auch eine Recherche in einschlägigen Onlineforen kann Tipps zutage fördern, die Hinweise geben, wo Treiber zu finden sind bzw. welche alternativen Treiber sich eventuell einsetzen lassen.

9.1.9 Automatische Treiber-Updates deaktivieren

Windows Update hält nicht nur Windows auf dem aktuellen Stand. Auch wenn für eine Hardwarekomponente ein neuer Treiber vorliegt, kann Windows Update diesen herunterladen und installieren. Dies gilt allerdings nur für Treiber, die Microsoft bereitstellt. An sich eine feine Sache, aber sie kann sich auch zum Bumerang entwickeln. Etwa wenn Sie für Ihre Grafikkarte extra einen perfekt optimierten Treiber des Herstellers manuell installiert haben und Windows diesen dann durch einen neueren generischen Grafiktreiber überschreibt. Oder wenn Sie aus Kompatibilitätsgründen bei einer bestimmten, gut funktionierenden Version eines Treibers bleiben möchten, weil die aktuellste Version etwa mit einer bestimmten Anwendung nicht mehr funktioniert.

In solchen Fällen können Sie Windows dazu bringen, auf das automatische Einspielen neuer Treiber zu verzichten. Dies lässt sich allerdings nicht nur für einen bestimmten Treiber einstellen, sondern man kann nur pauschal das automatische Aktualisieren von Hardware-Gerätetreibern deaktivieren.

1. Öffnen Sie hierzu zunächst die klassische Systemsteuerung Ihres PCs.
2. Tippen Sie oben rechts im Suchfeld das Wort `Gerät` ein. Groß- oder Kleinschreibung spielt dabei keine Rolle.
3. Nun sehen Sie im Fenster eine Liste der Treffer zu diesem Suchbegriff. Ganz oben sollte dabei der Eintrag *Geräteinstallationseinstellungen ändern* stehen.

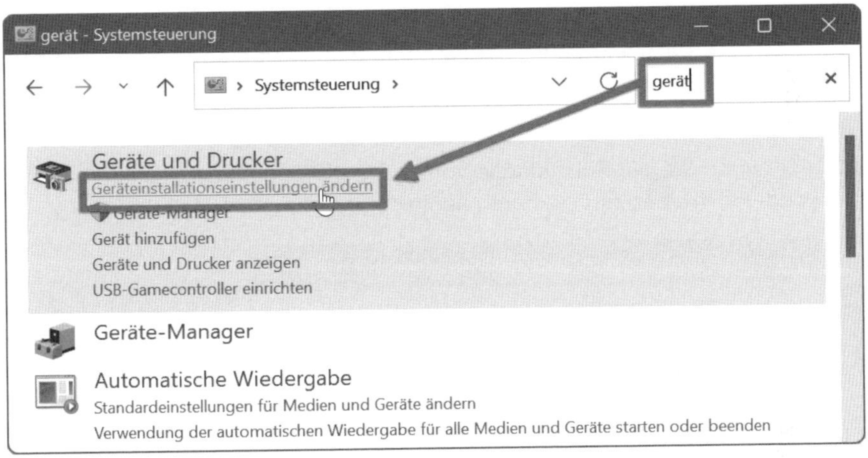

4. Klicken Sie mit der linken Maustaste auf diesen Eintrag.
5. Wählen Sie im so geöffneten Dialog die Option *Nein (Ihr Gerät funktioniert u. U. nicht wie erwartet)*.

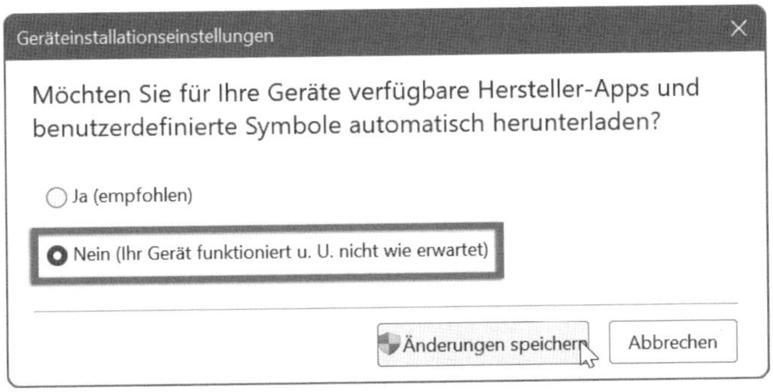

6. Klicken Sie schließlich unten auf *Änderungen speichern*.

Wichtig: Damit finden keinerlei automatische Treiber-Updates mehr statt. Sie müssen also ggf. von Zeit zu Zeit manuell aktuelle Treiber für Ihre sonstige Hardware einspielen. Andererseits ist dies bei den meisten Geräten ohnehin nur notwendig, wenn bestimmte Dinge nicht richtig funktionieren oder wenn die neue Treiberversion eine funktionelle Erweiterung mit sich bringt.

Updates des Windows-Betriebssystems sind davon selbstverständlich nicht betroffen. Windows wird auch mit dieser Einstellung weiterhin aktuell und sicher gehalten.

9.1.10 Missglückte Treiber-Updates rückgängig machen

Wenn Sie feststellen, dass die Installation eines Treibers nicht den gewünschten Erfolg gebracht oder womöglich zu neuen Problemen geführt hat, können Sie zum vorher verwendeten Treiber zurückkehren. Bei jeder Treiberinstallation legt Windows eine Sicherungskopie des vorherigen Treibers an, die jederzeit reaktiviert werden kann.

1. Öffnen Sie dazu wiederum wie vorangehend beschrieben die Eigenschaften des betroffenen Gerätes im Geräte-Manager und wechseln Sie dort auf die Registerkarte *Treiber*.
2. Hier finden Sie die Schaltfläche *Vorheriger Treiber*, mit der Sie zum vorher verwendeten Treiber zurückkehren können.

3. Der Geräte-Manager stellt daraufhin den alten Treiber wieder her.

9.2 Drucker einrichten und nutzen

Wer mit seinem PC produktiv arbeitet, wird oftmals auch einen Drucker verwenden, um zumindest gelegentlich die Ergebnisse der Arbeit auch zu Papier zu bringen. In der Werbung der Hersteller sieht das immer ganz einfach aus: Einfach den Drucker anschließen und einschalten und dann kann man direkt losdrucken. In der Praxis ist es nicht immer ganz so einfach, sodass man häufig etwas nachhelfen muss. Und wer mehr als nur gelegentlich druckt, der wird sich darüber freuen, dass Windows eine recht leistungsfähige Druckverwaltung mitbringt, die einige hilfreiche Funktionen bietet.

9.2.1 Drucker manuell installieren

Für das Anschließen eines Druckers an den PC steht heute eine Vielzahl von Optionen zur Auswahl. Neben USB- und Netzwerkanschluss sind auch Drahtlosverbindungen z. B. per Bluetooth möglich. Windows unterstützt alle diese Anschlussmöglichkeiten. Üblicherweise werden Drucker aber per USB-Kabel angeschlossen. Dabei sollte das Gerät automatisch erkannt und die erforderlichen Treiber und Hilfsprogramme eingerichtet werden. Falls das nicht klappt, können Sie von Hand nachhelfen.

1. Öffnen Sie den Bereich *Bluetooth & Geräte/Drucker & Scanner*.
2. Klicken Sie dort rechts oben auf die Schaltfläche *Gerät hinzufügen* und warten Sie ein paar Sekunden ab, während Windows versucht, das neue Gerät automatisch zu finden und einzubinden.

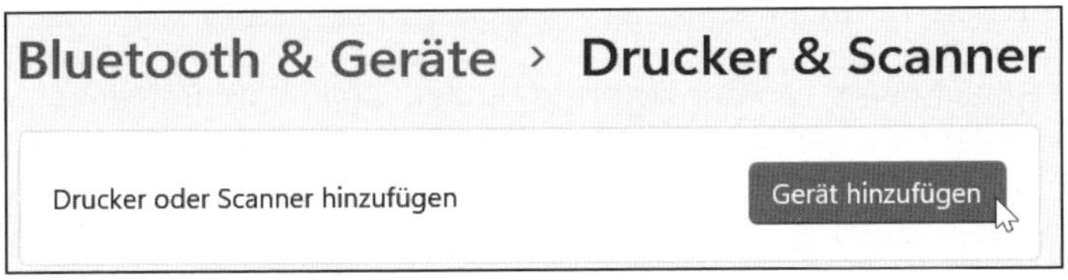

3. Bei per USB angeschlossenen Druckern dürfte der Assistent in der Regel fündig werden und die weitere Installation einleiten. In anderen Fällen klicken Sie rechts neben der Meldung *Der gewünschte Drucker ist nicht aufgelistet* auf *Manuell hinzufügen*. Damit starten Sie einen klassischen Assistenten außerhalb der Windows-Einstellungen.

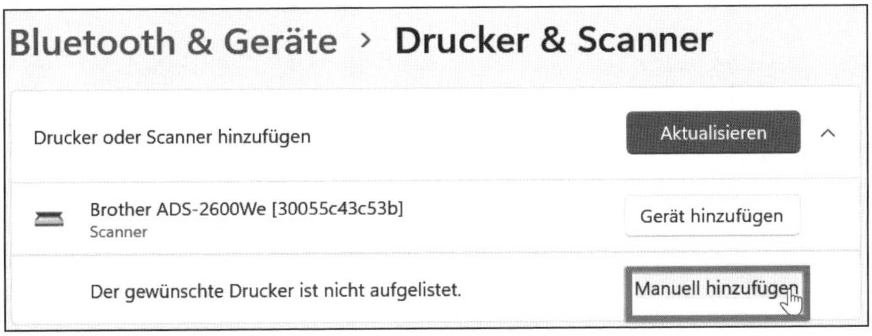

4. Wählen Sie darin die passende Option, um den gewünschten Drucker einzubinden. Mit *Mein Drucker ist etwa älter. Ich benötige Hilfe bei der Suche* erhalten Sie Unterstützung, wenn Sie unsicher sind, was Sie wählen sollen. Handelt es sich noch um einen älteren, lokal angeschlossenen Drucker, wählen Sie unten *Lokalen Drucker oder Netzwerkdrucker mit manuellen Einstellungen hinzufügen*. (Das Installieren eines Netzwerkdruckers ist auf Seite 503 ausführlich beschrieben.)

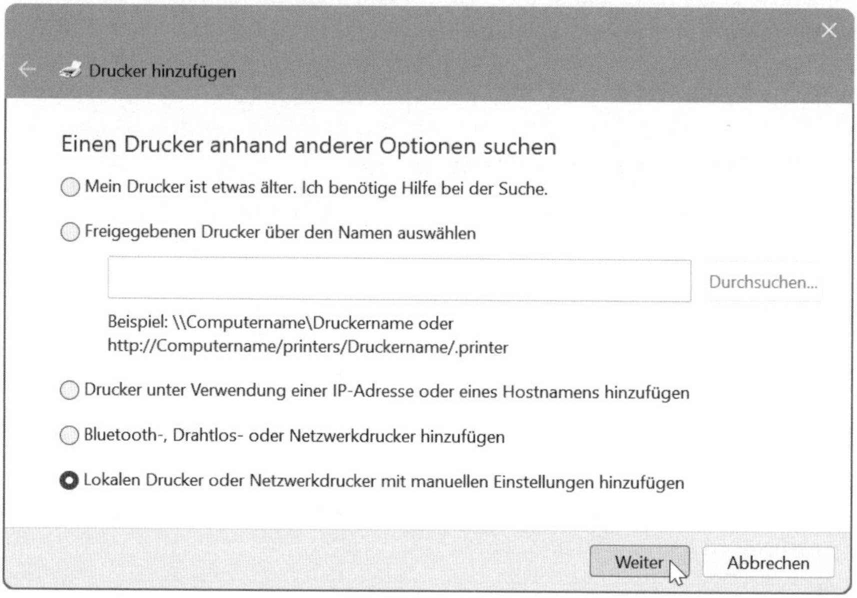

5. Der weitere Ablauf hängt von der zuvor gewählten Option ab. Bei einem lokal angeschlossenen Drucker wählen Sie etwa bei *Vorhandenen Anschluss verwenden* den Anschluss aus, über den der Drucker mit Ihrem PC verbunden ist. Sollten Sie beispielsweise noch ein altes Schätzchen am Parallelport betreiben, dürfte es sich dabei in der Regel um den Anschluss *LPT1* handeln.

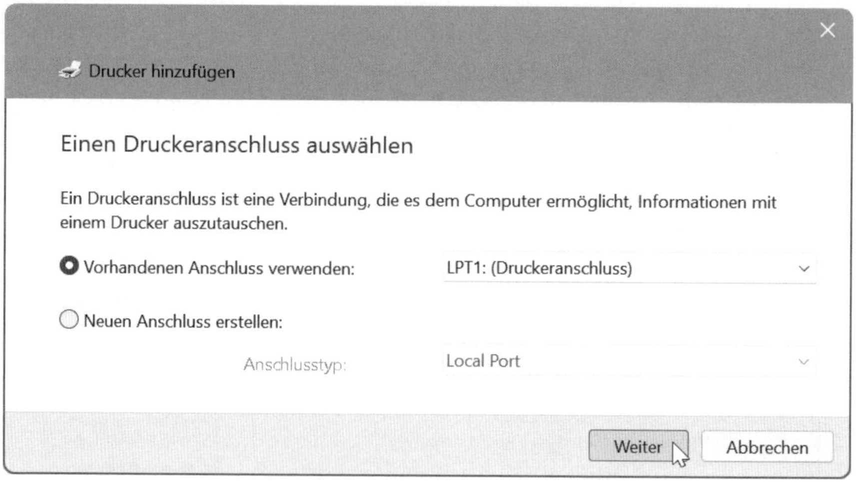

6. Im weiteren Verlauf gelangen Sie zur Modellauswahl. Markieren Sie hier zunächst in der linken Fensterhälfte den Hersteller des Druckers. Daraufhin wird rechts die Liste der Drucker dieses Herstellers angezeigt, für die Windows eigene Treiber anbieten kann.

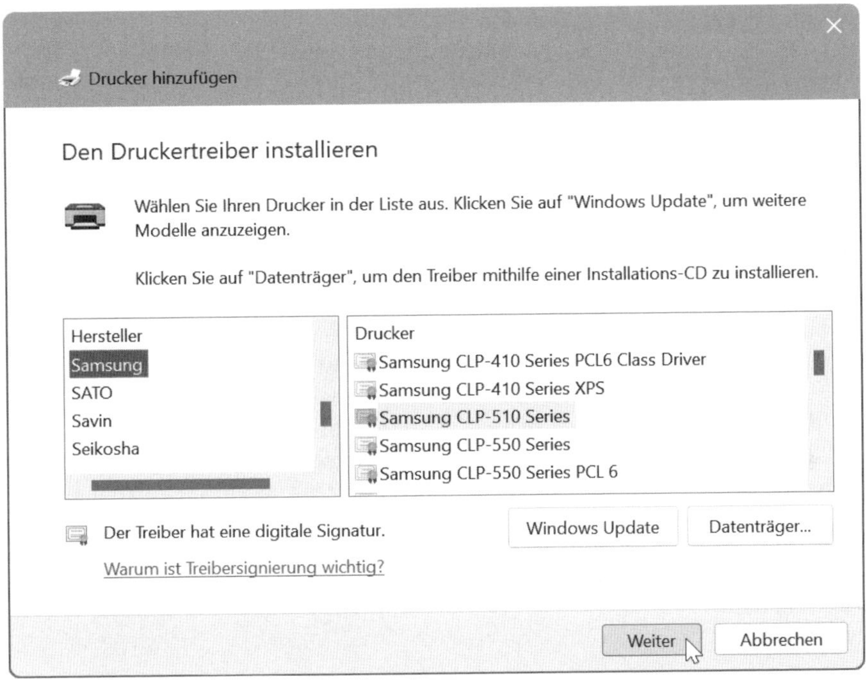

Modellspezifische Treiber per Windows Update

Von Haus aus bringt Windows nur für bestimmte Basismodelle passende Treiber mit. Wenn für Ihr Gerät oder auch dessen Hersteller keine Einträge in den Listen stehen, klicken Sie auf die Schaltfläche *Windows Update*. Dann holt sich Windows erst einmal online weitere Druckertreiber vom Microsoft-Server, was ein paar Minuten dauern kann. Anschließend dürften die Listen schon wesentlich umfangreicher sein. Vielleicht ist Ihr Gerät jetzt auch dabei. Wenn nicht, sollten Sie auf der Website des Druckerherstellers nachsehen, ob dieser einen aktuellen Windows-Treiber für das Gerät zur Verfügung stellt. Laden Sie diesen herunter und importieren Sie die Dateien mit einem Klick auf die Schaltfläche *Datenträger*.

7. Anschließend geben Sie einen Druckernamen für diesen Drucker an. Das ist eine beliebige Bezeichnung, mit der Sie den Drucker z. B. in Auswahldialogen erkennen und anwählen können. Sie ist vor allem wichtig, wenn Sie mehrere Drucker verwenden, zwischen denen Sie unterscheiden müssen.

   Verwenden Sie z. B. die genaue Gerätebezeichnung oder eine andere eindeutige Benennung (vielleicht *Laserdrucker* oder *Tintenstrahler*).

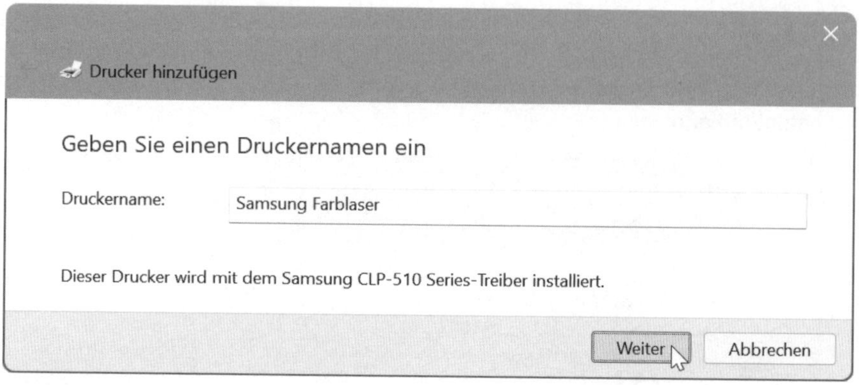

Was sind das für andere Drucker?

Wenn Sie einen Blick in die Übersicht der Drucker in den Windows-Einstellungen werfen, fällt Ihnen vielleicht auf, dass dort noch weitere Drucker aufgeführt werden, die Sie nicht eingerichtet haben. Dabei handelt es sich um virtuelle Drucker, die Windows schon ab Werk mitbringt. Mit *Microsoft Print to PDF* und *Microsoft XPS Document Writer* etwa können Sie aus beliebigen Anwendungen heraus Dokumente im PDF- bzw. XPS-Format erstellen. Auch Anwendungen können eigene virtuelle Druckertreiber einrichten. Wenn Sie beispielsweise OneNote installieren, richtet dieses einen virtuellen Drucker ein, über den Sie aus beliebigen anderen Anwendungen heraus über die Druckfunktion Inhalte in Ihre OneNote-Notizbücher übernehmen können.

8. Geben Sie dann noch an, ob Sie diesen Drucker für das Netzwerk freigeben wollen, sodass er auch von anderen PCs im lokalen Netz genutzt werden kann. Dies können Sie aber auch später noch nachholen (mehr dazu im nachfolgenden Abschnitt).

9. Abschließend können Sie eine Testseite drucken, um die Funktion des Druckers zu überprüfen. Beenden Sie den Assistenten danach mit *Fertig stellen*.

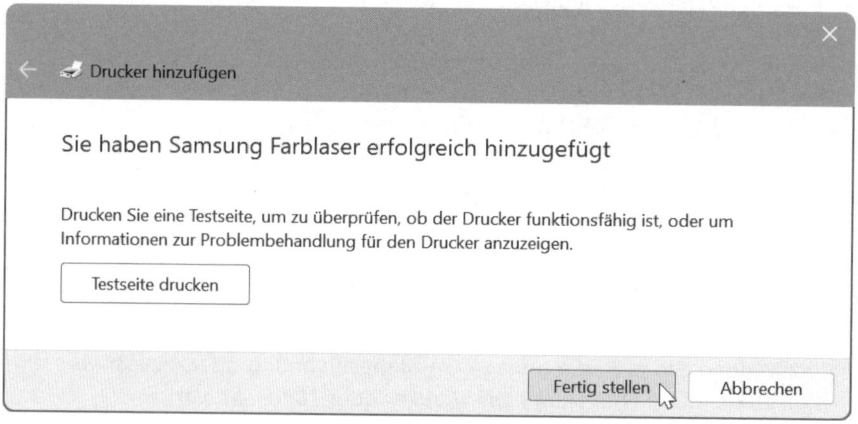

Den so installierten Drucker können Sie anschließend sofort nutzen. Sie finden ihn in den Windows-Einstellungen unter *Bluetooth & Geräte/Drucker & Scanner*. Auch in den *Drucken*-Dialogen von Anwendungen können Sie den Drucker als Ausgabegerät für Ihre Dokumente wählen.

9.2.2 Druckfreigaben an anderen PCs mitnutzen

Wenn an einem anderen PC im lokalen Netzwerk ein Drucker angeschlossen und für die Benutzung von anderen PCs aus freigegeben ist, können Sie diesen als freigegebenen Drucker bei Ihrem PC einrichten.

Sie können ihn dann genauso wie einen lokal angeschlossenen Drucker nutzen und als Ausgabegerät im *Drucken*-Dialog Ihrer Anwendungen auswählen.

1. Öffnen Sie in den Windows-Einstellungen den Bereich *Bluetooth & Geräte/Drucker & Scanner* und klicken Sie rechts oben auf *Gerät hinzufügen*.
2. Ein per Windows-Netzwerk freigegebener Drucker wird in der Regel automatisch aufgeführt. Sollte die Liste mehrere umfassen, wählen Sie den gewünschten aus. Klicken auf *Gerät hinzufügen*, um diesen Drucker auf Ihrem PC verfügbar zu machen.

Drucker und PCs müssen eingeschaltet sein

Der Assistent kann den Drucker nur dann finden, wenn er zu diesem Zeitpunkt eingeschaltet und erreichbar ist. Handelt es sich um ein Gerät, das als lokaler Drucker an einen PC angeschlossen ist und von diesem für das Netzwerk freigegeben wird, muss auch der PC eingeschaltet sein, damit die Druckerfreigabe gefunden und eingerichtet werden kann.

3. Sollte der Drucker nicht automatisch gefunden werden, klicken Sie bei *Der gewünschte Drucker ist nicht aufgelistet* rechts auf *Manuell hinzufügen*.

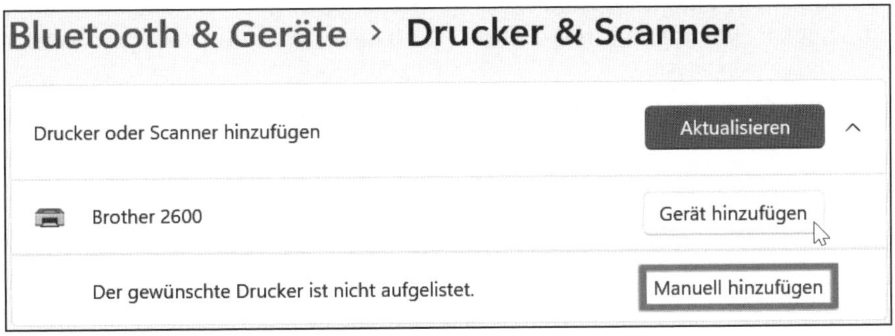

4. Im so gestarteten Assistenten wählen Sie die Option *Freigegebenen Drucker über den Namen auswählen*.

5. Geben Sie dann im Feld darunter die Netzwerkadresse ein oder öffnen Sie mit *Durchsuchen* einen Auswahldialog, in dem Sie den Drucker mithilfe des Datei-Explorers suchen und festlegen.

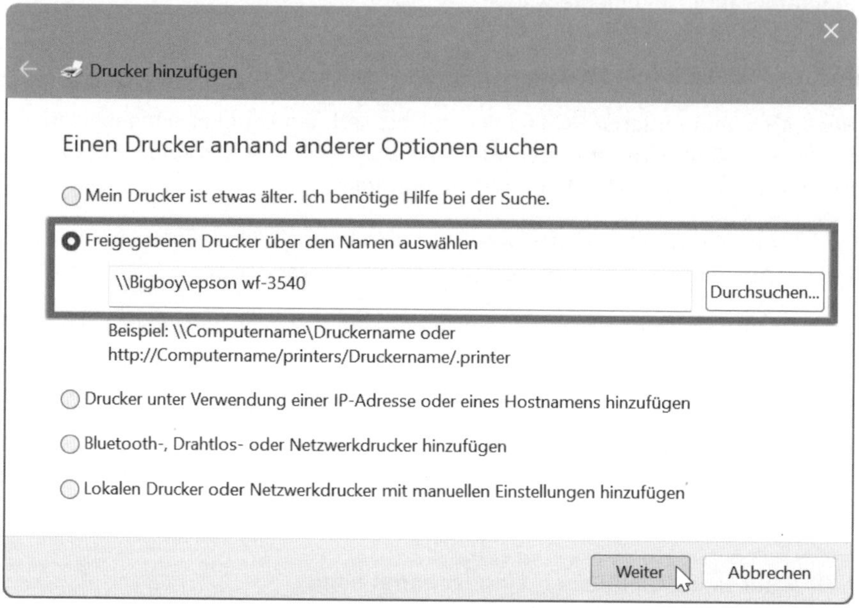

6. Wenn Sie dann rechts unten auf *Weiter* klicken, stellt der Assistent die Verbindung her und versucht, den benötigten Druckertreiber direkt vom Netzwerkdrucker zu beziehen. Sollte via Netzwerk kein passender Treiber angeboten werden, können Sie auch einen entsprechenden Treiber für dieses Druckermodell lokal auf Ihrem PC installieren.

Ist der Netzwerkdrucker einmal als lokaler Drucker eingebunden, können Sie ihn wie jeden direkt an Ihrem PC angeschlossenen Drucker in beliebigen Windows-Anwendungen auswählen und nutzen. Voraussetzung ist allerdings immer, dass der Drucker und ggf. der freigebende PC zu diesem Zeitpunkt eingeschaltet sind.

9.2.3 Den eigenen Drucker im Netzwerk freigeben

Drucker, die Sie an Ihrem PC lokal angeschlossen und installiert haben, können Sie im Netzwerk zur Mitnutzung freigeben. Dann können Sie und andere diesen Drucker auch von anderen Geräten aus nutzen, solange Ihr PC und der Drucker eingeschaltet sind.

1. Öffnen Sie in den Windows-Einstellungen den Bereich *Bluetooth & Geräte/Drucker & Scanner*.

2. Wählen Sie hier den Drucker aus, den Sie für andere Benutzer im Netzwerk freigeben möchten. Klicken Sie in dessen Druckeinstellungen auf *Druckereigenschaften*.

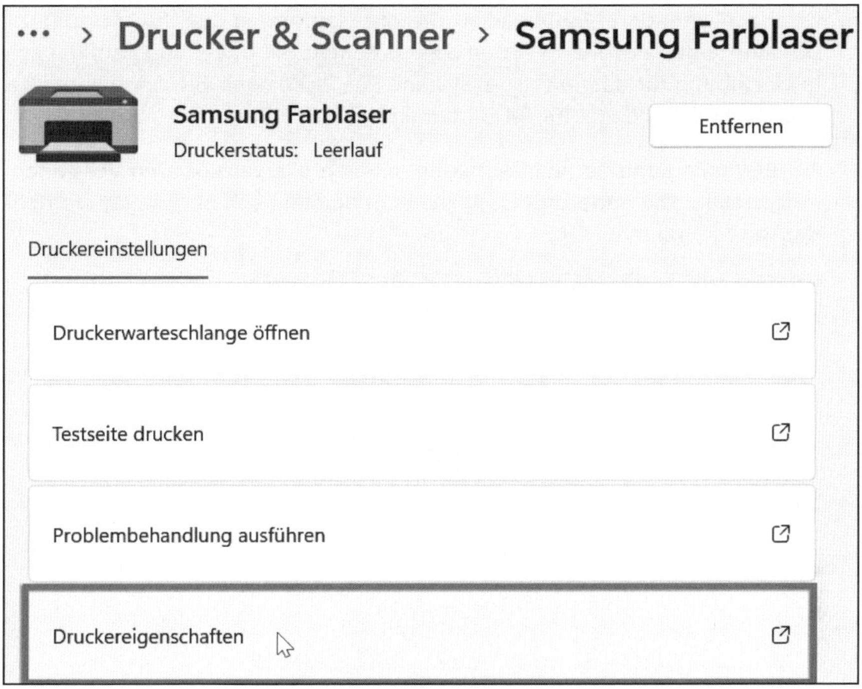

3. Wechseln Sie im so geöffneten Dialog in die Rubrik *Freigabe*.

4. Schalten Sie hier die Option *Drucker freigeben* ein. Im Eingabefeld darunter legen Sie den *Freigabename* fest. Dieser wird in der Netzwerkumgebung aller PCs in diesem Netz angezeigt und sollte möglichst so gewählt sein, dass alle Teilnehmer sofort wissen, um welchen Drucker es sich dabei handelt.

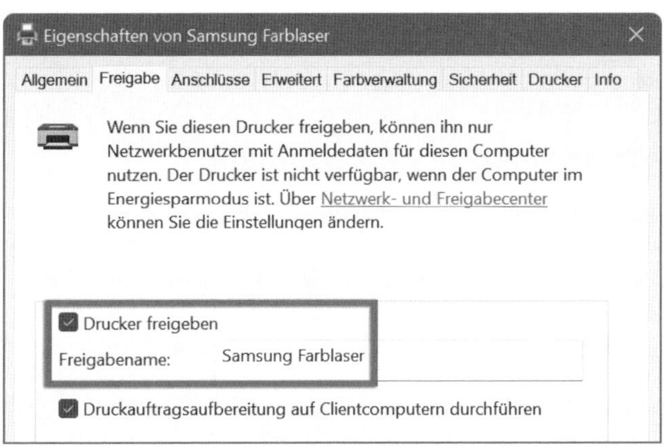

5. Wenn in Ihrem Netzwerk auch PCs mit anderen Hardware- oder Softwareplattformen arbeiten und auch diese den Drucker nutzen sollen, sollten Sie außerdem *Zusätzliche Treiber* für diese Betriebssysteme installieren. Klicken Sie dazu auf die entsprechende Schaltfläche.

6. Im anschließenden Menü wählen Sie die Plattformen aus, für die zusätzliche Druckertreiber installiert werden sollen. Achten Sie dabei auch auf die korrekte Umgebung für das jeweilige System. Für PCs liegen Sie normalerweise mit *x86* für 32 Bit und *x64* für 64 Bit richtig.

   Andererseits kann es nicht schaden, einfach alle verfügbaren Versionen bereitzustellen. Die anderen PCs holen sich automatisch nur die für sie richtige. Klicken Sie dann auf *OK*.

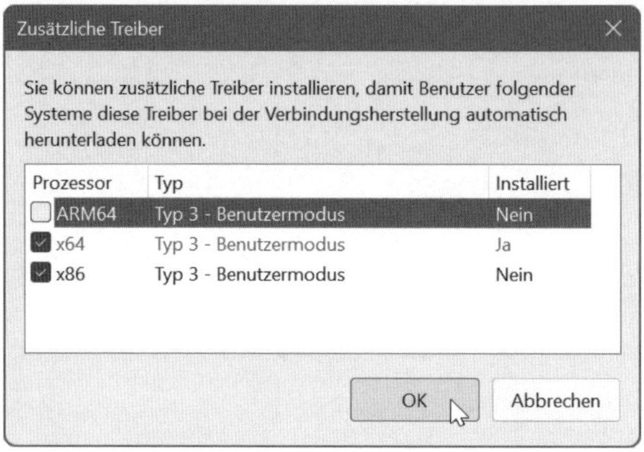

7. Anschließend geben Sie den Pfad für die entsprechenden Druckertreiber an.

8. Zurück in den Freigabeeigenschaften, vollenden Sie die Freigabe mit einem Klick auf die *OK*-Schaltfläche.

Damit ist die Freigabe Ihres Druckers für das Netzwerk abgeschlossen. Dieser Netzwerkdrucker wird künftig in den Netzwerkumgebungen und den Druckeroptionen aller PCs aufgeführt werden, die derselben Arbeitsgruppe angehören. Alle Benutzer eines solchen Rechners können bequem per Mausklick Dokumente von ihrem PC aus ausdrucken.

9.2.4 Mit einem Netzwerkdrucker verbinden

Ein echter Netzwerkdrucker verfügt über eine eigene LAN- oder WLAN-Funktion. Deshalb braucht er nicht direkt an einen PC angeschlossen zu sein, sondern ist direkt mit dem Netzwerk verbunden. Somit ist der Drucker nicht mehr davon abhängig, dass der PC auch eingeschaltet ist. Das spart Energie und erlaubt den Zugriff rund um die Uhr und von allen Geräten im Netzwerk aus.

Das Einrichten eines solchen Druckers unterscheidet sich allerdings ein wenig von der eines lokalen Druckers. Voraussetzung dafür ist, dass der Drucker selbst korrekt eingerichtet ist und Sie die wesentlichen Parameter wie z. B. die TCP/IP-Adresse bzw. den Hostnamen des Gerätes kennen.

1. Öffnen Sie in den Windows-Einstellungen den Bereich *Bluetooth & Geräte/Drucker & Scanner* und klicken Sie rechts oben auf *Gerät hinzufügen*.

2. Bei Netzwerkdruckern klappt das automatische Erkennen meist nicht zuverlässig. Klicken Sie deshalb auf *Manuell hinzufügen*, sowie diese Möglichkeit angeboten wird.

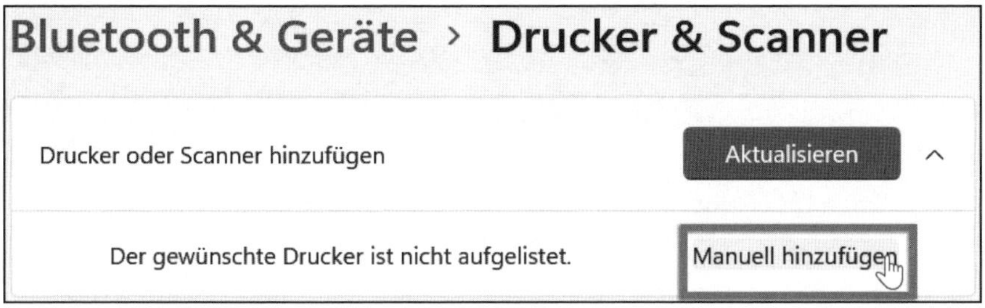

3. Wählen Sie im so geöffneten Assistenten die Option *Drucker unter Verwendung einer IP-Adresse oder eines Hostnamens hinzufügen* und klicken Sie unten auf *Weiter*.

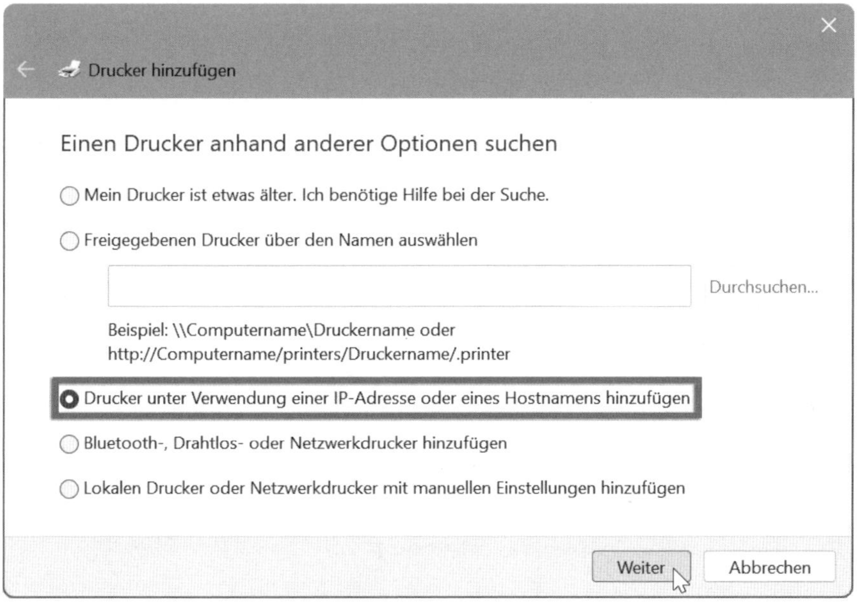

4. Wählen Sie im nächsten Schritt den *Gerätetyp* des Netzwerkdruckers aus. Ist bei Ihrem Drucker das Internet Printing Protocol eingerichtet, sollten Sie es mit der Variante *IPP-Gerät* versuchen. Ansonsten ist für die meisten Netzwerkdrucker *TCP/IP-Gerät* die beste Wahl.

5. Geben Sie darunter im Feld *Hostname oder IP-Adresse* den Netzwerknamen oder die IP-Nummer des Druckers an. Wenn Sie eine IP-Nummer verwenden, sollten Sie sicherstellen, dass der Drucker im Netzwerk stets dieselbe IP-Nummer zugewiesen bekommt.

6. Der *Anschlussname* bei TCI/IP-Druckern wird automatisch abgeleitet, Sie können ihn aber auch durch eine andere Bezeichnung ersetzen. Schalten Sie die Option *Den Drucker abfragen und den zu verwendenden Treiber automatisch auswählen* ein, um die weitere Installation möglichst automatisiert zu vollenden.

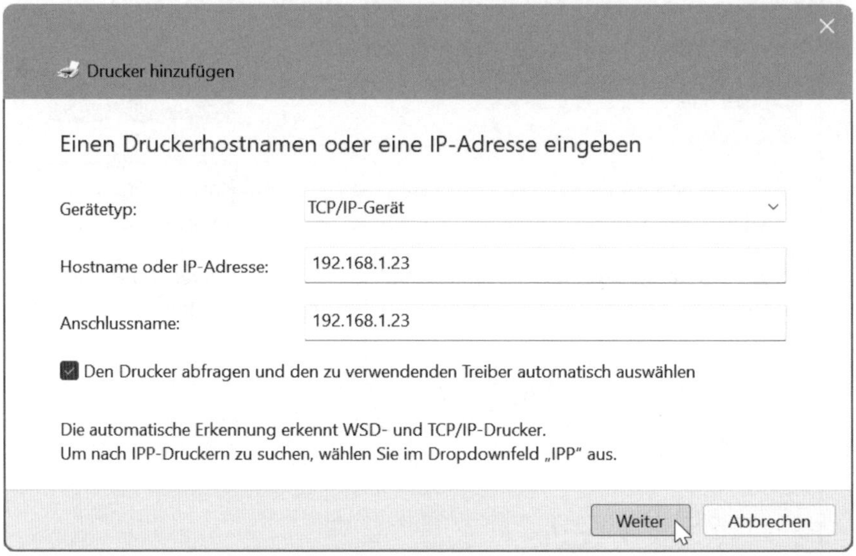

7. Sollte die Verbindung zum Drucker mit diesen Angaben noch nicht aufgenommen werden können, müssen Sie ggf. bei *Gerätetyp* den Hersteller des Druckers auswählen.

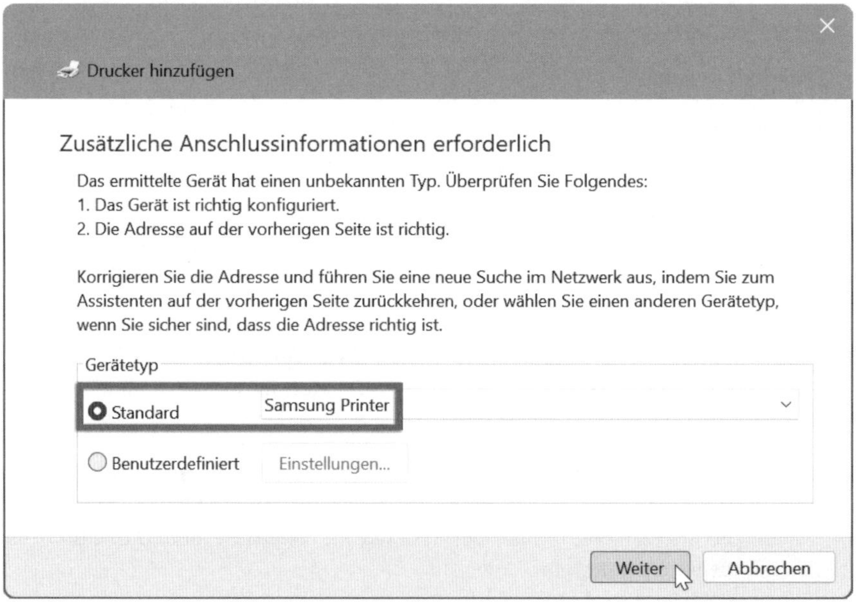

8. Der Assistent versucht, den benötigten Druckertreiber direkt vom Netzwerkdrucker zu beziehen. Sollte via Netzwerk kein passender Treiber angeboten werden, können Sie auch einen entsprechenden Treiber für dieses Druckermodell lokal auf Ihrem PC installieren. Wählen Sie dazu genau wie beim Einrichten eines lokalen Druckers Hersteller und Modell aus. Oder aber klicken Sie auf *Datenträger*, um den Treiber z. B. von einer CD/DVD zu installieren.

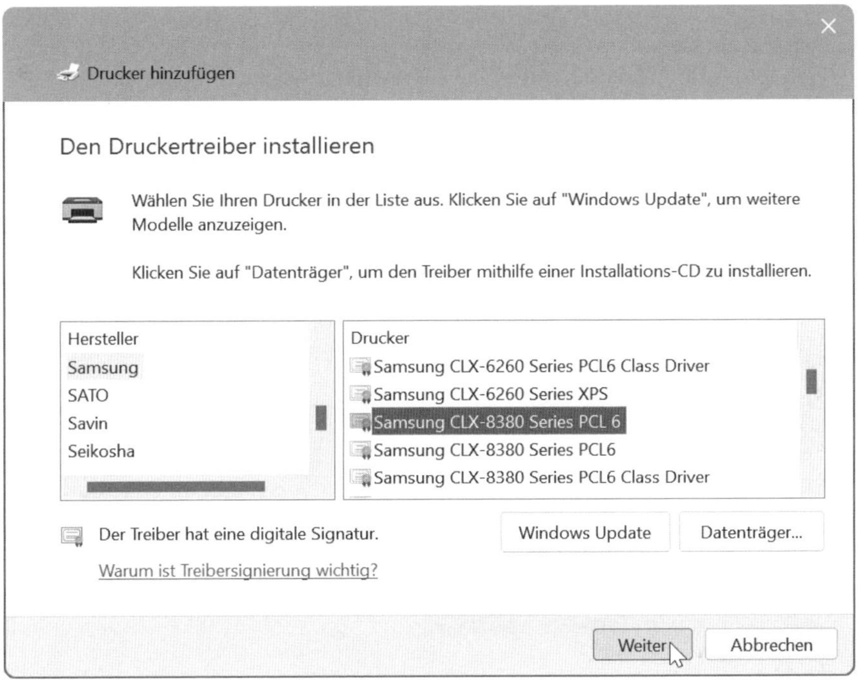

9. Legen Sie schließlich, wie bei einem lokalen Drucker, auch den Druckernamen fest und wählen Sie bei der Druckerfreigabe *Drucker nicht freigeben*. Schließlich können Sie auch hier den Drucker als Standarddrucker für Ihren PC festlegen sowie eine Testseite drucken.

Ist der Netzwerkdrucker einmal als lokaler Drucker eingebunden, können Sie ihn wie jeden direkt an Ihrem PC angeschlossenen Drucker in beliebigen Windows-Anwendungen auswählen und nutzen. Voraussetzung ist allerdings immer, dass der Drucker und ggf. der freigebende PC zu diesem Zeitpunkt eingeschaltet sind.

9.2.5 Druckaufträge mit der Druckerwarteschlange kontrollieren

Zum Ausdrucken von Dokumenten verwendet Windows eine Warteschlange. Dort reihen die Anwendungsprogramme ihre Druckaufträge ein, und der Drucker holt sie sich nach Verfügbarkeit ab. Solange Sie nur wenige kurze Dokumente drucken, kommt dieser Mechanismus kaum zur Geltung und die Daten wandern ohne spürbare Verzögerung direkt zum Drucker.

Wollen Sie jedoch längere Dokumente zu Papier bringen oder wenn es beim Drucken Probleme geben sollte, kann die Warteschlange sehr hilfreich sein.

1. Die Druckerwarteschlange wird automatisch im Hintergrund aktiv, sobald Sie ein Dokument drucken lassen. In der Regel bemerken Sie davon höchstens das kleine Symbol im Infobereich der Startleiste.

2. Um die Warteschlange zu öffnen, doppelklicken Sie auf das Symbol im Infobereich. Alternativ können Sie die Warteschlange auch öffnen, indem Sie über die Systemsteuerung *Geräte und Drucker* öffnen, den Drucker auswählen und in der Symbolleiste dann auf *Druckaufträge anzeigen* klicken.

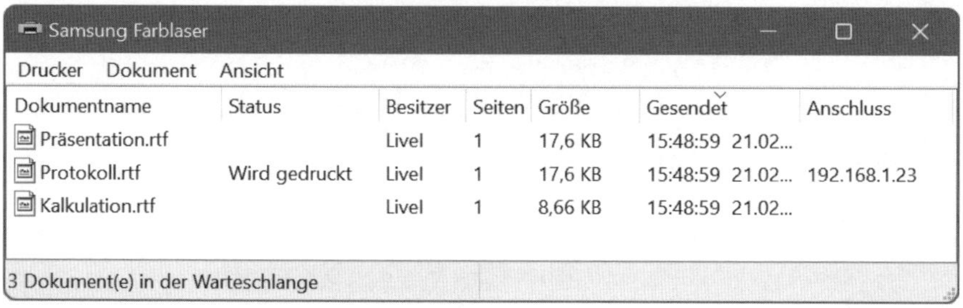

3. Die Warteschlange besteht aus einer Liste der vorhandenen Druckaufträge. Zu jedem Auftrag bekommen Sie die wichtigsten Informationen wie Dokumentname, Status, Besitzer (Urheber des Druckauftrags), Größe etc.

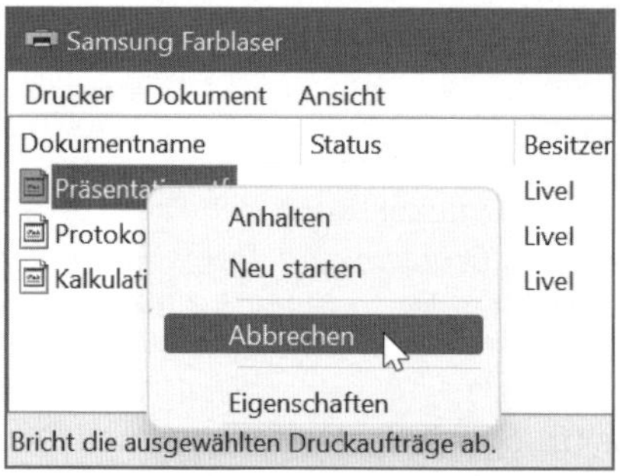

4. Um die Einstellungen für eines der Dokumente zu verändern, klicken Sie am besten mit der rechten Maustaste darauf. Im kontextabhängigen Menü finden Sie dann die wichtigsten Funktionen vor. Hier können Sie den Druckauftrag anhalten, abbrechen oder neu starten. Mit *Eigenschaften* können Sie außerdem die grundlegenden Eigenschaften für den Ausdruck überprüfen.

5. Im Menü *Drucker* finden Sie außerdem noch einige allgemeine Funktionen zur Steuerung des Druckers. So können Sie hier im Notfall den Drucker anhalten oder auch alle Druckaufträge abbrechen.

Fehlermeldung per Benachrichtigung

Sollte es beim Drucken zu Problemen kommen, zeigt Windows dies sofort als Benachrichtigung an. Ein Klick bzw. Tipp darauf bringt Sie direkt zur Warteschlange des betreffenden Druckers. Wie alle Benachrichtigungen wird diese allerdings nur kurze Zeit auf dem Bildschirm angezeigt. Sollten Sie diesen Zeitraum verpasst haben, bleibt Ihnen immer noch das Symbol im Infobereich des Desktops.

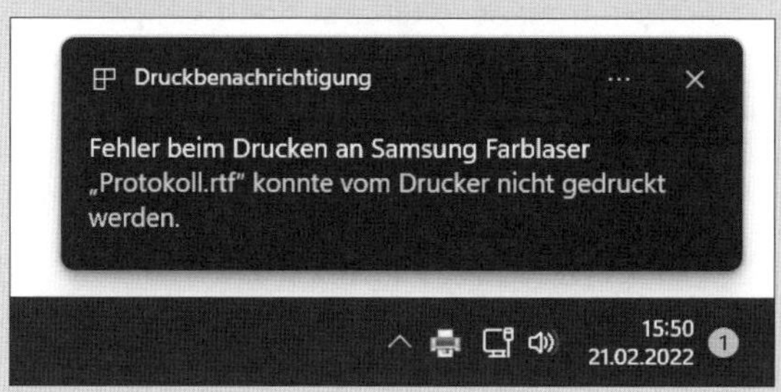

9.2.6 Druckerwarteschlange wird nicht angezeigt

Standardmäßig wird das Symbol der Druckerwarteschlange sowie ggf. Hinweise zum Druck automatisch im Infobereich der Taskleiste angezeigt, wenn es zu Druckeraktivitäten kommt. Sollte das nicht der Fall sein, prüfen Sie die Einstellungen für die Druckerwarteschlange, die sich allerdings gut versteckt haben.

1. Öffnen Sie in den Windows-Einstellungen den Bereich *Bluetooth & Geräte/Drucker & Scanner*.
2. Klicken Sie dort ganz unten im Abschnitt *Verwandte Einstellungen* auf *Druckerservereigenschaften*.
3. Im so geöffneten Dialog wechseln Sie in die Rubrik *Erweitert*.
4. Schalten Sie hier ggf. die Optionen *Informative Benachrichtigung für lokale Drucker anzeigen* sowie *Informative Benachrichtigung für Netzwerkdrucker anzeigen* ein, damit bei Druckaktivitäten automatisch Hinweise sowie das Symbol der Druckerwarteschlange angezeigt werden.

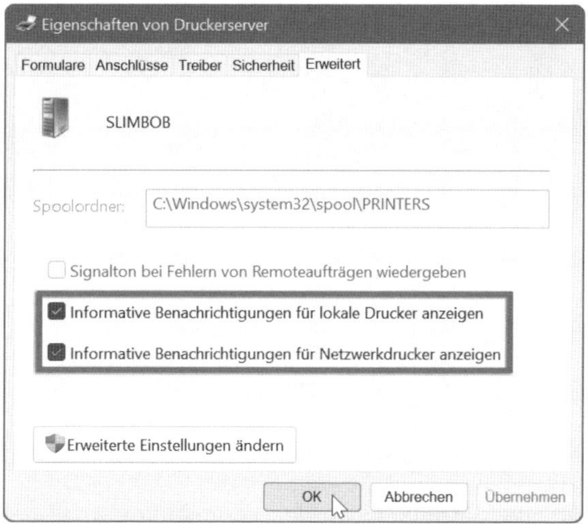

Selbstverständlich können Sie diese Optionen auch umgekehrt nutzen, wenn beim Drucken alles rund läuft und Sie auf ständige Hinweise und Symbole verzichten können.

9.2.7 Dokumente mit verschiedener Dringlichkeit ausdrucken

Bei einem hohen Druckaufkommen, z. B. wenn sich mehrere Benutzer über ein Netzwerk einen Drucker teilen, kann es immer wieder zu der Situation kommen, dass man auf wichtige Dokumente warten muss, weil erst noch einige weniger wichtige Dinge gedruckt werden, die zuvor abgeschickt wurden. Standardmäßig gilt nämlich das Prinzip: Wer zuerst kommt, mahlt zuerst. Mithilfe der Druckerwarteschlange können Sie Dokumenten beim Ausdruck eine Priorität zuordnen, sodass wichtigere Dinge zuerst gedruckt werden und die weniger wichtigen erst dann, wenn Zeit dafür ist.

1. Öffnen Sie die Warteschlange für den fraglichen Drucker und doppelklicken Sie dort auf Ihren Druckauftrag, um dessen Eigenschaften zu öffnen.

2. Hier finden Sie auf der Registerkarte *Allgemein* etwas unterhalb der Mitte den Bereich *Priorität*. Er besteht aus einem Schieberegler, mit dem Sie die gewünschte Dringlichkeit einstellen können.

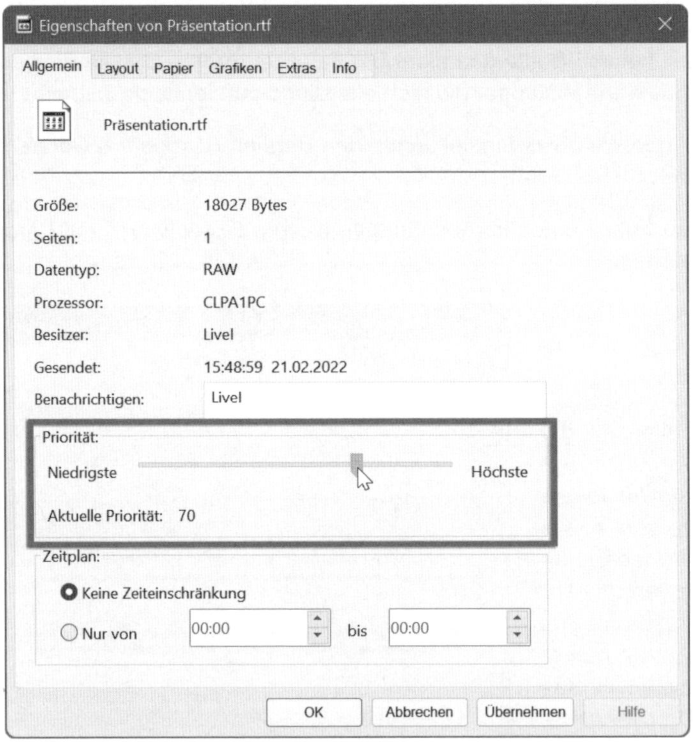

3. Standardmäßig werden Druckaufträge mit der Priorität 1 versehen. Wenn Sie Ihrem Dokument eine Priorität von 2 oder mehr verleihen, wird es allen anderen Aufträgen mit normaler Priorität vorgezogen. Dies gilt allerdings erst, wenn der gerade laufende Druckauftrag beendet ist.

9.2.8 Wichtige Dokumente stets mit hoher Priorität ausdrucken

Leider bietet Windows nicht die Möglichkeit, jeweils beim Erteilen eines Druckauftrags einfach die gewünschte Priorität festzulegen. Es gibt allerdings einen Trick, mit dem Sie genau diese Wirkung erzielen können.

1. Richten Sie den gleichen Drucker erneut ein. Durchlaufen Sie dazu die gesamte Installationsprozedur erneut, nur geben Sie dem Drucker diesmal einen anderen Namen (z. B. *Laserdrucker – Hohe Priorität*).
2. Klicken Sie dann mit der rechten Maustaste auf das Symbol des neuen Druckers und wählen Sie im kontextabhängigen Menü den Eintrag *Druckereigenschaften* (nicht *Einstellungen*!).
3. Wechseln Sie dann in die Rubrik *Erweitert* und erhöhen Sie hier den Wert von *Priorität*. Wählen Sie einen Wert, der über dem Wert des bisherigen Druckertreibers liegt (also mindestens 2), und übernehmen Sie die neue Eigenschaft mit *OK*.

4. Wenn Sie nun beim Ausdrucken diesen Treiber auswählen, werden die Dokumente beim Drucken denen vorgezogen, die Sie mit dem anderen Druckertreiber mit niedrigerer Priorität ausdrucken.

Da sich die Priorität in Schritten zwischen 1 und 99 festlegen lässt, können Sie auf diese Weise mehrere virtuelle Druckertreiber für ein und denselben physischen Drucker festlegen, die jeweils einer anderen Priorität entsprechen.

9.2.9 Dokumente später ausdrucken

Die Druckerwarteschlange gibt Ihnen auch die Möglichkeit, ein umfangreiches Dokument später auszudrucken, wenn der Drucker nicht mehr anderweitig gebraucht wird und das lange Drucken niemanden stört.

Dazu müssen Sie nicht einmal selbst vor Ort sein, wenn der Druck beginnen soll. Legen Sie einfach schon vorher fest, wann Windows das Dokument drucken soll.

1. Öffnen Sie die Druckerwarteschlange für diesen Drucker z. B. über *Geräte und Drucker*.
2. Unterbrechen Sie das Drucken mit diesem Gerät vorübergehend, indem Sie die Menüfunktion *Drucker/Drucker anhalten* wählen.
3. Wechseln Sie nun zu der Anwendung und führen Sie den Druckauftrag regulär aus.
4. Anschließend gehen Sie zurück in die Druckerwarteschlange, in der Sie nun Ihren Druckauftrag vorfinden und darauf doppelklicken, um seine Eigenschaften zu öffnen.
5. Schalten Sie hier ganz unten im Bereich *Zeitplan* die Option *Nur von* ein und geben Sie den Zeitraum an, in dem das Dokument ausgedruckt werden soll.

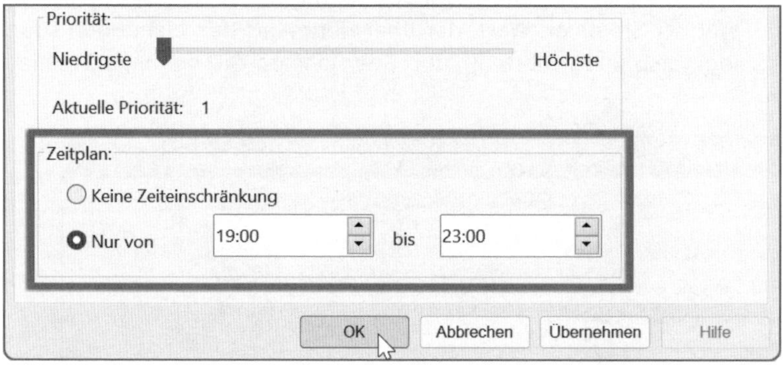

6. Übernehmen Sie die geänderten Einstellungen und reaktivieren Sie den Drucker wieder, indem Sie erneut *Drucker/Drucker anhalten* wählen und damit das Häkchen an dieser Stelle wieder entfernen. Nun müssen Sie nur noch dafür sorgen, dass sowohl PC als auch Drucker zum vorgesehenen Zeitpunkt eingeschaltet sind.

9.2.10 Den Zugriff auf einen Netzwerkdrucker begrenzen

Netzwerkdrucker stehen grundsätzlich allen Benutzern offen, die Zugang zum Netzwerk haben. Allerdings kann es sinnvoll sein, den Zugriff zu beschränken. So kann etwa ein höherwertiger Farblaserdrucker nur bestimmten Benutzern zur Verfügung stehen, während das Schwarz-Weiß-Arbeitstier ruhig von allen genutzt werden darf. Zu diesem Zweck können Sie über die Benutzerverwaltung bestimmen, welche Benutzer welchen Drucker verwenden dürfen.

1. Öffnen Sie in den Windows-Einstellungen den Bereich *Bluetooth & Geräte/Drucker & Scanner* und klicken Sie dort auf den Drucker, dessen Zugangsberechtigung Sie bestimmen möchten.
2. Öffnen Sie im anschließenden Menü die *Druckereigenschaften*.

3. Wechseln Sie in den Eigenschaften in die Rubrik *Sicherheit*. Hier finden Sie oben im Bereich *Gruppen- oder Benutzernamen* die Liste der Benutzer, die bislang Zugriff auf diesen Drucker haben.

4. Hier sollten Sie zunächst die Gruppe *Jeder* herausnehmen, indem Sie diese markieren und auf die Schaltfläche *Entfernen* klicken. Sie ist dafür verantwortlich, dass alle Benutzer den Drucker verwenden dürfen.

5. Mit *Hinzufügen* können Sie nun ggf. weitere Benutzer oder Benutzergruppen festlegen, denen der Zugriff auf den Drucker erlaubt sein soll. Tippen Sie dazu im Dialog den Namen eines Benutzers oder einer Gruppe ein und vervollständigen Sie ihn mit einem Klick auf *Namen überprüfen*. Klicken Sie dann auf *OK*.

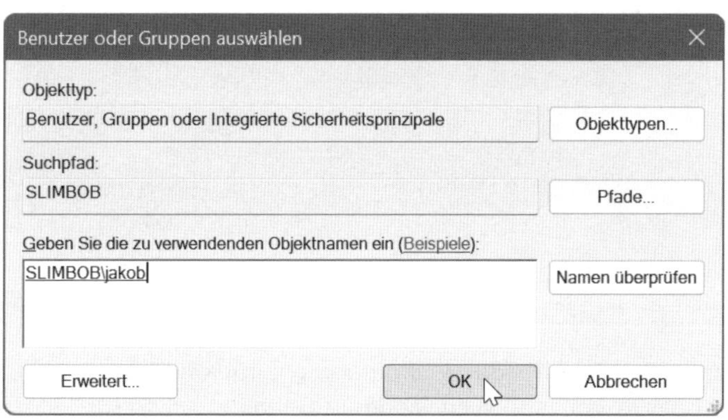

Da Sie diese Einstellungen für jeden Drucker individuell vornehmen können, lässt sich so sehr flexibel festlegen, wer welchen Drucker nutzen darf und wer nicht. Noch ein Hinweis: Bei einer größeren Zahl von Nutzern ist es etwas mühselig, diese Einstellungen jeweils von Hand vorzunehmen. Hier wäre es sinnvoller, mit Benutzergruppen zu arbeiten. Erstellen Sie eine Gruppe mit allen Benutzern, die einen Drucker verwenden dürfen, und fügen Sie dann – wie hier beschrieben – diese Gruppe den Berechtigten hinzu. Tipps zu Benutzern und Gruppen finden Sie ab Seite 412.

9.2.11 Druckaufträge manuell entfernen

Sollte der Zugriff auf die Druckerwarteschlange nicht möglich sein oder nicht zuverlässig funktionieren, lassen sich Druckaufträge auch manuell löschen. Dazu muss man den Druckdienst zunächst anhalten. Dann ist es möglich, die zu druckenden Dateien aus dem Ordner der Druckerwarteschlange zu entfernen.

1. Öffnen Sie eine Eingabeaufforderung mit Administratorrechten.
2. Tippen Sie hier den Befehl `net stop spooler` ein, um den Druckdienst vorübergehend anzuhalten.
3. Öffnen Sie nun im Datei-Explorer den Ordner der Druckerwarteschlange. Standardmäßig ist dies *C:\Windows\system32\spool\PRINTERS*. Sollte dieser Pfad nicht vorhanden sein, können Sie die Position des Ordners in den erweiterten Eigenschaften des Druckerservers ablesen (siehe Seite 511).
4. Löschen Sie alle hier vorhandenen Dateien, um die Druckerwarteschlange vollständig zu leeren. Sollten Sie nur einen von mehreren vorhandenen Aufträgen löschen wollen, können Sie sich am besten in den Dateieigenschaften an Angaben wie Besitzer oder Erstelldatum orientieren. Beachten Sie, dass zu einem Druckauftrag jeweils eine SHD-Datei mit Steuerdaten sowie eine SPL-Datei mit den eigentlichen Druckdaten gehören.

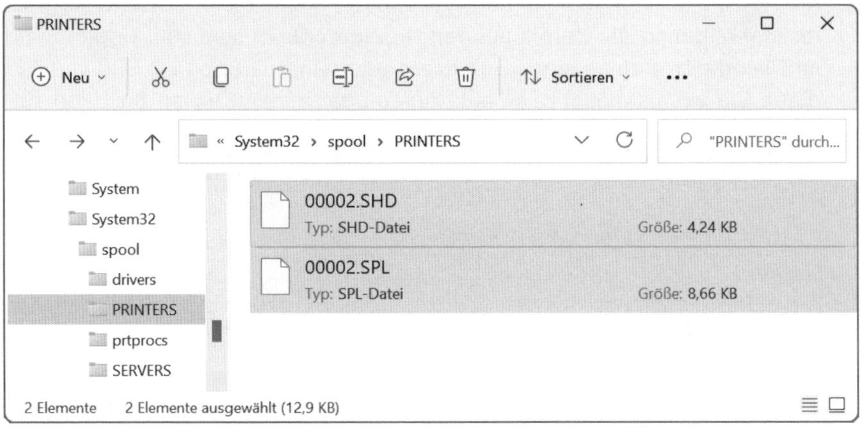

5. Kehren Sie anschließend zur Eingabeaufforderung zurück und setzen Sie den Druckdienst mit `net start spooler` wieder in Gang.

9.3 Geräte per Bluetooth mit dem PC verbinden

Drahtlose Verbindungen per Bluetooth werden von immer mehr Geräten verwendet. Dies gilt nicht nur für Smartphones und Tablets, die so mit einem PC synchronisiert werden können, auch Headsets, Tastaturen oder GPS-Empfänger verwenden den Kurzstreckendrahtlosfunk inzwischen praktisch als Standard. Dies klappt in der Regel auch reibungslos, wenn die Verbindung einmal richtig eingerichtet wurde.

1. Um die Verbindung zu einem Bluetooth-Gerät herzustellen, benutzen Sie das *Bluetooth*-Symbol im Infobereich der Taskleiste. Mit einem Doppelklick öffnet es den Bereich *Bluetooth & Geräte/Geräte* der Windows-Einstellungen. Hier sind ggf. auch Geräte aufgeführt, die per Bluetooth mit Ihrem PC verbunden sind.

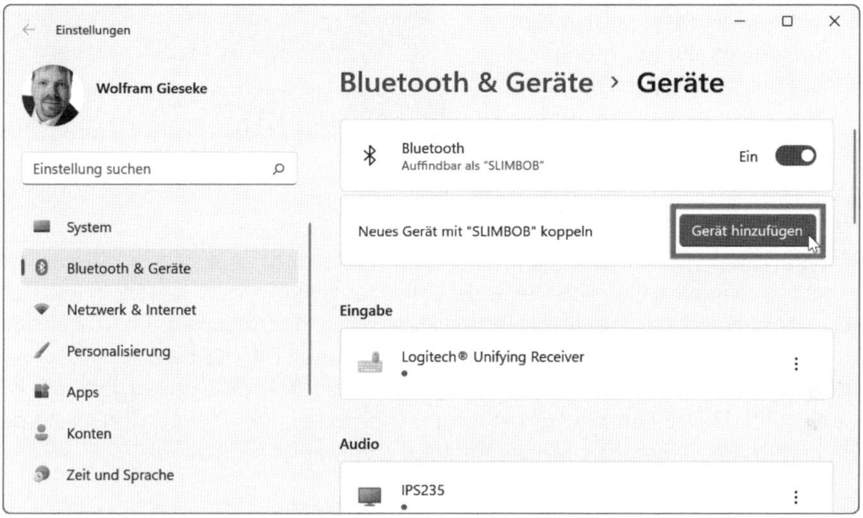

Kein Bluetooth-Symbol trotz vorhandener Hardware?

Ihr PC verfügt über Bluetooth-Hardware, die laut Geräte-Manager korrekt installiert ist, aber es findet sich kein *Bluetooth*-Symbol im Infobereich? Eventuell ist es einfach nur ausgeblendet, weil es lange Zeit nicht mehr (oder überhaupt noch nie) genutzt wurde. Klicken Sie auf das kleine Pfeilsymbol ganz links im Infobereich. Das damit geöffnete Zusatzfeld enthält die ausgeblendeten Symbole. Hier sollte sich das typische Bluetooth-Logo befinden. Wenn es auch hier nicht zu finden sein sollte, überprüfen Sie in den Schnelleinstellungen (siehe Seite 85), ob Bluetooth aktiviert ist. Mobilgeräte haben teilweise zusätzliche Möglichkeiten, die Bluetooth-Hardware nach Bedarf ein- und auszuschalten.

2. Um eine Verbindung zu einem anderen Gerät per Bluetooth herzustellen, klicken Sie auf *Gerät hinzufügen*. Wählen Sie im anschließenden Dialog die Option *Bluetooth* aus.

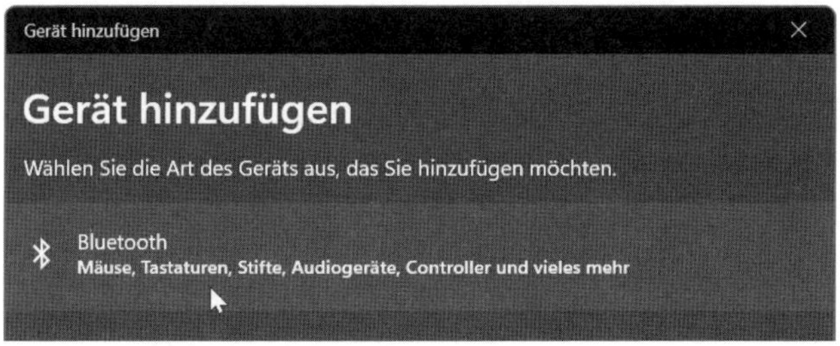

3. Windows beginnt nun automatisch, nach neuen Bluetooth-Geräten in Reichweite zu suchen.

4. Sie brauchen nun nur das andere Gerät ebenfalls kopplungsbereit zu machen und kurz zu warten. Wird Windows fündig, meldet es ein kopplungsbereites Gerät. Wählen Sie den Eintrag des Gerätes aus, um es zu verbinden.

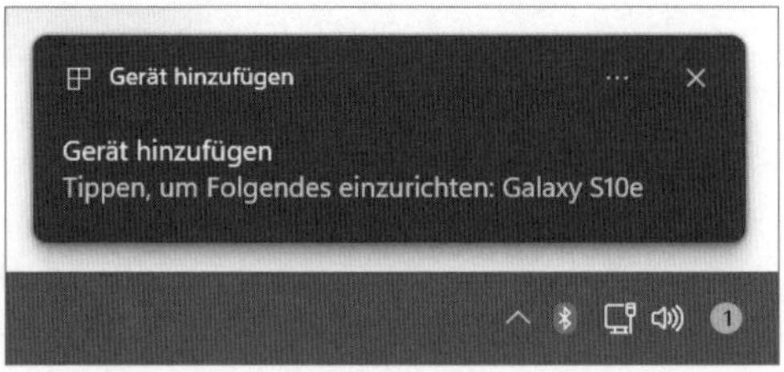

Bluetooth-Geräte müssen sichtbar sein

Um ein Gerät via Bluetooth mit dem PC zu verbinden, muss dessen *Bluetooth*-Funktion eingeschaltet und der Bluetooth-Modus auf sichtbar geschaltet sein. Bei speziellen Bluetooth-Geräten wie Headsets oder Tastaturen ist das in der Regel standardmäßig der Fall. Anders sieht es bei Tablets bzw. Smartphones aus. Hier muss der Bluetooth-Betrieb meist ausdrücklich aktiviert werden. Für das initiale Herstellen der Verbindung ist es außerdem unerlässlich, dass der Bluetooth-Empfänger des Mobilgeräts auf sichtbar geschaltet ist.

5. Windows stellt nun eine Verbindung zu dem Gerät her. Dabei muss eine Autorisierung erfolgen, damit nicht einfach jeder einen Kontakt zu Ihrem Bluetooth-Gerät herstellen kann. Hierzu wird eine Codenummer verwendet. Meist reicht es, wenn Sie diese Nummer vergleichen und auf dem Mobilgerät sowie dem PC bestätigen. Eventuell müssen Sie auch den am PC angezeigten Code auf dem Smartphone eintippen oder umgekehrt.

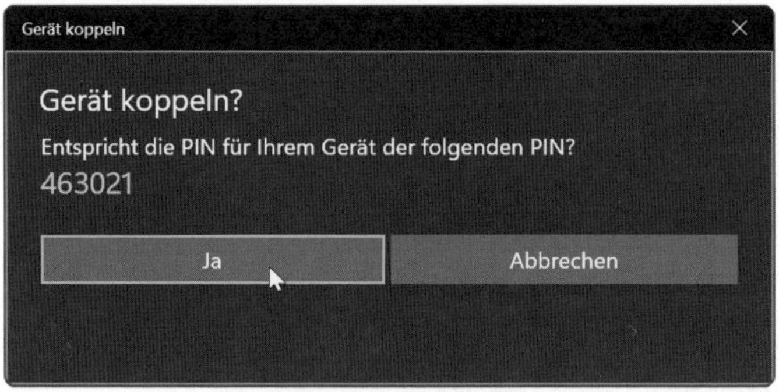

6. Anschließend wird das neu verbundene Gerät auch schon in der Liste unter *Bluetooth & Geräte* aufgeführt und kann benutzt werden.

In den meisten Fällen können Sie das Bluetooth-Gerät nun direkt nutzen, also etwa mit der Bluetooth-Tastatur tippen oder mit dem Bluetooth-Headset telefonieren oder Musik hören. Bei einigen Geräten muss allerdings auch erst eingestellt werden, wozu sie genutzt werden sollen.

9.3.1 Einfaches Bluetooth-Pairing mit SwiftPair

Wer Bluetooth-Geräte mit seinem Windows-PC verwenden will, kann das initiale Verbinden der Geräte (Pairing) mit SwiftPair komfortabler durchführen. Dabei muss der Vorgang nicht mehr manuell in den *Einstellungen* eingeleitet werden, sondern Windows erkennt automatisch, wenn sich ein »paarungswilliges« Gerät in der Nähe befindet. Es meldet dies mit einer eingeblendeten Benachrichtigung, über die in mehreren Schritten dann auch direkt die Verbindung hergestellt werden kann.

Der Wermutstropfen: Das Ganze funktioniert nur bei Geräten, die Swift Pair unterstützen. Das sind bislang im Wesentlichen einige drahtlose Tastaturen und Mäuse von Microsoft selbst sowie die Surface Headsets und Surface Earbuds. Und auch beim PC selbst muss die vorhandene Bluetooth-Hardware Swift Pair unterstützen.

Falls Swift Pair mit seinen Benachrichtigungen nervt oder Sie diese Funktion nicht benötigen, können Sie sie deaktivieren:

1. Öffnen Sie in den Windows-Einstellungen den Bereich *Bluetooth & Geräte* und klicken Sie dort auf den Eintrag *Geräte* (aber nicht auf die Schaltfläche *Gerät hinzufügen*).
2. Wenn hier im Abschnitt *Geräteeinstellungen* die Option *Benachrichtigung anzeigen, wenn eine schnelle Kopplung möglich ist* angezeigt wird, unterstützt Ihr PC Swift Pair.

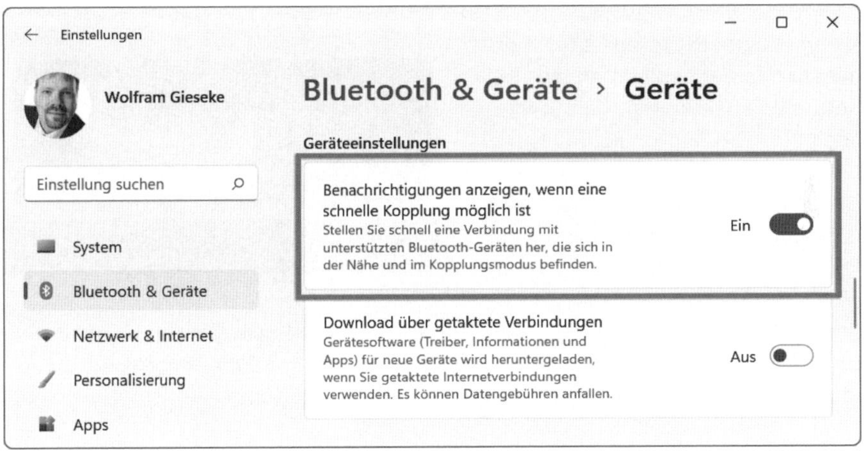

3. Wollen Sie auf die Funktion verzichten, entfernen Sie den Haken an dieser Option.

9.3.2 Akkustand von Bluetooth-Geräten ablesen

Viele Bluetooth-Geräte sind mit Akkus oder Batterien ausgestattet, die regelmäßig geladen bzw. getauscht werden müssen. Das merkt man spätestens, wenn bei einem Gerät nichts mehr geht. Besser ist es aber, vorsorglich nachzuschauen und die Stromversorgung rechtzeitig sicherzustellen. Dabei kann Windows helfen, indem Sie den aktuellen Ladestand von Bluetooth-Geräten bequem in den *Einstellungen* ablesen können.

1. Öffnen Sie in den Windows-Einstellungen den Bereich *Bluetooth & Geräte/Geräte*.
2. Hier finden Sie auf der rechten Seite eine Übersicht der verbundenen Bluetooth-Geräte.
3. Bei Geräten, die ihren Ladestand übermitteln, finden Sie jeweils ganz rechts die entsprechende Information über die verbleibende Kapazität.

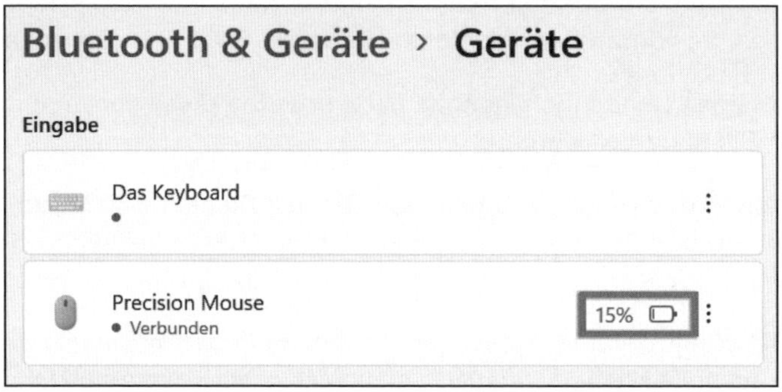

Automatische Warnung bei niedrigem Akkustand

Wenn Bluetooth-Geräte das Übermitteln des Ladestands an den PC unterstützen, erhalten Sie automatisch eine Benachrichtigung, wenn der Akkustand eines Gerätes unter die kritische Schwelle sinkt und das Aufladen unausweichlich wird. Das ist an sich praktisch, kann aber auch nerven, wenn man nicht unmittelbar aufladen kann oder will. In den Windows-Einstellungen unter *System/Benachrichtigungen/Bluetooth* können Sie solche Benachrichtigungen steuern und ggf. ganz deaktivieren.

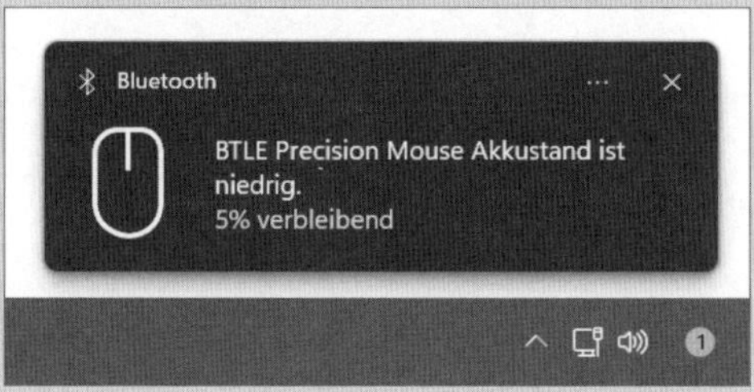

9.3.3 Welche Funktionen bei welchem Bluetooth-Gerät?

Bluetooth-Geräte können prinzipiell verschiedene Dienste parallel anbieten. Bei einfachen Geräten wie Tastaturen, Mäusen oder Headsets sind es meist nur ein oder zwei. Bei Tablets und Smartphones aber kann die Auswahl etwas größer sein. Diese können als Modem dienen, Daten mit dem PC austauschen, Audiodaten an den PC übertragen, Dateien synchronisieren usw. Im Zweifelsfall aktivieren Sie lieber zu viel als zu wenig Dienste. Dass sie angeboten werden, heißt ja nicht, dass Sie sie auch nutzen müssen. Wenn andererseits zwei Geräte verbunden sind, die denselben Dienst anbieten, kann es zu Problemen kommen, etwa zu welchem Gerät das Audiosignal für die Klangwiedergabe nun geschickt werden soll.

1. Klicken Sie mit der rechten Maustaste auf das *Bluetooth*-Symbol in der Taskleiste und wählen Sie im Kontextmenü *Einem persönlichen Netzwerk beitreten*.
2. Damit öffnen Sie eine Übersicht der angemeldeten Bluetooth-Geräte (eventuell kurz warten). Wählen Sie das einzustellende Gerät mit einem Doppelklick aus.

3. Wechseln Sie im anschließenden Dialog in die Kategorie *Dienste*. Windows listet hier die Dienste auf, die dieses Gerät via Bluetooth zur Verfügung stellt.

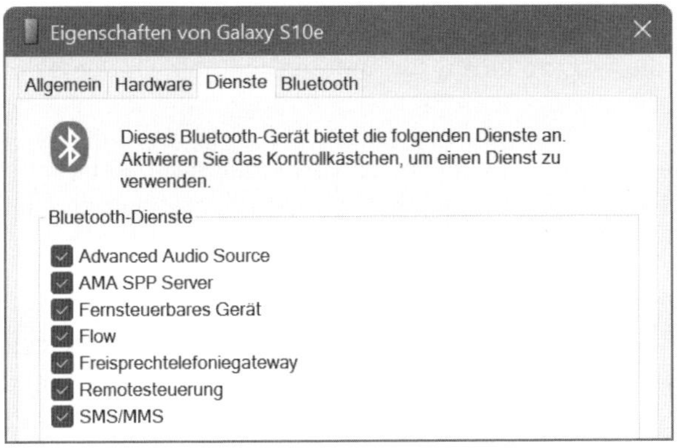

4. Sie können nun per Häkchen entscheiden, welche dieser Dienste verwendet werden sollen und welche nicht. Diese Entscheidung können Sie auch später noch jederzeit revidieren, sollte sich Ihr Nutzungsverhalten ändern.

9.3.4 Automatisches Nutzen von Bluetooth steuern

Die Bluetooth-Integration in Windows ist an sich intuitiv und arbeitet größtenteils automatisch. Ist Bluetooth aktiviert, wird automatisch das *Bluetooth*-Symbol im Infobereich angezeigt, sonst nicht. Wird ein einmal gekoppeltes Gerät eingeschaltet bzw. in Reichweite gebracht, stellt Windows die Verbindung her und Sie können es direkt nutzen. Benötigen Sie es nicht mehr, schalten Sie es einfach aus. Das Verhalten von Bluetooth lässt sich aber mit einigen Optionen individuell anpassen.

1. Öffnen Sie dazu wiederum in den Windows-Einstellungen den Bereich *Bluetooth & Geräte/Geräte* und suchen Sie dort auf der rechten Seite weiter unten den Abschnitt *Verwandte Einstellungen*. Klicken Sie dort auf *Weitere Bluetooth-Einstellungen*.

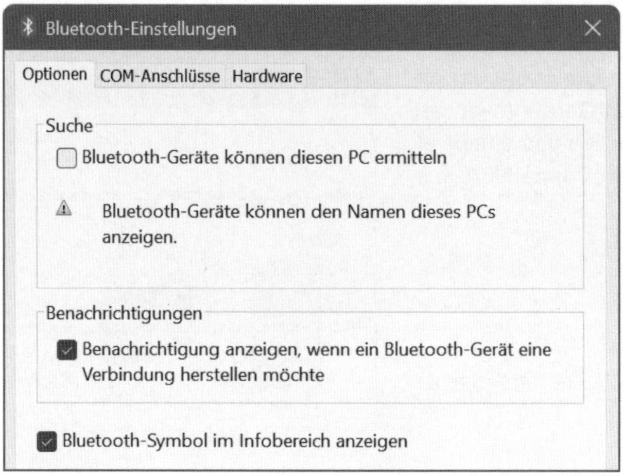

2. Hier können Sie in der Rubrik *Optionen* steuern, in welcher Form Bluetooth sich bemerkbar machen darf.

3. Oben bei *Suche* legen Sie fest, ob Ihr PC für andere Bluetooth-Geräte sichtbar sein soll.

4. Bei *Benachrichtigungen* lässt sich einstellen, ob Verbindungsversuche anderer Geräte mitgeteilt werden sollen. In öffentlichen Umgebungen kann es sinnvoll sein, diese zumindest vorübergehend abzustellen.

5. Ob das *Bluetooth*-Symbol im Infobereich angezeigt werden soll, können Sie ganz unten bestimmen. Wenn Sie Bluetooth ohnehin immer eingeschaltet haben und alle Geräte eingerichtet sind, können Sie es ebenso gut ausblenden. Über die *Einstellungen* können Sie die Funktionen trotzdem jederzeit erreichen bzw. das Symbol bei Bedarf wieder anzeigen.

9.3.5 Den PC per Bluetooth dynamisch sperren

Beim dynamischen Sperren verwenden Sie ein per Bluetooth mit dem PC gekoppeltes Smartphone als Zugangsschutz. Solange sich das Gerät in Reichweite befindet, ist alles in Ordnung.

Verlassen Sie aber den Arbeitsplatz (und nehmen das Smartphone mit), reißt die Bluetooth-Verbindung ab. Windows sperrt nun den PC automatisch. Der Zugang ist dann nur über den Sperrbildschirm und die dafür eingestellte Entsperrmethode möglich.

Damit das Ganze funktioniert, müssen Sie zunächst das Smartphone einmalig wie vorangehend beschrieben mit dem PC koppeln. Ist dies erledigt, verbindet sich das Smartphone automatisch mit dem PC, sobald beide in Reichweite voneinander sind.

1. Öffnen Sie in den Windows-Einstellungen den Bereich *Konten/Anmeldeoptionen*.
2. Klappen Sie hier im Abschnitt *Zusätzliche Einstellungen* den Eintrag *Dynamische Sperre* aus.
3. Aktivieren Sie darin die Option *Zulassen, dass Windows Ihr Gerät in Ihrer Abwesenheit automatisch sperrt*.

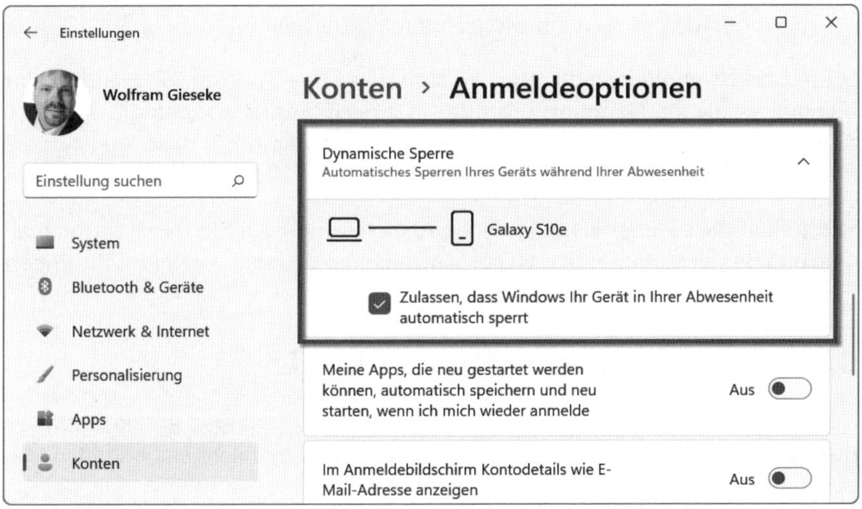

4. Damit ist die Funktion auch schon eingeschaltet und aktiv.

Wenn Sie sich nun mit dem Smartphone von Ihrem PC entfernen und damit die Bluetooth-Reichweite verlassen, aktiviert Windows nach 30 Sekunden automatisch den Sperrbildschirm.

Die dynamische Sperre testen

Es wäre etwas unpraktisch, diese Funktion tatsächlich durch »Weggehen« zu testen. Es gibt aber eine Alternative: Deaktivieren Sie bei Ihrem Smartphone einfach die *Bluetooth*-Funktion und warten Sie dann ab, ob Windows nach ca. einer halben Minute zum Sperrbildschirm wechselt.

Folgendes sollten Sie zu dieser Funktion noch wissen:

- Sie können sie auch einsetzen, wenn Sie verschiedene Geräte per Bluetooth mit Ihrem PC verbunden haben, etwa Kopfhörer, Tastatur o. Ä. Die Funktion berücksichtigt nur Geräte, die man typischerweise mit sich trägt, insbesondere

Smartphones. Die Bluetooth-Spezifikation erlaubt es Windows, die Geräteklassen zu unterscheiden.

- Diese Funktion beschränkt sich auf das Sperren. Erwarten Sie also nicht, dass Windows sich automatisch wieder entsperrt, wenn Sie mit dem Smartphone zu Ihrem PC zurückkehren.
- Selbst wenn Sie Ihr Smartphone mal nicht dabeihaben, können Sie den PC uneingeschränkt nutzen. Die Funktion wird erst »scharf geschaltet«, wenn nach dem Entsperren einmal eine Verbindung mit dem Smartphone festgestellt wurde. Selbst wenn also beispielsweise der Akku Ihres Smartphones im Laufe eines Arbeitstags den Geist aufgibt, müssen Sie den PC maximal einmal neu entsperren und können dann wieder ungestört arbeiten.

Diese Sperrvariante ist nicht ganz so sicher wie das Sperren von Hand. Wenn Sie beispielsweise ins Nachbarbüro oder in einen Besprechungsraum schräg über den Flur gehen, ist die Reichweite eventuell noch so groß, dass keine Sperrung erfolgt.

Betrachten Sie es eher als zusätzliche Absicherung, falls Sie das Sperren mal vergessen oder sich länger bzw. weiter als zunächst gedacht von Ihrem PC entfernen.

9.4 Windows im mobilen Einsatz

Notebooks und Tablet-PCs stellen besondere Anforderungen an die Stromversorgung beim mobilen Einsatz abseits von Steckdosen, wenn es auf jede Minute Laufzeit ankommen kann.

Wer sein Mobilgerät unterwegs abseits von Steckdosen einsetzen will, sollte deshalb den Energiesparoptionen besondere Aufmerksamkeit widmen, die leider an verschiedenen Stellen verteilt sind. Aber auch über das Stromsparen hinaus gibt es spannende Funktionen, die den Umgang mit mobilen Windows-Geräten effizienter und entspannter machen.

9.4.1 Windows mobil ausdauernd einsetzen

In den Windows-Einstellungen finden Sie im Bereich *System/Strom & Akku* Basisfunktionen wie das Abschalten des Monitors sowie das Aktivieren des Energiesparmodus. Bei einem Gerät mit Akku werden hier automatisch zusätzliche Informationen und Funktionen angezeigt.

1. Ganz oben finden Sie links den aktuellen Akkustand sowie eine Abschätzung der verbleibenden Restlaufzeit (basierend auf der derzeitigen Nutzung des Gerätes).
2. Rechts daneben wird der Verlauf des Akkustands angezeigt. Ein kleines Steckersymbol verdeutlicht dabei, wann der Akku zuletzt aufgeladen wurde.

3. Darunter können Sie die Ausschaltzeit für den Bildschirm sowie die Zeitspanne für den Energiesparmodus gleich zweimal festlegen. Jeweils einmal für den Netzbetrieb mit eingestecktem Ladekabel und für den mobilen Akkubetrieb.

4. Bei *Energiestatus* wählen Sie einen von drei hinterlegten Energiesparplänen. *Beste Energieeinsparung* garantiert die längste Laufzeit, *Beste Leistung* steht für optimale Funktion ohne Einschränkungen und unnötige Wartezeiten. *Ausbalanciert* ist ein sinnvoller Kompromiss zwischen den beiden anderen Varianten.

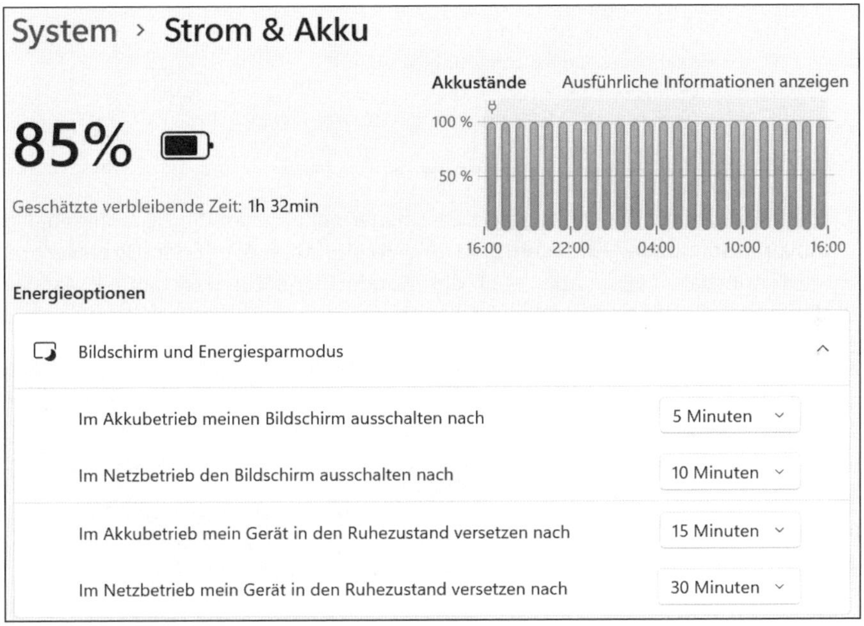

9.4.2 Im Stromsparmodus den Akku schonen

Um die Laufzeit von Mobilgeräten bei Bedarf möglichst weit verlängern zu können, bringt Windows den Stromsparmodus mit. Der verringert den Verbrauch so weit wie möglich, lässt sich aber gleichzeitig so einstellen, dass wichtige Dienste oder Anwendungen dadurch nicht eingeschränkt werden. Sie können diesen Modus entweder bei Bedarf manuell einschalten oder automatisch bei Unterschreiten einer bestimmten Grenze aktivieren lassen.

1. Um den Stromsparmodus zu konfigurieren, öffnen Sie in den Windows-Einstellungen den Bereich *System/Strom & Akku*. Klappen Sie hier auf der rechten Seite den Abschnitt *Stromsparmodus* auf.

2. Mit *Jetzt aktivieren* können Sie den Modus bei Bedarf manuell einschalten.

3. Der Stromsparmodus kann sich aber auch ganz automatisch aktivieren, wenn der Ladestand des Akkus auf einen bestimmten Wert absinkt. Diese Schwelle liegt standardmäßig bei 20 %, kann hier aber individuell angepasst werden.

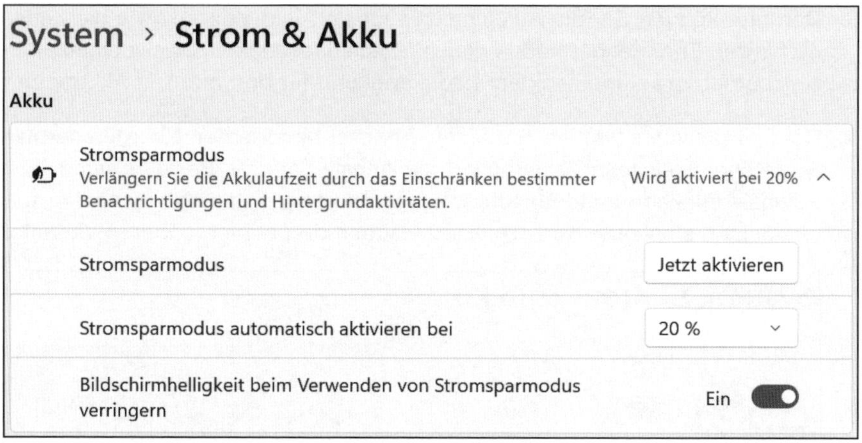

4. Darunter steuern Sie, ob Sie trotz Stromsparmaßnahmen die Bildschirmhelligkeit unverändert lassen möchten. Das ist eine Maßnahme, die den Stromverbrauch zwar spürbar senken, aber auch den Komfort einschränken kann. Entscheiden Sie also selbst, was Ihnen wichtiger ist.

Selbst wenn Sie den Stromsparmodus nicht automatisch aktivieren lassen, können Sie ihn über die Schnellaktionen am rechten Bildschirmrand jederzeit manuell einschalten, etwa wenn Sie befürchten, dass die Restlaufzeit nicht bis zur nächsten Lademöglichkeit reichen wird.

9.4.3 Detaillierte Energiesparpläne erstellen

Wenn Sie etwas mehr Kontrolle über das Verhalten Ihres Mobilgeräts in Bezug auf den Stromverbrauch haben wollen, reichen die Windows-Einstellungen nicht aus.

Allerdings gibt es nach wie vor die Energieoptionen in der klassischen Systemsteuerung, die ein detailliertes Feintuning dieser Einstellungen erlauben. Durch kleine Änderungen lassen sich schon mal hier zehn Minuten und dort eine Viertelstunde mehr Laufzeit herausschlagen.

1. Die *Energieoptionen* in der Systemsteuerung bieten von Haus aus drei Energiesparpläne an. Hiervon eignet sich für den Stromsparwilligen die Option *Energiesparmodus* als Basis. Aber selbst dieser Modus lässt noch Spielraum für weitere Energiesparmaßnahmen. Wählen Sie ihn dazu aus und klicken Sie dann auf *Energiesparplaneinstellungen ändern*.

2. Im anschließenden Dialog können Sie bei Mobilgeräten – im Gegensatz zu »normalen« PCs – weitaus mehr Einstellungen vornehmen. So lässt sich bei vielen Mobilgeräten die Bildschirmhelligkeit regeln, die ein wichtiger Faktor für den Stromverbrauch ist (je heller, desto energieaufwendiger).

   Außerdem können Sie alle Einstellungen jeweils für den *Akku* und für den *Netzbetrieb* vornehmen. Windows wechselt immer automatisch zum passenden Modus.

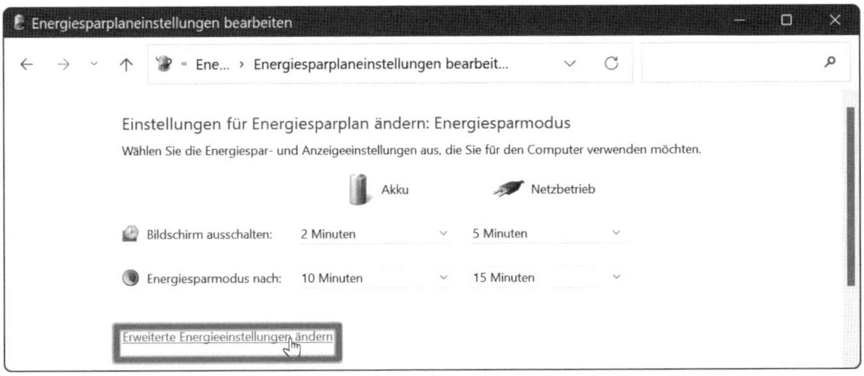

3. Mit dem Link *Erweiterte Energieeinstellungen ändern* können Sie aber auch hier die Detaileinstellungen des Energiesparplans aufrufen.

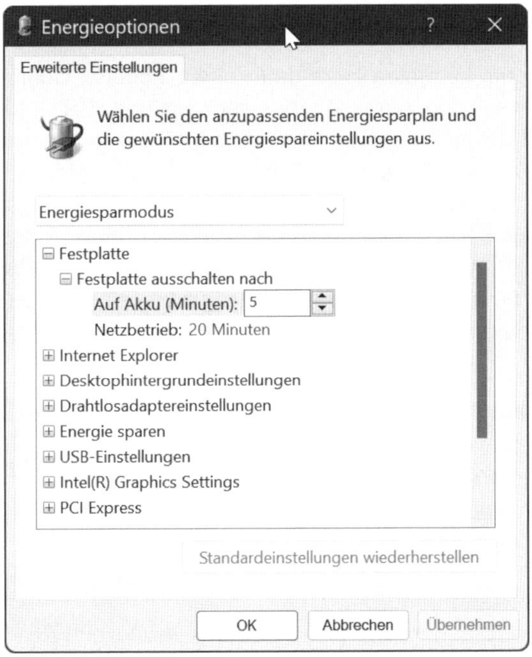

4. Dahinter verbirgt sich eine Reihe von Einstellungen, mit denen Sie noch mehr Strom sparen und die Akkulaufzeit so noch weiter verlängern können. Nicht

jede Einstellung ist für jedes Gerät und jede Situation hilfreich, aber mit ein wenig Ausprobieren finden Sie den für Sie persönlich optimalen Mix:

- 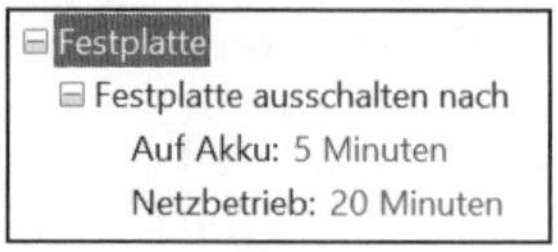

Festplatte/Festplatte ausschalten nach: Die Festplatte gehört zu den größten Stromfressern im PC. Deshalb ist es sinnvoll, sie bei längerem Nichtgebrauch in den Strom sparenden Stand-by-Modus zu schicken. Der voreingestellte Wert ist dabei meist ganz passend. Denn zu kurz sollte die Wartezeit auch nicht sein. Zum einen schadet häufiges Ein- und Ausschalten auf Dauer der Laufwerkmechanik. Zum anderen wird beim Anfahren der Festplatte der meiste Strom verbraucht. Hier empfiehlt sich deshalb eine Einstellung, bei der die Festplatte, wenn sie denn in den Stand-by-Modus wechselt, auch möglichst lange darin verbleibt. Ansonsten empfiehlt sich gerade auch in Notebooks der Einsatz von SSDs ohne bewegliche Teile. Diese verbrauchen generell eher weniger Strom, und das Umschalten zwischen Stand-by- und Normalmodus ist nicht aufwendig.
- 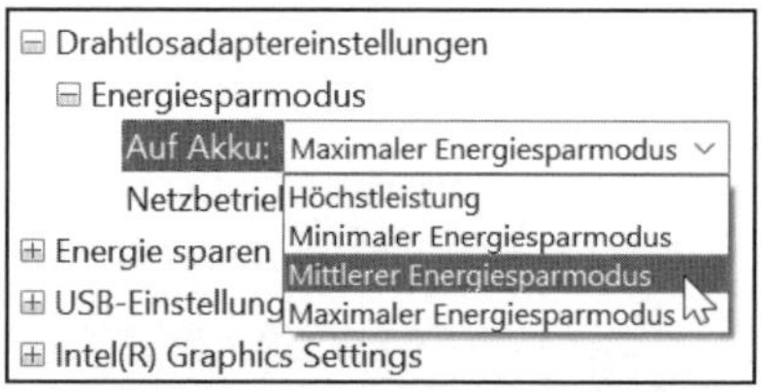

Drahtlosadaptereinstellungen: Diese Einstellung ist besonders wichtig, denn ein eingebauter WLAN-Adapter kann reichlich Strom fressen, wenn er ständig eingeschaltet ist. Eine einfache Möglichkeit wäre es deshalb, ihn nur dann einzuschalten, wenn er benötigt wird. Viele Notebooks bieten extra dafür einen Schalter oder eine Tastenkombination an. Ansonsten kann man dies auch komfortabel im Mobilitätscenter erledigen. Ist der Adapter aber eingeschaltet, können Sie seinen Verbrauch hier regeln. Dabei sollte auf alle Fälle einer der Energiesparmodi zum Einsatz kommen. Je kleiner die Sendeleistung ist, desto geringer ist der Verbrauch. Allerdings kann eine zu geringe Sendeleistung in ungünstigen Situationen auch zu Verbindungsproblemen oder einer zu geringen Durchsatzrate führen. Das lässt sich aber leicht ausprobieren. Denken Sie nur bei Problemen mit einem neuen WLAN daran, dass es eventuell auch an dieser Einstellung liegen kann.
- 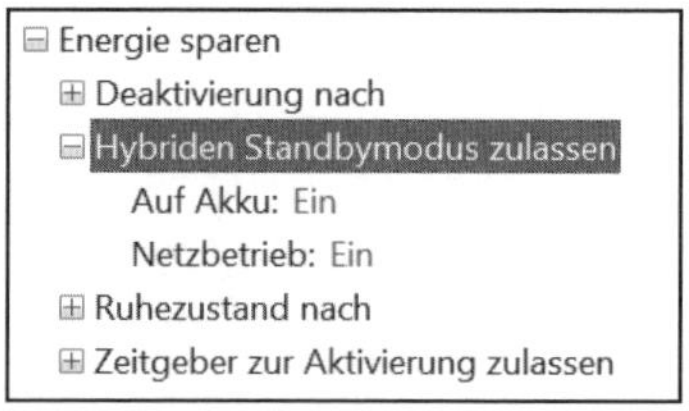

Unter *Energie sparen* können Sie einstellen, nach welchem Zeitraum die verschiedenen Sparmodi eingenommen werden sollen. Besonders interessant ist hier die Option *Hybriden Standbymodus zulassen*. Ist sie aktiviert, verwendet Windows eine Kombination aus Ruhezustand und Energiesparmodus. Der PC wird in den Energiesparmodus versetzt, in dem nur noch der Arbeitsspeicher mit Strom versorgt wird. Zuvor wird aber der Inhalt des Arbeitsspeichers wie beim Ruhezustand auf die Festplatte gesichert. Man kann also im Energiesparmodus den PC einfach ausschalten, und er kehrt beim nächsten Start wie aus dem Ruhezustand in den alten Status zurück. Der besondere Nebeneffekt für mobile Rechner: Sollte dem Gerät im Energiesparmodus der Strom ausgehen, macht das überhaupt nichts. Wird der Akku wieder geladen, stellt Windows den alten Zustand ohne Datenverluste wieder her.

- *Prozessorenergieverwaltung:* Moderne Prozessoren und insbesondere spezielle Modelle für den mobilen Einsatz können ihre Rechenleistung und damit ihren Verbrauch sehr flexibel steuern. Hier können Sie angeben, mit wie viel Prozent seiner maximalen Möglichkeiten Ihr Prozessor im Minimal- und im Maximalfall laufen soll. Insbesondere der maximale Leistungszustand lässt sich teilweise deutlich drosseln, wenn ein moderner Prozessor eingebaut ist, der mit Internet, E-Mail und Textverarbeitung aber kaum ausgelastet wird. Hiermit können Sie auch den Lärmpegel des Lüfters steuern, denn gedrosselte Prozessoren benötigen weniger Kühlung, sodass die Lüfter seltener oder langsamer zugeschaltet werden. Das reduziert nicht nur Lärm, sondern spart auch Energie, sodass dies für Notebooks die sinnvollere Wahl ist.

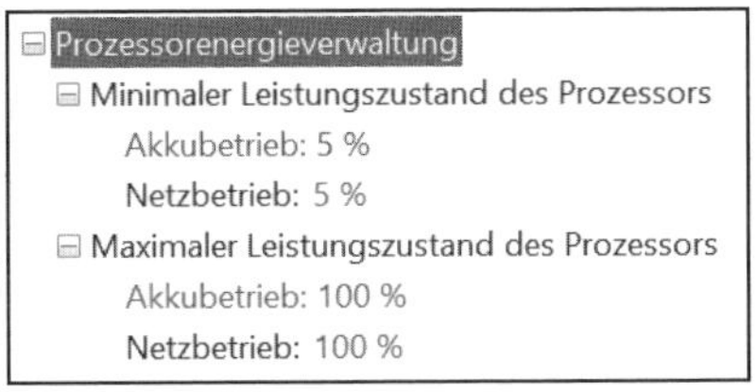

9.4.4 Warnungen bei leerem Akku konfigurieren

Um Datenverluste zu vermeiden, ist es wichtig, den Akkuladestand zu überwachen und ggf. rechtzeitig Maßnahmen zu ergreifen. Windows kann Sie dabei unterstützen, indem es das Notebook z. B. beim Erreichen eines kritischen Akkuniveaus automatisch herunterfährt und dabei die Daten sichert. Was genau wann passieren soll, können Sie in den detaillierten Energiesparplänen (siehe vorangehender Abschnitt) flexibel festlegen.

Hierbei sind zwei Zustände zu unterscheiden:

- *Niedrige Akkukapazität:* Die Ladung des Stromspeichers neigt sich absehbar dem Ende entgegen. Sie haben nicht mehr viel Zeit, um so weiterzuarbeiten. Entweder Sie suchen nach einer Steckdose bzw. wechseln ggf. den Akku, oder Sie beenden die Arbeit allmählich und sichern Ihre Dokumente.
- *Kritische Akkukapazität:* Der Akku ist so gut wie leer, und der Rechner kann sich jeden Moment abschalten. Sichern Sie unverzüglich offene Dokumente und fahren Sie den Rechner herunter.

Das Schöne daran: Sie selbst können festlegen, bei welcher Akkurestladung diese Zustände erreicht werden. So trägt Windows der Tatsache Rechnung, dass jedes Notebook und jeder Akku etwas anders ist und Sie selbst Ihr Gerät am besten einschätzen können. Außerdem kann man so auch flexibel z. B. auf einen im Laufe der Zeit nachlassenden Akku reagieren. Zusätzlich können Sie sich nicht nur bei niedriger Kapazität benachrichtigen lassen, sondern auch automatische Aktionen für niedrige und kritische Kapazität festlegen. So kann sich Windows z. B. beim Erreichen der kritischen Kapazität automatisch in den Ruhezustand versetzen, sodass der momentane Zustand einschließlich eventuell ungesicherter Dokumente auf der Festplatte gespeichert wird und beim nächsten Einschalten wieder zur Verfügung steht. Die Einstellungen hierfür finden Sie ebenfalls in den erweiterten Energieoptionen:

- Mit *Niedrige Akkukapazität* bzw. *Kritische Akkukapazität* legen Sie jeweils die Restkapazität des Akkus in Prozent fest, bei der dieser Zustand erreicht sein soll. Hier können Sie sich durch Ihre Erfahrungen mit Ihrem Gerät leiten lassen bzw. sich ggf. allmählich an die optimale Einstellung herantasten.

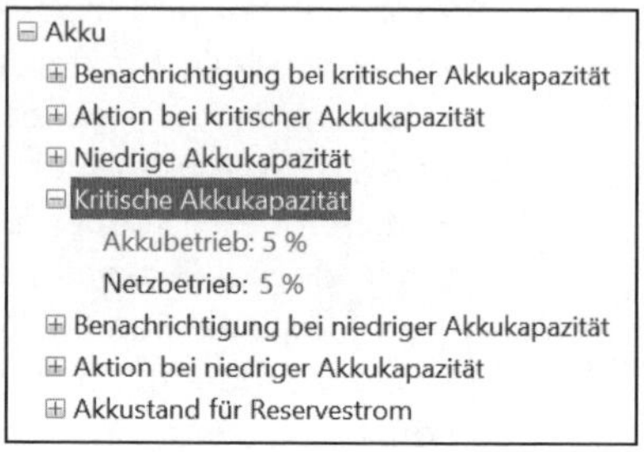

- Mit der Einstellung *Benachrichtigung bei niedriger Akkukapazität* weisen Sie Windows an, sich beim Erreichen der festgelegten Restladung mit einem Hinweis zu melden.
- Mit den beiden Optionen *Aktion bei kritischer Akkukapazität* bzw. *Aktion bei niedriger Akkukapazität* können Sie Windows automatisch eine bestimmte Aktion ausführen lassen. So empfiehlt es sich zum Beispiel, Windows beim Erreichen der kritischen Akkurestladung automatisch in den Ruhezustand zu versetzen. Dabei wird der aktuelle Zustand des PCs auf der Festplatte gespeichert und das Gerät dann abgeschaltet. Wenn der Akku später wieder geladen ist bzw. das Notebook an einer Steckdose hängt, können Sie es wieder einschalten, und Windows kehrt zum alten Zustand zurück. So sind Datenverluste selbst bei geöffneten Dokumenten praktisch ausgeschlossen.

9.4.5 Energiesparprobleme diagnostizieren und lösen

Zu den besonderen Hardwareproblemen gehörten schon immer diejenigen, die mit den Energiesparfunktionen zu tun haben. Warum geht mein PC nicht in den Stromsparmodus? Oder noch schlimmer: Warum lässt er sich nicht wieder daraus aufwecken? Für solche Problemfälle bringt Windows nun ein praktisches Tool mit. Genauer, das Tool gab es bei früheren Windows-Versionen auch schon, aber die folgende Funktion ist neu:

1. Tippen Sie im Startmenü *Eingabe* ein, sodass Sie in der Liste den Eintrag *Eingabeaufforderung* markieren können.
2. Klicken Sie den Eintrag mit der rechten Maustaste an und wählen Sie im Kontextmenü den Befehl *Als Administrator ausführen*.
3. Geben Sie nun in der Eingabeaufforderung zweimal den Befehl `cd..` ein, um auf die höchste Ebene des Laufwerks zu wechseln. Das dient nur dazu, im Folgenden Problemen mit den Zugriffsrechten aus dem Weg zu gehen.

4. Tippen Sie in der Eingabeaufforderung nun den Befehl `powercfg.exe -ENERGY` ein und drücken Sie [↵]. Wichtig: Lassen Sie den PC und alle angeschlossenen Geräte nun in Ruhe, bis das Programm seine Arbeit beendet hat. Das dauert etwa eine Minute.

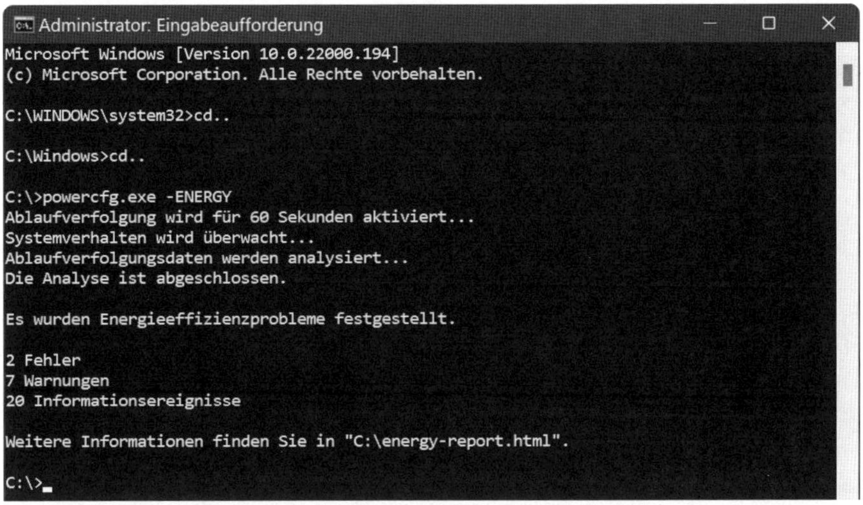

5. Das Programm analysiert nun die Energiesparfunktionen und -einstellungen des PCs und aller angeschlossenen Komponenten. Dabei erkennt es, wenn z. B. einzelne Komponenten Probleme verursachen. Hierüber fertigt es einen Report an, der Ihnen beim Lösen der Probleme behilflich sein kann.

6. Ist das Programm fertig, sehen Sie am Bildschirm eine kurze Statistik. Interessant wird es aber, wenn Sie nun `energy-report.html` eintippen. Dann zeigt Windows die ausführlichen Ergebnisse der Analyse an. Beachten Sie hier insbesondere die als Fehler gekennzeichneten Abschnitte. Unter dem Stichwort *Unterstützter Standbystatus* können Sie ablesen, welche Energiesparmodi Ihr PC derzeit anbietet.

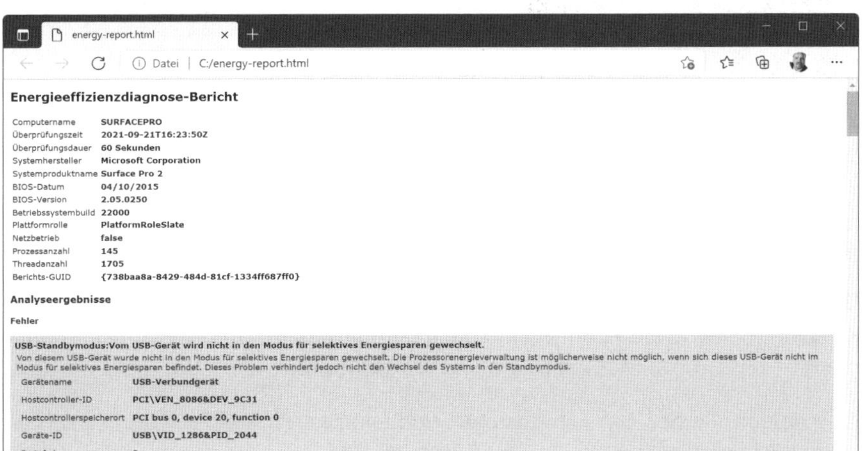

9.4.6 Warum wacht der PC unnötig auf?

Ein gelegentlich auftauchendes Ärgernis im Zusammenhang mit den Stromsparfunktionen ist ein PC, der immer wieder von allein aufwacht, wenn er eigentlich energiesparend im Stand-by-Modus bleiben sollte. Leider gibt es eine ganze Reihe möglicher Verursacher, die das bewirken können.

Mit *powercfg.exe* haben Sie aber ein hilfreiches Werkzeug an der Hand, das Sie bei der Eingrenzung des Fehlers unterstützt. Mit `powercfg.exe -lastwake` verrät Ihnen das Programm, wer jeweils für das letzte Aufwachen des PCs verantwortlich war.

Wenn Sie also Ihren PC im aktiven Zustand vorfinden, obwohl er eigentlich schlafen sollte, öffnen Sie direkt eine Eingabeaufforderung und geben diesen Befehl ein. Unter der Angabe *Aktivierungsquelle* verrät die Bildschirmausgabe Ihnen, wer das Aufwachen bewirkt hat. Wird hier ein Gerät genannt, wurde das Ereignis durch Hardware verursacht. Meist gibt es zusätzliche Informationen wie etwa ein USB-Gerät, wobei es sich aber oft um den (internen) USB-Hub handelt. Welches der angeschlossenen Geräte der Schuldige ist, kann man dann ggf. durch Ausprobieren ermitteln.

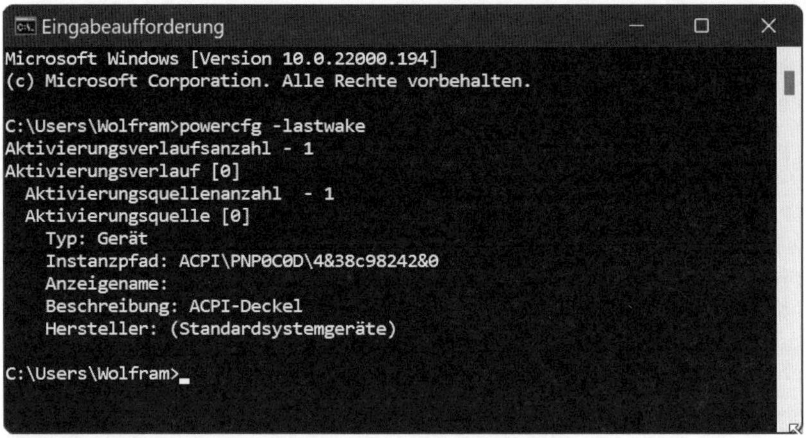

Eine andere mögliche Aktivierungsquelle sind Aufgaben, also vom System oder vom Benutzer geplante Aktivitäten, die den PC wecken dürfen, um ausgeführt zu werden. In solchen Fällen nennt das Programm die genaue Aufgabe, die Sie dann in der Aufgabenplanung näher untersuchen können.

9.4.7 Die größten Akkufresser ermitteln

Die Windows-Einstellungen bieten unter *System/Strom & Akku* im Abschnitt *Akkunutzung* eine praktische Möglichkeit, Stromfressern auf die Spur zu kommen, die die Laufzeit von Mobilgeräten spürbar verringern:

1. Klappen Sie den Bereich dazu aus und lokalisieren Sie darin den Abschnitt *Akkunutzung pro App*.

2. Windows zeigt hier eine Statistik des Stromverbrauchs für den oben gewählten Zeitraum. Hier können Sie sofort ersehen, welches Programm wie viel Prozent des Akkuverbrauchs verursacht hat.

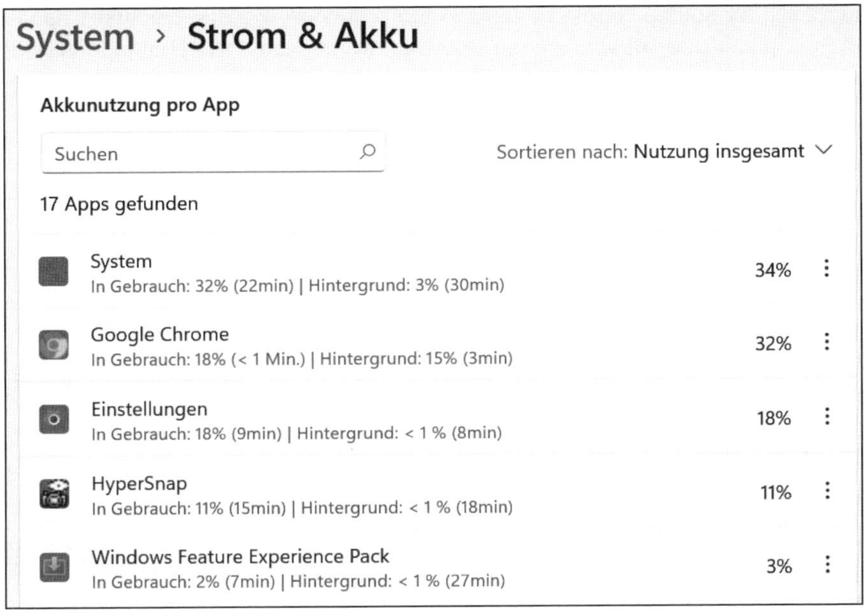

3. Sofern es sich um Apps (nicht Desktop-Programme!) handelt, können Sie rechts in den Einträgen auf ⋮ klicken und dort *Hintergrundaktivitäten verwalten* wählen.

4. Dadurch gelangen Sie in den Eigenschaften der jeweiligen App unter *Apps/Apps & Features/Einstellungen* zu *Hintergrund-App-Berechtigung*. Hier können Sie festlegen, ob diese App im Hintergrund ausgeführt werden darf. Wählen Sie hier *Nie*, können Sie sicher sein, dass diese App nur dann Energie verbraucht, wenn Sie sie geöffnet haben. Umgekehrt kann es auch sinnvoll sein, einer App das Laufen im Hintergrund *Immer* zu erlauben, etwa wenn diese jederzeit Informationen beschaffen und bereitstellen soll.

5. Als Mittelweg bietet sich an, die App mit *Energieoptimiert* unter die Verwaltung von Windows zu stellen. Das Betriebssystem stellt dann der App Ressourcen nur zur Verfügung, wenn sie verfügbar sind. Konkret bedeutet das, dass eine App angehalten wird, wenn die Restladung des Akkus zur Neige geht. Wird der Akku dann wieder aufgeladen, lässt Windows die App automatisch wieder in Aktion treten.

9.4.8 Mit dem Mobilitätscenter schnell und zentral steuern

Zu den Funktionen von Windows speziell für Notebooks und Tablets gehört das Mobilitätscenter (deshalb ist es auf klassischen PCs auch nicht verfügbar). Es fasst alle für solche Geräte relevanten Einstellungen wie das Wechseln des Energiesparplans oder das Aktivieren und Deaktivieren des WLAN in einem kompakten Dialog zusammen.

Zusätzlich ermöglicht es den direkten Zugang zu den detaillierten Optionen für diese Bereiche. Zum Aufrufen des Mobilitätscenters gibt es verschiedene Möglichkeiten:

- Per Tastenkürzel geht es mit [Win]+[X], gefolgt von [M].
- Mausfans können auch mit der rechten Maustaste das Windows-Symbol in der Taskleiste anklicken und darin den Menüeintrag *Mobilitätscenter* wählen.
- Alternativ tippen Sie im Startmenü `mobi` ein und wählen dann den angebotenen Eintrag *Windows-Mobilitätscenter*.

Nun zeigt Windows das Mobilitätscenter an und schaltet dazu ggf. automatisch auf den Desktop um.

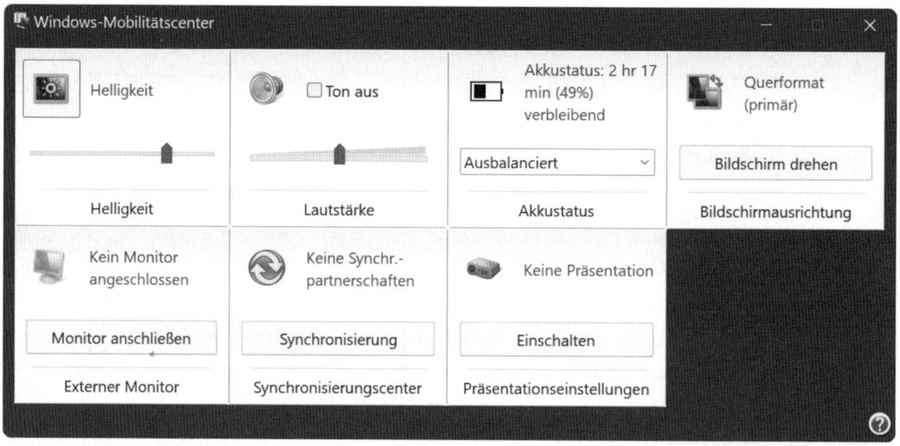

> **Fehlende Module im Mobilitätscenter?**
>
> Das Mobilitätscenter besteht aus verschiedenen Modulen, die je nach Verfügbarkeit automatisch ein- und ausgeblendet werden. Verfügt Ihr Gerät z. B. über die Möglichkeit, die Helligkeit der Hintergrundbeleuchtung zu verändern, zeigt das Mobilitätscenter ein Modul an, mit dem Sie das einstellen können. Ist die Helligkeit bei Ihrem Gerät fest eingestellt, wird dieses Modul gar nicht erst angezeigt.
>
> Außerdem können Notebook-Hersteller eigene Module in das Mobilitätscenter integrieren. Aus diesem Grund kann das Mobilitätscenter bei jedem etwas anders aussehen, das ist kein Grund zur Beunruhigung.

9.4.9 Lästige Pannen bei Präsentationen verhindern

Zu den Funktionen des Mobilitätscenters gehört ein Präsentationsmodus, mit dem man peinliche Pannen vermeiden kann. Schließlich will man während einer wichtigen Präsentation nicht, dass sich der Bildschirmschoner einschaltet oder der Kalender sich mit Hinweisen auf private Termine in den Vordergrund drängt.

Dank des Präsentationsmodus können Sie solche Störungen mit einem Mausklick auf die entsprechende Schaltfläche ausschalten. Ein späterer erneuter Klick kehrt wieder zu den zuvor gültigen Einstellungen zurück.

Beachten Sie dabei, dass im Präsentationsmodus auch verschiedene Stromspareinstellungen deaktiviert sind. Wenn möglich, sollten Sie das Notebook währenddessen an einer Steckdose betreiben.

1. Einige Details des Präsentationsmodus können Sie steuern, wenn Sie auf das *Projektor*-Symbol in diesem Modul klicken.
2. Damit öffnen Sie die Präsentationseinstellungen. Hier können Sie den Bildschirmschoner ausschalten sowie die Lautstärke einstellen und ein bestimmtes Hintergrundbild z. B. mit dem Logo Ihrer Firma wählen bzw. mit *(Kein)* einfach das aktuelle Hintergrundbild für die Dauer der Präsentation deaktivieren.

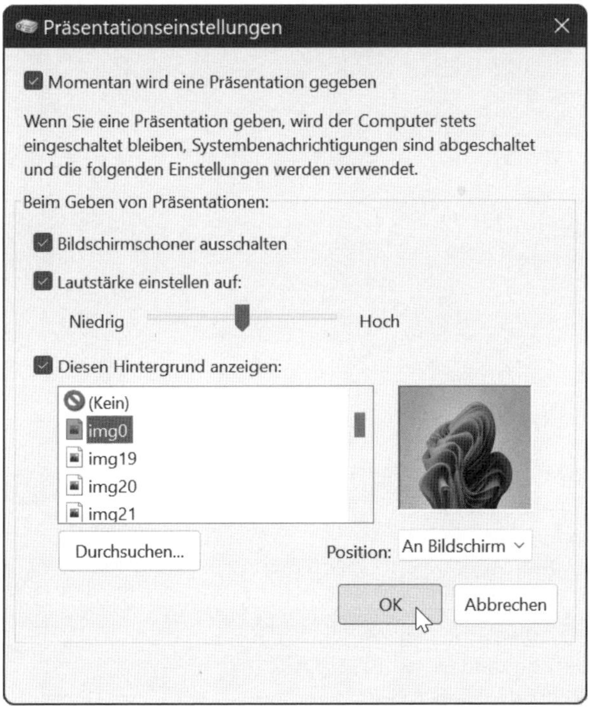

3. Alle diese Einstellungen werden dauerhaft gespeichert und jedes Mal wieder aktiviert, wenn Sie den Präsentationsmodus einschalten. Mit *Angeschlossene Bildschirme* können Sie die aktuelle Bildschirmkonfiguration speichern. Windows kann dann den Präsentationsmodus automatisch wieder aktivieren, wenn Sie Ihr Notebook das nächste Mal mit demselben Monitor oder Projektor verbinden.

9.4.10 Den Touchscreen kalibrieren und einrichten

Zumindest bei der Erstbenutzung ist bei Touchscreens eine Kalibrierung sinnvoll. Sie dient der Abstimmung von Hardware, Software und Anwender, sodass sich alles aufeinander einstellen kann. Teilweise wird die Kalibrierung bei der Installation bzw. beim ersten Start nach der Installation automatisch gestartet. Ansonsten können Sie sie selbst jederzeit initiieren, etwa wenn sich der Bildschirm nicht (mehr) genau benutzen lässt oder nur zögerlich auf Eingaben reagiert.

1. Öffnen Sie in der klassischen Systemsteuerung das Modul *Tablet PC-Einstellungen*.

2. Tippen Sie hier auf die Schaltfläche *Kalibrieren*.

3. Wenn Ihr Tablet-PC sowohl für die *Stifteingabe* als auch für die *Fingereingabe* geeignet ist, können Sie anschließend wählen, welche dieser Eingabemöglichkeiten Sie kalibrieren möchten. Um beides zu kalibrieren, wiederholen Sie den gesamten Ablauf für die zweite Methode noch einmal.

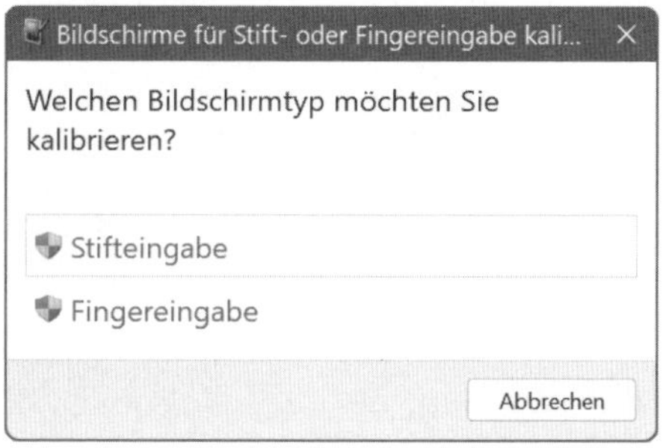

4. Tippen Sie nun mit dem Stift bzw. dem Finger jeweils genau in das auf dem Bildschirm angezeigte Fadenkreuz. Die Anzahl der nacheinander erscheinenden Fadenkreuze hängt von der verwendeten Touch-Technologie ab. Es können bis zu 16 Kreuze angezeigt werden, und eventuell wiederholen sich die Positionen auch. Spielen Sie einfach mit, bis Windows genug Informationen gesammelt hat. Anschließend speichern Sie die erfassten Daten.

Ist die Kalibrierung einmal durchgeführt, muss sie für dieselbe Hardware in der Regel nicht wiederholt werden. Ausnahmen sind aber wie immer die Regel. Wiederholen Sie die Kalibrierung,

- wenn Sie bei dem Gerät einen Hardware-Reset durchführen bzw. den Akku tauschen mussten,
- wenn neue Treiber für die Touchscreen-Hardware installiert wurden, ggf. auch nach dem Installieren neuer Grafiktreiber, oder
- insbesondere immer, wenn sich das Gerät per Touch nicht mehr einwandfrei benutzen lässt.

Wenn Sie ein Gerät verwenden, das in verschiedenen Orientierungen verwendet werden kann (Querformat, Hochformat etc.), sollten Sie die Kalibrierung ggf. einmal in jeder Orientierung durchführen.

9.4.11 Die Orientierung des Touchscreens anpassen

In den *Tablet PC-Einstellungen* können Sie auch die Orientierung Ihres Gerätes beeinflussen. Viele Touchscreen-PCs lassen sich sowohl im klassischen Quer- als auch im Längsformat nutzen. Viele Geräte unterstützen jeweils das Umkehren des Bildschirminhalts, um sich möglichst flexibel von allen Seiten nutzen zu lassen.

Die meisten Tablet-PCs erkennen mithilfe eines Lagesensors, wo gerade »oben« ist, und passen die Orientierung automatisch an. Andere Tablets verfügen eventuell über einen speziellen Knopf, mit dem Sie zwischen den verschiedenen Orientierungen hin- und herwechseln können.

In den *Einstellungen* können Sie festlegen, zwischen welchen Varianten dabei umgeschaltet werden soll.

1. Öffnen Sie in der klassischen Systemsteuerung das Modul *Tablet PC-Einstellungen*.
2. Tippen Sie hier unten auf den Link *Zur Ausrichtung wechseln*.

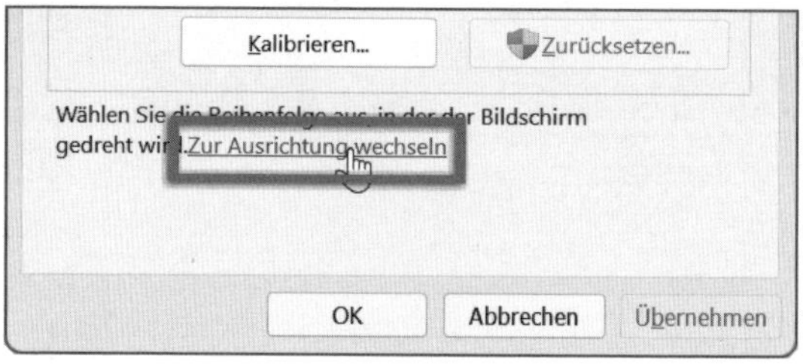

3. Im dadurch geöffneten Menü finden Sie vier Auswahlfelder für die vier Wechselpositionen. Standardmäßig befindet sich der PC »normal« im klassischen Querformat. Wenn Sie einmal auf den Umschaltknopf drücken, wechselt er in das Hochformat, beim nächsten Mal in das umgekehrte Querformat, dann in das umgekehrte Hochformat, dann wieder in das normale Querformat etc.
4. Wenn Sie bei Ihrem Gerät z. B. nur das normale Querformat und ein Hochformat nutzen, wählen Sie bei *3:* und *4:* einfach *(Keine)*. Dann wechselt das Tablet immer direkt zwischen den beiden benötigten Orientierungen hin und her.
5. Übernehmen Sie die neue Einstellung mit zweimaligem Tippen auf *OK*.

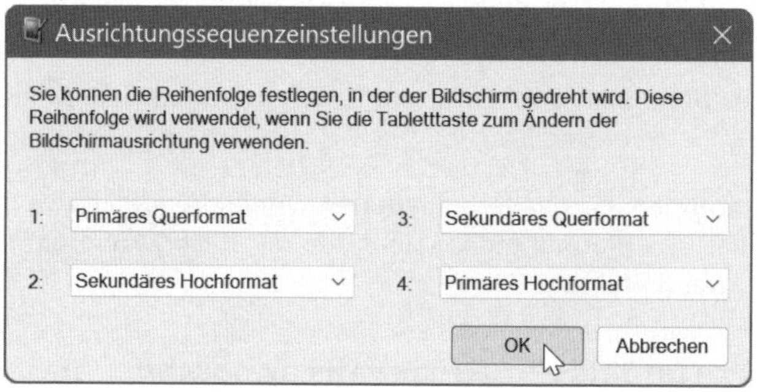

10 Fehler analysieren und beheben

Leider läuft bei Windows nicht immer alles rund. Das Fehlerspektrum reicht dabei von kleinen Unannehmlichkeiten wie bockigen Anwendungen oder plötzlich fehlenden Funktionen über größere Schwierigkeiten wie abstürzende Anwendungen oder verschwundene Daten bis hin zu echten Katastrophen wie einem nicht mehr startenden Windows.

In den vorangegangenen Kapiteln finden Sie an verschiedenen Stellen Tipps zu speziellen Themenbereichen. Hier hingegen geht es um Möglichkeiten, grundlegende Probleme mit dem Windows-Start oder der Stabilität und Leistungsfähigkeit des Betriebssystems zu beheben.

10.1 Probleme beim Windows-Start

Der PC an sich scheint zu laufen, aber Windows verweigert den Dienst? Gibt es eine Fehlermeldung am Bildschirm, hat man zumindest einen Hinweis auf die mögliche Ursache. Der Windows-Start kann aber auch mal ganz kommentarlos »stehen bleiben«, der Bildschirm bleibt unverändert oder die animierte Grafik läuft endlos vor sich hin.

Die folgenden Tipps sind nach den Kriterien Komplexität und negative Seiteneffekte sortiert und sollten am besten in dieser Reihenfolge angegangen werden. So kommen zunächst einfache, schnell durchzuführende Maßnahmen, die das Problem im Erfolgsfall ohne Datenverluste beheben.

Erst am Ende werden Maßnahmen vorgestellt, die hartnäckige Probleme zwar beheben, dabei aber den Verlust von Einstellungen oder aktuellen Dateiversionen in Kauf nehmen.

Einfach mal neu starten

Ein vereinzelter schiefgegangener Windows-Start muss kein Grund zur Beunruhigung sein. Tritt dies erstmalig oder nur selten auf, einfach den PC ausschalten (Ein-/Ausschaltknopf länger gedrückt halten, bis der PC ganz abschaltet) und dann von vorne beginnen. Wenn dann alles klappt und Windows startet (es kann wegen des »harten Ausschaltens« etwas länger als gewohnt dauern), ist alles in Ordnung und man kann das zumindest vorläufig als einmaligen Ausrutscher abhaken.

10.1.1 Windows vollständig neu starten

Einige Probleme entstehen aufgrund der Tatsache, dass Windows nicht mehr wirklich neu startet, sondern standardmäßig einen Schnellstartmodus verwendet. Beim Beenden werden nur die Anwendungen des Benutzers und oberflächliche Hintergrunddienste beendet. Vom eigentlichen Betriebssystemkern wird der aktuelle Zustand »eingefroren« und als Datei auf der Festplatte abgelegt. Beim nächsten Start wird er von dort wieder geladen, was schneller geht, als alle Komponenten und Dienste einzeln von der Festplatte zu laden und zu starten.

Diese Methode spart Zeit, kann aber Nebenwirkungen haben, denn dadurch werden die diversen Dienste des Systems nicht regelmäßig initialisiert. Wenn erst mal etwas schiefläuft, dann läuft es einfach weiter schief.

Deshalb ist es manchmal eine einfache Lösung, Windows einmal wirklich herunterzufahren und neu zu starten:

- Das geht beispielsweise, indem Sie über die Taskleiste die Funktion zum Herunterfahren aufrufen, während des Klicks auf *Herunterfahren* aber [⇧] gedrückt halten. Herunterfahren und neu starten dauert dabei etwas länger als gewohnt.
- Wollen Sie ganz sicher sein, dass Windows vollständig neu startet, können Sie alternativ [Win]+[R] drücken, um den *Ausführen*-Dialog zu öffnen. Dort tippen Sie den Befehl `shutdown /r /f /t 0` ein.

  Hinweis: Speichern Sie zuvor eventuell noch geöffnete Dokumente.

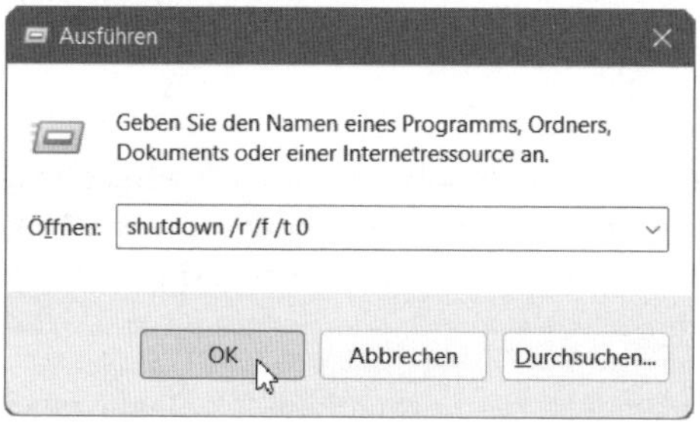

10.1.2 Den Schnellstartmodus deaktivieren

Sollte der Schnellstartmodus regelmäßig für Probleme sorgen, kann man ihn auch dauerhaft deaktivieren. Dann wird Windows bei jedem Beenden auch wirklich vollständig heruntergefahren, sodass negative Seiteneffekte ausbleiben.

Der Preis dafür ist allerdings eine längere Startdauer bei jedem Einschalten (bis zu einer Minute).

1. Öffnen Sie in der Systemsteuerung das Modul *Energieoptionen*.
2. Klicken Sie in der Navigationsleiste am linken Rand auf *Auswählen, was beim Drücken von Netzschaltern geschehen soll.*
3. Klicken Sie dann auf den Link *Einige Einstellungen sind momentan nicht verfügbar*, um alle Optionen in diesem Dialog verändern zu können.
4. Nun können Sie unten im Bereich *Einstellungen für das Herunterfahren* die Option *Schnellstart aktivieren (empfohlen)* ausschalten.

5. Übernehmen Sie die neue Einstellung mit *Änderungen speichern*.

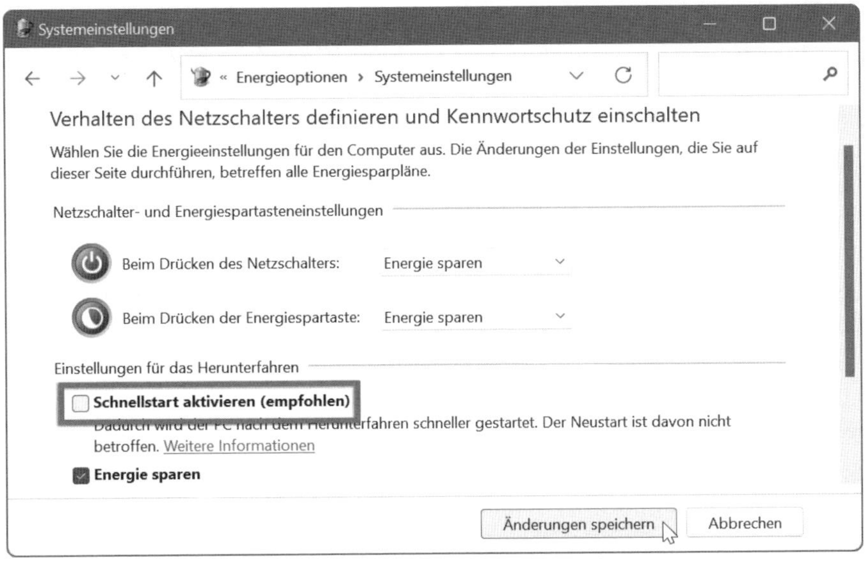

Schnellstartoption fehlt?

Wenn die Option *Schnellstart aktivieren* fehlt, liegt dies oftmals daran, dass sie nicht mit dem Hypervisor kombiniert werden kann. Wenn Sie also Funktionen wie Hyper-V oder die Windows-Sandbox aktiviert haben, verwendet Ihr PC diesen Modus ohnehin nicht.

10.1.3 Windows im abgesicherten Modus reparieren lassen

Wann immer Windows nicht starten will oder sich anderweitig nachhaltig störrisch zeigt, ist mein erster Tipp immer ein Start im abgesicherten Modus. Meiner Erfahrung nach kann dies »Wunder bewirken« und manches unspezifische Problem wie von selbst beheben. Zudem bietet der abgesicherte Modus Möglichkeiten zur Reparatur des Systems und zum Zugriff auf Daten, wenn der reguläre Start nicht möglich ist. Wenn Windows noch startet, folgen Sie dieser Anleitung. Andernfalls blättern Sie zum nachfolgenden Abschnitt vor.

1. Öffnen Sie in den Windows-Einstellungen die Rubrik *System/Wiederherstellung*.
2. Klicken Sie rechts bei *Erweiterter Start* auf *Jetzt neu starten* und bestätigen Sie den Schritt erneut mit *Jetzt neu starten*.
3. Warten Sie nun, bis der PC neu gestartet wurde und auf dem Bildschirm ein Auswahlmenü mit blauem Hintergrund angezeigt wird.
4. Wählen Sie hier *Problembehandlung*, dann *Erweiterte Optionen* und schließlich *Starteinstellungen*.

5. Klicken Sie auf dem folgenden Bildschirm unten rechts auf *Neu starten*, um einen Neustart des PCs einzuleiten.

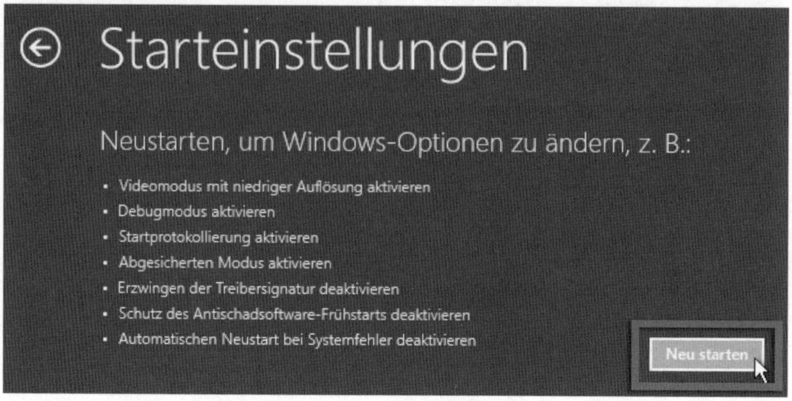

6. Bei diesem Start wird nun ein Menü mit zahlreichen Auswahlmöglichkeiten angezeigt. Um Windows im abgesicherten Modus zu starten, drücken Sie die [4] bzw. die [5] für einen abgesicherten Start mit Netzverbindung. Sollten Sie an dieser Stelle doch lieber normal starten wollen, drücken Sie einfach [↵].

Abgesicherter Modus als Eintrag im Bootmanager

Sie können den abgesicherten Modus als eigenen Menüpunkt in der Auswahlliste des Bootmanagers verankern, sodass er im Ernstfall schnell und unkompliziert zugänglich ist. Die Vorgehensweise dazu ist auf Seite 574 beschrieben.

Im abgesicherten Modus werden nur die Kerntreiber geladen und die üblichen Autostartprogramme werden nicht aktiviert. Dadurch entfallen viele Fehlerquellen, die den regulären Start verhindern können. Sie sind automatisch mit Administratorrechten angemeldet und haben Zugriff auf alle Einstellungen und Kernfunktionen von Windows. Ist der abgesicherte Start abgeschlossen, können Sie Windows einfach auch direkt wieder herunterfahren und regulär neu starten. Oftmals reicht das schon, um kleine Stolpersteine zu beseitigen, und der anschließende normale Start klappt wieder.

10.1.4 Windows vom Installationsmedium reparieren

Wenn Ihr PC nicht mehr startet, lassen sich Reparaturmaßnahmen nicht mehr von Windows aus vornehmen. In diesem Fall können Sie ein Installationsmedium (siehe Seite 568) verwenden, das zur installierten Windows-Version passt.

1. Stecken Sie den USB-Stick ein und starten Sie den PC neu. Wenn die Startpartition beschädigt ist, sollte er ohnehin von einer DVD bzw. einem USB-Stick starten. Andernfalls müssen Sie ggf. mithilfe des BIOS dafür sorgen, dass der Rechner von dem gewünschten Medium bootet.

2. Warten Sie, bis das Fenster mit den Spracheinstellungen für die Installation angezeigt wird, und klicken Sie dann im Fenster unten rechts auf *Weiter*.

3. Klicken Sie im nächsten Schritt dann anstelle von *Jetzt installieren* unten links auf *Computerreparaturoptionen*.

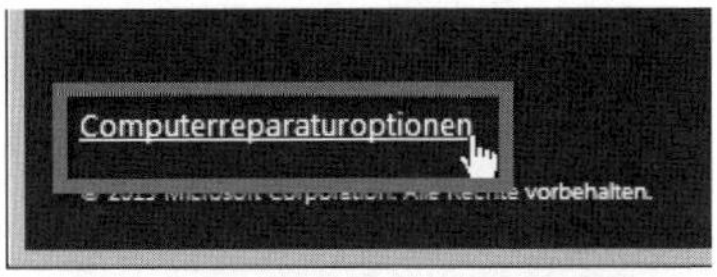

4. Damit gelangen Sie zu Schritt 4 des vorangehend beschriebenen Ablaufs. Wählen Sie hier nun wieder *Problembehandlung*, *Erweiterte Optionen*, *Starthilfe* usw.

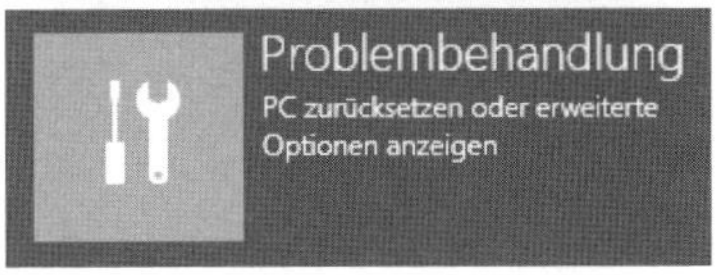

Mit diesem »Trick« können Sie nicht nur den abgesicherten Modus, sondern auch andere der in diesem Kapitel beschriebenen Reparatur- und Wiederherstellungstricks nutzen, selbst wenn Windows von sich aus nicht mehr startet.

10.1.5 Startprobleme mit der Starthilfe beseitigen

Windows bringt ab Werk eine eingebaute Starthilfe mit, die typische Probleme während des Startvorgangs erkennen und beheben kann. Sie überprüft die Systempartition auf typische Fehler, die einen reibungslosen Start verhindern könnten. Dazu gehören z. B. beschädigte oder versehentlich überschriebene Bootsektoren oder aber auch schiefgelaufene »Optimierungen« an den Startoptionen von Windows. Außerdem wertet das Programm die Ereignisprotokolle vom letzten Startversuch aus, um dem Problem auf die Spur zu kommen.

Wie auch beim abgesicherten Start sind die erweiterten Startoptionen der Ausgangspunkt für die Startproblembehandlung. Wenn Windows noch startet, erreichen Sie diese mittels des erweiterten Neustarts (siehe Seite 541). Andernfalls starten Sie Windows wie im vorangehenden Abschnitt beschrieben von einem Installationsdatenträger.

Eingreifen der Starthilfe provozieren

Die Starthilfe wird automatisch aktiviert, wenn Windows dreimal in Folge nicht erfolgreich starten konnte. Dies können Sie sich zunutze machen: Wenn der Windows-Start beginnt, aber dann hängen bleibt, schalten Sie den PC hart aus (Ein/Ausschalter gedrückt halten) und wiederholen Sie diesen Vorgang dann so lange, bis die Starthilfe von alleine eingreift.

1. Wird das Auswahlmenü auf blauem Hintergrund angezeigt, klicken Sie auf *Problembehandlung* und dann auf *Erweiterte Optionen*.

2. Wählen Sie in den erweiterten Optionen schließlich *Starthilfe*.

3. Windows startet daraufhin neu und bereitet die automatische Reparatur vor. Wählen Sie dazu zunächst Ihr Benutzerkonto auf dem zu reparierenden System aus und geben Sie das dazugehörige Kennwort ein.

4. Nun prüft der Assistent, ob sich das System starten lässt, bzw. versucht ggf. zu ermitteln, warum es sich eben nicht starten lässt. Eine Reihe typischer Probleme wie defekte Bootinformationen oder fehlerhafte Partitionsdaten kann der Assistent so selbstständig erkennen und beheben.

10.1.6 Den Windows-Bootsektor reparieren

Eine Beschädigung des Bootsektors auf der Festplatte verhindert den Windows-Start sehr effektiv. Ganz von alleine passiert das eher selten. Aber es kann schnell vorkommen, wenn man selbst an den Einstellungen experimentiert oder ein weiteres Betriebssystem parallel installieren will. Auch Trojaner oder andere Schadsoftware manipulieren an dieser Stelle gern. Liegt kein Hardwareproblem mit der Festplatte vor, lässt sich der Bootsektor aber mit wenigen Schritten reparieren.

1. Starten Sie zunächst den PC, wie auf Seite 542 beschrieben, von einem Installationsmedium und hangeln Sie sich durch die erweiterten Startoptionen, bis Sie zur Eingabeaufforderung gelangen (*Weitere Optionen auswählen/Problembehandlung/Erweiterte Optionen/Eingabeaufforderung*).

2. Nach dem Start der Eingabeaufforderung geben Sie hier zunächst den folgenden Befehl ein. Dieser erstellt den **M**aster **B**oot **R**ecord (MBR) neu und überschreibt dabei eventuell beschädigte Daten. Die Partitionstabelle wird dabei nicht angefasst, sodass Sie diesen Befehl jederzeit bedenkenlos einsetzen können.

```
bootrec /fixmbr
```

3. Dasselbe Programm kann ebenso den Startsektor der Systempartition neu schreiben und dadurch eventuelle Beschädigungen des Bootsektors beheben. Geben Sie dazu diesen zweiten Befehl ein und probieren Sie dann aus, ob Windows sich nun wieder starten lässt:

```
bootrec /fixboot
```

4. Das bootrec-Programm kann auch helfen, aus dem Bootmanager verschwundene Einträge wiederherzustellen. Der nachfolgende Befehl durchsucht alle Datenträger nach Windows-Installationen, listet aber nur diejenigen auf, für die derzeit kein Eintrag im Bootmanager zu finden ist. Hinweis: Wird ein System mit *windows.old* im Pfad gefunden, handelt es sich dabei um eine alte Version, die durch ein Upgrade aktualisiert wurde. Diese kann also ignoriert werden.

```
bootrec /ScanOs
```

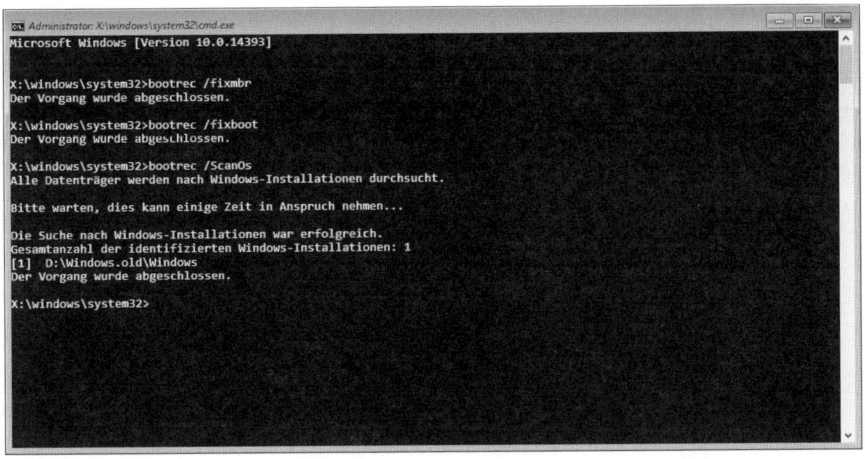

5. Finden Sie mit der *Scan*-Funktion fehlende Installationen, können Sie diese dem Bootmanager wieder hinzufügen. Verwenden Sie dazu den folgenden Befehl. Sie können dann jeweils interaktiv entscheiden, ob eine gefundene Installation im Bootmanager angezeigt werden soll oder nicht.

   ```
   bootrec /RebuildBcd
   ```

10.1.7 Systemdateien überprüfen und reparieren

Das Programm *System File Checker* (SFC) gehört zum Lieferumfang von Windows und überprüft alle Windows-Systemdateien auf Integrität. Es kann in Windows jederzeit per Eingabeaufforderung genutzt werden (siehe Seite 581). Lässt sich Windows gar nicht mehr starten, kann es auch von einem Installationsmedium ausgeführt werden.

Wichtig dabei: Der Wiederherstellungsdatenträger muss zur aktuellen Windows-Version passen, sollte also nicht zu alt sein.

1. Starten Sie zunächst den PC, wie in den vorangehenden Anleitungen beschrieben, von einem Installationsmedium und hangeln Sie sich durch die erweiterten Startoptionen, bis Sie zur Eingabeaufforderung gelangen (*Problembehandlung/Erweiterte Optionen/Eingabeaufforderung*).
2. Um das SFC-Programm für das richtige Laufwerk ausführen zu können, müssen Sie den Laufwerkbuchstaben kennen. Da dieser nicht notwendigerweise mit dem üblichen übereinstimmt, sollten Sie nachsehen. Geben Sie dazu den Befehl `diskpart` ein, warten Sie kurz und geben Sie dann `list volume` ein. Das Programm zeigt eine Liste mit allen Laufwerken an. An den Bezeichnungen und Größenangaben können Sie das richtige Laufwerk ermitteln. In der Spalte *Bst* finden Sie den zugeordneten Laufwerkbuchstaben. Notieren Sie sich den Buchstaben des Windows-Laufwerks sowie – falls davon abweichend – der Startpartition mit den Bootinformationen. Verlassen Sie das diskpart-Programm dann mit dem Befehl `exit`.

```
X:\windows\system32>diskpart

Microsoft DiskPart-Version 10.0.14393.0

Copyright (C) 1999-2013 Microsoft Corporation.
Auf Computer: MININT-T8RJ5TT

DISKPART> list volume

  Volume ###  Bst  Bezeichnung  DS     Typ         Größe    Status     Info
  ----------  ---  -----------  -----  ----------  -------  ---------  --------
  Volume 0     E   VBOXADDITIO  CDFS   CD            55 MB  Fehlerfre
  Volume 1     C   System-rese  NTFS   Partition    500 MB  Fehlerfre
  Volume 2     D                NTFS   Partition     66 GB  Fehlerfre

DISKPART> exit

Datenträgerpartitionierung wird beendet...

X:\windows\system32>_
```

3. Mit den ermittelten Laufwerkbuchstaben können Sie nun das SFC-Programm starten. Dabei geben Sie bei `offbootdir=` den Laufwerkbuchstaben der Startpartition an. Dies ist in der Regel die nur wenige 100 MB große, für das System reservierte Partition. Bei `offwindir=` geben Sie den vollständigen Pfad zur Windows-Partition auf dem entsprechenden Laufwerk an.

   ```
   sfc /offbootdir=D:\ /offwindir=C:\windows /scannow
   ```

4. Das SFC-Programm überprüft nun die Dateien auf dem angegebenen Windows-Systemlaufwerk. Dies nimmt einige Zeit in Anspruch. Stellt das Programm beschädigte Systemdateien fest, versucht es unmittelbar, sie durch intakte Kopien zu ersetzen. Auf Seite 563 ist der Ablauf ausführlicher und mit weiterführenden Informationen beschrieben. Hier deshalb nur die Kurzfassung.

5. Meldet das Programm, dass keine beschädigten Dateien gefunden wurden, ist alles in Ordnung. Meldet das Programm, dass Daten erfolgreich repariert wurden, wiederholen Sie den Vorgang, bis keine beschädigten Dateien mehr gemeldet werden.

10.1.8 Systemwiederherstellung eines defekten Windows

Wenn auf Ihrem Windows-PC das Erstellen von Systemwiederherstellungspunkten aktiviert ist, können Sie eine Wiederherstellung durchführen, selbst wenn Windows nicht mehr starten will. Mit etwas Glück macht eine solche Wiederherstellung die Veränderung rückgängig, die zu den Startproblemen geführt hat.

Nachteil dieser Vorgehensweise: Alle Änderungen an der Systemkonfiguration, die seit dem Anlegen dieses Wiederherstellungspunkts vorgenommen wurden, gehen dadurch verloren. Auch Anwendungen, die seitdem installiert wurden, müssen anschließend ggf. neu installiert werden, da die dazugehörenden Registry-Informationen beim Wiederherstellen verloren gehen. Änderungen an Ihren persönlichen Dateien bleiben aber erhalten.

1. Starten Sie den PC, wie in den vorangehenden Anleitungen beschrieben, von einem Installationsmedium und wählen Sie im erweiterten Startmenü *Problembehandlung/Erweiterte Optionen/System wiederherstellen*.

2. Windows startet nur kurz neu und aktiviert die Wiederherstellungsumgebung. Wählen Sie ggf. Ihr Benutzerkonto (mit Administratorrechten) aus und geben Sie das dazugehörende Kennwort an.

3. Nun startet in der Wiederherstellungsumgebung der Assistent zum Wiederherstellen von Systemdateien und -einstellungen. Er unterscheidet sich nur optisch von seinem Pendant, das Sie bei einem laufenden Windows jederzeit aufrufen können.

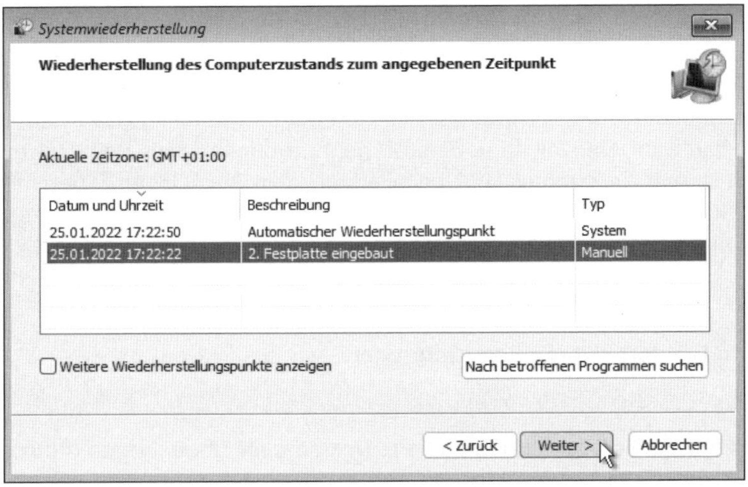

4. Wählen Sie einen Wiederherstellungspunkt aus der Liste aus. Idealerweise haben Sie mehrere zur Auswahl, von denen Sie denjenigen auswählen sollten, der als letzter vor dem ersten Auftreten der Startprobleme liegt.

5. Der Assistent zeigt dann eine Zusammenfassung der Wiederherstellung an. Hier können Sie mit *Nach betroffenen Programmen suchen* überprüfen, auf welche Anwendungen das Wiederherstellen möglicherweise Auswirkungen haben könnte.

6. Klicken Sie dann unten auf *Fertig stellen*. Der Assistent stellt die Daten wieder her und startet dann in diesem Zustand neu.

10.1.9 Daten aus einer beschädigten Windows-Installation sichern

Sollten alle Versuche scheitern, eine nicht mehr startende Windows-Installation ohne Datenverluste zu reparieren, besteht immer die Möglichkeit, wichtige gespeicherte Dateien zu retten, bevor Sie beispielsweise ein früheres Systemabbild wiederherstellen. Sie benötigen dafür eine zusätzliche Festplatte. Ist keine zweite intakte Platte in den PC eingebaut, schließen Sie eine externe USB-Festplatte (oder ggf. einen ausreichend großen USB-Stick) an.

Die notwendigen Schritte nehmen Sie in der Eingabekonsole der Wiederherstellungsumgebung vor. Lässt diese sich noch über die erweiterten Startoptionen der defekten Windows-Installation auswählen, können Sie diesen Weg gehen und sich dann mit Ihrem Benutzerkonto anmelden.

Ansonsten starten Sie den PC, wie in den vorangehenden Anleitungen beschrieben, von einem Wiederherstellungsdatenträger und hangeln sich durch die erweiterten Startoptionen, bis Sie zur Eingabeaufforderung gelangen (*Problembehandlung/Erweiterte Optionen/Eingabeaufforderung*).

1. Um festzustellen, welche Laufwerkbuchstaben zu verwenden sind, geben Sie `diskpart` gefolgt von `list volume` ein. An der Ausgabe können Sie ablesen, welchen Buchstaben das Windows-Laufwerk hat und welchen das externe Sicherungslaufwerk. Das folgende Beispiel geht davon aus, dass Windows auf *E:* installiert ist und ein externes USB-Laufwerk mit dem Buchstaben *F:* bereitsteht. Passen Sie diese Buchstaben bei den weiteren Schritten jeweils an. Verlassen Sie das diskpart-Programm mit `exit`.

2. Wechseln Sie dann auf das Windows-Laufwerk, in diesem Beispiel mit e:.

3. Wechseln Sie dort in Ihren Benutzerordner:

   ```
   cd e:\Users\<Benutzername>
   ```

   Sollte es hinsichtlich des Ordnernamens Unklarheiten geben, listen Sie so alle Benutzerordner auf:

   ```
   dir e:\Users
   ```

4. Listen Sie dann den Inhalt des Benutzerordners auf. Hier dürften insbesondere Ordner wie *Documents* (Dokumente), *Pictures* (Bilder) oder *Desktop* von Interesse sein.

   ```
   dir
   ```

5. Um einen dieser Ordner mitsamt Unterverzeichnissen und Dateien zu sichern, verwenden Sie das in Windows enthaltene Befehlszeilenprogramm *xcopy*:

   ```
   xcopy Documents f:\Sicherung /E /C /G /H /I
   ```

Auf diese Weise können Sie auch die Ordner anderer Benutzer bzw. ganz andere Bereiche der Festplatte sichern. Es empfiehlt sich allerdings, dabei möglichst selektiv vorzugehen.

Prinzipiell kann man auch die komplette Festplatte mit `xcopy e:\*.*` etc. sichern. Eine typische Windows-Installation mit Nutzerdaten umfasst aber viele Gigabyte. Deshalb benötigt man dafür nicht nur eine große Festplatte, sondern insbesondere bei einem externen USB-Laufwerk sehr viel Zeit.

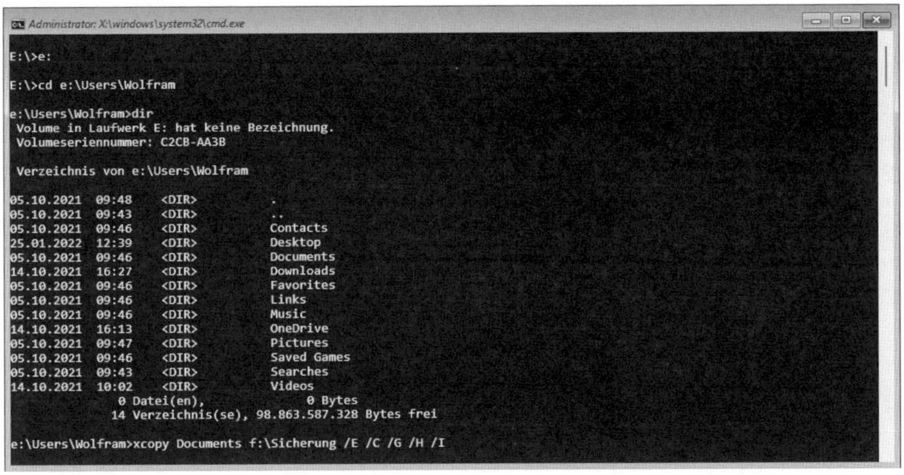

10.1.10 Defektes Windows per Zurücksetzen auffrischen

Wenn nichts mehr geht, ist das Zurücksetzen von Windows eine sinnvolle Option. Sofern kein Hardwaredefekt vorliegt, garantiert sie ein lauffähiges System, denn Windows wird dadurch praktisch auf Werkseinstellungen zurückgesetzt. Das bedeutet allerdings nicht zwangsläufig Auslieferungszustand, sondern den Zustand nach der Installation des letzten Funktionsupdates. Sie können aber auch ein nicht mehr startendes Windows zurücksetzen und so retten.

1. Wählen Sie im erweiterten Startmenü (siehe Seite 542) *Problembehandlung* und dann *Diesen PC zurücksetzen*.
2. Im anschließenden Schritt entscheiden Sie sich für die Variante *Eigene Daten beibehalten*, damit Ihre persönlichen Daten das Auffrischen überleben.
3. Wählen Sie ggf. ein Benutzerkonto und geben Sie das Kennwort dazu an.
4. Der Auffrischungsassistent informiert Sie noch mal kurz über die Details. Verzichten Sie ggf. auf den *Cloud-Download* und beschränken Sie sich auf eine *Lokale Neuinstallation*. Starten Sie den Vorgang dann mit *Zurücksetzen*.

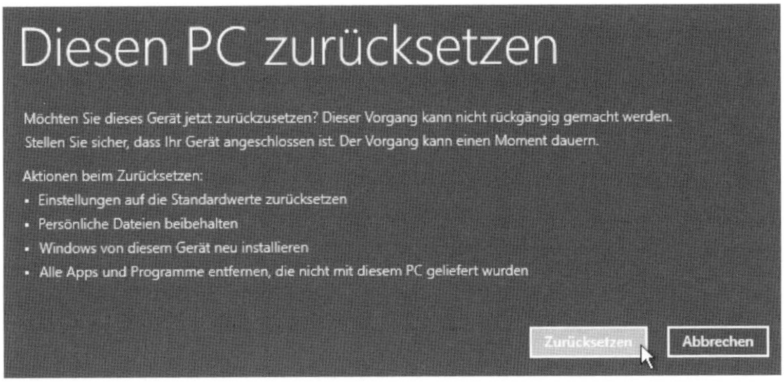

5. Windows startet daraufhin neu und führt das Auffrischen der Installation durch. Dies sollte üblicherweise nur einige wenige Minuten in Anspruch nehmen. Neustarts sind in dieser Phase nichts Beunruhigendes. Überlassen Sie den PC einfach sich selbst.

Nach dem letzten Neustart wird der PC im nun aufgefrischten Zustand gestartet und grundeingestellt. Anschließend steht Ihnen das zurückgesetzte Windows zur Verfügung. In den Bibliotheken finden Sie Ihre Dokumente und Dateien genau wie vor dem Auffrischen wieder. Apps und Anwendungen aber müssen Sie anschließend neu installieren.

10.2 Windows-Fehler und Stabilitätsprobleme

So frustrierend es ist, wenn Windows wie aus heiterem Himmel Fehler meldet, bestimmte Funktionen verweigert oder womöglich sogar komplett abstürzt, muss man nicht gleich verzweifeln. Windows bringt selbst Funktionen zum Erkennen, Analysieren und Beheben von Fehlern mit. Diese machen sich zunutze, dass das Betriebssystem alle Abläufe ständig überwacht und protokolliert. Daraus lassen sich regelmäßig auftretende Fehler erkennen und im Idealfall auch Lösungen ableiten.

Probleme per Neustart lösen

Ich habe an anderer Stelle bereits darauf hingewiesen, wiederhole es hier aber bewusst noch mal: Für gelegentlich auftretende Probleme ist oft ein gründlicher Neustart schon die Lösung. Vielleicht hängt nur ein bestimmter Systemdienst oder durch ein Update wurden bestimmte Komponenten vorübergehend deaktiviert. Ein Neustart lässt solche Hindernisse ganz einfach und schnell verschwinden (siehe Seite 539). Reicht das nicht, probieren Sie es zwischendurch einmal im abgesicherten Modus (siehe Seite 541).

10.2.1 PC über Hardwarefunktion jederzeit ausschalten

In extremen Situationen kann es passieren, dass Windows gar nicht mehr reagiert und sich der PC nicht mal mehr herunterfahren lässt, egal, wie lange man wartet. Wenn dann nicht mal mehr eine Reaktion auf die Ein-/Aus-Taste erfolgt bzw. diese den PC allenfalls in den Stand-by-Modus schickt, ist die Lösung naheliegend: Wenn es gar nicht anders geht, kann man nur noch »den Stecker ziehen«. Das müssen Sie aber nicht unbedingt wörtlich nehmen. Denn oftmals ist ein Anschluss für das Netzteil gar nicht oder nur an der Rückseite vorhanden und auch das Stromkabel verschwindet irgendwo schwer zugänglich unter dem Schreibtisch. Und bei mobilen Geräten mit fest eingebautem Akku würde das ohnehin schwierig bzw. langwierig.

Es gibt in solchen Fällen aber eine einfache Lösung, die praktisch immer funktioniert: Halten Sie den Ein-/Aus-Taster des Gerätes so lange gedrückt, bis der Rechner sich abschaltet. Dies ist eine direkte Hardwarefunktion des Mainboards, die von Windows nicht kontrolliert wird. Deshalb funktioniert sie auch, wenn Windows abgestürzt ist. Hält man die Taste lange genug gedrückt, unterbricht das Mainboard seine eigene Stromversorgung.

Anschließend kann der PC – ggf. nach einer kurzen Wartepause – wieder gestartet werden. Meist bemerkt Windows sogar, dass es auf diese unsanfte Tour beendet wurde. Das ist aber durchaus positiv, denn dann werden beim Start einige zusätzliche Tests durchgeführt, die sicher nicht schaden können.

10.2.2 Windows kann sich bei Problemen selbst helfen

Windows kann bestehende Probleme erkennen und beheben oder zumindest konkrete Hinweise und Hilfestellungen dazu geben. Hierzu gibt es ein eigenes Modul *Problembehandlung* sowohl in der klassischen Systemsteuerung als auch in den Windows-Einstellungen (unter *System/Problembehandlung*).

1. Achten Sie hier zunächst auf vorliegende Meldungen zu aktuellen Problemen. Diese werden aber nur angezeigt, wenn Windows sie automatisch erkennen konnte. Sie können dann in der Regel auch direkt dort behoben werden.
2. Erkennt Windows Ihr Problem nicht automatisch, klicken Sie unten auf *Andere Problembehandlungen*.
3. Dadurch zeigen Sie eine Liste mit den eingebauten Problemlösungen für verschiedene Themenbereiche an. Oben bei *Am häufigsten* finden Sie Themenbereiche, bei denen typischerweise am ehesten Probleme auftreten. Darunter bei *Andere* finden Sie noch mal wesentlich mehr Themen, bei denen Probleme eher selten sind.

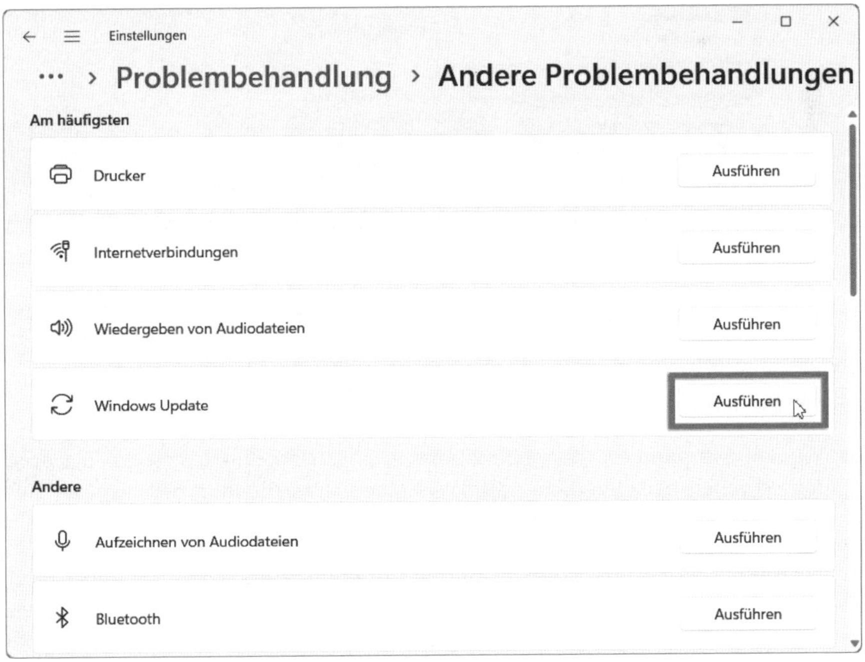

4. Haben Sie einen möglichst passenden Problemlösungsassistenten gefunden, klicken Sie in dessen Eintrag rechts auf die *Ausführen*-Schaltfläche. Ab dann ist der Ablauf in etwa so wie bei der vorangehend beschriebenen Problemlösung. Allerdings unterscheidet sich jede Lösung immer ein wenig von der anderen.

10.2.3 Die Systemdiagnose verschafft den Überblick

Windows kann eine Eigendiagnose durchführen, die wesentliche Informationen zu Leistung, Stabilität und Fehlern Ihres PCs zusammenfasst. Das ist hilfreich, wenn der Status des PCs unklar ist oder wenn Sie sich schnell einen Überblick verschaffen wollen. Ebenso kann der Bericht nützlich sein, wenn Sie bei speziellen Problemen externe Hilfe benötigen.

Erstellen Sie einen aktuellen Diagnosebericht und senden Sie diesen z. B. per E-Mail an den Kundendienst oder technischen Support des Herstellers, mit dessen Produkt es Probleme gibt. Dieser findet im Bericht alle wesentlichen Informationen zu Ihrem PC.

1. Öffnen Sie über das Windows-Startmenü die App *Leistungsüberwachung*.
2. Wählen Sie links im Navigationsbereich den Punkt *Datensammlersätze/System/System Diagnostics (Systemdiagnose)* aus.

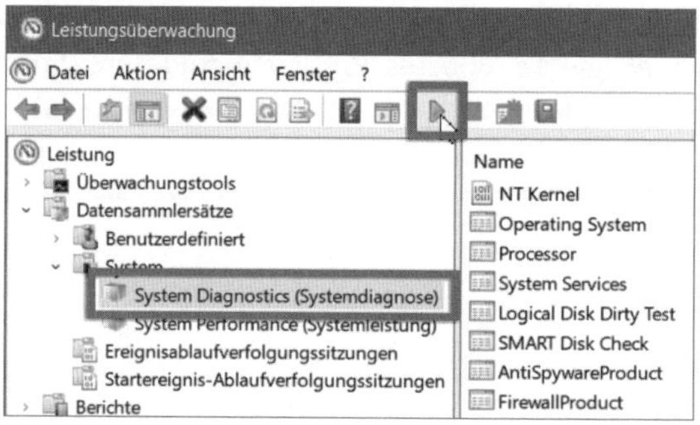

3. Klicken Sie dann oben in der Symbolleiste auf das grüne Wiedergabesymbol, um die Datenerfassung zu starten.
4. Windows erfasst nun für 60 Sekunden alle relevanten Daten und Informationen und stellt daraus einen umfassenden Bericht zusammen. Lassen Sie den PC in dieser Phase möglichst unbehelligt vor sich hin arbeiten. Warten Sie, bis das Wiedergabesymbol erneut die ursprüngliche grüne Farbe annimmt.
5. Wählen Sie dann im Navigationsbereich links den Punkt *Berichte/System/Systemdiagnostics*. Sollte dieser mehr als einen Unterpunkt haben, wählen Sie den mit dem aktuellen Datum. Der Bericht wird dann rechts angezeigt.
6. Im Bericht finden Sie oben im Bereich *Diagnoseergebnisse* zunächst die interessantesten Details. Hier sind Fehler, Warnungen und Informationen aufgeführt, die die Stabilität und Performance des Systems gefährden bzw. beeinträchtigen.

Praktischerweise werden dabei meistens auch gleich Vorschläge zur Lösung des Problems gemacht, an denen Sie sich orientieren können.

7. Unterhalb davon sehen Sie Angaben und Prüfergebnisse zu den einzelnen Systemkomponenten und Ressourcen. Achten Sie hier auf rote Warnsymbole und Angaben wie *Fehlgeschlagen* oder *Fehler*, um weitere Problembereiche zu erkennen.

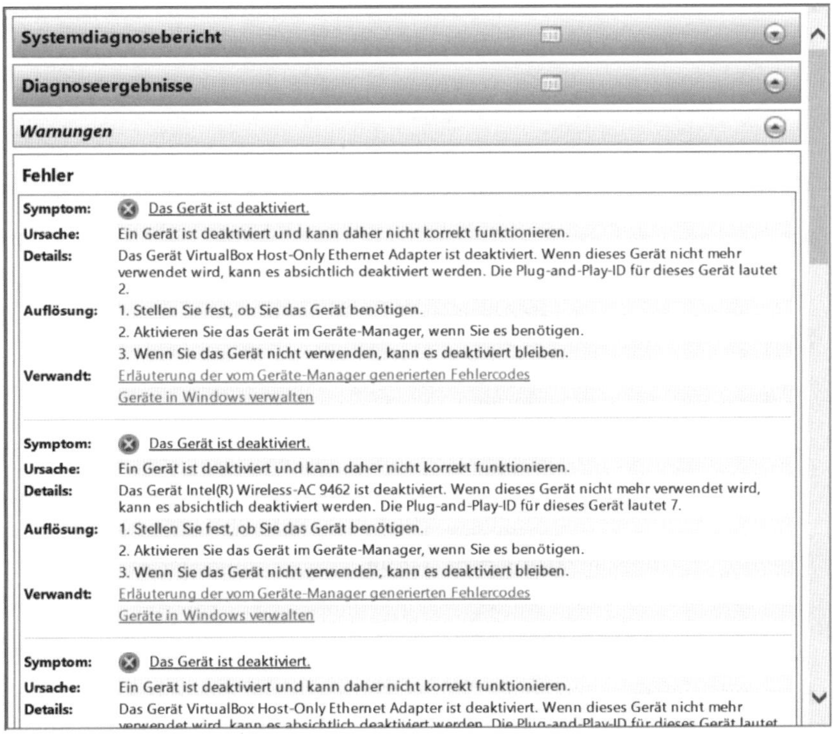

10.2.4 Probleme im Zuverlässigkeitsverlauf aufstöbern

Zum Aufspüren von Problemen und deren Ursache bietet Windows eine sehr praktische Hilfe: Der Zuverlässigkeitsverlauf erstellt ein dauerhaftes Protokoll und vermerkt darin alle besonderen Ereignisse. Die aufgezeichneten Daten lassen sich in einem Systemstabilitätsdiagramm anschaulich darstellen. Dieses eignet sich besonders, Problemen schnell auf die Schliche zu kommen. Außerdem ist es ein gutes Mittel, Muster bei regelmäßig auftretenden Fehlern zu erkennen.

1. Öffnen Sie im Suchfeld der Windows-Taskleiste die Funktion *Zuverlässigkeitsverlauf anzeigen*.

2. Damit rufen Sie den Zuverlässigkeits- und Problemverlauf Ihres PCs auf. Der zeigt im oberen Bereich einen grafischen Stabilitätsindex an. Der verrät auf den ersten Blick, wie konstant die Stabilität ist und ob es in letzter Zeit Probleme gegeben hat.

3. Der Bereich darunter enthält mehrere Zeilen für verschiedene Arten von Systemereignissen. In diesen Zeilen finden Sie Symbole an den Terminen, an denen sich Nennenswertes ereignet hat. Das können einfache Informationssymbole sein, etwa wenn Software installiert wurde. Es gibt aber auch gelbe Warnhinweise und rote Fehlersymbole. Sie weisen auf Ereignisse hin, die näher betrachtet werden sollten.

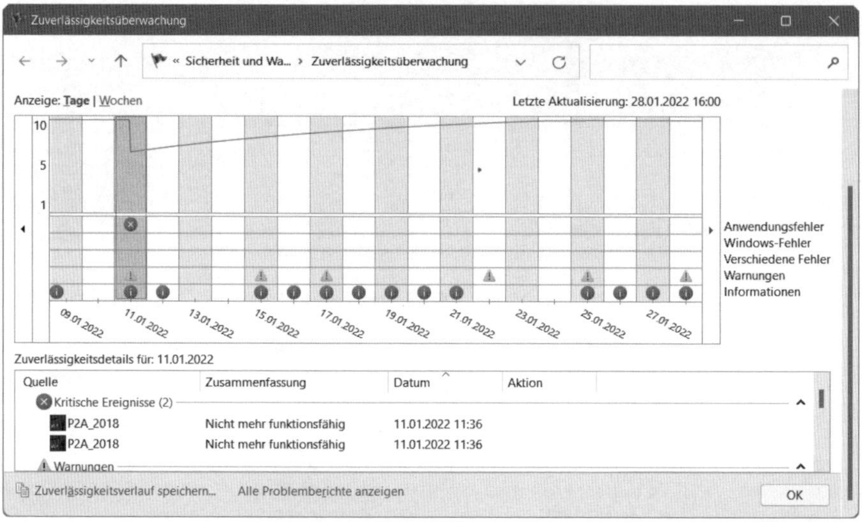

Die gesamte Stabilitätshistorie betrachten

Beachten Sie die schlanken Symbole links und rechts neben dem Diagramm. Hiermit können Sie die Anzeige nach links verschieben und so auch ältere Daten betrachten und abrufen. Die Daten werden seit dem allerersten Start Ihres Windows aufgezeichnet. So lassen sich auch weiter zurückliegende Informationen abrufen. Außerdem können Sie so die Angaben in den verschiedenen Bereichen mit dem früheren Status vergleichen.

4. Um ein Ereignis detailliert zu betrachten, klicken Sie mit der linken Maustaste auf das entsprechende Datum im Zuverlässigkeitsverlauf. Unterhalb des Diagramms sehen Sie dann die Details für diesen Tag. Darin sind automatisch die Bereiche aufgeklappt, für die Ereignisse vorliegen.

5. Mit dem kleinen Pfeilsymbol ganz rechts können Sie die Bereiche auf- bzw. einklappen, um sich auf die für Sie wichtigen Informationen zu konzentrieren.

Die Angaben aus dem Systemstabilitätsbericht sind immer dann interessant, wenn Sie nicht wissen oder unsicher sind, wodurch ein Problem verursacht wird. Wenn also Ihr PC beispielsweise unvermittelt einfriert oder neu startet, kann ein anschließender Blick in den Stabilitätsbericht helfen, die Ursache zu ermitteln. Der Stabilitätsbericht ist auch nützlich, wenn Sie Störenfriede finden wollen, etwa instabile Programme oder Treiber. Schauen Sie, ob eine bestimmte Komponente regelmäßig im Bericht negativ auffällt. Sehr interessant ist auch, dass der Bericht genau vermerkt, welche Software wann installiert wurde. Ein bestimmtes Problem tritt seit zwei Wochen immer wieder auf? Dann schauen Sie doch mal, welches Programm vor 14 Tagen installiert wurde.

10.2.5 Fehler im Windows-Ereignisprotokoll analysieren

Windows führt automatisch ein umfangreiches Protokoll über alles, was mit dem System passiert: wann das Betriebssystem gestartet und beendet wird, wann Software installiert, Treiber aktualisiert oder System-Updates eingespielt wurden.

Diese Informationen können Ihnen nicht nur als Gedächtnisstütze dienen. Vor allem, wenn es darum geht, die Ursache für ein bestimmtes Problem einzugrenzen, können die Angaben aus dem Ereignisprotokoll hilfreich sein.

1. Öffnen Sie mithilfe des Suchfelds in der Windows-Taskleiste die App *Ereignisanzeige*.
2. Damit öffnen Sie die Ereignisanzeige, die auf den ersten Blick etwas unübersichtlich daherkommt. Die wesentlichen Informationen lassen sich aber schnell finden.
3. Wenden Sie Ihren Blick zunächst etwa in die Mitte des Fensters in den Bereich *Zusammenfassung der administrativen Ereignisse*. Hier sehen Sie, welche Arten von Ereignissen (*Kritisch*, *Fehler*, *Warnung* etc.) in den letzten Stunden, Tagen oder Wochen überhaupt aufgetreten sind.

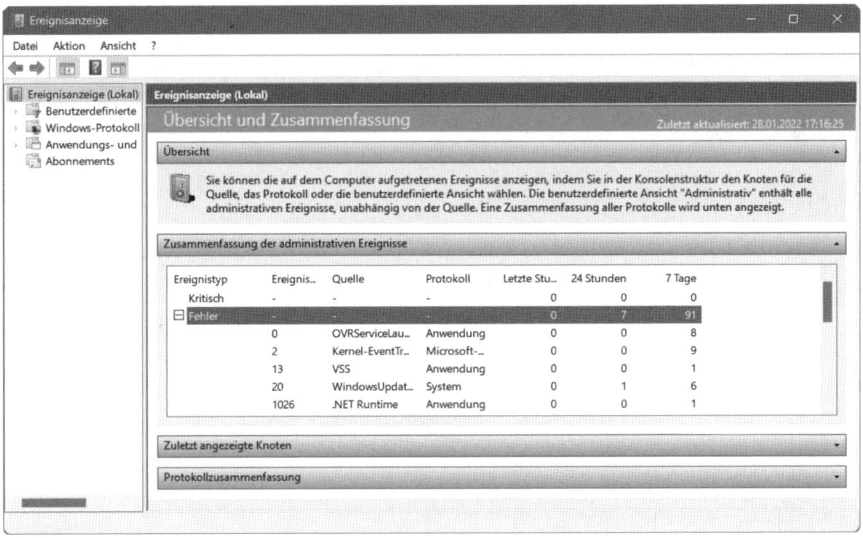

4. Mit einem Klick auf das Plussymbol ganz links können Sie die jeweilige Kategorie aufklappen und die dort verzeichneten Ereignisse genauer studieren. Klicken Sie ggf. doppelt auf den Eintrag, um die Detailansicht aufzurufen.

5. Mit der Leiste am linken Fensterrand können Sie verschiedene Ereignisprotokolle öffnen. So finden Sie unter *Windows-Protokolle* Informationen zu Themen wie Sicherheit und System. Unter *Anwendungs- und Dienstprotokolle* sind Ereignisse rund um Anwendungen und die verschiedenen Windows-Dienste versammelt. Hier finden Sie aber auch Hardwareereignisse.

6. Sehr interessant ist zudem der Unterordner *Anwendungs- und Dienstprotokolle/Microsoft/Windows*. Hier finden Sie eine große Auswahl von Protokollen zu verschiedenen wichtigen Windows-Funktionen, deren detaillierte Beschreibung den Rahmen sprengen würde. Wenn Sie aber z. B. Probleme mit einer älteren Anwendung haben, die nicht voll kompatibel ist, sollten Sie mal einen Blick in *UAC-FileVirtualization/Betriebsbereit* werfen. Hier finden Sie alle Ereignisse, bei denen Windows Dateizugriffe virtualisieren musste, weil eine Anwendung sich nicht an die Regeln halten wollte.

Aus Fehlerinformationen die richtigen Schlüsse ziehen

Wenn Sie mit den Informationen aus den Fehlerdetails erst mal nichts anfangen können, ist das kein Grund zur Beunruhigung. Selbst Profis wissen nur in seltenen Fällen sofort, wo Windows gerade der Schuh drückt. Aber wenn Sie eine Suchmaschine wie Google mit den Angaben zu Fehlercode, Ereignis-ID und Quelle füttern, finden Sie mit ein wenig Glück schnell weiterführende Informationen und optimalerweise auch konkrete Schritte zur Behebung des zugrunde liegenden Problems. Sollte in der Trefferliste eine Seite der Microsoft Knowledge Base enthalten sein, steuern Sie diese am besten an, da sie erfahrungsgemäß oft kompetente Problembeschreibungen und -lösungen sozusagen aus offizieller Quelle bietet.

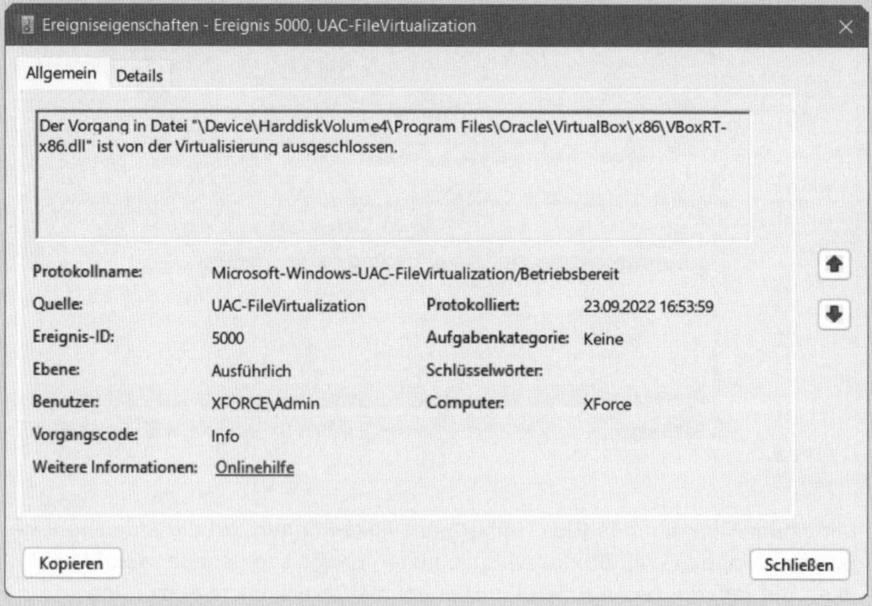

10.2.6 Anwendungen im Prozessmonitor überwachen

Haben Sie eine Anwendung als konkreten Verursacher von Problemen ausgemacht, ist das nur der erste Schritt. Möglicherweise können Sie auf das Programm verzichten und es deinstallieren oder einfach nicht mehr nutzen. Das geht aber nicht immer, und darüber hinaus wäre es ja auch interessant zu wissen, was genau die Anwendung so langsam oder fehleranfällig macht. Um das herauszufinden, kann man Programme mit dem Process Monitor aus der Sysinternals-Sammlung (siehe Seite 575) überwachen.

1. Starten Sie das Programm *procmon.exe* und platzieren Sie sein Fenster möglichst platzsparend am Rand des Bildschirms. Stellen Sie sicher, dass im *File*-Menü die Option *Capture Events* aktiv ist.
2. Starten Sie nun die fragliche Anwendung bzw. führen Sie die Funktion aus, die zu Verzögerungen führt. Warten Sie ggf. ab, bis der störende Effekt eintritt.
3. Wechseln Sie dann wieder zum Process Monitor und beenden Sie mit *File/Capture Events* das Datensammeln (um die Datenmenge nicht unüberschaubar groß werden zu lassen).
4. Suchen Sie nun in der Liste der vom Process Monitor erfassten Ereignisse eines mit der fraglichen Anwendung heraus. Sie erkennen diese am Namen der Programmdatei in der Spalte *Process Name*.
5. Klicken Sie mit der rechten Maustaste auf den Prozessnamen eines solchen Ereignisses und wählen Sie anschließend im Kontextmenü *Include/'<Prozessname>'*. Damit filtern Sie die Ereignisliste, sodass nur noch Ereignisse dieses Programms angezeigt werden.

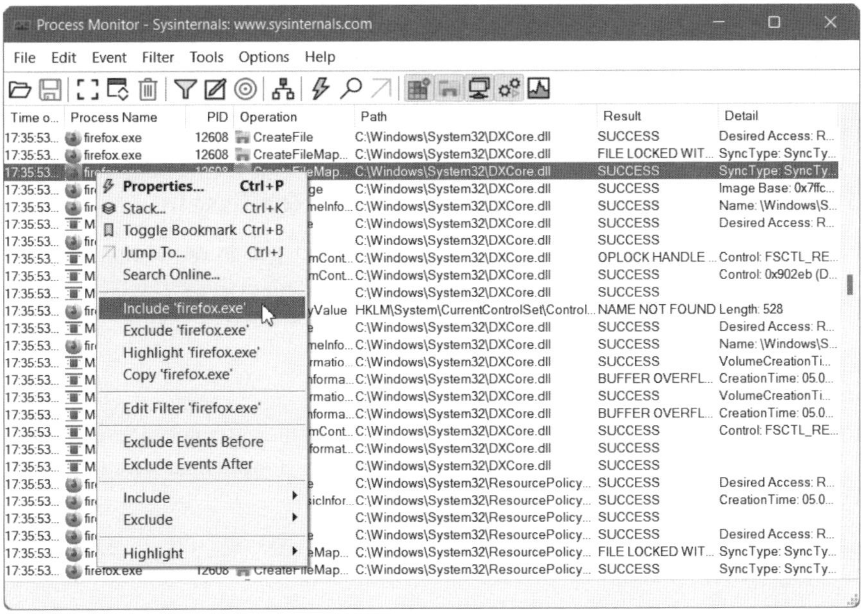

Den Filter zurücksetzen und Ereignisse löschen

Mit *Filter/Reset Filter* können Sie den Filter jederzeit auf seine Standardeinstellungen zurücksetzen. Mit *Edit/Clear Display* löschen Sie die aktuelle Ereignisliste, um etwa neue, aktuelle Daten zu erfassen.

Auf diese Weise erhalten Sie eine chronologische Liste aller Ereignisse, die von der Anwendung im Überwachungszeitraum ausgelöst wurden:

- In der Spalte *Operation* können Sie die Art des Ereignisses ablesen, etwa Dateioperationen oder Registry-Zugriffe.
- In der Spalte *Path* wird das Ziel der Operation angegeben, also etwa eine Datei oder ein Registryschlüssel.
- Besonders interessant ist die Spalte *Result*. Meist steht hier nur *SUCCESS*, was bedeutet, dass die Operation erfolgreich durchgeführt wurde. Umso spannender sind andere Einträge wie beispielsweise *FILE LOCKED*, *NAME NOT FOUND* oder *ACCESS DENIED*. Diese Einträge müssen nicht zwangsläufig auf eine Fehlfunktion hinweisen, aber sie können zumindest ein Indiz dafür sein.

Erfolgreiche Events ignorieren

Um die Liste des Process Monitors möglichst übersichtlich zu machen, kann es hilfreich sein, alle Ereignisse mit dem Ergebnis *SUCCESS* wegzufiltern. Dann bleiben nur solche übrig, die potenziell auf Probleme hinweisen. Klicken Sie dazu mit rechts auf ein erfolgreiches Ereignis und wählen Sie im Kontextmenü *Exclude/Result*.

Das hier beschriebene Szenario ist nur eine von vielen Einsatzmöglichkeiten des Process Monitors. Er kann ebenso genutzt werden, wenn Anwendungen sich nicht wie erwartet verhalten oder um bei unspezifischen Fehlermeldungen Klarheit über die tatsächliche Ursache zu erlangen.

10.2.7 Windows-Fehlernummern entschlüsseln

Manchmal quittieren Anwendungen den Dienst und geben dabei nur eine nichtssagende Fehlernummer als Hinweis aus. Die kann man selbstverständlich im Internet recherchieren. Allerdings ist es nicht immer ganz leicht, dort schnell die richtige Information zu finden.

Für eine erste Analyse kann man auch Windows selbst befragen, denn das Betriebssystem kann in den meisten Fällen zu einer Fehlernummer eine aussagekräftige Fehlerbeschreibung liefern, die ggf. auch schon Hinweise zur Ursache und ggf. zur Beseitigung des Problems liefert.

1. Öffnen Sie eine Eingabeaufforderung.

2. Tippen Sie hier den Befehl `certutil -error` gefolgt von der Fehlernummer ein, also beispielsweise

```
certutil -error 1005
```

3. Wenn Sie diesen Befehl mit ⏎ abschicken, erhalten Sie als Ausgabe den Klartext der Fehlermeldung sowie ggf. eine ausführlichere Beschreibung des Problems und Hinweise zu Lösungsschritten.

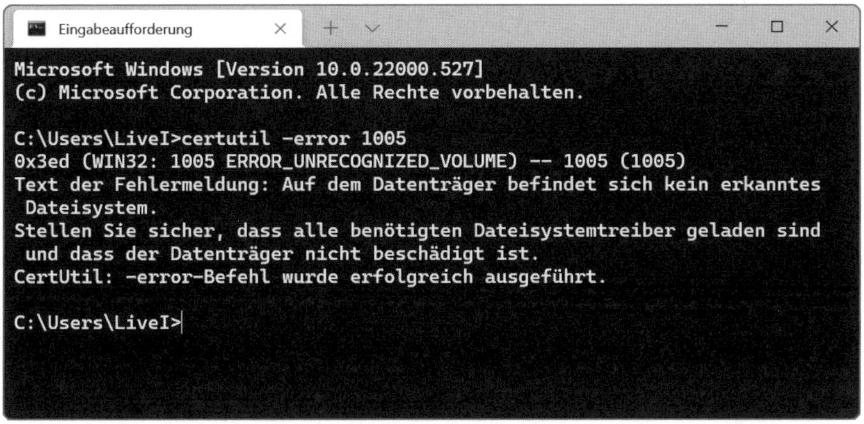

10.2.8 Aussagekräftige Angaben zu Bluescreen-Fehlern

Auch beim aktuellen Windows sollen sie noch gelegentlich vorkommen: kritische Systemfehler, bei denen sich das Betriebssystem nicht anders als mit einem plötzlichen kompletten Stopp behelfen kann. Häufig färbt sich der Bildschirm in dieser Situation blau ein und gibt nur noch eine Textfehlermeldung aus. Deshalb hat sich für solche Fehler auch die Bezeichnung Bluescreen oder, noch schlimmer, BSOD, **B**lue**s**creen **O**f **D**eath (»blauer Todesbildschirm«), eingebürgert.

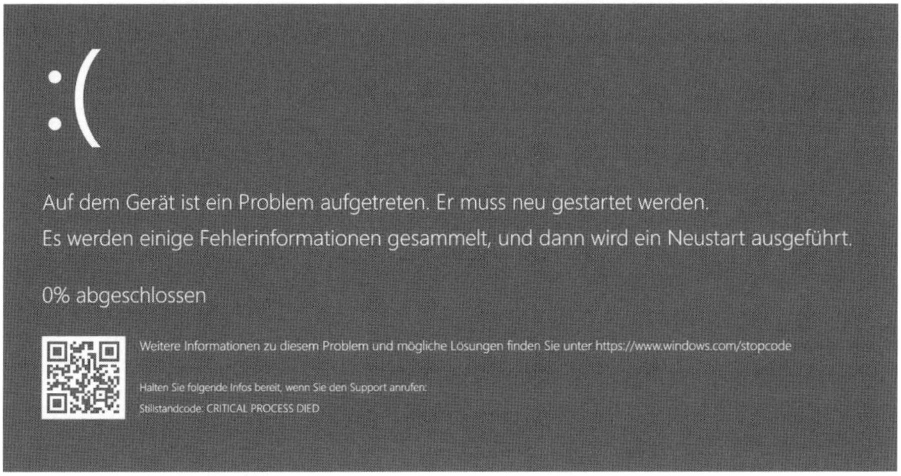

Auch wenn ein Bluescreen mit einer Fehlermeldung zunächst mal keine schöne Erfahrung ist, kann er doch auch hilfreich sein. Der Sinn der Fehlermeldung ist es schließlich, eine Hilfestellung zum Lösen des zugrunde liegenden Problems zu geben. Voraussetzung dafür ist aber, dass Sie die Fehlermeldung überhaupt zu Gesicht bekommen. Standardmäßig versucht Windows nämlich, diese vor dem Benutzer zu verstecken. Das führt dazu, dass das System einfach scheinbar unmotiviert neu startet.

1. Klicken Sie in den Windows-Einstellungen im Bereich *System/Info* auf den Link *Erweiterte Systemeinstellungen*.

2. Klicken Sie im so geöffneten Dialog unten im Bereich *Starten und Wiederherstellen* auf die Schaltfläche *Einstellungen*.

3. Deaktivieren Sie im dadurch geöffneten Dialog die Option *Automatisch Neustart durchführen*. Nur so haben Sie die Chance, am Bildschirm eine Fehlermeldung zu sehen.

4. Mit dem oberen Auswahlfeld bei *Debuginformationen speichern* steuern Sie den Umfang der Daten, die Windows bei einem Crash erstellt. Das ist vor allem wichtig, wenn Sie diese Daten mit einem Programm auswerten möchten, das ein bestimmtes Format voraussetzt (siehe dazu auch den nachfolgenden Tipp).

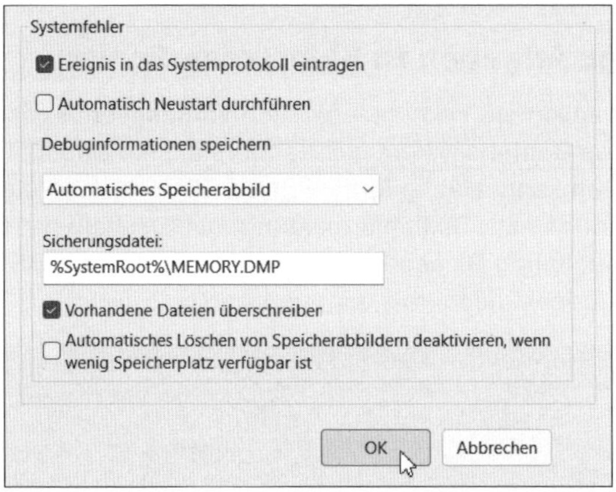

5. Darunter im Feld *Sicherungsdatei* können Sie festlegen, wo Windows eine Datei mit zusätzlichen Informationen zu aufgetretenen Fehlern ablegen soll. Standardmäßig geschieht dies im Systemverzeichnis, also z. B. *C:\Windows*. Sie können aber auch einen anderen, vielleicht etwas übersichtlicheren Ordner dafür wählen.

6. Mit der Option *Vorhandene Dateien überschreiben* ersetzt Windows bei einem Fehler jeweils die bisher vorhandene Datei, was sinnvoll ist, um nicht unnötig Speicherplatz für nutzlose Dateien zu verschwenden. Außerdem ist so sichergestellt, dass sich in der Datei stets Informationen zum zuletzt aufgetretenen Fehler befinden. Wichtig: Wenn Sie diese Option abschalten und regelmäßig Systemcrashes zu verzeichnen haben, sollten Sie die Abbilder unbedingt im-

mer mal wieder manuell bereinigen. Gerade wenn Sie die Option *Vollständiges Speicherabbild* gewählt haben, ist die Festplatte sonst irgendwann randvoll.

7. Die unterste Option *Automatisches Löschen von Speicherabbildern deaktivieren, wenn wenig Speicherplatz verfügbar ist* klingt im ersten Moment widersinnig, hat aber ihre Berechtigung. Standardmäßig ist das Löschen von Speicherabbildern eine der Maßnahmen, mit denen Windows im Bedarfsfall Speicherplatz freimachen kann. Will man die Speicherabbilder unbedingt davor bewahren, kann man diesen Mechanismus hier außer Kraft setzen.

10.2.9 Debuginformationen bei Systemfehlern auswerten

Die entscheidende Frage bei einem Bluescreen (s. o.) ist die nach dem Verursacher. Hier hilft BlueScreenView weiter (*www.nirsoft.net/utils/blue_screen_view.html*). Dieses Programm kann die von Windows bei einem Bluescreen-Fehler erstellten Daten auswerten und verrät sie Ihnen übersichtlich. Dazu gehört auch das Programm, das den Fehler anscheinend verursacht hat. Zwar ist die Wahrheit manchmal etwas komplizierter, aber auf alle Fälle bietet diese Information einen guten Ansatzpunkt, um z. B. im Internet zu recherchieren, ob dieses Problem vielleicht schon bekannt und sogar gelöst ist.

Voraussetzung für BlueScreenView

Das Programm ist für seine Arbeit auf sogenannte Minidumps angewiesen. Diese erstellt Windows standardmäßig leider nicht. Öffnen Sie dazu in der Systemsteuerung das Modul *System* und klicken Sie dort links auf *Erweiterte Systemeinstellungen*. Im anschließenden Dialog klicken Sie im Bereich *Starten und Wiederherstellen* auf *Einstellungen*. Nun sind Sie bei den richtigen Optionen. Stellen Sie hier im Auswahlfeld *Debuginformationen speichern* die Variante *Kleines Speicherabbild (256 KB)* ein.

1. Entpacken Sie das heruntergeladene Archiv in einen beliebigen Ordner und starten Sie dort die Anwendung *BlueScreenView*.

2. Diese zeigt Ihnen im Hauptfenster eine Liste der auf dem PC registrierten Bluescreens. Sie reicht allerdings nur so weit zurück, wie Sie die Minidumps (siehe Tippkasten) aktiviert haben. Hoffentlich ist die Auswahl also nicht allzu groß. Ansonsten werden in der Spalte *Crash Time* Datum und Uhrzeit des Vorfalls angegeben. Hier können Sie auch entsprechend sortieren, sodass Sie den jüngsten Crash schnell finden können.

3. Im unteren Teil des Programmfensters finden Sie die Dateien aufgelistet, die zu dem oben ausgewählten Bluescreen-Ereignis jeweils im Speicher geladen waren. Dabei sind die Dateien, die besonders »verdächtig« sind, farbig unterlegt. Meist ist das nicht nur eine Datei, denn auch wenn ein Bluescreen-Fehler in einer bestimmten Programm- oder Treiberdatei auftritt, kann die Ursache dafür durchaus in einem anderen Programm liegen.

4. Mit *File/Properties* können Sie jeweils noch genauere Angaben zu den ausgewählten Objekten abrufen.

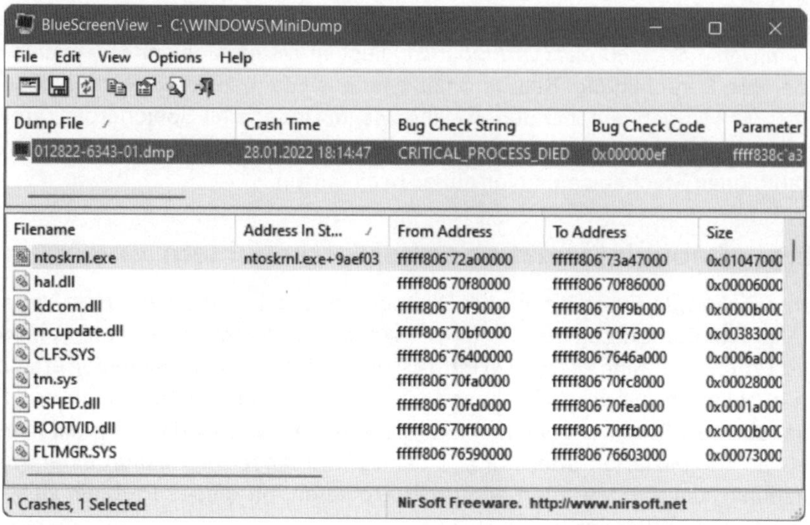

BlueScreenView kann leider auch keine einfachen Antworten geben. Es stellt aber die notwendigen Informationen bereit, um ggf. Antworten zu finden. Wenn ein Bluescreen regelmäßig oder reproduzierbar auftritt, werden Sie hier immer wieder dieselben »üblichen Verdächtigen« antreffen. Dann ist eine Internetrecherche nach eben diesen Dateien der nächste logische Schritt, der hoffentlich neue Erkenntnisse oder sogar eine Lösung bringt.

10.2.10 Integrität des Arbeitsspeichers testen

Eine Quelle für unvermittelte Totalabstürze sind Defekte im Arbeitsspeicher. Sie kommen heute zwar deutlich seltener vor als in früheren Jahren, aber wenn, dann haben sie fatale Folgen.

Windows bringt ein Programm zum Testen des Arbeitsspeichers mit, das allerdings nicht einfach als Anwendung ausgeführt werden kann. Stattdessen wird der PC neu gestartet, der Test ausgeführt, und anschließend meldet sich Windows mit dem Ergebnis zurück. Das Ganze nimmt nur wenige Minuten Zeit in Anspruch.

1. Öffnen Sie die Systemsteuerung und geben Sie oben rechts im Suchfeld *Arbeitsspeicher* ein.

2. Die Systemsteuerung bietet Ihnen daraufhin unter dem Stichwort *Verwaltung* den Menüpunkt *Arbeitsspeicher des Computers diagnostizieren* an.

3. Sie können nun wählen, ob der Test sofort ausgeführt und der PC dazu neu gestartet werden soll oder ob der Test beim nächsten regulären Neustart erledigt werden soll.

4. Der eigentliche Test wird dann im Anschluss an einen Neustart automatisch von einem Programm in der Windows-Startumgebung ausgeführt. Eine Fortschrittsanzeige hält Sie auf dem Laufenden. Mit F1 können Sie zum erweiterten Test wechseln, der länger dauert, aber zusätzliche Prüfungen umfasst. Mit Esc können Sie den Test jederzeit beenden.

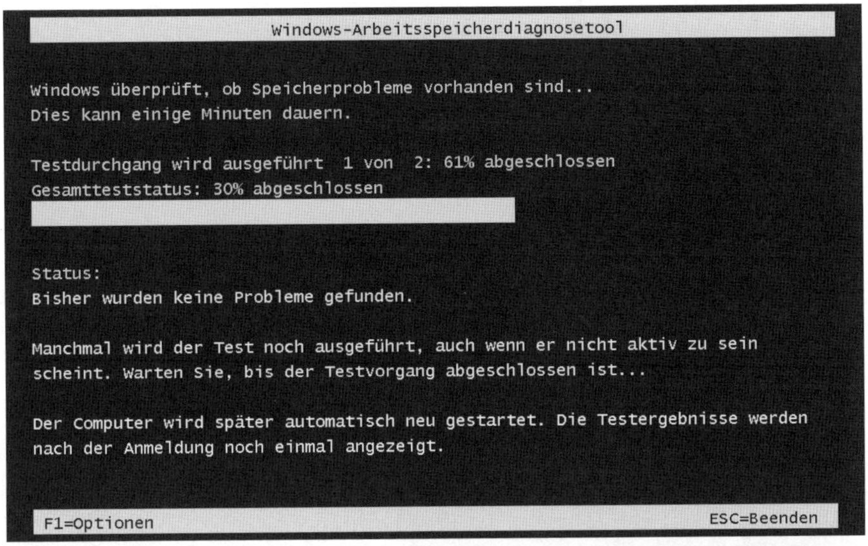

5. Nach dem Abschluss des Tests wird Windows neu gestartet. Kurz nach dem Start erhalten Sie eine Meldung, ob beim Speichertest Probleme erkannt wurden oder nicht.

Bitte etwas Geduld

Auch wenn es beim Speichertest mal nicht voranzugehen scheint, warten Sie einfach ab. Insbesondere der erweiterte Test kann etwas länger dauern. Üblicherweise wird der Test aber stets so oder so mit einem Ergebnis abgeschlossen.

10.2.11 Integrität der Windows-Systemdateien überprüfen

Windows besteht aus einer riesigen Menge größerer und kleinerer Dateien. Sollte eine dieser Dateien beschädigt sein oder der Zugriff darauf verhindert werden, kann das die verschiedenartigsten Beeinträchtigungen nach sich ziehen. Allerdings verfügt Windows über Mechanismen, mit denen man diese Systemdateien überprüfen und ggf. reparieren kann. Der erste (und oftmals auch schon einzig notwendige) Schritt ist das Überprüfen der Systemdateien. Windows bringt ein Kommandozeilenprogramm mit, das diese Aufgabe erledigt.

Reparaturdienst kann nicht gestartet werden?

Sollte sich das SFC-Programm beim Ausführen beschweren, dass der Reparaturdienst nicht gestartet werden könne, dann überprüfen Sie dies: Tippen Sie im Suchfeld des Startmenüs *Dienste* ein und öffnen Sie dann mit ↵ die gleichnamige Desktop-App. Suchen Sie in der Diensteliste den Eintrag *Windows Modules Installer* und kontrollieren Sie den *Starttyp*. Er sollte auf *Manuell* stehen, keinesfalls auf *Deaktiviert*.

1. Öffnen Sie eine Eingabeaufforderung mit Administratorrechten.
2. Tippen Sie hier ein:

   ```
   sfc /scannow
   ```

3. Nun brauchen Sie nur etwas Geduld aufzubringen, während das Programm seine Arbeit erledigt. Es geht alle Windows-Systemdateien der Reihe nach durch und überprüft, ob der Zugriff darauf möglich ist und ob die Dateien intakt sind.

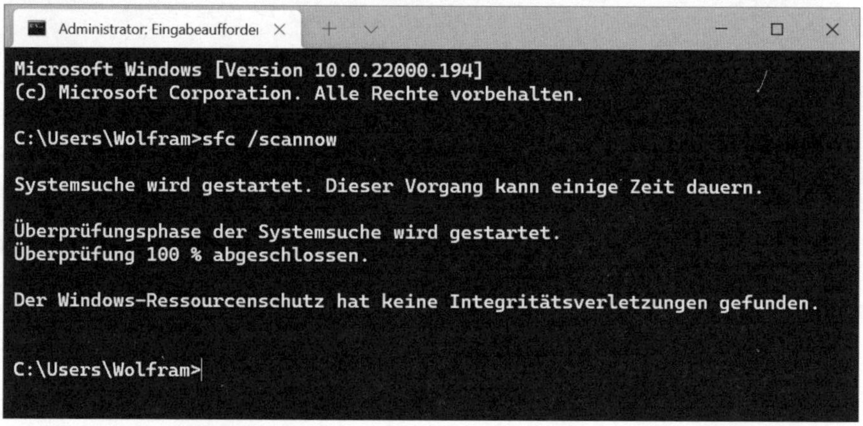

Dabei sind drei verschiedene Szenarien möglich:

- Das Programm findet keine Probleme. Dann können Sie davon ausgehen, dass alle Systemdateien intakt sind. Die Ursache für Störungen ist in diesem Fall woanders zu suchen.
- Das Programm findet Probleme mit einzelnen Dateien, kann diese aber direkt korrigieren. Dazu kann es auf eine Sicherungskopie aller Systemdateien im Windows-Komponentenspeicher zugreifen und daraus defekte Dateien durch intakte Versionen ersetzen. Das ist im Prinzip das beste Szenario, denn in diesem Fall besteht die Hoffnung, dass ein Problem durch diese Reparaturen einfach beseitigt werden kann. Tipp: Führen Sie den Befehl in diesem Fall im Anschluss erneut aus, bis das Programm keine Probleme mehr findet.
- Das Programm findet Probleme bei Systemdateien, kann diese aber nicht reparieren. In diesem Fall können Sie zunächst versuchen, den Befehl mehrmals

hintereinander auszuführen, wobei Sie den PC zwischenzeitlich neu starten sollten. Können auch nach mehreren Versuchen nicht alle Fehler beseitigt werden, sind weitere Maßnahmen erforderlich, die im Folgenden beschrieben werden.

Das SFC-Programm schreibt (zusätzlich zu den Bildschirmausgaben) Einträge in die Protokolldatei *C:\Windows\Logs\CBS\CBS.log*. Darin finden sich auch Einträge aus anderen Quellen. Die sfc-Einträge sind aber mit dem Kürzel *[SR]* gekennzeichnet. Mit dem folgenden Befehl filtern Sie diese Einträge aus *CBS.log* heraus und schreiben sie in eine separate Datei *sfcprotokoll.txt* auf Ihrem Desktop:

```
findstr /c:"[SR]" %windir%\Logs\CBS\CBS.log↵
 >"%userprofile%\Desktop\sfcprotokoll.txt"
```

10.2.12 Den Windows-Komponentenspeicher reparieren

Wenn der Befehl `sfc /scannow` meldet, dass der Ressourcenschutz beschädigte Dateien gefunden hat, diese aber nicht reparieren konnte, liegt dies möglicherweise daran, dass der Komponentenspeicher, in dem Windows Sicherungskopien seiner Systemdateien aufbewahrt, selbst beschädigt ist. In diesem Fall können Sie versuchen, den Komponentenspeicher zu überprüfen und ggf. zu reparieren.

1. Öffnen Sie eine Eingabeaufforderung mit Administratorrechten.
2. Der folgende Befehl überprüft zunächst nur, ob es Hinweise auf Probleme im Komponentenspeicher gibt, die beispielsweise bei früheren Zugriffen darauf bereits registriert und seitdem nicht repariert wurden. Dies ist nur ein erster schneller Test der Integrität. Werden dabei Fehler gemeldet, sollte in jedem Fall eine Reparatur durchgeführt werden (siehe im Folgenden).

   ```
   Dism /Online /Cleanup-Image /CheckHealth
   ```

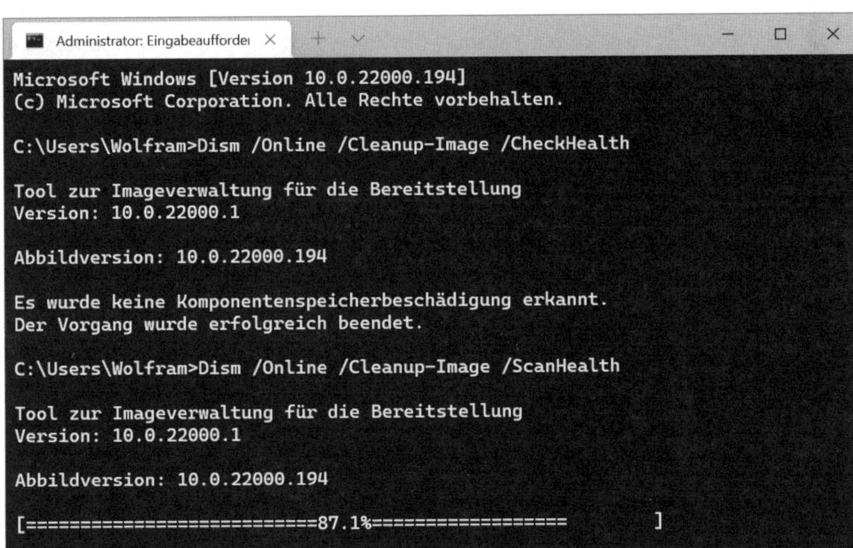

3. Meldet der erste Befehl keine Fehler, bedeutet das nur, dass bislang keine Probleme verzeichnet wurden. In diesem Fall sollten Sie den folgenden Befehl hinterherschicken. Hiermit wird der Komponentenspeicher gründlich geprüft. Das nimmt einige Zeit in Anspruch (typischerweise fünf bis zehn Minuten), wobei ein längeres Verharren bei ca. 20 % Fortschritt nicht ungewöhnlich ist. Sollten Probleme festgestellt werden, wird eine Protokolldatei erstellt.

   ```
   Dism /Online /Cleanup-Image /ScanHealth
   ```

4. Wenn mit dem ersten oder zweiten Befehl Fehler im Komponentenspeicher erkannt wurden, kann Windows versuchen, diese selbst zu reparieren. Der Vorgang dauert typischerweise zehn bis fünfzehn Minuten, kann sich im Falle vieler Fehler aber auch einige Stunden hinziehen. Auch hier ist ein längeres Verharren bei ca. 20 % Fortschritt nicht ungewöhnlich. Geben Sie dazu den folgenden Befehl ein:

   ```
   Dism /Online /Cleanup-Image /RestoreHealth
   ```

Wenn alle Fehler im Komponentenspeicher auf diese Weise beseitigt werden konnten, sollten Sie `scf /scannow` anschließend erneut ausführen und probieren, ob er nun alle defekten Windows-Systemdateien reparieren kann.

10.2.13 Komponentenspeicher per USB-Stick reparieren

Nicht immer kann Windows seinen Komponentenspeicher direkt selbst in Ordnung bringen, wenn die dafür benötigten Daten beschädigt sind oder fehlen. In einem solchen Fall können Sie auf ein Windows-Image zurückgreifen, in Form einer DVD, eines USB-Sticks oder einer ISO-Datei. Wichtig ist dabei, dass dieses Image dieselbe Versions- und Build-Nummer wie das installierte Windows haben muss.

Stellen Sie sicher, dass Windows auf das Installationsmedium zugreifen kann, und ermitteln Sie den Laufwerkbuchstaben des Images. Überprüfen Sie außerdem, ob sich im Ordner *sources* des Images eine Datei *install.wim* oder eine Datei *install.esd* befindet. Im Fall einer **install.wim** verwenden Sie den folgenden Befehl:

```
Dism /Online /Cleanup-Image /RestoreHealth↵
 /Source:wim:D:\sources\install.wim:1 /limitaccess
```

Das Beispiel verwendet das Laufwerk `D:` für das Image. Fügen Sie hier ggf. den Laufwerkbuchstaben Ihres Images ein. Die Option `/limitaccess` sorgt dafür, dass das Image während des Vorgangs nicht durch Onlineupdates aktualisiert wird.

Im Fall einer **install.esd** verwenden Sie den folgenden Befehl:

```
Dism /Online /Cleanup-Image /RestoreHealth↵
 /Source:esd:F:\Sources\Install.esd:1 /limitaccess
```

Das Beispiel verwendet das Laufwerk `F:` für das Image. Fügen Sie hier ggf. den Laufwerkbuchstaben Ihres Images ein.

Beide Varianten reparieren den Komponentenspeicher und übernehmen dafür intakte Versionen von beschädigten Komponenten aus dem spezifizierten Image. Gelingt das Reparieren des Komponentenspeichers auf diese Weise, sollten Sie im Anschluss erneut den Befehl `scf /scannow` ausführen und sehen, ob nun alle defekten Windows-Systemdateien repariert werden können.

10.2.14 Windows per In-Place-Upgrade erneuern

Wenn sich ein Windows-Problem auch durch Reparieren von Systemdateien nicht beheben lässt bzw. wenn diese Reparaturen scheitern, muss Windows insgesamt zurückgesetzt werden. Wenn Sie dabei den Verlust von persönlichen Dateien, Einstellungen und installierten Apps vermeiden möchten, sollten Sie es zunächst mit einem In-Place-Upgrade versuchen. Dabei wird praktisch nur das Windows-System selbst ausgetauscht und seine Systemdateien durch die Originale eines Installationsmediums ersetzt. Voraussetzung dafür ist ein Installationsdatenträger, der dem installierten Windows bei Edition und Versionsnummer einschließlich Build-Nummer entspricht.

1. Stellen Sie den Installationsdatenträger im Dateisystem zur Verfügung, entweder als DVD, als USB-Stick oder als ins Dateisystem eingehängtes ISO-Image (rechte Maustaste auf die ISO-Datei und im Kontextmenü *Bereitstellen* wählen).
2. Navigieren Sie dann mit dem Datei-Explorer zum Image und führen Sie dort im Stammverzeichnis die Datei *setup.exe* aus.
3. Durchlaufen Sie den anschließenden Setup-Assistenten bis zum Schritt *Bereit für die Installation*.
4. Stellen Sie sicher, dass hier die Option *Persönliche Dateien und Apps behalten* ausgewählt ist. Andernfalls klicken Sie auf *Ändern der zu behaltenden Elemente* und passen die Einstellungen entsprechend an.
5. Setzen Sie dann die Upgrade-Installation fort.

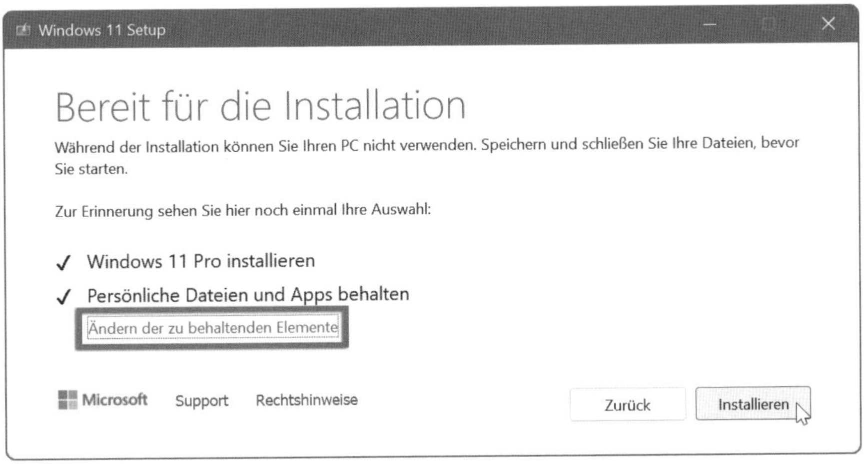

Ihr PC ist für Windows 11 ungeeignet?

Haben Sie Windows 11 nur mit Tricks installieren können, weil er von Microsoft beispielsweise wegen fehlender TPM-Unterstützung für ungeeignet gehalten wird? Dann wird sich der Setup-Assistent an dieser Stelle erneut darüber beschweren. Lesen Sie auf Seite 19, wie Sie dieses Problem umgehen können.

Nach dem Abschluss melden Sie sich mit Ihrem Benutzerkonto an. Wie üblich müssen Sie die Express-Einstellungen bei der ersten Anmeldung nach einer Installation vornehmen. Davon abgesehen sollten Sie anschließend ein (nun hoffentlich wieder reibungslos laufendes) Windows mit den vertrauten Dateien, Anwendungen und Einstellungen vorfinden.

10.3 Vorbereitung für den Ernstfall

Eine gute Vorbereitung kann im Ernstfall viel Zeit, Umstände und Probleme ersparen. Zum Abschluss gebe ich Ihnen deshalb Tipps zu vorbeugenden bzw. vorbereitenden Maßnahmen. Diese sollten Sie schon durchführen bzw. sich damit vertraut machen, bevor konkrete Probleme auftreten. Dadurch schaffen Sie sich die Ressourcen und Werkzeuge, um im Ernstfall sofort und zielgerichtet eingreifen zu können.

10.3.1 Ein aktuelles Installationsmedium erstellen

Wenn Windows nicht mehr regulär gestartet werden kann, sollte stets ein aktueller Installationsdatenträger zur Hand sein. Er enthält nicht nur alle wesentlichen Dateien, um Windows ggf. reparieren zu können, sondern bringt auch eine Wiederherstellungsumgebung mit. In diesem speziellen Modus können verschiedene Werkzeuge zur Reparatur angewendet, aber auch Systemsicherungen eingespielt, Wiederherstellungspunkte abgerufen oder die *Auffrischen*-Funktion ausgeführt werden. Ein aktuelles Installationsmedium ersetzt also die von früheren Versionen bekannten Systemreparaturdatenträger bzw. Wiederherstellungsdatenträger. Er kann auf einer DVD oder besser einem immer wieder verwendbaren USB-Stick gespeichert werden. Zum Erstellen verwenden Sie ein komfortables Tool von Microsoft.

Im Fall der Fälle

Idealerweise erstellt man einen solchen Datenträger rechtzeitig und legt ihn sich für den Fall der Fälle gut weg. Aber die Praxis sieht meist anders aus und man bemerkt den Bedarf erst, wenn es zu spät ist. Das ist aber auch kein Problem. Sie können den Datenträger auch auf einem anderen PC erstellen, beispielsweise auf dem noch funktionierenden Notebook oder mit dem PC eines Bekannten. Achten Sie nur darauf, dass Sie die Edition und Architektur passend zum Problem-PC wählen.

1. Öffnen Sie im Webbrowser die Seite *www.microsoft.com/de-de/software-download*, wählen Sie *Windows 11* und laden Sie dort das *Media Creation Tool* herunter.

2. Nach dem vollständigen Download starten Sie dieses Programm und bestätigen Sie die Lizenzbedingungen mit *Akzeptieren*.

3. Der Assistent schlägt Ihnen dann passend zum auf diesem PC installierten *Windows Sprache* sowie *Edition* vor. Möchten Sie davon abweichen, deaktivieren Sie darunter die Option *Empfohlene Optionen für diesen PC verwenden* und ändern Sie die Vorgaben dann entsprechend ab.

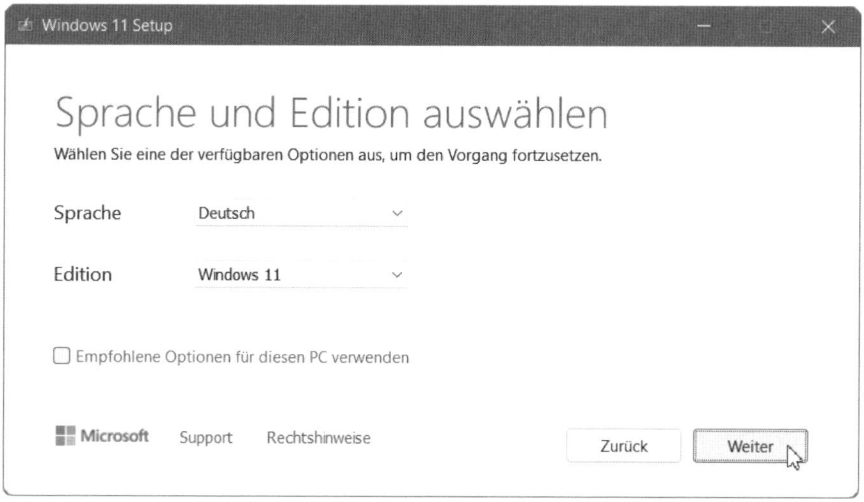

4. Nun entscheiden Sie, welches Installationsmedium Sie verwenden möchten.

   - Sie können einen **USB-Speicherstick** erstellen. Dieser kann direkt in das Gerät gesteckt werden, auf dem Sie Windows installieren möchten. Wählt man beim Starten den USB-Stick als Laufwerk, beginnt direkt die Installation. Ein USB-Stick sollte mindestens 4 GB Speicherplatz umfassen. Beachten Sie, dass eventuell vorhandener Inhalt auf dem Stick überschrieben wird.

- Alternativ erstellen Sie eine **ISO-Datei**. Diese kann auf eine DVD gebrannt werden. Ebenso können Sie die Datei aber auch auf anderen Wegen (Netzwerk, USB-Stick etc.) auf einen anderen PC transferieren und dort als virtuelles Medium einhängen, um eine Upgrade-Installation durchzuführen.

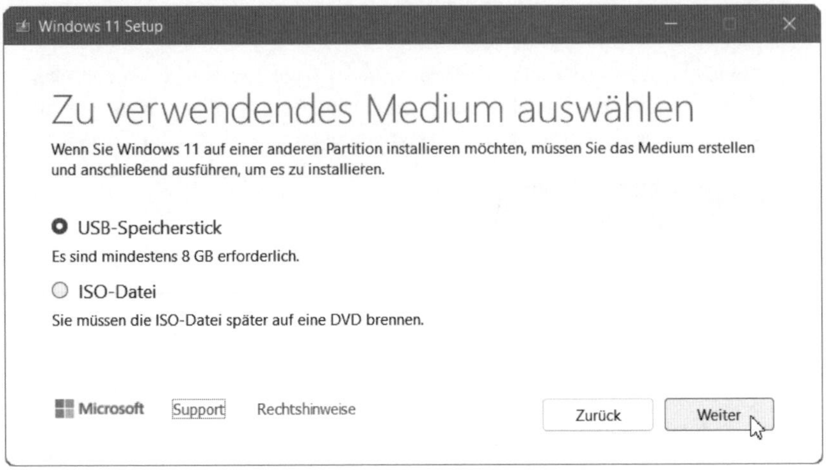

5. Wählen Sie anschließend den USB-Stick bzw. den Speicherort für die ISO-Datei aus. Dann geht es auch schon los mit dem Herunterladen der Dateien. Sie können das Fenster des Programms minimieren und wie gewohnt mit Ihrem PC weiterarbeiten.

6. Anschließend wird der USB-Stick mit den Installationsdaten beschrieben bzw. die ISO-Datei an der festgelegten Stelle gespeichert.

Den so erstellten USB-Stick sollten Sie eindeutig kennzeichnen und an einem sicheren Ort hinterlegen, wo er zwar schnell zur Verfügung steht, aber nicht versehentlich für andere Zwecke überschrieben wird. Spätestens nach einem Funktionsupdate sollten Sie den Stick neu erstellen, damit er jeweils aktuelle Systemdateien enthält.

Außerdem sollten Sie das Booten von diesem Medium zumindest einmal probeweise durchführen. So machen Sie sich mit dem Vorgang vertraut und stellen sicher, dass der Datenträger im Notfall auch verwendet werden kann.

10.3.2 Systemwiederherstellung als Backup nutzen

Mit der eingebauten Systemwiederherstellung können Sie regelmäßig die Systemkonfiguration sowie wichtige Systemdateien sichern lassen. Die Systemsteuerung läuft – einmal optimal eingestellt – unauffällig im Hintergrund.

Die so erstellten Sicherungspunkte dienen als Versicherung gegen eine Vielzahl von Störfällen, denn sie ermöglichen eine schnelle und einfache Rückkehr zum letzten Zustand des Windows-Systems, bevor ein Problem auftrat.

Wann erstellt Windows Wiederherstellungspunkte?

Windows erstellt regelmäßig Wiederherstellungspunkte beispielsweise vor wichtigen Maßnahmen wie dem Integrieren neuer Hardware bzw. dem Installieren neuer Treiber oder vor dem Installieren von Anwendungssoftware oder Windows-Updates. So werden regelmäßig Sicherungspunkte ganz gezielt vor potenziell problematischen Aktionen erstellt. Unabhängig davon können Sie selbst jederzeit zusätzliche manuelle Sicherungspunkte anlegen (siehe Seite 573).

1. Um den Status der Systemwiederherstellung zu überprüfen, klicken Sie in den Windows-Einstellungen im Bereich *System/Info* bei *Verwandte Links* auf *Erweiterte Systemeinstellungen*.

2. Wählen Sie im so geöffneten Dialog die Rubrik *Computerschutz*.

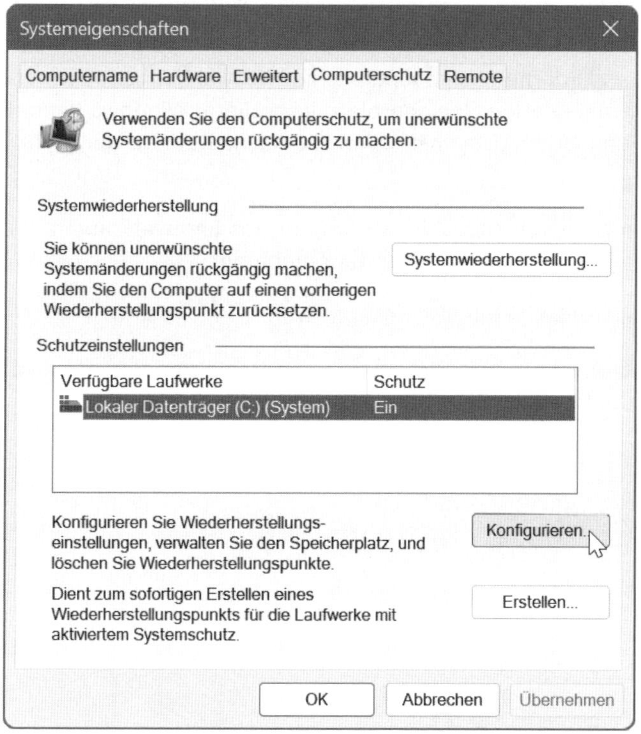

3. Hier können Sie den Status aller vorhandenen Laufwerke einsehen. Insbesondere beim mit *(System)* gekennzeichneten Windows-Laufwerk sollte *Schutz* auf *Ein* stehen.

4. Andernfalls wählen Sie dieses Laufwerk in der Liste aus, klicken Sie dann auf die *Konfigurieren*-Schaltfläche und aktivieren Sie im anschließenden Dialog den Computerschutz für dieses Laufwerk.

10.3.3 Die Menge der Wiederherstellungspunkte steuern

Falls Sie beim Abrufen der Wiederherstellungspunkte feststellen, dass die Liste zu kurz oder gar leer ist, fehlt ausreichend freier Platz auf der Festplatte. Windows sichert nur dann Wiederherstellungsinformationen, wenn auf einem Laufwerk mindestens 300 MB freier Speicher verfügbar sind. Ob dies der Fall ist, können Sie leicht mit dem Datei-Explorer überprüfen, indem Sie sich eine Übersicht aller Laufwerke (*Dieser PC*) anzeigen lassen. In der Kachelansicht sehen Sie sofort, wie viel freier Speicherplatz auf welchem Laufwerk vorhanden ist.

Wie viel Speicherplatz verbraucht die Systemwiederherstellung?
Die Systemwiederherstellung belegt mindestens 300 MB auf jeder Festplatte, die sie überwacht. Insgesamt belegt sie höchstens 15 % des gesamten Speicherplatzes eines Laufwerks. Sind diese 15 % erreicht, werden automatisch alte Wiederherstellungspunkte gelöscht, bevor neue erstellt werden.

Wenn Ihnen zu wenige Wiederherstellungspunkte zur Auswahl angeboten werden, können Sie den dafür reservierten Speicherplatz vergrößern. Windows kann dann länger Wiederherstellungsdaten sammeln, bevor die ältesten wieder gelöscht werden müssen.

1. Wählen Sie in den *Computerschutz*-Einstellungen das Laufwerk aus, auf dem Sie den reservierten Speicherplatz verändern möchten.
2. Klicken Sie dann darunter rechts auf *Konfigurieren*.
3. Im anschließenden Dialog finden Sie unten einen Schieberegler, mit dem Sie den reservierten Speicherplatz festlegen können.

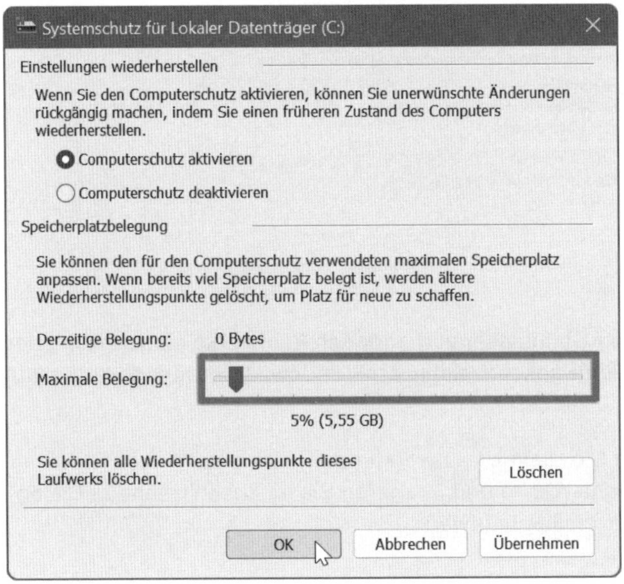

Die gerade gewählte Menge wird sowohl in Prozent des gesamten verfügbaren Speicherplatzes als auch in absoluten Zahlen angegeben.

4. Übernehmen Sie den veränderten Wert mit *OK*.

Reservierungen für jedes Laufwerk

Was eventuell etwas missverständlich sein könnte: Windows speichert die Wiederherstellungsinformationen für jedes Laufwerk auf eben diesem Laufwerk. Deshalb können Sie den dafür vorgesehenen Platz auch für jeden Datenträger individuell festlegen. Es bringt deshalb aber auch nichts, bei Knappheit an Wiederherstellungspunkten auf Laufwerk *C:* den reservierten Speicher auf Laufwerk *D:* zu vergrößern. Sie müssen den Speicherplatz dort erhöhen, wo nicht genug Wiederherstellungsinformationen vorhanden sind.

10.3.4 Eigene Wiederherstellungspunkte erstellen

Sie können jederzeit auch eigene Wiederherstellungspunkte anlegen, beispielsweise vor dem Installieren neuer Treiber oder wesentlichen Konfigurationsänderungen. Sollte eine Maßnahme nicht den gewünschten Erfolg bringen oder die Situation womöglich verschlimmern, können Sie so schnell den Vorher-Zustand wiederherstellen.

1. Öffnen Sie wie vorangehend beschrieben die Einstellungen für die Systemwiederherstellung.
2. Klicken Sie darin rechts unten auf *Erstellen*. Sollte diese Schaltfläche inaktiv sein, müssen Sie den Computerschutz mit der Schaltfläche *Konfigurieren* erst einschalten.

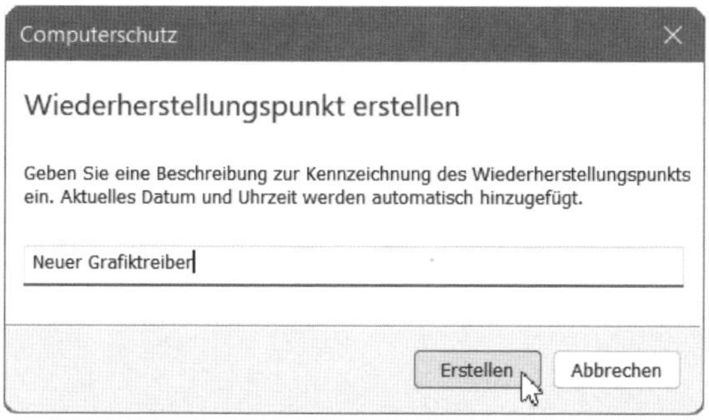

3. Geben Sie dann zunächst eine Bezeichnung für den Wiederherstellungspunkt ein. Diese kann beliebig gewählt werden. Am besten beschreiben Sie kurz den Anlass für das Anlegen der Sicherung.
4. Der Assistent sammelt dann die Daten für den Wiederherstellungspunkt ein und sichert ihn. Dies kann ein wenig dauern.

5. Hat alles geklappt und konnte der Wiederherstellungspunkt erfolgreich angelegt werden, erhalten Sie zum Abschluss eine Bestätigungsmeldung. Der Sicherungspunkt ist nun gespeichert und bleibt Ihnen vorläufig erhalten. Allerdings unterliegen auch manuell erstellte Wiederherstellungspunkte der Regel, dass sie ggf. automatisch gelöscht werden, um für neue – manuell oder automatisch erstellte – Wiederherstellungspunkte Platz zu machen.

10.3.5 Der abgesicherte Modus als Option im Startmenü

Verschiedene Anleitungen in diesem Ratgeber verwenden den abgesicherten Modus von Windows. Gerade bei Startschwierigkeiten reicht es manchmal schon, Windows einmal im abgesicherten Modus und anschließend gleich wieder normal zu starten.

Will man den abgesicherten Modus regelmäßig verwenden und vor allem im Notfall ohne Tastenkürzel oder Klickorgien direkt verfügbar haben, sollte man einen Eintrag dafür direkt im Bootmanager platzieren (so wie dies bei früheren Windows-Versionen standardmäßig der Fall war).

1. Öffnen Sie eine Eingabeaufforderung mit Administratorrechten mit Rechtsklick auf das Windows-Icon links unten.

2. Geben Sie hier diesen Befehl ein:

```
bcdedit /enum /v
```

3. Suchen Sie in der so erzeugten Liste den Eintrag, wo in der Zeile *description* die Bezeichnung Ihrer Windows-Version steht (also beispielsweise *Windows*).

4. Notieren Sie sich bei diesem Eintrag den Wert der Zeile *Bezeichner*. Am besten aber kopieren Sie ihn mit Strg+C in die Zwischenablage.

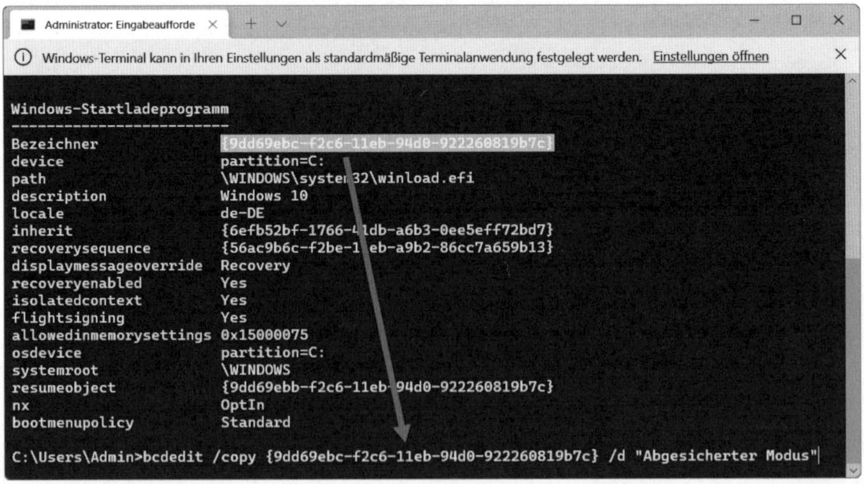

5. Tippen Sie als Nächstes den folgenden Befehl ein. Für *<Bezeichner>* fügen Sie den in Schritt 4 gemerkten bzw. kopierten ID-Code ein. In den Anführungszeichen können Sie auch einen eigenen prägnanten Text verwenden.

```
bcdedit /copy <Bezeichner> /d "Abgesicherter Modus"
```

6. Schließen Sie die Eingabeaufforderung und rufen Sie im Startmenü *msconfig* auf.
7. Wechseln Sie in die Kategorie *Start* und markieren Sie den nun neu hinzugekommenen Eintrag mit der von Ihnen festgelegten Bezeichnung.
8. Wählen Sie im Bereich *Startoptionen* die Option *Abgesicherter Start* mit der Einstellung *Minimal*.
9. Klicken Sie unten auf *OK* und bestätigen Sie auf Nachfrage mit *Neu starten*.

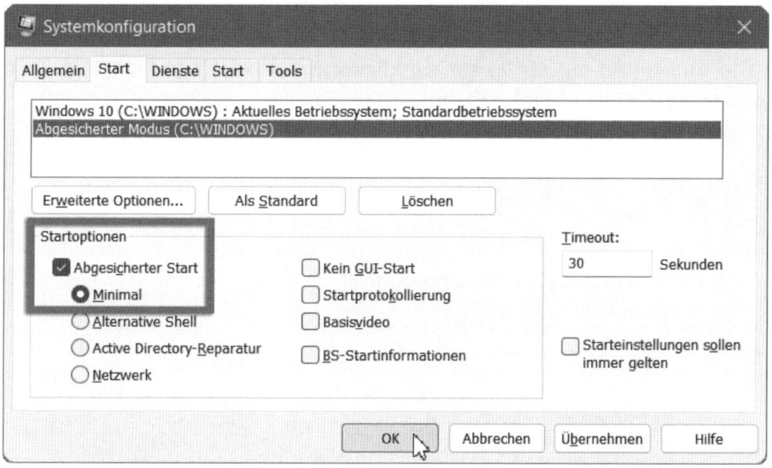

Der PC startet dann neu. Haben Sie mehr als ein Betriebssystem installiert, zeigt der Bootmanager Ihnen dabei eine Auswahlliste an, in der ab sofort auch der neu erstellte abgesicherte Modus zu finden ist. Haben Sie nur eine Windows-Version installiert, müssen Sie wie früher im richtigen Moment [F8] drücken, um diese Auswahlliste auf den Bildschirm zu holen.

10.3.6 Sysinternals-Tools im Explorer bereitstellen

Sysinternals sind eine Sammlung von Werkzeugen für verschiedene Zwecke im Bereich Diagnose und Wartung, die Microsoft-Mitarbeiter im Laufe der Jahre entwickelt haben.

Microsoft stellt diese Programme kostenlos für alle Benutzer bereit. Unter *docs.microsoft.com/sysinternals* kann man sie – einzeln oder als Gesamtpaket – herunterladen. Die meisten Werkzeuge bestehen aus kleinen Programmen, die man ohne Installation direkt ausführen kann.

Die clevere Alternative dazu: Microsoft stellt die ganze Sammlung als Netzlaufwerk im Internet bereit. Dieses Laufwerk können Sie direkt in den Datei-Explorer einbinden und so bei Bedarf jederzeit schnell und einfach auf ein benötigtes Programm aus der Sammlung zugreifen, ohne dazu etwas herunterladen und installieren zu müssen. Führen Sie dazu nur einmalig die folgenden Schritte aus:

1. Wählen Sie im Datei-Explorer rechts *Dieser PC* aus.
2. Klicken Sie dann oben in der Symbolleiste auf ■■■ und wählen Sie im so geöffneten Menü den Eintrag *Netzlaufwerk verbinden*.
3. Wählen Sie im anschließenden Dialog einen beliebigen Laufwerkbuchstaben für das Netzlaufwerk aus. *S:* wie **S**ysinternals bietet sich an, vielleicht gefällt Ihnen aber *W:* für **W**erkzeuge besser.
4. Geben Sie im Feld *Ordner* dann die Adresse `\\live.sysinternals.com/tools` ein.
5. Wenn Sie nun unten auf *Fertig stellen* klicken, stellt der Windows-Explorer die Verbindung zu dieser Ressource her.

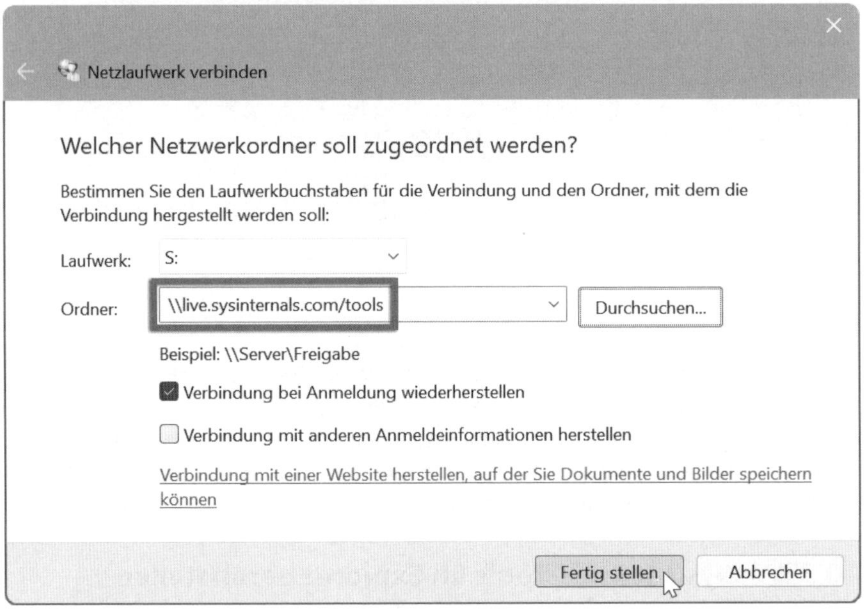

Ab sofort finden Sie ein neues Laufwerk im Windows-Explorer, mit dem Sie jederzeit auf die aktuellen Versionen der Sysinternals-Tools zugreifen und die Programme direkt von dort lokal auf Ihrem PC ausführen können. Der Zugriff dauert je nach Internetverbindung etwas länger als beim Laden direkt von der Festplatte. Aber da die meisten Hilfsprogramme nicht sehr groß sind, müssen Sie einfach nur einige Sekunden warten.

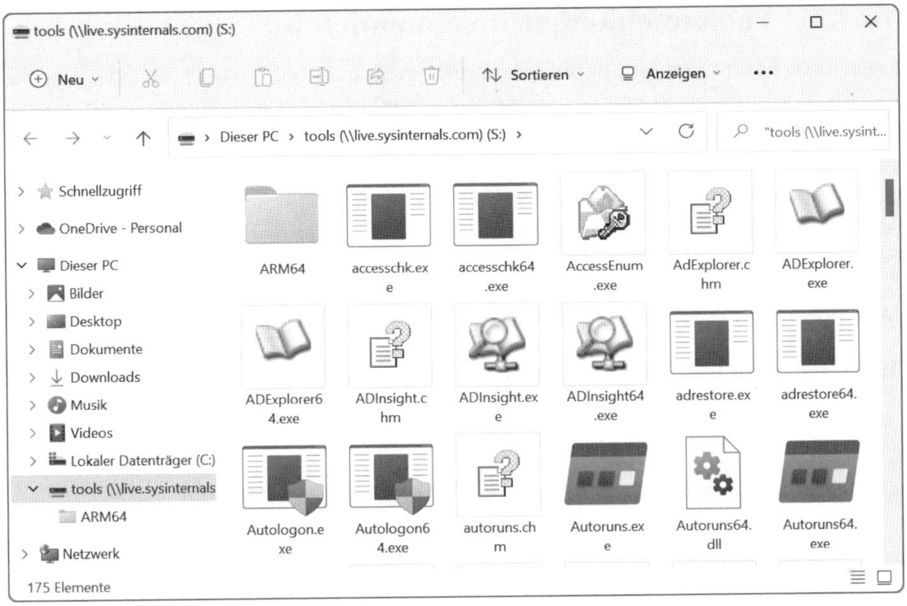

Sicherheitshinweis beim Starten

Wenn Sie Sysinternals-Programme auf diese Weise starten, warnt Windows Sie jeweils, dass sich diese Datei außerhalb des lokalen Dateisystems befindet und das Ausführen deshalb ein Risiko darstellt. Das ist normal und kein Grund zur Beunruhigung. Da diese Quelle direkt von Microsoft selbst zur Verfügung gestellt wird, ist sie nicht weniger sicher als lokale Programme aus dem Windows-Lieferumfang. Dies gilt allerdings nur für die hier verwendete Adresse *live.sysinternals.com*.

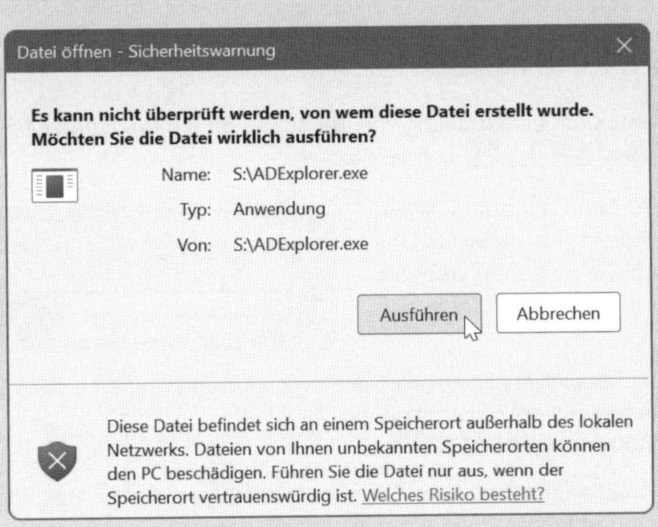

10.3.7 Fehlermeldungen dokumentieren

Sofern ein Fehler sich auf dem Bildschirm durch eine Fehlermeldung oder irgendwie anders bemerkbar macht, sollten Sie dieses Verhalten dokumentieren. Insbesondere wenn ein Fehler nur sporadisch auftritt und sich nicht jederzeit reproduzieren lässt, ist dies eine gute Hilfe. Im einfachsten Fall genügt dafür die [Druck]-Taste, die es noch immer auf den meisten Tastaturen gibt. Sie fügt ein Abbild des aktuellen Bildschirminhalts in die Zwischenablage ein. Von dort können Sie es in ein beliebiges Bildbearbeitungsprogramm einfügen und als Datei speichern.

Mit Bordmitteln lässt sich dies beispielsweise so lösen:

1. In dem Moment, wenn der Fehler auftritt, betätigen Sie die [Druck]-Taste Ihrer Tastatur. Hinweis: Bei einigen Notebooks müssen Sie dazu eine Kombination mit der Funktionstaste [Fn] unten links verwenden.
2. Drücken Sie die [Win]-Taste und tippen Sie im Startmenü *paint* ein. Sie bekommen dann das Paint-Programm aus dem Lieferumfang von Windows als Suchergebnis angeboten. Drücken Sie [↵], um es zu starten.
3. In Paint drücken Sie [Strg]+[V], um den Inhalt der Zwischenablage einzufügen. Alternativ geht dies auch über das Menü mit *Start/Einfügen*. Nun sollten Sie den zuvor gesicherten Bildschirminhalt in Paint sehen.
4. Verwenden Sie dann *Datei/Speichern unter*, um diese Abbildung in einer Datei zu speichern. Als platzsparendes Format, das man beispielsweise auch per E-Mail versenden kann, bietet sich PNG an.

Dies beschreibt die einfachste und universellste Methode, die sich beliebig variieren lässt. So können Sie die Bildschirmkopie beispielsweise auch aus der Zwischenablage direkt in eine E-Mail oder ein Chatprogramm einfügen, um sich auf diese Weise Hilfe zu holen. Wer etwas bessere Bilder machen möchte, sollte sich mit dem Windows-Werkzeug für Bildschirmfotos vertraut machen:

1. Dieses Programm aus dem Lieferumfang von Windows können Sie jederzeit mit der Tastenkombination [Win]+[⇧]+[S] aktivieren.
2. Der Bildschirm wird dann abgedunkelt und am oberen Rand wird eine kleine Symbolleiste eingeblendet, wo Sie zwischen verschiedenen Aufnahmeformen wählen können.

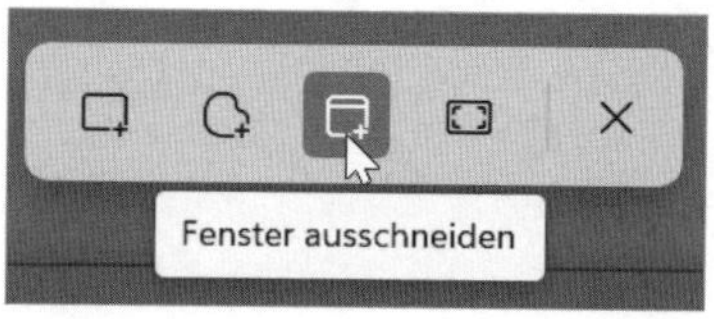

- Für eine Rechteckaufnahme bewegen Sie den Mauszeiger auf eine der gewünschten Ecken des Bereichs, halten die Maustaste gedrückt und ziehen dann zur gegenüberliegenden Ecke.
- Für eine Freiformaufnahme beginnen Sie ebenfalls mit gedrückter Maustaste an einer Ecke und fahren dann die gewünschte Form ab.

- Bei einer Fensteraufnahme bewegen Sie den Mauszeiger auf das gewünschte Fenster, bis dieses erhellt dargestellt wird, und klicken dann einfach.
- Eine Vollbildaufnahme wird direkt beim Anklicken des Symbols erstellt, wobei die Symbolleiste selbst aber nicht auf dem so erstellten Bild sichtbar ist.

3. Nach der Aufnahme erhalten Sie eine Benachrichtigung im Infobereich. Mit einem Klick darauf öffnen Sie das Bild in der App *Snipping Tool*.

4. Hier finden Sie oben eine Symbolleiste mit verschiedenen Bearbeitungsmöglichkeiten wie Beschriftungen, Farbmarkern, Radierer oder Zuschneiden. Rechts oben können Sie das Bild in einer Datei speichern oder mit anderen teilen.

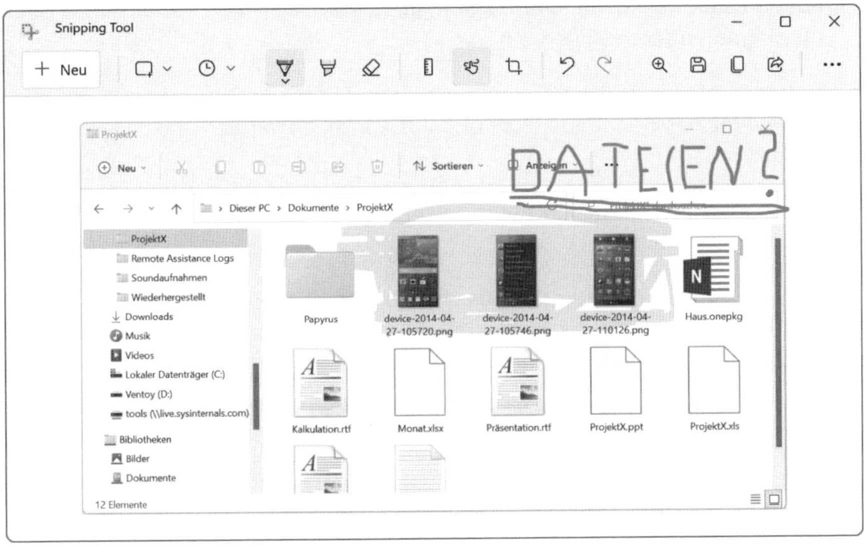

10.3.8 Fehlersituationen aufzeichnen

Wenn ein Fehler nur unter bestimmten Umständen bzw. nur am Ende einer bestimmten Kette von Aktionen auftritt, ist die Schrittaufzeichnung von Windows das richtige Mittel, um den Ablauf zu dokumentieren. Sie reiht automatisch mehrere Bildschirmfotos aneinander und ergänzt dazu die Aktionen, die vom Benutzer durchgeführt wurden. Für sich selbst muss man diesen Aufwand nicht unbedingt treiben. Aber wenn man beispielsweise Hilfe vom Kundenservice eines Herstellers in Anspruch nehmen möchte, ist die Schrittaufzeichnung eine wertvolle Hilfe und kann umständliche Schilderungen und Rückfragen bei der Service-Hotline ersparen.

1. Um eine fehlerhafte Situation aufzuzeichnen, geben Sie im Startmenü *Schritt* ein, sodass Ihnen das Programm *Schrittaufzeichnung* angeboten wird, und drücken Sie dann [↵].

2. Klicken Sie im Programm oben auf *Aufzeichnung starten*, um den Mitschnitt Ihrer Bedienschritte zu beginnen. Machen Sie das am besten erst kurz vor dem

Auftreten des Fehlers, wenn sich dieser exakt reproduzieren lässt, damit die Aufzeichnung nicht zu umfangreich wird.

3. Führen Sie einfach exakt die Schritte durch, die zu der problematischen Situation führen.

4. Wollen Sie zusätzliche Anmerkungen machen, klicken Sie jeweils auf die Schaltfläche *Kommentar hinzufügen*. Sie können dann den Bereich des Bildschirms, auf den sich Ihr Kommentar bezieht, markieren. Den Text tippen Sie in dem dafür eingeblendeten Dialog ein.

5. Haben Sie alles Notwendige aufgezeichnet, klicken Sie im Fenster der Schrittaufzeichnung auf *Aufzeichnung beenden*.

6. Nun geben Sie an, wo und unter welchem Namen der Rekorder die Aufzeichnung speichern soll.

Als Ergebnis erhalten Sie ein ZIP-Archiv (um den Datenumfang möglichst gering zu halten). In diesem Archiv befindet sich eine MHTML-Datei, die neben dem HTML-Code auch die erstellten Bildschirmfotos enthält.

Der Edge-Browser kann den Inhalt dieser Datei darstellen (ebenso einige andere, aber nicht alle Webbrowser). Ein entsprechender Hinweis kann ratsam sein, wenn Sie diese Datei z. B. an andere weitergeben.

10.3.9 Windows-Terminal mit Eingabeaufforderung öffnen

Wo sich bei Windows früher Eingabeaufforderung und PowerShell abwechselten, drängt sich nun das Windows-Terminal in den Vordergrund (auch wenn Sie sowohl Eingabeaufforderung als auch PowerShell weiterhin über das Startmenü starten können). Das Windows-Terminal ist an sich eine feine Sache, weil es eine gemeinsame Umgebung sowohl für Eingabeaufforderung als auch PowerShell bereitstellt. Allerdings öffnet es eben standardmäßig eine PowerShell. Die Eingabeaufforderung muss man immer erst über das Auswahlmenü in der Titelleiste des Fensters umständlich öffnen. Aber das lässt sich ändern:

1. Öffnen Sie das Windows-Terminal (beispielsweise mithilfe des WinX-Menüs – siehe Seite 73).
2. Klicken Sie auf das *Pfeil*-Symbol in der Fenstertitelleiste, um das Menü auszuklappen. Wählen Sie darin *Einstellungen*.
3. Stellen Sie in den *Einstellungen* im Bereich *Starten* rechts bei *Standardprofil* die *Eingabeaufforderung* ein, wenn das Windows-Terminal standardmäßig eine Eingabeaufforderung anzeigen soll.

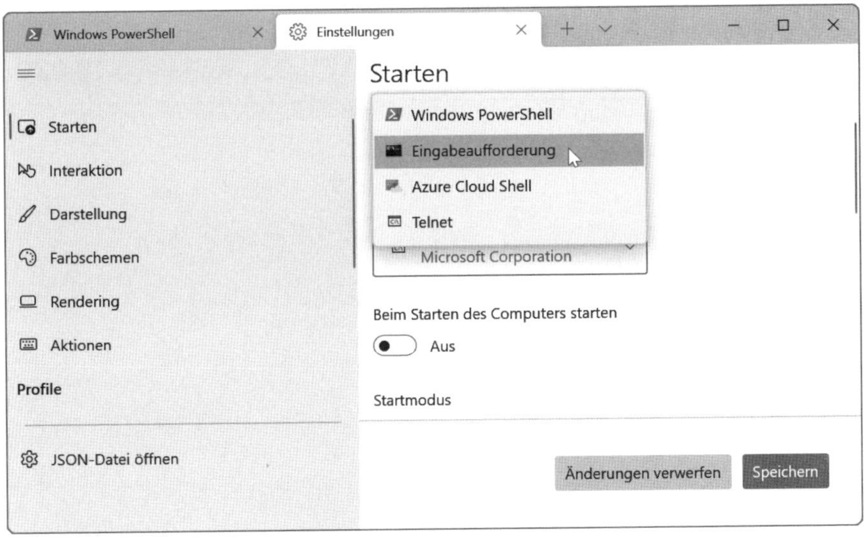

4. Darunter können Sie weitere Standardeinstellungen für das Starten eines neuen Terminals vornehmen. So können Sie bei *Startmodus* etwa *Maximiert* oder *Vollbild* für eine bildschirmfüllende Darstellung wählen.
5. Unter *Startgröße* können Sie die Dimensionen des Textfensters in *Spalten* und *Zeilen* vorgeben.

Eigene Terminalprofile erstellen

Neben den vorhandenen Profilen können Sie auch weitere erstellen und so eigene Programme in das Windows-Terminal einbinden. Voraussetzung dafür ist, dass es sich dabei um Konsolenprogramme mit Textausgabe handelt, die beispielsweise auch in einer Eingabeaufforderung laufen würden. Programme mit eigener Oberfläche würden zwar auch vom Terminal gestartet, laufen dann aber in einem eigenen Fenster. Aus dem Lieferumfang von Windows kämen beispielsweise Programme wie telnet oder diskpart infrage.

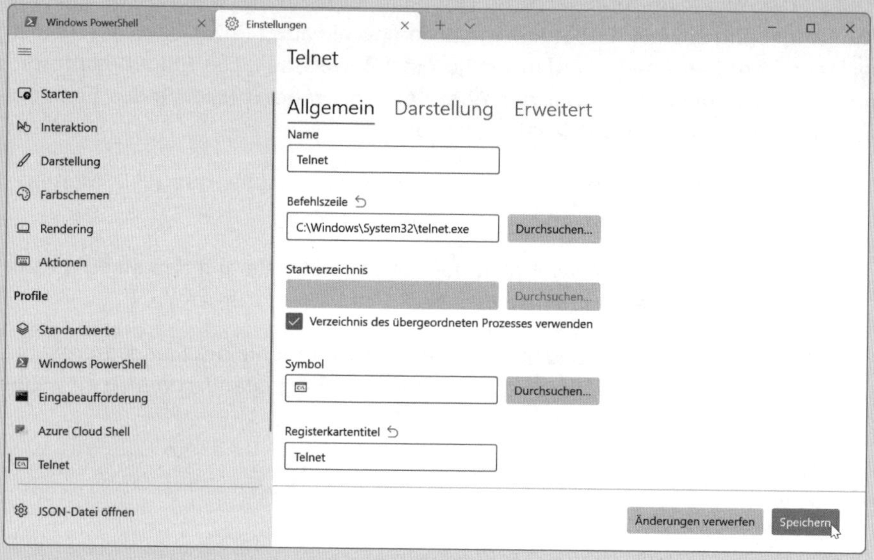

Index

E

Q

R

S

T

X

Z